suhrkamp taschenbuch
wissenschaft 1342

W0229262

Der freiheitlich-demokratische Rechts- und Wohlfahrtsstaat ist zum Symbol der gelungenen Integration von individueller Freiheit und sozialer Bindung geworden. Die Ehe von Wohlfahrtsökonomie und demokratischem Rechtsstaat bildete die Antwort der Zweiten Moderne auf die sozialen Verwerfungen der Ersten Moderne, die durch die Ehe von ökonomischem Liberalismus und liberalem Rechtsstaat geprägt war. Der Globalisierungsschub an der Wende zum dritten Jahrtausend bringt uns jetzt auf den Weg in die Dritte Moderne, die uns vor neue Herausforderungen stellt. Der Wohlfahrtsstaat büßt im Zuge der Globalisierungsdynamik ein erhebliches Maß seiner Integrationskraft ein. Wissenschaftlich-technischer Austausch, Finanzmärkte, mediale Kommunikation, Warenverkehr, Austausch von Dienstleistungen, Investitionstätigkeit von Unternehmen, Rekrutierung von Arbeitskräften, ökologische Risiken, Tourismus und Kriminalität überschreiten in einem Maße die Souveränitätsgrenzen des Nationalstaats, daß dessen Institutionen nicht mehr in der gewohnten Weise individuelle Freiheit und soziale Sicherheit garantieren können. Die Risiken des modernen Lebens müssen neu bewältigt werden. Die Frage der sozialen Integration stellt sich in verschärfter Form. Individuelle Freiheit und soziale Bindung müssen im Spannungsfeld zwischen globaler Dynamik und lokalen Lebenswelten neu in Einklang miteinander gebracht werden. Die Verwirklichung dieses Programms verlangt einen Paradigmenwechsel der Moderne: ein Stück weit weg von der maximalen Verwirklichung individueller Rechte und Interessen und ein Stück weit hin zur Gestaltung eines intersubjektiv geteilten und langfristig tragfähigen guten Lebens in einer sich zur Mehrebenendemokratie entwickelnden Weltgesellschaft.

Richard Münch, geb. 1945, ist Professor für Soziologie an der Otto-Friedrich-Universität Bamberg. Von 1976 bis 1995 lehrte er an der Heinrich-Heine-Universität Düsseldorf, von 1974 bis 1976 an der Universität zu Köln. Er hat mehrere Gastaufenthalte an der University of California in Los Angeles verbracht. Von ihm sind im Suhrkamp Verlag bisher folgende Bücher erschienen: *Theorie des Handelns*, 1982 und 1988 (stw 704); *Die Struktur der Moderne*, 1984 und 1992 (stw 978); *Die Kultur der Moderne*, 1986 und 1993 (stw 1079); *Dialektik der Kommunikationsgesellschaft*, 1991 (stw 880); *Das Projekt Europa. Zwischen Nationalstaat, regionaler Autonomie und Weltgesellschaft*, 1993 (stw 1103); *Dynamik der Kommunikationsgesellschaft*, 1995 (stw 1181); *Risikopolitik*, 1996 (stw 1242).

Richard Münch
Globale Dynamik,
lokale Lebenswelten

Der schwierige Weg
in die Weltgesellschaft

Suhrkamp

Die Deutsche Bibliothek – CIP-Einheitsaufnahme
Münch, Richard:
Globale Dynamik, lokale Lebenswelten :
der schwierige Weg in die Weltgesellschaft /
Richard Münch. –
2. Aufl. – Frankfurt am Main : Suhrkamp, 1998
(Suhrkamp-Taschenbuch Wissenschaft ; 1342)
ISBN 3-518-28942-X

suhrkamp taschenbuch wissenschaft 1342
Erste Auflage 1998
© Suhrkamp Verlag Frankfurt am Main 1998
Suhrkamp Taschenbuch Verlag
Druck: Wagner GmbH, Nördlingen
Printed in Germany
Umschlag nach Entwürfen von
Willy Fleckhaus und Rolf Staudt

2 3 4 5 6 – 02 01 00 99 98

Inhalt

IV. Globale Dynamik und soziale Integration

Vorwort

In Zeiten des Umbruchs ist die Soziologie in besonderer Weise herausgefordert. Ihre Klassiker haben sie mit ihren Beiträgen zum Erklären und Verstehen der sich herausbildenden modernen Industriegesellschaft begründet. Heute gilt es, das Entstehen einer globalen Informations-, Kommunikations- und Mediengesellschaft in seiner ganzen Tragweite für das soziale Leben zu erfassen. Der dabei vollzogene Strukturwandel bringt ein Spannungsverhältnis mit besonderer Wucht zum Vorschein, das von Anfang an die Entwicklung der Moderne geprägt hat: das Verhältnis zwischen globaler Dynamik und lokalen Lebenswelten. Sie stehen zueinander wie Bewegung und Beharrung, Chaos und Ordnung, Freiheit und Zwang, System und Lebenswelt. Der auf Freiheit, Gleichheit und soziale Wohlfahrt verpflichtete Nationalstaat ist zum Sinnbild der Vermittlung zwischen beiden Polen und damit zum Zentrum der sozialen Integration geworden. Die Verbindung von Wohlfahrtsökonomie, Demokratie und Rechtsstaat verkörpert die Zweite Moderne. Sie bildete die Antwort auf die sozialen Verwerfungen, die von der Ersten Moderne in der Verbindung von liberalem Kapitalismus und liberalem Rechtsstaat erzeugt worden waren. Jetzt stehen wir an der Schwelle der Dritten Moderne. Der neue Globalisierungsschub von Finanz- und Arbeitsmärkten, Arbeitsteilung und Kommunikationsnetzen scheint die Integrationskraft des Nationalstaates zu übersteigen. Die Suche gilt deshalb der Wiedergewinnung von sozialer Integration in einer zur Mehrebenendemokratie sich entwickelnden Weltgesellschaft. Der Nationalstaat muß in diesem neuen Kontext nicht abdanken, sich aber auf die bescheidenere Rolle der Vermittlung zwischen globalen und supranationalen Einheiten auf der einen Seite, regionalen und lokalen Einheiten auf der anderen Seite beschränken. Dazu gehört auch ein Paradigmenwechsel der Moderne. Die alte Politik der maximalen Verwirklichung individueller Rechte und Interessen muß ein Stück weit der neuen Politik der Gestaltung eines intersubjektiv geteilten und langfristig tragfähigen guten Lebens Platz machen. Die in diesem Band vereinigten Studien wollen einen Beitrag zur Verständigung über die Vielschichtigkeit dieses Strukturwandels der sozialen Integration leisten.

Bei der Erstellung des Manuskripts zu diesem Buch haben mich Angelika Schacht, Gerlinde Müller und Brigitte Münzel mit zuverlässiger Tatkraft unterstützt. Dafür sei ihnen herzlich gedankt.

Bamberg, im Juli 1997   Richard Münch

Einleitung: Die nachlassende Integrationskraft des Nationalstaats

Wird Karl Marx am Ende doch recht behalten? Wird sich der Kapitalismus selbst zerstören, nachdem er den Kampf mit dem real existierenden Sozialismus gewonnen hat und sich nun ungehindert in der ganzen Welt ausbreiten, jeden Winkel der Erde und jede Nische der Gesellschaft durchdringen kann? Während im Wirtschaftsteil der Tagespresse noch unbeirrt auf die allheilende Wirkung der Marktkräfte gesetzt wird, erweist sich Marx mit seiner düsteren Prognose über das Ende des Kapitalismus nach nur kurzer Zeit der Verbannung ins Abseits der Geschichte – wie einem Jungbrunnen entstiegen – schon wieder als zitierfähig (Willms 1997). Nach Marx zerstört sich der Kapitalismus selbst, weil er sich jeder sozialen Kontrolle entledigt und allein von seiner Eigendynamik der unablässigen Kapitalverwertung vorangetrieben wird, ohne jede Rücksicht auf die davon ausgehenden zerstörerischen Effekte für das gesellschaftliche Leben. Der Kapitalismus produziert nicht zum Zwecke der Befriedigung von Bedürfnissen und der Gestaltung eines guten Lebens, sondern allein um des Profits willen. Die Folge seiner unkontrollierten Entfaltung ist die grenzenlose Ausbeutung von Natur und Mensch. Statt dem Menschen zu dienen macht er sich den Menschen zum Zwecke seiner Selbstentfaltung untertan. Am Ende zerstört sich der Kapitalismus jedoch selbst, weil er das Kapital in immer weniger Händen konzentriert, jedoch eine immer größere Masse von dem akkumulierten Reichtum ausschließt und so eine soziale Revolution provoziert, die seinen eigenen Untergang herbeiführt (Marx 1844/1968, 1867/1962; Marx und Engels 1846/1969, 1848/1959). Nun wissen wir, daß der moderne demokratische Wohlfahrtsstaat diese von Marx prognostizierte Entwicklung verhindert hat und statt dessen den Wohlstand für alle geschaffen hat. Der Ersten Moderne in Gestalt der Ehe von ökonomischem Liberalismus und liberalem Rechtsstaat ist die Zweite Moderne in Gestalt der Ehe von Wohlfahrtsökonomie und demokratischem Rechtsstaat gefolgt. Ein wesentliches Instrument der Wohlfahrtsökonomie wurde die von John Maynard Keynes (1936/1970) begründete antizyklische Wachstums- und Beschäftigungspolitik. Die zersetzende Kraft des Kapitalismus ist auf diese Weise gebändigt worden. An der Dauerhaftigkeit dieser Zähmung des Kapitalismus zum Wohle des Menschen tauchen jedoch im Rahmen der Globalisierungsdebatte immer mehr Zweifel auf. Angefangen hat es mit den negativen ökologischen Folgewirkungen des fortgeschrittenen Kapitalismus auf hohem Wohlstandsniveau. Während der soziale Frieden systemkonform durch Wachstum und dadurch ermöglichte, stets breitere Teilhabe der Massen am Wohlstand gesichert wurde, greift dieses Rezept bei der Bewältigung der ökologischen Risiken nicht mehr. Die Natur ist ein begrenztes Gut. Deshalb ist grenzenloses Wirtschaftswachstum nicht mit ihrer Erhaltung vereinbar. Für dieses Dilemma ist bis heute keine systemkonforme Lösung gefunden worden.

Zur ökologischen Krise tritt jetzt eine völlig neue soziale Krise hinzu. Nachdem der Kapitalismus durch seine globale Vernetzung alle Fesseln des Wohlfahrtsstaates abzustreifen beginnt, macht sich auch seine soziale Sprengkraft in völlig neuer Qualität bemerkbar. Das neue Paradigma des ökonomischen Denkens ist der maßgeblich von Milton Friedman (1962) geprägte Monetarismus und Neoliberalismus, der dem Staat allein die Aufgabe läßt, der Entfaltung des Wettbewerbs in allen Bereichen der Gesellschaft den Weg zu bereiten. Die Weltwirtschaft wächst, läßt aber nur noch eine Minderheit von Wertpapierbesitzern und Wissensexperten davon profitieren, während die Masse der Bevölkerung in den hochentwickelten Ländern immer weniger daran partizipiert und in den Entwicklungsländern anscheinend keine Chance hat, auch nur einen Zipfel davon zu erhaschen.

Die globale Ausbreitung des Kapitalismus bringt offensichtlich nicht von heute auf morgen den Wohlstand für alle, sondern erzeugt auf nationaler, supranationaler und globaler Ebene soziale Verwerfungen, Unsicherheiten, anomische Entwicklungen und Ausgrenzungen, die uns vor völlig neue Herausforderungen stellen. Wir erkennen jetzt klarer, daß die soziale Zähmung des Kapitalismus seiner Symbiose mit Demokratie und Wohlfahrtsstaat geschuldet war, seine ökologische Zerstörungskraft aber durch diese Symbiose im grenzenlosen Wachstumsprogramm sogar verstärkt wurde. Und wir sehen, daß die Beseitigung der wohlfahrtsstaatlichen Fesseln durch den globalen Kapitalismus eine neue soziale Sprengkraft erzeugt, deren Kontrolle von den alten Nationalstaaten nicht mehr erwartet werden kann. Der globale Wirtschaftsverkehr nimmt den Nationalstaaten genau jene Souveränität, die sie benötigen würden, um die sozialen Negativeffekte des Kapitalismus ausgleichen zu können.

Wir befinden uns auf dem Weg in die Dritte Moderne. Die alles beherrschende Frage ist heute, ob jenseits der Nationalstaaten auf supranationaler und globaler Ebene sowohl die ökologische als auch die soziale und kulturelle Sprengkraft des globalen Kapitalismus neu unter Kontrolle gebracht werden kann. Angesichts dieser Sachlage sind zwei Wege in die Dritte Moderne möglich: Entweder es gelingt, die ökonomische Globalisierung unter ökologische, soziale und kulturelle Kontrolle zu bringen, oder der ökologische, soziale und kulturelle Sprengsatz führt zu einer Explosion in Gestalt ökologischer Katastrophen, sozialer Eruptionen und massenhafter kultureller Entfremdung. Ausufernde Kriminalität, fundamentalistische und nationalistische Gegenbewegungen gegen das Projekt der Moderne werden dann kaum noch aufzuhalten sein und zu einer neuen Zersplitterung der Welt führen. Die inflationäre Überziehung der Modernisierung müßte einer deflationären Abwärtsspirale in den feindseligen Gruppenpartikularismus Platz machen.

Die Entschärfung der ökologischen, sozialen und kulturellen Sprengsätze des globalen Kapitalismus fordert zu raschen und umfassenden institutionellen Innovationen heraus, wenn wir verhindern wollen, daß Marx mit seiner Voraussage der Selbstzerstörung des Kapitalismus am Ende doch recht behalten sollte. In den zweiten Teil seiner Prognose, daß dem Ende des Kapitalismus die Heraufkunft des Kommunismus folgen würde, können wir unsere Hoffnung nicht setzen. Nicht nur das Scheitern des realen Sozialismus lehrt uns das. Der Zerfall der Welt in den feindseligen Gruppenpartikularismus ist auch die wesentlich realitätsnähere Alternative zur ökologischen, sozialen und kulturellen Wiedereinbettung des globalen Kapitalismus.

Den von der Globalisierung erzwungenen institutionellen Wandel müssen wir in seiner Vielschichtigkeit zu begreifen lernen. Wir müssen den Prozeß der Globalisierung sowie seine ökologischen, sozialen und kulturellen Auswirkungen in allen Facetten durchleuchten, um ein Verständnis von dem Strukturwandel der Moderne zu gewinnen, der sich zur Jahrtausendwende vor unseren Augen abspielt. In Zeiten gesellschaftlicher Umbrüche erodieren eingelebte Institutionen, Konflikte brechen auf und stellen die Gesellschaft vor neue Zerreißproben. Die soziale Integration der Gesellschaft ist in den gewohnten Formen nicht mehr zu gewährleisten, neue müssen erst noch gefunden werden. »Globalisierung« ist das Schlagwort, mit dem die neuen Probleme der sozialen Integration gegenwärtig diskutiert werden. Was heißt überhaupt »Globalisierung«? Auf einen Nenner gebracht, bedeutet »Globalisierung«, daß alles, was irgendwo in der Welt geschieht, Auswirkungen auf das Geschehen an jedem anderen Ort der Welt hat. Was andere irgendwo tun, beeinflußt meine Handlungschancen hier in der nächsten Zukunft. Mein Handeln wirkt seinerseits auf deren Handlungsmöglichkeiten. Diese Interdependenzen können mehr oder weniger direkt und mehr oder weniger schnell ablaufen. Wenn wir jetzt von einer wachsenden Globalisierung sprechen, dann meinen wir damit, daß sich Interdependenzen unmittelbarer und schneller bemerkbar machen.

Durch Globalisierung werden räumliche und zeitliche Distanzen so überbrückt, daß sie kaum noch Barrieren für das Handeln darstellen. Die Welt wächst zusammen. Wirtschaftliche Transaktionen, politische Konflikte, kulturelle Traditionen und Solidaritäten sind nicht mehr auf fest umrissene Lebensräume begrenzt, sondern beziehen den ganzen Erdball ein. Einen wesentlichen Beitrag zu diesem Zusammenwachsen der Welt hat ihre Vernetzung durch schnelle Transportmittel und Kommunikationskanäle geleistet (Ohmae 1990).

Globalisierung als eine Entwicklung ist keineswegs eine neue Erscheinung unserer Zeit. Vielmehr sind ihre Anfänge viel früher zu verorten. Folgen wir Immanuel Wallersteins (1974) Geschichte des modernen Weltsystems, dann liegen dessen Anfänge in der Ausbreitung des Agrar- und Handelskapitalismus in Europa zwischen 1450 und 1640. Ansätze eines Weltsystems lassen sich jedoch mindestens schon im 13. Jahrhundert erkennen (Abu-Lughod 1989). Es gibt sogar Versuche, die Ursprünge des Weltsystems 5000 Jahre in die Vergangenheit zurückzuverfolgen (Frank und Gills 1992). Die Debatte darüber ist nicht abgeschlossen (Braudel 1984; Sanderson 1995), wir können jedoch mit Wallerstein annehmen, daß der Agrar- und Handelskapitalismus zwischen 1450 und 1640 wesentliche Grundlagen für das Weltsystem unserer Zeit geschaffen hat. In diese Zeit fällt auch das Entstehen der spanischen, portugiesischen und englischen Kolonialreiche. Im letzten Drittel des

18. Jahrhunderts erhält die Entwicklung des Weltsystems durch die Anfänge des Industriekapitalismus in England eine neue Dynamik. Der Industriekapitalismus verleiht dem Kolonialismus eine neue Dimension im Austausch von Rohstoffen und Fertigwaren. Gegen Ende des 19. Jahrhunderts treten die europäischen Nationalstaaten in einen verschärften Wettbewerb um ihre Machtanteile im Weltsystem ein; er mündet schließlich in den Ersten Weltkrieg. An der Wende zum 20. Jahrhundert erreicht die internationale wirtschaftliche Verflechtung ein Niveau, das es erlaubt, jetzt von einer entwickelten Weltwirtschaft zu sprechen. Der Börsenkrach von 1929 hat ihr Volumen allerdings wieder beträchtlich schrumpfen lassen. Erst nach dem Ende des Zweiten Weltkriegs ist die internationale Wirtschaftsverflechtung wieder langsam gewachsen, um dann in den siebziger Jahren zu einem kräftigen Wachstumsschub anzusetzen. Eine neue Dimension hat die Entwicklung 1989 durch den Zusammenbruch des Sowjetsystems, aber auch durch die wirtschaftliche Öffnung Chinas erhalten.

In Zahlen drückt sich die jüngere Entwicklung zu einer integrierten Weltwirtschaft z. B. im weltweiten nominalen Wachstum der Einfuhren von 529 auf 3800 Mrd. US-Dollar und der Ausfuhren von 518 auf 3720 Mrd. US-Dollar zwischen 1973 und 1993 aus. Gemessen an einem Index von 100 für das Jahr 1980 entwickelten sich die Einfuhren von 25 auf 185, die Ausfuhren von 26 auf 186 (Statistisches Bundesamt 1995b: 278). Zwischen 1989 und 1993 hat sich der Umfang ausländischer Kapitalanlagen in Deutschland von 567,309 auf 2142,819 Mrd. DM nahezu vervierfacht; davon stammten ca. 85 Prozent aus anderen EU-Ländern. Deutsche Kapitalanlagen im Ausland sind von 430,459 auf 874,546 Mrd. DM gestiegen; davon wurden ca. 65 Prozent in EU-Mitgliedsländern getätigt (Statistisches Bundesamt 1995a: 693). Zwischen 1980 und 1994 sind die jährlichen Nettotransferleistungen ausländischer Direktinvestitionen in Deutschland von 2,373 auf 5,125 Mrd. DM gesteigert worden, die Nettotransferleistungen deutscher Direktinvestitionen im Ausland von 8,159 auf 23,810 Mrd. DM (Bundesministerium für Wirtschaft 1995: 104-105). Die Bestandswerte ausländischer Direktinvestitionen in Deutschland sind von 1991 bis 1994 von 187,972 auf 213,457 Mrd. DM gewachsen, die Bestandswerte deutscher Direktinvestitionen im Ausland von 262,670 auf 348,257 Mrd. DM (Statistisches Bundesamt 1995a: 697; 1996: 680). In Preisen von 1991 gemessen, hat sich der Anteil der Ausfuhren am Bruttoinlandsprodukt von 1960 bis 1995 von 13,7 auf 25,4 Prozent erhöht, der Anteil der Einfuhren von 10,5 auf 25,6 Prozent (Bundesministerium für Arbeit und Sozialordnung 1996: 1.6). Die Ein- und Durchfahrten von Lastkraftwagen haben sich in der EU zwischen 1976 und 1994 von 4,335 auf 10,333 Mill. mehr als verdoppelt (Bundesverkehrsministerium 1996: 184-185).

Jetzt ist der Kapitalismus in der Tat zu einem weltumspannenden System geworden. Offen ist jedoch, ob seine Verbindung mit Demokratie und Wohlfahrtsstaat in die neue Epoche hinübergerettet und schließlich alternativlos in der ganzen Welt verbreitet werden kann, wie es Francis Fukuyama in seinem vielgeschmähten Buch über das Ende der Geschichte vorauszusagen gewagt hat (Fukuyama 1992). Die Erweiterung der Märkte geht einher mit ihrer Deregulierung und mit der erheblichen Vermehrung von transnationalen Unternehmen. Die Liberalisierung der Finanzmärkte hat die Verfügbarkeit von Kapital ortsunabhängiger als jemals zuvor gemacht, zugleich aber die Investitionsentscheidungen von Unternehmen wegen der damit verbundenen größeren Schwankungen von Renten-, Aktien- und Devisenkursen risikovoller gemacht. Der nationalen Wirtschafts- und Geldpolitik werden durch die internationalen Finanzmärkte immer mehr die Hände gebunden. Transnationale Unternehmen haben sich seit den siebziger Jahren in ihrer Zahl verfünffacht. Zwei Drittel des Welthandels ist in ihrer Hand, ein Drittel des Welthandels vollzieht sich konzernintern (Hengsbach 1997: 6-7). Als sogenannte »Global Players« entziehen sie sich der Kontrolle nationaler Politik. Sie setzen die nationalen Regierungen durch ihre bloße Existenz und die Logik ihres auf Wettbewerbsfähigkeit ausgerichteten Handelns unter den Druck, für möglichst gute Standortbedingungen in Gestalt von Steuern, Arbeitskosten, Umweltschutzauflagen, Infrastruktur und qualifizierten Arbeitskräften zu sorgen. Ihre Aktivitäten implizieren ein Anwachsen der ausländischen Direktinvestitionen. Sie haben in den achtziger und neunziger Jahren deutlich zugenommen. Im Interesse der Sicherung von Arbeitsplätzen sind nationale Regierungen dazu gezwungen, ausländische Direktinvestitionen durch gute Standortbedingungen – niedrige Kosten, beste Infrastruktur – attraktiv zu gestalten (Martin und Schumann 1996).

Globalisierung ist allerdings nicht nur ein wirtschaftlicher Vorgang. Da sind zunächst die weltweiten ökologischen Effekte des Wirtschaftswachstums. Ihre Bewältigung überschreitet die Handlungskapazitäten nationaler Regierungen. Dazu gehört aber auch die immer dichtere, schnellere und umfangreichere weltweite Kommunikation und die Entwicklung global operierender transnationaler Vereinigungen in Wissenschaft, Technik, Kultur, Umweltschutz, Entwicklungshilfe und humanitären Aktionen. Schließlich bedeutet »Globalisierung« aber auch die Hegemonie des westlichen Kulturmodells über die anderen Kulturen der Welt. Der von Max Weber als »Rationalismus der Weltbeherrschung« bezeichnete westliche Rationalitätstypus ist zum verbindlichen Modell für die ganze Welt geworden (Weber 1920/1972a, 1920/1972b, 1920/1971a; Münch 1986/1993a).

Globalisierung verändert die Existenzbedingungen lokaler, regionaler und nationaler Kulturen. Sie können nur fortbestehen, wenn sie mit dem Globalen eine symbiotische Beziehung eingehen. Das Globale kann sich aber auch nur entwickeln, wenn es sich seinerseits symbiotisch mit den lokalen, regionalen und nationalen Kulturen verbindet. Globales und Lokales verschränken sich gegenseitig und produzieren zusammen die »Glokalisierung« der Welt (Robertson 1992: 173-174). Das Globale wird indigenisiert, d. h. in lokale Lebenswelten eingepaßt, das Lokale wird generalisiert und so global zugänglich gemacht. Das bedeutet indessen, daß sich lokale Lebenswelten nicht mehr aus sich selbst heraus reproduzieren, sondern in der Interaktion mit dem globalen wirtschaftlichen Austausch, globalen Machtverhältnissen, globalen Vergemeinschaftungsprozessen und globalen Kommunikationsströmen. Ökonomische Effizienz und Verwertbarkeit, politische Opportunität, weltweite Unterstützung, wissenschaftliche Begründbarkeit und kulturelle Universalisierbarkeit werden zu Selektionsfaktoren für das Überleben lokaler Lebenswelten.

»Globalisierung« ist aber auch zu einem Kampfbegriff der öffentlichen Diskussion geworden, der die Realität gewaltig überzeichnet, um die gewünschten Wirkungen zu erzeugen (Krätke 1997). Die Industrie benutzt den Begriff, um Strategien der Deregulierung zwecks Standortverbesserung zu rechtfertigen. Die politische Führung setzt ihn ein, um ihre Handlungsschwäche zu entschuldigen. Die Intellektuellen spielen damit, um ihren Thesen Gehör zu verschaffen. Es ist deshalb durchaus angemessen, darauf zu verweisen, daß nur ca. 20 Prozent aller Güter international gehandelt werden, nur ca. 30 Prozent der Weltbevölkerung und nur 10 Prozent der Bevölkerung in den Entwicklungsländern in die Weltwirtschaft einbezogen sind, 87 Prozent des Welthandels auf Nordamerika, Westeuropa, Japan, China sowie die südostasiatischen Tigerstaaten konzentriert bleiben, 60 bis 70 Prozent des deutschen Außenhandels auf die westeuropäischen Industrieländer bezogen sind, ausländische Direktinvestitionen nur etwa vier Prozent der Bruttoinvestitionen der G-7-Länder mit den Niederlanden ausmachen, 80 bis 90 Prozent davon innerhalb der entwickelten Industrieländer bleiben sowie 60 Prozent der deutschen Direktinvestitionen in Westeuropa getätigt werden (Hengsbach 1997: 5-6; Statistisches Bundesamt 1996: 296-299; Eurostat 1995: 35, 307-309; Bundesministerium für Wirtschaft 1995: 90-96). Trotz dieser Relativierung und trotz der inflationären Verwendung des Begriffs in der öffentlichen Diskussion ist Globalisierung auch eine Realität, die 1989 eine neue Dimension erreicht hat und in der Zukunft unser Leben weit mehr bestimmen wird, als es gegenwärtig schon zu spüren ist. Dazu gehört auch, daß das vermehrte Sprechen über Globalisierung selbst unser Denken in die davon bezeichnete Richtung lenkt und insofern den Globalisierungsprozeß im Sinne einer *self-fulfilling prophecy* verstärkt (Merton 1949/1968a). Wir sind deshalb gut beraten, uns damit gründlich auseinanderzusetzen.

Mit der Globalisierung verändern sich die Lebensverhältnisse in allen Gesellschaften einschneidend. Insbesondere ihre innere und äußere soziale Integration ist in der bisher bestehenden Form nicht mehr gewährleistet und bedarf eines grundlegenden Strukturwandels. Was ist aber überhaupt »Gesellschaft« am Ende des 20. Jahrhunderts? In der Moderne hat sich der auf eine freiheitliche und demokratische Verfassung, auf Rechts- und Sozialstaatlichkeit verpflichtete Nationalstaat als diejenige soziale Einheit herausgebildet, die am weitestgehenden das verkörpert, was wir soziologisch als »Gesellschaft« bezeichnen können. Territoriale Souveränität, sozialer Zusammenhalt und Selbstbestimmung über die Gestaltung des sozialen Lebens innerhalb der eigenen Grenzen sind die Voraussetzung dafür. Vor allem das dritte Kriterium ist von den Nationalstaaten jedoch immer nur bedingt erfüllt worden. Kulturelle Wertbindungen, wissenschaftliche Kommunikation und wirtschaftlicher Austausch haben immer schon die Grenzen der Nationalstaaten überschritten. Dennoch kann man sagen, daß die modernen Nationalstaaten zu Zentren der Organisation des sozialen Lebens und der sozialen Integration geworden sind. Im Verlaufe ihrer Entwicklung haben sie ein kompliziertes Geflecht von Institutionen geschaffen, die der Konfliktbewältigung und sozialen Integration dienen und das Verhältnis zwischen individueller Freiheit und sozialer Bindung ausbalancieren.

Kaum haben die hochentwickelten modernen Nationalstaaten in der Zweiten Moderne dieses Ziel erreicht, wird ihre integrative Kraft in der Dritten Moderne durch die immer weiter gehende Globalisierung des modernen Lebens wieder in Frage gestellt. Nicht nur die Finanzmärkte und der wissenschaftlich-technische Austausch, sondern ein immer größerer Teil wirtschaftlicher Transaktionen, das Investitionsverhalten von Unternehmen, die Rekrutierung von Arbeitskräften, Kulturproduktion und Kulturkonsum, Tourismus und ökologische Risiken werden mehr und mehr zu globalen Angelegenheiten und entziehen sich so der Gestaltung durch einzelne Nationalstaaten. Dieser Vorgang befreit uns von nationalstaatlichen Grenzen und Zwängen und eröffnet uns neue Handlungsmöglichkeiten. Die Individualisierung unseres Lebens, die immer schon die Entwicklung der Moderne bestimmt hat, erhält einen neuen Schub. Gleichzeitig findet aber auch eine neue, noch nicht überschaubare und kontrollierbare Vergesellschaftung statt. Wir werden in Handlungszusammenhänge hineingezogen, von Entscheidungen weit entfernt von uns betroffen, an deren Gestaltung wir einen noch viel kleineren Anteil haben als auf der Ebene des Nationalstaats, geschweige denn auf der Ebene lokaler Gemeinden. Es ergibt sich eine zwangsläufige Deregulierung des sozialen Lebens, eine Tendenz zur Anomie, d. h. zur Regellosigkeit und zum ungeregelten Kampf aller gegen alle, weil auf globaler Ebene die eingelebten nationalstaatlichen Institutionen ihren Dienst versagen. Arbeitsteilung, Finanz- und Arbeitsmärkte, Kommunikationsnetze, Bilder- und Datenströme ziehen uns in ein globales System hinein, ohne daß im gleichen Maße die soziale Integration fortschreitet. Die soziale Integration der Nationalstaaten erodiert, die zwischenstaatliche, supranationale und weltgesellschaftliche Integration wächst nicht im gleichen Tempo nach. Wir wissen nicht einmal, ob ein solches Nachwachsen der sozialen Integration im Gefolge der globalen Systementwicklung überhaupt realisierbar ist.

Die unkontrollierten Finanzmärkte machen wirtschaftliches Handeln unberechenbarer. Die globale Investitionstätigkeit entzieht die Unternehmen der nationalstaatlichen Kontrolle, wohlfahrtsstaatlichen und tarifpolitischen Verpflichtungen. Die globalen Informationsnetze erweitern nicht nur das Wissen und den Informationsaustausch, sondern dienen auch der organisierten Kriminalität als Infrastruktur. Die mit der Globalisierung des Warenverkehrs einhergehende Belastung der Umwelt erzeugt ökologische Verteilungskonflikte, die innerhalb der Grenzen des Nationalstaats nicht mehr, jenseits seiner Grenzen noch nicht bewältigt werden können. Die globale Ausbreitung der wissenschaftlich-technischen Zivilisation versorgt uns einerseits in immer schnellerem Tempo mit neuem Wissen und neuen Techniken, zerstört aber andererseits alle lebensweltlichen Sicherheiten der Daseinsbewältigung. Die Organisation von Kulturproduktion und Kulturkonsum durch eine global agierende Kulturindustrie befreit uns einerseits von der Borniertheit lokaler Folklore, macht uns aber andererseits zu Gefangenen einer umfassenden Vergnügungsmaschinerie.

In einer Welt, in der uns mehr Möglichkeiten denn je offenstehen, scheinen wir die Fähigkeit zur autonomen Bestimmung über unser eigenes Leben und zur gemeinsamen Verständigung darüber, wie wir leben wollen, zu verlieren. Die Frage ist, ob und wie wir in der Dritten Moderne diese Fähigkeit als einzelne und als Gemeinschaften auf lokaler, regionaler, nationaler, supranationaler und globaler Ebene wiedergewinnen können, wie die Dialektik von Individualisierung und Vergesellschaftung in ein ausbalanciertes Verhältnis von individueller Freiheit und sozialer Bindung gebracht, soziale Integration in der Verflechtung von globaler Dynamik und lokalen Lebenswelten erneuert werden kann. Der Nationalstaat wird in dieser neuen Ordnung nicht ausgedient haben (Tiryakian 1997). Seine Rolle wird sich jedoch vom souveränen Handlungszentrum zum Vermittler zwischen lokalen Lebenswelten, supranationalen Einheiten und globalem System wandeln.

Die Untergliederung der Geschichte in Epochen hat immer etwas Willkürliches an sich. Sie ergibt sich mehr aus der distanzierten Betrachtung von außen mit Hilfe kategorialer Unterscheidungen und weniger aus dem Innenleben der Gesellschaft selbst. Die Unterteilung der Moderne in drei Epochen erscheint mir jedoch aus gegenwärtiger Sicht plausibler als ihre Einteilung in zwei alleine

(Beck 1997). Wir verstellen uns den Blick auf die Errungenschaften des modernen Wohlfahrtsstaates und seiner Integration von
Wohlfahrtsökonomie, Demokratie und Rechtsstaatlichkeit als
eine gelungene Antwort auf die sozialen Verwerfungen von Kapitalismus und liberalem Rechtsstaat, wenn wir beide zu einer einzigen Einheit der »Ersten Moderne« zusammenfassen. Weil wir
jetzt im Zeitalter der globalen Ökonomie vor ganz ähnlichen Problemen stehen, wie sie die Verwerfungen des Frühkapitalismus
und des liberalen Rechtsstaats gestellt haben, ist es ratsam, festzu-
halten, in welcher Form es dem modernen Wohlfahrtsstaat gelungen ist, die Modernisierungsschäden von Kapitalismus und liberalem Rechtsstaat zu beheben und zugleich ihre Errungenschaften
zu bewahren. Im Zeitalter der globalen Interdependenzen wird es
darauf ankommen, die neuen ökologischen, sozialen und kulturellen Risiken zu bewältigen und die Errungenschaften des ökonomischen Liberalismus und des liberalen Rechtsstaats wie auch
diejenigen der Wohlfahrtsökonomie und des demokratischen
Rechtsstaats in neuer Form fortzuführen.

Wenn wir also schon die Moderne in Epochen einteilen wollen,
dann erscheint eine Unterteilung der bisherigen Entwicklung in
zwei Epochen sinnvoller als ihre Zusammenfassung zu einer allein. Die Epoche, in die wir jetzt eintreten, ist im Lichte der Unterscheidung zweier vorausgegangener Epochen besser zu begreifen als im Lichte ihrer Zusammenfassung zu einer einzigen Epoche. Wir können aus der Vergangenheit mehr lernen, wenn wir
den ersten Strukturwandel *innerhalb* der Moderne im Blick behalten. Wenn auch die Herausforderungen gewaltiger und vielschichtiger sind als im Übergang von der Ersten zur Zweiten Moderne,
so können wir die gegenwärtige Entwicklungsphase doch besser
verstehen, wenn wir sie als zweiten Strukturwandel *innerhalb* der
Moderne auffassen. Es wird dadurch allein schon deutlich, daß
uns ein Strukturwandel nicht zwangsläufig aus der Moderne hinausführen muß, wie dies z. B. von der Diskussion über die Postmoderne suggeriert wurde. Die Beliebigkeit der »postmodernen«
Kultur ist nicht mehr als ein Ausdruck für die Unsicherheit, die
von jedem Strukturwandel in einer mehr oder weniger langen
Übergangsphase erzeugt wird.

Bedeutet der sich vollziehende Strukturwandel der Moderne den
Übergang von »einfacher« zu »reflexiver« Modernisierung (Beck
1993: 57-98)? Diese These ist ähnlich einzuschätzen wie die Rede

von der Postmoderne. Sie drückt die für Übergangsphasen typische Stimmung der Unsicherheit aus. Es wächst das Bewußtsein für die nicht-intendierten Folgen und Nebenfolgen der Modernisierung, die zu Korrekturmaßnahmen von mehr oder weniger großer Tragweite bis hin zum Zweifel am Sinn der Modernisierung selbst veranlassen. Diese Reflexivität ist jedoch ein unabtrennbarer Bestandteil der Moderne von Anfang an. Alle Modernisierung vollzieht sich immer schon reflexiv und wird es auch weiterhin tun. Von Hegels optimistischer Geschichtsphilosophie bis zu Horkheimers und Adornos pessimistischer Aufklärungskritik wurde dafür der Begriff der Dialektik verwendet (Hegel 1821/1964b; Horkheimer und Adorno 1944/1968). In der klassischen Soziologie finden wir die Reflexivität der Moderne in besonderer Schärfe in Marx' Dialektik von Produktivkräften und Produktionsverhältnissen, in Webers Dialektik von formaler und materialer Rationalität und in Simmels Dialektik von subjektiver und objektiver Kultur erfaßt (Marx 1859/1961: 8-9; 1867/1962: 86-95, 145-147, 645-649; Marx und Engels 1846/1969: 29-34; Weber 1971b: 556-560; 1920/1972a: 203-206, 570-573; 1922/1976: 57-59, 353, 382-385, 396-397, 468, 493-494, 503-513; Simmel 1983: 80-126; Münch 1991: 27-48, 65-84; 1993d; 1994, Bd. 1: 62-68, 100-101, 110-112, 173-176; 1995: 80-82, 214-228).

Die Reflexivität von Modernisierung resultiert schon aus ihrem grundlegenden Antriebsmoment: aus der Spannung zwischen den großen Ideen der Aufklärung und der davon stets abweichenden gesellschaftlichen Realität. Die Ersetzung von Tradition und Glaube durch Vernunft und Wissen, die Beseitigung von Not, Leid und Ungerechtigkeit, die Ablösung von unnötigem Zwang durch Freiheit und die Verdrängung von Ungleichheit durch Gleichheit definieren das von der bürgerlichen Aufklärung begründete Fortschrittsprogramm der Moderne. Obwohl Modernisierung auf den Abbau der Spannung zwischen den großen Ideen und der schlechten gesellschaftlichen Realität angelegt ist, erzeugt sie diese jedoch mit jedem Schritt neu, ja bewirkt sogar ihre Vergrößerung und erhöht dadurch den Modernisierungsdruck noch mehr. Das liegt einerseits an den nicht-intendierten Effekten jeder Modernisierung, die sich mit dem Umfang, der Tiefe und der Geschwindigkeit der Modernisierung ebenso vermehren, tiefer greifen und schneller auftreten, ja sogar überproportional. Andererseits vergrößert die Modernisierung der Ideen selbst den Abstand zwischen den großen Ideen und der gesellschaftlichen Realität durch unablässige Wertgeneralisierung. Die Aufklärungsideen erheben einen universellen Anspruch und haben einen abstrakten Gehalt, so daß ihr Geltungskreis immer weiter ausgedehnt und ihr Gehalt stets umfassender ausgeschöpft werden muß. Sie sollen für immer mehr Menschen auf immer mehr Gebieten immer umfassender und tiefgreifender verwirklicht werden. Ihre Auslegung offenbart stets neue, bislang unentdeckte Dimensionen, ihre Anwendung auf die Realität ebenso neue, bisher unbeachtete Aspekte von Unwissen, Not, Leid, Ungerechtigkeit, Unfreiheit und Ungleichheit.

Wir können folgende grundlegenden Paradoxien der Modernisierung unterscheiden:

(1) Die *Paradoxie des instrumentellen Aktivismus* beinhaltet, daß jeder Eingriff in die Welt (technologischer, politischer oder rechtlicher Art) eine Vielzahl von Folgen und Nebenfolgen sowie Interdependenzen hervorruft, die dem intendierten Zweck und anderen Zielen zuwiderlaufen.

(2) Die *Paradoxie des Rationalismus* bedeutet, daß mit unserem Wissen zugleich, ja sogar überproportional das Wissen um das Nichtwissen wächst, weil jede neue wissenschaftliche Entdeckung neue Schlaglichter auf bislang unerforschtes Terrain und Zweifel auf bisher sicher Geglaubtes wirft.

(3) Die *Paradoxie des Individualismus* äußert sich darin, daß mit der Erweiterung von Handlungsspielräumen für das Individuum und der Vermehrung seiner Wahlmöglichkeiten zugleich die Zahl der Menschen zunimmt, von deren Entscheidungen der Handlungserfolg des Individuums abhängt. Mehr Freiheiten erzeugen zugleich mehr Zwänge.

(4) Die *Paradoxie des Universalismus* zeigt sich darin, daß die Verwirklichung von Gleichheit an einer Stelle neue Ungleichheiten an anderer Stelle hervorbringt. Die Verbesserung der Bildungschancen hat z. B. für einen Teil der unteren Mittelschicht und der Unterschicht den Aufstieg in die obere Mittelschicht ermöglicht, zugleich aber den Wettbewerb um die besseren Positionen verschärft und die weniger Wettbewerbsfähigen mit niedrigem oder fehlendem Bildungsabschluß um so mehr an den Rand der Gesellschaft gedrängt und damit neue soziale Probleme produziert.

Innerhalb der Moderne können diese Paradoxien nicht aufgehoben werden. Selbst der Verzicht auf Maßnahmen und Eingriffe in die Welt entgeht jetzt nicht mehr dem Risiko nicht-intendierter Effekte, die sich außerdem in Abhängigkeit vom Handeln und Nicht-Handeln anderer stets verändern können. Jeder Verzicht auf neue Techniken muß sich z.B. vorrechnen lassen, wieviel Schaden durch die Weiterverwendung alter Techniken und durch den Verlust an Wettbewerbsfähigkeit im internationalen Konkurrenzkampf verursacht würde. Möglich ist im Rahmen der Moderne allein der mehr oder weniger bewußte Umgang mit den Paradoxien und die mehr oder weniger gelungene Vermeidung ihrer schlimmsten Auswirkungen.

Die Unsicherheiten in der Übergangsphase vom liberal-kapitalistischen Rechtsstaat zum demokratischen Wohlfahrtsstaat an der Wende vom 19. zum 20. Jahrhundert haben die »Reflexivität« der Modernisierung besonders einprägsam zu Bewußtsein gebracht und haben ihren Niederschlag in den klassischen Ansätzen der Soziologie gefunden, die als »einfache« Modernisierungstheorien im Sinne einer linearen Entwicklung ohne paradoxe Effekte und tiefgreifende Dilemmata völlig falsch verstanden werden. Insbesondere Max Webers Anfang des Jahrhunderts gestellte Diagnose, daß die innerweltliche Askese des asketischen Protestantismus und seine »lachende Erbin«, die Aufklärung mit ihrer großen Idee der Befreiung des Menschen von allen Fesseln der Tradition, das »stahlharte Gehäuse« des entfalteten Kapitalismus und darüber hinaus des Rationalismus der Weltbeherrschung hervorgebracht haben, aus dem der »Geist entwichen« ist, in dem die Frage nach dem Sinn nicht einmal mehr aufgeworfen, geschweige denn beantwortet werden kann und das von »Fachmenschen ohne Geist« sowie von »Genußmenschen ohne Herz« bevölkert wird, ist am Ende des Jahrhunderts aktueller denn je. Sie ist aus einer unübertroffen tiefgreifenden historisch-vergleichenden Untersuchung hervorgegangen und stellt deshalb alle späteren Versuche, die »Reflexivität« der Moderne auf den Begriff zu bringen, in den Schatten. Mit der Unterscheidung in »einfache« und »reflexive« Modernisierungstheorien wird infolgedessen ein Erkenntnisgewinn beansprucht, der sich bei näherem Hinsehen als herber Erkenntnisverlust erweist.

Auf der Grundlage der klassischen Einsichten in die Reflexivität der Modernisierung gehen die in diesem Buch vereinigten Studien den neuen Fragen der sozialen Integration zwischen globaler Dynamik und lokalen Lebenswelten in vier Komplexen nach. Der erste Komplex ist Fragen der Theorie sozialer Integration im allgemeinen gewidmet. Der zweite Komplex diskutiert neue Probleme der sozialen Integration, die aus dem globalen Arbeitsmarkt, der ökologischen Krise, dem Erwachen des Multikulturalismus und den Schwierigkeiten der moralischen Konsensbildung unter den Bedingungen religiöser Marktkonkurrenz erwachsen. Der dritte Komplex beleuchtet die Chancen und Risiken des europäischen Integrationsprozesses für die neue Ausbalancierung von individueller Freiheit und sozialer Bindung. Der vierte Komplex untersucht die Chancen von Kooperation und Demokratie im globalen System. Die Schlußbetrachtung zieht ein Fazit: Soziale Integration und die Ausbalancierung des Verhältnisses zwischen individueller Freiheit und sozialer Bindung müssen im Spannungsfeld zwischen globaler Dynamik und lokalen Lebenswelten neu gestaltet werden. Das Ziel institutioneller Innovationen der Dritten Moderne ist der Aufbau einer globalen Mehrebenendemokratie im Rahmen der sich herausbildenden Weltgesellschaft. Die dabei zu vollziehende Umstellung von einer Politik der maximalen Verwirklichung individueller Rechte und Interessen zu einer Politik der Gestaltung eines intersubjektiv geteilten und langfristig tragfähigen guten Lebens erfordert einen Paradigmenwechsel der Moderne.

I.
Zur Theorie der sozialen Integration

1. Elemente einer Theorie der Integration moderner Gesellschaften. Eine Bestandsaufnahme

Einleitung

Dem elementaren Problem der Integration moderner Gesellschaften kann sich die Soziologie aus verschiedenen Blickwinkeln nähern. Auf einer ersten Ebene der Unterscheidung läßt sich Integration ökonomisch, politisch, solidarisch und kulturell begreifen. Darüber hinaus ist die systemische von der sozialen Integration zu unterscheiden. Schließlich ist soziale und systemische Integration in zunehmendem Maße nicht mehr allein eine Sache nationaler Gesellschaften, sondern eine Sache supranationaler und globaler Einheiten. Eine tragfähige Lösung des Problems der Integration moderner Gesellschaften muß dieser Vielfalt der Blickwinkel und Ebenen Rechnung tragen und sie zu einer kohärenten Theorie zusammenfügen.

1.1 Stammesgesellschaften, traditionale Gesellschaften und moderne Gesellschaften

Soziale Integration ist ein Zustand der Gesellschaft, in dem alle ihre Teile fest miteinander verbunden sind und eine nach außen abgegrenzte Ganzheit bilden. Zu ihren Teilen gehören die einzelnen Individuen als Mitglieder der Gesellschaft, die Familien, Stände, Gruppen, Klassen, Schichten, Verbände, Vereinigungen und Parteien sowie die Teilsysteme, die auf die Erfüllung bestimmter Funktionen spezialisiert sind, so die Systeme der Wirtschaft, der Politik, des Rechts, der Wissenschaft, der Medizin, der Massenmedien oder der Religion.

In den einfachsten Stammesgesellschaften ist das Blutsband der Verwandtschaft das wesentliche Bindemittel der Gesellschaft. Das Inzesttabu zwingt zur Paarung über die Familiengrenzen hinweg und baut so weiterreichende Verwandtschaftssysteme auf (Lévi-Strauss 1949/1981). Mit der Entwicklung des ökonomischen Tauschverkehrs zwischen verschiedenen Stammesgesellschaften und der Expansion der Stammesherrschaft über das ursprüngliche Stammesterritorium hinaus durch die Unterwerfung anderer Stämme unter die Oberherrschaft eines Stammes entstehen größere gesellschaftliche Einheiten. Ihre Grenzen und ihr innerer Zusammenhalt werden nicht mehr allein durch die Blutsbande der Verwandtschaft bestimmt. Nur Gesellschaften, die neue Formen der sozialen Integration gefunden haben, konnten sich auf diesem Niveau für längere Dauer erhalten. Die Arbeitsteilung schafft eine neue, über die Sippengrenzen hinausreichende ökonomische Integration. Wie Herbert Spencer (1857/1972a, 1862/1904) gesagt hat, wird jetzt die inkohärente Homogenität der segmentär differenzierten Familienklans durch die kohärente Heterogenität von spezialisierten Handwerkern und Händlern ersetzt. Die Etablierung einer zentralen Herrschaft mit einem das ganze Land erfassenden Verwaltungssystem sorgt für die politische Integration der Gesellschaft. Sind die Verwaltungsbeamten ausführende Organe zentraler Anordnungen, dann handelt es sich nach einer Definition Max Webers (1922/1976: 133-134) um ein patrimoniales Herrschaftssystem. Haben sie eigene Herrschaftsrechte, die sie in Treuhänderschaft selbständig ausüben, dann sprechen wir mit Max Weber (1922/1976: 134-135, 148-155) von einem ständisch-patrimonialen und bei der Übertragung von Lehen zur selbständigen Herrschaftsausübung von einem feudalen Herrschaftssystem. Religiöse Weltdeutungen, die über die Ehrung von Ahnen und die Anbetung von Stammesgöttern hinausgehen und stammesübergreifende, auf spezifische Funktionen spezialisierte Gottheiten und Schutzheilige inthronisieren, fördern die kulturelle Integration der Gesellschaft. Im Kern der Gesellschaft tritt an die Stelle der Integration durch Verwandtschaft eine organische Sozialordnung von hierarchisch angeordneten Ständen, in der jeder Stand im arbeitsteiligen System eine spezifische Funktion zu erfüllen hat und so zum Erhalt des gesellschaftlichen Ganzen beiträgt. Die funktionale Differenzierung der Arbeitsteilung fällt mit der hierarchischen Differenzierung der Stände zusammen. Die Rechte und Pflichten der Stände und ihre Beziehungen untereinander sind durch das ständische Recht verbindlich festgelegt. Die Verpflichtung der Stände auf ihren Beitrag zur Erhaltung des Ganzen und ihre gegenseitige Verpflichtung zum Beistand schaffen eine über die Verwandtschaftsgrenzen hinausreichende solidarische Integration der Gesellschaft.

So hat die traditionale Gesellschaft eine höhere Form der sozialen Integration erreicht als die einfachere Stammesgesellschaft. Sie ist jedoch ihrerseits an die Grenzen ihrer Integrationskraft gestoßen, je weiter die Arbeitsteilung, die politische Expansion und die kulturelle Reflexion fortgeschritten sind. Die Aufklärung, die industrielle Revolution und die demokratische Revolution zum Ende des 18. Jahrhunderts und ihre weitere Ausbreitung im 19. Jahrhundert haben in Europa und Nordamerika die Fesseln der traditionalen Sozialordnung gesprengt. Die Reformation hatte im 16. Jahrhundert an die Stelle der ständischen Abstufung der religiösen Pflichten eine für alle gleich verbindliche Ethik gesetzt, an die Stelle der Vormundschaft der Kirche über den Menschen und an die Stelle seiner Einordnung in die Standespflichten die Selbstverantwortung des freien Individuums vor Gott, an die Stelle der Hinnahme der Welt und der gesellschaftlichen Ordnung als gottgewollt die aktive Gestaltung der Welt und der Gesellschaft zum Ruhme Gottes (Weber 1920/1972a).

Die Aufklärung hat die Reformation zur kulturellen Revolution radikalisiert. Sie hat Gott durch die universelle Vernunft ersetzt, allen Menschen die gleichen Rechte sowie die Freiheit zur Selbstverwirklichung in Selbstverantwortung gegeben, die Brüderlichkeit aller Menschen ausgerufen und den Fortschritt der Menschheit zu einem besseren Leben zum Programm erhoben. Damit war der ständischen Ordnung die Legitimation entzogen. Zugleich wurde aber ein Potential für eine noch weitergehende kulturelle Integration geschaffen. Die Bürgerrechte formen den Kern einer solidarischen Gemeinschaft freier und gleicher Bürger. Sie sind Individualrechte und binden die Individuen in eine bürgerliche Gemeinschaft (*citizenship*) ein, unabhängig von ihrer Herkunft und sonstigen Gruppenzugehörigkeit. Über die Bürgerrechte hinaus stellen die allgemeinen Menschenrechte ein Potential bereit, das bei genügender Ausschöpfung durch globale Diskurse die ganze Menschheit unter einem gemeinsamen kulturellen Dach integrieren kann. In diesem Prozeß breitet sich die Geltung des von der Aufklärung inthronisierten Glaubens an die allen Menschen zugängliche universelle Vernunft und Wahrheit, an die Freiheit und Selbstverantwortung des Individuums, an die gleichen Rechte für alle und an den Fortschritt der Menschheit immer mehr in der ganzen Welt aus. Es werden dadurch allgemeine Wertbindungen erzeugt, die eine Verständigung über das gute Leben unter allen Menschen ermöglichen. Diese allgemeinen Wertbindungen werden zu Medien der kulturellen Integration der modernen Gesellschaft, bis hin zur Herausbildung der kulturellen Einheit einer einzigen Weltgesellschaft.

Die industrielle Revolution hat die alte handwerkliche Zunftordnung gesprengt und die Produktion des wirtschaftlichen Wohlstandes der freien Entfaltung von Produktion, Distribution und Konsumtion allein aufgrund der Gesetzmäßigkeiten des Marktes und der Kapitalverwertung überlassen. Dadurch ist die Arbeitsteilung weiter vorangetrieben und großräumiger angelegt worden. Die Arbeitsteilung und der Warenaustausch greifen immer weiter über lokale Märkte hinaus und streben über regionale, nationale und internationale Märkte zu einem einheitlichen globalen Markt hin. Die Herausbildung großräumiger Märkte, die Entfaltung der Geldwirtschaft und die Einführung einheitlicher Währungen in immer größeren Wirtschaftsräumen treiben die ökonomische Integration der arbeitsteiligen Gesellschaft voran. Das Geld wird zu einem äußerst leistungsfähigen Medium der ökonomischen Integration der Gesellschaft. Es erlaubt eine vergleichende ökonomische Bewertung aller auf dem Markt erscheinenden Waren nach einem einheitlichen Maßstab. Es entkoppelt den Abtausch und den Eintausch von Waren. Und es bietet die Möglichkeit einer von allen physischen Grenzen befreiten Anhäufung und Aufbewahrung ökonomischer Werte durch Kapitalbildung. Mit der industriellen Revolution und der Entwicklung des modernen Kapitalismus ist auch die Konvergenz von wirtschaftlicher Arbeitsteilung und ständischer Hierarchie beendet worden. Das industrielle Bürgertum überwindet die ständische Ordnung. Es übertrumpft die Aristokratie durch die Anhäufung wirtschaftlichen Reichtums und ist auf Dauer nicht zur Unterordnung unter den traditionellen aristokratischen Führungsanspruch bereit. Die Freiheiten, Eigentum zu erwerben und zu veräußern, Gewerbe zu betreiben und Verträge mit jedermann zum gegenseitigen Nutzen zu schließen, bilden den Kern einer neuen ökonomischen Ordnung, aus der ein arbeitsteiliges Wirtschaftssystem hervorgeht, das nicht mehr durch die Konvergenz der Arbeitsteilung mit der ständischen Schichtung zusammengehalten wird, sondern allein noch durch das frei zirkulierende Geld. In den Begriffen Niklas Luhmanns (1984: 37-39, 256-265, 551-593, 624-631) findet hier der Übergang von der ständisch-hierarchischen zur funktionalen Differenzierung der Gesellschaft statt. Genaugenommen handelt es sich jedoch um eine Entkoppelung von ständisch-hierarchischer und funktionaler Differenzierung, bei der die alte Ständeordnung auf der Strecke bleibt.

Die demokratische Revolution hat die Herrschaft der Monarchie beseitigt und die Ausübung von Herrschaft dem freien politischen Wettbewerb um Wahlstimmen überlassen. Die Ausübung von Herrschaft ist nicht länger auf Dynastien und ihre Legitimation durch Gott gegründet, sondern auf die zeitlich begrenzte Übertragung von politischer Führungsverantwortung durch demokratische Wahl. Die passiven und aktiven Teilnahmerechte wurden systematisch erweitert, bis sie letztlich allen mündigen Mitgliedern der Gesellschaft offenstanden. Auf diese Weise wurde eine größtmögliche Zahl von Einzelindividuen und Gruppen in die politische Herrschaftsausübung einbezogen. Die moderne Demokratie hat auf diese Weise das größtmögliche Potential der politischen Integration erlangt. Durch die Einbindung aller Mitglieder und Gruppen der Gesellschaft in die politische Entscheidungsfindung soll zugleich ihre Selbstbindung an die Beschlüsse erreicht werden. Die entzweiende Wirkung des Mehrheitsentscheides soll durch die Befristung der Amtsübertragung, durch die Revidierbarkeit der gefaßten Beschlüsse und durch den Schutz der unterlegenen Minderheit durch unveränderliche Grundrechte gemildert werden. Mit der Monarchie haben die demokratischen Revolutionen auch die politische Verwaltung durch persönlich dem Monarchen dienende Beamte beseitigt und an deren Stelle die nur der Verfassung und dem Gesetz verpflichtete bürokratische Beamtenverwaltung im Sinne von Max Webers (1922/1976: 122-176, 551-579) Idealtypus der rational-legalen Herrschaft mittels bürokratischen Verwaltungsstabes gesetzt. Im Hinblick auf die politische Integration der Gesellschaft wurde dadurch eine von persönlichen Beziehungen unabhängige Einbindung aller Einzelmitglieder und Gruppen in die alltägliche Herrschaftsausübung durch Verwaltung ermöglicht. Es schält sich so ein politisches System heraus, das auf die gesellschaftliche Funktion der Selektion und Durchführung kollektiv bindender Entscheidungen spezialisiert ist. Dessen Integration wird durch politische Macht gesichert, zu der jeder in gleicher Weise Zugang hat und der jeder in gleicher Weise unterworfen ist. Sie wird nach den Regeln der Verfassung übertragen, erworben und zur Durchsetzung von kollektiv bindenden Entscheidungen angewandt. In demokratischen Systemen sollen alle Einzelmitglieder und Gruppen in den Aufbau, den Abbau, die Übertragung und die Anwendung politischer Macht eingebunden sein. Je mehr dies gelingt, um so mehr wird die politische Integration der Gesellschaft durch politische Macht in einer ähnlich flexiblen Weise sichergestellt, wie das Geld ihre ökonomische Integration gewährleistet.

Im Laufe des beschriebenen Modernisierungsprozesses bildet sich das System der europäischen Nationalstaaten heraus (Tilly 1990). In ihnen kommen Staat und Nation zur Deckung. In sich können Nationalstaaten ethnisch homogen oder heterogen sein, sie tendieren jedoch zur Homogenisierung, entweder durch die Einebnung ethnischer Differenzen in multiethnischen Staaten oder durch die Bildung ethnisch homogener Staaten. In diesem Zusammenhang bezeichnen wir als ethnische Gruppen solche Gruppen, die sich selbst durch eine gemeinsame Herkunft identifizieren. Unter Herkunft kann in abgestufter Stringenz Abstammung, Geschichte, Sprache und Kultur verstanden werden. Mit dem Begriff der »Ethnizität« wird auf diese Herkunft verwiesen. »Nation« kann im Grenzfall eine ethnische Gruppe sein, schließt aber in vielen Fällen mehrere ethnische Gruppen in einer größeren Einheit von Menschen zusammen, die sich als eine Nation verstehen. Der Begriff des Volkes wird oft in beiden Bedeutungen verwendet, meint also manchmal »ethnische Gruppe«, manchmal »Nation«. Ein »Staat« ist wiederum eine politische Einheit, die auf einem abgegrenzten Territorium souveräne Zwangsgewalt ausübt (Heckmann 1992).

Der Nationalstaat unterscheidet sich nach unten von den vor allem im deutschen Sprachraum existierenden Kleinstaaten durch größere Fläche und größere Bevölkerung, nach oben von Großreichen – wie etwa die Habsburger Monarchie – durch eine größere Homogenität der Bevölkerung. Staat und Nation werden hier deckungsgleich. Das impliziert inbesondere, daß ethnische, religiöse und/oder sprachliche Differenzen eingeebnet werden. Ein Kleinstaat konnte in ethnischer, religiöser oder sprachlicher Hinsicht von vornherein homogen sein. Die Habsburger Monarchie war dagegen ein Vielvölkerstaat mit einer weit geringeren Homogenität der Bevölkerung, als sie von den Nationalstaaten angestrebt und erreicht wurde. Ein Großreich wie die Habsburger Monarchie hat an ethnischen Differenzen nichts geändert, weil es verschiedene Völker als solche in sich einschloß und einer zentralen Herrschaft unterwarf. Sein Herrschaftsanspruch galt dem Territorium und den auf diesem Territorium lebenden Völkern. Dagegen richtet sich der Herrschaftsanspruch des Nationalstaates auf ein Territorium und den einzelnen Bürger, unangesehen seiner ethnischen Herkunft. Während Kleinstaaten von vornherein homogen sein konnten und Großreiche es gar nicht werden wollten, ist der Nationalstaat auf die Homogenisierung einer ethnisch oft heterogenen Bevölkerung eingestellt. Wo diese Homogenisierung nicht gelingt, besteht die ständige Gefahr des Zerfalls in kleinere Staaten.

Die Tendenz zur Einheit von Staat und Nation ist politisch dadurch zu erklären, daß im konfliktreichen Europa mit der Mobilisierung der ganzen wehrfähigen Bevölkerung in den kriegerischen Auseinandersetzungen die Loyalität jedes einzelnen Bürgers vom Staat beansprucht wurde. Napoleons Kriegsführung bildet den Wendepunkt zur vollständigen militärischen Mobilisierung der wehrfähigen Bevölkerung. Kriege konnten nun nicht mehr mit Legionärsheeren geführt werden. Sie forderten die absolute Loyalität jedes einzelnen Bürgers. Diese Loyalitätspflicht verlangte als komplementäres Gegenstück auch die entsprechende Inklusion der wehrfähigen Bevölkerung in die Bürgerrechte, von den zivilen über die politischen bis zu den sozialen Rechten. Von der Gewährung der politischen Teilhaberechte, der Demokratisierung der Politik, war es ein logischer Schritt zum Prinzip der Selbstbestimmung der Völker, das sich im Laufe des 19. Jahrhunderts durchgesetzt hat. Es bildet die kulturelle Grundlage zur Legitimation der Vereinigung von Staat und Nation. Nach Beendigung des Ersten Weltkrieges hat es vor allem auf Betreiben des amerikanischen Präsidenten Woodrow Wilson Anwendung zur Bildung neuer Nationalstaaten aus den Trümmern der teils schon vor, teils mit Beendigung des Ersten Weltkrieges zerfallenen Großreiche – des Osmanischen Reiches, der österreichisch-ungarischen Doppelmonarchie und des Russischen Reiches – gefunden. Im Verlaufe dieser Entwicklung läßt sich eine deutliche ethnische Homogenisierung der Nationalstaaten beobachten (Therborn 1995: 34-48). Sie ist auf dem Wege der mehr oder weniger freiwilligen oder erzwungenen Migration geschehen. Ethnische Säuberung und Vertreibung haben ihren Teil zu dieser Homogenisierung der Nationalstaaten beigetragen. Diese Entwicklung hat

33

mit der Flucht oder Vertreibung von etwa 10,7 Millionen Deutschen aus Osteuropa nach dem Zweiten Weltkrieg einen Abschluß gefunden. Mit dem Zusammenbruch der Sowjetherrschaft hat dieser Prozeß in Osteuropa jedoch seit 1989 eine Fortsetzung erfahren und zur Bildung neuer Staaten geführt, die auf die Deckungsgleichheit von Staat und Nation zielen. Sie suchen ethnische Homogenität und schrecken vor Aktionen der ethnischen Säuberung nicht zurück. Der Krieg in Bosnien bildete den Höhepunkt dieser Entwicklung (Anderson 1988; Gellner 1991; Hobsbawm 1991; Smith 1986). In Westeuropa war dagegen seit den fünfziger Jahren eine neue ethnische Heterogenisierung der Nationalstaaten eingetreten, bedingt durch Immigration aus ehemaligen Kolonien und/oder durch Migration von Arbeitssuchenden aus Südeuropa in die nordwestlichen Staaten Europas (Therborn 1995: 48-51). Seit Anfang der neunziger Jahre stellen sich in diesen Nationalstaaten neue Probleme der Inklusion zugewanderter ethnischer Minderheiten. Eine Welle fremdenfeindlicher Aktionen hat einen neuen Mangel an sozialer Integration erkennen lassen.

Bei der Beantwortung der Frage nach der sozialen Integration der modernen Nationalstaaten müssen zwei unterschiedliche Verständnisse von Nation auseinandergehalten werden: erstens das in der französischen Revolution wurzelnde und paradigmatisch von Ernest Renan (1947) in einer Auseinandersetzung mit Theodor Mommsen zur Frage der staatlichen Zugehörigkeit des Elsaß auf den Begriff gebrachte Verständnis als Willensgemeinschaft, zweitens das auf Herder (1967/68) zurückgehende deutsche Verständnis als Herkunftsgemeinschaft mit einer gemeinsamen kulturellen Tradition (Meinecke 1907/1962). Im ersten Fall kann jeder Franzose sein, der sich die Prinzipien der Republik zu eigen macht, im zweiten Fall kann Deutscher nur sein, der seine ethnische und kulturelle Herkunft nachweisen kann. Nach dem französischen Modell kann die Einheit von Staat und Nation mit ethnischer Heterogenität einhergehen, im zweiten Fall nicht. Im Falle Frankreichs entstand aus einem multiethnisch zusammengesetzten Staat eine Nation, im Falle Deutschlands aus einer ethnischen und kulturellen Herkunftsgemeinschaft ein Staat. Selbstbestimmung hat dementsprechend zweierlei Bedeutung: einerseits die Entscheidung von Menschen unterschiedlicher ethnischer Herkunft, zusammen einen Staat zu bilden, andererseits das Recht von Menschen gleicher ethnischer Herkunft, unabhängig von bestehenden staatlichen Einheiten einen eigenen Staat zu haben. Während das erste Modell ethnische Heterogenität zuläßt, verlangt das zweite Modell ethnische Homogenität.

Das heißt indessen nicht, daß das erste Modell auf die volle Entfaltung heterogener ethnischer Identitäten eingestellt ist. Das französische Nationsverständnis verlangt vielmehr die Aufgabe ethnischer Identitätsmerkmale zugunsten der nationalen Willensgemeinschaft. Die Loyalität gehört der Nation und nicht der Herkunftsgruppe, der säkularen Republik und nicht der religiösen Glaubensgemeinschaft. De facto impliziert dieses Verständnis der Nation ein hohes Maß der Assimilation an die französische Kultur. Im Alltagsleben kann es deshalb auf dieselbe Fremdenfeindlichkeit hinauslaufen wie das auf gemeinsame Herkunft ausgerichtete Nationsverständnis. Ein Unterschied bleibt jedoch bestehen: Während das erste Modell als ein Angebot verstanden werden kann, sich einer Willensgemeinschaft mit entsprechender Loyalitätsverschiebung anzuschließen, läßt das zweite Modell ein solches Angebot der Idee nach nicht zu.

Am weitgehendsten ist das Modell der Willensgemeinschaft in den USA verwirklicht worden. Dort ist explizit eine Nation aus Zuwanderern sehr unterschiedlicher ethnischer Herkunft gebildet worden. Amerikaner wird man als Individuum, unabhängig von der ethnischen Herkunft. Das bedeutet aber auch, daß ich die amerikanischen Bürgerrechte als Individuum habe und aus meiner ethnischen Herkunft keine besonderen Rechte ableiten kann. Multiethnizität geht einher mit einem hohen Maß der Individualisierung, d. h. mit der Entbindung aus Herkunftsgruppen. Die Integration der amerikanischen Gesellschaft ist in dem Maße gelungen, in dem die Individuen tatsächlich ihre Herkunft abstreifen und als Individuen Anerkennung finden sowie ihre Rechte und Pflichten wahrnehmen konnten. Die Realität weicht davon natürlich ab, wie wir wissen. Das geht allerdings auch zu Lasten der sozialen Integration. Die Individuen geben ihre ethnische Identität nicht in dem zur Herstellung von sozialer Integration erforderlichen Maß auf. Engere Vergemeinschaftung verläuft ganz überwiegend entlang ethnischer Herkunft. Diese Tendenz wird im Zuge von Zuwanderung insofern verstärkt, als vorhandene ethnische Gruppen als erste Auffangbecken für neu Zugewanderte dienen. Weil die ethnische Differenzierung nicht vollständig durch Individualisierung durchbrochen worden ist, hat der im

Modernisierungsprozeß sich stets erweiternde Kampf um die Wahrnehmung der Bürgerrechte eine eigenartige Wendung genommen. Er hat sich von der Emanzipation des Individuums aus traditionell vorgegebener Herrschaft zur Sicherung von Rechten *aufgrund* einer vorgebenen Herkunftsidentität gewandelt. Während der Kampf um die Wahrnehmung der Bürgerrechte auf der Linie der Emanzipation zur Individualisierung führt und damit die Integration der Gesellschaft jenseits von Herkunftsgruppen fördert, ergibt sich aus der neuen Identitätspolitik der Sicherung von Rechten aufgrund der Zugehörigkeit zu bestimmten Herkunftsgruppen eine neue Spaltung der Gesellschaft (Schlesinger 1992). Dieses Beispiel lehrt, daß die soziale Integration multiethnisch zusammengesetzter Gesellschaften nur auf dem Wege der Individualisierung und einer entsprechenden Entbindung aus Herkunftsgruppen gelingen kann.

Die Wahrnehmung individueller Rechte findet immer innerhalb einer vorhandenen Kultur statt. Diese Kultur ist im geschichtlichen Prozeß gewachsen und enthält mehr Elemente derjenigen Herkunftsgruppe, die sie am längsten geformt hat. Das ist in den USA zwangsläufig die weiße, angelsächsische und protestantische Gründergemeinschaft. Ihre Kultur ist jedoch im Prozeß der Modernisierung so weit säkularisiert und generalisiert worden, daß sie von allen real existierenden Kulturen das größte Inklusionspotential besitzt. Dennoch hat jeder, der nicht aus dieser Herkunftsgruppe kommt, geringere Chancen, im gleichen Umfang an der herrschenden Kultur teilzuhaben, und geringere Chancen, seine Herkunftsidentität in diese Kultur einzubringen. Diesem Handicap kann die Gesellschaft nur durch Programme der *individuellen* Chancenverbesserung und der Öffnung für ein größeres Spektrum von Herkunftskulturen *im Rahmen* des bestehenden kulturellen Universalismus entgegenwirken, wenn sie nicht in Einzelgruppen mit jeweils eigener Kultur zerfallen will. Dazu gehört ein Minimum von Verfahren der gegenseitigen Verständigung. Die Geltung einer einheitlichen Verkehrssprache ist dabei wiederum ein Handicap für die Sprecher anderer Sprachen, aber nur insoweit relativierbar, als durch die Zulassung weiterer Sprachen die Verständigung zwischen allen Gesellschaftsmitgliedern nicht verhindert wird. Das muß nicht zum Englischen als allein gesprochener Sprache zwingen, sicherlich aber zu dessen Nutzung als allgemeiner Verkehrssprache, neben der andere Sprachen für spezielle

Verkehrskreise bestehen können. Integrationsförderlich wäre eine Gegenseitigkeit derart, daß alle nichtenglischen Muttersprachler wie bislang zum Englischen als allgemeiner Verkehrssprache verpflichtet werden, die englischen Muttersprachler aber im Gegenzug zum Erlernen von mindestens einer weiteren Sprache. Durch die Gegenseitigkeit würde der gegenwärtige Konflikt um das Englische als allgemeingültige Verkehrssprache in den USA entschärft. Die englischsprechende Bevölkerung könnte auf diese Weise ihre Integrationsbereitschaft und -fähigkeit gegenüber den nichtenglischen Kulturen beweisen.

Im Zuge der Globalisierung von ökonomischem Austausch, Arbeitsteilung, politischen Problemstellungen und kultureller Kommunikation verlieren die Nationalstaaten als politische und identitätsbestimmende Einheiten zunehmend an Bedeutung. Supranationale Einheiten und globale Organisationen schieben sich dagegen in den Vordergrund. Zugleich ergeben sich dadurch neue Spielräume für regionale Autonomie unterhalb der Nationalstaaten. In diesem Prozeß werden die Nationalstaaten nicht überflüssig. Ihre Rolle verändert sich jedoch. Sie werden jetzt zu Mittlern zwischen globalen und regionalen Einheiten, müssen innere regionale und äußere globale Vielfalt bündeln. Dadurch werden sie zwangsläufig pluralistischer. Einerseits müssen sie Spielraum für regionale Vielfalt geben, andererseits die globale Vielfalt in sich repräsentieren können. Auf diesem Wege tragen sie zur Integration der ohnehin sich herausbildenden Weltgesellschaft bei. Sie werden so zwangsläufig ein Stück weit multiethnisch. Sie können dies unter Wahrung ihrer eigenen Integration aber nur sein, wenn sich die Identitäten ihrer Mitglieder weiter individualisieren und dementsprechend ihre ethnische Herkunftsidentität in den Hintergrund tritt.

Im Prozeß der Modernisierung wird die soziale Integration auf lokaler, regionaler, nationaler, supranationaler und globaler Ebene und die Integration dieser Ebenen untereinander zu einem Dauerproblem. In der fortschreitenden Moderne kann immer weniger auf die integrative Kraft der Tradition gebaut werden. Soziale Integration muß vielmehr Tag für Tag unter Bedingungen des sich unablässig beschleunigenden sozialen Wandels neu geschaffen werden. Mit der Auflösung der ständischen Ordnung hat eine außerordentliche Freisetzung der einzelnen Individuen und Gruppen der Gesellschaft stattgefunden. Die Gesellschaft setzt sich jetzt aus völlig ungebundenen Einzelindividuen und einer Vielzahl von Gruppen ohne jede vorgegebene Ordnung zusammen. An die Stelle der festen Ordnung der Ständegesellschaft, in der jeder Stand seinen feststehenden Platz einnimmt, tritt die offene und dynamische Klassen-, Schichten- und Gruppengesellschaft, die offene Konkurrenz um knappe Ressourcen, der Kampf um die Machtausübung sowie der Streit um die Wahrheit. Im Anschluß an eine von David Lockwood (1964) eingeführte begriffliche Unterscheidung ist hier zu fragen: Wie kann eine solche Gesellschaft über die systemische Integration durch Medien der Kommunikation wie Wertbindungen, Geld und politische Macht noch eine soziale Integration der Einzelindividuen und Gruppen erreichen? Ist eine solche soziale Integration über die systemische Integration hinaus überhaupt noch erforderlich? Wenn die moderne Gesellschaft aus funktional differenzierten Teilsystemen besteht und sie darin ihre Grundstruktur hat, wie ist die Integration der Teilsysteme untereinander denkbar und wie fügen sie sich zu einem gesellschaftlichen Ganzen zusammen? Die Soziologie hat auf diese Fragen verschiedene Antworten gegeben (Münch 1994). Diese Antworten sollen in den folgenden Abschnitten dargelegt und diskutiert werden.

1.2 Ökonomische Integration

Theorien der ökonomischen Integration erkennen in der modernen arbeitsteiligen Gesellschaft ein Gefüge aus vielen einzelnen Tauschvorgängen und ihnen korrespondierenden Vertragsbeziehungen. Die moderne Marktgesellschaft setzt an die Stelle der Einbindung der einzelnen und Gruppen in die Gesellschaft durch den feststehenden sozialen Stand den völlig frei geschlossenen Vertrag zwischen beliebigen Vertragspartnern. Nicht nur der Warentausch folgt diesem Modell, sondern auch die Dienstleistungsbeziehung zwischen Arzt und Patient, Anwalt und Klient, die Herrschaftsbeziehung zwischen Wählern und Gewählten, Herrschern und Herrschaftsunterworfenen, die Heirat zwischen Mann und Frau, teilweise auch die Erziehungsbeziehung zwischen Lehrern und Schülern sowie sogar zwischen Eltern und Kindern. Verträge sind das Bindemittel der modernen Marktgesellschaft. In dieser Perspektive erscheint der Wandel von der traditionalen zur modernen Gesellschaft als ein Wandel vom Status zum Kontrakt. In die Soziologie hat Herbert Spencer (1857/1972a, 1862/1904, 1897-1906/1975) diese Theorie der ökonomischen Integration eingebracht. Er hat damit die Ideen des philosophischen und ökonomischen Liberalismus und Utilitarismus fortgeführt, die im angelsächsischen Denken in Reflexion der sich dort entfaltenden freien Marktgesellschaft von John Locke (1690/1963) über David Hume (1777/1980) und Adam Smith (1759/1966, 1776/1937) bis Jeremy Bentham (1789/1970) und John Stuart Mill (1861/1974) formuliert wurden. Spencer sah im Zuge der Herausbildung der reifen Marktgesellschaft mit den zur Selbstverantwortung fähigen Menschen immer weniger Raum für den Staat als ordnende Hand. Er sollte am Ende ganz überflüssig werden, wenn die Menschen in einem evolutionären Ausleseprozeß reif genug geworden sind, sich frei und selbstverantwortlich untereinander durch eine Vielzahl von Verträgen zu verbinden.

Von Benthams universalistischem Utilitarismus übernahm Spencer die Idee, daß die Gesellschaft dann ihren moralisch reifsten Zustand erlangt hat, wenn jeder das größtmögliche Glück erreicht. Später hat Vilfredo Pareto (1906/1965: VI, § 33) das in der ökonomischen Theorie nach ihm benannte Pareto-Optimum definiert. Es ist derjenige gesellschaftliche Zustand, dessen Änderung einzelnen Individuen nur auf Kosten anderer eine Verbesserung der materiellen Lebenssituation erbringen würde. Eine solche Gesellschaft kann durchaus eine große Ungleichheit der materiellen Lebensverhältnisse aufweisen. Wenn es in ihr auch den am schlechtesten gestellten Menschen besser geht als in jeder anderen Gesellschaft, auch in einer solchen mit geringerer Ungleichheit, dann ist sie dem Pareto-Optimum am nächsten. Leben z. B. in der kommunistischen Gesellschaft alle Menschen schlechter als in der kapitalistischen, einschließlich der Armen, dann ist sie weiter vom Pareto-Optimum entfernt als die kapitalistische Gesellschaft. Die Theorie der ökonomischen Integration erkennt deshalb in der Wohlstandssteigerung durch die kapitalistische Marktgesellschaft das wesentliche Element der Integration der Massen in die Gesellschaft. Diese Idee ist nirgendwo sonst so in die Tat umgesetzt worden wie in den Vereinigten Staaten von Amerika. Henry Ford hat mit der automobilen Massenproduktion den Massenkonsum zum Hauptelement der ökonomischen Integration der modernen Massengesellschaft gemacht. Die Integration der Massen in die kapitalistische Gesellschaft geschieht über die permanente Steigerung des Wohlstandes und des Massenkonsums. In den Vereinigten Staaten hat diese Philosophie der ökonomischen Integration erst mit der großen Weltwirtschaftskrise nach dem Börsenkrach am 24. Oktober 1929 eine erste Einschränkung erfahren. Präsident Franklin D. Roosevelt hat mit seinem Wohlfahrtsprogramm des New Deal dem Staat die Aufgabe gegeben, Vorsorge für Not und Armut derjenigen zu treffen, die mit der Konkurrenz im kapitalistischen System nicht mithalten können oder durch dessen Krisen in die Arbeitslosigkeit gedrängt werden. Damit wurde auch in den Vereinigten Staaten akzeptiert, daß der Staat zumindest minimale Integrationsaufgaben zu erfüllen hat, wo die ökonomische Integration durch die kapitalistische Wohlstandssteigerung versagt.

Trotz dieses eingeschränkten Vertrauens in die rein ökonomische Integration der kapitalistischen Marktgesellschaft haben sich bis heute in den Sozialwissenschaften vor allem im angelsächsisch-amerikanischen Kulturraum Ansätze erhalten, die im Markttausch, dem freien Vertrag und der kapitalistischen Wohlstandssteigerung die wesentlichen Elemente der Integration moderner Gesellschaften sehen. Nach dem konsequent ökonomischen Ansatz von Friedrich A. von Hayek (1969) entwickelt der Markt in einem evolutionären Suchprozeß aus sich heraus eine spontane Eigentumsordnung mit entsprechenden rechtlichen Regelungen, die für eine angemessene Integration der Marktgesellschaft sorgen. Robert Axelrod (1984) hat anhand von Computerturnieren gezeigt, daß die Spieler mit der Zeit lernen, zuverlässig und vertrauenswürdig zu agieren und abgeschlossene Verträge einzuhalten, weil sie auf diese Weise auf Dauer die größten Gewinne erzielen. Sie handeln nach dem Prinzip »Tit for Tat« (Wie du mir, so ich dir). Aus solchen theoretischen Annahmen und empirischen Ergebnissen werden in der politischen Praxis Argumente für »Deregulierung« abgeleitet, d. h. Argumente für den Rückzug des Staates aus der Regulierung der Marktprozesse durch staatliche Eingriffe. Sie setzen voraus, daß der Markt über eigene integrative Kräfte verfügt, wenn er nicht von außen gestört wird und genug Zeit hat, auf evolutionärem Wege die besten Regelungen zu finden. Nach der Theorie der Eigentums- bzw. Verfügungsrechte (property rights) von Ökonomen wie Ronald Coase (1960) oder Harold Demsetz (1967) müssen nur Eigentumsrechte klar definiert sein, damit der Marktprozeß aus sich heraus das Pareto-Optimum und damit die ökonomische Integration der Gesellschaft hervorbringt. Der Staat hat allein die minimale Aufgabe, die aus dem evolutionären Suchprozeß entstandenen Eigentumsrechte zu schützen oder gegebenenfalls diesem Prozeß durch die Einführung von Eigentumsrechten an knappen Gütern (z. B. an der knapp gewordenen Umwelt) ein wenig nachzuhelfen. Mit diesem Zugeständnis bewegen sich die Ökonomen jedoch schon ein Stück weit von einer Theorie der rein ökonomischen Integration der Gesellschaft weg und auf eine Theorie der politischen Integration zu, in der dem Staat eine wesentliche Integrationsaufgabe zufällt. Als Ahnherrn einer ökonomisch-politischen Integrationstheorie könnte man Thomas Hobbes (1651/1966) betrachten, der meinte, die egoistischen Einzelmenschen des »Naturzustandes« würden erkennen, daß sie sich vor der Täuschung und der Gewalt der anderen auf Dauer nur durch einen für alle nutzbringenden Vertragsschluß schützen können, in dem sie alle Macht auf eine politische Instanz übertragen, der es dann obliegt, den freien Verkehr zwischen den Individuen durch Gesetze zu regeln. Nach dem Vertragsschluß bleiben die Menschen dem eingesetzten Herrscher ohne Widerstandsrecht unterworfen, solange er die Ordnung aufrechterhalten kann.

Die Theorie der ökonomischen Integration stößt an Grenzen, sobald Integration mehr sein soll als die zufällige und stets wandelbare Komplementarität von Interessen. Es ist deshalb nicht überraschend, daß auch gegenwärtig, nach einer neuen Welle der ökonomischen Theorieentwicklung, Auswege aus den Sackgassen des Paradigmas gesucht werden. Einen vielbeachteten Ausweg hat Jon Elster (1989) mit der Einführung des »normregulierten« Handlungstypus aufgezeigt. Er gesteht damit zu, daß normreguliertes Handeln nicht auf strategisches Handeln reduziert werden kann, sondern eine eigene Qualität besitzt, die mit rein ökonomischen Theorien nicht erfaßt und erklärt werden kann. Damit findet Elster zurück zu einem Ausweg aus der Sackgasse des ökonomischen Paradigmas, den Talcott Parsons (1937/1968) schon mehr als fünfzig Jahre zuvor aufgewiesen hat.

Wenden wir die ökonomische Theorie zur Erklärung ethnisch-kultureller Konflikte an, dann richtet sich unser Blick auf die Kosten-Nutzen-Kalkulationen hinsichtlich des Zusammenlebens unterschiedlicher ethnischer Gruppen. Aus dieser Perspektive

werden solche Konflikte um so eher auftreten, je weiter für mindestens eine Gruppe in deren Wahrnehmung die Kosten des Zusammenlebens mit der oder den anderen Gruppen den Nutzen
übersteigen und je weniger sie durch gewachsene Loyalität zusammengebunden werden oder durch Abwanderung bzw. Kontaktvermeidung der Situation ausweichen können (Hirschman
1970). Damit ist z. B. zu erklären, daß sich Fremdenfeindlichkeit
weniger gegen schon alteingesessene und mehr gegen neu hinzu-
kommende Ausländer richtet, in ethnisch bisher homogenen
Dörfern oder Kleinstädten schneller und intensiver aufkommt als
in ethnisch schon länger heterogenen Großstädten. Die Grenzko-
sten des Vertrautmachens mit Zuwanderern, d. h. die Kosten je
neuem Zuwanderer, sind außerdem in ethnisch schon heterogenen Gemeinden geringer als in ethnisch bisher homogenen. Je
kleiner eine Gemeinde ist, um so weniger läßt sich die Situation
darüber hinaus durch Kontaktvermeidung bewältigen. Schließlich
neigen Angehörige der Unterschicht eher zur Fremdenfeindlichkeit, weil sie unmittelbarer als andere die Zuwanderer als Konkurrenten bei der Sicherung von Arbeitsplätzen, Wohnung und
Sozialleistungen sehen und weniger deren nur abstrakt zu erfassenden Beitrag zur allgemeinen Steigerung des Sozialprodukts erkennen.
Ökonomisch ist auch das viel mehr innerethnisch als interethnisch
ausgerichtete Gesellungsverhalten bei Freundschaft, Partnerschaft
oder Vereinsmitgliedschaft zu erklären. Es hält die Kosten des
Vertrautmachens mit den anderen niedriger und vermeidet Sanktionen der Herkunftsgruppe, wie fein oder grob diese auch sein
mögen. Die interethnische Verflechtung des sozialen Lebens ist
aber gerade notwendig, um wechselseitige Vertrautheit zu schaffen und damit die Kosten des interethnischen Zusammenlebens
gering zu halten, wenn die Verteilungsspielräume nicht grenzenlos
wachsen. Es bedarf deshalb der besonderen Initiative von moralischen Unternehmern, um interethnische Beziehungen zu fördern
und die Kosten des Mitziehens für die anderen zu reduzieren.
Es wäre allerdings kurzsichtig, die Bewältigung ethnisch-kultureller Konflikte allein auf der Ebene der Ökonomie des Zusammenlebens erreichen zu wollen. Diese Perspektive versagt nämlich, soweit die Konflikte in Machtverhältnissen, in kultureller
Inkonsistenz oder sozialer Abschließung gründen.

1.3 Politische Integration

In der ökonomischen Theorie hat Arthur Pigou (1920/1960) mit seiner Wohlfahrtsökonomie den liberalen Glauben an die Integrationskraft des Marktes erschüttert und die integrative Rolle des Staates betont. Nach seiner Analyse produziert der Markt eine ganze Reihe von negativen Begleiterscheinungen und Verzerrungen des Pareto-Optimums, die der Staat durch wohlfahrtsstaatliche Maßnahmen korrigieren muß. Schon lange vor ihm haben die französischen Sozialisten des frühen 19. Jahrhunderts – z. B. Proudhon und Fourier – und nach ihnen Karl Marx (1844/1968, 1852/1960, 1867/1962; Marx und Engels 1846/1969, 1848/1959) die gesellschaftssprengende Kraft des Marktes, der Arbeitsteilung und des Kapitalismus in den Mittelpunkt ihrer Theorien gestellt. Sie erzeugen einen zunehmend schärferen Antagonismus der Kapitalistenklasse und der Arbeiterklasse. Dieser Antagonismus zwingt einerseits die Kapitalistenklasse dazu, die kapitalistische Ordnung durch einen starken Staat beschützen zu lassen. Andererseits wächst damit die Bereitschaft der Arbeiterklasse, die Klassenherrschaft durch den revolutionären Umsturz abzuschütteln und die klassenlose Gesellschaft des Kommunismus herbeizuführen. In der klassenlosen Gesellschaft wird der Staat als Mittel der Zwangsintegration überflüssig. Die Integration der Gesellschaft wird durch eine neue Form der Gemeinschaft von Gleichen geschaffen, die alle Angelegenheiten gemeinsam regeln. Daß es sich bei Marx' Idee der kommunistischen Gesellschaft um nicht mehr als eine schönfärberische Erinnerung an die einfachsten Gesellschaften handelte, die ohne jede Ausarbeitung für die Verhältnisse großräumiger, technisch und ökonomisch hochentwickelter Gesellschaften blieb, hat mit zum Scheitern des Experimentes in den realsozialistischen Gesellschaften beigetragen. Sie haben den ökonomischen Mangel, den sie aufgrund unzureichender ökonomischer Produktivität zu ertragen hatten, nur durch eine extreme politische Zwangsintegration ausgleichen können. In ihnen ist das zur Realität geworden, was Marx für den Kapitalismus vorausgesehen hatte. Die Herrschaft der kommunistischen Funktionärsklasse mußte aufgrund des ökonomischen Mangels mit allen Mitteln aufrechterhalten werden. Sie hat so den Klassenantagonismus auf die Spitze getrieben und ist 1989 in einem revolutionären Akt beseitigt worden. Derweil konnte in den kapitalistischen Gesellschaften ein Wohlstandsniveau erreicht werden, das die Klassenherrschaft durch staatliche Zwangsintegration überflüssig gemacht hat. Statt dessen haben die kapitalistischen Gesellschaften den Klassenantagonismus durch die ökonomische Integration des Massenwohlstands und Massenkonsums und durch die politische Integration des Wohlfahrtsstaates überwunden, und zwar mit beiden Mitteln, wenn auch mit unterschiedlicher Gewichtung.

Über Marx hinaus ist die Theorie der politischen Integration der Gesellschaft ein Bestandteil der Sozialwissenschaften, jedoch in verallgemeinerter Form, geblieben. Der Ahnherr von Theorien der rein politischen Integration ist Niccolò Machiavelli (1532/1979). Sein Einfluß ist vor allem im Werk Vilfredo Paretos (1901, 1916) zu bemerken. Für Pareto bildet das Verhältnis zwischen Elite und Masse die Grundstruktur der Gesellschaft. Ihre Integration beruht wesentlich auf der Führungskraft der Elite. Sobald diese nicht mehr durch die fortlaufende Rekrutierung von Führungspersonal aus der Masse erneuert werden kann oder die neu aufsteigenden Führungskräfte dem rein technischen Machterhalt anheimfallen und sowohl der Glaube an die eigenen Ideen als auch der Herrschaftswille erlahmen, bricht die Gesellschaft auseinander, bis es einer neu aufsteigenden Elite mit ihrer Führungskraft glückt, die Gesellschaft neu zusammenzubinden. Ralf Dahrendorf (1958, 1961) hat Marx' Theorie der Klassenherrschaft verallgemeinert. Er geht davon aus, daß die moderne Gesellschaft nicht durch einen Konsens über gemeinsame Werte zusammengehalten werden kann. Vielmehr ist sie durch die Allgegenwart von Wert- und Interessenkonflikten geprägt. Unter dieser Bedingung kann die Gesellschaft allein durch politischen Zwang zusammengefügt werden. Die Konflikte zentrieren sich deshalb um die Ausübung des politischen Zwangs mittels staatlicher Herrschaft. So schält sich eine Grunddifferenzierung der Gesellschaft in die Herrschenden und die Beherrschten heraus. Je besser beide Seiten organisiert sind, um so heftiger werden sie um die Erhaltung bzw. Veränderung des Status quo der Herrschaftsausübung kämpfen. Liberal-demokratische Gesellschaften erlauben die friedliche Austragung dieses Grundkonflikts und ermöglichen einen geregelten Austausch der Herrschenden sowie einen Wechsel von der einen zur anderen Seite. Auf diese Weise gelingt es ihnen, ein hohes Maß der freien Artikulation von Interessen und der Austragung von Konflikten mit einem hohen Maß der politischen

Integration der Gesellschaft zu vereinigen. Die wirkliche Basis der Integration ist dann aber der Konsensus über die Regeln der Herrschaftsausübung.

In bezug auf ethnisch-kulturelle Konflikte sagt uns die Theorie der politischen Integration, daß solche Konflikte um so eher auftreten und um so heftiger ausgetragen werden, je mehr und dauerhafter die Differenz zwischen Herrschenden und Beherrschten mit der Differenz zwischen ethnischen Gruppen einhergeht und dementsprechend die ethnische Loyalität der Herrschenden die Ausschließung anderer ethnischer Gruppen von der Macht und ihre Unterdrückung zur Folge hat. Wenn sich für die Unterdrückten Chancen ergeben, diese Situation gewaltsam zu ändern, werden sie diese auch ergreifen. Sobald sie die Herrschaft übernommen haben, werden sie selbst wieder nach dem Prinzip der ethnischen Loyalität handeln und die ehemals Herrschenden ausschließen und unterdrücken. So ergibt sich der in den meisten afrikanischen Staaten zu beobachtende Circulus vitiosus der ethnischen Unterdrückung und Gewaltanwendung. Aus der Perspektive einer reinen Macht- und Konflikttheorie könnte dieser Circulus vitiosus niemals durchbrochen werden. Darin liegen die Grenzen dieser Theorie. Durch unternehmerische Initiative könnte z. B. ein positiver Zirkel des interethnischen Austauschs bei gegenseitiger Nutzensteigerung in Gang gesetzt, durch gemeinsame Aktionen wechselseitige Loyalität und durch Gesprächsrunden Verständnis für die jeweils andere Seite gefördert werden.

1.4 Kulturelle Integration

Im Lichte von Theorien der kulturellen Integration erscheint sowohl die ökonomische als auch die politische Integration der Gesellschaft in ihrer Reichweite begrenzt und für die Lösung kultureller Integrationsprobleme ungeeignet. Sie suchen die Lösung des Problems auf dem Wege der kulturellen Einheit der Gesellschaft und im Verhältnis des Partikularen zum Allgemeinen. An die Stelle von ökonomischem Tausch und politischem Zwang tritt die Verständigung auf der Basis von gemeinsam geteilter Vernunft. Den Ursprung dieser Ansätze muß man in Hegels (1821/1964b) großangelegtem Versuch sehen, die Entzweiung der bürgerlichen Gesellschaft, mit ihrer Vielfalt partikularer Interessen, in einem

Staat aufzuheben, der das Allgemeine repräsentiert, indem er der Idee der Sittlichkeit verpflichtet ist und seine Gesetzgebung darauf ausrichtet. In der Idee der Sittlichkeit vereinigt Hegel den von Kant (1797/1956b) formulierten Gegensatz von allgemeingültiger Moralität und nur begrenzt gültiger staatlicher Legalität. Über Marx und später die Kritische Theorie von Max Horkheimer und Theodor W. Adorno (1944/1968) spannt sich der Bogen von Hegels (1821/1964b) Philosophie bis zu Jürgen Habermas' (1981, 1992) Theorie des kommunikativen Handelns als der gegenwärtig ausgereiftesten Theorie der kulturellen Integration der Gesellschaft. Habermas knüpft an die von David Lockwood (1964) eingeführte Unterscheidung von Sozialintegration und Systemintegration an. Er argumentiert, daß die funktional differenzierte Gegenwartsgesellschaft überwiegend systemisch durch Medien wie Geld, politische Macht und Recht integriert sei, aber ein Defizit der Sozialintegration aufweise, die allein über Prozesse der sprachlichen Verständigung erreicht werden könne. Die Entwicklung sei sogar so weit gegangen, daß die Systemintegration durch Geld, politische Macht und Recht in Bereiche der gesellschaftlichen Lebenswelt – wie die Familie und die Schule – eingreift, in denen noch Reste der Sozialintegration erhalten geblieben waren. So ergibt sich eine Kolonialisierung der Lebenswelt durch die Systeme. Damit entgleitet die gesellschaftliche Entwicklung vollständig der reflektierten Steuerung durch sprachliche Verständigung. Sie erfolgt nach Gesetzmäßigkeiten der alles beherrschenden Systeme, die von den Menschen nicht mehr kontrolliert werden können. Im Sinne von Marx' Entfremdungstheorie üben sie eine Macht über die Menschen aus, von der sie nicht wissen, woher sie kommt und wohin sie führt. Nach Max Webers (1920/1972a) Theorie der paradoxen Rationalisierung der modernen Gesellschaft entsteht daraus ein wachsender Freiheitsverlust und Sinnverlust. Die Menschen werden immer mehr durch die Systeme beherrscht und haben immer weniger Möglichkeiten, sich noch über den Sinn des ganzen Geschehens zu verständigen. Die moderne Gesellschaft kann sich nach Habermas' Theorie aus den Fesseln der verselbständigten Systemintegration nur in dem Maße befreien, in dem sie Prozessen der diskursiven Verständigung wieder mehr Raum gibt und die Systeme an die Leine der Verständigungsprozesse nimmt. Die Lösung des Problems liegt so in einer Verschränkung von Sozial- und Systemintegration (Peters 1993).

Aus kommunikativer Sicht wurzeln ethnisch-kulturelle Konflikte immer in mangelnden Chancen zu gegenseitiger Verständigung. Das ist im allgemeinen nicht falsch, aber nicht in jeder Hinsicht richtig. Je schlechter wir uns in die Lage des anderen versetzen können, um so weniger werden wir sein Handeln verstehen, um so fremder bleibt er uns und um so eher werden wir auf ihn ausgrenzend reagieren. Außerdem wird der Konflikt um so heftiger und schwerer zu bewältigen sein, je mehr Unverträglichkeiten zwischen den ethnischen Kulturen herrschen. Dementsprechend langwierig stellen sich Verständigungsversuche dar. Soweit die vorherrschenden Verfahren der Konfliktbewältigung in erster Linie auf Interessenausgleich und Mehrheitsmobilisierung ausgerichtet sind und nicht genügend Raum für gegenseitige Verständigung geben, reichen sie nicht tief genug, um die kulturellen Wurzeln des Konflikts zu erfassen. Wenn wir allein dieser Perspektive folgen, verstellen wir uns allerdings den Blick für die Ursachen und Lösungsstrategien ethnischer Konflikte auf der Ebene von Interessen, Machtverteilung und gegenseitiger Loyalität. Um darüber etwas zu erfahren, müssen wir auf andere Theorien zurückgreifen.

1.5 Systemische Integration

Im Lichte von Niklas Luhmanns (1981, 1984, 1986, 1988, 1990, 1993, 1997) radikaler Theorie der Systemintegration ist der Ansatz von Habermas zum Scheitern verurteilt, weil er in der diskursiven Verständigung ein Zentrum sucht, das es in der funktional, nicht mehr hierarchisch differenzierten Gesellschaft gar nicht mehr geben kann. In die politische Praxis umgesetzt, kann ein solcher Versuch nur in der zwanghaften Durchsetzung der Weltsicht eines Subsystems gegen alle anderen, in der Verabsolutierung des Partikularen zum Allgemeinen und in einem moralischen Totalitarismus enden. In der funktional differenzierten Gesellschaft sind moralische Diskurse – wenn sie überhaupt mehr sein sollen als ein undefinierbares Rauschen in der Umwelt von ausdifferenzierten Systemen – selbst auf das bescheidene Maß eines ausdifferenzierten Subsystems der Gesellschaft zurückgeschnitten. Ihre Ergebnisse haben nur innerhalb des Systems Gültigkeit, aber nicht außerhalb. Dem ökonomischen oder dem politischen System, die ihre eigene Weltsicht haben, erscheinen sie allein als Umweltereignisse, die innerhalb ihrer Grenzen grundsätzlich nur nach ihrem eigenen Code und ihren eigenen Operationsregeln wahrgenommen und bearbeitet werden können. Moralische Urteile haben für die Ökonomie nur unter der Fragestellung Relevanz, was ihre Verwirklichung kostet, für die Politik nur unter der Fragestellung, wieviel Wahlstimmen ihre Verwirklichung einbringt oder abzieht. Die moderne Gesellschaft hat ein Niveau der funktionalen Differenzierung erreicht, auf dem ihre Teilsysteme autopoietisch operieren und sich so fortlaufend selbst reproduzieren. Sie erlangen maximale Offenheit durch Geschlossenheit. Weil sie operativ geschlossen sind, können sie höchste Komplexität in ihrer Umwelt tolerieren und höchste Komplexität aufgreifen und in sich verarbeiten, ohne ihre Existenz zu gefährden. Die Integration der Gesellschaft, die sich aus einer Vielzahl von autopoietisch operierenden Teilsystemen zusammensetzt, erfolgt allein durch diese Parallelität von wechselseitiger Geschlossenheit und Offenheit. Jedes Teilsystem kann alles aufnehmen, was von den anderen Teilsystemen produziert wird und trotzdem seine eigene Identität bewahren. So vereinigt die Gesellschaft ein Höchstmaß der Ausdifferenzierung von Teilsystemen mit einem Höchstmaß der Integration der Teilsysteme untereinander.

Inzwischen mehren sich jedoch die Zweifel an dieser Theorie der systemischen Integration. Insbesondere die Integration der Teilsysteme untereinander wird als Problem betrachtet. Luhmann greift selbst auf die Idee der strukturellen Kopplung zurück, um das Problem zu bewältigen. Nach dieser Idee sollen die Teilsysteme in ihrer Existenz darauf angewiesen sein, daß sie in einer auf sie zugeschnittenen Umwelt operieren können. D. h., es wird die These aufgegeben, daß sie jede beliebige Umweltkomplexität absorbieren können. Vielmehr benötigen sie eine bestimmte Qualität der Umwelt zu ihrer eigenen Stabilisierung. So kann z. B. das kapitalistische Wirtschaftssystem nicht existieren, wenn es nicht durch ein rationales Recht, eine rationale, berechenbare Verwaltung, eine rationale Wirtschaftspolitik, eine rationale Wissenschaft und Technologie und eine methodisch-rationale Lebensführung in seiner Umgebung stabilisiert und mit den nötigen Ressourcen versorgt wird, wie schon Max Weber (1922/1976) dargelegt hat (Münch 1984/1992b: 590-615). Helmut Willke (1992) ist noch weiter gegangen und hat die Idee der dezentralen Kontextsteuerung eingeführt. Nach dieser Idee sollen diskursive Elemente der Selbstreflexion in die Teilsysteme eingebaut werden, die ihnen erlauben, über die Folgen ihrer Operationen für die Umwelt auch aus der Sicht anderer Subsysteme zu reflektieren und gegebenenfalls Operationen zu stoppen, die zu unerwünschten Negativeffekten in der Umwelt der Teilsysteme führen. So soll innerhalb des Wirtschaftssystems auch über die moralischen, politischen oder ökologischen Effekte des eigenen Tuns nachgedacht werden. Das wirtschaftliche Handeln soll dadurch auf die Vermeidung solcher Effekte eingestellt werden. Während im ökonomischen Theorieprogramm eine solche »Internalisierung« der externen Effekte des ökonomisch rationalen Handelns nur in dem Maße gelingen kann, in dem sich die Effekte beim Verursacher selbst als Kosten bemerkbar machen, soll nach der Idee der dezentralen Kontextsteuerung die ökonomische Rationalität selbst im Handlungsakt durch andere Rationalitäten eingeschränkt werden.

Die Idee der strukturellen Kopplung und noch mehr die Idee der dezentralen Kontextsteuerung verlassen indessen den Boden der Theorie autopoietisch operierender Teilsysteme und nähern sich einem Integrationsmodell, das schon Talcott Parsons (1969d) formuliert hatte. Nach diesem Modell kommt die Integration der funktional differenzierten Teilsysteme in dem Maße zustande, in dem die teilsystemspezifischen Medien der Kommunikation den Input und den Output der Teilsysteme über ihre Grenzen hinaus transportieren. Nach Parsons' Integrationsmodell ist z. B. die Schöpfung politischer Macht im politischen System ausdrücklich auf die Zufuhr von Geld, Wertbindungen und Einfluß angewiesen. Ohne reichlich fließende Steuereinnahmen, ohne Legitimation durch allgemeine Wertbindungen und ohne gesellschaftlichen Einfluß, der in Reputation gründet, bleibt die Fähigkeit von Regierenden, Folgebereitschaft sicherzustellen, gering, also verfügen sie über nur geringe politische Macht. Ihre politische Macht können sie jedoch durch Steuereinnahmen, Wertbindungen und Einfluß steigern. Die Wirtschaft benötigt zur Kapitalakkumulation politische Macht, Wertbindungen und Einfluß, um Entscheidungen durchzusetzen, wirtschaftliche Aktivitäten zu legitimieren und die Kooperation vieler Menschen zustande zu bringen. Die Wissenschaft braucht politische Macht, Geld und Einfluß, um den Erkenntnisfortschritt voranzutreiben. Die gesellschaftlichen Klassen, Schichten und Gruppen sind auf politische Macht, Geld und Wertbindungen verwiesen, um ihren Einfluß zu steigern und die Bereitschaft zu Solidarität und Zusammenarbeit zu erzeugen. Das heißt nicht, daß man z. B. mit Geld politische Macht oder Wahrheit kaufen kann. Man braucht es jedoch, um politische Macht oder Wahrheit zu produzieren. Handlungen, die auf die Erfüllung einer spezifischen Systemfunktion ausgerichtet sind, müssen zur Funktionserfüllung gleichzeitig die Zufuhr von Ressourcen mobilisieren, bei der sie die systemspezifischen Kriterien der Mobilisierung dieser Ressourcen beachten müssen, um zum Erfolg zu kommen. Die Steuerquellen des Staates sprudeln nur bei florierender Wirtschaft, die Regierungtätigkeit kann nur im öffentlichen Diskurs legitimiert werden, Einfluß kann die Regierung nur durch den Aufbau einer guten Reputation gewinnen. Wirtschaftliche Unternehmen können ihrem Handeln nur über die Teilnahme am öffentlichen Diskurs Legitimation verschaffen. Es steht ihnen frei, rücksichtslos ökologische Gefahren zu produzieren, um kurzfristig Gewinne zu erzielen. Sie können dadurch jedoch nicht erreichen, daß ihr Handeln zugleich als legitim gilt. Je mehr sich der öffentliche Diskurs damit beschäftigt und der Wirtschaft die Legitimität entzieht, um so mehr wird sich dieser Legitimationsentzug in einen Abbau politischer Stützung, in staatliche Eingriffe und Kapitalabfluß und damit langfristig in ökonomische Verluste umsetzen.

Folgen wir diesem Modell der Integration funktional differenzierter Teilsysteme, dann muß der Ausbau der modernen Gesellschaften darauf abzielen, den Input und Output zwischen den Teilsystemen in geregelten Formen zu institutionalisieren. Die Funktionssysteme sind auf die Erfüllung spezifischer Funktionen ausgerichtet. Sie erhalten ihre Einheit und Identität durch spezifische Codes der Unterscheidung von zahlen oder nicht zahlen, Macht haben oder nicht haben, recht oder unrecht haben, solidarisch oder nicht solidarisch sein, wahr oder unwahr sein. Die Anwendung dieser Code-Unterscheidungen geschieht nach einem institutionalisierten Programm, das aus normativen Regeln besteht und seine Geltung auf einen *systemübergreifenden* gesellschaftlichen Konsens stützt. Dementsprechend gründet das Systemprogramm streng genommen auf *systemfremden* Elementen. Das Programm steuert die Kommunikationen und Handlungen in den systemspezifischen sozialen Rollen von Unternehmern und Arbeitnehmern, Produzenten und Konsumenten, Wählern und

Gewählten, Regierenden und Regierten, Forschenden, Lehrenden und Lernenden, Verbandsvorständen und Verbandsmitgliedern. In dem Maße, in dem der Vollzug der Systemprozesse einen geregelten In- und Output einbeziehen soll, muß die Kommunikation zwischen den entsprechenden Rollenträgern über die Systemgrenzen hinweg in festen und geregelten Bahnen verlaufen und dicht genug gestaltet sein. Die Integration der funktional differenzierten Teilsysteme ist auf den fortschreitenden Ausbau dieser grenzüberschreitenden Kommunikation angewiesen. Wirtschaft, Wissenschaft, Religion und Politik müssen über ihre Rollenträger in einer ständigen Kommunikation verflochten werden. Gemischt zusammengesetzte ständige Ausschüsse, Gesprächskreise und Vereinigungen müssen diese grenzüberschreitende Kommunikation leisten. Je mehr diese Kommunikation stattfindet, um so mehr bleibt eine gemeinsame Umgangssprache erhalten, die keinem Teilsystem zugeordnet ist. Je mehr die Kontakte gepflegt werden, um so mehr besteht eine Zusammengehörigkeit und ein Solidaritätsgefühl über System- und Gruppengrenzen hinaus und um so leichter gelingt die Zusammenarbeit über diese Grenzen hinweg.

Auf die geschilderte Weise bildet sich eine Sozialintegration heraus, die jenseits der funktionalen Differenzierung alle Teilsysteme durchdringt und zusammenhält (Münch 1982/1988: 123-143; 1991: 303-308). Gleichzeitig findet eine gegenseitige Durchdringung der Teilsysteme statt, wodurch die jeweiligen Systemprozesse auch durch Elemente mitgesteuert werden, die von außen in die Funktionssysteme hineingetragen werden. Innerhalb der Funktionssysteme bauen sich Repräsentanten der Systeme ihrer Umwelt auf. Verfassungsgerichte sind z. B. Stellvertreter des kulturellen Diskurses innerhalb des politischen Systems. Sie sind insofern in das System der Übertragung politischer Macht eingefügt als ihre Richter von politischen Instanzen (Regierung und/oder Parlament) ernannt oder gewählt werden, insofern als sie mit Mehrheit entscheiden und insofern als ihre Beschlüsse bindende Kraft haben und gegebenenfalls mittels politischer Macht bis hin zur Gewaltanwendung durchgesetzt werden. Gleichzeitig spielt jedoch die diskursive Begründung von Entscheidungen durch die Bezugnahme auf allgemeine Grundsätze und garantierte Grundrechte der Verfassung eine entscheidende Rolle. Die Veröffentlichung des Minderheitsvotums impliziert, daß der Diskurs trotz

Gerichtsentscheid offengehalten bleibt. Das Minderheitsvotum kann später aufgegriffen und zum Ausgangspunkt einer neuen Entscheidung genommen werden. Je aktiver Verfassungsgerichte ihre Rolle als Kontrolleure des politischen Prozesses wahrnehmen, um so spürbarer ist ein diskursiv-kulturelles Element in das politische System eingepflanzt und um so weniger folgen die politischen Entscheidungsprozesse einer reinen Machtlogik. In diesem Sinne handelt es sich beim modernen Verfassungsstaat überhaupt nicht um ein ausdifferenziertes Funktionssystem, das allein einer politischen Logik des Machterwerbs, der Machterhaltung und der Machtanwendung folgt, sondern schon um ein Interpenetrationsprodukt von kulturellem Diskurs und politischer Machtlogik. In ähnlicher Weise sorgt die demokratische Repräsentation für eine Formung der Politik durch die Gesetzmäßigkeiten der Gewinnung von Einfluß durch Reputation. Die Mitarbeit von Verbänden an der Gesetzgebung trägt noch weitere Elemente der Einflußnahme durch Reputation in den politischen Prozeß hinein. Expertenausschüsse repräsentieren die wissenschaftliche Wahrheitssuche im politischen System. Die Haushaltspolitik des Staates stellt unzweifelhaft ein ökonomisches Element innerhalb des politischen Systems dar. Sie setzt der Entscheidung nach dem Mehrheitsprinzip klare Grenzen. Die Mehrheit kann so viel Entscheidungen treffen wie sie will, wenn das Geld für ihre Durchführung nicht vorhanden ist, werden sie auch nicht bindend und nicht implementiert. Es ist aber nicht nur der Input in das politische System, der kulturelle, solidarische und ökonomische Elemente in den politischen Entscheidungsprozeß hineinträgt. Auch der Output geht unmittelbar Verbindungen mit solchen Elementen ein, um überhaupt verbindliche Geltung zu erlangen und in die Umwelt des politischen Systems hineinzugreifen. Nur auf dem Wege der diskursiven Begründung, der Unterstützung durch Reputation und der Umsetzung mittels Geldeinnahmen oder -ausgaben werden politische Entscheidungen zum legitimen Teil der Kultur, zur bindenden Norm der Lebenswelt und zum Element des wirtschaftlichen Kreislaufs.

So ist konkrete Politik um so mehr ein Produkt der Interpenetration der politischen Machtlogik mit den Gesetzmäßigkeiten moralischer und wissenschaftlicher Diskurse, gemeinschaftsbildender Einflußgewinnung und Einflußnahme und ökonomischer Haushaltsführung, je mehr die nicht-politischen Gesetzmäßigkeiten durch Stellvertreter in den politischen Prozeß hineingebracht werden. In diesem Falle ist der konkrete politische Entscheidungsprozeß nicht in die Grenzen eines autopoietisch operierenden Funktionssystems eingebannt, sondern ein Feld, auf dem sich die politische Machtlogik mit einer Vielzahl von nicht-politischen Elementen zu einer neuen Einheit verbindet. Zu dieser Erkenntnis kommt man durch eine konsequente Unterscheidung zwischen »analytischen« und »empirischen« Systemen. Rein analytisch ist Politik eine Sache von Machterwerb, Machterhalt und Machtanwendung. Empirisch ist jedoch Politik zugleich von nicht-politischen Elementen durchdrungen und geprägt, je mehr diese über eine fest institutionalisierte Stellvertretung im politischen Entscheidungsprozeß verfügen. Was wir dann als real gegebenes politisches Funktionssystem bezeichnen, ist zwar immer noch durch die letztendliche Orientierung an der Selektion, Durchsetzung und Durchführung kollektiv verbindlicher Entscheidungen und ein darauf bezogenes Rollengefüge von anderen empirischen Funktionssystemen wie etwa der Wirtschaft oder der Wissenschaft abgegrenzt; es ist aber kein vollkommen autopoietisch, nach einer reinen Machtlogik operierendes System. Dasselbe gilt auch für das moderne kapitalistische Wirtschaftssystem. Zentralbanken sind mit politischer Entscheidungsmacht ausgestattet und gewichtige Stellvertreter der Politik im Wirtschaftssystem. Die Öffentlichkeitsarbeit von Unternehmen ist in einen öffentlichen Diskurs eingeflochten, der seine eigenen Gesetzmäßigkeiten hat und über Legitimation oder Delegitimation wirtschaftlicher Aktivitäten entscheidet. Die industrielle Forschung leitet Elemente der wissenschaftlichen Wahrheitssuche und der technischen Problemlösung in den wirtschaftlichen Entscheidungsprozeß hinein. Die Konfliktaustragung zwischen Gewerkschaften und Unternehmern bringt ein politisches Element in den Wirtschaftsprozeß ein. Sozialleistungen speisen Solidaritätselemente in den Wirtschaftskreislauf ein. Auch das empirisch gegebene Wissenschaftssystem wird mittels Stellvertretung durch nicht-wissenschaftliche Elemente geprägt. Institutionen der Forschungsförderung repräsentieren politische, ökonomische und moralische Elemente im wissenschaftlichen Entscheidungsprozeß. Gleichzeitig tragen die Stellvertreter Ergebnisse der Systemprozesse in ihr Herkunftssystem zurück. Entscheidungen von Verfassungsgerichten formen in erheblichem Maße den weiteren kulturellen Diskurs, Entscheidungen der Haushaltspolitik die Wirtschaft, Entscheidungen der Zentralbank die Politik.

Die Mißachtung des Unterschiedes zwischen analytischen und empirischen Systemen muß mit Erkenntnisverlusten erkauft werden, wie die Geschichte von Niklas Luhmanns Theorie autopoietisch operierender Teilsysteme der Gesellschaft lehrt. Luhmann (1984, 1986, 1988, 1990, 1993, 1997) begreift empirische Systeme als vollständig ausdifferenziert im analytischen Sinn und muß deshalb zunehmend zu Hilfskonstruktionen wie »strukturelle Kopplung« greifen, um die Theorie nachträglich wieder einer andersgearteten Realität anzupassen. Das gilt noch mehr für Willkes (1992) Theorie der dezentralen Kontextsteuerung. Sie suchen nach Wegen der Integration funktional differenzierter Teilsysteme, die gar nicht gangbar wären, wenn die Gesellschaft in der Tat in autopoietisch operierende Teilsysteme differenziert wäre, weil Autopoiesis keine Fremdsteuerung von Teilsystemen zuläßt. Eine solche Fremdsteuerung findet jedoch durch Stellvertretung von systemfremden Elementen im empirischen Systemprozeß statt. Dagegen hat es eine Theorie leichter, die Richtung der Integration funktional differenzierter Teilsysteme aufzuzeigen, wenn sie die empirisch gegebenen Teilsysteme schon als Interpenetrationsprodukte erkennt. Sofern ein Bedarf an weiterer Integration besteht, muß keine Umgestaltung der Gesellschaft von Grund auf eintreten, vielmehr müssen nur die Ansätze von wechselseitiger Stellvertretung in den empirisch gegebenen Funktionssystemen und die Ansätze der grenzüberschreitenden Kontakte und Kommunikation ausgebaut und auf neue Problemlagen eingestellt werden.

Aus der Perspektive einer Theorie der funktionalen Differenzierung und systemischen Integration etwas über ethnische Konflikte zu sagen, ist eine schwierige Aufgabe. Auf den ersten Blick sieht es so aus, daß dieser Theorieansatz keinen Platz für Gruppenbildung und Gruppenverhalten hat. In dem Maße, in dem sich die Gesellschaft in autopoietisch operierende Funktionssysteme differenziert, verschwinden soziale Gruppen als relevante Einheiten auf der Makroebene von der Bildfläche. Die Theorie scheidet nicht nur das Subjekt als individuellen Akteur, sondern auch Gruppen als kollektive Akteure aus ihrem Gegenstandsbereich aus. Über Gruppenbildung, -abgrenzung, -ausgrenzung oder -solidarität gibt sie keine Auskunft. Es kann sich dabei allenfalls um Ereignisse in der Umwelt von Systemen handeln, die von diesen in ihrer jeweiligen Sichtweise wahrgenommen und nach ihrem Programm verarbeitet werden. Es mag sich dann z. B. die Frage stellen, ob das politische System auf ethnische Konflikte so eingestellt ist und reagieren kann, daß diese als politisches Problem bewältigt werden, d. h. keine Gefährdung für die Fortexistenz des politischen Systems darstellen. Dazu ist es erforderlich, daß die vorhandenen politischen Parteien ethnische Differenzierung nicht einfach replizieren, sondern bündeln und in sich schon zu einem Ausgleich bringen. Auf diese Weise werden die Konflikte in gestufter Weise abgearbeitet und können so leichter bewältigt werden. Die in afrikanischen Staaten besonders konsequente Umsetzung der ethnischen Differenzierung in politische Parteien überträgt ethnische Konflikte bruchlos in das politische System und erhöht dort die Konfliktintensität auf ein friedlich kaum zu bewältigendes Maß. Ähnliche Funktionsdefizite produziert die entsprechende Ethnisierung der Wirtschaft oder der Wissenschaft, weil dann Güter und Dienste suboptimal verteilt werden und Wissen nicht nach Wahrheit, sondern nach ethnischer Herkunft selektiert wird. Die Evolution ausdifferenzierter Funktionssysteme setzt also das Zurückdrängen ethnischer Differenzierungen voraus und wirkt umgekehrt auf deren Abbau hin, wenn sie einmal in Gang gekommen ist, was nicht ausschließt, daß immer wieder »Regressionen« durch die Re-Ethnisierung sozialer Beziehungen eintreten können.

In dieser Perspektive erhalten wir allerdings keinen Zugang zu der Tatsache, daß gesellschaftliches Leben in Gruppen und Gruppenbeziehungen, Solidarisierung und Entsolidarisierung, Inklusion und Exklusion stattfindet und die Entwicklung von Gesellschaften stets eine Reorganisation ihrer Gruppenstruktur beinhaltet. Wir erfahren auch nichts über die Struktur von ethnischen Konflikten durch Interessenlagen, Machtverhältnisse und kulturelle Differenzen. Es erscheint mir deshalb zu weit hergeholt, aus der funktionalen Differenzierung der Gesellschaft eine funktionale Notwendigkeit der Nationenbildung als Erklärungsbeitrag der Theorie funktionaler Differenzierung zur Entwicklung der gesellschaftlichen Gruppenstruktur abzuleiten (Nassehi 1990). Abgesehen von der Unzulänglichkeit funktionaler Erklärungen für die Erfassung historischer Vorgänge, fällt dieser Versuch aus der Logik der systemtheoretischen Argumentation heraus, weil von Funktionssystemen nicht auf Gruppenverhalten geschlossen werden kann, ohne die Grenzen der Systemtheorie zu überschreiten. Zur Erklärung der Nationenbildung bieten die handlungstheoretischen Ansätze, vor allem solche Ansätze, die sich auf den Wandel der gesellschaftlichen Solidaritätsstruktur konzentrieren, einen besseren Zugang.

1.6 Solidarische Integration

Ein schweres Manko der systemischen Integrationstheorie, aber auch der ökonomischen, politischen und kommunikativen Theorien ist ihre Blindheit für Solidarität und Gruppenzugehörigkeit als wesentliche Elemente der Sozialintegration auch in modernen Gesellschaften (Hondrich und Koch-Arzberger 1992). Sie kommt gegenwärtig in ihrer Sprachlosigkeit hinsichtlich der Probleme von Ethnizität, Nationalität und Nationalismus zum Ausdruck. Eine vollständige Bearbeitung des Problems der Integration moderner Gesellschaften muß auch auf Elemente einer Theorie der solidarischen Integration zurückgreifen. Die Wurzeln einer solchen Theorie liegen in der Soziologie Emile Durkheims (1893/1973a). Für ihn stellte sich die Entwicklung der modernen Gesellschaft vor allem als ein Strukturwandel der Solidarität dar. Mit diesem Programm steht Durkheim unter dem Einfluß von Rousseau, Saint-Simon und Comte. Rousseau (1762/1964) hat die Wurzeln aller Übel der modernen Gesellschaft in der ungezügelten Entfaltung von individuellem Erfolg und wissenschaftlichem Fortschrittsstreben gesehen. Sie fällt auseinander, wenn sie nicht durch einen neuen Gesellschaftsvertrag zusammengehalten wird, aus dem eine Gemeinschaft individueller Bürger hervorgeht. Diese regeln alle ihre Angelegenheiten durch ihren Allgemeinwillen und durchbrechen so alle Partikularismen von Gruppenbildungen unterhalb der Bürgergemeinschaft. Eine neue Zivilreligion schafft einen gemeinsamen Glauben mit entsprechender kultureller Integrationskraft. Saint-Simon (1865-78) wollte die Integrationskraft der alten ständischen Ordnung auf die neue Industriegesellschaft übertragen und den Industriemanagern an der Spitze die Führungsrolle zuweisen. Comte (1830-42/1969) führte Saint-Simons Gedankengang fort, setzte jedoch die Wissenschaftler an die Spitze der hierarchisch integrierten Gesellschaft im Zeitalter der positiven Wissenschaft.

In dieser Gedankenwelt war Durkheim (1893/1973a, 1950/1969) erzogen worden, als er Herbert Spencers (1857/1972a, 1862/1904, 1972b, 1897-1906/1975) Theorie der fortschreitenden Arbeitsteilung aufgriff. Er folgt Spencer insoweit als auch nach seiner Sicht ein grundlegender Wandel der Sozialbeziehungen von dem Nebeneinander gleichartiger Sippenverbände zum Miteinander ungleichartiger Berufsspezialisten in einem weitverzweigten Netzwerk von Austauschbeziehungen stattfindet. Die Arbeitsteilung wird durch Bevölkerungswachstum vorangetrieben, das die materielle und dynamische Dichte der Gesellschaft in dem Sinne steigert, daß immer mehr Menschen auf begrenztem Raum um knappe Ressourcen konkurrieren. In dieser Situation ist Arbeitsspezialisierung die einzig erfolgreiche Überlebensstrategie. Im Unterschied zu Spencer sieht Durkheim die Arbeitsteilung nicht durch die Vermehrung des menschlichen Glücks gesteigert, sondern durch den äußeren Zwang des Konkurrenzdrucks. Über Spencer hinaus konstatiert er einen fundamentalen Strukturwandel von der mechanischen zur organischen Solidarität. Durkheim gelangt dabei zu einer ähnlichen Typologie wie Ferdinand Tönnies (1887/1963) wenige Jahre zuvor mit seiner Unterscheidung von »Gemeinschaft« und »Gesellschaft«, mit der er sich auch in einer Rezension auseinandergesetzt hat (Durkheim 1889/1975). Tönnies und Durkheim verwenden die Begriffe des Mechanischen und Organischen jedoch im entgegengesetzten Sinne. Für Tönnies ist die Gemeinschaft, die ansonsten Durkheims Typus der mechanischen Solidarität entspricht, ein organisches Ganzes mit einem Eigenleben. Dagegen ist die Gesellschaft, die der organischen Solidarität nahekommt, eine mechanische Zusammensetzung aus Teilen, die in vielerlei Beziehung zueinander stehen, aber keine Einheit bilden. In dieser unterschiedlichen Verwendung der Begriffe ist zu erkennen, daß Durkheim viel mehr als Tönnies der modernen arbeitsteiligen Gesellschaft ein Potential zur sozialen Integration zuschreibt.

Die »mechanische« Solidarität primitiver Gesellschaften wurzelt in Gleichartigkeit, Nähe, gemeinsamem Leben, gemeinsamen Ritualen, gemeinsamen Feinden und repressivem Recht. Die »organische« Solidarität arbeitsteiliger Gesellschaften gründet in Ungleichartigkeit, gegenseitiger Abhängigkeit und restitutivem Recht. Im Gegensatz zu Spencer glaubt Durkheim jedoch nicht, daß die Gesellschaft allein durch die Interessenkomplementarität von Tauschpartnern und durch eine Vielzahl von Verträgen zusammengehalten wird. Gegen den Utilitarismus Spencers führt er aus, daß Verträge null und nichtig sind, wenn die Vertragsparteien nicht durch tiefergehende solidarische Kräfte zusammengebunden und auf die Einhaltung von Verträgen verpflichtet werden. Die Vertragssolidarität ist auf nichtkontraktuelle Grundlagen des Kontraktes angewiesen, d. h. auf solidarische Bindungen, die über die augenblickliche Komplementarität von Interessen im Tauschakt und über die beiden Vertragsparteien selbst hinausgehen. Die Vertragsparteien können sich nur in dem Maße vertrauen, in dem sie sich als Mitglieder einer Rechtsgemeinschaft mit einem gemeinsamen Vertragsrecht sehen, dessen Geltung von der gesamten Gemeinschaft garantiert und von dafür eingesetzten Rechtsinstanzen im Falle von Verletzungen durchgesetzt wird. Nur so bleibt die durch Verträge gestiftete Integration der Gesellschaft unabhängig von den situativen Nutzenkalkulationen der Vertragserfüllung oder -nichterfüllung bestehen.

Eine moderne arbeitsteilige Gesellschaft braucht jenseits der Interessenkomplementarität von Vertragsparteien dauerhaft wirksame Solidaritätsnetzwerke. Durkheim hat schon in den Schlußabschnitten seiner Studie zur Arbeitsteilung gezeigt, daß diese Netzwerke nicht aus dem Markttausch allein entstehen. Formen der erzwungenen, anomischen oder unkoordinierten Arbeitsteilung breiten sich aus, wenn die Arbeitsteilung nicht vom Aufbau neuer Solidaritätsnetzwerke begleitet wird. Im Vorwort zur zweiten Auflage seiner Studie zur Arbeitsteilung führt Durkheim zu diesem Zweck eine Theorie der Berufsgruppen ein. Sie sollen in neuer Form die Funktion der Regulierung des Wirtschaftsverkehrs erfüllen wie die Zünfte in der mittelalterlichen Gesellschaft. Die Familie ist zu klein und partikularistisch, der Staat zu weit entfernt und die Religion nicht mehr kräftig genug, um das Individuum in die Gesellschaft einzubinden. Die Berufsgruppen sind jedoch dem Individuum noch nahe genug und ihrerseits in das System der Arbeitsteilung eingeflochten, so daß sie das Individuum in die Gesellschaft einfügen können. Ihre Zusammenarbeit bei der Regulierung der Wirtschaft und ihre Einbeziehung in den politischen Entscheidungsprozeß soll für die Integration der arbeitsteiligen Gesellschaft sorgen. Damit greift Durkheim wie schon Saint-Simon und Comte auf Elemente einer ständischen Ordnung zurück, die sicherlich dem dynamischen Wandel der modernen Gesellschaft nicht mehr ganz gerecht werden können. Trotzdem ist nicht von der Hand zu weisen, daß Berufsorganisationen, Verbände, Kirchen, Vereine und freie Vereinigungen aller Art eine fundamentale Rolle im Aufbau von Solidaritätsnetzwerken in der modernen Gesellschaft spielen. Sie treten an die Stelle der alten ständischen Organisationen und spiegeln in ihrer Pluralität die gewachsene Komplexität moderner Gesellschaften wieder. Sie verlaufen quer zu den ursprünglichen Herkunftssolidaritäten von Familien, Verwandtschaftssystemen und ethnischen Gruppen und auch teilweise quer zu traditionalen ständischen Gruppen. Je größeren Raum sie in der Gesellschaft einnehmen, um so mehr drängen sie die ursprünglichen (primordialen) und traditionalen Solidaritäten zurück. Sie bilden den assoziativen Unterbau einer freien Bürgergesellschaft auf der Basis von gleichen Rechten für alle, unabhängig von ihrer Herkunft. Nur in dem Maße, in dem sich ein solches freies Vereinigungsleben entfaltet, gelingt es der modernen Gesellschaft, den Partikularismus von ursprünglichen (primordialen) und traditionalen Solidaritäten zu überwinden und durch den Universalismus gleicher Rechte für alle zu ersetzen, ohne zugleich in die Desintegration eines ungeregelten Konkurrenzindividualismus zu verfallen. Max Weber (1924: 303-304) hat für diesen Vorgang die Deutung eingeführt, daß die ursprüngliche Differenzierung von Binnen- und Außenmoral des Gruppenverhaltens durch eine einheitliche, für alle gleich gültige Moral von selbstverantwortlich handelnden Individuen aufgehoben wird. Ohne eine solche Moral, die Familienleben und Geschäftsleben gleichermaßen durchdringt, ist für ihn überdies der geordnete und integrierte Wirtschaftsbetrieb des modernen Kapitalismus nicht denkbar. Der asketische Protestantismus hat nach seiner klassischen Studie dafür wesentliche Voraussetzungen geschaffen. Für Weber (1920/1972a, 1924) ist demgemäß das Entstehen des modernen Kapitalismus nur zu begreifen, wenn die integrative Bedeutung seiner moralischen Ordnung wie auch der Rechtsordnung erkannt wird.

Die moderne Bürgergemeinschaft bzw. Zivilgesellschaft hat stets eine schwierige Gratwanderung zwischen dem Kampf der ursprünglichen und traditionalen Gruppen und dem Kampf der Individuen zu bewältigen. Das einzige Mittel gegen diese Tendenzen ist ein gut entwickeltes freies Vereinigungsleben, das Menschen über alle Gruppengrenzen hinweg miteinander verbindet. Soweit die Vereinigungen selbst zu Interessengruppen geworden sind, müssen sie wieder von Vereinigungen jenseits spezifischer Interessen aufgefangen werden.

Der von Durkheim begründete Ansatz zu einer Theorie der solidarischen Integration der Gesellschaft ist insbesondere von Talcott Parsons (1937/1968, 1966, 1967, 1971, 1977a) fortgeführt worden. Seine Studie über das System moderner Gesellschaften stellt den Strukturwandel der »gesellschaftlichen Gemeinschaft« in den Mittelpunkt der Betrachtung. Die moderne Gesellschaft ist nicht durch die vollständige Auflösung dieser gesellschaftlichen Gemeinschaft im Zuge der Ausdifferenzierung von Funktionssystemen gekennzeichnet, sondern durch die gleichzeitige Entwicklung einer freien Bürgergemeinschaft (*citizenship*) als solidarischen Kerns einer äußerst differenzierten und pluralistischen Gesellschaft. Die Inklusionskraft der gesellschaftlichen Gemeinschaft ist für Parsons ein grundlegendes Merkmal von evolutionär hochentwickelten Gesellschaften. Thomas H. Marshall (1964) hat eine wichtige Studie zum Prozeß der Inklusion durch den schrittweisen Ausbau der zivilen, politischen und sozialen Rechte in England beigesteuert. Robert N. Bellah, ein Schüler von Talcott Parsons, hat zusammen mit Richard Madsen, William M. Sullivan, Ann Swidler und Steven M. Tipton (1985, 1991) vielbeachtete Studien über den Zerfall der Bürgergemeinschaft infolge der Ausbreitung des exzessiven Individualismus und die Chancen ihrer Wiederbelebung in den USA vorgelegt. Sie haben wesentlich zum Entstehen der intellektuellen Bewegung des Kommunitarismus beigetragen, der es um die Erneuerung der Bürgergemeinschaft als integrativen Kerns der modernen Gesellschaft geht. Weitere wesentliche Beiträge zu dieser Bewegung haben Michael Walzer (1990a, 1990b), Charles Taylor (1988), Alasdair MacIntyre (1987) und Amitai Etzioni (1995) geleistet.

Die Entwicklung der modernen Bürgergemeinschaft ist unmittelbar verbunden mit dem Entstehen des modernen Nationalstaates (Schulze 1994). Dessen integrative Leistung sollte nicht unterschätzt werden. Es sollte auch nüchtern konstatiert werden, auf welche Weise der Nationalstaat die Integration von zuvor zersplitterten Regionen, ethnischen, religiösen, sprachlichen und ständischen Gruppen in eine nationale Einheit zuwege gebracht hat. Bei der soziologischen Analyse dieser Integrationsprozesse kann auf die konflikttheoretischen Beiträge von Georg Simmel

(1908/1992), Lewis A. Coser (1956), Norbert Elias (1939/1976) und Reinhard Bendix (1964) zurückgegriffen werden. Der moderne Nationalstaat hat seine innere Integration durch kriegerische Auseinandersetzungen nach außen, durch innere Homogenisierung und Inklusionsprozesse sowie inneren Spannungsausgleich erreicht. Aus den kriegerischen Auseinandersetzungen sind im neuzeitlichen Europa größere Machtgebilde hervorgegangen, die den politischen Kern der Nationalstaaten bildeten. Die Demokratisierung dieser Machtgebilde leitete ihre innere Homogenisierung und die Inklusion von Regionen, Klassen und Schichten in eine Nation ein. Diese innere Homogenisierung ist durch das Aufstellen nationaler Armeen, ein einheitliches Recht, eine einheitliche Amtssprache, eine zentrale Verwaltung, ein einheitliches Bildungssystem mit allgemeiner Schulpflicht sowie durch die fortschreitende Arbeitsteilung weiter vorangetrieben worden. Das Nebeneinander von Regionen ist auf diesem Wege durch die Differenzierung und Verflechtung von Zentrum und Peripherie verdrängt worden. Der Ausbau von Systemen des regionalen Finanzausgleichs und der sozialen Wohlfahrt hat die Konflikte zwischen Regionen, Klassen und Schichten entschärft und die nationale Einheit gestärkt. Es sollte auch nicht vergessen werden, daß diese Herausbildung einer nationalen Einheit mit der Kolonisierung der peripheren Regionen, Ethnien, Sprachen und Lebensformen durch die Region, Ethnie, Sprach- und Lebensform des Zentrums verbunden war (Watkins 1991). Separatistische Bewegungen im spanischen Baskenland und Katalonien sowie im britischen Nordirland zeugen noch heute davon. Auch in Frankreich bedeutete die nationale Homogenisierung die Herrschaft des Pariser Zentrums über die Peripherie von ursprünglich sprachlich und kulturell andersgearteten Regionen.

Wo die Nation als eine unabhängig von der Herkunft und sonstigen Gruppenzugehörigkeit existierende Willensgemeinschaft aus der demokratischen Revolution hervorgegangen ist, wie vor allem in Frankreich, weniger spektakulär aber auch in England und den Vereinigten Staaten, ist sie zum Ausdruck der Bürgergemeinschaft geworden. Eine solche Bürgergemeinschaft bietet die beste Gewähr für die soziale Integration einer äußerst differenzierten und bis in die ethnische Herkunft hinein äußerst pluralistischen Gesellschaft der Moderne. Die am höchsten entwickelte Bürgergemeinschaft ist diejenige der Vereinigten Staaten. Sie hat die Mitgliedschaft in dieser Gemeinschaft am weitestgehenden von der Herkunft getrennt. Dennoch ist auch dort die Idee der Realität stets vorausgeeilt. Es hat seit der Gründung der Vereinigten Staaten etwa 180 Jahre gedauert, bis den Schwarzen formal die vollen Bürgerrechte gegeben wurden, und es wird noch einige Zeit dauern, bis sie diese materiell vollständig erlangt haben werden. Trotzdem ist die Integrationsleistung der Vereinigten Staaten angesichts ihrer hohen Einwanderungs- und Einbürgerungsquote im internationalen Vergleich erstaunlich. Es ist diejenige Gesellschaft der Welt, die das Höchstmaß an ethnischer Heterogenität in eine Bürgergemeinschaft integriert hat.

Eine ganz eigene Art der nationalen Willensgemeinschaft stellt die Schweiz dar. Hier überkreuzt sich die Gemeinschaft der individuellen Bürger mit dem Bündnis regionaler Sprachgruppen. Die Schweizer sind Mitglieder der Nation als einzelne Individuen und als Mitglieder einer der konstitutiven regionalen Sprachgruppen. Der Zusammenhalt der Nation wird einerseits durch den gegenseitigen Schutz gegen die Absorption der regionalen Sprachgruppen durch die angrenzenden großen Nationalstaaten erreicht, andererseits durch die vielfältige Überkreuzung von Gruppenmitgliedschaften, weiterhin durch ein hohes Maß der gegenseitigen Gewährung von Autonomie und Teilnahmerechten an den gemeinsamen politischen Entscheidungen, die überwiegend nur auf der Grundlage eines breiten Konsensus getroffen werden. Die Schweiz repräsentiert den Idealtypus eines integrierten Nationalitätenstaates und einer Konkordanzdemokratie (Francis 1965; Lepsius 1990, 1991; Lehmbruch 1967, 1974; Lijphart 1969). Dagegen zeigt das Beispiel des Libanons die Explosivität des Zusammenlebens mehrerer ethnischer und/oder religiöser Gruppen in einem Staat.

Große Integrationsprobleme entstehen heute auch aus der wachsenden Zuwanderung in zuvor ethnisch homogene Nationalstaaten. Gründen diese ihre nationale Identität nicht auf eine freie Willensgemeinschaft, sondern auf ethnische und kulturelle Zugehörigkeit, dann ist die Integration der Zuwanderer ein kaum lösbares Problem. Deutschland und Italien sind im 19. Jahrhundert in Reaktion auf die Hegemoniebestrebungen Frankreichs und Großbritanniens den Weg der nationalen Einigung auf der Basis von gemeinsamer ethnisch-kultureller Herkunft gegangen. Bislang haben sie das Problem der Zuwanderung, die in Deutschland besonders stark gestiegen ist, noch nicht durch Integration, sondern eher durch Separation gelöst. Die Konflikte haben jedoch ein bedrohliches Ausmaß angenommen. Die Integration kann unter diesen Bedingungen nur gelingen, wenn einerseits auf seiten der Einheimischen eine Umdefinition von der Herkunfts- zur Willensgemeinschaft und auf seiten der Zugewanderten eine Einfügung in die bürgerlich-demokratische Lebensform erfolgt.

Besonders schwierig stellt sich die soziale Integration ethnisch heterogener Gruppen in Osteuropa dar, wo unentwirrbare ethnische Gemengelagen das Entstehen einer einheitlichen nationalen Identität verhindern und die ethnischen Identitäten auch nicht durch die Herausbildung einer individualistischen Bürgergemeinschaft durchbrochen werden. Die Menschen identifizieren sich nach wie vor zuallererst mit ihrer ethnischen Gruppe und beanspruchen für sie die Idee der nationalen Selbstbestimmung. Aufgrund der ethnischen Gemengelage ist es jedoch in vielen Regionen überhaupt nicht möglich, ethnisch reine Staaten zu bilden. Hier ist die schöne Idee der nationalen Selbstbestimmung zu einem furchterregenden Pulverfaß geworden. Die ethnischen Konflikte, die durch die kommunistische Herrschaft für Jahrzehnte unterdrückt worden waren, sind deshalb mit der Demokratisierung und der Freiheit zur Selbstbestimmung mit aller Gewalt ausgebrochen. Dies ist indessen auch die Situation in vielen Entwicklungsländern in Afrika und Asien, die nach dem Ende der Kolonialherrschaft kaum Chancen hatten, einen ähnlichen Weg zur nationalen Einheit und zur Bürgergemeinschaft zu gehen wie die hochentwickelten Demokratien des Westens. Ihre mangelnde soziale Integration ist eine Hauptursache für ihre dauerhafte Unterentwicklung. Kapitalismus und Demokratie haben ihnen nicht den erhofften Fortschritt gebracht, sondern den blutigen Krieg zwischen den verfeindeten Ethnien (Horowitz 1985).

1.7 Soziale und systemische Integration im Weltsystem

Der moderne Nationalstaat hat auf dem Wege der Modernisierung bisher zwei Entwicklungsstufen durchlaufen: Die Stufe des liberalen Rechtsstaates und seine Ehe mit dem ökonomischen Liberalismus können wir als Erste Moderne bezeichnen, die Stufe des demokratischen Rechtsstaates und seine Ehe mit der Wohlfahrtsökonomie als Zweite Moderne. Die angemessene Form des Nationalstaats für die Dritte Moderne der globalen Interdependenzen muß erst noch gefunden werden.

Im Weltsystem der Gegenwart sehen wir jetzt Ansätze zur Herausbildung neuer gesellschaftlicher Einheiten, die über den Nationalstaat hinausreichen. Die Europäische Union wächst einerseits aufgrund ihres Binnenmarktes, andererseits aufgrund der sich verschärfenden Konkurrenz mit den USA und Japan im dreipoligen Zentrum des Weltsystems zu einer größeren gesellschaftlichen Einheit zusammen. Ob sie in der Nachfolge der Nationalstaaten in ähnlicher Weise und in vergleichbarem Ausmaß über die ökonomische Systemintegration hinaus auch die notwendige Sozialintegration einer europäischen Bürgergemeinschaft erlangen wird, ist jedoch eine offene Frage. Funktionale Differenzierung und Systemintegration machen die Sozialintegration auch auf diesem Entwicklungsniveau nicht überflüssig. Moderne Gesellschaften, gleich welcher Größenordnung, bestehen nicht nur aus funktional differenzierten Teilsystemen, sondern auch aus sozialen Gruppen, die es in eine solidarische Bürgermeinschaft zu integrieren gilt. Im Lichte des system- und kommunikationstheoretischen Diskurses schien dies für einige Zeit vergessen worden zu sein (Münch 1993b).

Schlußbemerkungen

Die Soziologie hat viele Anläufe zur Beantwortung der Frage nach der Integration moderner Gesellschaften genommen. Sie alle sind weder ausreichend noch wertlos. Es kommt heute darauf an, aus ihnen eine umfassende Theorie aufzubauen. Kein einzelner Theorieansatz kann für sich beanspruchen, umfassend genug konstruiert zu sein, um auf die anderen Ansätze verzichten zu können. Die Soziologie braucht sie weiterhin alle. Für spezifische Detailfragen der Integration benötigen wir den spezifischen Beitrag einzelner Theorieansätze. Ein umfassendes Verständnis der sozialen Integration gewinnen wir, wenn wir die Aspekte der Integration, die von einer einzelnen Theorie erfaßt werden, genauer bestimmen und wenn wir aus den einzelnen Theorien ein umfassendes Theoriennetzwerk knüpfen. Je umfassender und je dichter das Netzwerk der Theorien gestaltet ist, um so mehr Anteile der sozialen Realität können wir damit einfangen. Ich habe hier eine Bestandsaufnahme des theoretischen Instrumentariums der Soziologie zur Beantwortung der Frage nach der Integration moderner Gesellschaften durchgeführt. Sie soll den spezifischen Aspekt der sozialen Integration kennzeichnen, den die einzelnen Theorien jeweils erklären, und den Theorien ihren angemessenen Platz im Theoriennetzwerk zuweisen (vgl. Münch 1994).

Moderne Gesellschaften können ihre Integration nicht mehr allein auf die Solidaritätsnetzwerke gewachsener Lebenswelten stützen. Sie müssen ihre Integration immer wieder neu aus der Verarbeitung einer Mehrzahl von Ressourcen produzieren. Es handelt sich dabei um einen Prozeß des integrativen Wachstums, der die Entwicklung der Moderne ebenso kennzeichnet wie das ökonomische Wachstum. Das integrative Wachstum ist auf das ökonomische Wachstum in der Bereitstellung ökonomischer Ressourcen für den Ausbau der sozialen Sicherungssysteme sogar angewiesen, ebenso aber auch auf das Wachstum der sozialpolitischen Gesetzgebung und das Wachstum der kulturellen Legitimation solidarischen Handelns. Immer mehr Menschen müssen in ein immer dichteres Solidaritätsnetzwerk einbezogen werden. Das geht nur über die kulturelle Legitimation der Erweiterung von Solidaritätsrechten und -pflichten, die politische Satzung solcher Rechte und Pflichten und die ökonomische Bereitstellung der Ressourcen zur Wahrnehmung dieser Rechte und Pflichten. Diese kulturellen, politischen und ökonomischen Leistungen müssen wiederum durch die unablässige Erneuerung des Vereinigungslebens der Gesellschaft in konkrete Akte der Kooperation, der gegenseitigen Unterstützung, der gegenseitigen Anerkennung von Rechten und der Übernahme von Solidaritätspflichten umgesetzt werden. Die gesellschaftlichen Vereinigungen sind die Unternehmen, denen es obliegt, den stets wachsenden Bedarf an Integrationsleistungen durch die Verarbeitung der kulturellen, politischen und ökonomischen Ressourcen zu befriedigen. Ihr spezifisches Medium der Kommunikation ist Einfluß, gegründet auf Ansehen, mit dessen Hilfe sie Wertbindungen, politische Macht und Geld mobilisieren, um diese über Legitimationsdiskurse, politische Gesetzgebung und ökonomische Produktion in die Herstellung sozialer Integration einzubinden.

Soziale Integration ist in modernen Gesellschaften ein dynami-

scher Produktions- und Wachstumsprozeß, der auf unternehmerische Innovation und Initiative angewiesen ist. Neue soziale Bewegungen bringen ein solches innovatives Element in die gesellschaftliche Produktion von sozialer Integration ein. Sie tragen
dazu bei, die beharrende und blockierende Kraft der etablierten
Großverbände aufzubrechen und den Weg für das Erkennen und
Bearbeiten neuer Probleme der sozialen Integration freizuma-
chen.

Als dynamischer Prozeß kann soziale Integration in inflationäre
und deflationäre Krisen geraten. Der Ausbau des Rechts erweitert
in modernen Gesellschaften die Reichweite und Tiefe der Integration. Das geschieht allerdings nur auf dem Papier, wenn nicht
zugleich die Umsetzung des Rechts in tatsächliche rechtskon-
forme Handlungen gewährleistet ist. Je mehr das gesellschaftliche
Handeln hinter der Rechtsentwicklung hinterherhinkt, um so
mehr unterliegt das Recht einem inflationären Prozeß. In der
Folge nimmt das Vertrauen in das Recht ab und der Rückgriff auf
außerrechtliche Formen der Konfliktbewältigung bis hin zur ille-
gitimen Gewaltanwendung zu. Geht auch das Vertrauen in die
Rechtsentwicklung wegen des inflationären Prozesses zurück,
dann kann das Recht in einen deflationären Prozeß geraten. Es
wird dann zu wenig Recht produziert, so daß die Integration der
Gesellschaft zerfällt und der partikularistischen Solidarität von
Teilgruppen Platz macht. Unternehmerische Initiativen neuer sozialer Bewegungen müssen die Gesellschaft mit neuen Integra-
tionsideen wieder aus ihrer Zersplitterung herausführen. Dazu
benötigen sie die Unterstützung von mobilen, nicht an feste Herkunftsgruppen gebundenen Individuen, die gewissermaßen in der
Rolle von Spekulanten Risikokapital und Einfluß bereitstellen,
um neuen, riskanten Unternehmen zur Produktion von Integration auf die Sprünge zu helfen. Dagegen spielen die Großverbände
wie die Großbanken eine stabilisierende Rolle. Das Bundesverfassungsgericht wacht als letzte Instanz über die Rechtskonjunktur.
In dieser Rolle kann es einerseits die Konjunktur durch eine expansive Auslegung der Verfassung beleben, andererseits diese aber
auch durch eine restriktivere Auslegung wieder abbremsen.

Die Integration moderner Gesellschaften ist ein dynamischer Prozeß. Die soziologische Theorie muß ihr Instrumentarium dieser
Dynamik anpassen. Deshalb ist es naheliegend, erprobte Instrumente der ökonomischen Theorie auch bei der Bearbeitung der

Integrationsprobleme moderner Gesellschaften auszuprobieren. Daß wir dabei nicht gleich in einen ökonomischen Dogmatismus verfallen und die Lektion der nichtökonomischen Theorieansätze nicht verlernen, kann die Einbettung der ökonomischen Integrationstheorie in das umfassende Netzwerk soziologischer Theorien verhindern.

2. Zahlung und Achtung. Zum Verhältnis zwischen Ökonomie und Ethik

Einleitung

Ökonomische Vorgänge der Zahlung und moralische sowie ethische Zuteilungen von Achtung und Mißachtung gelten nach Niklas Luhmanns Theorie der funktionalen Differenzierung der modernen Gesellschaft in autopoietisch operierende Teilsysteme als für immer geschieden. Die Kluft zwischen ihnen ist unüberbrückbar. Diese systemtheoretische These wird hier einer kritischen Prüfung unterzogen und aus einer handlungstheoretischen Perspektive verworfen. Als Alternative wird die Interpenetration von Zahlung und Achtung als Bauprinzip der Moderne herausgearbeitet. Dabei werden die individualistische Berufsethik und der ökonomische Liberalismus, die Wohlfahrtsethik und die Wohlfahrtsökonomie sowie die Umweltethik und die Umweltökonomie als drei Stufen der gegenseitigen Durchdringung von Ökonomie und Ethik interpretiert, denen wir drei Epochen der Moderne zuordnen können. Weder Luhmanns Theorie der funktionalen Differenzierung der Gesellschaft in autopoietisch operierende Teilsysteme noch Habermas' Theorie des kommunikativen Handelns nehmen diese Eigenart moderner Gesellschaften systematisch in ihren Blick. Sie können deshalb keine Lösungen für ihre daraus resultierenden Integrationsprobleme anbieten. Diese sind weder im Diskurs noch in der strukturellen Kopplung autopoietischer Funktionssysteme, sondern in institutionell geregelten Verfahren der Vermittlung von Ökonomie und Ethik zu suchen. Die ökologische Krise der Gegenwart ist weder in der Unzugänglichkeit der Wirtschaft für moralische und ethische Steuerung noch in einem zu geringen Hineingreifen von Moral und Ethik in die Wirtschaft verwurzelt, sondern in der Ethik der Wohlfahrtsökonomie und in ihrer korrespondierenden Leitidee von ökonomischer Rationalität. Ihre Bewältigung verlangt einen Strukturwandel der herrschenden Ethik und der herrschenden Definition von ökonomischer Rationalität zugleich. Dabei stehen wir jetzt vor einem Scheideweg. Die Versöhnung von Ökonomie und Ethik vom Liberalismus über die Wohlfahrtsökonomie bis zu den ersten Ansätzen einer Umweltökonomie ist aus der Integrationskraft des modernen Nationalstaats geboren worden. Die durchgehende Globalisierung aller wirtschaftlichen Transaktionen schwächt diese Integrationskraft, ohne daß zugleich auf supranationaler und globaler Ebene ein vergleichbares Potential der sozialen Integration entsteht. Wenn es nicht gelingt, dieses Potential zu schaffen, gehen wir einem neuen Naturzustand des Hobbesschen Kampfes aller gegen alle entgegen.

Nach der Unterscheidung von universalistischer Moral und historisch konkret gegebener Ethik haben wir es in dieser Untersuchung in erster Linie mit dem Verhältnis zwischen Ethik und Wirtschaft zu tun. Darüber hinaus läßt sich aber auch ein Bezug zu den abstrakten Grundsätzen einer universalistischen Moral herstellen. Wenn hier überwiegend von Ethik und von der ethischen Steuerung der Wirtschaft die Rede ist, soll der dahinter stehende Bezug zu den abstrakten moralischen Grundsätzen nicht vergessen werden. Wo explizit darauf Bezug genommen wird, sprechen wir weniger von ethischen Geboten und mehr von moralischen Grundsätzen, moralisch begründeten Rechten und moralischen Diskursen. Soweit Moral und Ethik gleiches Gewicht haben, werden Formulierungen wie »moralisch-ethische Steuerung« und »moralisch-ethische Diskurse« verwendet.

Das Verhältnis zwischen Ökonomie und Ethik wird im folgenden nicht systemtheoretisch, sondern handlungstheoretisch analysiert. Ökonomie und Ethik werden nicht als Systeme interpretiert, sondern als Handlungsfelder, in denen das Handeln, soweit es zum Erfolg kommen will, Eigengesetzlichkeiten (Handlungslogiken) der Bewältigung von Knappheit und der Verständigung über ethische Prinzipien in Rechnung stellen muß. Die »Ausdifferenzierung« von »relativ autonomen« Handlungsfeldern geschieht durch die Herausbildung entsprechender Institutionen. Dabei handelt es sich um einen in sich zusammenhängenden Komplex von normativen Regeln und sozialen Rollen, die ihren Sinn aus einer spezifischen Leitidee und einem entsprechenden Rationalitätskriterium gewinnen.

2.1 Interpenetration: Ein Bauprinzip der Moderne

Studien zur Entwicklung der Moderne führen uns zu der Entdek-
kung, daß die Interpenetration von einander entgegengesetzten
Eigengesetzlichkeiten des menschlichen Handelns ein Bauprinzip
der Moderne ist (Münch 1984/1992b). Wir können diese These an
das Forschungsprogramm Max Webers anschließen, das die Entwicklung der Moderne als die Herausbildung einer spezifischen
Art des Rationalismus begreift, des sogenannten Rationalismus
der Weltbeherrschung (Weber 1920/1972a, 1920/1972b, 1920/
1971, 1922/1976). Im Unterschied zu den vorherrschenden Interpretationen von Webers Theorie des modernen Rationalismus
(Schluchter 1979, 1988) fällt uns bei genauer Prüfung auf, daß sich
die von Weber untersuchten Institutionen als Exemplare des modernen Rationalismus nicht durch die einseitige Herausbildung
einer einspurigen Eigengesetzlichkeit auszeichnen. Vielmehr vereinigen sie in sich eine je spezifische Kombination von an sich
gegensätzlichen Gesetzmäßigkeiten. Die moderne Wirtschaft besteht gerade nicht einfach aus der hemmungslosen Entfaltung von
Erwerbstrieb und Utilitarismus, sondern aus der eigenartigen
Kombination einer religiös verwurzelten methodisch-rationalen
Lebensführung mit der ökonomischen Daseinsvorsorge. Der moderne Staat folgt keiner simplen Machtlogik, sondern verbindet
die Handhabung politischer Macht mit der Herrschaft des Geset-
zes. Die moderne Wissenschaft ist nicht als bloßes Experimentie-
ren zu verstehen, sondern als ein methodisches Verfahren, in dem
die empirische Erfahrungsbildung im rationalen Experiment eine
enge Verbindung mit der systematischen Theoriebildung eingeht.
Hier ist nicht der Ort, um dies in allen Einzelheiten auszuführen.
Es läßt sich daraus jedoch entnehmen, daß wir die moderne Gesellschaft falsch verstehen, wenn wir sie allein als ein Kompositum
von eigengesetzlich arbeitenden Sphären begreifen, zwischen denen es keine Brücken gibt. Diese Kritik läßt sich in ähnlicher
Weise auf die noch radikaler formulierte Theorie der funktionalen
Differenzierung der Gesellschaft in sogenannte autopoietisch
operierende Teilsysteme beziehen, die Niklas Luhmann (1978,
1981, 1984, 1986, 1988, 1990, 1993) entwickelt hat.

2.2 Berufsarbeit: Die Ethik der Ökonomie

Durch die Interpenetration, d. h. gegenseitige Durchdringung, von zwei unterschiedlichen Handlungslogiken entsteht ein neues Handlungsfeld in deren Interpenetrationszone, das fortan als Bindeglied zwischen den einander entgegengesetzten Handlungslogiken dient. Beispielsweise bedeutete die Deutung der religiösen Bewährung als Bewährung im weltlichen Beruf, die von Luther eingeleitet und vom Calvinismus noch radikaler gefaßt wurde (Weber 1920/1972a: 63-163), daß nun die wirtschaftliche Tätigkeit als religiöse Pflichterfüllung verstanden wurde und ihren Gesetzen zu gehorchen hatte, andererseits aber die religiöse Pflichterfüllung in die Bahnen der wirtschaftlichen Tätigkeit und ihrer Gesetzmäßigkeiten gelenkt wurde. Die Berufsaskese des Puritaners ist genau das Interpenetrationsprodukt von Religion und Wirtschaft, das durch die Entwicklung von der Lutherischen Reformation über Calvin bis zum Puritanismus Schritt für Schritt herausgebildet wurde. Wenn Max Weber (1920/1972a: 203) sagte, »Der Puritaner *wollte* Berufsmensch sein, wir *müssen* es sein«, dann kann er damit nicht gemeint haben, daß heutige Berufsarbeit dem reinen Utilitarismus verfallen sei und keinerlei berufsethische Pflichten einschließe. Das traf schon auf Benjamin Franklins (1944) säkularisierte Berufsethik nicht zu (Weber 1920/1972a: 31-33; Lidz 1979; Münch 1986/1993a: 308-311). In der Berufsarbeit sind wir gewiß ökonomischen Zwängen unterworfen, wie wir uns diesen Zwängen stellen und wie wir sie bewältigen, wird jedoch in nicht geringem Maße gerade auch heute durch eine Berufsethik geprägt, deren Anforderungen das Prestige eines Berufs und deren Einhaltung die Achtung des Berufsausübenden bestimmt. Identität, gesellschaftlicher Status, Achtung oder Mißachtung werden gerade in der vollkommen säkularisierten Gesellschaft durch Berufsarbeit erworben. Je weiter die Gleichberechtigung geht, um so verbindlicher gilt dies für alle Mitglieder der Gesellschaft. Wer keinen Beruf hat, der genießt auch keine Achtung, wer einen nur wenig geschätzten Beruf ausübt, wird auch persönlich nur in geringem Maße geachtet.

Wenn wir heute mit Luhmann (1988) von der Autopoiesis der Wirtschaft sprechen, die nur auf die Sprache der Preise hört und für moralische Anforderungen taub ist, dann vergessen wir, daß Wirtschaften immer auch »Berufsarbeit« heißt, deren Verlauf eben nicht allein durch die Preise, sondern auch durch berufsethische Anforderungen beeinflußt wird. Der Beruf ist die Schnittstelle zwischen Ethik und Wirtschaft. Es bildet sich in dieser Interpenetrationszone das Feld der Berufsarbeit, das sowohl unter ethischen als auch unter ökonomischen Anforderungen steht und zwischen diesen beiden Handlungsfeldern eine Brücke schlägt. Ein Industriemanager kann gewiß nicht die Gesetzmäßigkeiten der Ökonomie verändern, er muß die Sprache der Preise beherrschen, um sein Unternehmen gegen die Konkurrenz auf dem Markt zum Erfolg führen zu können. Niemand wird von ihm erwarten, daß er an seine Mitarbeiter höhere Löhne zahlt, als er erwirtschaften kann, oder Maßnahmen zum Schutz der Umwelt trifft, die auf dem Markt nicht honoriert werden und sein Unternehmen in den Konkurs treiben. Im Gegenteil, er käme seiner Berufspflicht nicht nach, wenn er nicht rentabel wirtschaften würde. Diese ökonomischen Zwänge sind aber bei weitem nicht alles, was sein Handeln in seiner Rolle als Industriemanager leitet. Die Gesellschaft stellt an ihn mehr oder weniger hohe moralische und ethische Anforderungen. Sie kann ihre Zuteilung von Achtung und Mißachtung davon abhängig machen, in welchem Maße er z. B. im Rahmen seiner unternehmerischen Aktivitäten die soziale Absicherung und die Weiterbildung seiner Mitarbeiter fördert, das Vereinsleben in der Gemeinde unterstützt, selbst aktiv das Leben der Gemeinde mitgestaltet, neue Technologien für umweltschonende Produktionsverfahren erprobt, Pionierleistungen im Umweltschutz vollbringt und sich an der politischen Erarbeitung von Umweltschutzmaßnahmen beteiligt. In geltendes Recht umgesetzt, steuern moralische und ethische Grundsätze dieser Art verbindlich das ökonomische Handeln.

Je größeren Wert die Gesellschaft auf diese Seiten der unternehmerischen Rolle legt, um so mehr hängt die Achtung des Industriemanagers, seines Vorstandes und des ganzen Unternehmens von Leistungen dieser Art ab, die den Rahmen abstecken, innerhalb dessen die Gewinnmaximierung erst ablaufen kann. Es sind Leistungen, die von der institutionalisierten Berufs- und Wirtschaftsethik gefordert werden. Richtig ist, daß ein Unternehmen keine Zahlungen für Weiterbildung, soziale Sicherheit, Wiedereingliederungsmaßnahmen oder Umweltschutz leisten kann, wenn es nicht das dafür notwendige Kapital erwirtschaftet hat. Soweit die Fortexistenz des Unternehmens auf dessen Zahlungsfähigkeit gründet und diese wiederum nur durch rentables Wirtschaften und nicht durch Gewalt oder Betrug erhalten wird, ist das Unternehmen in wirtschaftliche Operationen eingespannt, aus denen es nur bei Strafe der Auflösung heraustreten kann.

In diesem Sinne folgt die Wirtschaft einem eigenen Code der permanenten Entscheidung zwischen »zahlen« und »nicht zahlen« (Luhmann 1988: 52-58). Eine Voraussetzung dafür ist jedoch der Ausschluß von Eigentumserwerb durch illegitime Gewalt, der auf der Institutionalisierung des Eigentumsrechts beruht und nur in dem Maße Geltung besitzt, in dem letztendlich ein moralischer Konsens der Gesellschaft über die Unantastbarkeit des persönlichen Eigentums besteht und dieser Konsensus seinen Niederschlag in allgemein geltenden Rechtsnormen findet, die im Bedarfsfall mittels Sanktionen durchgesetzt werden. Insofern ist die sogenannte Ausdifferenzierung der Wirtschaft ein ethisch begründeter Akt, ihre Stabilität wurzelt in einem dauerhaften ethischen Konsens. Durch die Institutionalisierung von Eigentumsrechten werden wir gezwungen, mit unseren Ressourcen sparsam umzugehen, weil wir uns nur durch die Hergabe vorhandener Ressourcen in den Besitz anderer Ressourcen bringen können. Wie wir dies tun, in welche Richtungen unsere Zahlungen laufen, wird weiterhin durch ein Programm bestimmt, das einerseits Regeln der wirtschaftlichen Klugheit enthält, andererseits aber in mehr oder weniger umfangreichem Maße auch Regeln der Fürsorge für andere und für die Umwelt, die in einem ethischen Konsens verankert und durch das Recht spezifiziert werden müssen, wenn sie die Entscheidungen über Zahlungsvorgänge verbindlich kanalisieren sollen.

Wer nach den Maßstäben einer Gesellschaft Gutes tut, gewinnt Achtung, wer Schlechtes tut, erfährt Mißachtung. Wer klug wirtschaftet, erfreut sich ökonomischer Gewinne, wer unklug wirtschaftet, macht ökonomische Verluste. Wer Gutes tut, wird dadurch nicht automatisch reich, wer Schlechtes tut, nicht zwangsläufig arm. Wer Gewinne einstreicht, wird deshalb noch nicht mehr geachtet als derjenige, der Verluste erleidet. In diesem Sinne verlaufen die Zuteilungen von Achtung und Mißachtung auf der einen Seite und von Gewinnen und Verlusten auf der anderen Seite unabhängig voneinander. Diese Tatsache impliziert aber beileibe nicht, daß überhaupt keine wechselseitigen Übertragungen vorgenommen werden. In dem Maße, in dem Wirtschaften mit der

Geltung von Eigentumsrechten zu rechnen hat, und in dem Maße, in dem Wirtschaften zugleich Berufsarbeit einschließt, in der ein gesellschaftlicher Status mit entsprechender Achtung zu erwerben und zu bewahren und Mißachtung zu vermeiden ist, wird das auf Gewinn und Nutzenmaximierung ausgerichtete wirtschaftliche Handeln zugleich von ethischen Maßstäben geleitet. Das Handeln von Industriemanagern, ganzen Unternehmen und Konsumenten wird um so mehr von solchen Maßstäben bestimmt, je mehr in der Gesellschaft ein moralischer Konsens besteht und je mehr Einrichtungen der Gesellschaft darüber wachen, ob Gutes oder Schlechtes getan, rechtmäßig oder unrechtmäßig gehandelt wird.

Nur wenn der wirtschaftliche Erfolg an sich ohne jede weitere Qualifikation verherrlicht wird, ist der Erfolgreichste zugleich auch der Geachtetste, gleichviel welche Mittel er eingesetzt hat. Je mehr die Gesellschaft jedoch den Einsatz der Mittel reguliert und kontrolliert, um so mehr kann der Erfolgreiche nur bei gleichzeitiger Erfüllung der moralischen und ethischen Erwartungen Achtung erlangen. Dabei mag der ökonomische Umgang mit knappen Ressourcen durchaus selbst zum ethischen Gebot werden. Zwischen das Feld der ökonomischen Zahlungen und das Feld der moralischen und ethischen Achtungszuteilung schiebt sich ein Feld der Berufsarbeit, in dem Achtung durch Zahlungen erworben wird und Gewinne im Rahmen moralisch und ethisch zulässiger Grenzen gemacht werden. Je mehr moralischen und ethischen Druck die Gesellschaft ausübt, um so mehr Achtung muß erarbeitet und bestätigt werden, um überhaupt als Geschäftspartner anerkannt zu werden und ökonomische Erfolge erzielen zu können. In Zeiten wachsender moralischer Anforderungen an den Umweltschutz können Unternehmen ihren gesellschaftlichen Status durch besondere Leistungen im Umweltschutz verbessern und dadurch für die Konsumenten interessanter als andere werden. Durch die Steigerung der moralischen Anforderungen reicht die Moral immer weiter in das ökonomische Handeln hinein.

Das Feld der Berufsarbeit bildet die Interpenetrationszone zwischen Ökonomie und Ethik. Als Brücke trägt es die ethischen Anforderungen in die Ökonomie und die ökonomischen Notwendigkeiten in die Ethik hinein. Das heißt, daß jedes ökonomisch kalkulierende Handeln in wachsendem Maße ethischen Maßstäben zu gehorchen hat. Umgekehrt wird das ökonomische

Rechnen zu einem Teil der Ethik. Es gehört zur Berufsethik, richtig zu rechnen und sparsam mit vorhandenen Ressourcen umzugehen. Das ökonomische Handeln bietet einerseits den Stoff, der ethisch geformt wird, das ethische Handeln andererseits den Stoff, der durch das ökonomische Rechnen seine Prägung erhält. Wenn heute Unternehmen mit Umweltgruppen in gemeinsamen Projekten kooperieren, erreicht diese wechselseitige Durchdringung von Ökonomie und Ethik eine neue Stufe (*SPIEGEL* 1994c: 82-84).

2.3 Die Erste Moderne: Von der ständischen Hierarchie zum offenen Wettbewerb um Einkommen und Status

Wir können uns die Interpenetration von Ethik und Ökonomie so vorstellen: Zunächst stehen sich die Zuteilung von Achtung und Mißachtung nach moralischen und ethischen Maßstäben und die Zuteilung von Gewinnen und Verlusten nach ökonomischen Gesetzen als voneinander unabhängig wirkende, analytisch abgrenzbare Gesetzmäßigkeiten gegenüber. In einfachen Stammesgesellschaften fallen beide Verteilungen in eins zusammen. Wer viel materielle Güter angehäuft hat, mit denen er andere versorgen und beschenken kann, verschafft sich hohe Achtung, durch die er wiederum die Dienste anderer für die Ansammlung noch größerer Reichtümer in Anspruch nehmen kann (Mauss 1923/24).
Mit dem Wachstum der Bevölkerung und der dadurch vorangetriebenen Arbeitsteilung (Durkheim 1893/1973a) wird die bestehende Parallelität der Achtungs- und Reichtumshierarchie der Sippen beseitigt. An deren Stelle tritt eine Hierarchie der Stände, die eine Abstufung der moralischen und ethischen Achtung parallel zu den Funktionen der Stände im Netzwerk der Arbeitsteilung vornimmt. Klerus, Aristokratie, Bürgertum und Bauernstand bilden ein hierarchisches Gefüge, in dem die Stellung in der moralisch-ethischen Hierarchie mit der Stellung im Netzwerk der Arbeitsteilung einhergeht. Das gilt auch für die innere Differenzierung der Stände, z. B. für die Differenzierung innerhalb des Bürgertums in Handwerk, Gewerbe und Handel sowie innerhalb dieser wieder für die Differenzierung in die verschiedenen Zünfte und Gilden.
Die Entfaltung des industriellen Kapitalismus und die Umpolung der Achtungszuteilung von Herkunft und Besitz auf die individu-

elle Leistung unter der Bedingung gleicher Chancen und der Zuteilung moralischer und ethischer Unterstützung von Privileg und Almosen auf gleiches Recht für alle haben die Parallelität von ständischer Hierarchie und Arbeitsteilung der ständischen Gesellschaft zum Einsturz gebracht. In diesem Sinne hat eine Ausdifferenzierung der ökonomischen Arbeitsteilung und des Leistungsaustauschs aus der Umklammerung durch die ständische Ethikhierarchie stattgefunden. Die Parallelität von ständischer Hierarchie und funktionaler Differenzierung (Arbeitsteilung) löst sich auf. Es ist jedoch weit gefehlt, daraus die weitere These zu folgern, daß sich der ökonomische Leistungsaustausch und die Arbeitsteilung völlig von der moralischen und ethischen Achtungszuteilung getrennt hätten (Luhmann 1988: 184-201). Vielmehr hat sich ein Wandel der ethischen Maßstäbe selbst und ein Wandel ihrer Beziehung zur Arbeitsteilung und zum Leistungsaustausch vollzogen. Reichtum ist nur dann rechtmäßig und ethisch geachtet, wenn er auf Leistung unter Bedingungen der Chancengleichheit beruht. Gleichzeitig verpflichtet er zum sparsamen Umgang und zur Reinvestition, um nicht nur den Wohlstand des Unternehmers, sondern auch denjenigen der abhängig Beschäftigten und der ganzen Gesellschaft zu steigern.

Durch die Übertragung der religiösen Bewährung auf die Berufsarbeit und die ethische Aufwertung der Arbeit gegenüber Besitz und Lebensstil war die Berufsarbeit außerdem zur einzigen Quelle der moralisch-ethischen Achtung geworden. Müßiggang wurde zum Laster, Arbeitsfleiß zur Tugend. In der ständischen Gesellschaft waren die religiösen Pflichten und die damit einhergehende moralisch-ethische Achtung nach Ständen abgestuft. So war der Kaufmannsstand z.B. religiös weniger gefordert und dementsprechend ethisch nicht besonders geachtet. Luthers Reformation hat die höchsten religiösen Pflichten der Mönchsaskese auf die Arbeit in jedem weltlichen Beruf übertragen. Jede Arbeit war eine Berufung zu Gott, nachdem Luther den Begriff des Berufs auf jede weltliche Tätigkeit ausgedehnt hatte. Durch Calvin wurden die Anforderungen noch schärfer gefaßt. Seine Prädestinationslehre übte einen ungeheuren Druck auf die Gläubigen aus, sich ihres Erwähltseins zu vergewissern. Die Nachfolger Calvins haben seine Lehre, daß Gottes Ratschluß weder umzustoßen noch zu ermitteln sei, so umgedeutet, daß die Erwählten an ihrer tadellosen Lebensführung zu erkennen seien. Damit ist die Berufsarbeit endgültig zum Feld der religiösen Bewährung geworden (Weber 1920/1972a: 63-163). Sie bot den Stoff, den es nach ethischen Geboten zu formen galt. In der entgegengesetzten Richtung haben die Kriterien des erfolgreichen Wirtschaftens durch die bürgerliche Trägerschicht des Calvinismus Eingang in die Formulierung der ethischen Maßstäbe gefunden. Redlichkeit, Rechenhaftigkeit, ökonomisches Denken, Sparsamkeit, Fleiß und Entsagung – alles Voraussetzungen für wirtschaftlichen Erfolg – wurden zu moralischen Geboten erhoben, die gottgerechtes Handeln ausdrücken. Aber auch die Fürsorge für die eigene Familie, für die Arbeiter und Angestellten des Betriebs, die Unterstützung des Gemeindelebens und die Mehrung des Wohlstandes der ganzen Gesellschaft gehörten zu diesen ethischen Geboten. Auch sie sind Teil der neuen Berufsethik.

Die Aufklärung, die bürgerliche Revolution, die Arbeiterbewegung und die damit einhergehende Säkularisierung der Welt haben die Berufsarbeit nicht ihrer moralischen Pflichten enthoben. Sie haben sie vielmehr noch eindeutiger zur einzig legitimen Quelle von Einkommen und Achtung gemacht und haben die moralischen Anforderungen an die Berufsarbeit eher noch höher geschraubt. Während die hohen Anforderungen der puritanischen Berufsethik vorwiegend für den Unternehmer als Haushaltsvorstand und Arbeitgeber gedacht waren, haben die genannten Bewegungen dafür gesorgt, daß nach den Geboten der Gleichberechtigung und der Zuteilung von Einkommen und Achtung nach individueller Leistung unter Bedingungen der Chancengleichheit alle Mitglieder der Gesellschaft in das Gefüge der Berufsarbeit einbezogen werden und ihren Anforderungen gerecht werden müssen. Wer sich früher noch unter der Obhut eines Haushalts- und Unternehmensvorstandes befand, ist heute in das Gefüge des ökonomischen *und* des ethischen Wettbewerbs um Einkommen und Status nach individueller Leistung eingegliedert. Befragungen über Erziehungsziele in der Bundesrepublik zeigen folgenden Verlauf: Gehorsam und Unterordnung gehen von 1951 bis 1995 kontinuierlich von 25 auf 9 Prozent Nennungen zurück, Ordnungsliebe und Fleiß nur wenig von 41 auf 39 Prozent, Selbständigkeit und freier Wille steigen jedoch von 28 auf 65 Prozent (Emnid 1981: 23; zit. bei Pawlowski 1986: 103; Gensicke 1996; vgl. weiter Hoffmann-Nowotny und Gehrmann 1984; Gehrmann 1986).

Wenn in Deutschland in besonders hohem Maße im Verlaufe der Nachkriegszeit die gesetzlichen Arbeitszeiten reduziert, Ausbildungszeiten, Rentenzeiten, Arbeitslosenzeiten und Freizeiten erweitert wurden, kann daraus keineswegs die These abgeleitet werden, daß die Berufsarbeit für die persönliche Identitätsfindung an Bedeutung verloren habe (Noelle-Neumann 1978). Die Verlängerung der Ausbildungszeiten impliziert ja gerade, daß die Berufsbildung in einem zuvor nicht gekannten Maße zugleich als Identitätsbildung begriffen wird. Der Eintritt in das Rentenalter wird als gravierender Identitätsbruch erlebt. Arbeitslose leiden unter dem Gefühl ethischer Minderwertigkeit. Außerdem legt niemand seinen Berufsstatus während der erweiterten Freizeit ab. Bei einer 1992 durchgeführten Befragung bezeichnen 80,8 Prozent der Westdeutschen und 89,8 Prozent der Ostdeutschen Beruf und Arbeit als wichtig bis sehr wichtig für ihr Leben. Daß auch die Familie, die Freizeit sowie Freunde und Bekannte ebenso häufig oder noch häufiger genannt werden, verweist vor allem auf die hohen Ansprüche, die wir an unser Leben stellen. Es soll uns vor allem mehr bieten als zuvor. 44,8 Prozent im Westen und 47,5 Prozent im Osten meinen, einen höheren Berufsstatus als ihr Vater erreicht zu haben. 74,4 Prozent der Westdeutschen und 92,6 Prozent der Ostdeutschen sind der Ansicht, daß eine berufstätige Mutter ein genauso herzliches Verhältnis zu ihren Kindern finden kann wie eine nicht berufstätige (ZA 1992: 13-15, 21, 378). Die vorliegenden empirischen Untersuchungen deuten auf jeden Fall darauf hin, daß der Beruf im Zentrum der persönlichen Identitätsbildung bleibt (Hoffmann-Nowotny und Gehrmann 1984; Gehrmann 1986).

Die gewachsene Gleichberechtigung der Geschlechter hat zur Folge, daß die Frau ihre Achtung nicht mehr aus ihrer Dienstleistung für die Familie, sondern aus ihrem beruflichen Erfolg außerhalb der Familie zieht. Die Frauenbewegung hat auch den Effekt einer weiteren Aufwertung der bezahlten Berufsarbeit und einer gleichzeitigen Abwertung der unbezahlten Hausarbeit als Feld der Identitätsfindung und individuellen Bewährung gehabt. Das Erbringen einer Leistung, die in Geld entlohnt wird, hat sich weiter als je zuvor als Kriterium der Achtungszuteilung durchgesetzt. Die Nur-Hausfrau gilt heute aus der Sicht der voll auf berufliche Selbstverwirklichung eingestellten Frau als unselbständig und inaktiv, unterwürfig und selbstverleugnend. Das sind Charaktereigenschaften, die nicht zum herrschenden Ideal des modernen selbstbestimmt und selbstverantwortlich handelnden Menschen passen.

Die Erwerbsarbeit ist zum Hauptbewährungsfeld des modernen Menschen geworden. Allein in der Geschichte der Bundesrepublik ist dementsprechend bis heute ein ständiger Anstieg der Erwerbsquote zu verzeichnen. Auf die Geschlechter verteilt, steht einem leichten Rückgang bei den Männern ein deutlicher Anstieg bei den Frauen gegenüber. In der Bundesrepublik stellt sich die Entwicklung der Erwerbspersonen wie folgt dar: 1950: Männer 63,2, Frauen 31,4 Prozent, 1960: Männer 63,6, Frauen 33,4 Prozent, 1970: Männer 59,1, Frauen 30,2 Prozent, 1980: Männer 58,4, Frauen 32,6 Prozent, 1990: Männer 60,8, Frauen 39,2 Prozent, 1991: Männer 60,0, Frauen 41,1 Prozent (Statistisches Bundesamt 1953: 112, 1963: 140, 1971: 121, 1981: 94, 1992: 109, 1993: 110). In den USA ist folgende Entwicklung festzustellen: Der Anteil der erwerbstätigen Männer an der männlichen Bevölkerung über 16 Jahre beläuft sich 1970 auf 79,9 Prozent, der Anteil der erwerbstätigen Frauen an der weiblichen Bevölkerung über 16 Jahre auf 43,3 Prozent. 1991 liegen die Anteile bei 75,5 bzw. 57,3 Prozent (U. S. Bureau of the Census 1992b: 381).

Niemals zuvor sind mehr Menschen im erwerbsfähigen Alter auch erwerbswillig gewesen. Nicht zuletzt aus diesem Grunde gerät der Arbeitsmarkt unter einen wachsenden Druck, der Angebot und Nachfrage immer wieder zugunsten eines Überangebots an Erwerbswilligen mit entsprechend hohen Arbeitslosenzahlen aus dem Gleichgewicht bringt. Verschärft wird dieser Druck noch dadurch, daß wir aus moralischen Gründen jedem Menschen die bestmögliche Bildungsqualifikation ermöglichen, so daß immer wieder angebotene Überqualifikationen im Verhältnis zur Nachfrage entstehen. Das Gleichgewicht wird dann teilweise dadurch wieder hergestellt, daß die Qualifikationsanforderungen an die Berufspositionen erhöht werden. Dabei handelt es sich nicht nur um Sachkompetenzen, sondern auch um extrafunktionale Qualifikationen, die immer mehr in einer kreativen, leistungsbereiten, umgänglichen und verantwortungsbewußten Persönlichkeit gesehen werden. Die Personalentwicklung moderner Unternehmen will aus Mitarbeitern Persönlichkeiten machen, die sich Lawrence Kohlbergs (1969, 1987) Stufe 6 des postkonventionellen Moralbewußtseins nähern. Sie sollen zu selbständigem, verantwortungsbewußtem Handeln befähigt werden und die Konsequenzen ihres Handelns innerhalb und außerhalb des Betriebes so vorausberechnen, daß es stets zum Wohle des Betriebes, der Gesellschaft und der ganzen Menschheit beiträgt. Der moderne Betrieb kann nur dann langfristig überleben, wenn er nicht nur kurzfristige Gewinne einstreicht, sondern so operiert, daß menschliches Zusammenleben auf lokaler, regionaler, nationaler, supranationaler und globaler Ebene langfristig noch möglich ist bzw. eher angenehmer und für alle Seiten gedeihlicher wird als bisher. Das weiß auch der Personalentwickler.

Die ständige Steigerung des Bildungsniveaus der Bevölkerung, dessen vermehrte Umsetzung in Erwerbstätigkeit, die Einrichtung des lebenslangen Lernens, die immer breitere Durchführung betrieblicher Personalentwicklung und ihre Intensivierung in die Richtung von Selbstverantwortung haben die ethischen Anforderungen an die Berufsarbeit unablässig gesteigert. Der Anteil der Bevölkerung, der diesen Anforderungen unterworfen wird, ist größer geworden, und die Anforderungen selbst sind für eine stets wachsende Zahl von Berufspositionen intensiviert worden. Über die Brücke der Berufsarbeit dringt die moderne Ethik deshalb auf stets breiterer Front und immer tiefer in das Feld des ökonomischen Handelns ein.

Die Anforderungen an die Berufsarbeit sind insofern mit der Säkularisierung nicht geschrumpft, sondern gewachsen. Und das schließt die ethischen Gebote mit ein. Wenn heute die Berufsausübung weniger als Pflichterfüllung und mehr als Selbstverwirklichung verstanden wird, dann impliziert dieser Wandel keinesfalls eine Entmoralisierung des Berufs. Vielmehr wird heute an den Beruf nicht länger eine traditionalistische Pflichtethik, sondern eine moderne Ethik der Selbstverwirklichung und Selbstverantwortung herangetragen. An den Beruf werden nach wie vor die höchsten ethischen Maßstäbe angelegt. Wir *sollen* uns im Beruf selbst verwirklichen und selbst verantworten. Je weniger wir dies aufgrund äußerer Gegebenheiten, formaler Anforderungen der Berufsrolle und persönlicher Mängel können, um so weniger werden wir geachtet.

Die Inklusion von immer mehr Menschen in die Gewährung gleicher Chancen zur individuellen Bewährung in der Berufsarbeit, die Verlängerung, Verwissenschaftlichung und technische Qualifizierung der Ausbildung, die Erweiterung der wirtschaftlichen

Kooperation im Betrieb und über den Betrieb hinaus bis in globale Verflechtungen hinein, Arbeitssicherheit und Produktsicherheit, Solidaritätszahlungen in das Wohlfahrtssystem, Aufwendungen für Weiterbildung und Maßnahmen des Umweltschutzes haben die ethischen Anforderungen an die Berufsarbeit nicht sinken, sondern unzweifelhaft steigen lassen. Der ethische Druck auf die Berufsarbeit ist schon deshalb größer geworden, weil die Ethik durch die Aufklärung radikalisiert wurde und die ethischen Diskurse aus der Umklammerung durch die ständische Ordnung und ihre Differenzierung von Privilegien befreit wurden. Die Gebote der rechtlichen Gleichheit, Solidarität gegenüber jedermann und -frau, der Vernunft und des Fortschritts der ganzen Menschheit haben einen moralischen Diskurs entfaltet, für dessen Anforderungen es keine prinzipiellen, höchstens faktische, stets ihrer Überwindung harrende Grenzen gibt.

Wenn wir heute mit wachsender Beschleunigung Zeugen von massenmedial veranstalteten Tribunalen über Waffengeschäfte, Sicherheitsmängel, Umweltsünden, Abbau von Arbeitsplätzen und Betriebsstillegungen werden, dann ist diese Entwicklung weder umstandslos als Zeichen der moralischen und ethischen Verrottung noch als Zeichen der moralischen und ethischen Indifferenz der Ökonomie zu werten, über die wir uns umsonst moralisch und ethisch erregen, weil ohnehin keine moralisch-ethische Steuerung der autopoietisch operierenden Ökonomie möglich ist. Es dürfte kaum zu bestreiten sein, daß ein erheblicher Teil dieser Häufung moralisch-ethischer Tribunale einer gesteigerten moralisch-ethischen Sensibilität zu verdanken ist. An dieser moralisch-ethischen Sensibilisierung arbeiten philosophische Diskurse über Gerechtigkeit ebenso mit wie eine enorm erhöhte Zahl moralischer Unternehmungen, wie z.B. *Greenpeace*, *Friends of the Earth*, *Robin Wood* oder *World Wildlife Fund*. Dazu gehören auch eine erhebliche moralisch-ethische Mobilisierung der Bevölkerung durch neue soziale Bewegungen, ein stets aggressiver arbeitender Enthüllungsjournalismus, der damit Auflagenzahlen und Einschaltquoten nach oben treibt, eine durch diesen moralisch-ethischen Druck verschärfte Gesetzgebung und eine häufiger in Anspruch genommene und ebenso mehr sensibilisierte Rechtsprechung. Diese konzertierte Aktion gegen die moralische und ethische Entgleisung der Ökonomie ist gerade der Garant für ihre unentwegte Durchdringung mit moralischen und ethischen Geboten und für den Erhalt der Berufsarbeit als Mittler zwischen Moral/Ethik und Ökonomie.

Je mehr sich der moralische und ethische Diskurs auf die Sachfragen der Ökonomie einläßt, um so mehr muß er jedoch ihren Gesetzen Tribut zollen und anerkennen, daß man den Kuchen nicht essen und trotzdem noch weiter behalten kann. Hier kommt es auf die ökonomisch-ethische Kleinarbeit jenseits der öffentlichen Tribunale an. Sie ist in Kommissionen zu leisten, in denen moralische, wissenschaftliche, politische und ökonomische Experten gemeinsame Richtlinien, Normenwerke und Gesetze ausarbeiten, an denen sich die Berufsarbeit verbindlich zu orientieren hat, um den ökonomischen Notwendigkeiten und moralischen sowie ethischen Maßstäben zugleich gerecht werden zu können. Ohne diese Kleinarbeitung des öffentlichen Diskurses in nichtöffentlichen Arbeitsrunden erleben wir allein eine Erhitzung der Kommunikation und der Gemüter, ohne daß neue Problemlösungen gefunden werden. Die gewachsene Kommunikation führt zu keiner neuen Verständigung und unterliegt einer rapiden Entwertung, wenn nur noch die großen Worte und gegenseitigen Anschuldigungen regieren. Dramatisierung auf der einen, Verharmlosung auf der anderen Seite implizieren eine sprachliche Inflation, an deren Ende nichts mehr geglaubt wird, die Kommunikation zusammenbricht und das wechselseitige Mißtrauen in blinden Aktionismus bis hin zu brutaler Gewalt und Gegengewalt mündet (Münch 1991: 103-108).

2.4 Die Zweite Moderne: Von der Ökonomie des Liberalismus zur Wohlfahrtsökonomie

Die individualistische Berufsethik schuf die ethische Grundlage des ökonomischen Liberalismus (Smith 1776/1937) und hat bis heute in dem Maße Geltung, in dem Achtung für individuelle Leistungen vergeben wird und Zahlungen dorthin gehen, wo nachgefragte Leistungen angeboten werden. Die Entwicklung der modernen Wirtschaft ist jedoch beileibe nicht auf dieser Stufe der Verknüpfung von Achtung und Zahlung stehengeblieben. Eine weitere Stufe stellt die Herausbildung der Wohlfahrtsökonomie dar (Pigou 1920/1960). Zwischen Ökonomie und Ethik schält sich auch ein Geflecht der moralisch-ethischen Zahlungen einer umfassenden Wohlfahrtsökonomie heraus, in dem Zahlungen aufgrund moralisch-ethisch begründeter Rechte empfangen und aufgrund moralisch-ethischer Pflichten geleistet werden. Moralische und ethische Anforderungen werden hier im Rahmen des ökonomisch Machbaren erfüllt. Die Moral/Ethik und die Zuteilung von Achtung und Mißachtung sind in der Gegenwartsgesellschaft ohne Ökonomie nicht denkbar, und zwar um so mehr, je mehr Gutes für bedürftige Menschen getan werden soll. Wenn wir erwarten, daß heute jeder Mensch ein Recht auf ein materiell menschenwürdiges Dasein hat, unabhängig von seiner eigenen ökonomischen Leistungsfähigkeit, dann entziehen wir die Moral und die Ethik dem bloßen Vergeben von Almosen und machen sie zu einer umfassenden Wohlfahrtsökonomie, die darauf ausgerichtet ist, den materiellen Wohlstand für alle Menschen zugleich zu steigern. Das heißt, daß die Bewältigung von Knappheit auf breiter Front durch ein umfassendes Programm des wirtschaftlichen Wachstums gewährleistet werden muß. Zwangsläufig gewinnen dadurch ökonomische Sachzwänge eine nie zuvor dagewesene Priorität. Schlendrian, Lässigkeit und Verschwendung von Ressourcen kann sich nur eine Gesellschaft leisten, die nicht alle ihre Mitglieder im Wohlstand leben lassen muß. In der Wohlfahrtsökonomie setzt sich die Ethik selbst unter ein ökonomisches Diktat, weil sie das ganze Leben der Gesellschaft zu einer Frage der Wohlstandsmehrung und -verteilung macht. Die ethischen Maßstäbe werden auf die ökonomischen Notwendigkeiten eingestellt. Gutes tun heißt, Leistungen zu erbringen, die wertschöpfend wirken, Arbeitsplätze schaffen und auf diese Weise auch das Niveau der Sozialabgaben erhöhen. Die sachliche Beurteilung der Leistungen selbst wird tendenziell in den Hintergrund gedrängt. Wir halten unseren Wirtschaftskreislauf mit der Herstellung einer Menge von Produkten im Gang, von denen in einer erweiterten, über die Wohlfahrtsökonomie hinausgehenden ethischen Sicht höchst fragwürdige Effekte ausgehen: Der Zigarettenkonsum erhöht die Zahl der Krebs- und Herz-Kreislauferkrankungen, der Waffenexport vermehrt die Zahl kriegerischer Konflikte in der Welt, Gewaltdarstellungen in Film und Fernsehen lassen die Zahl von Gewalttaten ansteigen, jede Reise trägt zur Zerstörung natürlicher und soziokultureller Lebenswelten bei. All diese wirtschaftlichen Aktivitäten treiben jedoch das Bruttosozialprodukt in die Höhe und erlauben eine breitere Versorgung der Bevölkerung mit Arbeitsplätzen, Einkommen und Sozialleistungen. Der Waffenexport sichert die interne Solidarität im Wohlfahrtsstaat auf höherem Niveau. Das gibt ihm seine ethische Rechtfertigung. Solange wir nicht weiter nach seinen Konsequenzen fragen, greifen indessen die ökonomischen Sachzwänge immer breiter und tiefer in die Ethik hinein. Als ethisch gerechtfertigt gilt dann alles, was das Bruttosozialprodukt nach oben bringt.

Die akribisch ermittelten, regelmäßig verbreiteten und diskutierten Wachstumsraten des Bruttosozialprodukts werden als Indikatoren guter Lebensführung benutzt. Steigt das Bruttosozialprodukt, dann dürfen sich Arbeitnehmer und Unternehmer, Konsumenten und Produzenten, Regierung, Zentralbank, Verwaltung und Bürger, Wissenschaftler und Techniker des Lobes von Experten und Fernsehkommentatoren erfreuen. Arbeitsfleiß, unternehmerische Weitsicht und Investitionstätigkeit, maßvolle Lohnabschlüsse, gute Wirtschafts-, Finanz- und Geldpolitik, wissenschaftliche und technische Innovationskraft und ausgiebiger Konsum werden als die Tugenden gepriesen, die durch erhöhte Prozentpunkte bei der Steigerung des Bruttosozialprodukts belohnt werden. Lassen die Steigerungsraten nach oder sinkt das Bruttosozialprodukt sogar, dann bleibt der Tadel nicht aus. Faule, leistungsunwillige, krankfeiernde und zu anspruchsvolle Arbeitnehmer, kurzsichtige, risiko- und investitionsscheue Unternehmer, falsch operierende Regierungen und Zentralbanken, lahme Bürokraten, einfallslose Wissenschaftler und Techniker und zu zaghafte Konsumenten müssen sich dann den öffentlichen Tadel von der Kanzel des Fernsehstudios anhören. Wer sich dem Kult um das Wachstum des Bruttosozialprodukts verweigert, obwohl er oder sie leistungsfähig ist, stellt sich in das moralische Abseits. Dieser Kult hat seine Hohepriester in den »fünf Weisen« des Sachverständigenrats und viele Prediger in den Kommentatoren von Presse, Rundfunk und Fernsehen.

Die Etablierung der Wohlfahrtsökonomie zum Glaubensbekenntnis der modernen Gesellschaft war es, die den ökonomischen Wachstumszwängen das Tor zur Ethik geöffnet hat. Sie ist auf so breiter Front und so tief in unsere Ethik eingedrungen, daß sie in der Tat zu einer ökonomischen Wachstumsethik geworden ist, die neben sich kaum andere Götter duldet. Sie kann sich auf vergangene Erfolge der Besserung der Lebensverhältnisse, der Befreiung von Not, Leid und Ungerechtigkeit stützen, und sie verfügt über einen riesigen Stab von Priestern. Die ökonomische Profession hat die Theologen, Juristen und Mediziner in der Zahl ihrer Mitglieder und in ihrem Eindringen in alle Gesellschaftsbereiche übertroffen. Den Haushalts- und Finanzexperten brauchen nicht nur Wirtschaftsunternehmen, sondern auch Verwaltungen, Regierungen, Parteien, Verbände, Theater, Museen, Universitäten, Forschungsstätten, Kirchen, Sekten, Vereine und Familien, und dies um so mehr, je größere Leistungen sie mit den stets begrenzten Mitteln erbringen wollen. Deshalb ist das ökonomische Denken überall und keineswegs nur in der Wirtschaft im engeren Sinn wirksam. Keine Nische der Gesellschaft bleibt unerfaßt. Gegenwärtig äußert sich diese Entwicklung besonders eklatant in den Bestrebungen, die Kranken- und Rentenversicherung zu reformieren, um sie bezahlbar und leistungsfähig zu erhalten (*SPIE-GEL* 1994a: 21-24). Die Wirtschafts- und Finanzexperten bilden in ihrer herrschenden Stellung eine stabile und auf breiter Basis stehende Trägerschicht der ökonomischen Ethik. Die Herrschaft des ökonomischen Denkens wäre ohne diese Trägerschicht und ohne deren Funktion als Priester des ökonomischen Glaubensbekenntnisses und Wächter über die Einhaltung der ökonomischen Ethik nicht denkbar. Das Ausmaß, in dem die Gesetze der Ökonomie die Gesellschaft beherrschen und in jeden ihrer Winkel hineinwirken, ist nicht aus der Befreiung der Ökonomie von der Ethik zu erklären, sondern aus der Etablierung der Wohlfahrtsökonomie zum ethischen Kodex der Gesellschaft und aus dessen Absicherung durch die Dauerbeobachtung des ökonomischen Wohlverhaltens der Gesellschaft mittels Wachstumsmessung, durch die rituelle Bekräftigung des Bekenntnisses in Sachverständigengutachten und Kommentaren und dessen Stabilisierung durch die Führungselite der Wirtschafts- und Finanzexperten. Die Gesetze der Ökonomie würden ohne diese ethisch-religiöse Grundlage viel weniger Beachtung finden, sie würden viel weniger Bereiche des gesellschaftlichen Lebens kontrollieren und sie würden viel häufiger durch ökonomisch irrationales Handeln verletzt, als dies in den modernen Gegenwartsgesellschaften der Fall ist.

In Anlehnung an Jean Baudrillard (1983) könnte man sagen, daß die Ökonomie durch die Transökonomie und die Ethik durch die Transethik abgelöst worden ist. Beide haben ihr traditionelles Institutionenbett verlassen und überfluten sich gegenseitig. Es gibt keine institutionellen Grenzen der Ökonomie oder der Ethik mehr. Beide sind ineinander geflossen und empirisch nicht mehr voneinander zu unterscheiden. Das macht die Wirtschaft ethisch so schwer angreifbar. Sie hat die Ethik schon auf ihre Seite gezogen. Die Ethik selbst hat ihre Jungfräulichkeit verloren, ist ökonomisch kontaminiert und muß weiter mit Kompromissen leben, weil sie sich ohnehin schon auf den Kompromiß mit der Ökonomie eingelassen hat.

2.5 Die Dritte Moderne:
Von der Wohlfahrtsökonomie zur Umweltökonomie?

Die Wohlfahrtsökonomie konnte sich auch deshalb in der gegebenen Breite und Tiefe durchsetzen, weil sie als eine Basis begriffen wird, auf der alle anderen ethischen Gebote besser zu erfüllen sind. Eine ständige Vergrößerung des zu verteilenden Kuchens mildert Verteilungskonflikte, wirkt also befriedend, entschärft Notlagen, beseitigt Leiden, schafft Freiheitsräume und mehr Gleichheit für mehr Menschen. Das Bruttosozialprodukt ist ein Wertmaßstab, mit dem sich das moralische und ethische Wohlverhalten der Gesellschaft präzise messen läßt. Und es scheint so, daß mit diesem Maß auch die anderen ethischen Qualitäten indirekt erfaßt werden können, da sie sich auf der Basis des ökonomischen Wachstums entfalten. Die Einfachheit des ökonomischen Wertmaßstabs trägt nicht unwesentlich zu dessen Langlebigkeit bei. Dagegen haben es ethische Maßstäbe, die sich nicht so leicht quantifizieren lassen, schwer, die Wachstumsethik zu relativieren. Thesen über die Grenzen des Wachstums oder über die gesundheitlichen, kriegerischen, lebensweltzerstörerischen Effekte des Wirtschaftswachstums prallen als Hinweise auf »Anomalien« an dem stets meßbaren Wohlstandsfortschritt ab, solange sie nicht selbst zu einem neuen integrierten und quantifizierten Maßstab des guten Lebens zusammengefügt werden können. Die Auflösung der »Anomalien« wird wahrscheinlich in erheblichem Umfang durch deren Übersetzung in das ökonomische Paradigma erfolgen (Leipert 1989). So wird z. B. die Belastung der Umwelt selbst als ökonomisches Problem betrachtet. Die Umweltökonomie versteht die natürliche und die sozio-kulturelle Umwelt des Menschen als ein globales Gemeinschaftsgut, dessen Nutzung so zu gestalten ist, daß es sich stets erneuern kann und zu weiterer Nutzung zur Verfügung steht. Die Frage ist dann, den optimalen Punkt der Umweltbelastung herauszufinden, in dem sich die Kurven von Umweltbelastungskosten und Umweltentlastungskosten schneiden (Wicke 1989: 361).

Allerdings bleibt dabei unberücksichtigt, ob natürliche und soziokulturelle Lebenswelten einen Wert an sich darstellen und vor jeder Art von Eingriff geschützt werden müssen. Vom Standpunkt der Wohlfahrtsökonomie handelt es sich dabei um brachliegendes Land, das in der ökonomischen Gesamtrechnung der Weltgesellschaft zu wenig Nutzen bringt. Ein Naturreservat, das niemand sehen darf, nutzt niemandem etwas, es sei denn, daß es zum globalen Erhalt notwendiger Ressourcen beiträgt. Dagegen wächst der Nutzen in der Gesamtrechnung mit der Zahl der Touristen, die es besuchen können, ohne daß es von ihnen zerstört wird. Die Frage ist jedoch, wo die Zerstörung beginnt. Qualitativ könnte man sie schon beim Betreten durch den ersten Besucher ansetzen. Das betretene Naturreservat ist nicht mehr dieselbe Lebenswelt, die es einmal war. Die ökonomische Gesamtrechnung nimmt auf solche qualitativen Spitzfindigkeiten jedoch keine Rücksicht. Für sie sinkt der Nutzen eines Naturreservates allein mit der Zahl der Besucher, die eines Tages fernbleiben, weil sie keinen Nutzen mehr aus dem Aufenthalt ziehen können. Die Umweltökonomie ist gewiß eine Verfeinerung und Erweiterung der ökonomischen Ethik, aber sie bleibt natürlich dem ökonomischen Paradigma verhaftet. Je weiter sie entwickelt wird, um so fester wird der ökonomische Ethikkodex wieder im Sattel sitzen.

Die Umweltökonomie ist eine zwangsläufige Folge der Wohlfahrtsökonomie mit ihrem Programm des Wohlstands für uns alle. Schließen wir die Erhaltung der Umwelt in unsere ethischen Gebote mit ein, dann zwingt uns die Knappheit der Ressourcen angesichts unserer Bedürfnisse zu einer durch und durch kalkulierten Umweltökonomie. Hier wird das ökonomische Kalkulieren ein notwendiger Bestandteil des moralisch richtigen und ethisch guten Handelns. Diese Durchdringung der Moral und der Ethik durch die Ökonomie geschieht deshalb, weil mit der unablässigen Erweiterung moralisch begründeter Rechte die Gesetze der Knappheit um so mehr zur Geltung gelangen. Solange nur die wenigen Reichen zu geringen Almosen verpflichtet waren, gab es noch keinen Zwang zur Wohlfahrtsökonomie. Die Wohlfahrtsökonomie ist eine Übertragung des ökonomischen Kalkulierens auf solidarische Hilfe nach moralischen und ethischen Geboten. Je weiter das moralisch begründete Recht auf ein materiell menschenwürdiges Dasein gefaßt wird und je mehr Menschen in seinen Genuß kommen sollen, um so mehr Ressourcen müssen dafür durch die ökonomische Leistungssteigerung bereitgestellt werden. Solange nur wenige am Wohlstand partizipieren durften, existierte jedoch noch kein Zwang zur Umweltökonomie. Diese ist keine Einschränkung des ökonomischen Denkens, sondern vielmehr dessen Ausdehnung auf den Umgang mit der Umwelt. Die totale, absolut unökonomische Umweltverschwendung der Wohlstandsgesellschaft wird mehr und mehr in die Zwangsjacke des sparsamen Umgangs mit den knappen Ressourcen der Umwelt gesteckt.

Die Wohlfahrtsökonomie und die Umweltökonomie stellen Interpenetrationszonen zwischen Ethik und Ökonomie dar, die als Brücken für den Transport der Anforderungen von der einen zur anderen Seite dienen. Auch hier bedeutet dies, daß moralisch richtiges und ethisch gutes Handeln den Stoff für die Prägung durch ökonomisches Rechnen und umgekehrt ökonomisches Handeln den Stoff für moralische und ethische Achtungszuweisung liefert.

2.6 Drei Stufen der gegenseitigen Durchdringung von Ökonomie und Ethik: ökonomischer Liberalismus, Wohlfahrtsökonomie und Umweltökonomie

Ich möchte die vorausgegangenen Betrachtungen zur historischen Entwicklung des Verhältnisses zwischen Zahlung und Achtung jetzt in eine systematische Fassung bringen und die Richtung aufzeigen, in der die moderne Gesellschaft neue Institutionen herausbilden muß. Die »Ausdifferenzierung« der modernen kapitalistischen Wirtschaft wird nicht richtig begriffen, wenn wir sie als Trennung einer normfreien Sphäre des nutzenkalkulierenden ökonomischen Handelns aus den moralisch-ethischen Fesseln der traditionalen und ständischen Gesellschaft verstehen. Vielmehr handelt es sich um einen Strukturwandel der Gesellschaft, der einen Wandel ihrer ethischen Grundlagen selbst impliziert. Das ökonomische Handeln wird zwar aus der traditionalen und ständischen Ethik entlassen, aber zugleich auf neue ethische Grundlagen gestellt. Es werden traditionale und ständische Beschränkungen von Handwerk, Gewerbe und Handel abgebaut. An die Stelle ständischer Privilegien, zunftförmiger Kundenaufteilung, religiöser Verurteilung von Wucher und Zinsnahme und traditionaler Definitionen des gerechten Preises treten die offene Konkurrenz um knappe Ressourcen, der freie Austausch, die freie Verfügung über Eigentum und der freie Vertrag. Erwerbschancen werden nicht länger durch den Status in der ständischen Hierarchie bestimmt, sondern durch Leistung im offenen Wettbewerb und Leistungsaustausch im freien Vertragsverhältnis.

Dieser Strukturwandel konnte sich nur vollziehen, weil die traditional-ständische Ethik durch die moderne individualistische Ethik abgelöst wurde. Während die traditional-ständische Ethik den Menschen aufgrund seiner durch Geburt bestimmten ständischen Zugehörigkeit achtet, kennt die moderne individualistische Ethik den Menschen nur als freies Individuum und gesteht ihm Achtung allein aufgrund seiner eigenen Leistung zu, worin immer diese auch bestehen mag. Die Wurzel dieses Strukturwandels der Ethik hat Max Weber (1920/1972a) im asketischen Protestantismus ausgemacht. Hier findet sich der Durchbruch einer *individualistischen Berufsethik*, die zur ethischen Grundlage des wirtschaftlichen Handelns wird. Sie läßt die individuelle Leistung im offenen Wettbewerb zur einzig legitimen Quelle von Einkommen *und* Achtung zugleich werden. Und sie definiert auch die Kriterien des ethisch legitimen Berufserfolges: Ehrlichkeit, Rechtschaffenheit, Zuverlässigkeit, Fleiß und Sparsamkeit. Die bürgerlichen Tugenden werden zur allgemeingültigen Ethik der *gesamten* Gesellschaft. Der Entfaltung der bürgerlichen Tugenden wird noch dadurch die Krone aufgesetzt, daß die individuelle Leistung des einzelnen im Calvinismus gleichzeitig dem Ruhme Gottes und im säkularen Liberalismus dem Wohle der ganzen Gesellschaft dient. Von Calvin zu Adam Smith, Jeremy Bentham und John Stuart Mill verfällt die Ethik nicht, sie stellt lediglich ihren Geltungsgrund von Gott auf die Gesellschaft um (Weber 1920/1972a: 84-236; Smith 1759/1966, 1776/1937; Bentham 1789/1970; Mill 1861/1974; Spencer 1972b). Die Bewältigung von Knappheit erfährt eine außerordentliche moralische und ethische Aufladung. Wer durch individuelle Leistung einen Beitrag zur Knappheitsbewältigung leistet, soll dafür auch belohnt werden, und zwar mit

Geldeinkommen und moralischer sowie ethischer Achtung. So will es der Liberalismus. Er ist nicht nur eine wissenschaftliche Theorie des rationalen Wirtschaftens, sondern auch eine moralisch-ethische Legitimation der kapitalistischen Wirtschaft und des Prinzips der Belohnung nach individueller Leistung im offenen Leistungswettbewerb.

Der binäre Code von Zahlen/Nichtzahlen ist inhaltsleer. Er sagt in keinem einzigen Fall, ob, wofür, an wen wieviel gezahlt werden soll. Ein konkreter Akt des Zahlens oder Nichtzahlens kann erst durch die Einrichtung eines Programms und dessen Abrufung nach individuellen Motiven generiert werden. Die Einrichtung eines Programms geschieht durch die Institutionalisierung normativer Regeln, sowohl in Gestalt von Rechtsnormen als auch in Gestalt von diesen zugrunde liegenden oder diese ergänzenden moralischen und ethischen Normen. Diese können nur dann eine über zufällige Interessenkomplementarität oder gewaltsame Erzwingung hinausgehende Geltung haben, wenn sie in einem ethischen Konsensus der Gesellschaft verankert sind. So bilden die Rechtsinstitute des freien Eigentums und des freien Vertrags sowie die individualistische Berufsethik das Programm, das die Vorgänge des Zahlens oder Nichtzahlens reguliert. Sie sind diesen Vorgängen nicht äußerlich, sondern konstituieren diese erst. Ohne dieses Programm müßte überhaupt nicht gezahlt werden, um Bedürfnisse zu befriedigen. Entweder hat man ohnehin genug Besitz, um nicht zahlen zu müssen, oder man hat nichts und ist deshalb auf Almosen angewiesen, oder man hat Geld und kann trotzdem nicht alles erwerben, oder man bringt sich durch Gewalt oder Täuschung in den Besitz der gewünschten Objekte. Die individualistische Berufsethik und die Rechtsinstitute des freien Eigentums und des freien Vertrags sind nicht Umwelt des wirtschaftlichen Handelns, sondern dessen konstitutiver Bestandteil. Als ein Handeln, das allein für Leistung bezahlt wird, wäre die wirtschaftliche Daseinsvorsorge ohne diese normative Programmierung gar nicht möglich.

Im realen Akt des wirtschaftlichen Handelns durchdringen sich Ökonomie und Ethik gegenseitig. Das Eigentumsrecht, das Vertragsrecht und das gesamte Wirtschaftsrecht formen die Interpenetrationszone, in der Moral, Ethik, Recht und Wirtschaft eine gemeinsame Schnittmenge bilden. Je mehr moralisches und ethisches Räsonieren Eingang in die Rechtssetzung findet, um so

mehr dient das Recht auch mittelbar als Transportmittel, das moralische und ethische Erwägungen in den Vollzug wirtschaftlicher Kalkulationen hineinträgt. In der modernen Gesellschaft wachsen alle drei Mengen: Moralische und ethische Diskurse nehmen einen immer breiteren Raum ein, begründen eine wachsende Zahl von Rechten, dehnen ihren Anwendungsbereich aus und sprechen sie mehr Menschen zu. Die Gesetzgebung vermehrt das Paragraphenwerk, spezifiziert mehr Rechte und stimmt mehr Rechte aufeinander ab als zuvor. Die Rechtsprechung wird in größerem Umfang zur Beilegung von Konflikten in Anspruch genommen. Die wirtschaftlichen Transaktionen wachsen in der Zahl, im Umfang, in den transferierten Geldsummen und in dem einbezogenen Kreis von Personen. Zugleich wird die Schnittmenge aller drei Mengen größer. Ihr Wachstum äußert sich im zunehmenden Paragraphen- und Seitenumfang des Eigentums-, Vertrags- und Wirtschaftsrechts und in der steigenden Zahl anhängiger Gerichtsverfahren in diesen Rechtsbereichen. Das Bruttosozialprodukt ist in der Bundesrepublik (West) von 1950 bis 1992 in konstanten Preisen von 1985 von 378,1 Milliarden auf 2,246 Billionen DM gewachsen. Betrachtet man die Gesetzgebung des Bundes seit 1949, dann zeigt sich, daß fast in jeder Wahlperiode zwischen 25 und 37 Gesetzen für den Bereich der Wirtschaft verabschiedet wurden. Nach oben wichen die 1., 4. und 7. Wahlperiode mit 66, 46 und 53 Gesetzen ab, nach unten allein die 9. mit 8 Gesetzen. Die Rechtsverordnungen variieren zwischen 98 und 199 mit der Ausnahme von 351 in der ersten Wahlperiode. Die Zahl anhängiger Verfahren an Zivilgerichten, von denen Streitfälle des Wirtschaftsrechts einen erheblichen Anteil einnehmen, hat sich von 1957 bis 1991 von 1,1 auf 2,2 Millionen verdoppelt. Die größten Posten machen dabei das Wohnungsmietrecht, das Kaufrecht und das Verkehrsunfallrecht aus (Statistisches Bundesamt 1960: 126, 140; 1970: 116; 1981: 89; 1993: 103, 397, 680).
Anhand dieser Indikatoren läßt sich leicht nachweisen, daß die Entwicklung der modernen Gesellschaften durch eine wachsende Interpenetration von Ökonomie, Recht, Ethik und Moral gekennzeichnet ist und ihre expandierende Schnittmenge das gesellschaftliche Handeln mehr und mehr auf die Austragung des Konflikts zwischen ihren Anforderungen einstellt. Diese Konfliktaustragung bedarf ebenso der institutionellen Regelung wie die moralischen Diskurse, rechtlichen Verfahren und ökonomischen Trans-

aktionen außerhalb der gemeinsamen Schnittmenge, die man den jeweiligen Handlungsfeldern zurechnen kann. Dieser Regelungsbedarf gelangt z. B. in der Inanspruchnahme von Rechtsexperten bei wirtschaftlichen Transaktionen und von Wirtschaftsexperten bei Verfahren der Gesetzgebung und Rechtsprechung im Wirtschaftsrecht zum Ausdruck. Nachdem das Flußbett der bestehenden Institutionen von den gewachsenen Strömen ökonomischer, politischer, rechtlicher und moralisch-ethischer Kommunikationen überflutet worden ist und die Kommunikationsströme eher noch weiter anschwellen, als daß sie wieder gedrosselt werden können, müssen neue Institutionen die soziale Ordnung auf einer neuen Stufe der gesellschaftlichen Entwicklung wiederherstellen.

Was uns als Autonomie der Wirtschaft in der Einstellung der wirtschaftlichen Daseinsvorsorge allein auf den Erwerb durch individuelle Leistung bei offenem Wettbewerb erscheint, folgt keiner evolutionär unausweichlichen Entlassung der Wirtschaft aus moralischen und ethischen Anforderungen, sondern ist selbst moralisch, ethisch und rechtlich konstituiert. Damit haben aber Moral, Ethik und Recht selbst einen Fuß im Feld der Wirtschaft. Die Programmierung des wirtschaftlichen Handelns ist auch in der modernen, »funktional differenzierten« Gesellschaft von Anfang an eine moralische, ethische und rechtliche Frage. Wie weit das Zahlen und das Nichtzahlen nach individueller Leistung erfolgen, wie frei über Eigentum verfügt werden kann und welchen Kriterien welche Art von Verträgen genügen soll, wird keineswegs von einer vorgängigen Autopoiesis der Wirtschaft festgelegt, sondern von den in der Gesellschaft stattfindenden moralischen und ethischen Diskursen, politischen Kämpfen, Gesetzgebungsverfahren und rechtlichen Umsetzungen der Gesetze. Zwischen den moralischen und ethischen Diskursen und den wirtschaftlichen Kommunikationen besteht kein Verhältnis der gegenseitigen Beobachtung, sondern ein solches von Form und Inhalt. Die leere Form des Zahlens und Nichtzahlens erhält erst durch moralische, ethische, politische und rechtliche Programmierung einen Inhalt. Zwischen Ethik und Ökonomie wird nur durch die analytische Betrachtung des Beobachters eine Grenze gezogen, aber nicht im realen Vorgang des wirtschaftlichen Handelns.

Soweit Wirtschaften mehr ist als der analytisch abgrenzbare Kreislauf von Zahlungsvorgängen, sondern ein Handeln von Subjekten, ist es stets moralisch und ethisch mitkonstituiert. Die Autonomie der Wirtschaft des Liberalismus gründet letzten Endes in dem ethischen Konsensus über die Richtigkeit der Verteilung von Belohnungen nach dem Leistungsprinzip. In dem Maße, in dem dieses Prinzip moralisch und ethisch in Frage gestellt wird und es gelingt, diese Zweifel in Veränderungen des Rechts umzusetzen, verändert sich das Programm der Wirtschaft. Keine vorgängige Autopoiesis schützt die Wirtschaft vor solchen Veränderungen, da sie selbst von innen heraus schon auf Moral, Ethik und Recht gründet.

In der Tat ist ja die ethische Entwicklung der modernen Wirtschaft auch nicht bei der Theorie des Liberalismus und der individualistischen Berufsethik stehengeblieben. Nach der ethischen Etablierung des rationalen Kapitalismus durch die bürgerliche individualistische Berufsethik war es die Arbeiterbewegung, die dafür gesorgt hat, daß Wirtschaften auf die Mehrung des Wohlstandes der gesamten Bevölkerung, auf die Unterstützung der weniger Leistungsfähigen, auf die Erhaltung der Leistungsfähigkeit der Arbeitenden durch Arbeitsschutz und auf die Qualifizierung und Steigerung der Leistungsfähigkeit durch Bildung, Ausbildung und Weiterbildung programmiert wurde. Die Ethik der *Wohlfahrtsökonomie* hat die individualistische Berufsethik als ethische Grundlage der Wirtschaft relativiert und ergänzt. Sie legt fest, daß ein erheblich gewachsener Teil von Zahlungen nicht aufgrund individuell erbrachter Leistungen erfolgt, sondern als sogenannte Transferzahlung von den Leistungsfähigeren auf die weniger Leistungsfähigen, von den Leistungsfähigen auf die vorübergehend oder dauerhaft Leistungsunfähigen übertragen wird. Da es sich hier um Zahlungsvorgänge handelt, die Zahlungsfähigkeit bzw. Zahlungsunfähigkeit erhöhen bzw. vermindern, behalten sie die Form der wirtschaftlichen Kommunikation. Ihr Inhalt sagt uns jedoch erst, an wen unter welchen Bedingungen wieviel gezahlt wird, und dieser Inhalt wird erst durch das ethisch etablierte Programm der Wohlfahrtsökonomie bestimmt.

Die Wohlfahrtsökonomie ist eine neue ethische Programmierung des ökonomischen Handelns, das erst durch diese Programmierung reale Gestalt annimmt. Zugleich wird mit diesem Programm ein wachsender Druck auf die Steigerung der Produktivität ausgeübt. Je mehr Rechte auf materielles Wohlergehen den weniger Leistungsfähigen und den vorübergehend oder dauerhaft Leistungsunfähigen mit moralisch guten Gründen zugestanden werden, um so mehr Leistungen müssen von den Leistungsfähigen erbracht werden. Das geht durch die Steigerung ihrer Produktivität und durch ihre Bereitschaft, einen Teil ihrer Entlohnung an die weniger Leistungsfähigen und die Leistungsunfähigen abzugeben. Die Wohlfahrtsökonomie gehorcht insofern nicht einfach einer wirtschaftlichen Autopoiesis, sondern einer Ethik, die den Druck auf das wirtschaftliche Wachstum im Vergleich zur Ethik der Entlohnung nach individueller Leistung noch erhöht hat.

Die Gesellschaft hat ein neues Arrangement für das Verhältnis zwischen Zahlung und Achtung gefunden. Nach der individualistischen Berufsethik werden wir um so mehr geachtet, je mehr wir Leistungen erbringen, die in der Gesellschaft *nachgefragt* werden. Zugleich gibt uns diese Leistung das Recht, besser bezahlt zu werden als diejenigen, deren Leistungen weniger gesucht werden, entweder weil sich niemand dafür interessiert oder weil zuviel andere dieselbe Leistung erbringen können. Die Ethik der Wohlfahrtsökonomie gründet auf der Erkenntnis, daß trotz aller Anstrengung nicht alle gleich leistungsfähig sind, weil sie zu jung oder zu alt, behindert oder krank, zu schwach oder zu unqualifiziert sind oder ihre Leistungen gerade nicht auf eine entsprechende Nachfrage stoßen. Trotzdem sollen sie als Mitbürger moralisch-ethisch geachtet werden und deshalb das Recht auf Transferzahlungen zur Sicherung ihres Lebensunterhalts haben. Wieder haben wir eine enge Verknüpfung von Zahlung und Achtung. Die weniger Leistungsfähigen und die Leistungsunfähigen erhalten Transferzahlungen, weil und sofern sie als Mitbürger geachtet werden. Die Leistungsfähigen sehen sich dazu ethisch verpflichtet. Sie selbst genießen mehr oder weniger Achtung in Abhängigkeit von ihren Leistungen und den damit verknüpften Transferzahlungen an die Leistungsschwachen und die Leistungsunfähigen. Von einer völligen Trennung von Zahlung und Achtung kann dementsprechend keine Rede sein. Vielmehr legt die Ethik der Wohlfahrtsökonomie eine sehr genau bestimmte Relation von Zahlung und Achtung fest. Sie unterscheidet sich von der Ethik des Leistungsprinzips nicht dadurch, daß sie nun Ethik in einen zuvor normfreien Raum hineinträgt, sondern dadurch, daß sie die Verknüpfung von Zahlung und Achtung nach dem Leistungsprinzip durch die Verknüpfung nach dem Sozialprinzip einschränkt und ergänzt.

Die individualistische Berufsethik hat einen expandierenden Bereich des wirtschaftlichen Handelns unter ethische Regeln gestellt, der aus der traditional-ständischen Ethik der mittelalterlichen Scholastik tendenziell als ethisch minderwertig herausfiel. In diesem Sinn hat sie für eine Durchdringung des ethisch weniger geforderten wirtschaftlichen Handelns durch ethische Gebote gesorgt. Individuelles Leistungsstreben, Selbstdisziplin und Selbstverantwortung vor Gott bzw. vor der Gesellschaft wurden zu den ethischen Kategorien des rationalen Wirtschaftens. Dadurch wurde Wirtschaften von kurzfristiger Vorteilsnahme, Abenteuerlust und reinem Spekulantentum befreit und überhaupt erst zu einem längerfristig orientierten, planvollen und rationalen Handeln im Hinblick auf die Daseinsvorsorge gemacht. Erst dadurch wurde »ökonomische Rationalität« als Leitidee für die moderne Wirtschaft geboren. Sie ist ein Interpenetrationsprodukt aus ethisch begründeter Selbstdisziplin und Weitsicht sowie natürlichem Streben nach Bedürfnisbefriedigung unter der Bedingung von Knappheit. Konsumverzicht zum Zwecke der Reinvestition der Gewinne verlangt Selbstdisziplin und Weitsicht. Gleichzeitig regiert dadurch aber auch das Streben nach Bedürfnisbefriedigung unter der Bedingung von Knappheit in die Formulierung der Ethik hinein. Die neue bürgerliche Ethik verachtet den Müßiggang und die Verschwendung der Aristokratie ebenso wie die mangelnde Selbstdisziplin und Leistungsbereitschaft des »arbeitsscheuen Gesindels«. Die Ethik wird so von den Gesetzen des rationalen Wirtschaftens durchdrungen. Ökonomische Rationalität wird zu einer ethischen Kategorie.

Die Entwicklung der Wohlfahrtsökonomie verändert das Verständnis von ökonomischer Rationalität in ethischer und ökonomischer Hinsicht. Ausgangspunkt sind moralische und ethische Einwände gegen die sozialen Negativeffekte des Kapitalismus in Gestalt der Produktion von Not und Elend und ihre politische Artikulation durch die Arbeiterbewegung (Pigou 1920/1960). Die ethischen Gründe für Zahlungen und der Kreis der Zahlungsempfänger werden im Vergleich zur Leistungsethik erweitert. In diesem Sinne greifen ethische Kriterien weiter in die Zahlungsvorgänge hinein als zuvor. Umgesetzt wird dieses Hineingreifen der Ethik in die Ökonomie durch neue Rechtsinstitute: die Koalitionsfreiheit der Arbeitnehmer, Streikrecht, Tarifautonomie, kollektive Aushandlung von Arbeitsverträgen, Betriebsverfassungsgesetz, Betriebsräte, Mitbestimmung, Arbeitsrecht, Arbeitsschutz, Sozialversicherungspflicht und progressive Lohn- und Einkommenssteuer. Sie alle regulieren den Fluß von Zahlungen inhaltlich nach Kriterien, die in einem ethischen Konsensus gründen müssen, soweit sie über die bloße rechtliche Erzwingung hinaus Geltung besitzen sollen. Zugleich wird der Begriff der ökonomischen Rationalität von individueller Profitmaximierung durch Konsumverzicht und ständig erweiterter Reinvestition auf die Steigerung des gesamtgesellschaftlichen Wohlstands durch Wirtschaftswachstum umgestellt. Die Arbeiter nehmen an der Steigerung des wirtschaftlichen Wachstums nicht nur als Produzenten, sondern auch als Konsumenten teil. In dieser Perspektive ist es deshalb ökonomisch rational, von Jahr zu Jahr die Löhne zu erhöhen, um den Umfang des Konsums zu vergrößern. Ebenso werden Zahlungen für Bildung, Ausbildung und Weiterbildung, für Arbeitsschutz und soziale Sicherung, für Umverteilung und Steuerprogression sowie für Arbeitsschutzmaßnahmen als ökonomisch rational eingestuft, weil sie positive Effekte für die Erhaltung und Qualifizierung der Arbeitskraft und für das Konsumniveau haben. Der Begriff der ökonomischen Rationalität wird von der Wohlfahrtsökonomie im Vergleich zum ökonomischen Liberalismus auf größere Weitsicht programmiert (Berger 1991: 242-244).

Auf der Seite der Ethik findet zugleich eine Umstellung auf ökonomisches Kalkulieren statt. Der Staat, die Sozial- und Krankenversicherung und die Wohlfahrtsverbände verwalten einen wachsenden Teil des Bruttosozialprodukts, den sie nun so einsetzen müssen, daß mit den im Verhältnis zu den moralisch-ethisch berechtigten Ansprüchen stets zu knappen Mitteln ein Maximum des Nutzens aller Berechtigten erreicht wird. Ethisch bedingte Sozialleistungen werden zum ökonomischen Rechenexempel. Da solidarische Hilfe nahezu vollständig auf Zahlungen umgestellt ist, wird sie in entsprechendem Maße den Gesetzen der Ökonomie unterworfen. Es muß ständig kontrolliert werden, ob die knappen Mittel auch ökonomisch rational eingesetzt werden. Die Rechnungsprüfung soll darüber wachen. Damit einher geht ein zunehmender Wettbewerb um die Anerkennung moralischer Ansprüche. Er verschärft sich dadurch, daß moralische und ethische Diskurse die Gründe für Zahlungen und den Kreis der anspruchsberechtigten Personen erweitern. Um diese Zahlungen tätigen zu können, müssen die Wohlfahrtsinstitutionen ihre knappen Mittel optimal im Interesse des größtmöglichen Gesamtnutzens einsetzen, und die Wirtschaft muß wachsen, um den verteilbaren Kuchen ständig zu vergrößern.

Die Wohlfahrtsökonomie hat die parallele Steigerung ethischer und ökonomischer Zahlungen zum Programm erhoben. Die Menge moralisch-ethischer Ansprüche und die Menge ökonomischer Zahlungen wachsen zugleich und bilden durch dieses Wachstum eine stets größer werdende Zone der gegenseitigen Durchdringung, in der sich die beiden Mengen überschneiden. Dies ist der Bereich von Zahlungen, die nicht für wirtschaftliche Leistungen, sondern für moralisch-ethische Ansprüche erbracht werden. Dabei ist zu beachten, daß der Bereich wirtschaftlicher Leistungen selbst durch das Leistungsprinzip ethisch gestützt wird, aber im Verhältnis zu den Wohlfahrtsleistungen jetzt als Feld der reinen Ökonomie erscheint. Ein einfaches Maß für die Vergrößerung der Schnittmenge von Ethik und Ökonomie bilden die jährlich steigenden Sozialausgaben und ihr zunehmender Anteil am Bruttosozialprodukt. Als ein weiteres Maß der sich steigernden Interpenetration von Ethik und Ökonomie kann die Zahl und der Seitenumfang von Gesetzen, Verordnungen und Erlassen des Arbeits- und Sozialrechts dienen. Ebenso mag die Inanspruchnahme der Arbeits- und Sozialgerichte durch anhängige Verfahren herangezogen werden. In jeweiligen Preisen berechnet, stellen wir in der Bundesrepublik (West) von 1965 bis 1992 ein Wachstum der gesamten jährlichen Sozialleistungen von 70,8 auf 870 Milliarden DM fest. Seit 1949 wurden in den einzelnen Wahlperioden zwischen 30 und 76 Gesetzen in den Bereichen von Arbeit und Sozialordnung verabschiedet. Eine Ausnahme stellt nur die 9. Wahlperiode mit 8 Gesetzen dar. Die Rechtsverordnungen variieren ab der 3. Wahlperiode zwischen 68 und 118. Die jährlich anhängigen Verfahren an den Arbeitsgerichten vermehren sich von 1958 bis 1991 von 226 242 auf 447 829. Dagegen gehen die anhängigen Verfahren bei den Sozialgerichten von 1959 bis 1973 von 479 629 auf 271 389 zurück, um bis 1985 wieder auf 364 246 anzusteigen und bis 1991 leicht auf 343 947 abzufallen. Dabei sind jedoch Besonderheiten wie der schrumpfende Umfang der Kriegsopferversorgung und die abnehmende Zahl von Unfällen zu berücksichtigen. Außerdem verlaufen diese Entwicklungen in konjunkturellen Wellen und müssen sehr langfristig betrachtet werden (Statistisches Bundesamt 1960: 140; 1961: 124, 125; 1967: 399; 1970: 116; 1975: 130; 1981: 89; 1987: 340; 1993: 103, 400, 495).

Die ethisch bedingten Wohlfahrtszahlungen stehen zugleich unter den diskursiven Gesetzen der Begründung von Rechten und unter den ökonomischen Gesetzen der Knappheit und müssen zwischen beiden Gesetzmäßigkeiten vermitteln. Moralische Diskurse werden in der Regel stets mehr Rechte begründen, als mit den knappen Mitteln entsprochen werden kann. Welche Rechte in welchem Umfang zum Zuge kommen, richtet sich dann zusätzlich nach dem Kriterium, mit den vorhandenen Mitteln einen größtmöglichen Gesamtnutzen zu erzielen. In einem erweiterten Modell betrachtet, spielen allerdings auch politische Kämpfe, solidarische Ein- und Ausschließungen sowie Hierarchisierungen von Rechten durch rechtliche Verfahren in die Entscheidung hinein. Das heißt, daß sich nicht nur Diskurse und ökonomische Zahlungen in den Wohlfahrtszahlungen überschneiden, sondern auch politische Machtkämpfe und solidarische Beziehungen mit den Diskursen und Zahlungen eine gemeinsame Schnittmenge bilden. Welche Rechte zum Zuge kommen, wird demnach auch durch politische Machtverteilungen und Solidaritätsbeziehungen bestimmt. Je mehr Nationen ein geschlossenes Solidaritätsgefüge formen, um so weniger werden sie z. B. die an sich moralisch begründeten Rechte von Nichtmitgliedern anerkennen und um so weniger werden sie Außenstehende zu Mitgliedern machen. Wenn eine Avantgarde von Weltbürgern dafür eintritt, daß Außenstehende die gleichen Rechte haben wie die Innenstehenden und daß Zuwanderer zu gleichberechtigten Mitgliedern werden, bricht sie aus dem nationalen Solidaritätsgefüge aus und löst den partikularistischen ethischen Konsens der Nation auf. An wen wieviel gezahlt wird, beruht jetzt nicht mehr auf einem ethischen Konsens – der immer nur ein partikular geltender sein wird –, sondern auf der Durchsetzung von Ansprüchen auf dem Wege politischer Entscheidungsverfahren. Es müssen Mehrheiten gewonnen werden, um eine bestimmte Verteilung der Zahlungen zu bewirken. Moralische Diskurse können hier nur einen gegebenen partikularen Konsens aufsprengen. Dabei wird stets eine Avantgarde der Aufgeklärten voranschreiten, den Konsens mit den moralisch Zurückgebliebenen aufkündigen und die Erweiterung des Kreises der Anspruchsberechtigten vorantreiben.

Der Kampf um Anerkennung (Honneth 1992) ist eine zwangsläufige Folge moralischer Diskurse über Rechte unter Bedingungen der Knappheit. Da sich durch Diskurse keine Knappheiten beseitigen lassen, müssen mit den moralischen Diskursen auch die politischen Kämpfe, die ökonomischen Zwänge und die solidarischen Abgrenzungen zunehmen. Wie soll in Diskursen begründet werden, daß der Ausbau behindertengerechter Ein- und Ausstiege in öffentlichen Verkehrsmitteln Vorrang vor der Steuerentlastung von Familien hat, die Erhöhung der Entwicklungshilfe Vorrang vor der Erhöhung der Sozialhilfe, die Zahlung von Arbeitslosengeld Vorrang hat vor Arbeitsbeschaffungsmaßnahmen, die Aufnahme von Flüchtlingen aus Bosnien den Vorrang vor der Aufnahme von Flüchtlingen aus Ruanda? Moralische Diskurse können nur Rechte begründen, aber keine Entscheidungen bei knapper Zeit, knappen Mitteln und begrenzten Solidaritätsgefühlen herbeiführen. Selbst im günstigsten Fall, wenn sie alle Gesellschaftsmitglieder davon überzeugen würden, daß die Menschen in Afrika dasselbe Lebensrecht wie die Menschen in Europa haben, sagen sie gar nichts darüber, wie diesen Rechten entsprochen werden kann und wie sie mit anderen Rechten vereinbar zu machen sind. Noch nicht einmal eine Rangordnung können sie vorgeben, weil jede Rangordnung schon eine Diskriminierung der Nachgeordneten bedeuten würde. Moralisch gesehen, haben eben alle Menschen die gleichen Rechte. Wenn das Bundesverfassungsgericht z. B. feststellt, daß der steuerliche Grundfreibetrag unterhalb des Existenzminimums liegt und deshalb verfassungswidrig sei, schränkt es kein einziges Recht ein, das bei einer Erhöhung des Grundfreibetrages zurückstehen müßte. Diese Entscheidung bleibt der Politik überlassen, weil hier zwangsläufig Rechte in eine Rangordnung gebracht werden müssen, die moralisch gesehen gleichrangig sind. Der Grund ist die Knappheit der verfügbaren Mittel zur Einlösung von Rechten.

Es ist völlig abwegig, von moralischen Diskursen einen Beitrag zur Integration der Gesellschaft zu erwarten, weil ihre Logik auf die Expansion und die Ausschöpfung von Rechten hinausläuft, die den Kampf um Anerkennung verschärfen, der wiederum nicht mit den Mitteln des Diskurses zu bewältigen ist, sondern Entscheidungen nach den Prinzipien vorrangiger Solidaritäten (die Eigengruppe vor der Fremdgruppe), politischer Entscheidungsverfahren (Mehrheit vor Minderheit) und ökonomischer Nutzenberechnung (Mittelverteilung nach Erzielung des größtmöglichen Gesamtnutzens) erzwingt. In modernen Gesellschaften bilden die Handlungen in diesen Feldern wachsende Mengen mit einer sich stets vergrößernden Schnittmenge, in der diskursiv begründete moralische Rechte nach Maßgabe des größtmöglichen Nutzens, der Machtmobilisierung und der Aktivierung von Solidaritäten berücksichtigt werden. Es kommt deshalb darauf an, den Kampf um Anerkennung selbst wieder durch geeignete Verfahren zu zivilisieren, die Elemente von Diskursen, solidarischen Abgrenzungen, Machtpolitik und Nutzenrechnung in sich vereinigen bzw. mehrere Verfahren nebeneinander zulassen, die dem einen oder anderen Element aus dem Ensemble einen Vorrang einräumen. Staatliche Einrichtungen werden sicherlich von gegebenen Mehrheiten dominiert. Dagegen können sich freie Wohlfahrtsverbände auf die von der Mehrheitspolitik vernachlässigten Gruppen spezialisieren. Daß dabei stets die eine Gruppe der anderen vorgezogen wird, vorgängige Solidaritäten die Reichweite der Zahlungen beschränken und die Mittel nach dem Kriterium des größtmöglichen Nutzens auf die diskursiv gleich gut begründeten Rechte verteilt werden, ist jedoch eine nie zu überwindende Notwendigkeit. Ihre Bedeutung nimmt mit der Ausdehnung moralischer Diskurse nicht ab, sondern zu.

Eine Gesellschaft, die moralischen Diskursen mehr Raum gibt – und das ist in der Moderne wohlbegründet und unvermeidlich – erweitert auch den Raum für ökonomische Sachzwänge, politische Konflikte und die Aktivierung partikularer Solidaritäten. Moralische Diskurse sind eine treibende Kraft der Modernisierung. Sie gleichzeitig mit der Aufgabe der Integration moderner Gesellschaften zu befrachten – wie dies in der Habermasschen (1981, 1992) Diskurstheorie angelegt ist – führt jedoch in einen grundlegenden Widerspruch. Man verlangt von Diskursen die Entgrenzung und Begrenzung von Handlungsspielräumen zugleich.

Unzutreffend ist auch die Einschließung der gesellschaftlichen Handlungsfelder in eine in sich kreisende Autopoiesis im Sinne von Luhmann (1984, 1986, 1988, 1990, 1993, 1997). Sie macht uns blind für die Tatsache, daß in modernen Gesellschaften die Schnittmenge von Akten der moralisch-ethischen Achtung und der wirtschaftlichen Zahlung und darüber hinaus der politischen Entscheidung und der Aktivierung von Solidaritäten wächst und wir immer wieder darüber entscheiden müssen, wie weit diese Akte reichen und ineinander hineingreifen sollen. Keine vorgängige Autopoiesis der Wirtschaft sagt uns, wie groß die Teilmenge der moralisch begründeten Zahlungen für Sozialhilfe, Behinderte, Flüchtlinge, Entwicklungshilfe, Arbeitslosengeld, Pflegeversicherung etc. sein soll. Es gibt keine Autopoiesis der Wirtschaft, die dafür sorgen würde, moralisch begründete und mittels Recht erzwungene Zahlungen abzuweisen, weil sie die Zahlungsfähigkeit der gesamten Wirtschaft aushöhlen. Wie weit wir solchen Rechten entsprechen können, ohne zahlungsunfähig zu werden, muß immer wieder neu ausgelotet werden. Die Erweiterung moralisch und ethisch bedingter Zahlungen hat immer wieder auch Produktivitätssteigerungen erzwungen, den Konsum erhöht und so das Wirtschaftswachstum gefördert. Von unseren Krankheiten lebt immerhin der Ärztestand, eine unablässig expandierende Pharmaindustrie und eine nicht minder expansive Versicherungswirtschaft. All dies beweist, daß der leere Kommunikationskreislauf von Zahlungen in ganz erheblichem Maße unmittelbar durch moralisch-ethische Ansprüche mit Inhalt gefüllt wird, als realer Zahlungsakt dadurch erst zustande kommt. Daraus folgt aber auch, daß »Fehlsteuerungen« der Wirtschaft nicht aus ihrer Autopoiesis erklärt werden können, sondern nur aus ihrer jeweils gegebenen moralischen, ethischen, rechtlichen und politischen Programmierung unter der Bedingung von Knappheit. Das zeigt sich jetzt an den ökologischen Negativeffekten der auf unablässiges Wachstum programmierten Wohlfahrtsökonomie.

Wir begreifen den sich abzeichnenden Strukturwandel von der Wohlfahrtsökonomie zur Umweltökonomie nicht, wenn wir den dabei zu vollziehenden moralisch-ethischen Wandel übersehen. Nach den Umbrüchen von der ständisch-traditionalen Ethik zur individualistischen Berufsethik und von dieser zur Ethik der Wohlfahrtsökonomie scheint jetzt ein dritter großer Umbruch zur *Ethik der Umweltökonomie* vor uns zu liegen. Die Gleichberechtigung der Frauen und die Inklusion der Entwicklungsländer in eine globale Wohlfahrtsökonomie bewegen sich noch im Rahmen des herrschenden Paradigmas, das auf wirtschaftliches Wachstum ausgerichtet ist. Die neue Umweltethik erweitert unsere Rechte um das Recht auf eine für unser Leben unschädliche Umwelt, was immer man darunter verstehen mag und in welchen Grenzwerten für Schadstoffe sich das auch immer ausdrücken soll. Ob jenseits bisherigen Denkens über Personen hinaus auch Tieren oder der Natur als solcher Rechte zugestanden werden sollen, kann hier dahingestellt bleiben. Schon das persönliche Recht auf eine für das eigene Leben unschädliche Umwelt ist eine erhebliche Erweiterung moralisch begründeter Rechte mit entsprechenden Konsequenzen für wirtschaftliche Zahlungsvorgänge. Noch weiter reicht die Einschließung nachfolgender Generationen in dieses Recht. Erst im Lichte der neuen Umweltethik werden die Negativeffekte des bisherigen Wirtschaftens als solche *erkennbar* und zu einem Faktor der ökonomischen Gesamtrechnung. Umweltinstitute errechnen astronomische Milliardensummen für die von unserer gegenwärtigen Wirtschaftsweise verursachten Schäden, ohne daß die Verursacher nur einen Pfennig dafür bezahlen müssen.

Die für die Wohlfahrtsökonomie herrschende Leitidee der »ökonomischen Rationalität« und deren Operationalisierung in der Volkswirtschaftlichen Gesamtrechnung mit Hilfe des Bruttosozialprodukts verliert ihre Legitimität, ohne daß sich schon eine neue Operationalisierung des nun erweiterten Verständnisses von »ökonomischer Rationalität« durchgesetzt hätte (Leipert 1989, Wicke 1989). Wie immer ist es eine Sache von Außenseitern, das herrschende Gedankengebäude zum Einsturz zu bringen, während die Masse der Normalwissenschaftler noch an den alten Modellen klebt. Der neue Begriff der ökonomischen Rationalität läßt jetzt Umweltkosten in die Gesamtrechnung eingehen, die im Rahmen der Wohlfahrtsökonomie keine Rolle gespielt haben. Zugleich wird erkannt, daß der Markt als Instrument der Umsetzung der neuen Leitidee ebenso Grenzen aufweist wie bei der Umsetzung der Leitidee der Wohlfahrtsökonomie (Berger 1991: 241).

Jetzt wird darüber gestritten, welche ergänzenden Instrumente die Marktwirtschaft in ökologische Bahnen lenken könnte, wie dies zuvor schon bei der Entwicklung der sozialen Marktwirtschaft getan worden war. Die Instrumente reichen vom Verbot schädigender Aktivitäten, über die Erhebung von Gebühren für Umweltbelastungen, die steuerliche Be- und Entlastung nach Maßgabe von Umweltverträglichkeit und die Prämierung von Umweltfreundlichkeit bis zur Subventionierung der Umweltindustrie. Dabei wird gerne einer der Wirtschaft »verständlichen« Steuerung in der »Sprache der Preise« das Wort geredet. Die Luhmannsche Theorie wirtschaftlicher Autopoiesis scheint dafür die

Legitimation zu liefern. Man verkennt hier jedoch, daß es jedes Mal politische Entscheidungen sind, die jetzt darüber bestimmen, wieviel wofür bezahlt werden soll und was eventuell ganz aus der freien Abstimmung von Angebot und Nachfrage herausgenommen wird. In diese politischen Entscheidungen müssen moralische und ethische Erwägungen Eingang finden, wenn das durch sie gesetzte Recht mehr als nur erzwungene Geltung haben soll.

Da Zahlungen inhaltsleere Kommunikationen sind, können sie mit jedem beliebigen Instrument in eine gewünschte Richtung gelenkt werden. Es gibt keine für die Wirtschaft als solche mehr oder weniger adäquate Steuerungsform Es kommt allein auf den spezifischen Zweck an, der darüber entscheidet, welcher Form der Steuerung der Vorzug zu geben ist. Wird Zielgenauigkeit gewünscht, dann wird man beispielsweise die Verwendung chemischer Stoffe verbieten, deren schädliche Wirkungen bewiesen sind. Damit ist natürlich nicht ausgeschlossen, daß die dann verwendeten alternativen Stoffe weniger schädliche Wirkungen entfalten. Will man die Nutzung bestimmter Ressourcen nur drosseln, weil es nicht genügend Alternativen gibt, dann wird man sie steuerlich belasten, um Anreize für einen sparsamen Umgang mit ihnen zu setzen. Wie hoch auch immer der entsprechende Betrag sein wird, handelt es sich dabei dennoch um einen politisch nach Lage der Macht- bzw. Mehrheitsverhältnisse gemachten Preis, der nicht zu verwechseln ist mit der natürlich gegebenen Knappheit eines Gutes. Der politische Preis eines Gutes drückt lediglich aus, für wie knapp die Mehrheit ein Gut hält, wie auch der Marktpreis eines Gutes nichts mit dessen realer Knappheit zu tun hat, sondern allein aus dem Verhältnis der Nachfrage zu dem *auf dem Markt* verfügbaren Angebot gebildet wird. Außerdem muß es ein Eigentumsrecht auf ein Gut geben, damit es überhaupt in ein Verhältnis von Angebot und Nachfrage gebracht werden kann. Da niemand ein Besitzrecht auf reine Luft hat, muß für deren Nutzung auch nichts bezahlt werden. Schließlich wird man die Entwicklung der Umweltindustrie subventionieren und umweltbelastenden Industrien Subventionen entziehen, um den industriellen Strukturwandel zu beschleunigen. Politisch ist es natürlich leichter, neue Subventionen zu vergeben als alte zu streichen. Deshalb werden häufig neue Subventionen beschlossen, ohne zugleich alte abzuschaffen.

Welche Instrumente auch immer zum Einsatz kommen, sie alle

implizieren erstens eine Erweiterung moralisch-ethischer Werte und deren rechtliche Umsetzung durch das Recht auf eine intakte Umwelt – auch für spätere Generationen –, zweitens eine Ausdehnung des Begriffes der ökonomischen Rationalität auf die Beachtung der Umwelt als knappes Gut und drittens eine Vergrößerung der Schnittmenge von moralisch begründeten Rechten und wirtschaftlichen Zahlungen durch all jene Zahlungen, die zum Zwecke der Verwirklichung des Rechts auf eine intakte Umwelt getätigt werden. Als Indikatoren dieser wachsenden Schnittmenge können die Ausgaben für Umweltschutz und ihr Anteil am Bruttosozialprodukt, die Zahl und der Seitenumfang der Gesetze, Verordnungen und Erlasse des Umweltrechts und die Inanspruchnahme des Umweltrechts in Gerichtsverfahren dienen. In der Bundesrepublik (West) ist von 1975 bis 1991 ein Ansteigen der jährlichen Ausgaben von produzierendem Gewerbe und Staat für den Umweltschutz von 20 auf 35,4 Milliarden DM in Preisen von 1985 festzustellen. Die Gesetzgebung weist erst in der 10. und 11. Wahlperiode die Rubrik »Umwelt, Naturschutz und Reaktorsicherheit« mit 6 und 14 Gesetzen bzw. 6 und 38 Rechtsverordnungen aus. Die Zahl der jährlich gemeldeten Straftaten im Bereich des Umweltrechts hat sich von 1981 bis 1990 von 5781 auf 21 412 erhöht (Statistisches Bundesamt 1987: 592; 1993: 103, 748, 750). So expandieren die Menge moralisch begründeter Rechte, die Menge wirtschaftlicher Zahlungen und ihre gemeinsame Schnittmenge moralisch-ethisch bedingter Zahlungen zugleich. Diesen Vorgang können wir als eine gegenseitige Durchdringung von Ökonomie und Ethik bezeichnen. Er erreicht mit der Einführung der Umweltökonomie eine neue Stufe, auf der sich die Konflikte zwangsläufig verschärfen.

Je größer die Schnittmenge der ethisch bedingten Zahlungen wird, um so mehr Entscheidungen müssen getroffen werden, wohin die Zahlungen in welchem Umfang gehen sollen. Diese Zahlungen werden der marktförmigen Allokation nach dem Leistungsprinzip und der wohlfahrtsökonomischen Allokation nach sozialer Bedürftigkeit entzogen und einer neuen Allokation nach dem Prinzip der Umwelterhaltung zugeführt. Der Markt stellt die Allokationsform im Sinne des ökonomischen Liberalismus dar, der kollektive Arbeitsvertrag, die Sozialversicherung und die Steuerprogression bilden die Allokationsformen der Wohlfahrtsökonomie. Für die Umweltökonomie müssen erst noch die richtigen

Allokationsformen gefunden werden. Eine entscheidende Frage ist dabei, wie heute die Rechte zukünftiger Generationen auf eine intakte Umwelt gesichert werden sollen, wenn die ökologischen Negativeffekte der Wohlfahrtsökonomie erst in Jahrzehnten das Leben der Menschen unmittelbar beeinträchtigen. Unsere demokratischen Entscheidungsverfahren beteiligen nur die jetzt lebenden wahlberechtigten Generationen. Müssen sie geändert werden, weil die neue Umweltethik auch die Rechte zukünftiger Generationen zur Sprache bringt und die neue umweltökonomische Rationalität eine größere Weitsicht in die Zukunft hinein verlangt als die alte Wohlfahrtsökonomie?

Hier tut sich ein Bedarf des Umbaus unserer Entscheidungsverfahren im erweiterten Schnittbereich von Ökonomie, Moral, Ethik, Politik und Solidarität auf. Dieser Bedarf ist weder durch den Rekurs auf moralische Diskurse zu befriedigen, noch durch den Rekurs auf die Autopoiesis von Funktionssystemen. Die moralischen Diskurse vergrößern die Menge moralisch begründeter Rechte, ohne den Weg zu deren Einlösung unter Bedingungen der Knappheit zu zeigen. Der Rekurs auf die Autopoiesis von »Funktionssystemen« überläßt deren stets wachsende Schnittmenge dem Chaos eines neuen Naturzustandes des Kampfes aller gegen alle ohne gemeinsame Regeln (Hobbes 1651/1966); er übersieht den enormen Bedarf an Institutionenbildung über die Grenzen dieser Handlungsfelder hinweg. Eigentümlicherweise leiden die Diskurstheorie und die Theorie der Autopoiesis unter ein und derselben Beschränkung. Beide Theorien bieten keine Lösung für die Integrationsprobleme moderner Gesellschaften. Die Diskurstheorie leistet dies nicht, weil sie Diskurse mit der Doppelfunktion von Innovation und Integration überlastet (Habermas 1981, 1992). Der Theorie der Autopoiesis gelingt dies nicht, weil sie den Integrationsbedarf jenseits von Autopoiesis überhaupt nicht erkennt und Institutionenbau lediglich als Programmierung von in sich geschlossenen Funktionssystemen begreifen kann (Luhmann 1986, 1988).

2.7 Ethik und Ökonomie: Elemente des Brückenbaus

Mit der Auflösung der Ständegesellschaft können Ethik und Ökonomie zugleich wachsen, die eine vorangetrieben durch den intellektuellen Diskurs, die andere durch den offenen Wettbewerb auf dem Markt. Ohne Bindeglied prallen sie aufeinander, ohne sich gegenseitig durchdringen zu können und geraten in einen permanenten Konflikt. Erst der Aufbau von Bindegliedern durch ein Gefüge der Berufsarbeit, das schon in der Berufsausbildung auf beide Seiten eingestellt wird, und durch ein Gefüge von vernetzenden Ausschüssen erlaubt die gegenseitige Durchdringung von Ethik und Ökonomie. Hier ist die Stelle, an der auch die Universitätsausbildung gefragt ist. Es verschärft den Konflikt zwischen Ethik und Ökonomie, wenn wir die Fachausbildung von moralischen und ethischen Fragen abkoppeln und die moralischen und ethischen Fragen allein dem philosophischen Diskurs und der öffentlichen Debatte überantworten. Die Universitäten verfehlen ihre Aufgabe, wenn sie selbst keinen Beitrag zur Kleinarbeit des Konflikts zwischen Ethik und Ökonomie beisteuern, wenn sie nicht in interdisziplinären Projekten und multidisziplinären Ausbildungsgängen die Orientierung der Kulturwissenschaften an Fragen von Sinn und Ethik und der Sozialwissenschaften an Fragen der Konfliktabarbeitung und sozialen Ordnungsbildung mit der Ausrichtung der Natur-, Ingenieurs- und Wirtschaftswissenschaften an technischen und ökonomischen Problemlösungen verknüpfen. Die Entwicklung der modernen Gesellschaft als ein Ganzes mit interpenetrierenden Teilen weist den Universitäten diese Aufgabe neben der Pflege der disziplinären Forschung und Lehre unmißverständlich in einem weit größeren Umfang zu, als sie es gegenwärtig schon leisten. Über die individualistische Berufsethik hinaus bilden die Institutionen des Arbeits- und Sozialrechts in der Wohlfahrtsökonomie und die Institutionen des Umweltrechts in der Umweltökonomie entscheidende Schnittpunkte von Ökonomie und Ethik in der modernen Gesellschaft.

Im Vergleich zu konkurrierenden Theorieangeboten bringt die Theorie der Interpenetration ein Bauprinzip der Moderne zu Bewußtsein, auf das wir uns beim Weiterbau der modernen Gesellschaft zu stützen haben, wenn wir ihre Entwicklung im Gleichgewicht halten wollen. Sie zeigt uns, wo wir anzusetzen haben, wenn wir sie in eine bewältigbare Zukunft führen wollen. Das gilt unabhängig davon, wie weit die moderne Gesellschaft tatsächlich die erforderlichen Brücken zwischen den expandierenden Handlungsfeldern errichtet hat und wie weit die schon erbauten noch weiter tragen, nachgebessert, umgebaut oder ganz neu erstellt werden müssen. Die Tatsache, daß die Handlungsfelder selbst schon Interpenetrationsprodukte sind und nur durch weitere Zwischenstücke miteinander zu vernetzen sind, bedeutet, daß ein solcher Ausbau nicht gegen eine bislang wirkende Entwicklungslogik gerichtet ist, sondern ein vorhandenes Bauprinzip nur bewußtmacht und fortsetzt.

Dagegen bietet die Theorie der funktionalen Differenzierung autopoietisch operierender Systeme keinen Anhaltspunkt für die Lösung des Problems der Vernetzung von Handlungsfeldern (Luhmann 1981, 1984, 1986, 1988, 1990, 1993). Vielmehr überläßt sie diese der bloßen gegenseitigen Beobachtung und Verarbeitung der beobachteten Umweltereignisse. Die Wirtschaft kann auf ethische Anforderungen nur wirtschaftlich reagieren, die Ethik auf wirtschaftliche Notwendigkeiten nur ethisch. Auch ihre Repräsentanten können sich nicht verstehen, weil sie auf ihren jeweiligen Code fixiert sind. Im trivialen tautologischen Sinne ist es richtig, daß Wirtschaft nur Wirtschaft und Ethik nur Ethik sein kann. Empirisch ist es jedoch falsch, daß wirtschaftliches *Handeln* nur auf ökonomische Gesetzmäßigkeiten und ethisches *Handeln* nur auf ethische Anforderungen eingestellt ist. Als konkrete Erscheinungen können in beiden Ethik und Ökonomie miteinander eine symbiotische Beziehung eingehen. Damit dies geschieht, müssen sie von der Gesellschaft und den Handelnden selbst regelmäßig miteinander verknüpft werden. Das vollzieht sich z. B. im Feld der Berufsarbeit mehr oder weniger erfolgreich, aber immerhin zumindest in Ansätzen.

Das Feld der Berufsarbeit ist Teil des ökonomischen und Teil des ethischen Feldes, bildet eine Interpenetrationszone und eine Brücke des wechselseitigen Transports von ökonomischen und ethischen Anforderungen in das ökonomische und ethische Handeln selbst hinein. Die Felder ökonomischer und ethischer Handlungen der Zahlung und der Achtungszuteilung sind selbst zwar ausdifferenzierte Handlungsfelder, operieren aber nicht autopoietisch. Sie sind offen füreinander. Nur deshalb ist es z. B. möglich, daß wir unsere Ethik der sozialen Sicherheit für alle an ökonomischen Notwendigkeiten ausrichten und den ökonomischen Erwerb an ethischen Kriterien der Redlichkeit. Die *empirisch* »ausdifferenzierten« Handlungsfelder der Moral und der Ökonomie dürfen nicht mit der analytischen Abgrenzung zwischen beiden gleichgesetzt werden. Nur im analytischen Sinn gibt es in sich geschlossene Kreisläufe von Zahlungen und Achtungszuteilungen.

Steigt meine Achtung, dann kann ich mehr Achtung in die Waagschale werfen, wenn es darum geht, wem sonst noch Achtung gebührt, weil man mehr auf mich hört als zuvor, aber ich habe deshalb nicht zwangsläufig mehr Geld, um mehr Zahlungen als zuvor tätigen zu können. Dasselbe gilt auch in der umgekehrten Richtung. Trotzdem ist es nicht ausgeschlossen, daß meine gewachsene Achtung meine Geschäftsfähigkeit erweitert und mehr Zahlungen einbringt oder daß meine Zahlungen an andere meine Achtung erhöhen. In diesem Sinne können beide Kreisläufe im konkreten Handeln Verbindungen eingehen. Welche Verbindungen dabei hergestellt werden, ergibt sich aus dem gesellschaftlichen Regelsystem. Die moderne »funktional differenzierte« Gesellschaft unterscheidet sich hierbei von der ständischen Gesellschaft nicht dadurch, daß sie beide Kreisläufe durchgehend auseinanderhält, sondern eine Form ihrer Verbindung durch eine andere ersetzt. An die Stelle der ständischen Hierarchie tritt die Gleichheit und die Zuteilung von Achtung aufgrund von individueller Leistung, die im freien und chancengleichen ökonomischen Wettbewerb erbracht wird. Der starren Symbiose von Ethik und Ökonomie in der ständischen Hierarchie stellt sich ihre dynamische, sich stets wandelnde Symbiose durch Interpenetration entgegen. Diese Verknüpfung von Achtung und Zahlung wird in der Wohlfahrtsökonomie durch das Prinzip der Bedürftigkeit und in der Umweltökonomie durch das Prinzip der Umwelterhaltung ergänzt.

Diesem Bauprinzip der Moderne wird auch die von Helmut Willke (1983, 1989, 1992) im Anschluß an Niklas Luhmann formulierte Theorie der dezentralen Kontextsteuerung nicht gerecht. Sie geht von Luhmanns Theorie der funktionalen Differenzierung der modernen Gesellschaft in autopoietisch operierende Funktionssysteme aus, will aber in einer nicht zu erklärenden Umkehr der Evolution nun plötzlich den autopoietischen Funktionssystemen die Gabe einpflanzen, ihre Effekte auf die Umwelt so zu internalisieren, daß sie diese zum Wohle der anderen Subsysteme aus deren Perspektive steuern. So wird die Theorie mit einem deus ex machina scheinbar gerettet. Unterderhand wird jedoch die Theorie der Autopoiesis beseitigt.

Aber auch Luhmanns (1992) Konzept der strukturellen Kopplung schafft keine Abhilfe (Münch 1992a). Nach diesem Konzept werden die autopoietischen Systeme durch die strukturelle Kopplung mit anderen Systemen stabilisiert. Dabei handelt es sich um zufällige gegenseitige Stützung, die genauso zufällig wieder verschwinden kann. Beispielsweise ist die staatliche Garantie von Eigentumsrechten eine zufällige Stütze für die Autopoiesis der Wirtschaft. Dasselbe könnte auch von der ethischen Achtung wirtschaftlicher Leistungen gesagt werden. Damit bewegt sich auch Luhmann einen Schritt weg von der Theorie autopoietisch operierender Funktionssysteme, weil deren Autopoiesis nun nicht mehr allein von innen kommt, sondern zusätzlich von außen gestützt werden muß. Damit wird jedoch immer noch nicht der Tatsache Rechnung getragen, daß Handlungen per se nicht allein in ein analytisch abgrenzbares Funktionssystem eingeflochten sind, sondern Schnittpunkte mehrerer analytisch unterscheidbarer Handlungslogiken bilden und symbiotische Verbindungen herstellen können, aus denen sich erst die empirisch gegebenen Handlungsfelder konstituieren. Daß die moderne Wirtschaft mit der Berufsarbeit schon ein zugleich ethisches Element in sich enthält und die Zahlungsvorgänge zugleich ethisch und ökonomisch gesteuert werden, läßt sich in der Theorie Luhmanns überhaupt nicht darstellen, noch in der Herkunft erklären, noch für die weitere Entwicklung in praktische Empfehlungen umsetzen. Folgten wir Luhmann, dann könnte sich die moderne Gesellschaft niemals aus der Zwangsjacke autopoietisch operierender Funktionssysteme befreien. Seine Theorie ist blind für ein fundamentales Bauprinzip der Moderne.

Als völlig realitätsfremd erweist sich die Theorie funktionaler Differenzierung, wenn sie zur Legitimation institutioneller Abgrenzung und Vereinseitigung benutzt wird (Luhmann 1986: 124-149). Aus Luhmanns Sicht wird z. B. das Rechtssystem in seiner Funktion der sicheren Unterscheidung von Recht und Unrecht beeinträchtigt, wenn durch die Expansion des Umweltrechts in erheblichem Maße wissenschaftlich ungesicherte Erkenntnisse und politisch umstrittene Grenzwertbestimmungen in die Rechtsentscheidung hineingreifen. Das Plädoyer »Zurück zur Rechtssicherheit« offenbart sich hier als blanker Konservatismus. Die Theorie der funktionalen Differenzierung ist offensichtlich blind für die Erfordernisse der institutionellen Regelung von Rechtsentscheidungen in einer Welt, in der sich die Handlungsfelder ohnehin schon längst gegenseitig überwuchert haben. Unter diesen Bedingungen kann sich die Rechtsentscheidung nicht mehr krampfhaft an traditionelle Vorstellungen von Rechtssicherheit klammern. Sie bewegt sich so oder so schon im Minenfeld der Interpenetration des Rechts mit der Wissenschaft, der Politik, der Wirtschaft, der Ethik und der Moral. Ihre Verfahren müssen nicht allein die sichere Unterscheidung von Recht und Unrecht gewährleisten, sondern auch Kriterien der wissenschaftlichen Wahrheit, der politischen Durchsetzbarkeit, der ökonomischen Effizienz und des moralischen und ethischen Konsensus genügen. Gegen die damit einhergehende Politisierung kann das Recht nicht durch den Rückzug in die Gemäuer seiner alten Tradition geschützt werden. In dem Maße, in dem die Interdependenz der Rechtsentscheidungen mit den nichtrechtlichen Vorgängen wächst, brechen die traditionellen Schutzwälle ein. Eine institutionelle Regelung der Rechtsentscheidungen kann nur noch im offenen Feld der Interpenetration von Recht und Nichtrecht gefunden werden. Die Verfahren der Rechtsentscheidung müssen jetzt die Unterscheidung von Recht und Unrecht mit der wissenschaftlichen Wahrheitsfindung, der moralischen und ethischen Kommunikation, der wirtschaftlichen Nutzenkalkulation und der politischen Mehrheitsbildung vermitteln. Hier versagt das ordnungsrechtliche Modell der sicheren Anwendung eindeutig bestimmter Rechtsbegriffe auf rechtlich definierte Tatbestände. An dessen Stelle muß das Modell der Rechtsentscheidung als faires Verfahren treten, in dem die verschiedenen nichtrechtlichen Kriterien die gleichen Chancen der Mitbestimmung über Recht und Unrecht erhalten. Ihr Maßstab ist nicht die Übereinstimmung der Entscheidung mit inhaltlich exakt bestimmtem Recht, sondern die Fairneß in der Berücksichtigung aller relevanten rechtlichen und nichtrechtlichen Gesichtspunkte.

Habermas' (1981) Theorie der kommunikativen Rationalisierung könnte dafür eher Ansatzpunkte bieten, wenn sie der Rezeption von Luhmanns Systemtheorie engere Grenzen setzen und dem Konzept der Interpenetration mehr Beachtung schenken würde. Nach Habermas ist die funktionale Differenzierung der Gesellschaft in autopoietisch operierende Funktionssysteme durch kommunikative Rationalisierung aus dem Schoße der kommunikativ strukturierten Lebenswelt hervorgegangen und hat rückwirkend diese Lebenswelt kolonisiert, d. h. mit ihrer Systemlogik überzogen. Den damit einhergehenden Freiheits- und Sinnverlust gilt es dadurch wieder zu beheben, daß moralische Diskurse zum Zentrum der Gesellschaft werden und über die Brücke des Rechts steuernd in die Systeme eingreifen, um sie wieder auf moralische Maßstäbe auszurichten. Dies soll möglich sein, indem an die kommunikativen Wurzeln aller Funktionssysteme angeknüpft wird. Die Umgangssprache ist keinem System zuzuordnen und dient als Basis der Verständigung in allen Systemen zugleich.

Habermas überfordert die moralischen Diskurse in ihrer Leistung für die Gesellschaft. Er zieht den grundsätzlichen Konflikt zwischen moralischen Anforderungen und den sogenannten systemischen Imperativen ein, wenn er die kommunikative Lebenswelt zur Wurzel der Funktionssysteme erklärt. Er macht nicht deutlich, daß es sich bei den empirisch »ausdifferenzierten« Handlungsfeldern um symbiotische Verbindungen von moralisch-ethischen Anforderungen und Funktionsimperativen handelt. Der Konflikt zwischen moralisch-ethischen Anforderungen und Funktionsimperativen bleibt weiter bestehen, auch dann, wenn die ausdifferenzierten Handlungsfelder wieder an die Leine der moralisch-ethischen Diskurse genommen werden. Ihn immer wieder neu zu bewältigen, ist die Aufgabe von Brückengliedern wie z. B. dem Feld der Berufsarbeit. Das Problem der Integration der funktional differenzierten Gesellschaft wird durch die neue Anbindung der ausdifferenzierten Handlungsfelder an moralisch-ethische Diskurse nicht schon gelöst, sondern zunächst noch verschärft, weil die gegensätzlichen Anforderungen um so schärfer aufeinanderprallen. Nicht die moralisch-ethischen Diskurse sind das Bindemittel der funktional differenzierten Gesellschaft, sondern die Zwischenglieder zwischen den moralisch-ethischen Diskursen und den ausdifferenzierten Handlungsfeldern. Es ist richtig, daß die Umgangssprache allen *empirisch* ausdifferenzierten Handlungsfeldern gemeinsam ist (nicht den analytisch abgrenzbaren Funktionslogiken). Moralische *Diskurse* werden jedoch nicht in der Umgangssprache geführt, sondern in einer philosophischen Spezialsprache. Insofern formen sie selbst tendenziell ein empirisch ausdifferenziertes Handlungsfeld, das der Vermittlung mit anderen Handlungsfeldern bedarf. Daß die Umgangssprache an erster Stelle diese Vermittlungsfunktion erfüllt, ist nicht zu leugnen. Sie bedarf jedoch der Ergänzung durch den Aufbau institutionalisierter Brücken, wie z. B. in der Berufsarbeit, der Wohlfahrtsökonomie und der Umweltökonomie.

Eine weitere Überforderung moralischer Diskurse ergibt sich bei Habermas dadurch, daß er ihnen per se eine Integrationsfunktion durch Konsensbildung zuschreibt. Er weiß jedoch selbst, daß moralische Diskurse immer wieder neu aufgenommen werden können und deshalb in keinen Konsens münden, vielmehr der permanente Dissens herrscht. Wenn Einigkeit über moralische Urteile herbeigeführt werden kann, dann überhaupt nur in negativer, kritischer Hinsicht. Wir können leichter die Abweichung der Realität von moralischen Maßstäben feststellen und deshalb Kritik üben, als wir ermitteln können, ob eine bestimmte Maßnahme besser als andere den moralischen Maßstäben entspricht. Deshalb geht von moralischen Diskursen eine kritisch-verändernde, aber keine integrative Wirkung aus. Ihre Umsetzung in praktisches Handeln erfordert ebenfalls die Vermittlung mit den Anforderungen anderer Funktionslogiken durch systematisches Kleinarbeiten in grenzüberschreitender und vernetzender Kommunikation zwischen den Funktionsträgern unterschiedlicher institutioneller Handlungsfelder. Nicht die Steuerung der anderen Handlungsfelder durch moralische Diskurse integriert die funktional differenzierte Gesellschaft, sondern die Verknüpfung von moralischer, ethischer, ökonomischer, politischer und wissenschaftlicher Kommunikation in grenzüberschreitender Kooperation und Kommunikation auf der Basis der Umgangssprache.

In seiner neuen Untersuchung des Rechts als Symbiose von Moral und Macht nähert sich Habermas (1992) in der Tat dieser Position, ohne jedoch ganz von der Überlastung moralischer Diskurse durch integrative Funktionen zu lassen. Auch die Integration moderner, aufgeklärter Gesellschaften beruht jedoch in ihrem Kern auf unbefragt hingenommenen Traditionsbeständen, und wenn es nur der Glaube an den Fortschritt ist. Darin besteht ihre Sozialintegration. Ihre »systemische« Integration resultiert aus dem gelungenen Brückenbau zwischen den »ausdifferenzierten« Handlungsfeldern. Diskurse über moralische Fragen dürfen nicht mit der gesellschaftlich herrschenden, integrierend wirkenden Ethik verwechselt werden. Sie selbst bilden tendenziell ein ausdifferenziertes Handlungsfeld, das der Verknüpfung mit den anderen Handlungsfeldern bedarf.

Schlußbemerkungen: Die ökologische Krise und der ethisch-ökonomische Strukturwandel

Die Krise des ökonomischen Liberalismus war nicht nur ökonomisch, sondern auch moralisch-ethisch bedingt. Die Wohlfahrtsökonomie hat diese Krise nicht durch die Einschränkungen der Ökonomie durch die Ethik, sondern durch die gleichzeitige Erweiterung der moralisch begründeten Rechte und der ökonomischen Rationalität bewältigt. Die Krise der Wohlfahrtsökonomie ist nicht nur ökonomisch, sondern auch moralisch-ethisch verursacht. Die Umweltökonomie der Zukunft wird sie nur durch die gleichzeitige Expansion von moralisch begründeten Rechten und ökonomischer Rationalität überwinden können. Dabei wird die neue Umweltökonomie den relativen Anteil von Zahlungen nach dem individuellen Leistungsprinzip und nach dem Sozialprinzip ebenso zugunsten der Zahlungen nach dem Umweltprinzip verringern müssen, wie die Wohlfahrtsökonomie den relativen Anteil der Zahlungen nach dem Leistungsprinzip zugunsten der Zahlungen nach dem Sozialprinzip zurückgestutzt hat. Solange die Wirtschaft wächst, muß dies keinen absoluten Rückgang der Zahlungen nach dem Leistungsprinzip oder dem Sozialprinzip bedeuten, expandiert sie nicht, jedoch schon. Wenn die Umwelterhaltung einen Wachstumsverzicht erfordern sollte, sind neue Verteilungskonflikte unvermeidlich. Der Kampf um Anerkennung wird sich auf jeden Fall verschärfen, weil mehr Rechte als zuvor zum Zuge kommen sollen. Daraus ergibt sich ein Bedarf an neuen Institutionen der Vermittlung zwischen moralischen Diskursen und ökonomischen Sachzwängen. Moralische Diskurse können diese Vermittlungsleistung nicht erbringen, weil sie einer Logik der Expansion und Ausschöpfung von Rechten folgen, die Verwirklichung von Rechten aber stets der Setzung von Prioritäten durch politische Entscheidung, der gegenseitigen Anerkennung durch vorgängige Solidaritätsbeziehungen und der ökonomischen Optimierung bei knappen Mitteln bedarf.

Im wirklichen Leben können nicht alle Rechte in die Tat umgesetzt werden, die sich moralisch gut begründen lassen. Wenn gleiche Rechte miteinander konkurrieren, helfen Diskurse nicht weiter, weil sie nicht mehr leisten als eben deren Gleichberechtigung festzustellen. Da die Verwirklichung von Rechten stets die Einschränkung von Rechten zugunsten anderer Rechte verlangt, sind Entscheidungen jenseits von Diskursen unausweichlich. In Diskursen könnte allein wieder die gleiche Einschränkung aller Rechte für richtig befunden werden, weil sie dann wieder alle gleich anerkannt wären. Damit ist jedoch überhaupt noch nicht gesagt, wer in die Gleichheit einbezogen ist, wie zwischen zwei im Konflikt stehenden, auch mit Einschränkungen nicht gleichzeitig realisierbaren Rechten zu entscheiden ist und nach welchem Maßstab der Gleichheit die knappen Mittel zugewiesen werden sollen. Haben alle Menschen, alle Bürger des eigenen Staates, alle Gruppen oder nur die eigene Gruppe Anspruch auf gleiche Zahlungen, unabhängig von ihren eigenen Leistungen, oder sollen sie nur die gleichen Chancen haben, am Wettbewerb teilzunehmen, dann aber nach nachgefragter Leistung bezahlt werden? Wie weit sollen die Hilfen für die Herstellung gleicher Startbedingungen gehen, wieviel Zahlungen sollen die Leistungsschwachen und Leistungsunfähigen von den Leistungsstarken und Leistungsfähigen erhalten? In welchem Verhältnis sollen Zahlungen nach dem Umweltprinzip zu den Zahlungen nach dem Sozialprinzip und dem Leistungsprinzip stehen? Sicherlich können über diese Fragen Diskurse geführt werden, die Erhellendes zur Situationswahrnehmung beitragen. Niemals wird man aber im Diskurs an den Punkt gelangen, an dem über diese Fragen nicht weiter nachgedacht werden muß. Sie werden immer offen bleiben, obwohl Rechte definitiv anerkannt, bindende Entscheidungen getroffen und knappe Mittel verwaltet werden müssen. Hier können nur nichtdiskursive Verfahren zu einer Entscheidung gelangen. Vorgegebene Solidaritäten und kulturelle Traditionen bestimmen, wer als gleich anerkannt wird, Mehrheitsentscheidungen beendigen Konflikte zwischen Rechten, und Nutzenrechnungen verteilen knappe Mittel nicht nach der Legitimität von Rechten, sondern nach dem Prinzip des größtmöglichen Nutzens. Diskurse greifen in diese Verfahren hinein und öffnen den Blick für illegitime Beschränkungen von Rechten. Sie können diese aber nicht ersetzen, weil sie endlos geführt werden müssen, um ihre spezifische Wirkung zu entfalten. Ein Konsensus am Ende eines Diskurses ist immer partikular und bedarf einer Auflösung durch die Fortführung des Diskurses.

Die Übereinstimmung über die Gültigkeit einer Aussage am Ende eines Diskurses kommt nur deshalb zustande, weil im Augenblick niemandem etwas Gegenteiliges einfällt, keine Zeit zum weiteren Nachdenken besteht und wir überhaupt von einer momentanen Blindheit geschlagen sind. All dies sind nichtdiskursive Elemente, die in real veranstalteten Diskursen eine Einigung erleichtern. Es ist dann aber falsch, diese Einigung dem Diskurs an sich zuzuschreiben. Das heißt: Diskurse können nur in Verbindung mit nichtdiskursiven Elementen zu Übereinstimmung und zu bindenden Entscheidungen führen, selbst dann, wenn wir allein den Konsensus als Kriterium der Entscheidung gelten lassen.

Die ökologische Krise der modernen Gesellschaft ist weder einer moralisch-ethischer Steuerung unzugänglichen Autopoiesis der Wirtschaft noch dem zu geringen Spielraum für moralische und ethische Diskurse geschuldet. Ihre tiefere Wurzel liegt in der faktisch noch herrschenden Ethik der Wohlfahrtsökonomie selbst. Es kommt nicht darauf an, eine sich moralischer und ethischer Steuerung entziehende Wirtschaft zu moralisieren, und auch nicht darauf, moralischen und ethischen Diskursen mehr Platz einzuräumen, um die moralisch-ethischen Defizite der Wirtschaft zu beheben. Vielmehr geht es um den ethischen Strukturwandel selbst. Die Wirtschaft kann auch ökologisch gesteuert werden, wie sie zuvor schon der sozialstaatlichen Steuerung unterworfen wurde. Je schneller der Strukturwandel von der Wohlfahrtsethik zur Umweltethik vollzogen werden soll, um so mehr impliziert dies jedoch eine Verlagerung der Zahlungen von den Seiten des Leistungsprinzips und des Sozialprinzips zur Seite des Umweltprinzips. An einem Benzinpreis von 5 DM pro Liter geht nicht die Wirtschaft als solche zugrunde, sondern es ergeben sich daraus Umverteilungen von Zahlungen, gegen die sich der Widerstand bisheriger Zahlungsempfänger, seien es solche nach dem individuellen Leistungsprinzip oder solche nach dem Sozialprinzip, regt. Moralische Diskurse haben hier gewiß ihre Aufgabe. Sie besteht jedoch nicht in der Etablierung einer zuvor nicht existierenden moralisch-ethischen Steuerung der Ökonomie, sondern in der Vorbereitung der Umstrukturierung dieser Steuerung in Gestalt der Ergänzung des Leistungs- und des Sozialprinzips durch das Umweltprinzip.

Der Strukturwandel der Wirtschaftsethik in der Interpenetrationszone zwischen moralischen Diskursen und ökonomisch rationalem Handeln stellt uns jetzt indessen vor völlig neue Herausforderungen. Die Herausbildung der Wohlfahrtsökonomie war das Werk des modernen Nationalstaats und seiner Kraft zur sozialen Homogenisierung durch Bildungs-, Sozial-, Regional- und Beschäftigungspolitik. Das wesentliche wirtschaftspolitische Instrument dafür war die an John Maynard Keynes (1936/1970) orientierte Wachstums- und Beschäftigungspolitik. Die neue Umweltökonomie übersteigt die nationalstaatlichen Souveränitätsgrenzen und erfordert supranationale Gesetzgebung und globale Regime. Diese neue Herausforderung an die ökologische Regulierung der Wirtschaft trifft nun zusätzlich auf die nachlassende Integrationskraft des Nationalstaats in Fragen der Wirtschafts- und Sozialpolitik angesichts eines neuen Schubes der Globalisierung wirtschaftlicher Transaktionen, von den Finanztransfers über den Austausch von Gütern und Dienstleistungen bis zur konzerninternen Arbeitsteilung und zum Arbeitsmarkt. Die Wirtschaftspolitik wird schon seit den achtziger Jahren von Monetarismus und Neoliberalismus nach der maßgeblich von Milton Friedman (1962) geprägten neuen ökonomischen Lehre beherrscht. Diese Lehre setzt auf die freien Marktkräfte, auf den umfassenden Wettbewerb. Der Staat soll nicht mehr tun, als dafür den Boden zu bereiten. Die vom modernen Wohlfahrtsstaat geschaffene Symbiose zwischen Ökonomie und Ethik beginnt sich aufzulösen, die Symbiose zwischen Ökologie und Ökonomie stellt sich angesichts der entfesselten Konkurrenz in der globalen Ökonomie als eine Herausforderung dar, von der wir noch nicht absehen können, ob sie tatsächlich bewältigt werden kann.

Die Versöhnung von Ökonomie und Ethik könnte sich dereinst auch als eine vorübergehende Errungenschaft der modernen Wohlfahrtsstaaten erweisen, die in das globale Zeitalter nicht hinübergerettet werden konnte. Die Versöhnung von Ökologie und Ökonomie könnte sich als eine letzte unerledigte Aufgabe des modernen Nationalstaats herausstellen, die in der globalen Moderne auch nicht erledigt werden konnte. Die Moderne steht jetzt an einem Scheideweg. Entweder gelingt es, den Weg des modernen Nationalstaats vom Liberalismus zur Wohlfahrtsökonomie und zu den ersten Ansätzen einer Umweltökonomie auf supranationaler und globaler Ebene fortzusetzen, oder wir werden durch soziale Eruptionen und ökologische Katastrophen in einen neuen Hobbesschen Naturzustand des Krieges aller gegen alle hineingeworfen (Hobbes 1651/1966). Wenn man so will, dann könnte man sagen, daß wir uns nach der Ersten Moderne der Ehe von ökonomischem Liberalismus und liberalem Rechtsstaat und der Zweiten Moderne der Ehe von Wohlfahrtsökonomie und demokratischem Wohlfahrtsstaat nun an der Schwelle einer Dritten Moderne befinden. Diese Dritte Moderne entfaltet sich jenseits von Liberalismus, Wohlfahrtsökonomie und Nationalstaat in einem System der globalen Interdependenzen. Wir wissen noch nicht, ob die Dritte Moderne die Errungenschaften der Ersten und Zweiten bewahren und auf globaler Ebene, ergänzt um eine bessere Kontrolle der Modernisierungsrisiken und bereichert um eine konsequente Umweltökonomie, erneuern und fortführen wird.

3. Zwischen Normerosion und Normwandel: Rechtsentwicklung als dynamischer Prozeß

Einleitung

Die moderne Gesellschaft zeichnet sich vor allem durch ihren unablässigen und sich immer wieder neu beschleunigenden Wandel aus. In diesem Wandlungsprozeß erscheint vieles vorübergehend als Normerosion, was sich langfristig in Wirklichkeit als Normwandel herausstellt. Normabweichung und Normabbau bereiten einerseits den Boden für normative Innovationen, andererseits implizieren Innovationen selbst Normabbau. Dieser normale Prozeß des Normwandels kann jedoch jederzeit in eine tiefgreifende Normerosion abgleiten, wenn die Auflösung vorhandener Normgefüge nicht von dem Aufbau neuer begleitet wird sowie wenn die neu aufgebauten Normen allein auf dem Papier stehenbleiben und nicht wirklich in einer entsprechenden Praxis in tatsächliches soziales Handeln umgesetzt werden. Die soziologische Theorie muß dynamische Modelle der Normproduktion und Normverwirklichung entwickeln, um diese dynamischen Prozesse adäquat erfassen und erklären zu können. Das gilt ganz besonders für eine soziologische Theorie des Rechts, weil das Recht zwar die ordnende Struktur moderner Gesellschaften bildet, gleichwohl aber eine ihr entsprechende Eigendynamik entfaltet.

3.1 Normabweichung und Innovation

Die Sorge um den Zerfall der Normen begleitet die Moderne seit ihren Anfängen. Sie selbst beginnt ja mit der Auflösung traditionaler Autorität und der auf sie gestützten Normen. Da die Moderne in unablässigem Wandel besteht, werden mit ihrer Entwicklung zwangsläufig immer wieder die Normen zerfallen. Sie sind dann nicht mehr den aktuellen Verhältnissen angemessen, gelten als Relikte vergangener Zeiten und erscheinen im Lichte der modernen Werte nicht mehr als rechtfertigbar. Wie die Moderne stets alte Normen beseitigt, so baut sie aber auch fortlaufend neue Normen auf. Normerosion und Verrechtlichung, d. h. die wachsende rechtliche Durchdringung der Gesellschaft, treten zugleich auf. Ohne diese Gleichzeitigkeit von Normerosion und Normaufbau gäbe es keine Innovation und keine Entwicklung, die ja ein Kennzeichen der Moderne sind.

Sobald Innovation und Entwicklung erlahmen, werden sie von den kritischen Kräften der Gesellschaft angemahnt. Deshalb hat Emile Durkheim (1961: 160-161) festgestellt, daß Abweichungen von den herrschenden Normen eine wichtige Funktion für die Gesellschaft erfüllen: Sie bilden eine unverzichtbare Quelle der Innovation. Ohne Innovationsschübe durch Normabweichungen erstarrt die Gesellschaft im Traditionalismus. Sie lernt dann nicht, sich auf Veränderungen in ihrer Umwelt einzustellen und bricht zusammen, sobald solche Veränderungen eintreten. Im Zuge der Umweltveränderungen werden unbewältigte Probleme angehäuft, die am Ende mit den vorhandenen Instrumenten gar nicht mehr gelöst werden können und durch ihre Kumulation den Zusammenbruch herbeiführen. Wenn es eine Ursache für den Zusammenbruch der kommunistischen Gesellschaften des Sowjetsystems gegeben hat, in der viele andere Detailursachen zusammenfallen, dann war es deren Innovationsfeindlichkeit.

Wer immer sich mit der Frage der Normerosion beschäftigt, muß Durkheims Lehrsatz der Innovation durch Normabweichung an den Anfang aller Überlegungen stellen. Ein Implikat dieses Lehrsatzes heißt, daß Normerosion nicht ohne weiteres als Krisenerscheinung und als gefährlicher Zustand der Gesellschaft zu betrachten ist. Die Aufregung über den Zerfall der Normen kann einfach nur Ausdruck für die Bindung an alte Ordnungen und für das Mißtrauen in die neue Ordnung sein, für das Festhalten am Alten und die Angst vor dem Neuen, auch für das konservative Bestreben, die Kräfte der Neuerung durch Krisengerede im Zaum zu halten oder im äußersten Fall sogar in der Wiederherstellung von Recht und Ordnung zu ersticken.

Die Abweichung von Normen kann selbst ein innovativer Akt sein und die Gesellschaft anstoßen, der Innovation durch eine Änderung ihrer Normen zu folgen. Deshalb hat Robert K. Merton (1949/1968b:195-203) einen seiner Typen der Abweichung »Innovation« genannt. Nach seinem Schema der Unterscheidung von Zielen und Mitteln besteht die Innovation im Einsatz neuer

Mittel zur erfolgreicheren Verwirklichung vorhandener Ziele. Normverstöße können aber auch einfach die Gesellschaft auf Probleme aufmerksam machen, zum Nachdenken zwingen, aus dem dann erst die eigentlichen Innovationen hervorgehen. Sie können zunächst Ablehnung provozieren, auf lange Sicht aber Innovationen hervorbringen, die eine neue Ordnung schaffen.

3.2 Normabweichung und Anomie

Durkheim (1893/1973a: 3. Buch) hat aber auch den Begriff der Anomie zur Kennzeichnung von Krisen moderner Gesellschaften eingeführt. »Anomie« – im allgemeinen als Regellosigkeit übersetzt – kennzeichnet einen Zustand der Gesellschaft, in dem die Normabweichung ein Ausmaß erreicht, bei dem überhaupt die Geltung von Normen völlig unsicher geworden ist, das Verhalten anderer kaum vorausberechnet werden kann und die Gesellschaft in den Hobbesschen Naturzustand des Kampfes aller gegen alle zurückzufallen droht.

Wo Normabweichungen noch Innovationen in die Wege leiten, treten diese in begrenztem Maße auf, während das gesellschaftliche Leben im großen und ganzen durch die sichere Geltung von Normen geregelt wird. In die Anomie führen Normabweichungen, wenn der ganze Boden der sozialen Ordnung zu wanken beginnt und nichts mehr sicher gilt. In seiner Selbstmordstudie hat Durkheim (1973b: 279–290) anomische Erscheinungen in Zeiten des wirtschaftlichen Abschwungs und in Zeiten des wirtschaftlichen Aufschwungs festgestellt. Sie äußern sich in Steigerungen der Selbstmordrate über das in wirtschaftlich stabileren Zeiten herrschende Maß hinaus. In beiden Fällen verliert die Gesellschaft ihre regulierende Kraft. Die Individuen streben nach mehr als sie realisieren können, entweder weil sie sich im Abschwung an ihrem bisherigen Lebensstandard orientieren oder weil im Aufschwung ihre Bedürfnisse den Möglichkeiten zu ihrer Befriedigung vorauseilen. Dieser Zustand der relativen Deprivation läßt sie häufiger Selbstmord begehen als in Zeiten der wirtschaftlichen Stabilität.

Robert K. Merton (1949/1968b) hat im Anschluß an Durkheim seine Anomietheorie entwickelt. Nach Merton ist es ein Kennzeichen der amerikanischen Gesellschaft, den Bürgern zu vermitteln, daß ihnen alles offensteht. Die Erfolgreichsten dienen als Vorbild für alle. Nicht alle verfügen aber über die Mittel, um das legitime Ziel des wirtschaftlichen Erfolgs erreichen zu können. Diese Diskrepanz zwischen dem legitimen Ziel des wirtschaftlichen Erfolgs und den nur begrenzt verfügbaren Mitteln verursacht höhere Raten abweichenden Verhaltens, als sie von anderen Gesellschaften bekannt sind, weil die Hingabe an das Erfolgsziel weit größer ist als die Bindung an die legalen Mittel, um zum Erfolg zu kommen. So wird hier tendenziell in größerem Maße als in anderen Gesellschaften zu illegalen Mitteln gegriffen, um Erfolge zu erzielen.

Vergleicht man die Kriminalitätsstatistik der USA mit derjenigen anderer Industriegesellschaften, dann wird diese Aussage über einen langen Zeitraum hinweg bestätigt. Im gesamten Zeitraum zwischen 1950 und 1990 liegt die Zahl von Mord- und Totschlagsdelikten auf 100 000 Einwohner in den USA mindestens doppelt so hoch wie in der Bundesrepublik und sechsmal höher als in Japan, die Zahl von Raubüberfällen auf 100 000 Einwohner etwa fünfmal höher als in der Bundesrepublik und etwa hundertmal höher als in Japan. Bei den Eigentumsdelikten bestehen ähnliche Unterschiede. Im Verhältnis zu den Delikten ist die Verhaftungsquote in den USA mit gegenwärtig ca. 20 Prozent deutlich niedriger als diejenige der Bundesrepublik mit ca. 46 Prozent oder diejenige Japans mit ca. 60 Prozent (Tasker 1988: 97; U. S. Bureau of the Census 1992b: 180, 828; Bundeskriminalamt 1992: 112, 119).

Der langfristige Trend weist auf eine kontinuierlich ansteigende Kriminalitätsrate in allen sich unablässig modernisierenden Gesellschaften hin. So wie das Bruttosozialprodukt kontinuierlich gewachsen ist, so sind auch die Kriminalitätsraten gestiegen, wenn wir die Entwicklung seit 1960 betrachten. So verzeichnen die USA zwischen 1960 und 1990 bei allen polizeilich erfaßten Gewalttaten eine Zunahme von jährlich 160 auf 732 pro 100 000 Einwohner, bei den Eigentumsdelikten von 1710 auf 5089 (Caplow et al. 1991: 501; U. S. Bureau of the Census 1992b: 180). In der alten Bundesrepublik findet sich von 1963 bis 1990 ein Wachstum aller polizeilich registrierten Straftaten – die mehr als nur Gewalt- und Eigentumsdelikte einschließen – von 2914 auf 7108 pro 100 000 Einwohner (Bundeskriminalamt 1994: 15). In demselben Zeitraum hat sich das Bruttosozialprodukt pro Kopf in beiden Ländern kontinuierlich vergrößert, in den USA von unter 4000 auf über 20 000 US-Dollar in jeweiligen Preisen berechnet, in der Bundesrepublik von über 15 000 auf ca. 33 000 DM in konstanten Preisen von 1985 (U. S. Bureau of the Census 1975: 150, 383; 1981: 173, 423, 446; 1992b: 180, 431, 456; Statistisches Bundesamt 1992: 655; Bundeskriminalamt 1992: 14). Wir können annehmen, daß mit dem Wachstum des Bruttosozialprodukts im Sinne von Durkheims Theorie der relativen Deprivation das Aspirationsniveau stets schneller gewachsen ist. Noch mehr als zuvor ist Wohlstand ein legitimes Ziel für alle geworden, so daß hier auch Mertons Anomietheorie greift.

Die in demselben Zeitraum zu beobachtende Steigerung der Bildungsqualifikationen hat einerseits zu einer größeren Gleichheit der Chancen beigetragen, andererseits aber auch den Konkurrenzkampf um knappe Ressourcen verschärft. In der hierarchisch gegliederten Klassengesellschaft mit ihrer aus der Tradition verbliebenen ständischen Zuteilung von Lebenschancen und Lebenszielen war der Konkurrenzkampf geringer ausgeprägt. Die Bessergestellten brauchten weniger den wirtschaftlichen Abstieg zu fürchten, die Schlechtergestellten erlebten ihre Situation als kollektiv geteiltes Schicksal, an dem nicht zu rütteln war. Für individuelles Aufstiegsstreben mit legalen oder auch illegalen Mitteln gab es keine Motive. In der mobilen Massenwohlstandsgesellschaft ist das Wohlstandsziel für alle da, die Zahl der Konkurrenten um die Verteilung des Kuchens wächst. Wer zu kurz kommt, wird an den Rand gedrängt, erlebt sein Zukurzkommen als individuelles Schicksal und muß sich deshalb auch selbst helfen. Gelingt dies nicht auf legalem Wege, bleibt von Mertons Abweichungstypen nur der Weg in die Resignation, die Rebellion oder die Illegalität. Das Festhalten an den vorhandenen Möglichkeiten scheidet aus, weil es das dafür erforderliche Milieu der breiten Unterschicht mit kollektiv geteiltem Schicksal nicht mehr gibt.

3.3 Anomische Konsequenzen der Modernisierung

Im Lichte dieser Anwendung der klassischen Anomietheorie zur Erklärung steigender Krininalitätsraten zeigt die gegenwärtige Diskussion über Normerosion und steigende Gewalt nur die gesellschaftliche Aufmerksamkeit für eine Entwicklung an, die schon viel länger im Gange ist. In den fünfziger Jahren ist in der Bundesrepublik kaum ein Anstieg der Kriminalität festzustellen, jedoch beschleunigt sich dieser in den sechziger Jahren allmählich, in den siebziger Jahren stark, um anfangs der achtziger einen Höhepunkt zu erreichen, der im weiteren Verlauf gehalten wird. Erst seit Anfang der neunziger Jahre ist wieder ein neuer Anstieg zu erkennen. In den USA verlief die Entwicklung ähnlich, mit dem einzigen Unterschied, daß die Kriminalität in den achtziger Jahren sogar vorübergehend abgenommen hat, um seitdem aber wieder anzusteigen (U. S. Bureau of the Census 1975: 150; 1981: 173; 1992b: 180; Caplow et al. 1991: 501; Statistisches Bundesamt 1992: 398).

Angesichts der Langfristigkeit der Entwicklung gibt es für Hysterie keinen Anlaß. Der Streit über die nach 1968 eingetretene Liberalisierung der Erziehung in Familien, Kindergärten und Schulen, über die Liberalisierung und die Humanisierung des Strafvollzugs, über die rechtsstaatliche Limitierung polizeilicher Ermittlungen und die Stärkung der Rechte von in Verdacht geratenen Personen ist müßig, weil eine offener gewordene Gesellschaft kaum wieder zu früherer Geschlossenheit und hierarchischer Ordnung zurückkehren kann. Der Wandel von der hierarchischen Klassengesellschaft mit noch ständischer Festschreibung der Lebensschicksale zur offenen Wettbewerbsgesellschaft mit gewachsener Chancengleichheit ist unumkehrbar. Mit diesem Wandel geht aber auch eine ständige Steigerung des Aspirationsniveaus einher sowie eine Verschärfung des Wettbewerbs gerade im Gefolge der ständigen Erweiterung von Chancengleichheit. Eine gezielte Politik der Chancenverbesserung wird an dieser Gesetzmäßigkeit nichts ändern. Je mehr die Chancen für alle verbessert werden, um so mehr lösen sich stabile soziale Milieus auf. Es gibt kein kollektiv geteiltes Lebensschicksal mehr, sondern nur noch individuellen Erfolg oder Mißerfolg. Mit dem wirtschaftlichen Wachstum wird zwar der zu verteilende Kuchen größer, soweit aber der Kuchen nach Leistung verteilt wird, mündet der chancengleiche Wettbewerb immer in ungleichen Erfolg, so daß relative Deprivation im Verhältnis zum an sich möglichen Erfolg nicht ausbleiben kann.

Die neue Gesellschaft ist nicht mehr in hierarchisch angeordnete Klassen mit kollektiv geteilten Lebensschicksalen differenziert, sondern in einen großen Kern der Wohlstandsbürger und kleine Randgruppen von Zukurzgekommenen, die resignieren, rebellieren oder sich auf illegalem Wege Zugang zum Wohlstand verschaffen. Unter den Jugendlichen zeigt sich diese Differenzierung in der Bundesrepublik gegenwärtig in der Situation der Hauptschule. Sie ist zu einer Restkategorie der Versager geworden und zu einem Milieu der Gewalt. Noch vor dreißig Jahren war sie die Normalschule, von der noch viele Wege in das Berufsleben führen konnten. Die Verbesserung der Chancengleichheit hat einen enormen Zuwachs der Realschulen und Gymnasien zur Folge gehabt, so daß die Hauptschule heute nur noch ein Drittel der Schüler beherbergt, eben diejenigen, die den Weg zur weiterführenden Schule nicht geschafft haben. Jetzt sind ihnen aber von vornherein viele Wege in das Berufsleben durch die vor ihnen plazierten Realschüler und Gymnasiasten versperrt. Da die Gesellschaft sagt, daß allen alle Wege offenstehen, ist es nur noch individuelles Versagen, das nach gesellschaftlich herrschender Einschätzung Mißerfolg erklärt. Um so weniger wird der Versager auf gesellschaftliche Anerkennung rechnen können und um so mehr wird er mit Aggression und Gewalt gegen die Gesellschaft reagieren. Jugendbanden geben ihm die von der Gesellschaft versagte Geborgenheit zurück.

Kann die Gesellschaft dieser »Modernisierungsfalle« wachsender Kriminalität entgehen, die sich in der gesellschaftlichen Wahrnehmung zeitweise zur »Normerosion« auswächst (Blinkert 1988)? Eine Antwort auf diese Frage muß zunächst einmal an Durkheims Innovationstheorem erinnern. Eine dynamisch wachsende Gesellschaft wird durch Normabweichungen gerade zur weiteren Modernisierung vorangetrieben. Sie kann niemals zum Stillstand vollkommener Normkonformität gelangen. Die gewachsene Gewalt der an den Rand gedrückten Jugendlichen hat ja eine Diskussion über Normerosion ausgelöst, aus der wieder Anstrengungen zur Bewältigung des Problems durch verstärkte Jugendarbeit hervorgehen. Soweit tatsächlich neue Jugendprogramme eingeführt werden, ist jene gesellschaftliche Innovation eingetreten, die von Normabweichungen ausgeht, solange die Gesellschaft nicht in Anomie verfällt. Im Erfolgsfalle wird man dieses Wachstum der Gewalt wieder einschränken können, niemals wird aber die Gesellschaft den Zustand der vollständigen Normkonformität erreichen, solange sie sich weiter modernisiert.

Die Modernisierung selbst wird immer wieder neue Normabweichungen produzieren, die in der modernen Gesellschaft nur durch weitere Modernisierung wieder eingedämmt werden können, aus der aber zwangsläufig wieder neue Tendenzen zur Normabweichung emporwachsen. Wenn durch Jugendarbeit die Chancen von noch mehr Jugendlichen verbessert werden, dann wird man sie auf dem Weg in die Kriminalität ein wenig aufhalten. Man wird aber zugleich den Konkurrenzkampf weiter verschärfen, weil jetzt noch mehr Jugendliche besser gewappnet sind. Soweit der Erfolg von der Leistung abhängt, wird es weiterhin Sieger und Verlierer geben. Weiterhin wird der Kampf um den Zugang zum besseren Leben auch mit illegalen Mitteln geführt werden und weiterhin wird es Anlaß zur Frustration und Aggression wegen Mißerfolgs geben. Jedes Programm zur Verbesserung von Chancen trägt letzten Endes selbst dazu bei, daß der Kampf um das bessere Leben zum alles beherrschenden Lebensziel wird; es erzeugt damit stets neue Tendenzen zur Frustration und Aggression.

In welchem Ausmaß die vorrangige Programmierung der Gesellschaft auf Leistungswettbewerb und Chancengleichheit die Kriminalität bis an die Grenzen der tatsächlichen Normerosion steigert, zeigt das Beispiel der amerikanischen Gesellschaft. Alle Programme zur Verbesserung der Chancen der amerikanischen Unterklasse – und es sind seit Kennedy und Johnson große Anstrengungen in dieser Richtung unternommen worden – haben keine Erfolge in der Bekämpfung von Drogenmißbrauch, Eigentumskriminalität und Gewaltanwendung gezeitigt. Im Gegenteil: Je mehr die Chancen zum legalen Aufstieg verbessert wurden, um so mehr haben auch Drogenkonsum, Eigentumsdelikte und Gewaltanwendung zugenommen. Es gibt jetzt zwar eine gutsituierte schwarze Mittelschicht, aber zugleich eine um so hoffnungsloser der Bandenkriminalität verfallene schwarze Unterschicht. Sie ist gerade wegen der Abwanderung der schwarzen Mittelschicht aus dem Innenstadtghetto zur abgesonderten Randgruppe geworden (Feinberg 1984; Landry 1987; Capelleveen 1991; U.S. Bureau of the Census 1992b: 39).

Aus dieser Erfahrung der amerikanischen Politik der Verbesserung von Chancengleichheit können wir lernen, daß es gefährlich ist, allein auf verbesserte Chancengleichheit zu setzen. Welche Alternative bietet sich jedoch überhaupt an? Ein Blick nach Japan könnte uns zu dem Fehlschluß verleiten, daß wir wieder den Weg zurück zu strengerer Erziehung, Autoritätsachtung und fester sozialer Kontrolle gehen müßten. Japan ist es gelungen, sich einerseits dem Ziel der Wohlstandsmehrung zu verschreiben, andererseits aber die Bindung an die gesellschaftlichen Normen durch die hierarchisch abgestufte Einbindung der einzelnen in Familie, Unternehmen und Staat zu erhalten. Wohlstand ist dort nicht ein individuelles Ziel, sondern ein kollektives. Die einzelnen sind verpflichtet, den Wohlstand der Gesellschaft im Prestigekampf mit anderen Nationen zu mehren. Sie erlangen ihr persönliches Prestige durch ihre Beiträge zur Prestigemehrung des ganzen Unternehmens Japan. Weil Wohlstand ein kollektives und kein individuelles Ziel ist und die einzelnen fest in die Hierarchie von Familie, Unternehmen und Staat eingebunden sind, herrscht eine so dichte soziale Kontrolle, daß der Spielraum für individuelle Normabweichungen geringer ist als in den westlichen Gesellschaften. Der Trend der Entwicklung geht jedoch eher dahin, daß auch Japan dem Modernisierungssog unterworfen ist und sich eher den westlichen Gesellschaften anpassen wird als umgekehrt. Auf jeden Fall ist der japanische Weg für die westlichen Gesellschaften nicht gangbar. Er zwänge zu einer Rückkehr in die Zeit vor der Aufklärung, was schlicht undenkbar ist (Nakane 1985; Antoni 1991; Münch 1993b: 204-211).

Was bleibt dann als Weg zur Kontrolle von Normerosionen noch übrig, wenn weder die reine Politik der Chancengleichheit noch das Wiedereinsetzen alter Autoritäten in Frage kommen? Es kann sich dabei allein um die immer schon eher in den europäischen Gesellschaften verbreiteten sozialstaatlichen Einschränkungen des Leistungswettbewerbs handeln. Da wir in einer Zeit leben, in der die Auswüchse des Wohlfahrtsstaates allseits beklagt werden und wir uns daranmachen, den Wohlfahrtsstaat eher abzubauen als zu erweitern, muß mit Nachdruck daran erinnert werden. Wenn die Verbesserung von Chancengleichheit nur den Leistungswettbewerb steigert, wird von ihr keine Reduktion der schleichenden Normerosion in Gestalt von jugendlicher Bandenkriminalität ausgehen, wie das amerikanische Beispiel unterstreicht.

Damit scheinen wir vor einem Dilemma zu stehen. Der internationale Wettbewerb verschärft sich. Die Wirtschaft zeichnet Horrorszenarien eines Wohlstandsverfalls, wenn unsere Wettbewerbsfähigkeit nicht durch Sozialabbau gesichert wird. Der EU-Binnenmarkt wirkt in diese Richtung, wie auch die weitere Öffnung des Weltmarktes. Mehr und mehr verlagert sich die Produktion

lohnintensiver Güter nach Asien und Osteuropa. Dieser verschärfte Wettbewerb auf dem europäischen und globalen Markt
scheint uns zur Verbilligung der Arbeitskraft und zur Einschränkung von Sozialleistungen zu zwingen, ob wir es wollen oder
nicht. Auf der anderen Seite wissen wir aber, daß in einer auf
individuelle Wohlstandsmehrung programmierten Gesellschaft
aus dieser Konstellation nur eine weitere Steigerung von Frustra-
tionen und Aggressionen und ihrer Entladung in Drogenkonsum
und Gewaltkriminalität hervorgehen kann. Die schleichende
Normentwertung kann sich demgemäß zu einer Normerosion auf
breiter Front steigern.
Die Politik ist zu Innovationen besonderer Art herausgefordert.
Sie muß den Sozialstaat so umbauen, daß seine Leistungen mit
größerer Effizienz umgesetzt werden als bisher. Mit geringerem
Budget müssen bessere Leistungen erbracht werden. D. h. vor allem, daß sozialstaatliche Aufwendungen dort erbracht werden,
wo sie nötig sind, und dort entzogen werden, wo sie entbehrt
werden können. Ohne Innovationsdruck ist der Wohlfahrtsstaat
zu einer Maschine geworden, die in irgendeiner Form die ganze
Bevölkerung versorgt und nicht nur die Bedürftigen. Von der ko-
stenlosen oder verbilligten Nutzung öffentlicher Einrichtungen –
Schulen, Hochschulen, Museen, Theater, Konzerthallen und
Freibäder –, über subventionierte öffentliche Verkehrsmittel bis
zu fehlbelegten Sozialwohnungen, zur Baufinanzierung und zum
Kindergeld partizipieren alle an den Segnungen des Wohlfahrtsstaates, dem dadurch die Mittel für eine gezielte Politik der sozialen Einbindung von Randgruppen fehlen.
Es geht hier um die Integration der Gesellschaft. Sie kann in der
sich unablässig wandelnden Gesellschaft in einer sich stets rascher
ändernden Umwelt nicht mehr ein für allemal in einem Konsens,
in einer festen Bindung an gleichbleibende Normen und in gewachsenen Solidargemeinschaften verankert werden (Tönnies
1887/1963). Alle diese integrationsstiftenden Mittel gehören der
Vergangenheit an und existieren in unserer Gegenwart nur noch in
verblaßten Formen fort.
Gewiß kann die erhöhte Aufmerksamkeit für Normerosion dazu
beitragen, die alten Bindungen wieder zu stärken. Der Appell an
die erzieherischen Aufgaben der Familie und der Schulen kann die
Rolle von Normen für das gesellschaftliche Zusammenleben wieder zu Bewußtsein bringen und uns ein Stück zurück zu festeren

sozialen Verhältnissen führen. Man setzt dabei jedoch auf Institutionen, die zwar eine beharrende Kraft haben, aber eine immer geringere Rolle spielen und von dynamischen Kräften der Mobilisierung, Individualisierung und Globalisierung des modernen Lebens in den Hintergrund gedrängt werden.

Über den Rekurs auf traditionelle Institutionen hinaus muß die Gesellschaft jedoch Wege der Herstellung von Integration finden, die ihrem Niveau der Mobilisierung angemessen sind, gewissermaßen auf demselben Niveau der Mobilisierung angelegt und selbst als Mobilisierungsprozeß verstanden werden. Soziale Integration muß immer wieder neu durch aktive politische Gestaltung produziert werden. Auf solche sozialpolitischen Innovationen setzt jetzt *New Labour* in Großbritannien. Die sozialen Verwerfungen von 18 Jahren neoliberaler Politik sollen nicht durch die Rückkehr zum alten Wohlfahrtsstaat korrigiert werden, sondern durch eine auf dynamischen Wandel eingestellte Sozialpolitik. Jugendlichen ohne Job werden z. B. vier Angebote gemacht, um ihre Inklusion in die Gesellschaft zu ermöglichen: Sie können sich einer Umwelteinsatzgruppe anschließen, in einem Freiwilligen-Projekt mitarbeiten, einen subventionierten Arbeitsplatz annehmen oder eine Aus- oder Weiterbildung absolvieren. Wenn sie keines der vier Angebote akzeptieren, wird ihr Arbeitslosengeld empfindlich gekürzt. Nichtstun wird demgemäß nur noch in sehr beschränktem Maße unterstützt, eine neue Sozialpolitik, die für eine Arbeiterpartei bisher undenkbar war. Sozialpolitik wird nicht mehr einfach als Unterstützungszahlung für Bedürftige betrieben, sondern als eine aktive Maßnahme, die auf die Inklusion der Ausgegrenzten in die Gesellschaft abzielt. Während die alte Sozialpolitik selbst zur Erhaltung eines auf Dauer gestellten Milieus der Ausgegrenzten beigetragen hat, geht es der neuen Sozialpolitik um die aktive Teilnahme der Unterstützten am gesellschaftlichen Leben (Krönig 1997b). Die nahezu zeitgleich und völlig überraschend im Frühjahr 1997 an die Macht gekommenen, aber im Unterschied zu *New Labour* unvorbereiteten und konzeptionslosen Sozialisten in Frankreich müssen diese Lektion erst noch lernen (Hénard 1997).

3.4 Soziale Integration durch Recht

Soziale Integration wird immer weniger durch den gewachsenen Konsens stabiler Lebenswelten gesichert. Positiv gesatztes Recht muß als Ersatz für lebensweltlich verankerte Normen einspringen. Während lebensweltlich verankerte Normen die Wirklichkeit sozialen Handelns unmittelbar zum Ausdruck bringen und von dieser Wirklichkeit gar nicht zu unterscheiden sind, ist das Recht grundsätzlich von der sozialen Wirklichkeit getrennt. Das Recht hat allein einen symbolischen Charakter und verweist lediglich auf ein Handeln, das im Falle seiner Anwendung letztlich mittels Sanktionen erzwungen werden kann. Das Recht wird zu einem symbolischen und generalisierten Medium der gesellschaftlichen Kommunikation (Münch 1995: 178-214). Recht und soziales Handeln bilden zwei unabhängig voneinander wachsende oder schrumpfende Mengen, die mehr oder weniger kongruent zueinander stehen können. Erst die Befreiung der gesellschaftlichen Normen aus der Umklammerung durch gewachsene Lebenswelten durch ihre Umstellung auf Recht macht die Gesellschaft der aktiven Gestaltung zugänglich. Das positiv gesatzte Recht sichert nicht eine vorhandene Ordnung, sondern greift in gewachsene Ordnungen ein, um sie umzugestalten, und schafft neue Ordnungen, wo alte Ordnungen nicht mehr wirksam sind oder wo noch gar keine Ordnung vorhanden war.

Das Recht wird so ein Teil der besonderen Dynamik, die moderne Gesellschaften einem unablässigen Wandel unterwirft und auf Wachstum ausgerichtet ist. Der Bedarf an sozialer Integration nimmt in modernen Gesellschaften aufgrund der unablässigen Steigerung von Mobilität und der Auflösung gewachsener Lebenswelten stets zu. Er kann nur durch eine ständige Erweiterung der Produktion von Integration durch Recht befriedigt werden. Dieser Produktionsprozeß trägt jedoch selbst zur Auflösung gewachsener Lebenswelten und zur Mobilisierung der Gesellschaft bei. So wird der wachsende Bedarf an Recht selbst durch die unablässige Produktion von Recht miterzeugt. Man kann diese Paradoxie der paradoxen Produktion von wirtschaftlichem Bedarf durch wirtschaftliche Produktion, z. B. in der Erzeugung des Bedarfs an Umwelttechnologie durch die Schadstoffemissionen der wirtschaftlichen Produktion, gleichstellen. Innerhalb der Moderne ist ein Anhalten dieses rechtlichen Wachstums genausowenig denkbar wie ein Anhalten des wirtschaftlichen Wachstums. Und wie das wirtschaftliche Wachstum vorhandenes Leben zerstört, um neues aufzubauen, ist auch das rechtliche Wachstum ein unablässiger Prozeß des Zerstörens gegebener und des Wiederaufbauens neuer Normgefüge.

Rechtliches Wachstum setzt wie wirtschaftliches Wachstum Wertschöpfung voraus (Parsons 1969a: 383-395). Politische Parteien und soziale Bewegungen spielen dabei die Rolle von Banken. Sie nutzen ihren Einfluß, gegründet auf Reputation, um die politische Macht einzelner Bürger als Bankeinlage zu bündeln. Die gebündelte politische Macht übertragen sie wieder auf einzelne politische Unternehmen der Rechtsproduktion. Bei freier Disposition der Parteien und sozialen Bewegungen über ihre Kreditvergabe können weit umfangreichere, kapitalintensivere Rechtsprogramme entwickelt werden als im Falle einer unmittelbaren Verantwortlichkeit der Parteien und sozialen Bewegungen gegenüber ihren Wählern und Unterstützern im Sinne eines imperativen Mandats. Das auf diesem Wege produzierte Recht bildet wieder ein Medium, das von einzelnen Bürgern und Korporationen genutzt wird. Auch hier findet eine Wertschöpfung statt, wenn die Rechte einzelner Bürger und Korporationen von Organisationen gebündelt werden, die sich der Verwirklichung von Rechten verschrieben haben: z. B. Berufsgruppen, Verbände, Umweltinitiativen, Verbrauchervereinigungen oder humanitäre Organisationen. Sie investieren die gebündelten Rechte in einzelne Unternehmen der Verwirklichung von Recht. Auf diese Weise kann mehr Recht verwirklicht werden als im Falle der Einzelwahrnehmung von Rechten und im Falle der unmittelbaren Verantwortlichkeit der Vertretungsorganisationen gegenüber ihren Mitgliedern. Der Effekt für die Mitglieder besteht in einer Erweiterung ihrer Rechte. Sie treten Rechte ab, um noch mehr Rechte wahrnehmen zu können. So verzinst sich ihre Rechtseinlage bei den Rechtsvertretungsorganisationen.

Die Prozesse der Rechtsproduktion und der Rechtsverwirklichung sind auf die Zufuhr außerrechtlicher Ressourcen angewiesen. Recht produziert sich nicht autopoietisch aus sich selbst heraus (Luhmann 1993). Wie schon gezeigt, beruht die Rechtsproduktion zunächst auf der Entwicklung von Rechtsprogrammen durch politische Satzung, die auf die Generierung politischer Macht angewiesen ist. Um als legitim anerkannt zu werden, bedarf die Entwicklung eines Rechtsprogramms der Begründung in politischen Diskursen, die wiederum auf die Legitimationszufuhr aus moralischen Diskursen zurückgreifen müssen. Politische Diskurse bilden in Demokratien die Schnittmenge moralischer Diskurse und politischer Entscheidungsverfahren durch Mehrheitsentscheid als Machtanwendung. Rechtsprogramme sind aber auch von der Zufuhr wirtschaftlicher Ressourcen abhängig, die ihre Umsetzung in Gestalt von rechtlich bedingten Zahlungen erst möglich machen. Die Finanzpolitik ist hier als Schnittstelle von Wirtschaft und Politik im engeren Sinne zu begreifen. Wie die Rechtsproduktion, so speist sich auch die Rechtsverwirklichung aus der Verknüpfung von Entscheidungsverfahren mit Verfahren der Mobilisierung von Unterstützung, Legitimation und finanziellen Ressourcen.

Es entwickelt sich ein Markt, auf dem eine Nachfrage und ein Angebot der Rechtsverwirklichung aufeinander bezogen werden. Die Nachfrage nach Rechtsverwirklichung wird durch die wachsende Nutzung des Rechts zur Interessenbefriedigung einzelner Rechtsinteressenten, den gesteigerten Einsatz des Rechts zur politischen Gesellschaftsgestaltung und durch die zunehmende Begründung von Rechten durch moralisch-rechtliche Diskurse vorangetrieben. Wenn dieser gesteigerten Nachfrage keine gleichwertige Rechtsverwirklichung folgt, nimmt der Wert des Rechts in einem inflationären Prozeß ab. Es gelangt über die Rechtsproduktion, die Inanspruchnahme des Rechts und die Legitimation von Rechten zwar mehr Recht in Umlauf, aber die Umsetzung in Rechtshandlungen hält nicht mit. Es wird Recht politisch gesatzt, das nicht, nur sehr schleppend oder widersprüchlich implementiert wird, es werden Rechte ohne Erfolg in Anspruch genommen und es werden Rechte ohne Chance ihrer Verwirklichung legitimiert. Inflationäre Tendenzen der Rechtsentwicklung treten um so leichter auf, je mehr einerseits die politische Rechtssetzung, die Inanspruchnahme von Rechten und die Legitimation von Rechten ohne Kenntnis und Rücksichtnahme auf die Bedingungen der Rechtsverwirklichung erfolgen und je weniger andererseits die Verfahren der Rechtsverwirklichung quantitativ und qualitativ an die erhöhten Anforderungen durch die erweiterte Nachfrage nach Rechtsverwirklichung angepaßt werden.

Der Gesetzgeber kann die Behörden durch expansive und beschleunigte Rechtssetzung und Rechtsänderung überfordern, so daß die Implementation und Anwendung des Rechts unsicher und unberechenbar wird. Die Klagen aus den Verwaltungen und Gerichten über solche Überforderungen sind immer wieder zu hören, wenn die Gesetzgebung besonders rasant Recht setzt und wieder ändert, um politische Zwecke zu verwirklichen. Gegenwärtig gilt dies z. B. für das Umweltrecht und das Steuerrecht. Die unzureichende, unberechenbare oder erheblich verzögerte Umsetzung des Rechts in diesen Bereichen bedeutet Rechtsinflation im wörtlichen Sinne: Die Menge des in Umlauf befindlichen Rechts wächst schneller als die Menge des tatsächlich in Rechtsverwirklichung umgesetzten Rechts. Man könnte den Begriff der Normerosion in genau diesem Sinne verwenden und würde dadurch die unangemessene Verwendung des Begriffs für den in modernen Gesellschaften sich zwangsläufig und ständig vollziehenden Normwandel vermeiden. Nicht jede Auflösung bestehender Normen ist dann als Normerosion zu verstehen, sondern nur eine Auflösung ohne Erneuerung von Normen sowie eine Normentwertung in dem Sinne, daß die Umsetzung von Normen in normkonforme Handlungen zu einem Zeitpunkt t_1 weniger gelingt als zu einem Zeitpunkt t_0.

Normerosion als Normentwertung tritt vor allem dann auf, wenn das Recht durch Rechtssetzung aufgebläht wird, ohne daß dessen Implementation und Anwendung gesichert ist. Sie stellt sich aber auch ein, wenn Rechtsinteressenten die Inanspruchnahme von Rechten steigern und dabei das Rechtssystem in seiner sozialen Integrationsleistung sowie die Gerichte in ihrer Streitschlichtungskraft überfordern. Je mehr die Inanspruchnahme von Rechten eine Sache von professionellen Rechtsfirmen und Rechtsvertretungsorganisationen wird, um so leichter kann diese Überforderung des Rechtssystems und der Gerichte eintreten. Es dauert dann um so länger, um zu seinem Recht zu kommen, oder man gelangt am Ende wegen der mangelnden Integrationskraft des Rechts gar nicht zu seinem Recht. Auf jeden Fall wird es immer teurer, sein Recht durchzusetzen. Hier impliziert die Rechtsinflation zugleich eine Geldinflation. Aber auch Legitimationsdiskurse können eine Normerosion im Sinne von Rechtsinflation hervorrufen. Sie erweitern unablässig die Menge legitimer Rechte. Wenn nicht zugleich die Rechtssetzung, die Rechtsimplementation und die Rechtsanwendung für eine Umsetzung der erweiterten Rechte sorgen, wird zwar der Umfang legitimer Rechte vergrößert, aber sie stehen praktisch nur auf dem Papier. Ihre Kraft, Handlungen zu erzeugen und Tatsachen zu schaffen, nimmt ab.

Je mehr sich inflationäre Entwicklungen des Rechts zuspitzen, um so mehr schwindet das Vertrauen in das Recht. Das wachsende Mißtrauen unterhöhlt auch die Folgebereitschaft. D. h., gegen Rechtsentscheidungen wird jeder mögliche legale oder sogar illegale Widerstand geleistet. Dadurch wird die Umsetzung des Rechts im tatsächlichen Handeln noch weiter verzögert oder gar ganz verhindert, so daß die Rechtsinflation noch weiter geschürt wird. Diese treibt sich dann in einem autokatalytischen Prozeß selbst weiter voran, wenn nicht durch eine Minderung der Rechtsnachfrage oder eine verbesserte Rechtsumsetzung gegengesteuert wird. Je weiter der Vertrauensverlust voranschreitet, um so mehr kann der inflationäre Prozeß in eine Rechtsdeflation umschlagen. Eine Rechtsdeflation entsteht aus einem Rückzug des Staates aus der Regulierung der Gesellschaft durch Rechtssetzung, aus einem Rückzug der Rechtsinteressen in private Konfliktregelung und aus einem Schwinden der Legitimität des Rechts durch dessen diskursive Zersetzung ohne Begründung von neuem Recht.

Politische Programme der Deregulierung können z. B. so weit gehen, daß die Dämpfung der Rechtssetzung in einen Rechtsschwund mündet und weite Bereiche des gesellschaftlichen Handelns sich selbst überlassen bleiben. Die Fähigkeit der Gesellschaft, durch Recht für soziale Integration zu sorgen, nimmt dann ab. Die Regelung von Konflikten richtet sich jetzt nach der Durchsetzungskraft der Konfliktparteien und nicht nach Ideen von Gerechtigkeit und auf Ausgleich ausgerichteten Rechtsnormen. Die in den achtziger Jahren vor allem in den USA einsetzende Deregulierungswelle ist gewiß auch einer vorausgegangenen Rechtsinflation mit einem aufgeblähten Rechtswachstum bei gleichzeitig nachlassender Umsetzung und Effektivität des Rechts geschuldet. Deflationäre Tendenzen zeigt die Deregulierungswelle jedoch insofern, als in der Tat Recht und Gerechtigkeit zugunsten von naturwüchsiger Durchsetzungskraft in den Hintergrund getreten sind. Die an sich nicht falsche Politik einer Verknappung des Rechts, um dessen Inflation zu mindern, ist in eine deflationäre Tendenz übergegangen. Es ist tendenziell zu wenig Recht vorhanden, um Konflikte zu bewältigen. Die Integrationsleistung der Gesellschaft läßt nach. Während im Falle einer Rechtsinflation viele Zugang zum Recht haben, aber immer weniger damit erreichen, ist im Falle der Rechtsdeflation zu wenig Zugang zum Recht da, so daß sich nur wenige Glückliche im Besitz von Rechten befinden und damit um so mehr anfangen können. Je mehr sich die Deflation zuspitzt, die Gesellschaft aber genügend Chancen der Mobilisierung von Rechtsinteressen bietet, um so eher kann die Rechtsdeflation durch eine erneute Steigerung der Rechtsproduktion gestoppt werden. Wird diese aber nicht von einem Wachstum der Umsetzung von Recht begleitet, dann setzt wieder ein inflationärer Prozeß ein. Die Gesellschaft taumelt in einer Inflations-Deflationsspirale dahin.

Es wäre ein völliger Fehlschluß, aus den vorgetragenen Überlegungen abzuleiten, daß nur eine Selbstbescheidung der Rechtssetzung, der Rechtsinteressenartikulation und der Rechtslegitimation den Tendenzen zur Normerosion im Sinne von Rechtsinflation entgegenarbeiten kann. Das Wachstum der Rechtsmenge, der Inanspruchnahme von Recht und der Legitimation von Rechten sind nur eine Seite des inflationären Prozesses. Die andere Seite ist die Implementation und Anwendung von Recht. Ihre Erneuerung und Leistungssteigerung neben der Verknappung von Recht ist eine ebenso wichtige Strategie zur Dämpfung inflationärer Tendenzen. In einer sich dynamisch entwickelnden Gesellschaft wächst die Nachfrage nach Recht unablässig. Sie kann immer nur kurzfristig und begrenzt gedämpft werden. Um so mehr kommt es deshalb auf die Leistungssteigerung in der Implementation und Anwendung von Recht an. Im Interesse der Initiierung von sozialem Wandel ist sogar ein Inkaufnehmen leicht inflationärer Tendenzen angebracht, solange sie unter Kontrolle bleiben und nicht in den grundsätzlichen Vertrauensverlust führen. Innovationen in der Rechtssetzung, der Inanspruchnahme von Recht und der Legitimation von Rechten verlangen in der Regel einen Vorgriff auf eine erst noch zu konstituierende Rechtspraxis. Solange diese Rechtspraxis noch nicht geschaffen ist, sind inflationäre Erscheinungen der verzögerten und unzureichenden Umsetzung von Recht in Tatsachen unvermeidlich. Der mutige Vorgriff auf diese Praxis erzeugt den erforderlichen Druck, sie auch tatsächlich hervorzubringen, wie eine Erweiterung der Geldmenge Nachfrageschübe auslöst, die wiederum die Konjunktur der wirtschaftlichen Produktion ankurbeln.

Je schneller sich die Gesellschaft wandelt, um so mehr muß der Verlust an lebensweltlicher Ordnung durch Recht ersetzt werden.

Moderne Gesellschaften haben deshalb gar keine andere Wahl, als ihr Recht ständig wachsen zu lassen. Dieser Wachstumsprozeß impliziert aber auch zugleich die Auflösung vorhandener Ordnungen und ihre Ersetzung durch neue Ordnungen. Er verlangt unternehmerische Initiative und ständige Innovationen. Je offener die Märkte für Rechtssetzung, Rechtsnutzung und Rechtslegitimation gestaltet sind, um so mehr innovatives Potential werden sie enthalten. Dieses innovative Potential wird durch Monopolbildungen, Oligopole und Kartelle beschränkt. Etablierte Parteien und Rechtsvertretungsorganisationen können zusammen einen Block der Beharrung bilden, der vor allem auf die Sicherung des vorhandenen Rechts mit seinem Schutz der etablierten Interessen ausgerichtet ist. Es ist die Funktion von neuen sozialen Bewegungen, Parteien und Rechtsvertretungsorganisationen, die Beharrungskraft des herrschenden Blocks der Interessenverflechtungen aufzubrechen (Brand 1982, 1985; Brand, Büsser und Rucht 1983; Eder 1993). Sie können neue Rechtsinteressen, politische Zielsetzungen und Legitimitätsideen ins Spiel bringen und so einen wichtigen Beitrag zur Einstellung der Rechtsproduktion auf neue Problemlagen leisten. Das gilt z. B. für die Umweltverbände und die neuen humanitären Organisationen. Sie fordern den Block der etablierten Parteien, Wirtschaftsverbände und Gewerkschaften heraus. Einerseits nehmen sie ihnen einen Teil ihrer Klientel weg, andererseits erzwingen sie ihre eigene Umstellung auf die neuen Problemlagen, um überhaupt weiterhin Unterstützung in der Bevölkerung zu erhalten.

Gegenwärtig erleben wir einen solchen Wandel. Die herrschende neokorporatistische Verflechtung von Wirtschaftsverbänden, Gewerkschaften und Staat wird durch die ökologische Krise, die neue soziale Krise in Gestalt dauerhaft hoher Arbeitslosigkeit und den globalen Konflikt um Entwicklung und ökologisches Gleichgewicht auseinandergerissen (v. Alemann 1981). Umweltinitiativen und humanitäre Organisationen stoßen in den geöffneten Markt mit neuen Problemdeutungen und Problemlösungsstrategien hinein. Der Kampf zwischen den Beharrungskräften und den Bewegungskräften beherrscht jetzt die Szene. Es entstehen neue Frontlinien innerhalb der etablierten Kräfte zwischen den Betonköpfen der Beharrung und den Erneuerern, die auf eine Umstellung ihrer Organisationen auf die neuen Probleme hinzielen. In dieser Umbruchsituation sind verschiedene Wege in die Zukunft möglich. Zögern die Kräfte der Beharrung die Erneuerung der Rechtsentwicklung zu lange hinaus, dann häufen sich die Probleme an und erzeugen eine tiefgreifende Krise der mangelnden Integration der Gesellschaft durch Recht. Erzielen die Kräfte der Bewegung zu schnelle Erfolge, so daß sie das Rechtswachstum schneller forcieren, als die Rechtsumsetzung Rechtstatsachen schaffen kann, dann gerät die Rechtsentwicklung in einen inflationären Prozeß, der wiederum in eine Deflation umschlagen kann. Findet die Gesellschaft kein Gleichgewicht zwischen medialem Rechtswachstum und tatsächlicher Rechtsumsetzung, dann taumelt sie in einer Inflations-Deflationsspirale dahin.

Integrationsprobleme dynamisch wachsender Gesellschaften können nur durch ein ebenso dynamisches Wachstum des Rechts bei gleichzeitiger Vermeidung von überbordender Rechtsinflation gelöst werden. Das kann nur gelingen, wenn sich ein gleichgewichtiges Wechselspiel zwischen den Kräften der Beharrung und der Bewegung einstellt und wenn die notwendige Erweiterung der Produktion, Inanspruchnahme und Legitimation von Recht und Rechten von einer ebenso umfangreichen Erneuerung und Steigerung der Implementation und Anwendung des Rechts begleitet wird.

In dynamisch wachsenden Rechtssystemen gibt es ebenso die Spekulation auf kurzfristige Rechtsgewinne wie in dynamisch wachsenden Wirtschaftssystemen die Spekulation auf kurzfristige Geldgewinne. In Wirtschaftssystemen wächst mit der Menge des ungebundenen Kapitals die Menge der Spekulation auf kurzfristige Geldgewinne. Mit der Menge des ungebundenen Kapitals vergrößern sich die Chancen der Spekulation. Diese birgt Chancen und Risiken in sich. Die Chancen bestehen in der Verfügbarkeit von Risikokapital für riskante, aber gewinnträchtige, weil auf starkes Wachstum setzende Unternehmen. Dadurch steigt das Niveau der innovativen Investitionen, die für die Erschließung neuer Wachstumsmärkte unerläßlich sind. Die Risiken der Spekulation liegen in der großen Bandbreite der Schwankung von Investitionen, die genauso schnell wieder zurückgenommen werden können, wie sie gewährt wurden, so daß immer wieder hoffnungsvolle Unternehmen wegen kurzfristigen Kapitalentzugs zusammenbrechen. Gelegentlich kann dieser Kapitalentzug auf breiter Front eintreten und für tiefgreifende Einschnitte in die Wirtschaftskonjunktur sorgen. Das Fehlen der Bindung des Kapitals an feste Unternehmen steigert einerseits die Innovationsfähigkeit der Wirtschaft, andererseits werden Investitionsentscheidungen allein auf der Basis unsicherer Investitionen und ohne unmittelbare Kenntnis der Sachlage getroffen, so daß jede noch so unsichere Information große Investitionsschwankungen auslösen kann.

Im Rechtssystem spielt die sozial ungebundene mobile Elite moralischer Avantgardisten die Rolle von Spekulanten. Während die Durchschnittsbürger ihre Rechte in die Hand der etablierten, aber wenig innovativ arbeitenden Verbände legen, setzt die mobile Avantgarde auf die jeweils neueste soziale Bewegung, Bürgerinitiative oder humanitäre Organisation. Ihre Ungebundenheit erlaubt ihr erst, auf Erfolge neuer moralischer Unternehmen (Giesen 1983) zu spekulieren, ohne daß dies jedoch sicher vorausgesagt werden kann. Während die Durchschnittsbürger durch konservatives Investitionsverhalten ihr knappes Kapital an wahrgenommenen Rechten absichern müssen, verfügt die moralische Avantgarde über ein so umfangreiches Kapital der selbst schon wahrgenommenen Rechte, daß sie genug Kapital für spekulative Zwecke frei hat. Insbesondere die Bildungseliten können sich für Unternehmen der ökologischen Erneuerung, der Einbindung von Randgruppen, der Eingliederung von Ausländern oder der globalen Solidaritätsstiftung einsetzen, weil sie weniger als die Durchschnittsbürger an die Sicherung ihres eigenen Status gebunden sind. Die Freiheit zur moralisch-rechtlichen Spekulation haben sie, weil sie entweder über einen gesicherten Status verfügen oder auf einen solchen keinen Wert legen. Mit Hilfe ihrer moralisch-rechtlichen Spekulation ist es möglich, neue Felder des moralisch-rechtlichen Wachstums mit dem dafür erforderlichen rechtlichen Risikokapital zu versorgen. Die Gesellschaft erreicht so ein moralisch-rechtliches Wachstum, das über ihr allein mit gebundenem Rechtskapital mögliches Wachstumsniveau hinausgeht. Zugleich ist die Rechtsentwicklung größeren konjunkturellen Schwankungen ausgesetzt. Wie die wirtschaftlichen Spekulanten können auch die moralisch-rechtlichen Spekulanten einem bestimmten moralisch-rechtlichen Unternehmen von heute auf morgen ihre Unterstützung versagen und auf andere Unternehmen übertragen, vorübergehend ganz aus dem Verkehr ziehen oder bei den etablierten Parteien und Verbänden parken. Dadurch kann die moralisch-rechtliche Konjunktur immer wieder zusammenbrechen und in

Perioden der Lähmung moralisch-rechtlicher Aktivitäten überge-
hen. Neue Bürgerinitiativen verschwinden oft ebenso schnell von
der Bildfläche, wie sie diese für sich erobert haben. Dadurch wird
der Erfolg der moralisch-rechtlichen Erneuerung der Gesellschaft
unberechenbar. Während die alten sozialen Bewegungen, allen
voran die Arbeiterbewegung, wegen der Gebundenheit ihres Kapitals auf lange Sicht Erfolge erzielen konnten, ist dies bei den
neuen sozialen Bewegungen höchst unsicher.

Schlußbemerkungen

Die moderne Gesellschaft hat in der Wirtschaftspolitik von Regierungen, in der Geldpolitik von Zentralbanken und in der Dauerbeobachtung der Wirtschaft durch wirtschaftspolitische Sachver-
ständigenräte Instrumente zur rationalen Entfaltung und Kontrolle der wirtschaftlichen Dynamik entwickelt. Die Dynamik der
Rechtsentwicklung mit ihren Konjunkturen, inflationären und
deflationären Tendenzen schafft in wachsendem Maße einen ähnlichen Bedarf an rechtspolitischen Steuerungsinstrumenten, den
es durch institutionelle Innovationen zu befriedigen gilt. Das muß
nicht unbedingt durch neue Institutionen geschehen, sondern
kann auch durch eine bewußte Wahrnehmung der neuen Aufgaben durch vorhandene Institutionen in die Wege geleitet werden.
So kann z. B. das Bundesverfassungsgericht die Rolle einer Zentralbank übernehmen. Das Gericht kann einerseits durch eine expansive Politik der weiter gefaßten Auslegung von Rechten die
Rechtskonjunktur in Gang halten und eine dem gesellschaftlichen
Bedarf angemessene Erneuerung von Recht und Rechtspraxis in-
itiieren. Das Gericht kann aber auch andererseits eine überschäu-
mende Rechtskonjunktur vor dem Abgleiten in tiefergreifende
Inflationen mit um sich greifendem Vertrauensverlust bewahren,
wenn es die ausufernde Gesetzgebung einer strengen Prüfung ihrer Verfassungskonformität unterwirft. Die Rechtspolitik der Regierung müßte ihre Selbstbeobachtung im Hinblick auf die Wi-
derspruchsfreiheit und praktische Umsetzbarkeit neu zu setzen-
den Rechts ausbauen. Ein Sachverständigenrat hätte die Aufgabe,
die Rechtsentwicklung einer Dauerbeobachtung zu unterwerfen,
aus der Empfehlungen für rechtspolitische Initiativen abgeleitet
werden können.

Soziale Integration kann in den von stetigem Wandel geprägten Gesellschaften der globalen Moderne nicht mehr nach dem Muster der alten Sozialpolitik eines auf Dauer eingerichteten Systems von Wohlfahrtszahlungen gestaltet werden. Die alte Sozialpolitik hat selbst ein Milieu von Ausgegrenzten auf Dauer gestellt. Die neue Sozialpolitik muß statt dessen als ein ständig sich erneuernder Produktionsprozeß der Inklusion der Unterstützungsbedürftigen in die aktive Teilnahme am gesellschaftlichen Leben begriffen werden. Der Staat und die ihn dabei unterstützenden Wohlfahrtsverbände müssen Programme der aktiven Einbeziehung von Unterstützungsbedürftigen in Bereiche des Umweltschutzes, der Alten- und Kinderbetreuung, der Vereinsarbeit, der Aus- und Weiterbildung und Programme der Subventionierung von nicht ausreichend bezahlter angestellter und selbständiger Erwerbstätigkeit einrichten. Die Teilnahme an diesen Programmen muß dadurch attraktiv gemacht werden, daß sie deutlich besser bezahlt wird als das bloße Nichtstun.

4. Soziale Integration
als dynamischer Produktionsprozeß

Einleitung

Talcott Parsons hat in seinem ersten grundlegenden Werk, *The Structure of Social Action*, die Frage nach dem Problem der Ordnung in einer Weise gestellt und beantwortet, die bis heute für alle weitere Beschäftigung mit dieser Grundfrage der Soziologie von bleibender Bedeutung geblieben ist (Parsons 1937/1968). Das gilt unabhängig davon, ob man seine Anwort auf die Frage für richtig hält oder nicht. Ich möchte die Diskussion darüber nicht erneut aufrollen, weil ich meine, daß alle Argumente ausgetauscht sind und kaum noch etwas Neues zutage gefördert werden kann, wenn wir uns weiter im Fahrwasser der bekannten Diskussion über normative, nutzentheoretische, konflikttheoretische oder diskurstheoretische Vorschläge zur Lösung des Problems der Ordnung bewegen. Diese schließen sich nämlich nicht gegenseitig aus, sondern stehen zueinander in einem Ergänzungsverhältnis.

Bei aller Kritik an Parsons' normativer Lösung des Ordnungsproblems, die das Zentrum der sozialen Ordnung im Konsens über grundlegende Werte und Normen verortet, ist es bislang nicht gelungen, darauf ganz zu verzichten und Ordnung allein in der allseitigen Maximierung von Nutzen, in äußerem Zwang oder in Sprache an sich zu verankern. Ohne Minimalkonsens zerfällt die Gesellschaft im Strudel von unbegrenzter individueller Nutzenmaximierung, willkürlicher Gewaltanwendung oder beliebiger Infragestellung von allem, einschließlich der Regeln vernünftiger Kommunikation selbst. Dies ändert aber nichts an der Tatsache, daß die Gesellschaft in traditionellem Konsens erstarren würde, wenn es keinen Spielraum für individuelle Nutzenmaximierung, für Zielverfolgung mittels Machtanwendung und für offene Deliberation gäbe. Deren befreiende Wirkung bedarf jedoch wieder eines Gegengewichts in einem Minimalkonsens.

Worauf stützt sich aber Konsens? Auch die Antwort auf diese Frage muß vielschichtig ausfallen. Konsens wurzelt in gemeinsam geteilten Traditionen, in gewachsenen Lebenswelten, in Solidaritätsbeziehungen zwischen Menschen, die ein gemeinsames Leben in der Familie, der Nachbarschaft, der Gemeinde, der Nation oder schließlich als Menschheit in der ganzen Welt teilen. Solidaritätsbande entstehen leichter und haben intensiveren Charakter in den kleineren sozialen Einheiten als in den größeren. Um ihre Reichweite auszudehnen, bedarf es sogar der Durchbrechung partikularistischer Solidarität zugunsten des Aufbaus von immer weiter reichenden, sogar universellen Solidaritätsbeziehungen. Die »dialektische« Aufhebung partikularistischer Solidaritäten in der universalistischen Solidarität der Menschheit ist angesichts der globalen Probleme dynamisch wachsender Märkte und ökologischer Risiken das Gebot unserer Zeit. Dabei kann es nicht um die völlige Beseitigung partikularistischer Solidaritäten durch universalistische Solidarität gehen, vielmehr bedarf es ihrer Verknüpfung zu einem Flickenteppich partikularer Solidaritäten im Rahmen einer universellen Solidarität des gegenseitigen Respekts. Das heißt, daß wir soziale Ordnung in unserer dynamisch sich wandelnden Welt nicht als einen Zustand begreifen können, der in einer gegebenen kulturellen Tradition eines gegebenen solidarischen Kollektivs wurzelt. Vielmehr müssen wir unser Augenmerk auf den Prozeß der unablässigen Ordnungsbildung in einem makrosoziologischen Bezugsrahmen lenken. Dabei geht es um die fortwährende Produktion von Solidarität und sozialer Integration auf und zwischen den lokalen, regionalen, nationalen und globalen Ebenen des sozialen Handelns.

Mit dieser Veränderung der theoretischen Problemstellung gehen wir zwar über die Reichweite von *The Structure of Social Action* hinaus, das Theoriewerk, das uns Talcott Parsons hinterlassen hat, bietet aber auch einen für die weitere Diskussion enorm wichtigen Ansatz. Es handelt sich um seine Theorie generalisierter Kommunikationsmedien. Ich möchte diesen Ansatz aufgreifen und eine Theorie der Solidaritätsproduktion skizzieren, die soziale Integration als einen dynamischen Prozeß modelliert (Parsons 1969a, 1969b, 1969c; Münch 1995: 159-240).

4.1 Soziale Integration
als gesellschaftlicher Produktionsprozeß

Wie Hans Joas in Auseinandersetzung mit Parsons' Lösung des Ordnungsproblems aus der Perspektive des Pragmatismus betont hat, muß das eher statische Konzept der Ordnung, wie es im ersten Teil von *The Structure of Social Action* vor allem im Rahmen der Hobbes-Kritik entwickelt wird, durch ein dynamisches Element ergänzt werden, das Ordnungsbildung als kreativen Akt begreift (Joas 1992, Münch 1993c). Joas denkt dabei insbesondere an alltägliche Kooperation, ordnungsbekräftigende und -erneuernde Rituale und Zeremonien sowie an außeralltägliche Ordnungsstiftung in revolutionären Situationen. Man kann sagen, daß dieses kreative Element der Ordnungsbildung in der formalen Konstruktion der normativen Lösung des Ordnungsproblems in Parsons' Auseinandersetzung mit dem Utilitarismus schon wegen der Frontstellung zwischen »Interessen« und »Normen« aus dem Blick gerät (Parsons 1937/1968: 43-125). Es wird jedoch mit der theorietechnischen Entscheidung, daß Normen als Kernstück sozialer Ordnung nicht auf Interessenkonstellationen zurückgeführt werden können und eine eigene Qualität besitzen, die einer besonderen Erklärung bedarf, nicht ausgeschlossen. Vielmehr wird mit dieser Entscheidung erst der Boden für die Erforschung der eigensinnigen Qualität von Normen bereitet. Dies ist der bleibende Wert von Parsons' Auseinandersetzung mit dem Utilitarismus, so einseitig er dabei auch den Utilitarismus gezeichnet hat.

Charles Camic (1979) hat daran erinnert, daß auch die Utilitaristen – z. B. David Hume und Adam Smith – das nutzenmaximierende individuelle Handeln in ein Netzwerk der sozialen Sympathie einbetten wollten, um die gesellschaftszerstörenden Effekte individuell rationaler Nutzenmaximierung unter Kontrolle zu halten. Allerdings bietet Parsons' Kritik des Utilitarismus insofern eine bessere Ausgangsbasis für die Lösung des Ordnungsproblems, als die spätere Entwicklung des ökonomischen Denkens die Ansätze der frühen Utilitaristen wieder verschüttet hat und diese Ansätze auch nicht ausreichen, um über individuelle Motive der Sympathie und ihre Begrenzung auf den Nahbereich von Interaktionen hinaus die eigene Qualität, die Geltungsgrundlage und die Produktion sozialer Normen als Zement des sozialen Gefüges zu erfassen. Für die Bewältigung dieser Aufgabe hat Parsons in *The Structure of Social Action* eine Plattform geschaffen, auf der unter Einbeziehung der weiteren Entwicklung soziologischer Theorie an einer hinreichend komplexen Theorie der Ordnungsbildung gearbeitet werden kann. Mit Schütz kann die lebensweltliche Einbettung der Intersubjektivität von Normen beleuchtet werden (Schütz und Parsons 1977, Schütz und Luckmann 1979), mit Habermas die dialogische Grundlage intersubjektiv geteilter Normen im Unterschied zu einem eher monologischen Konzept von Normen (Habermas 1981, Bd. 2: 304-312; Münch 1982/1988: 190-214), mit Joas der kreative Charakter von Normbildung (Joas 1992: 19-55; Münch 1993c). Diese ergänzenden und erweiternden Perspektiven betreten allerdings nicht völlig neuen Boden. Sie können sogar aus Parsons' Entfaltung des Arguments insbesondere in seiner Auseinandersetzung mit Emile Durkheim und Max Weber weitere Einsichten gewinnen. Das gilt z. B. für Durkheims und Webers Analysen von Ritualen und Webers Charisma-Konzept (Parsons 1937/1968: 429-441, 658-677).

Damit will ich nicht sagen, daß Schütz, Habermas und Joas keine neuen Einsichten vermitteln; es soll nur auf die bei Parsons vorhandenen Anschlußstellen verwiesen werden. Solche Anschlußstellen bietet natürlich auch das spätere Werk von Talcott Parsons. Eine davon ist die in den sechziger Jahren entwickelte Theorie der generalisierten Kommunikationsmedien (Parsons 1969d), eine zweite die im Anschluß an T. H. Marshall (1964) konzipierte Theorie der modernen »gesellschaftlichen Gemeinschaft« (Parsons 1966, 1971). Solidarität kann in der modernen Gesellschaft nicht mehr an partikulare Gruppenzugehörigkeit gebunden werden, sondern bedarf der Herausbildung einer gruppenübergreifenden Gemeinschaft von Bürgern, die sich gegenseitig als autonome Individuen mit subjektiven Rechten respektieren und die Ausübung dieser subjektiven Rechte durch die fortlaufende gemeinsame Konstruktion und Rekonstruktion von objektivem Recht aufeinander abstimmen. Die durch subjektive Rechte garantierte Privatautonomie wird in der Sphäre der politischen Autonomie der gesetzgebenden Bürgergemeinschaft erst konstituiert und in einem Rahmen des objektiven Rechts aufeinander abgestimmt und so wechselseitig verträglich gemacht. Die Privatautonomie der Bürger ist nur möglich auf der Grundlage der Ausübung ihrer politischen Autonomie in gemeinsamer Gesetzgebung als gesellschaftliche Gemeinschaft solidarischer Bürger.

Im dargelegten Sinn läßt sich eine Beziehung von Parsons' Konzept der »gesellschaftlichen Gemeinschaft« zu Habermas' Theorie der Konstitution und wechselseitigen Abstimmung subjektiver Rechte im Rahmen einer »deliberativen Demokratie« herstellen (Habermas 1992; Cohen und Arato 1992). Im Vergleich zu Habermas' Grundlegung deliberativer Demokratie durch die sozial-integrative Kraft der Sprache muß man allerdings mit Parsons betonen, daß Sprache einerseits zu sehr an gewachsene kulturelle Traditionen gebunden ist, andererseits als Abstraktum keine Solidarität stiften kann, so daß die ordnungsstiftende Kraft deliberativer Demokratie auf gruppenübergreifende Vergemeinschaftung jenseits partikularer kultureller Traditionen und diesseits des völlig offenen Charakters sprachlicher Kommunikation angewiesen ist. Es handelt sich dabei um den fortlaufenden Prozeß der Konstruktion von Zusammengehörigkeit in einem affektiven, von Sprache nicht zu erfassenden Sinn.

Das von Talcott Parsons entwickelte Konzept der gesellschaftlichen Gemeinschaft bietet für die theoretische Modellierung des affektiven Elements von Solidarität eine wichtige Grundlage. Gleichzeitig muß die soziale Integration der modernen gesellschaftlichen Gemeinschaft als dynamischer Produktionsprozeß begriffen werden. Einen Ausgangspunkt für diese Seite der sozialen Integration bietet die von Talcott Parsons entwickelte Theorie der generalisierten Kommunikationsmedien. Im Rahmen dieser Theorie ist Einfluß das Medium der Kommunikation, das Solidarität zwischen den autonomen Individuen der gesellschaftlichen Gemeinschaft stiftet. Soweit ich Einfluß habe, kann ich bei der Ausübung meiner subjektiven Rechte der Toleranz und Unterstützung meiner Mitbürger sicher sein. Die Unterstützung meiner Mitbürger legt auch den Rahmen der Ausübung meiner subjektiven Rechte fest. Nur soweit ein Konsens über die gerechte Verteilung von Chancen auf Rechteverwirklichung und über ein gutes Zusammenleben besteht, kann sich die Ausübung subjektiver Rechte ohne gegenseitige Behinderung vollziehen. In intersubjektiv anerkannten Gerichtsverfahren werden alltägliche Streitfälle beigelegt, in intersubjektiv anerkannten politischen Verfahren wird der Spielraum der Ausübung subjektiver Rechte immer wieder neu gestaltet.

In der Wahrnehmung subjektiver Rechte nutze ich meinen Einfluß auf andere, die meine Rechte respektieren, meine Handlungen tolerieren, mit mir kooperieren und mich unterstützen. Diesen Einfluß habe ich aufgrund meines Bürgerstatus und meiner Mitgliedschaft in der Bürgergemeinschaft. Der Bürgerstatus verleiht allen gleiche Rechte und damit gleichen Einfluß. Auf dieser für alle gleichen Basis vermögen die einzelnen Bürger jedoch ihren Einfluß ungleich zu vermehren, indem sie mehr oder weniger Reputation erwerben und damit in der Ausübung ihrer subjektiven Rechte mehr oder weniger Kooperation und Unterstützung mobilisieren können. Die Menge des in der gesellschaftlichen Gemeinschaft vorhandenen Einflusses und die Menge der dadurch mobilisierbaren wechselseitigen Respektierung, Toleranz, Unterstützung und Kooperation sind jedoch nicht ein für allemal fixiert. Die Verteilung von Einfluß unterliegt nicht notwendigerweise Nullsummenbedingungen. Es ist möglich, die Gesamtmenge zu vergrößern, so daß mehr Einfluß des einen nicht zwangsläufig weniger Einfluß des anderen bedeuten muß.

Um Nullsummenbedingungen zu überwinden, muß Solidarität produziert werden. Das heißt, die Fähigkeit der Gesellschaft, wechselseitige Respektierung, Toleranz, Unterstützung und Kooperation zu mobilisieren, muß erweitert werden. Das geschieht durch die Erweiterung und Vertiefung von Zusammengehörigkeit. Dabei handelt es sich um einen Produktionsprozeß, der auf Wertschöpfung angelegt ist. Dazu ist es nötig, einerseits den Kreis der Träger subjektiver Rechte und den Spielraum ihrer Ausübung zu erweitern, andererseits aber auch ihre Abstimmung aufeinander durch objektives Recht sicherzustellen und ihre Verwirklichung durch tatsächliche Akte der gegenseitigen Respektierung, Toleranz, Kooperation und Unterstützung zu gewährleisten. Wir können dabei subjektive Rechte im Sinne von verfassungsmäßig geschützten Grundrechten (Bürger- und Menschenrechte) als Ausdruck des Einflusses begreifen, den die Bürger im Rahmen ihrer solidarischen Vergemeinschaftung in der Mobilisierung von gegenseitiger Respektierung, Toleranz, Unterstützung und Kooperation aufeinander ausüben.

Subjektive Rechte sind als Spezifikation von Einfluß und in diesem Sinn als generalisierte Medien der Kommunikation zu verstehen. Sie sind in der Regelung der Beziehungen innerhalb der solidarischen Bürgergemeinschaft und in ihrer spezifischen Wirkung der Mobilisierung von Kooperation im weitesten Sinn von anderen Medien der Kommunikation zu unterscheiden. Nach dem kategorialen Aufbau der Parsonsschen Medientheorie sind sie von Geld, politischer Macht und Wertbindungen abzugrenzen. Geld regelt wirtschaftliche Transaktionen. Mit Geld kann ich jeden beliebigen anderen an jedem beliebigen Ort zu jeder beliebigen Zeit zum Eintreten in wirtschaftliche Transaktionen zum gegenseitigen Vorteil motivieren. Politische Macht gestaltet Herrschaftsakte. Mit politischer Macht kann ich jeden beliebigen anderen an jedem beliebigen Ort und zu jeder beliebigen Zeit zur Hinnahme bindender Entscheidungen auch gegen dessen Widerstand veranlassen. Wertbindungen strukturieren Prozesse der gegenseitigen Verständigung. Mittels intersubjektiv geteilter Wertbindungen kann ich jeden beliebigen anderen an jedem beliebigen Ort und zu jeder beliebigen Zeit dazu bewegen, seine subjektive Weltsicht zu überschreiten und zu einem gemeinsam getragenen Verständnis der Situation zu gelangen.

Die Überschreitung der Grenzen von Ort, Zeit und Personen durch die generalisierten Medien der Kommunikation kann allerdings nicht als völlig grenzenlos gedacht werden. Ihre Geltung ist an einen solidarischen Zusammenhang einer gesellschaftlichen Gemeinschaft gebunden, die wiederum mehr oder weniger inklusiv sein und mehr oder weniger weit reichen kann. In diesem Sinne ist die Erweiterung von wirtschaftlichen Transaktionen mittels Geld, von kollektiv bindenden Entscheidungen mittels politischer Macht und von wechselseitiger Verständigung mittels Wertbindungen auf die Mobilisierung von Einfluß angewiesen. Dasselbe gilt aber auch in der umgekehrten Richtung. Um Solidarität mittels Einfluß in der Wahrnehmung subjektiver Rechte zu produzieren, müssen Wertbindungen die Verständigungsbasis erweitern; ebenso muß politische Macht die Durchsetzung von Rechten sichern und Geld die Ressourcen für die Verwirklichung von Rechten bereitstellen. Generalisierte Medien der Kommunikation sind nicht Träger *systemischer* Autopoiesis (Luhmann 1986), sondern Träger spezifischer Produktionsleistungen in einem umfassenden gesellschaftlichen Produktionsprozeß, dessen Grundlage in der Kooperation solidarisch verbundener Bürger besteht und der als ein Prozeß intersubjektiven kreativen Handelns zu begreifen ist. In diesem Sinne ist die Medientheorie nicht Teil einer Systemtheorie, sondern Teil einer umfassend konzipierten Handlungstheorie.

4.2 Dynamischer Wandel und soziale Integration

Soziale Integration ist in den unablässig in Bewegung befindlichen modernen Gesellschaften nicht mehr ein für allemal durch das vorhandene Solidaritätsgefüge gesichert, sondern ein dynamischer Prozeß. In traditionalen Gesellschaften sorgt die ständische Hierarchie für den Zusammenhalt. Jedem Stand ist ein bestimmter Platz im unveränderlichen Gesellschaftsgefüge zugewiesen, mit dem sich entsprechende Rechte und Pflichten verbinden. Jeder Stand erfüllt seine spezifische Funktion für das gesellschaftliche Ganze, dessen Bestand und Zusammenhalt dadurch gesichert ist. Die Einzelnen sind in ihrem jeweiligen Stand aufgehoben. All diese Sicherheiten fallen in der modernen Gesellschaft weg. Je weiter die Modernisierung fortschreitet, um so rascher ändern sich die Solidaritätsbeziehungen. Alte Solidaritäten lösen sich auf, neue müssen geschmiedet werden. Die Gesellschaft wird einer wachsenden Mobilisierung unterworfen (Münch 1991: 298-306). Die ökonomische Mobilisierung verändert immer schneller unmittelbar Märkte, Arbeitsteilung, Arbeitsorganisation und Berufssystem und damit mittelbar nachbarschaftliche Verhältnisse. Die politische Mobilisierung baut beständig bestehende politische Loyalitäten ab und neue auf. Sie bringt latente Konflikte ans Tageslicht der offenen Auseinandersetzung. Sie vervielfacht die Konflikte. Die kulturelle Mobilisierung läßt Rechte bewußt werden, die bisher nicht wahrgenommen wurden, erweitert den Anwendungsbereich vorhandener Rechte, schafft neue Rechte, schließt immer mehr Menschen in die Rechte ein. Die Integration der Gesellschaft wird unter diesen Bedingungen nicht mehr zureichend durch die bindende Kraft gewachsener Lebenswelten und die selbstverständliche Solidarität homogener Gruppen garantiert. Sie muß immer wieder neu erzeugt werden. Integration ist hier ein aktiver Produktionsprozeß. Sie verlangt ebenso unternehmerische Initiative, Innovation und Investition wie der ökonomische Produktionsprozeß. Wohlfahrtsverbände und humanitäre Vereinigungen investieren in moralische Unternehmen (Giesen 1983), die diesen Produktionsprozeß aktiv gestalten und die Nachfrage nach Solidarität durch entsprechende Angebote zu befriedigen versuchen. Es entsteht ein Markt für Solidarität, der von konkurrierenden humanitären Organisationen bedient wird. Auf diesem Markt bestehen ebensowenig ideale Konkurrenzbedingungen wie auf dem ökonomischen Markt. Alteingesessene Wohlfahrtsverbände bilden ein Oligopol und verhalten sich konservativ in der Bereitstellung von Solidarität, indem sie vorzugsweise eine vorhandene Klientel versorgen. Das gilt noch mehr für Verbände – wie die Gewerkschaften –, die auf die soziale Absicherung ihrer Mitglieder spezialisiert sind. Je rascher sich in modernen Gesellschaften die Integrationsprobleme ändern und neuer Integrationsbedarf entsteht, um so mehr stellt sich ein solches Oligopol von etablierten Wohlfahrtsverbänden und Gewerkschaften als ein Hindernis für sozialpolitische Innovationen dar. Die Innovationen müssen von neuen Wohlfahrtsunternehmen gestartet werden, die dann mit der Zeit die etablierten Unternehmen unter Druck setzen, ihre Angebote auf die neue Nachfrage umzustellen. Dies ist z. B. der Lernprozeß, den die Gewerkschaften gegenwärtig durchlaufen. Sie müssen sich auf neue soziale Probleme einstellen und die Politik der Wohlstandssteigerung durch eine Politik der Schaffung von Arbeitsplätzen und der Integration von Randgruppen ersetzen. Der uniforme Wohlfahrtsstaat bewegt sich in die Richtung eines »Wohlfahrtspluralismus« (Klug 1995; Evers und Olk 1996). Tendenziell gleichen sich die unterschiedlichen konservativen, liberalen und sozialdemokratischen Wohlfahrtsstaaten, wie sie von Esping-Andersen (1990) beschrieben wurden, ein Stück weit in die Richtung des liberalen Modells an.

4.3 Subjektive Rechte und soziale Integration

Die gewachsene Solidarität traditional gefestigter Gemeinschaften wird im Prozeß der Produktion von Solidarität durch subjektive Teilhaberechte (Grundrechte) ersetzt. Der von T. H. Marshall (1964) am britischen Beispiel beschriebene Inklusionsprozeß von den zivilen zu den politischen und zu den sozialen Rechten ist ein Prozeß des solidarischen Wachstums, der auf unternehmerischer Initiative beruht und als Produktionsprozeß begriffen werden muß, um seine Eigenart zu verstehen (vgl. Turner 1986, 1993; Bulmer und Rees 1996; Dahrendorf 1995). Talcott Parsons (1971) hat das Konzept von Marshall aufgegriffen und um die kulturellen Teilhaberechte erweitert. Er hat mit seiner Theorie der generalisierten Kommunikationsmedien auch die Voraussetzungen für eine Theorie der gesellschaftlichen Integration als eines auf soli-

darisches Wachstum ausgerichteten Produktionsprozesses geschaffen. Die Umrisse einer solchen Theorie möchte ich im folgenden skizzieren (Parsons 1969a, 1969b, 1969c).

Der liberale Rechtsstaat hat die zivilen Bürgerrechte etabliert: die
Rechte auf Eigentum, freie Vertragsschließung, Unversehrtheit
der Person, private Autonomie und Schutz gegen Übergriffe in
diese Autonomie durch andere Privatpersonen oder den Staat.
Der demokratische Rechtsstaat hat die politischen Teilnahmerechte gesichert: das Recht auf allgemeine, gleiche und geheime
Wahlen und die verschiedensten speziellen aktiven und passiven
Partizipationsrechte. Der Wohlfahrtsstaat hat die sozialen Rechte
der Bürger ausgebaut: die Absicherung gegen Not, Krankheit,
Invalidität, Arbeitslosigkeit und Pflegebedürftigkeit. Der Ausbau
des Bildungssystems hat die kulturellen Teilhaberechte erweitert,
indem die Dauer der Minimalbildung verlängert und immer mehr
Menschen eine höhere Bildung vermittelt wurde. Zu den subjektiven Rechten gehören auch die allgemeinen Menschenrechte, so
z. B. die Rechte auf körperliche Unversehrtheit und der Schutz
vor politischer Verfolgung durch Asyl. Da die Menschenrechte
nicht nur für die Bürger eines Staates Geltung besitzen, sondern
für alle Menschen zugleich, trägt ihre Anerkennung durch die
Bürger eines Staates nicht nur zu dessen innerer Integration bei,
sondern auch zu deren Integration mit allen Menschen jenseits der
Staatsgrenzen, unabhängig von ihrer Gruppen- bzw. Staatszuge-
hörigkeit.

Die Umstellung von gewachsener Solidarität auf subjektive
Rechte (Grundrechte) hat weitreichende Folgen. Sie befreit zunächst einmal die Integration der Gesellschaft aus der Gefangen-
schaft des Gruppenpartikularismus und seiner begrenzten Reichweite in der Produktion von Solidarität. Der Integrationsbedarf
moderner Gesellschaften übersteigt bei weitem die Solidaritätsgrenzen gewachsener Gemeinschaften, weil moderne nationale
Gesellschaften eine Vielzahl gewachsener Gemeinschaften einschließen, die in ein größeres Ganzes integriert werden müssen,
und weil das Gruppengefüge der Gesellschaft durch Migration
und Mobilität immer rascheren Änderungen unterworfen wird.
Die Modernisierung macht die Menschen mobiler und ihre Gruppenmitgliedschaften vielfältiger. Dadurch werden sie individueller, ihre Bindung an eine bestimmte Herkunftsgruppe lockert
sich. Damit wächst zwar ihre Fähigkeit, sich beliebigen Vereini-

gungen anzuschließen und mit beliebigen anderen Individuen geregelte Beziehungen aufzunehmen, aber mit der Individualisierung und der Pluralisierung der Gruppenmitgliedschaften ist bei
weitem noch nicht der Integrationsbedarf moderner Gesellschaften befriedigt. Es ist dafür nur der Boden bereitet. Dieser muß
jedoch durch aktive Solidaritätsproduktion erst bearbeitet werden. Außerdem lösen sich partikulare Gruppenbindungen, z. B.
solche ethnischer Art im Modernisierungsprozeß nicht von heute
auf morgen auf. Nur die mobilen Individuen lockern ihre Her-
kunftsbindungen. Nicht alle Individuen halten jedoch Anschluß
an die Mobilisierung der Gesellschaft. Deshalb erzeugt die allgemeine Mobilisierung der Gesellschaft gerade dann die Gegenbewegung ethnischer Fundamentalisten, wenn die Schere zwischen
Modernisierungsgewinnern und Modernisierungsverlierern aus-
einandergeht. Ängste, einschließlich Fremdenangst, können dann
gerade in Zeiten der raschen Modernisierung mit hoher Mobilität
und Migration in fundamentalistische Gegenbewegungen umgesetzt werden. Die allgemeine politische Mobilisierung einschließlich medialer Öffentlichkeitsarbeit erleichtert diese Umsetzung
von Ängsten in ethnisch-fundamentalistische Gegenbewegungen.
Da die Modernisierung immer Randgruppen von Modernisierungsverlierern erzeugt, wird stets ein Potential für fundamentalistische Gegenbewegungen ethnischer, religiöser oder regionali-
stischer Art vorhanden sein, das von entsprechenden antimoder-
nen Bewegungen mobilisiert werden kann (Münch 1993b: 182-
235). Diese Erkenntnis ist schon von Talcott Parsons zum Bestandteil seiner Modernisierungstheorie gemacht worden. In seinem 1975 zum ersten Mal, 1977 erneut publizierten Aufsatz über
Ethnizität schreibt er unmißverständlich:
»Unter Bedingungen des raschen sozialen Wandels und gewisser
Tendenzen zu anomischer sozialer Desorganisation und Entfremdung ist die Intensivierung des ›Gruppismus‹ und eine hohe emo-
tionale Aufladung des Status der Gruppenmitgliedschaft und der
Identität ein bedeutsamer Reaktionstypus.« (Parsons 1977b: 393)
(Übersetzung vom Verfasser)
In einem 1988 erschienen Aufsatz will Hartmut Esser u. a. die
sogenannte strukturell-funktionale Modernisierungstheorie von
Parsons dahingehend verbessern, daß er diese einschränkende Bedingung formuliert, unter der die Lockerung ethnischer Vergemeinschaftungen durch die mobilisierende Wirkung der Moderni-

sierung nicht oder nur teilweise eintritt und ihr die Mobilisierung ethnischer Vergemeinschaftungen entgegentritt (Esser 1988: 246). Sie ist allerdings von Parsons selbst schon eingeführt worden.

4.4 Subjektive Rechte als generalisierte Medien der Kommunikation

Mit der Umstellung der gesellschaftlichen Integration von gewachsener Solidarität auf Teilhaberechte wird also die Erzeugung von Integration tendenziell, aber nicht vollständig und auch mit der Einschränkung von fundamentalistischen Gegenbewegungen von den Fesseln des Gruppenpartikularismus befreit. Zu dieser Umstellung gehört auch, daß an die Stelle gelebter Solidarität mit ihrem selbstverständlichen und unhinterfragbaren Charakter und ihrer unmittelbaren Verknüpfung von Solidaritätsgebot und solidarischem Handeln ein symbolisch generalisiertes Medium der Kommunikation tritt, das nur noch symbolischen, aber eben keinen realen Wert besitzt. Auf die Solidarität von Gemeinschaftsgenossen kann sich das Gemeinschaftsmitglied verlassen, was immer geschieht. Ihr enger Zusammenhalt ist die Garantie für gegenseitige Unterstützung. Diese Art der Produktion von Solidarität ist auf enge Vergemeinschaftung angewiesen und ebenso in ihrer Reichweite begrenzt wie der Naturaltausch. Die Herstellung von Integration in modernen Gesellschaften muß weit über die Sicherheitsbasis gelebter Solidarität in Gemeinschaften hinausgehen. Das kann nur durch die Institutionalisierung von subjektiven Rechten (Bürger- und Menschenrechten) gelingen, die Solidarität allein an den Bürgerstatus knüpfen und unabhängig von allen sonstigen Gruppenmitgliedschaften gewähren. Subjektive Rechte erfüllen in der Erweiterung der Reichweite gesellschaftlicher Integration dieselbe Funktion wie das Geld in der Ausdehnung von Märkten. Mit dem Geld teilen die subjektiven Rechte aber auch den Charakter eines symbolischen und generalisierten Kommunikationsmediums, das auf eine Realität verweist, aber nicht mit ihr identisch ist. So wie man mit Geld nicht seinen Hunger stillen kann, indem man es aufißt, sondern nur dann, wenn sich jemand bereit findet, dafür Nahrungsmittel herzugeben, so kann der einzelne Bürger auch nicht sicher sein, daß das ihm zustehende Recht auf Gleichbehandlung auch im konkreten Fall die Gleichbehandlung durch Behörden unmittelbar impliziert. Mit den bloßen Buchstaben der Verfassung ist die reale Gleichbehandlung keineswegs unmittelbar gegeben. Die Buchstaben des Verfassungstextes können gegebenenfalls ebenso wertlos sein wie das Geld einer fremden Währung, wenn man sich außerhalb des Geltungsgebietes einer Verfassung befindet. Oder sie sind ebenso wertlos wie das Geld bei galoppierender Inflation. Da in diesem Fall niemand mehr Vertrauen in das Geld hat, nimmt es auch niemand mehr als Zahlungsmittel an, wodurch es wertlos ist. Hat niemand Vertrauen in das Recht, wird es auch nicht als geltend akzeptiert und laufend mißachtet, so daß es am Ende für jeden wertlos ist, der sich darauf stützen möchte.

Der symbolische, generalisierte und mediale Charakter der Grundrechte macht ihre Integrationsleistung unabhängig von gelebter Solidarität. Sie reichen weit über die Grenzen partikularer Gemeinschaften hinaus und stiften Integration unabhängig von Ort, Zeit und Person. Die Institutionalisierung der Grundrechte darf jedoch nicht mit realer gesellschaftlicher Integration gleichgesetzt werden. Die Menge der Bürgerrechte sagt ebensowenig etwas über die reale Integration der Gesellschaft aus wie die Geldmenge über die reale Versorgung mit Gütern und Dienstleistungen. Als symbolische und generalisierte Kommunikationsmedien verweisen die Bürgerrechte allein auf Akte der Solidarität, die jedoch in geringerem oder größerem Umfang durch die Inanspruchnahme der Grundrechte erzeugt werden können, wie ein Geldschein für den Kauf von mehr oder weniger Gütern oder Dienstleistungen ausreicht. Bürgerrechte und Akte der Solidarität sind zwei Mengen, die ebenso unabhängig voneinander variieren wie die Geldmenge und die Menge von Gütern und Dienstleistungen. Daraus ergibt sich zwangsläufig, daß die Grundrechte denselben Wertschwankungen unterworfen sind wie das Geld und daß die gesellschaftliche Integration durch die Gewährung von subjektiven Rechten ebensowenig hergestellt ist wie die Versorgung mit Gütern und Dienstleistungen durch das Drucken von Geldscheinen. Im Gegenteil, wie das bloße Gelddrucken ohne gleichzeitige Steigerung der realen Bereitstellung von Gütern und Dienstleistungen Inflation und Vertrauensverlust in das Geld und so den Zusammenbruch des ökonomischen Marktes mit einem deflationären Rückfall in die Subsistenzwirtschaft zur Folge hat, so führt auch die bloße Gewährung von Bürgerrechten ohne entsprechende Steigerung realer Akte der Solidarität zum Verlust des Vertrauens in die Grundrechte und zum Zusammenbruch mit einem deflationären Rückfall in den Partikularismus gewachsener Gruppensolidaritäten.

Die Grundrechte sind also ebenso inflationären und deflationären Krisenprozessen unterworfen wie das Geld. Eine Inflation der Grundrechte äußert sich darin, daß die Inanspruchnahme eines Rechts zum Zeitpunkt t_1 eine geringere Menge solidarischer Akte oder eine geringere Intensität eines solidarischen Aktes hervorbringt als zum Zeitpunkt t_0. Bei einer Deflation tritt der umgekehrte Fall ein. In Zeiten der Inflation ist ein Anschwellen der Inanspruchnahme von Rechten zu beobachten, dem die Bereitstellung von Solidaritätsleistungen nicht nachkommt. In diesem Fall verschärft sich der Wettbewerb um Grundrechte. Der Aufwand, um zu seinem Recht zu gelangen, wird größer. Aufrufe zur Solidarität der verschiedensten Fürsprecher für solidaritätswürdige Gruppen überschlagen sich, wachsen ins Unüberschaubare und lassen nur noch diejenigen zum Zuge kommen, die lautstark und kräftig genug ihre Rechte vertreten können. Eine inflationäre Entwicklung der Bürgerrechte tritt auch dann ein, wenn Rechte einer wachsenden Zahl von Menschen auf dem Papier gewährt werden, diese aber durch andere Menschen an der Wahrnehmung dieser Rechte gehindert werden. Der Streit um das Asylrecht in der Bundesrepublik zu Beginn der neunziger Jahre mag als Beispiel dienen. Es handelt sich hier um ein im Grundrechtekatalog des Grundgesetzes garantiertes Menschenrecht, das auf globale Solidarität ausgerichtet ist. Das bis dahin gültige Asylrecht hat zusammen mit der Notlage und der politischen Verfolgung in vielen Teilen der Welt, der globalen Kommunikation und schnellen Verkehrsmitteln einen Sog auf Asylsuchende ausgeübt, die ein im Text unserer Verfassung stehendes Recht wahrnehmen wollten, dessen Umsetzung in reale Solidarität jedoch auf den Widerstand von Politikern, Behörden und Teilen der Bevölkerung gestoßen ist, mit den bekannten Exzessen der Ausländerfeindlichkeit, die sich dann auch gegen lang ansässige Ausländer und nicht nur gegen Asylbewerber richteten. Die fremdenfeindliche Gegenbewegung hat das inflationäre Überziehen des Asylrechts in eine deflationäre Spirale des Rückzugs auf ethnische Solidarität gewendet. Die Änderung des Asylrechts durch den Gesetzgeber und die restriktive Handhabung des Asylrechts durch die Behörden ist wie eine Verknappung der Geldmenge zu interpretieren, die den inflationären Tendenzen nicht durch gesteigerte Integrationsleistungen, sondern durch ein Abbremsen der Konjunktur entgegenwirkt. Wenn die entsprechenden Integrationsleistungen mangels Kooperation der Bevölkerung nicht erbracht werden können, ist dies indessen der allein offenstehende Weg, um die Inflations-Deflations-Spirale zu stoppen.

An dem konjunkturförmigen Verlauf der fremdenfeindlichen Aktionen ist zu erkennen, daß weniger dauerhaft wirksame kulturelle Eigenschaften – wie etwa der latente Ethnozentrismus der Deutschen aufgrund ihres ethnisch-kulturellen Nationsverständnisses – für diese Erscheinungen verantwortlich zu machen sind, als das inflationäre Aufblähen der Wahrnehmung von Rechten, ohne daß diese durch entsprechende Integrationsleistungen in reale Solidarität umgesetzt werden, wodurch im weiteren Verlauf ein deflationärer Rückfall in ethnische Solidarität verursacht wurde. Allbus-Daten zeigen, daß die Einstellung der westdeutschen Bevölkerung zu den Gastarbeitern von 1980 bis 1990 zunehmend positiver geworden und bis 1992 auf dem 1990 erreichten Niveau verblieben ist. Der Anteil der Bevölkerung mit eher ablehnender Haltung gegenüber Gastarbeitern sank von 55 auf 35 Prozent (ZA 1980, 1984, 1988, 1990; Küchler 1994: 56). Auf einen ähnlichen Verlauf verweisen Politbarometer-Daten hinsichtlich der Einstellung zu Asylbewerbern. Von 1986 bis 1992 stieg die Akzeptanzrate von 66 auf 90 Prozent, jedoch meinten im Westen bis zu 76,5 und im Osten bis zu 88 Prozent, daß die meisten Asylsuchenden das deutsche Asylrecht mißbrauchen (Forschungsgruppe Wahlen 1986-1992; Küchler 1994: 58-59). Der positiver gewordenen Einstellung zu Gastarbeitern und Asylbewerbern steht jedoch ein kontinuierlicher Anstieg der Mitglieder rechtsextremistischer Organisationen seit Mitte der achtziger Jahre und ein sprunghafter Anstieg rechtsextremistisch motivierter Straftaten anfangs der neunziger Jahre gegenüber. Diese Entwicklung deutet auf eine zunehmende Polarisierung der Bevölkerung bezüglich der Bereitschaft zur Aufnahme von Immigranten hin. Während sich eine Mehrheit mit offener Einstellung herausgebildet hat, ist zugleich die Gegenreaktion der Ablehnung gewachsen. Die Asylbewerberflut anfangs der neunziger Jahre hat diese Polarisierung zur Entladung in rechtsextremistischer Gewalt gebracht. Diese Gewalt richtet sich gegen die abgelehnten Fremden, ist aber auch ein Zeichen für die Modernisierer, daß sie die Offenheit zu weit getrieben haben.

Ein weiteres Beispiel, das mit dem Modell der Inflations-Deflations-Spirale interpretiert werden kann, ist die Entwicklung des *radikalen* Multikulturalismus in den USA, der über die Gewährung gleicher Rechte für jedes einzelne Mitglied der Gesellschaft hinausgeht und besondere Gruppenrechte bis hin zur Separierung der Gesellschaft in autonome Teilgruppen fordert. Diese radikale Variante des Multikulturalismus kann als ein deflationärer Niedergang der gesellschaftlichen Produktion von Solidarität über Gruppengrenzen hinweg gedeutet werden. Solidarität konzentriert sich auf partikulare Gruppen, ist dort besonders stark ausgeprägt, während die gruppenübergreifende Solidarität immer schwächer wird. Es handelt sich dabei um eine spezifische Art des gesellschaftlichen Verfalls. Die Gesellschaft zerfällt in eine Vielzahl von Gruppen und verliert jeden inneren Zusammenhalt. Die Politik wird von Gruppeninteressen beherrscht und ist nicht in der Lage, Unterstützung für das Ganze und die Herausforderungen der Zeit zu mobilisieren. Die herrschende Mehrheit ist auf die Befriedigung ihrer partikularen Interessen fixiert und bringt kein darüber hinausgehendes Verständnis und Gespür für die Bedürfnisse der Gesellschaft als einer Ganzheit auf. Die Minderheiten fallen auf ihre innere Solidarität zurück und haben kein Vertrauen in die wichtigen, die Gesellschaft repräsentierenden Institutionen. So ist in entsprechenden Befragungen in den USA mit der Radikalisierung des Multikulturalismus in den achtziger Jahren auch ein Niedergang des Vertrauens in die wichtigsten Institutionen festgestellt worden (Caplow et al. 1991: 346).

Der deflationären Abwärtsspirale ist ein inflationäres Anwachsen der *formalen* Gewährung von Rechten für die Benachteiligten jeder Art von Gruppen auf dem Papier und eine Mobilisierung von immer neuen Gruppen vorausgegangen, die ihren Anspruch auf gleiche Rechte angemeldet haben. Inflationär war diese Entwicklung nicht einfach wegen der Zunahme von formal gewährten und beanspruchten Rechten, sondern deshalb, weil dieser Zuwachs nicht von einem gleichumfänglichen Wachstum der Rechteverwirklichung in realer Gleichheit und Unterstützung begleitet wurde. Die Gesellschaft war nicht in der Lage, die gewachsenen Gleichheitsansprüche in reale Gleichheit umzusetzen. Eine Ursache für dieses Auseinanderdriften von Rechtsansprüchen und

Rechteverwirklichung liegt möglicherweise in dem Übergewicht, das dem Markt für die Allokation von Ansprüchen und Leistungen gegeben wird. Rechte müssen individuell beansprucht und durch individuell erbrachte eigene Leistungen auch verwirklicht werden. Die Gesellschaft sorgt allenfalls für eine Verbesserung der Wettbewerbsfähigkeit der einzelnen und für einen relativ offenen Markt. Diese Politik der Herstellung von Chancengleichheit auf einem umkämpften Markt führt zu einer Verschärfung des Wettbewerbs. Je härter dieser Wettbewerb wird, um so mehr geraten jedoch diejenigen ins Hintertreffen, die nicht die höchsten Qualifikationsanforderungen erfüllen. Deswegen ergibt sich die Situation, daß die Besten der jeweils gleichgestellten Gruppen die angebotenen Chancen besser nutzen als die Schwächeren. Die Gesellschaft gewährt für alle sich artikulierenden Gruppen zwar bessere Chancen zur Teilnahme am Wettbewerb, aber nur die Elite der Gruppen profitiert davon, während die Schwächeren mehr ins Abseits gedrängt werden als zuvor.

Der Kampf um gleiche Rechte für ethnische, gesellschaftliche und andere Gruppen verbessert zwar die Chancen ihrer wettbewerbsfähigsten Mitglieder, erzeugt aber neue Ungleichheiten, die allerdings wegen der öffentlichen Definition von Ungleichheit in Begriffen von Ethnizität und Geschlecht in den Hintergrund treten. Die alten Ungleichheiten zwischen Klassen und Schichten werden von der öffentlichen Debatte über die neuen Ungleichheiten nicht faktisch beseitigt, sondern lediglich der öffentlichen Wahrnehmung entzogen. Die Differenzierung der Gesellschaft in ethnische und geschlechtliche Gruppen ist insofern nicht einfach einer unzureichenden Modernisierung geschuldet, sondern ein Produkt der kulturellen Modernisierung mit ihrer Tendenz, immer wieder neue Ungleichheiten ins Bewußtsein zu heben, weil das in die moderne Kultur eingepflanzte Programm der Gesellschaftsveränderung in Richtung des Abbaus von Ungleichheiten immer wieder neue Ungleichheiten ins Bewußtsein hebt. Die in der öffentlichen Diskussion artikulierte Struktur der sozialen Ungleichheit ist keine natürliche Gegebenheit, sondern eine von moralischen Unternehmern immer wieder neu produzierte soziale Konstruktion.

Der deflationäre Zerfall der Gesellschaft ist im Lichte der so weit vorangetriebenen Analyse als ein Produkt der überhitzten Modernisierung zu deuten, bei der die Beanspruchung und formale Ge-

währung von Rechten ihrer materiellen Verwirklichung weit vorauseilen. Das Auseinanderdriften von Anspruch und Wirklichkeit
ist zu einem erheblichen Teil darauf zurückzuführen, daß die
Rechteverwirklichung allein dem individuellen Leistungswettbewerb überlassen wird, der sich durch die Politik der Chancenverbesserung erst recht verschärft und neue eklatante Solidaritätsde-
fizite und Ungleichheiten erzeugt. Die enorme Mobilisierung der
Gesellschaft und das ökonomische Wachstum mit einem erstaunlichen Nettozuwachs an Jobs wird von einem härteren Wettbewerb, wachsenden Einkommensdisparitäten und einer stärkeren
Marginalisierung der Benachteiligten begleitet (Wilson 1990).
Während das Einkommen der obersten 20 Prozent der Erwerbstätigen in den USA seit Mitte der siebziger Jahre erheblich zugenommen hat, ist bei den mittleren 60 Prozent ein stagnierendes
oder leicht fallendes, bei den untersten 20 Prozent ein stark sin-
kendes Einkommen zu registrieren (Reich 1996: 224; Thurow
1996: 41). Im Sinne von Robert Mertons (1949/1968b) korrespon-
dierender Theorie liegt hier eine Situation der Anomie vor: Hohen Erfolgserwartungen stehen nur begrenzte Realisierungschan-
cen gegenüber, begleitet von einer wachsenden Überbetonung des
Erfolgsziels zu Lasten der legitimen Mittel des sozialen Aufstiegs
und einem abnehmenden Vertrauen in die gesellschaftlichen Institutionen der Erfolgszuweisung (Markt, Schulen, Hochschulen,
Gerichte, Verwaltung, Politik). Eine Folge dieser Anomie ist das
Ansteigen der Kriminalitätsrate, eine andere Konsequenz ist der
gesellschaftliche Zerfall im Zuge des Triumphs der partikularistischen Gruppensolidarität über die gruppenübergreifende gesellschaftliche Solidarität.
Steigende Kriminalitätsraten und der Rückfall in den Gruppenpartikularismus können wie die Vermehrung von Konkursen und
das Zurückfallen wirtschaftlicher Transaktionen auf den Nahbereich enger Kreise in der Folge von Konjunkturüberhitzungen
interpretiert werden. Bei überhitzter Konjunktur mehren sich die
Konkurse von Unternehmen, weil sich die Geldinvestitionen
nicht in real umgesetzten Transaktionen auszahlen. Je mehr Unternehmen Konkurs anmelden müssen, um so mehr fällt die wirtschaftliche Produktion zurück auf ein Niveau der Transaktion
allein innerhalb überschaubarer, durch traditionelle Solidaritätsbeziehungen gebundene Kreise. Steigende Kriminalitätsraten
können als überzogene Inanspruchnahme von Rechten jenseits

des legitimen Spielraums gedeutet werden. Die Gesellschaft kündigt daraufhin ihre Unterstützung auf. Sie entzieht einzelnen Personen teilweise diese Grundrechte und schränkt ihre Ausübung durch Freiheitsentzug ein. Die Gefängnisinsassen sind die Bankrotteure des gesellschaftlichen Solidaritätsmarktes. Sie haben den Spielraum der legitimen Inanspruchnahme von Rechten überschritten und allen Kredit verspielt. Der Rückzug von gegenseitigem Vertrauen und solidarischem Handeln auf partikulare Gruppen bildet das Pendant zum Schrumpfen wirtschaftlicher Transaktionen auf enge Kreise. Wenn die Gesellschaft auf steigende Kriminalitätsraten mit verschärfter sozialer Kontrolle reagiert, schränkt sie den Spielraum für die legitime Wahrnehmung subjektiver Rechte ein, vermindert dadurch aber auch die Chancen für solidarisches Wachstum. Statt gegenseitigem Vertrauen herrscht eher Mißtrauen, das die Fähigkeit zu solidarischem Handeln jenseits des persönlichen Nahbereiches erheblich einschränkt. Mißtrauen und Gruppenpartikularismus sind schlechte Grundlagen für die Produktion von solidarischem Wachstum.

Der Zusammenhang zwischen der wachsenden Inanspruchnahme von Rechten, steigenden Erwartungen, Enttäuschungen wegen Mißerfolg, Vertrauensverlust, zunehmender Kriminalität und aufsteigendem Gruppenpartikularismus, radikalem Multikulturalismus, radikalem Feminismus und Fundamentalismus kann durch einige Zahlen annäherungsweise angedeutet werden. Die Mobilisierung der Inanspruchnahme von Rechten zeigt sich in einigen exorbitanten Wachstumsraten. Z. B.: Ausgaben für Werbung von 26,9 auf über 109,6 Milliarden US-Dollar zwischen 1950 und 1987, wöchentliche Sendezeiten der öffentlichen Fernsehstationen von 2200 auf 32 300 Stunden zwischen 1961 und 1984, Zahl von Mitarbeitern der Mitglieder des Repräsentantenhauses von 1972 auf 7920 zwischen 1957 und 1986 (Caplow et al. 1991: 23, 315, 316; Thaysen, Davidson und Livingston 1988: 590, 592, 600, 601). Das abnehmende Institutionenvertrauen ist in folgenden Zahlen zu erkennen: Der Prozentsatz der Befragten, die großes Vertrauen haben, fällt in bezug auf die großen Wirtschaftsunternehmen von 27 auf 20 Prozent zwischen 1971 und 1988, in bezug auf Fernsehnachrichten von über 40 auf unter 30 Prozent zwischen 1972 und 1988, in bezug auf den Kongreß von 23 auf 16 Prozent zwischen 1973 und 1986, in bezug auf Rechtsvertretungsfirmen von 24 auf 14 Prozent zwischen 1972 und 1988 (Caplow et al. 1991: 346, 348;

Schissler 1990: 263, 264). Die anomischen Tendenzen kommen in folgenden Zahlen zum Ausdruck: Ansteigen der registrierten Gewaltdelikte von 160 auf 732, der Eigentumsdelikte von 1710 auf 5089, der Gefängnisinsassen von 121 auf über 300 je 100 000 Einwohner zwischen 1960 und 1990 (Caplow et al. 1991: 501; U.S. Bureau of the Census 1992: 180; Savelsberg 1994: 917). Die Tendenz zum Zerfall in den Gruppenpartikularismus äußert sich auf der einen Seite im moralischen Dogmatismus der »moral majority« und in der von Ronald Reagan bis zu Newt Gingrich forcierten neokonservativen Politik des Sozialabbaus zu Lasten der Schwächeren und zugunsten der Stärkeren, auf der anderen Seite im Aufleben des protestantischen Fundamentalismus, des radikalen Feminismus, der ethnischen Identitäten, der Political Correctness-Bewegung und des radikalen, auf Gruppenrechte und Gruppenautonomie zielenden Multikulturalismus in den achtziger und neunziger Jahren (Berman 1992; Schlesinger 1992).

Der Zerfall der Gesellschaft in den Gruppenpartikularismus wird dadurch vorangetrieben, daß auch die von der neuen Politik der Chancenverbesserung für ethnische und geschlechtliche Gruppen erzeugten Ungleichheiten weiterhin in Begriffen der ethnischen und geschlechtlichen Ungleichheit definiert werden. Sie führen deshalb zu Maßnahmen, die erneut den Wettbewerb verschärfen, so daß das Rad überdreht wird und unter den Protagonisten des ethnischen und geschlechtlichen Kampfes um Gleichstellung radikale Stimmen in den Vordergrund treten. Diese Stimmen verlangen nicht mehr nach der Verwirklichung individueller Teilhaberechte für die einzelnen Mitglieder benachteiligter Gruppen, sondern nach eigenen Gruppenrechten, bis hin zur Aufteilung aller gesellschaftlichen Teilhabe in Bildung, Wirtschaft, Verwaltung, Justiz, Politik und Medien auf fixierte Gruppen und sogar bis hin zur Zerteilung der Gesellschaft in selbständige neue Gesellschaften. Je weiter die Entwicklung in diese Richtung geht, um so weniger ist es möglich, soziale Integration jenseits partikularer Gruppen zu erreichen. Wir müssen dann auf einem niedrigeren Niveau der sozialen Integration leben als zuvor. Das bedeutet, daß größere, gruppenübergreifende Probleme nicht mehr bewältigt werden können, Ungleichheiten größer werden und sich der Kampf um Lebensräume verschärft.

Diese Interpretation des gesellschaftlichen Zerfalls in den partikularistischen Gruppenkampf führt schließlich zu der Frage, wie diese Entwicklung verhindert und ein größeres Maß der sozialen Integration erreicht werden kann. Zunächst ist festzustellen, daß der Wettbewerb um Teilhabechancen in die Inflations-Deflations-spirale hineintreibt, wenn er allein eine Sache des individuellen Erfolgs ist und nicht in ein gemeinsam geteiltes Konzept des guten Lebens und der gerechten Ordnung eingebettet wird. D. h., die Gesellschaft muß genügend Raum für die gruppenübergreifende Verständigung darüber bieten, wie das gemeinsame Leben überhaupt gestaltet werden soll. Sie muß auch genügend Raum für die gruppenübergreifende Zusammenarbeit in dieser Frage schaffen und an gewachsene kulturelle Traditionen anknüpfen, sie zusammenfügen und in die Zukunft hineinführen. Nur auf diesem Weg kann sich eine gemeinsame, gruppenübergreifende Verantwortung für das Ganze, jenseits der Gruppeninteressen, herausbilden. Als Gegengewicht zur Artikulation von Rechten und ihrer gruppenpartikularistischen Interpretation muß die gruppenübergreifende Gestaltung eines gemeinsam getragenen guten Lebens im öffentlichen Raum in den Vordergrund gerückt werden. Das bedeutet, daß Demokratie nicht nur als ein Spielfeld für den Interessenkampf einer pluralistischen Gesellschaft begriffen werden darf, sondern auch als Ort der gemeinsamen gruppenübergreifenden Gestaltung eines gemeinsamen Lebensraums jenseits des Gruppenpluralismus aufgefaßt werden muß. Das *liberale* Element des Pluralismus bedarf der Ergänzung durch das *republikanische* Element der Konstruktion einer gruppenübergreifenden Bürgergemeinschaft, einer *gesellschaftlichen* Gemeinschaft (Parsons 1971).

Der moderne Wohlfahrtsstaat ist das in der Geschichte am weitesten vorangeschrittene Projekt der sozialen Integration großer politischer Einheiten. Er hat dies jedoch zu Lasten der Autonomie kleinerer, regionaler und lokaler Einheiten und zu Lasten der Integration über seine Grenzen hinaus erreicht. Die Entwicklung der Weltwirtschaft ohne Grenzen schwächt die Souveränität der Nationalstaaten, eröffnet aber auch Chancen der substaatlichen Autonomie und der supranationalen und globalen Integration. Allerdings wird diese Entwicklung von dem Risiko des Zerfalls nationalstaatlicher sozialer Integration begleitet, ohne daß sich eine vergleichbare Integration auf substaatlicher und suprastaatlicher Ebene schon zeigen würde. Die ökonomische Globalisierung eilt der sozialen voraus und stellt die Aufgabe der sozialen

Integration einer Weltgesellschaft. Diese Aufgabe wird nur im Rahmen einer globalen Mehrebenendemokratie bewältigt werden können, innerhalb derer der Nationalstaat zwar an Kompetenzen verliert, aber weiterhin eine wichtige Funktion der Produktion innerer Integration zwischen Regionen und Gemeinden und der Produktion äußerer Integration zwischen Staaten zu erfüllen hat. Auf allen Ebenen und auch zwischen allen Ebenen wird es darum gehen, den Pluralismus von Interessen durch genügend gruppenübergreifende Kooperation im öffentlichen Raum in ein gemeinsam getragenes Konzept des guten Lebens einzubinden.

Die Umsetzung des Pluralismus der Lebensentwürfe in die reale Gestaltung des Zusammenlebens kann nicht einfach dem naturwüchsigen Wettbewerb auf Märkten überlassen werden, sondern bedarf auch der Abstimmung durch gemeinsame Deliberation. Soziale Integration ist ohne äußeren Zwang nur erreichbar, wenn der Pluralismus der Lebensentwürfe zu einem zusammenhängenden Flickenteppich verwoben werden kann. Die globale Mehrebenendemokratie müßte auf diesem Wege im Spannungsfeld zwischen den Extremen des Liberalismus und Republikanismus, der Repräsentation und Deliberation angesiedelt werden und diese zu einem Ganzen zusammenfügen.

Im Rahmen einer solchen Mehrebenendemokratie, die den Pluralismus der Lebensentwürfe in ein Konzept des guten Lebens einfügt, muß auch die Herausforderung des Multikulturalismus bewältigt werden. Die Antwort auf den Multikulturalismus kann nicht im Festhalten an den alten Programmen des Universalismus gleicher Rechte für alle bei gleichzeitiger Vorherrschaft der Mehrheitskultur bestehen. Eine tragfähige Bewältigung des Konflikts bei Bewahrung der sozialen Integration wird man nur dann zustande bringen, wenn nicht nur den Individuen, sondern auch ihren Herkunftskulturen Teilhabechancen geboten werden. Am Beispiel der Schulausbildung betrachtet, kann dies allerdings nicht dadurch geschehen, daß jede Gruppe ihr eigenes Curriculum erhält, weil dann die Gesellschaft kulturell auseinanderbrechen würde. Statt dessen müßte um den dominanten Kern ein Kranz von peripheren Kulturen mit gemeinsamen Überlappungszonen gelegt werden. Von den Schülern der Kernkultur wäre zu verlangen, daß sie zusätzlich zur Kernkultur mindestens die Grundelemente zweier Peripheriekulturen und aus einer davon weitere Elemente erlernen. Umgekehrt wäre von den Schülern mit peripheriekulturellem Hintergrund zu fordern, daß sie sich neben ihrer Peripheriekultur auch die Kernkultur vollständig und die Grundelemente einer weiteren Peripheriekultur aneignen. Auf diese Weise würde sich ein integrierter kultureller Pluralismus herausbilden. Die *formale* Gewährung gleicher Rechte würde auch ein Stück weit durch die *inhaltliche* Verwirklichung gleicher Rechte, *equal* treatment before the law durch *equitable* treatment ergänzt.

4.5 Die Produktion von Solidarität

Da Rechte und gesellschaftliche Solidarität zwei unabhängige Mengen bilden, werden sich im Prozeß der Modernisierung immer wieder Diskrepanzen zwischen der Nachfrage nach Solidarität mittels Inanspruchnahme von Rechten und dem Angebot von Solidarität auftun. Da der Nachfrage nach Solidarität keine Grenzen gesetzt sind, kann sie jederzeit über das Angebot hinausgehen und eine Inflations-Deflationsspirale in Gang setzen. Solche Krisen sind in der Entfaltung der gesellschaftlichen Integration ebenso zu durchlaufen wie in der ökonomischen Entwicklung. Die Grenzenlosigkeit der Nachfrage nach Solidarität weist auf eine folgenreiche Tatsache hin. Die gesellschaftliche Integration ist in der Moderne ebenso auf unablässiges Wachstum programmiert wie die ökonomische Versorgung mit Gütern und Dienstleistungen. D.h., daß der solidarische Wachstumsprozeß ähnlichen Bedingungen unterworfen ist wie der ökonomische. Die wachsende Nachfrage nach Solidarität verlangt eine ständige Steigerung der Produktion von Solidarität. Dieses Solidaritätswachstum wird durch eine rechtliche Wertschöpfung ermöglicht, die ähnlichen Gesetzen gehorcht wie die ökonomische Wertschöpfung.

Die Produktion von Solidarität ist ein Vorgang, der auf die Zufuhr von Ressourcen angewiesen ist, um diese in Integrationsleistungen umzumünzen. Dazu gehört die Mobilisierung von kulturellen Wertbindungen, politischer Macht und Geld. In der Aktivierung von Wertbindungen im kulturellen Diskurs kommt es darauf an, die Erweiterung von Rechten zu legitimieren und ihre Anerkennung in der Bevölkerung zu sichern. Die Mobilisierung von politischer Macht durch politische Bewegungen und politische Parteien muß die Umsetzung der als legitim anerkannten Rechte in der Gesetzgebung vorantreiben. Geldzahlungen sind erforderlich, um Rechte überhaupt in konkrete Solidaritätsleistungen umsetzen zu können.

Die Produktion von sozialer Integration hat zwei Seiten. Auf der einen Seite ist der Ausbau von Rechten durch Gesetzgebung erforderlich. Diese Rechte stehen allerdings zunächst nur auf dem Papier. Auf der anderen Seite kommt es auf reale Akte der gegenseitigen Anerkennung von Rechten, der Unterstützung, der Kooperation und der sozialen Leistung an. Rechte werden durch Gesetzgebung geschaffen, ohne daß dadurch schon von vornherein ihre Einlösung in reale solidarische Akte gewährleistet ist. Weil sie nur einen symbolischen Gehalt haben, können sie aber auch über das bestehende Solidaritätsgefüge hinausgehen und für Innovationen sowie solidarisches Wachstum sorgen. Durch die Gesetzgebung wird gewissermaßen die Menge der im Umlauf befindlichen Rechte bestimmt. Diese Rechte werden in größerem oder geringerem Maß von Individuen und ganzen Gruppen in Anspruch genommen, um konkrete Akte der Anerkennung von Rechten durch andere, der Unterstützung, Kooperation oder Solidaritätsleistung nachzufragen. Wie weit diese Nachfrage befriedigt werden kann, hängt von der entsprechenden solidarischen Produktionsleistung in der Gesellschaft ab. Diese äußert sich in einzelnen Akten einzelner Bürger, wird aber durch Wertschöpfungen von Wohlfahrtsverbänden und humanitären Organisationen und durch Innovationen moralischer Unternehmer maßgeblich gesteigert und dem Wachstum der Nachfrage nach Solidarität angepaßt. Wohlfahrtsverbände und humanitäre Organisationen bündeln die Rechte einer Vielzahl von Bürgern wie Kredite von Bankeinlegern und geben selbst Kredite an einzelne Unternehmen der Produktion von Solidarität im Sinne von realer gegenseitiger Anerkennung von Rechten, Unterstützung, Kooperation und Solidaritätsleistungen. Sie nutzen ihren Einfluß, um die Bürger zur Unterstützung ihrer Aktivitäten zu bewegen. Die Verbände und Organisationen können durch die Bündelung von Rechten größere Unternehmen in der Herstellung von Solidaritätsleistungen auf den Weg bringen als einzelne Bürger. Da sie nicht an konkrete Anweisungen gebunden sind, können sie eine Vielzahl von solidaritätsstiftenden Unternehmen unterstützen, die sie niemals fördern könnten, wenn sie in jedem einzelnen Fall ihre Unterstützer fragen müßten. So werden Solidaritätsleistungen ermöglicht, die über den Rahmen hinausgehen, den die Summe einzelner Bürger an sich setzen würde. D. h., die soziale Integration wird durch die innovative Politik von Wohlfahrtsverbänden und humanitären Organisationen über den Status quo hinausgetrieben und auf Wachstumskurs gebracht. Ohne diese Innovationen würde die Solidaritätsproduktion stets weit der Nachfrage nach Solidarität hinterherhinken und die Gesellschaft von einer Inflations-Deflationsspirale in die nächste treiben.

Wir dürfen uns allerdings auch daran erinnern lassen, daß auf hochentwickelten Märkten die Anbieter von Gütern und Dienstleistungen einen enormen Aufwand der Werbung betreiben müssen, um sich bemerkbar zu machen, und auf diesem Weg die Nachfrage nach ihrem Angebot nachhaltig schüren. Dieser Prozeß der gegenseitigen Steigerung von Angebot und Nachfrage ist auch auf den Solidaritätsmärkten hochentwickelter Gesellschaften zu beobachten. Moralische Unternehmer steigern die Nachfrage nach Solidaritätsleistungen und wirken so auf ein Wachstum der im Umlauf befindlichen Menge von Rechten hin, deren wachsende Inanspruchnahme wiederum eine Steigerung der Solidaritätsleistungen durch moralische Unternehmen erzwingen.

Soziale Integration kann in den dynamisch sich entwickelnden Gesellschaften der globalen Moderne nicht mehr nach dem herkömmlichen Muster von Zahlungen an Bedürftige unterschiedlichster Kategorien, ohne flankierende Maßnahmen ihrer aktiven Wiedereingliederung in das gesellschaftliche Leben, erreicht werden. Die alte Sozialpolitik hat selbst zur Stabilisierung eines Milieus von auf Dauer Ausgegrenzten beigetragen. Die neue Sozialpolitik muß auf die Auflösung dieser Milieus und die Inklusion aller Bürger in die Gesellschaft durch die aktive Teilnahme an ihrem Leben abzielen. Nur so kann sich eine Gesellschaft aktiver Bürger entwickeln. Soziale Integration wird auf diese Weise zu einem unablässig sich erneuernden gesellschaftlichen Produktionsprozeß gestaltet. Gegenwärtig richten sich die Augen der politisch interessierten Öffentlichkeit auf den fulminanten Start von *New Labour* in Großbritannien. Dieser Partei scheint unter der Führung von Tony Blair eine auf längere Sicht wirksame Erneuerung gelungen zu sein, die auf die Herausforderungen einer dynamisch sich wandelnden Gesellschaft eingestellt ist. Sie begreift soziale Integration nicht länger als eine auf Dauer ausgrenzend wirkende Subventionierung eines Milieus der Armut, sondern als eine Politik der Inklusion, die auf die aktive Teilnahme der Unterstützten am gesellschaftlichen Leben abzielt und für diese Teilnahme Wiedereingliederungsprogramme bereithält. Die Teilnahme an diesen Programmen wird dadurch schmackhaft gemacht, daß der Verzicht darauf mit erheblich verminderten Unterstützungszahlungen erkauft werden muß (Krönig 1997b).

Schlußbemerkungen

Die Integration moderner Gesellschaften wird zwangsläufig zu einer Sache von Solidaritätsmärkten, die mehr oder weniger offen für Innovationen sein können, von Oligopolen alteingesessener Verbände beherrscht und vom frischen Wind neuer humanitärer Vereinigungen wieder in Bewegung gebracht werden. Auf diesen Märkten herrscht aber auch ein harter Verdrängungswettbewerb um Solidaritätsleistungen. Er verlangt ein unablässiges solidarisches Wachstum der Gesellschaft, wenn diese nicht in die Dauerkrise von solidarischen Inflations-Deflationsspiralen geraten will. Da die Steigerung von Solidaritätsleistungen auf die vermehrte Zufuhr der kulturellen Legitimation von Rechten, ihrer politischen Umsetzung in Gesetzen und ihrer Verwirklichung durch Wohlfahrtszahlungen angewiesen ist, erzwingt das solidarische Wachstum der Gesellschaft ein kulturelles Wachstum legitimer Rechte sowie ein politisches Wachstum der Gesetzesmaßnahmen und ein ökonomisches Wachstum der Wirtschaftsleistungen. Soziale Integration gilt es dabei nicht länger als Subventionierung eines gerade durch Subvention auf Dauer gestellten Milieus der Armut zu begreifen, sondern als einen Produktionsprozeß der aktiven Inklusion der Unterstützungsbedürftigen in die Teilnahme am gesellschaftlichen Leben. Diese Aufgabe muß in Zukunft im Rahmen einer globalen Mehrebenendemokratie bewältigt werden, die den Pluralismus der Lebensentwürfe zu einem integrierten Flickenteppich kultureller Traditionen des guten Lebens verwebt.

II.
Neue Probleme der sozialen Integration

5. Der globale Arbeitsmarkt: Strukturwandel von Arbeit und sozialer Sicherheit

Einleitung

Der in unserer Gegenwart entstehende globale Arbeitsmarkt hat gravierende Wirkungen für die soziale Integration der modernen Wohlfahrtsstaaten. Sie haben ihr Programm der Inklusion immer breiterer Schichten in den nationalen Wohlstand auf das Prinzip des wachsenden Kuchens gestützt, von dem jeder ein immer größeres Stück bekommen hat, wie klein es am Anfang auch war. Die Grundlage dafür war die Generalisierung nationaler Standortvorteile von spezifischen Segmenten der Wirtschaft auf alle Segmente. Mit der wachsenden internationalen Arbeitsteilung bricht diese gemeinsame nationale Teilhabe am Wirtschaftswachstum auf, weil jetzt die multinational operierenden Unternehmen jede Arbeitsleistung auf dem Weltmarkt genau dort einkaufen, wo sie sich am preisgünstigsten anbietet. Produktivitätsfortschritte führen nicht mehr automatisch zu einem insgesamt höheren Lohnniveau in einem Land und zu höheren Steuereinnahmen des Staates. Die Folge davon sind wachsende Disparitäten zwischen einer etwa 20 Prozent der Erwerbstätigen ausmachenden kosmopolitischen Intelligenz und der lokal gebundenen Masse von Produktions- und Dienstleistungsarbeitern, immer mehr unsichere Beschäftigungsverhältnisse, Desintegration und Anomie. Eine brennende Frage unserer Gegenwart ist deshalb, wie die Desintegrationskräfte des globalen Arbeitsmarkts gemäßigt und soziale Integration wiedergewonnen werden kann.

5.1 Das Prinzip des wachsenden Kuchens

Die soziale Integration der modernen Nationalstaaten basierte bislang zu einem wesentlichen Teil auf dem Prinzip des wachsenden Kuchens. Fortschrittsglaube, Gleichheitsidee und wirtschaftliches Wachstum verbinden sich in diesem Prinzip zu einer Einheit, in der sich Kultur, Staat und Wirtschaft zusammenfügen. Die moderne westliche Kultur gründet auf dem Glauben, die Welt unablässig im Sinne einer Annäherung an die Ideale der Aufklärung verbessern zu können. Dem modernen Staat fällt die Aufgabe zu, jedem einzelnen Staatsbürger eine immer weitergehende Teilhabe an zivilen Freiheitsrechten, politischen Mitentscheidungsrechten, sozialen Solidaritätsrechten und kulturellen Bildungsrechten zu ermöglichen. Die moderne Wirtschaft soll durch ihr Wachstum die materiellen Voraussetzungen für dieses Fortschritts- und Inklusionsprogramm schaffen.

Die auf Wachstum programmierte Wirtschaft folgt keineswegs allein einer von der privatkapitalistischen Konkurrenz aufgeherrschten »Kapitalverwertungslogik«, sondern auch einer damit übereinstimmenden kulturellen Legitimationsidee (Fortschritt) und einer politischen Inklusionsbewegung (der Kampf um Teilhaberechte). Zum Hauptträger der Fortschrittsidee sind Wissenschaft und Technik geworden. Von mehr Wissen und immer sublimerer Technik wird eine immer bessere Daseinsbewältigung, von der Kindererziehung über die Haushaltsführung, die Ernährung, die Verrichtung der Alltagsgeschäfte, die Gesundheitsvorsorge, die Heilung von Krankheiten bis hin zu Lebensverlängerung und humanem Sterben, erwartet. Die Idee der Demokratie hat sich zu einem Kampf um die weitestmögliche Teilhabe der größtmöglichen Zahl von Menschen an diesem Fortschritt entwickelt. Alle politischen Emanzipationsbewegungen haben für die Öffnung des materiellen Fortschritts für alle Klassen, Schichten und sozialen Gruppierungen, von den Arbeitern über die Frauen bis zu den Homosexuellen und Behinderten, gekämpft. Ihr Kampf gegen Ausgrenzung war ganz wesentlich ein Kampf gegen den mangelnden Zugang zu den Früchten des materiellen Fortschritts. Sie sollten nicht nur wenigen vorbehalten bleiben, sondern allen zugute kommen (Reich 1996: 19-90).

Die angespannte Situation auf dem Arbeitsmarkt ist zu einem Teil auch dadurch zu erklären, daß die Erwerbstätigkeit für Männer und Frauen gleichermaßen zum Zentrum der sozialen und persönlichen Identitätsfindung und Selbstverwirklichung geworden ist. Dementsprechend ist die Zahl der Erwerbswilligen in einem Maße gewachsen, das in den meisten europäischen Ländern nicht durch ein gleich umfängliches Wachstum des Angebots an Arbeitsplätzen ausgeglichen wurde. Daß der erhöhte Druck auf den Arbeitsmarkt weniger durch einen Arbeitsplatzabbau und mehr durch die Arbeitsplatznachfrage verursacht ist, wird dadurch bestätigt, daß über den längeren Zeitraum von 1960 bis 1995 die Erwerbsquote der Erwerbstätigen im Verhältnis zur Gesamtbevölkerung relativ konstant geblieben ist. Sie hat sich sogar minimal von 47,8 auf 48,4 Prozent erhöht (Bundesministerium für Arbeit und Sozialordnung 1996: 2.3).

5.2 Das Prinzip der komparativen Wettbewerbsvorteile

Die privatkapitalistische Konkurrenzwirtschaft verteilt die Früchte des Fortschritts aus sich heraus allerdings nicht so, daß alle gleichermaßen etwas davon haben, sondern so, daß aus den erwirtschafteten Erträgen noch mehr Erträge produziert werden können. Die Erträge gehen dorthin, wo Nachfrage befriedigt wird. Wer Verfügung über knappere Mittel hat, kann größere Erträge erzielen als derjenige, der über weniger knappe Mittel verfügt. Die privatkapitalistische Konkurrenzwirtschaft prämiert die Leistungsstarken und bestraft die Leistungsschwachen. Die zu ihr gehörenden Grundprinzipien des Wettbewerbs und der Nutzung von Wettbewerbsvorteilen bewirken allerdings eine beständige Steigerung der Gesamtleistung, d. h. ein wirtschaftliches Wachstum. Der Wettbewerb zwingt jeden zur bestmöglichen Leistung, um überhaupt bestehen zu können, und zur Spezialisierung auf diejenigen Leistungsangebote, die sich im Vergleich zu anderen Angeboten als die wettbewerbsfähigeren, d. h. besseren Leistungen zu einem gegebenen Preis oder billigeren Angebote bei gleicher Leistung darstellen. Es ergibt sich daraus eine Arbeitsteilung, bei der die nachgefragten Leistungen genau an der Stelle (Orte, Unternehmen, Personen) erbracht werden, an der dies am kostengünstigsten möglich ist. Die Folge davon ist eine Steigerung der Gesamtleistung. Das gilt sowohl für die Arbeitsteilung auf dem Markt als auch für die Arbeitsteilung innerhalb von Betrieben, wenn diese tatsächlich aus einem offenen Wettbewerb resultieren.

Beschränkungen oder Verzerrungen des Wettbewerbs, z. B. durch Staatsgrenzen, Schutzzölle, Subventionen, Umtauschkosten bei unterschiedlichen Währungen oder Flächentarifverträge führen zu suboptimaler Arbeitsteilung, so daß die Gesamtleistung hinter den Möglichkeiten eines offenen Marktes zurückbleibt. Auf diese

Begründung stützen sich in der Regel Argumente für größere Märkte mit einheitlichen Währungen, so für den europäischen Binnenmarkt und den Euro als Einheitswährung, für den globalen Freihandel sowie für die Umwandlung von Unternehmen in Netzwerke von eigenverantwortlich handelnden Profitcentern. Im Sinne dieser Theorie der komparativen Wettbewerbsvorteile erleben wir gegenwärtig einen Trend zur Herausbildung von größeren Binnenmärkten, die über einzelne Volkswirtschaften hinausreichen (EU, NAFTA), zur Erleichterung des globalen Freihandels (zuerst GATT, dann WTO), zur Liberalisierung von zuvor regulierten Märkten (z. B. Finanzdienstleistungen, Devisenverkehr, Luftfahrt, Telekommunikation, Eisenbahn) und zur Auflösung von Großunternehmen durch Outsourcing und Reengineering in marktförmig organisierte Netzwerke. Immer mehr Unternehmensnetzwerke organisieren sich multinational, um zu einem Optimum der Nutzung spezifischer Standortvorteile in Forschung und Entwicklung, Design, Produktion, Marketing, Vertrieb, Versteuerung von Gewinn, Arbeitskosten und Umweltschutzabgaben zu gelangen (Reich 1996: 91-187; Narr und Schubert 1994: 39-144; Hirst und Thompson 1996: 18-50; Thurow 1996: 169-203; Axford 1995: 94-122).

5.3 Beschleunigter Strukturwandel, wachsende Anpassungskosten

Nach dem Prinzip der Nutzung von Wettbewerbsvorteilen durch alle Konkurrenten auf dem offenen Weltmarkt ist von der beschriebenen Entwicklung eine Steigerung der weltwirtschaftlichen Gesamtleistung zu erwarten, die sich in einem entsprechenden Weltwirtschaftswachstum niederschlägt. Dementsprechend geschieht die Liberalisierung von Märkten zum Nutzen aller. Im abstrakten Sinn ist diese Kerntheorie des Wirtschaftsliberalismus, der in unserer Gegenwart neue unerwartete Triumphe feiert, gewiß richtig, allerdings nur im abstrakten Sinn. Konkret sieht die Realität etwas anders aus. In der Theorie werden nämlich einige Parameter nicht berücksichtigt, die gerade verhindern, daß alle einen Nutzen aus dem abstrakten Wirtschaftswachstum ziehen. So wird angenommen, daß sich auf offenen Märkten langfristig immer ein Gleichgewicht von Angebot und Nachfrage einstellt.

Dabei handelt es sich gerade um eine Abstraktion, die von den kurzfristig bestehenden Ungleichgewichten absieht. Je schneller sich jedoch Märkte unter Wettbewerbsdruck durch ständige Innovationen ändern, um so weniger kann ein Stadium des Gleichgewichts real erlebt werden. Statt dessen stürzt der Markt in immer kürzeren Zyklen von Innovationen und entsprechend schnellem Wandel der Nachfrage nach Produkten und den dafür erforderlichen Qualifikationen von einem Ungleichgewicht in das nächste (Thurow 1996: 99-111). Die reale Welt besteht dann aus einer endlosen Abfolge von Ungleichgewichten, weil gar nicht die Zeit gegeben ist, um Ungleichgewichte, die durch Strukturbrüche entstanden sind, wieder abzubauen. Wir beobachten dann, daß die Wirtschaft zwar unablässig wächst, aber mit der immer schnelleren, breitflächigeren und tiefgreifenderen Abfolge von Strukturbrüchen immer mehr Menschen fehl am Platze sind, weil ihre Qualifikationen nicht mehr gefragt sind, sie deshalb arbeitslos werden, umziehen und/oder umschulen müssen. Die dabei anfallenden Anpassungskosten werden immer größer, ohne daß sie in der Theorie der Wettbewerbsvorteile berücksichtigt werden.

Zum Strukturwandel trägt der technische Fortschritt einen erheblichen Teil bei. Es verbindet sich damit in der Regel eine Erhöhung der Produktivität. In der Bundesrepublik Deutschland ist sie zwischen 1965 und 1995 Jahr für Jahr um 0,2 bis 4,9 Prozent je Erwerbstätigem gesteigert worden. Nur für 1980 wird ein Minus von 0,6 Prozent ausgewiesen (Bundesministerium für Arbeit und Sozialordnung 1996: 1.7). Diese Entwicklung ist in Westdeutschland von einer Steigerung der absoluten Zahl der Erwerbstätigen von 26,518 auf 30,369 Mill. bei konstanter Erwerbsquote von 47,8 und 48,0 Prozent, bezogen auf die Gesamtbevölkerung, zwischen 1960 und 1990 begleitet worden. Nach der Wiedervereinigung ist die Gesamtzahl der Erwerbstätigen zwischen 1990 und 1995 von 39,570 auf 39,486 Mill. nur minimal, die Erwerbsquote von 49,9 auf 48,4 Prozent etwas mehr zurückgegangen. Ein stärkerer Rückgang ist nur bei den im Inland tätigen Erwerbspersonen, nämlich von 36,5 auf 34,1 Mill. zwischen 1991 und 1997, festzustellen. Gleichzeitig ist das Bruttoinlandsprodukt von 2854 auf 3134 Mrd. DM gewachsen (Bundesministerium für Arbeit und Sozialordnung 1996: 2.3, 2.4; *Süddeutsche Zeitung* 1997d: 25). Daß weniger Menschen eine höhere Wirtschaftsleistung erbracht haben, läßt sich demgemäß nur für die im Inland tätigen Erwerbspersonen in den letzten sechs Jahren sagen. Allgemein gilt allerdings, daß der technische Fortschritt für diejenigen Arbeitsplatzverluste oder sinkende Einkommen bringt, die sich nicht schnell genug an die neuen Qualifikationsanforderungen anpassen können. Es kann jedoch nicht generell behauptet werden, daß technischer Fortschritt mehr alte Arbeitsplätze beseitigt als er neue schafft und daß der Abbau von Arbeitsplätzen die schlechter Qualifizierten mehr trifft als die besser Qualifizierten. Alles ist möglich. Technische Neuerungen können zunächst einfache Arbeit überflüssig machen, aber im weiteren Verlauf neue Industrien hervorbringen, in denen es auch wieder Nachfrage nach einfacher Arbeit gibt. Die Produktion kann sich z. B. vom Automobil zum Computerchip verlagern. Ob eine solche Entwicklung eintritt, hängt davon ab, ob eine technische Innovation zum Schlüssel für neue Massenproduktion wird. Auf jeden Fall ergibt sich aber ein Abbau von Arbeitsplätzen in alten Industrien, der alle Qualifikationsstufen dieser Industrien und nicht nur die am schlechtesten Qualifizierten erfaßt.

Der Haupteffekt technischer Neuerungen ist der industrielle Strukturwandel, der mit zunehmender Beschleunigung Fehlallokationen erzeugt, die bis zur nächsten Innovationswelle nicht beseitigt werden können. Der Druck auf die Erwerbstätigen zur Anpassung an neue Verhältnisse wird deshalb größer. Er äußert sich nicht nur in wachsenden Arbeitslosenraten, sondern auch im Sinken der Reallöhne, in der prekären Absicherung und in der kurzfristigen Dauer einer wachsenden Zahl von Erwerbstätigkeiten.

Zur Beschleunigung des industriellen Strukturwandels hat auch die Liberalisierung der Finanzmärkte beigetragen. Es ergibt sich daraus zwar ein schnellerer Transfer von verfügbarem Kapital an genau jene Plätze, wo daraus die höchste Rendite erzielt werden kann, es wird aber eine solche Beschleunigung und Schwankung der Kapitalströme erzeugt, daß die daraus resultierenden permanenten Strukturbrüche durch Investitionsverlagerungen ein wachsendes Heer von Arbeitslosen schaffen, das nicht in derselben Geschwindigkeit an neue Jobs herangeführt werden kann. Wirtschafts-, geld- und beschäftigungspolitische Maßnahmen können wegen der sensiblen Reaktion der Finanzmärkte nicht mehr in souveräner Entscheidung des Staates ergriffen werden. Dem Staat sind deshalb bei der Bewältigung der Strukturbrüche die Hände gebunden. Die Erhöhung der Anpassungsgeschwindigkeit an den beschleunigten Strukturwandel bleibt als einzige erfolgversprechende Strategie übrig. Dadurch wird indessen der Konkurrenzdruck weltweit nur weiter erhöht, und er erzeugt an anderer Stelle Anpassungsprobleme.

Wenn wir heute das lebenslange Lernen propagieren, um die schnellen Veränderungen des Arbeitsmarktes besser bewältigen zu können, dann impliziert das höhere Aus- und Weiterbildungskosten als zuvor, die einen erheblichen Teil des Nutzens schneller Innovationen wieder zunichte machen. Gravierende Strukturbrüche sind oft überhaupt nicht innerhalb einer Generation zu bewältigen. Bergarbeiter oder Stahlkocher lassen sich nicht ohne weiteres zu Altenpflegern oder Finanzberatern umschulen. Die Folge davon sind Fehlallokationen von Qualifikationen und Arbeitsangeboten, die sich darin äußern, daß die Zahl von Arbeitslosen wächst und/oder die Fehlqualifizierten Arbeit annehmen müssen, die geringer bezahlt ist, als sie zuvor ihrer Qualifikation wegen verdient haben.

Die Temposteigerung der wirtschaftlichen Strukturbrüche hat in der Tat einen Teil dazu beigetragen, daß immer mehr Menschen immer schneller in die Arbeitslosigkeit oder in eine schlechter bezahlte Position gedrängt werden, weil sich der Arbeitskräftebedarf in eine neue Richtung bewegt. In den europäischen Wohlfahrtsstaaten zeigt sich dieses Problem in dauerhaft hohen Arbeitslosenraten, in den USA in der Umsetzung einer großen Zahl von Arbeitnehmern in schlechter bezahlte Positionen, in Japan in der zunehmenden Zahl von Mitarbeitern in Unternehmen, die zwar wegen ihrer Lebensstellung nicht entlassen werden, aber dennoch keine Arbeit haben (Bundesministerium für Arbeit und Sozialordnung 1996: 2.10; *Das Parlament* 1997: 15). In einem offenen Weltmarkt ergibt sich allerdings ein Druck in die Richtung des amerikanischen Modells, weil die beiden anderen Modelle zu Wettbewerbsnachteilen wegen suboptimaler Arbeitsallokation führen. In einer sich immer schneller verändernden Weltwirtschaft geht deshalb das wirtschaftliche Wachstum mit einem Sinken der Einkommen einer stets größer gewordenen Zahl fehlqualifizierter Arbeitnehmer einher. Weil diese Ungleichgewichte zur Dauererscheinung werden, bringt die Öffnung der Märkte nicht nur die wachstumsfördernden Effekte von Wettbewerbsvorteilen hervor, sondern auch wachsende Kosten der Anpassung an die sich verändernde Nachfrage, die einen Großteil der Gewinne wieder zunichte machen. Die entsprechenden Kosten werden im liberalen Modell den fehlqualifizierten Arbeitnehmern aufgebürdet, im wohlfahrtsstaatlichen Modell den sozialversicherten Arbeitnehmern und den Steuerzahlern im allgemeinen.

5.4 Wachsende Disparitäten

Berechnungen der Veränderung von Reallöhnen und Realeinkommen in den USA zwischen 1973 und 1992 sprechen davon, daß die Löhne für vier Fünftel der Arbeitnehmer in zunehmendem Maße vom zweiten bis zum fünften Fünftel zwischen 10 und 23 Prozent gesunken sind. Dagegen sind sie für das oberste Fünftel um 10 Prozent gestiegen. Nur die umfangreichere Erwerbstätigkeit der Frauen hat dafür gesorgt, daß die verminderten Einkommen der in der Regel männlichen Hauptverdiener zumindest teilweise ausgeglichen wurden und die Haushaltseinkommen nicht im gleichen Umfang abgenommen haben. Während das zweite Fünftel ein Plus von 6 Prozent verzeichnen konnte, lag der Verlust beim vierten und fünften Fünftel bei 3 Prozent (Thurow 1996: 41; U.S. Bureau of the Census 1973: 137; 1992a: 148; vgl. Nelson 1995: 6-12). Wenn man die neueste Korrektur der Inflationsraten nach unten berücksichtigt, ergibt sich zwar eine Abschwächung dieser Tendenz, dennoch folgt daraus noch kein Reallohnzuwachs für das zweite bis fünfte Fünftel, sondern allenfalls eine Stagnation. An der gewachsenen Distanz zwischen oben und unten ändert diese Korrektur ohnehin nichts.

Im genannten Zeitraum zwischen 1973 und 1992 hat ein erheblicher Strukturwandel stattgefunden. Während in der güterproduzierenden Industrie massenhaft Arbeitsplätze abgebaut wurden, sind im Dienstleistungsbereich viele neue Arbeitsplätze geschaffen worden. Insgesamt sind 33 Millionen neue Arbeitsplätze in diesem Zeitraum entstanden. Europa, wo zu derselben Zeit per Saldo praktisch keine neuen Arbeitsplätze eingerichtet wurden, blickt deshalb mit ambivalenter Bewunderung auf die USA. Sie ist deshalb ambivalent, weil man zwar gerne eine ähnliche »Jobmaschine« hätte, aber nicht deren Begleiterscheinungen mit in Kauf nehmen möchte. Dazu gehört, daß die neuen Jobs überwiegend schlechter bezahlt und weniger sicher sind als die alten. Die

Massenentlassungen der Großunternehmen des güterproduzierenden Gewerbes wurden z. B. durch neue Jobs bei deren Zulieferern auf dem Wege des Outsourcing kompensiert. Die neuen Jobs wurden allerdings bis über 50 Prozent geringer entlohnt. Von den Arbeitnehmern, die nach der ersten Entlassungswelle Ende der achtziger, Anfang der neunziger Jahre überhaupt einen neuen Job fanden, konnten nur 37 Prozent zumindest denselben Lohn wie zuvor erzielen (Thurow 1996: 48). Bei den neuen Jobs handelt es sich darüber hinaus oft nur um zeitlich befristete, auf Teilzeit beschränkte, langfristig ungesicherte Beschäftigungsverhältnisse. Das gilt auch dann, wenn man berücksichtigt, daß es dabei keineswegs nur um McDonald's-Jobs geht (Haller 1997: 398).
Der vom verschärften Wettbewerb ausgehende Innovationsdruck läßt keine Ruhepause mehr zu und erzwingt gewissermaßen den permanenten Strukturwandel. Zu einem solchen Tempo des Strukturwandels passen langfristige Beschäftigungsverhältnisse nicht mehr. Die Unternehmen werden zu einer Flexibilität gezwungen, die sie nur durch den Abbau ihrer Stammbelegschaft und deren Ergänzung durch projektbezogene, zeitlich befristete Beschäftigungsverhältnisse erreichen können, bis hin zur Ersetzung der Beschäftigung von Mitarbeitern auf der eigenen Lohnbzw. Gehaltsliste durch die Kooperation mit selbständig arbeitenden Einzelpersonen oder Teams. Die Unternehmen müssen immer »schlanker« werden und sich auf die kurzfristigen Veränderungen der Märkte durch Projektarbeit einstellen, die für nur begrenzte Zeit eingekauft wird. An die Stelle des klassischen Arbeitnehmers, der gestärkt durch Gewerkschaft und Flächentarifverträge über einen langfristig gesicherten Arbeitsplatz in einem Unternehmen verfügt, tritt der neue Selbständige, der je nach Fertigkeiten, eigenem Verhandlungsgeschick und Fähigkeit zur Selbstorganisation auf eigene Rechnung heute hier und morgen dort ein mehr oder weniger einträgliches Projekt durchführt (Hank 1995: 185-212). Hierarchisch organisierte Großunternehmen werden durch geschrumpfte Kernunternehmen ersetzt, die nur lose mit Zulieferern, freien, auf Abruf tätigen Mitarbeitern, neuen selbständigen Einzelpersonen und Teams zur Durchführung von Einzelprojekten verkoppelt sind und ein Netzwerk bilden, das zwecks Nutzung von Standortvorteilen alle herkömmlichen lokalen, regionalen und nationalstaatlichen Grenzen sprengt und sich global ausbreitet. Gewiß stehen wir erst am Anfang dieser Ent-

wicklung, so daß es noch viele traditionelle Unternehmen gibt. Die Richtung des Trends ist aber klar abzusehen.

Korrespondierend zu dieser Entwicklung lösen sich auch die Großgewerkschaften auf. Sie schrumpfen einerseits auf ihren Kernbestand zwecks Vertretung der verbliebenen Stammbelegschaften und werden andererseits durch eine Vielzahl einzelner Beratungs- und Weiterbildungsagenturen ergänzt, die sich auf das Training der neuen Selbständigen und die Verbesserung ihrer Fähigkeiten zur Selbstorganisation spezialisieren (Lash und Urry 1987; Nelson 1995: 103-156).

Der erhöhte Wettbewerbsdruck, dem die Unternehmen ausgesetzt sind, schlägt auf den Arbeitsmarkt und die Arbeitnehmerorganisationen durch. Die verschärfte Konkurrenz auf dem Arbeitsmarkt stellt immer höhere Anforderungen an die Qualifikation von Arbeitnehmern und neuen Selbständigen. Über das fachliche Wissen hinaus müssen sie ständig ihre »extrafunktionalen« Qualifikationen verbessern: Selbstorganisation, Kommunikations-, Kooperations-, Team- und Darstellungsfähigkeiten. Die erworbenen Bildungszertifikate verlieren einerseits wegen des rasanten wissenschaftlich-technischen Fortschritts, andererseits wegen der Vermehrung der Abschlüsse unaufhaltsam an Wert und müssen deshalb durch ständige Fortbildung, vom Fachseminar über den Rhetorikkurs bis zum Zusatzstudium, ergänzt werden.

Die Folge der verschärften Konkurrenz auf dem Arbeitsmarkt und der Verbreitung von Fehlqualifikationen durch ständigen Strukturwandel ist das Sinken der Reallöhne für die mittleren und unteren Schichten auf relativ offenen Arbeitsmärkten mit geringer sozialstaatlicher und tarifpolitischer Regulierung, wie es in den USA seit Mitte der siebziger Jahre zu beobachten ist. Gleichzeitig sind die Löhne und Gehälter des obersten Fünftels gestiegen, weil die Nachfrage nach Spitzenleistungen auf dem Arbeitsmarkt nicht adäquat befriedigt wird und weil durch das Absenken der mittleren und unteren Löhne gleichzeitig bei der Entlohnung der Spitzenkräfte Spielraum nach oben entstanden ist. Dementsprechend ist die Lohnspreizung, die in den USA ohnehin deutlich größer ist als in Europa, nochmals vergrößert worden. Berechnungen der Lohnunterschiede zwischen dem obersten und untersten Zehntel kommen z. B. in den USA je nach Berechnungsgrundlage auf fünf- bis achtmal höhere Löhne im obersten im Vergleich zum untersten Zehntel. In Deutschland liegt der entsprechende Wert

bei 2,5 bis 3,5 (Thurow 1996: 256; Schettkat 1996: 31). Die geringere sozial- und tarifpolitische Regulierung des Arbeitsmarktes
erklärt die schnellere Anpassung der Beschäftigung an den beschleunigten Strukturwandel der Wirtschaft durch die schnelle
Ersetzung verlorener durch neue Arbeitsplätze und die darüber
hinausgehende Vermehrung ihrer Zahl bei gleichzeitigem Abbau
der Arbeitslosigkeit von ca. 9,5 auf ca.5,6 Prozent zwischen 1983
und 1995, während in den meisten europäischen Ländern – mit
England und den Niederlanden als Ausnahmen – zur gleichen
Zeit die Arbeitslosigkeit nach kurzfristigen Erfolgen in den achtziger Jahren inzwischen auf über 10 Prozent gestiegen ist. Neben
der geringeren Arbeitslosenrate stellt sich Arbeitslosigkeit in den
USA weit mehr als in Europa als eine nur kurzfristige Übergangsphase von einem Job zum nächsten dar. So wurde im Jahre 1991 in
den USA eine durchschnittliche Dauer der Arbeitslosigkeit von
2,5 Monaten ermittelt, dagegen in Deutschland eine Dauer von
14,2 Monaten, in Frankreich sogar eine Dauer von 22,5 Monaten.
In den USA haben innerhalb eines Monats 37,3 Prozent der Arbeitslosen wieder eine Arbeit gefunden, in Deutschland nur 8
Prozent, in Frankreich nur 5,5 Prozent (Haller 1997: 395, 405,
408). Nach Neuseeland und den Niederlanden verzeichneten die
USA mit 9,4 Prozent den größten Nettozuwachs an Arbeitsplätzen zwischen 1991 und 1996. Deutschland liegt mit einem Verlust
von 6,6 Prozent zusammen mit Italien, Finnland, Portugal und
Schweden am Schluß der Tabelle (*Süddeutsche Zeitung* 1997a:
28).
Die geringere sozial- und tarifpolitische Regulierung des amerikanischen Arbeitsmarktes bietet aber auch die Erklärung für die
Ersetzung relativ sicherer langfristiger Arbeitsplätze durch unsichere kurzfristige Beschäftigungsverhältnisse und die gewachsene
Ungleichheit der Arbeitseinkommen. Erfolg und Mißerfolg auf
dem Arbeitsmarkt hängt heute in den USA mehr noch als zuvor
und mehr als überall sonst von der *individuellen* Wettbewerbsfähigkeit ab und nicht wie in den kontinentaleuropäischen Wohlfahrtsstaaten von *kollektiv* bindenden Abkommen zwischen den
Tarifparteien. Die ständige individuelle Qualifikationsverbesse-
rung ist der einzig wirksame Schutz gegen das stets drohende
Abgedrängtwerden ins Abseits des Arbeitsmarktes. Der einzelne
Arbeitnehmer muß seine Beschäftigbarkeit (*employability*) immer
wieder gegen die Dequalifizierungseffekte des permanenten

Strukturwandels erneuern (Kanter 1994). Das verlangt ein hohes Maß an Eigeninitiative. Niemand kann sich auf sozial- und tarifpolitische Sicherheiten verlassen.

Was vom Staat allein erwartet werden kann, ist die Förderung von Maßnahmen der individuellen Weiterbildung oder Umschulung. Viel wichtiger als die allein dem äußersten Notfall für zeitlich befristete Hilfe überlassene Sozialpolitik ist eine offensive Bildungs- und Qualifizierungspolitik, die darauf angelegt ist, das Qualifikationsniveau der Erwerbstätigen zu verbreitern und zu vertiefen. Alle Vorschläge zur Standortsicherung angesichts des jetzt im Zuge der Globalisierung noch weiter zunehmenden Wettbewerbsdrucks auf dem Arbeitsmarkt zielen deshalb nicht auf wohlfahrtsstaatliche Absicherung, sondern auf eine bildungspolitische Offensive, die das Qualifikationsniveau der Erwerbstätigen durch alle Schichten hindurch erhöhen soll (Reich 1996: 284-300; Thurow 1996: 112-119, 425-454). Auf diese Weise soll auch die Abwanderung von Routinearbeit in die aufstrebenden Entwicklungs- und Schwellenländer kompensiert werden. Der Verlust an Routinearbeit soll durch höherqualifizierte Arbeit ersetzt werden. Man erhofft sich davon auch, den Niedergang der Reallöhne stoppen zu können. Wenn an die Stelle einfacher Arbeitsplätze, auf die durch die internationale Konkurrenz ein besonders starker Druck ausgeübt wird, anspruchsvollere Arbeitsplätze treten, könnte die Zahl besser bezahlter Erwerbspersonen wieder zunehmen.

Diese Strategie der Steigerung des Qualifikationsniveaus nimmt zumindest implizit an, daß es den bisherigen Führungsnationen der Modernisierung gelingt, ihre Erwerbsbevölkerung tendenziell im Ganzen zur globalen Führungselite auf den Spitzenpositionen des globalen Arbeitsmarktes zu machen. Die Lohnspreizung im eigenen Land soll dadurch abgebaut werden, daß sie nach draußen auf den globalen Arbeitsmarkt transportiert wird. Die gewachsene Disparität soll durch ihre Übertragung auf das globale System aus dem Lande gedrängt werden. Wenn dies nicht gelingt, sehen die Qualifizierungsstrategen die Tendenz zu einem immer stärkeren Hineinwuchern der Dritten Welt in die Erste Welt. Wenn sich der in den USA seit Mitte der siebziger Jahre festgestellte Trend sinkender Reallöhne für vier Fünftel der Erwerbstätigen fortsetzen würde, verschwände die Mittelklasse. Der immer reicher werdenden kosmopolitischen Intelligenz, die ca. ein Fünftel der Erwerbstätigen stellt, stände eine immer ärmer werdende

Masse an Routinearbeitern und einfachen Dienstleistern gegenüber. Der Erfolg der Qualifizierungsstrategie ist allerdings keineswegs unbedenklich und auch keineswegs sicher. Bedenklich ist
die Strategie deshalb, weil ihr die globale Perspektive fehlt, sie
statt dessen darauf abzielt, die Sieger des globalen Wettbewerbs
auf das eigene Land zu konzentrieren und die Verliererseite auf die
anderen Länder abzuwälzen. Sie trägt außerdem zur Erhöhung
der Nachfrage nach Arbeitsplätzen bei, verschärft den Wettbewerb immer weiter und drängt all diejenigen an den Rand, die im
Qualifizierungswettbewerb nicht mithalten können.
Die gewachsene Spreizung der Reallöhne seit Mitte der siebziger
Jahre hat überdies alle Bildungsstufen erfaßt und insofern die Ungleichheit auf allen diesen Stufen verstärkt. Berufsanfänger und
Jobwechsler mußten zu einem erheblichen Teil nicht nur auf den
niedrigen, sondern auch auf den mittleren und höheren Qualifikationsstufen niedrigere Löhne als ihre Vorgänger akzeptieren. Es
sind also nicht nur unqualifizierte Abgänger von der Highschool
ohne Abschluß, die viel weniger verdienen als Highschool- oder
gar Collegeabsolventen, sondern auch Highschool- oder Collegeabsolventen im Vergleich zu ihren Konkurrenten auf derselben
Qualifikationsstufe (Thurow 1996: 260-263). In dem Maße, in
dem die höheren Bildungsabschlüsse vermehrt wurden, ist die
Zahl der entsprechend besser bezahlten Jobs nicht gestiegen. Ein
Teil der nun besser Gebildeten hat deshalb die schlechter Gebildeten aus ihren angestammten besseren Positionen ihrer Qualifikationsstufe verdrängt. Sie bilden jetzt die Spitze der niedrigen
Qualifikationsstufen, bleiben aber deutlich hinter den Einkommen ihrer Bildungsgenossen auf den höheren Qualifikationsstufen zurück.
Wenn also die Qualifizierungsoffensive nicht von einer Vermehrung der Jobs auf den höheren Qualifikationsstufen begleitet
wird, kann sie den Niedergang der Reallöhne angesichts der
wachsenden internationalen Konkurrenz nicht aufhalten. Gleichzeitig wird der Druck nach unten verschärft, so daß die Minder-
qualifizierten zu einer Randgruppe auf niedrigstem Einkommens-
niveau ohne jede Chance des Aufstiegs werden, weil der Weg nach
oben von den besser Gebildeten versperrt wird. Die Qualifizierungsstrategie führt also nur im Umfang der Vermehrung von
Arbeitsplätzen auf höherer Qualifikationsstufe mit entsprechend
höheren Einkommen zum Erfolg. Je mehr es aber zu einem Über-

hang der Besserqualifizierten kommt, um so mehr sind sie selbst von Arbeitslosigkeit bedroht und um so mehr verdrängen sie die weniger Qualifizierten von ihren angestammten Positionen nach unten oder nach draußen ins Abseits.

Von der Qualifizierungsoffensive verspricht man sich natürlich, daß zumindest ein Teil der besser Qualifizierten selbst unternehmerisch aktiv wird und für sich selbst sowie für andere neue anspruchsvolle Arbeitsplätze schaffen kann. Das ist sicherlich in gewissem Umfang möglich. Es ist aber eher unwahrscheinlich, daß es gelingt, die gesamte Erwerbsbevölkerung auf eine internationale Eliteposition hochzuheben, weil bei der Öffnung von Bildungschancen für immer breitere Schichten in immer mehr Ländern die Konkurrenz um die besseren Arbeitsplätze verschärft wird und nur die Besten zum Erfolg kommen. Daß sich die Elite des globalen Arbeitsmarktes aus der gesamten oder auch nur dem größten Teil der Erwerbsbevölkerung eines Landes oder einer Ländergruppe wie den OECD-Ländern speist, ist allerdings eine unrealistische Annahme, weil sich bei formal gleichen Bildungsmöglichkeiten die Besten aus allen Ländern gegen die weniger Qualifizierten ebenfalls aller Länder durchsetzen werden.

Je mehr der Arbeitsmarkt der globalen Konkurrenz geöffnet wird und alle die gleichen Chancen haben, um so mehr werden Intelligenz *und* Durchsetzungskraft zu den Hauptbedingungen des beruflichen Erfolgs. Und es ist höchst unwahrscheinlich, daß sich die Intelligentesten und Durchsetzungskräftigsten aus einem Land rekrutieren. Der Wettbewerb auf dem Arbeitsmarkt wird immer unerbittlicher, die Aussichten auf Erfolg für diejenigen, die sich nicht selbst behaupten können, werden immer geringer. Die Zugehörigkeit zu einem Land mit Standortvorteilen bietet immer weniger Schutz, weil Standortvorteile in spezifischen Bereichen angesichts des billigen und schnellen globalen Transports und der sekundenschnellen globalen Kommunikation nicht mehr generalisiert und auf andere Bereiche übertragen werden können. Deshalb wird die Qualifizierungsstrategie nicht ausreichen, um den Trend zur Verschärfung sozialer Ungleichheit und zu Verhältnissen wie in der Dritten Welt zu stoppen, wo extremer Reichtum und extreme Armut nebeneinanderbestehen. Die USA sind diesen Weg seit Mitte der siebziger Jahre trotz eines ständigen Anhebens der Bildungsqualifikation für einen immer größeren Teil der Alterskohorten gegangen. Für die Annahme, daß die Qualifizierungsstrategie daran in Zukunft etwas ändern wird, lassen sich kaum gute Gründe finden, zumal andere Länder mit eigenen Qualifizierungsstrategien das Angebot an qualifizierten Arbeitskräften weltweit mehr erhöhen werden als jemals zuvor.

5.5 Das Ende der nationalen Wettbewerbsvorteile

Das Management der Unternehmen orientiert sich am »shareholder-value«, d. h. an ihrem Wert für die Aktionäre, für dessen Steigerung sie sich keinerlei verlustbringende Loyalität zu altbewährten Standorten und Belegschaften leisten können. Je mehr sich Unternehmen auf dem globalen Markt multinational organisieren, um so mehr werden sie Arbeitskräfte genau dort rekrutieren, wo sie die bestmögliche Leistung zum bestmöglichen Preis bieten. Diese Strategie der Arbeitskräfterekrutierung bedeutet das Ende nationaler Wettbewerbsvorteile, bei denen spezifische Standortvorteile allen einen Nutzen bringen, die an diesem Standort wohnen. Auf diese Weise haben Rohstoffvorkommen wie die Kohle den ersten Industrieländern Standortvorteile gebracht, die der gesamten Erwerbsbevölkerung, unabhängig von ihrer Qualifikation, zugute kamen. Von der Kohle profitierte nicht nur der Bergbau, sondern das ganze Land, weil die sich daran anschließende Industrie massenhaft daran weiter anschließende Arbeitsplätze in demselben Land geschaffen hat. Kohlevorkommen implizierten einen Wettbewerbsvorteil für das ganze Land, weil sich die profitabelsten Arbeitsplätze um diese lokalen Gegebenheiten herumgruppierten.

Solange das Kapital und die Intelligenz noch wenig mobil waren, ergab auch die Anhäufung von Kapital und besserer Bildung einen Wettbewerbsvorteil für das ganze Land. Weil ein Land kapitalkräftiger als ein anderes war und gutausgebildete Spitzenkräfte hatte, konzentrierte sich die Arbeit quer durch alle Branchen und Qualifikationsstufen auf dieses Land. Jede Art von Arbeit konnte sich in diesem Verbund mit spezifischen Standortvorteilen eines Wettbewerbsvorteils gegenüber gleicher Arbeit in anderen Ländern erfreuen. Die ständige Erhöhung der Produktivität hatte außerdem zur Folge, daß für denselben Warenkorb immer weniger gearbeitet werden mußte bzw. für denselben Umfang an Arbeit immer höhere Löhne bezahlt werden konnten, die allen Arbeitnehmern ein immer höheres Konsumniveau ermöglichten. So konnten nicht nur die höherqualifizierten Arbeitnehmer von den nationalen Wettbewerbsvorteilen profitieren, sondern auch die weniger qualifizierten. Nicht nur die Spitzenkräfte konnten mehr verdienen als ihre Kollegen in den weniger von Rohstoffen, Kapital und Intelligenz gesegneten Ländern, sondern auch die einfachen Arbeiter und Dienstleister, nicht nur Wissenschaftler, Ingenieure und Manager, sondern auch Fließbandarbeiter, Briefträger und Busfahrer. In der globalen Wirtschaft werden die beiden Seiten auseinanderdividiert, weil die multinational operierenden Unternehmen die jeweilige Arbeit genau an jenen Standorten verrichten lassen, wo sie am besten und zum günstigsten Preis erbracht werden kann. Sie leihen sich Kapital in London, haben ihr Designbüro in Kalifornien, ihre Forschungs- und Entwicklungsabteilung in Boston, ihr Controllingzentrum, die Logistik, das Marketing und den Vertrieb in München und ihre Produktionsstätten in Osteuropa und Südostasien. Ihre Gewinne versteuern sie in Luxemburg. Dadurch verlieren all jene, die nicht zur kosmopolitischen Intelligenz gehören, die mit den alten nationalen Standortvorteilen verbundenen Privilegien.

Nach dem Faktorpreisausgleichstheorem tendiert der Preis für dieselbe Arbeit auf einem offenen globalen Arbeitsmarkt zu einem Gleichgewicht, das deutlich unterhalb des bisherigen Lohnniveaus der hochindustrialisierten Länder liegt. Durch das schier unbegrenzte Arbeitsangebot im Bereich mittlerer und niedriger Qualifikationen auf dem Weltmarkt nach der Öffnung Osteuropas und Chinas entsteht ein Druck nach unten, so daß sich die bisherigen Hochlohnländer auf absehbare Zeit mehr den Niedriglohnländern annähern werden als umgekehrt. Während sich die letzteren ein wenig nach oben bewegen, müssen sich die ersteren mit einem deutlichen Trend nach unten abfinden (Thurow 1996: 245-269). Was in den USA schon seit Mitte der siebziger Jahre beobachtet werden konnte, obwohl die internationale Arbeitsteilung noch nicht in dem sich jetzt abzeichnenden Maß vorangeschritten war, setzt sich jetzt weltweit durch: eine wachsende Disparität der Einkommen mit einem immer stärker werdenden Wettbewerbsdruck, dem jeder individuelle Erwerbstätige ausgesetzt ist, wobei eine zunehmende Zahl von Menschen unterhalb der Armutsgrenze leben muß, unabhängig davon, ob sie Arbeit haben oder nicht. Auch die Tatsache, daß der Reallohnrückgang in den USA seit Mitte der siebziger Jahre mehr der gewachsenen Konkurrenz innerhalb der OECD-Welt und weniger der Konkurrenz aus Niedriglohnländern geschuldet ist, führt nicht daran vorbei, daß diese erst jetzt richtig aufkommende Konkurrenz den Druck auf die Löhne erheblich verstärken wird. In den USA hat sich dieser Trend deshalb früher bemerkbar gemacht, weil dort gegenüber der OECD-Konkurrenz ein Produktivitätsrückstand die Wettbewerbsposition verschlechterte und der Arbeitsmarkt weniger reguliert war, so daß die güterproduzierenden Unternehmen, z. B. in der Automobilindustrie, mit drastischen Schlankheitskuren insbesondere auf die japanische Herausforderung reagieren konnten (Thurow 1996: 44-49, 252-255).

Während 1970 die durchschnittlichen Arbeitskosten in der verarbeitenden Industrie je Stunde in den USA mit 15,25 DM noch fast doppelt so hoch lagen wie in Westdeutschland mit 8,61 DM, hat sich das Verhältnis bis 1996 nahezu umgekehrt, nämlich auf 26,60 DM zu 47,28 DM. Im internationalen Vergleich hat Westdeutschland 1996 die Spitze inne, während die USA jetzt zusammen mit Großbritannien im unteren Drittel der Industrieländer in der Nachbarschaft von Spanien und Irland zu finden sind (Bundesministerium für Wirtschaft 1995: 21-23; *Süddeutsche Zeitung* 1997e: 19). Bisher konnten höhere Arbeitskosten noch durch höhere Produktivität ausgeglichen werden, so daß der Abstand zwischen den Hochlohnländern und den Niedriglohnländern geringer ausgefallen ist als bei den Arbeitskosten oder sogar überkompensiert werden konnte. Die Entwicklung wird jedoch dahin gehen, daß sich die Produktivität in den einzelnen Wirtschaftssektoren zwischen den Ländern angleicht, weil bei offener Konkurrenz tendenziell überall die besten technischen und organisatorischen Bedingungen realisiert werden. Das gute Abschneiden der Hochlohnländer im Vergleich mit den Niedriglohnländern bei den Lohnstückkosten in der Vergangenheit wird deshalb schwer im gleichen Umfang auf die Zukunft zu übertragen sein. Die Lohnstückkosten sind in Westdeutschland in ECU gemessen von einem Ausgangspunkt von 100 im Jahre 1960 bis 1996 nominal auf 890,3 gestiegen, im EU-Durchschnitt der 15 Mitgliedsländer auf 692,4, in den USA auf 398,7. Real ist jedoch in Westdeutschland eine Senkung auf 95,4, im EU-Durchschnitt sogar auf 88,7 und in den USA ein Gleichstand bei 100 zu verzeichnen (Bundesministerium für Arbeit und Sozialordnung 1996: 9.9-9.10).

Mit der stärkeren Hinwendung zur globalen Operation öffnen sich überall die nationalen Arbeitsmärkte zwangsläufig der internationalen Konkurrenz, so daß der Druck auf die Löhne auch in Europa zunehmen muß, wo bisher hohe Produktivität mit entsprechend konkurrenzfähigen Lohnstückkosten und starke Gewerkschaften mit Flächentarifverträgen, hohen Mindestlöhnen und hohen Sockelbeträgen bei Tariferhöhungen ein insgesamt hohes Lohnniveau mit nur mäßiger Lohnspreizung bis Anfang der neunziger Jahre halten konnten, dies aber mit einer immer höheren Arbeitslosenrate bezahlt werden mußte. Die gesetzliche Absicherung der vorhandenen Arbeitsplätze hat in zunehmendem Maße bewirkt, daß die Unternehmen keine neuen Arbeitsplätze eingerichtet haben. Es handelt sich dabei um das Pendant zur Reallohnsenkung in den USA (Mayer 1996: 6-7).

Der heute bestimmende Motor des wirtschaftlichen Wachstums, das Wissen, ist nicht mehr standortgebunden, wie es bei den Rohstoffen und dem Kapital lange Zeit der Fall war. Wegen des schnellen und billigen weltweiten Transports und der sekundenschnellen weltweiten Finanztransaktionen sind allerdings selbst Rohstoffe und Kapital nicht mehr standortgebunden. Das Wissen ist vollkommen mobil und kann von seinen Trägern, den Spitzenkräften der kosmopolitischen Intelligenz, überall auf der Welt eingesetzt und mit Rohstoffen, Kapital und Arbeit verknüpft werden. Die Wachstumseffekte der Wirtschaft lassen sich deshalb immer weniger lokal, regional oder national konzentrieren, um räumliche Zonen des Wohlstands zu schaffen, denen bisher aber auch um so ärmere Zonen des Elends gegenüberstanden. Sie verbreiten sich jetzt global und verändern die Differenzierung in reiche und arme Nationen zur globalen Differenzierung in eine reiche kosmopolitische Führungselite und die viel schlechter bezahlte, lokal gebundene Masse einfacher Routinearbeiter in Produktion und Dienstleistung, quer durch alle Nationen hindurch. Das Ende der nationalen Ökonomien bringt auch das Ende des allen Bürgern einer Nation zugänglichen nationalen Wohlstands mit sich.

Paradigmatisch kommt das Ende der nationalen Ökonomien in der Ablösung der an John Maynard Keynes (1936/1970) orientierten aktiven, antizyklischen Wachstums- und Beschäftigungspolitik durch den maßgeblich von Milton Friedman (1962) begründeten Monetarismus und den mit ihm verbundenen Neoliberalismus in den achtziger Jahren zum Ausdruck. Nach den Empfehlungen des Monetarismus und Neoliberalismus soll sich der Staat darauf beschränken, die Kräfte des Marktes selbst zur Entfaltung kommen zu lassen. Konsequent zu Ende gedacht heißt dies, daß Individuen mit Individuen auf allen Ebenen des gesellschaftlichen Lebens in Wettbewerb zueinander treten und keinerlei vorgängige Solidaritätsbande – auch nicht solche nationaler Art – diesen Wettbewerb beschränken sollen.

5.6 Wachsende Desintegration und Anomie

Das mit der nationalen Arbeitsteilung gestrickte Solidaritätsband wechselseitiger Abhängigkeit und Respektierung zerreißt, ohne daß sich auf globaler Ebene eine neue Solidarität zwischen der Führungselite und der Masse der Bevölkerungen erkennbar herausbildet. Es fehlt dazu die Voraussetzung der gegenseitigen Abhängigkeit, weil für die einfachen Produktions- und Dienstleistungsarbeiten angesichts der geöffneten Märkte in Osteuropa und Asien sowie angesichts des Bevölkerungswachstums weltweit ein riesiges Heer von Arbeitswilligen zur Verfügung steht. Außerdem schwächt sich die nationale Loyalität der kosmopolitischen Intelligenz im Zuge ihrer internationalen Verflechtung ab (Reich 1996: 316-336; Lasch 1995: 35-61). Den Spitzenkräften stehen ihre Partner überall in der Welt näher oder zumindest genauso nahe wie die Mitarbeiter im eigenen Betrieb oder gar die übrigen Arbeitnehmer ihres Landes. Das gilt nicht nur für die Wirtschaftselite, sondern auch für die humanitäre Elite. Beide sind mehr an den Problemen der Welt als an den Problemen ihres Landes interessiert. Sie bilden die Avantgarde der internationalen Solidarität, können aber der Auflösung nationaler Solidaritäten und nationaler Wohlfahrtsinstitutionen noch keine gleichwertigen gruppenübergreifenden Solidaritätsbande und Wohlfahrtsinstitutionen auf internationaler Ebene entgegensetzen. Der globale Arbeitsmarkt erzeugt deshalb zumindest auf absehbare Zeit anomische Erscheinungen, wie sie für erodierende Sozialordnungen typisch sind (Heitmeyer 1997a). Es wächst die Disparität zwischen Arm und Reich, es fehlen die Institutionen, die den Wettbewerb in Grenzen halten und die Leistungsschwachen auffangen, die Leistungsstärkeren empfinden keine Verantwortung für die Unterstützung der Leistungsschwachen.

Die soziale Desintegration führt dazu, daß jeder alles versuchen muß, um seine eigene Haut zu retten. Soziale Konflikte verschärfen sich. In der öffentlichen Debatte entsteht eine Hetzjagd auf Schmarotzer und Faulpelze aller Art. Jede Berufsgruppe wird aufs Korn genommen, um ihre mangelhafte Leistung und ihren ungerechtfertigten Anteil am Wohlstand anzuprangern. Beamte, Manager, Ärzte, Professoren, Rentner, Sozialhilfeempfänger usw. geraten abwechselnd ins Visier der öffentlichen Suche nach zu wenig Leistung und zu viel Wohlstand. Eine Einigung auf eine angemessene und gerechte Verteilung von Leistungsanforderungen und Entlohnung ist kaum noch möglich, weil die Bande der Solidarität und des gegenseitigen Respekts zerschnitten sind.

Weil jeder auf sich selbst gestellt ist, bleibt es jedem einzelnen Individuum überlassen, wie es sich an die anomischen Verhältnisse anpaßt. Alle von Robert K. Merton in seiner klassischen Studie über Sozialstruktur und Anomie herausgearbeiteten Typen der Anpassung an die anomischen Verhältnisse lassen sich beobachten (Merton 1949/1968b). Den Leistungsstarken gelingt es, durch die ständige Verbesserung ihrer Wettbewerbsfähigkeit zum Erfolg zu kommen. Das Erfolgsziel erreichen sie mit den legalen Mitteln. Wer den Run auf den wirtschaftlichen Wohlstand mitmacht, aber wenig Aussichten hat, dies mit legalen Mitteln zu schaffen, greift zu illegalen Mitteln, weil die Überbetonung des wirtschaftlichen Erfolgs und die Auflösung der gewachsenen Lebenswelten und Solidaritätsbande in der total mobilisierten Gesellschaft die Bindung an gemeinsame Normen schwächt. Je nach Milieu sind dann betrügerische wirtschaftliche Transaktionen, Drogenhandel, Einbruch oder Diebstahl die adäquaten Wege, um zum Erfolgsziel zu kommen. Die Verschärfung des Wettbewerbs durch die globale Öffnung der Märkte läßt deshalb die Kriminalitätsraten nach oben schnellen. Dabei bringt die Entgrenzung des legalen Wirtschaftsverkehrs natürlich auch die Entgrenzung des illegalen Wirtschaftsverkehrs mit sich. Vom Freihandel profitiert nicht nur die Wirtschaft, sondern auch das mehr oder weniger organisierte Verbrechen. Die Welt teilt sich unter den Bedingungen anomischer Verhältnisse allerdings nicht allein in Erfolgstypen und Kriminelle auf. Einem erheblichen Teil der Bevölkerung bleibt nichts anderes übrig, als auf die großen Ziele zu verzichten und sich mit einem bescheidenen Lebensstandard abzufinden, weil es an Mut, Talent, Wissen oder Risikobereitschaft sowohl im

Hinblick auf die legalen als auch im Hinblick auf die illegalen Wege zum Erfolg fehlt. Andere ziehen sich zurück in die Psychosekte, den Drogenkonsum oder die Landkommune. Einer Avantgarde von jungen und junggebliebenen Rebellen bleibt es vorbehalten, die bestehende Konkurrenz- und Konsumgesellschaft abzulehnen und nach neuen Formen des gesellschaftlichen Lebens zu suchen.

Die Konsequenzen zunehmender Anomie im Gefolge der Verschärfung des Wettbewerbsdrucks lassen sich in den USA beobachten. Die Kriminalität wächst und fordert als Gegenreaktion immer aufwendigere Schutzvorrichtungen und Strafverfolgung sowie immer härtere Strafen heraus (Savelsberg 1994; Münch 1995: 203-206). Private Sicherheitsdienste und Gefängnisverwaltungen sind eine boomende Branche. Auch Kautionsvermittler und ihre Kopfjäger zum Aufspüren flüchtiger, auf Kaution freigekommener Angeklagter, die *bounty hunter*, erfreuen sich bester Geschäfte. Mit Werbesprüchen wie »Warum ins Gefängnis?« bieten sie per Zeitungsanzeige und Internet ihre Dienste an. Die *bounty hunter* setzen mit einer Lizenz zum Waffengebrauch die Tradition des Wilden Westens, wo private Kopfgeldjäger der noch schwachen Justiz unter die Arme greifen mußten, unter modernen Bedingungen fort (Eberle 1997). Wer es sich leisten kann, lebt hinter Mauern und Stacheldrahtzäunen in einer streng bewachten Nachbarschaft *(gated community)* oder heuert zumindest die Patrouille eines privaten Sicherheitsdienstes an. Schulkinder werden beim Betreten ihrer Schule wie auf dem Flughafen auf das Mitführen von Waffen durchsucht. Mit dem größtmöglichen Aufwand an Sicherheitskräften ist es New York neuerdings sogar gelungen, den Trend in Richtung abnehmender Kriminalitätsraten umzukehren. Zu den Kosten der schwachen sozialen Integration und des allseitigen Mißtrauens unter den Bedingungen des immer härteren Wettbewerbs gehört auch die umfassende Überwachung der Mitarbeiter durch die Unternehmensleitungen. Das zeigt sich in besonderer Schärfe mit steigender Tendenz in den USA. Aus einer Studie der *American Management Association* geht hervor, daß schon ein Drittel aller privaten Unternehmen ihre Mitarbeiter mit elektronischer Hilfe – Wanzen, versteckte Videokameras und Computersoftware – überwachen. Es wird erwartet, daß es bald die Hälfte aller Konzerne sein wird. Von den Kreditinstituten geben schon 82 Prozent zu, daß sie solche Praktiken anwenden.

Obwohl die *American Civil Liberties Union* schon einige Prozesse wegen unzulässiger Eingriffe in die Privatsphäre angestrengt hat, sehen die Firmen keinen Grund zu schlechtem Gewissen. Die dadurch gesteigerte Effizienz erscheint ihnen auch im Interesse ihrer Kunden als gute Rechtfertigung für ihr Vorgehen (Thier 1997).

Wenn man in den USA zu den offiziell registrierten Arbeitslosen die Zahl derjenigen hinzuaddieren würde, die es aufgegeben haben, nach Arbeit zu suchen, und die Zahl derjenigen, die in einem Gefängnis einsitzen, dann würde man an die hohen Arbeitslosenraten in den europäischen Ländern mit rigidem Arbeitsmarkt herankommen. Auch die Kosten für die Unterhaltung von Gefängnissen, die Beschäftigung von Sicherheitskräften und die Anschaffung von Schutzvorrichtungen addieren sich mit den Kosten für die Unterstützung der Arbeitslosen zu einer mit den europäischen Aufwendungen für die Arbeitslosen vergleichbaren Summe.

Es ist hier zu erkennen, daß die Beschleunigung des sozialen Strukturwandels, die Steigerung der Mobilität und die Erosion sozialer Lebenswelten im Zuge der Verschärfung des wirtschaftlichen Wettbewerbs ein Niveau erreichen können, auf dem jeder weitere Modernisierungsschub mit einem solchen Aufwand an Sicherheitsmaßnahmen erkauft werden muß, daß der erzielte Gewinn bis hin ins Negative schrumpft und letztendlich ein Verlust entsteht. Die sozialen Modernisierungsrisiken stellen sich in dieser Hinsicht nicht anders als die technischen dar, bei denen die immer aufwendigeren Sicherheitsmaßnahmen – am extremsten bei der Kernkraft – die Kosten in schwindelnde Höhen treiben und den Nutzen des ganzen Unternehmens in Frage stellen. Die inneren Bindungskräfte gewachsener Lebenswelten müssen durch aufwendige äußere Kontrollapparate ersetzt werden, ohne je deren natürliche Einheit von Freiheit und Zwang zu erreichen. Weil auf dem globalen Markt alles möglich wird, erscheint jede Einschränkung als willkürlicher äußerer Zwang. Deshalb wird jede Chance wahrgenommen, um die äußere Kontrolle zu umgehen. Das Zusammenleben ist zwangsläufig von allseitigem Mißtrauen geprägt. Jeder muß sich gegen Täuschung oder Gewalt der anderen durch geschicktere Täuschung und überlegene Gewalt wappnen. Es droht der Hobbessche Kampf aller gegen alle (Hobbes 1651/1966).

5.7 Die verlorene Solidarität
des Wohlfahrtsstaates

Europa wird den USA nicht in allen Einzelheiten der Liberalisierung des Arbeitsmarktes folgen wollen. Der globale Arbeitsmarkt übt jedoch auf die europäischen Wohlfahrtsstaaten einen Druck in diese Richtung aus (Berthold und Fehn 1996; Neyer und Seeleib-Kaiser 1996; Afheldt 1995; Negt 1995; van Suntum 1995; Altvater 1995; Reichling 1995). Unter den Bedingungen der globalen Arbeitsteilung löst sich die Verknüpfung von Boden, Kapital, Wissen und Arbeit an ein und denselben nationalen Standorten auf, so daß nicht mehr alle Bürger eines Landes von spezifischen Standortvorteilen profitieren.

Die nationale Solidarität im gemeinsamen Nutzen aus dem wirtschaftlichen Wachstum bricht auf und macht einer neuen Differenzierung zwischen der Modernisierungselite und den im globalen Konkurrenzkampf nach unten gedrückten Routinearbeitern in Produktion und Dienstleistung Platz. Das Prinzip des wachsenden Kuchens kann keine nationale Solidarität mehr stiften. Die Wirtschaft wächst, mit ihr aber auch das Heer der Arbeitslosen bzw. das Heer der unsicher Beschäftigten. Auch die Kette von Produktivitätssteigerung, höheren Löhnen und höheren Steuerabgaben, gesteigertem privatem und öffentlichem Konsum, größerem Umsatz, höheren Gewinnen, neuen produktivitätssteigernden Investitionen, wieder höheren Löhnen und Steuerabgaben usw. ist gerissen. Gesteigerte Produktivität wird nicht mehr im vollen Umfang in Absatzsteigerung auf nationalen Märkten umgesetzt, weil diese in hohem Maße gesättigt sind. Geringe Gewinnspannen infolge der globalen Konkurrenz erzwingen aber die ständige Steigerung des Absatzes, der in zunehmendem Maße über die nationalen Märkte hinaus auf dem Weltmarkt erzielt werden muß. Auf dem Weltmarkt muß jedoch wegen der schärferen Konkurrenz jede Kosteneinsparung genutzt werden. Das bedeutet vor allem auch, daß die Produktion dorthin verlagert wird, wo die niedrigsten Löhne inklusive Nebenkosten zu bezahlen sind, zumal mit dem Einsatz von bester Technik, bestem Produktionsverfahren und bestem Wissen überall dieselbe Produktivität erreicht werden kann. Gleichzeitig wird mit dem Bau neuer Produktionsstätten und den damit einhergehenden Lohnzahlungen ein zukünftiger Absatzmarkt jenseits nationaler Grenzen geschaffen. Auf dem Weltmarkt führen Produktivitätssteigerungen jedoch nicht im gleichen Maße zu höheren Löhnen wie auf nationalen Märkten, weil dort ein Überangebot an Arbeitskräften die Löhne nach unten drückt und keine starken Gewerkschaften dagegenarbeiten.

Die kontinentaleuropäischen Wohlfahrtsstaaten haben sich bisher gegen diesen Trend gestemmt und den Arbeitsmarkt nicht in dem Maße liberalisiert wie in den USA und wie es Margaret Thatcher in Großbritannien durchgesetzt hat (Schettkat 1996: 31). Die Folge dieser Lernunwilligkeit waren dauerhaft hohe und noch weiter steigende Arbeitslosenraten von über zehn Prozent der Erwerbsbevölkerung. In den USA ist dagegen die Arbeitslosigkeit zurückgegangen und liegt jetzt deutlich unter dem europäischen Niveau. Auch in Großbritannien ist die Arbeitslosenrate gesunken. Sowohl in den USA als auch in Großbritannien wird jedoch über ein eklatant gewachsenes Ausmaß der neuen privaten und öffentlichen Armut berichtet (Reich 1996: 232-251, 301-315; Krönig 1997a). Angesichts der Durchsetzung des globalen Arbeitsmarktes ist es jedoch eine Frage der Zeit, wann sich die kontinentaleuropäischen Wohlfahrtsstaaten dem Trend der Liberalisierung anpassen müssen. Den Anfang dazu haben sie schon gemacht, oder sie sind im Begriff, ihn zu machen. Selbst Schweden hat dem neuen Druck Tribut zollen müssen.

Eine erste politische Folge dieser Entwicklung ist die Tatsache, daß die klassische Linke – Kommunisten, Sozialisten und Sozialdemokraten wie auch die Gewerkschaften – an Kompetenz verliert, die Interessen der gefährdeten Schichten wirksam zu vertreten, weil ihre klassischen Rezepte der aktiven antizyklischen Beschäftigungspolitik im Sinne von Keynes in der Situation des globalen Arbeitsmarktes nicht mehr greifen. Sie erhöhen das Haushaltsdefizit, ohne die gewünschten Effekte zu bewirken. Es bleibt ihnen deshalb nur ein sehr geringer Spielraum jenseits der neoliberalen Politik der Rechtsparteien. Das mußten Mitterrands Sozialisten in Frankreich schon bald nach ihrem historischen Wahlsieg von 1981 lernen. Tony Blair hat es inzwischen der Labour Party in Großbritannien beigebracht. Die deutschen Sozialdemokraten konnten bislang keine überzeugende Alternative zur Regierung Kohl finden. Die Orientierungskrise der Linksparteien hat rechtspopulistischen und rechtsextremistischen Parteien ein neues Wählerreservoir erschlossen: all jene gefährdeten Schichten, die im Globalisierungsprozeß eine Bedrohung für ihre eigene Position im Gesellschaftsgefüge sehen und deshalb für nationalistische Parolen zugänglich sind (Betz 1991). Von der Abschottung der nationalen Grenzen gegen Immigration, von Protektionismus und Rückkehr zu Disziplin und Gehorsam versprechen sie sich die Wiedergewinnung von Wohlstand für alle innerhalb der eigenen nationalen Grenzen. Dabei übersehen sie, in welchem Umfang der bisherige Wohlstand dem grenzüberschreitenden Austausch von Wissen, Arbeit, Dienstleistungen, Waren und Kapital zu verdanken ist und eine Rückkehr zu nationaler Abschottung einen Niedergang zur Folge hätte, der die Krisenerscheinungen der Globalisierung bei weitem überschreiten würde. In einer schon globalisierten Wirtschaft kann kein Land für sich allein den Weg in die Abschottung gehen, ohne einen vollkommenen Niedergang zu erleben. Nationalistische Gegenbewegungen bedrohen jedoch die europäischen Wohlfahrtsstaaten, wenn sie keine Antwort auf die Desintegrationskräfte der Globalisierung finden.

5.8 Strategien zur Wiedergewinnung sozialer Integration

Wie kann aber eine adäquate Antwort auf die Desintegrationskräfte der Globalisierung aussehen? Sie müßte auf jeden Fall einen Weg zwischen den Extrempositionen des Neoliberalismus, des krampfhaften Festhaltens am Wohlfahrtsstaat und des neuen Nationalismus beschreiten (Offe 1990; Heitmeyer 1997b). Der Weg liegt in der Tat »jenseits von Links und Rechts« (Giddens 1997). Zuerst einmal führt kein Weg an der Liberalisierung des Arbeitsmarktes völlig vorbei. Sie wird von der globalen Arbeitsteilung schlichtweg erzwungen, ob wir es wollen oder nicht. Die damit einhergehende Umstellung auf weniger gesicherte Beschäftigungsverhältnisse und auf die weitgehende Selbstorganisation der Erwerbstätigen muß jedoch durch staatliche Arbeitsmarktpolitik flankiert werden: Bildungs-, Weiterbildungs- und Umschulungsoffensiven, Abfederung des Strukturwandels durch staatliche Hilfen für Sozialpläne, Investitionsförderung für neue Industrien, Förderung von Unternehmensgründungen und Absicherung der damit verbundenen Risiken, Bereitstellung von Risikokapital. Die neue Sozialpolitik kann nicht weiter Beschäftigung gegen die globalen Marktkräfte erzwingen, sie muß sich vielmehr auf die Sicherung der *Beschäftigbarkeit* von Erwerbstätigen und Erwerbssuchenden konzentrieren. Über den Staat hinaus gehören solche Maßnahmen aber auch in das Zentrum einer neuen Kooperation zwischen Kapital und Arbeit. Die Unternehmen müssen in der Qualifizierung ihrer Mitarbeiter und Mitarbeiterinnen die Hauptquelle ihrer Wettbewerbsfähigkeit erkennen. Vor Fehlinvestitionen wegen Abwanderung der von ihnen qualifizierten Mitarbeiter und Mitarbeiterinnen können sie sich am ehesten durch ein durchgängiges Commitment zu deren Karriereförderung schützen.

Die neuen Risiken eines liberalisierten Arbeitsmarktes könnten durch eine Verbindung von Grundsicherung und negativer Einkommensteuer besser aufgefangen werden als durch die bisher in den europäischen Wohlfahrtsstaaten vorherrschende Absicherung bestehender Arbeitsverhältnisse mittels Kündigungsschutz, Arbeitslosenversicherung und deren Ergänzung durch Sozialhilfe (vgl. Offe 1992; Opielka 1991; Scharpf 1994). Durch die Grundsicherung wird der Schutz vor Erwerbslosigkeit auf eine breitere Basis gestellt, zumal die Zahl der abhängig Beschäftigten im Verhältnis zu den Selbständigen zurückgeht und die Selbständigkeit gerade gefördert werden soll. Selbständige Erwerbstätigkeit in immer größerem Umfang und Grundsicherung ergänzen sich wechselseitig. Die Grundsicherung ist die einer Gesellschaft von Selbständigen besser korrespondierende Form der Vergemeinschaftung und der gemeinsamen Absicherung der damit verbundenen Risiken. Die Negativsteuer käme der Tatsache entgegen, daß die Zahl ungesicherter, kurzfristiger und gering entlohnter Beschäftigungsverhältnisse auf einem liberalisierten Arbeitsmarkt zunimmt und damit die Zone zwischen Erwerbstätigkeit und Erwerbslosigkeit immer breiter wird. Statt nach Eröffnung schon bald wieder ihren Betrieb wegen Konkurs schließen zu müssen, könnten die vielen neuen Selbständigen in der Grauzone zwischen Erwerbstätigkeit und Erwerbslosigkeit längerfristig überleben und so als Keimzelle für weitere Beschäftigungsverhältnisse dienen.

Dem Modell der Grundsicherung mit negativer Einkommensteuer ist wegen dieser Stützung der immer breiter werdenden Grauzone zwischen Erwerbstätigkeit und Erwerbslosigkeit der Vorzug gegenüber dem Modell einer reinen Grundsicherung zu geben. Die reine Grundsicherung würde zu einer dauerhaften

Segmentierung der Gesellschaft in Erwerbstätige und Erwerbslose führen und ihre soziale Integration eher untergraben als fördern. Sie wird nicht der Anforderung gerecht, daß die Erhaltung der Erwerbsfähigkeit eine nicht zu ersetzende Bedingung der sozialen Anerkennung und Selbstachtung in einer von Arbeit nicht völlig zu befreienden Gesellschaft ist. Sie übersieht auch, daß noch so minimale und schlecht bezahlte Arbeit die Erwerbstätigen in ein Netzwerk sozialer Beziehungen integriert, das über die Arbeitswelt hinausreicht und eine Quelle der sozialen Identität der Individuen darstellt. Die Erwerbs*fähigkeit* bleibt aber nur dann erhalten, wenn sie zumindest durch eine minimale Erwerbs*tätigkeit* geübt wird. Prekäre Beschäftigung gilt es nicht abzuschaffen und durch eine negativ stigmatisierte Kaste von Bürgergeldempfängern zu ersetzen, sie muß vielmehr durch sozialen Ausgleich tragbar gemacht und in ihrer identitätserhaltenden und sozialintegrativen Funktion gestützt werden.

Die Fluktuation zwischen Beschäftigung und Nichtbeschäftigung in der breiten Zone von Teilbeschäftigung und nicht ausreichend bezahlter Beschäftigung wirkt der dauerhaften Spaltung der Gesellschaft in Erwerbstätige und Erwerbslose entgegen. Wer in der Grauzone überleben kann, wird weniger negativ stigmatisiert als der dauerhaft Erwerbslose und erhält sich die Fähigkeit zu besserer Beschäftigung. Die Förderung der Zwischenzone prekärer und unvollständiger Beschäftigung durch Negativsteuern ist deshalb ein wichtiger Beitrag zur sozialen Integration.

Woher sollen allerdings die Unterstützung und die erforderlichen Finanzmittel kommen, wenn die globale Arbeitsteilung die dem Wohlfahrtsstaat zugrunde liegende nationale Solidarität aufbricht? Können die Nationalstaaten diese Aufgaben überhaupt noch bewältigen, wenn sie durch die internationale Konkurrenz in einen Wettlauf um Steuersenkungen zur Mobilisierung von Kapital und Intelligenz hineingezwungen werden, wodurch einerseits die Ungleichheit weiter vergrößert und andererseits der Spielraum für arbeitspolitische Programme enger wird? Von den Investoren und der Wissenselite würde man dabei verlangen, daß sie aufgrund traditioneller nationaler Solidarität bereit sind, auf Steuervorteile, die anderswo geboten werden, zugunsten von Investitionen und Arbeit im eigenen Land zu verzichten. Angesichts der Desintegrationskräfte der globalen Arbeitsteilung ist dies eine ziemlich unrealistische Erwartung.

Den nationalstaatlichen Regierungen kann die Desintegration ihrer Gesellschaft jedoch nicht gleichgültig sein, weil sie zu einer erheblichen politischen Destabilisierung führt. Ihnen bleibt deshalb nur der Weg, durch supranationale und globale Vereinbarungen den Wettlauf um attraktive Steuersenkungen zu begrenzen und Absprachen über zulässige Subventionen zur Förderung neuer Industrie- und Dienstleistungsbetriebe und zur sozialpolitischen Abfederung des Abbaus alter Industrien zwecks Erleichterung und Abmilderung des Strukturwandels zu treffen. Weil die damit verbundenen Kosten die Fähigkeiten einzelner Staaten oft überschreiten, sind gemeinsame Strukturfonds, wie sie von der Europäischen Union eingerichtet wurden, erforderlich. Dasselbe gilt für Investitionen in Forschung und Entwicklung, weil alle davon einen Nutzen haben, einzelne Staaten aber gerade wegen dieser Teilhabe aller an diesem Nutzen vor den notwendigen Investitionen zurückschrecken (Reich 1996: 337-354).

In der globalen Wirtschaft haben aber selbst supranationale Vereinbarungen, wie diejenigen der Europäischen Union, nur eine begrenzte Wirkung, weil sich weder Kapital noch Wissen in die supranationalen Grenzen einsperren lassen. Weil aber globale Vereinbarungen noch viel schwieriger zu erzielen sind als supranationale, wird die Konzentration des internationalen Wirtschaftsverkehrs auf supranationale Wirtschaftsregionen im Sinne von EU und NAFTA als Maßnahme gegen die zersetzende Wirkung des globalen Freihandels vorgeschlagen (Afheldt 1995: 12). Das hieße jedoch, die Grenzen der Wirtschaftsregionen wieder dichter und die Freihandelsvereinbarungen von GATT und WTO wieder rückgängig zu machen. Für solche Maßnahmen ist der Welthandel jedoch schon zu weit und die Entwicklung von Wirtschaftsregionen zu ungleich, nämlich nirgendwo sonst im gleichen Maß wie in der EU, fortgeschritten. Es bleibt deshalb allein die Doppelstrategie supranationaler und globaler Vereinbarungen und die Fortentwicklung bzw. Neubildung supranationaler und globaler Fonds zur Tätigung von Zukunftsinvestitionen, von denen alle einen Nutzen haben, und zur Absicherung der Risiken des globalen Arbeitsmarktes. Dabei wird eine einfache Verlagerung der nationalstaatlichen Wohlfahrtsinstitutionen auf die supranationale und globale Ebene wegen der völlig anderen Struktur des Arbeitsmarktes nicht möglich sein. Wie der Liberalisierung der nationalen Arbeitsmärkte die alten Instrumente der sozialen Absicherung nicht mehr angemessen sind und mit Grundsicherung und Negativsteuer neue Instrumente institutionalisiert werden müssen, so bedarf auch der globale Arbeitsmarkt einer vergleichbaren Absicherung durch einen Strukturfonds, aus dem Mittel von strukturstarken in strukturschwache Regionen transferiert werden, um dort neben der Grundsicherung Programme der aktiven Arbeitsmarktpolitik zu unterstützen.

Die Aktivierung des Arbeitsmarktes kann jedoch die Desintegrationskräfte der Globalisierung allein nicht unter Kontrolle bringen. Vielmehr werden diese von ihr sogar teilweise belebt. Sie muß nämlich zwangsläufig die Mobilität und Selbstorganisation der einzelnen fördern und damit die Konkurrenz verschärfen, was zu einer härteren Auslese führt und ohne die korrespondierenden Maßnahmen der neuen sozialen Absicherung den Sozialdarwinismus auf die Spitze treibt. Außerdem wird die Flut von Waren und Dienstleistungen weiter anschwellen und in alle Lebensbereiche eindringen, so daß die soziale Existenz des Menschen auf den Status eines Produzenten und Konsumenten von Waren und Dienstleistungen reduziert wird. Aktive Arbeitsmarktpolitik muß die Steigerung des Angebots von Waren und Dienstleistungen um ihrer selbst willen fördern und von der Frage absehen, ob es sich dabei überhaupt um eine Bereicherung des Lebens handelt und ob dadurch das gesellschaftliche Leben bis in alle Adern hinein kommerzialisiert wird. Mit der durchdringenden Kommerzialisierung des gesellschaftlichen Lebens wird jedoch die Frage, wie wir überhaupt leben wollen, eine Sache des individuellen Nutzenkalküls, unabhängig davon, welcher Gesamteffekt auf unser Leben daraus entsteht. Aus den vielen Einzelentscheidungen entsteht dann nach aller Wahrscheinlichkeit ein von niemandem gewünschter Gesamteffekt. Das gilt z. B. für die ökologischen Schäden, die vom Wirtschaftswachstum verursacht werden, aber auch für die Zerstörung gewachsener Lebenswelten und ihren Ersatz durch kommerziell vermittelte Weltbilder und Identitäten.

Die Entfesselung aller Kräfte des Arbeitsmarktes muß zwangsläufig die immer aggressivere und durchdringendere Erzeugung von Nachfrage durch umfassendes Marketing und das Ausschalten jeder Chance der Reflexion und Entscheidung darüber zur Folge haben, ob wir unsere Welt überhaupt so einrichten wollen, wie es sich aus der Springflut an Waren- und Dienstleistungsangeboten ergibt. Der schnelle Weg von der Industrieproduktion zur Dienstleistung ersetzt zwar wegfallende Arbeitsplätze in der Produktion durch neue Arbeitsplätze in der Dienstleistung, dies aber kaum ohne Einbußen im Einkommen, weil die Produktivität von Dienstleistungen nicht im gleichen Maße wie diejenige von Produktionsarbeit gesteigert werden kann (Schettkat 1996: 33-35). Darüber hinaus greift die Kommerzialisierung auf diesem Wege in Lebensbereiche ein, die bisher noch eine festere lebensweltliche Verankerung hatten, durch gemeinsame Normen und gegenseitiges Vertrauen geprägt waren. Familienhilfe, Verwandtschaftshilfe, Nachbarschaftshilfe, ehrenamtliche Tätigkeiten, aber auch Seelsorge, ärztliche Versorgung, Altenpflege, Krankenpflege, Jugendarbeit und Vereinsarbeit werden im Zuge des Aufbaus neuer Dienstleistungen kommerzialisiert und der Logik des Marktes unterworfen. An die Stelle der traditionellen Seelsorge tritt die Gebetsfabrik mit einem Stab von Mitarbeitern, die per Internet im Schnellverfahren die Gebetswünsche einer weltweit durch Werbung rekrutierten Klientel erfüllen (Rutenberg und Auers 1997). Der Markt ist jedoch denkbar ungeeignet, um Sinn, Werte, Normen und Solidarität zu produzieren. Je weiter er in die dafür noch vorhandenen Reservate der Lebenswelt eindringt, um so mehr beschleunigt sich die Desintegration des gesellschaftlichen Lebens.

Wegen dieser desintegrativen Effekte der aktiven Arbeitsmarktpolitik bedarf es ihrer Flankierung durch Maßnahmen zur *Entlastung* des Arbeitsmarktes. Im Übergangsbereich zwischen Arbeitsmarktmobilisierung und Arbeitsmarktentlastung liegt die Verlagerung eines Teils der Besteuerung von den Arbeitseinkommen auf den Konsum. Arbeit wird dadurch billiger, Konsum dagegen teurer. Es ist dadurch leichter, Arbeit zu finden, zugleich wird aber auch der Konsum gedämpft, wodurch wieder die Nachfrage nach Arbeit reduziert wird. Von dieser Maßnahme dürfte deshalb kaum ein positiver Beschäftigungseffekt ausgehen. Ihr eigentlicher Zweck ist auch weniger die direkte Beschäftigungsförderung als die Neutralisierung des negativen Beschäftigungseffekts höherer Verbrauchssteuern, bei denen es in erster Linie darum gehen müßte, die negativen Effekte des wachsenden Konsums auf die natürliche und soziokulturelle Umwelt zu begrenzen.

Die Erhöhung der Verbrauchssteuern steht allerdings im Ruf, die soziale Ungleichheit zu verschärfen. Das gilt gewiß für die Besteuerung des Elementarverbrauchs, aber nicht für die Besteuerung des darüber hinausgehenden Konsums. Die Verbrauchssteuern steigen ja mit der Preisklasse der Verbrauchsgüter und mit dem Umfang des Verbrauchs. Wer ein Automobil in einer höheren Preisklasse anschafft, eine größere Wohnung bewohnt und damit mehr Energie verbraucht, muß dafür auch höhere Verbrauchssteuern bezahlen. Die Besteuerung des Elementarverbrauchs kann wiederum durch die Anhebung des steuerfreien Existenzminimums bei der Lohn- und Einkommenssteuer ausgeglichen werden. In diesem Sinne könnte eine ökologische Steuerreform, die den Ressourcen- und Umweltverbrauch höher besteuert und die Arbeit niedriger, eine Umkehr zu einer umwelt- und sozialverträglichen Wirtschaftsweise einleiten und die damit verbundenen negativen Beschäftigungseffekte neutralisieren.

Einen wichtigen Posten bei den Verbrauchssteuern bildet der Verkehr zu Lande, Wasser und Luft. Er ist zur Hauptquelle der Belastung von Mensch und Umwelt durch Bodenversiegelung, Landverbrauch, Landschaftszerstörung, Zerschneidung von Städten und Gemeinden, Zerstörung lokaler Lebenswelten und unentrinnbaren Lärm geworden. Eine unendliche Fortsetzung der bisherigen Steigerungsraten ist in umwelt- und sozialverträglicher Form nicht vorstellbar. Eine angemessene Besteuerung des Verkehrs nach der jeweils von der Verkehrsart ausgehenden Umweltbelastung ist deshalb unumgänglich. Sie hätte zugleich einen Effekt auf die globale Arbeitsteilung. Sie würde ihrer umwelt- und sozialunverträglichen Überdimensionierung entgegenwirken und räumlich verdichtete Formen der Arbeitsteilung sowie räumlich begrenzte Märkte prämieren. Zugleich würde der Konkurrenzdruck gemildert.

Die Begrenzung der umweltzerstörenden Effekte des globalen Wirtschaftsverkehrs durch Verbrauchs-, insbesondere durch Energiesteuern und die dadurch erneuerte Chance für regionale Märkte müßte ergänzt werden durch die Begrenzung der negativen Effekte des globalen Kapitalverkehrs. Es kommt darauf an, der Politik von der lokalen bis zur globalen Ebene wieder ein Stück weit jene Gestaltungskraft zurückzugeben, die sie an die globalen Märkte abgetreten hat. Zu einem solchen Programm gehört auch die Besteuerung des grenzüberschreitenden Kapitalverkehrs. Sie kann allerdings nur durch globale Vereinbarungen zwischen allen Ländern wirksam eingeführt werden (Tobin 1978;

Martin und Schumann 1996; Willms 1993). Auch die Europäische Währungsunion mit dem Euro als einheitlicher Währung bietet neue Chancen zur Wiedergewinnung politischer Gestaltungskraft auf europäischer Ebene. Die Liberalisierung der Finanzmärkte hat den Spielraum für wirtschafts-, geld-, beschäftigungs- und umweltpolitische Entscheidungen auf nahezu null reduziert. Das Kapital fließt in Sekundenschnelle dorthin, wo es nach Meinung der nach rein ökonomischen Kriterien urteilenden Finanzexperten die größte Rendite abwirft, unabhängig von allen weiteren Konsequenzen für die soziale und kulturelle Gestalt unseres Zusammenlebens.

Die Folge eines solchen Programms der Begrenzung des globalen Wirtschaftsverkehrs wäre gewiß eine geringere Nutzung der komparativen Kostenvorteile mit dem Effekt eines verlangsamten Weltwirtschaftswachstums. Diese Verlangsamung wäre jedoch ausdrücklich gewünscht, weil die Wachstumsrechnung ohnehin auf der falschen Grundlage beruht, daß die vom internationalen Güter- und Personentransport verursachten Schäden an der natürlichen und soziokulturellen Umwelt überhaupt nicht in die Rechnung eingehen (von Weizsäcker, Jessinghaus, Mauch und Iten 1992; Deutsches Institut für Wirtschaftsforschung 1994). Deshalb ist auch die Empfehlung, das weltweite Wachstum durch Zinssenkungen der Zentralbanken zu beschleunigen, um wieder ein Wachstumsniveau zu erreichen, das auch positiv auf Beschäftigung und/oder Löhne wirkt, ziemlich kurzsichtig. Lester Thurow, der diese Empfehlung gibt, mag zwar recht haben, daß die Inflationsgefahr wegen der gewachsenen globalen Konkurrenz auf absehbare Zeit gebannt und die Antiinflationspolitik der Zentralbanken deshalb obsolet geworden ist, die von der Wachstumssteigerung ausgehenden Negativeffekte bleiben dabei jedoch unzulässigerweise unberücksichtigt (Thurow 1996: 271-282).

Die Besteuerung des Verbrauchs würde ein Zeichen zum Umdenken in die Richtung einer umwelt- und sozialverträglichen Wirtschaftsweise setzen und zur Reflexion darüber anregen, ob die Maximierung der individuellen Interessen- und Rechteverwirklichung überhaupt ein besseres Leben bedeutet, wenn damit die Schäden an der natürlichen und soziokulturellen Umwelt unbegrenzt wachsen. Nur im Rahmen eines solchen Umdenkens wird man genug Bereitschaft für gravierendere Entlastungsmaßnahmen für den Arbeitsmarkt mobilisieren können: die Verteilung der vorhandenen Arbeit auf mehr Köpfe durch die Reduktion der Arbeitszeit ohne Lohnausgleich, durch Teilzeitarbeit und Auszeiten im Rahmen von Zeitkonten (Gorz 1989). Wer eine Auszeit nimmt und damit den Arbeitsmarkt entlastet, könnte dafür aus dem Steueraufkommen einen monatlichen Grundbetrag erhalten, der die elementaren Lebenshaltungskosten abdeckt. Gegebenenfalls könnte die maximale Auszeit auf z. B. zehn Jahre begrenzt werden, um die Finanzierung zu sichern (Offe 1996). In den Niederlanden hat die massive Umstellung auf Teilzeitbeschäftigung immerhin die Arbeitslosenquote auf ca. 6 Prozent senken können. Der Nettozuwachs an Arbeitsplätzen zwischen 1991 und 1996 übertrifft mit 13,3 Prozent sogar den Zuwachs in den USA, der bei 9,7 Prozent liegt. Die Niederlande rangieren nach Neuseeland mit 17,6 Prozent an zweiter Stelle (*Süddeutsche Zeitung* 1997a: 28). Im Jahre 1995 waren 37,4 Prozent aller Erwerbstätigen, mehr als zwei von sechs Millionen, teilzeitbeschäftigt. In Deutschland waren es im selben Jahr nur 16,3 Prozent (*Süddeutsche Zeitung* 1997c: 25; Heidenreich 1997: 298). Vorausgegangen ist dieser Entwicklung die Deregulierung des Arbeitsmarktes und die Beseitigung des staatlichen Monopols auf Arbeitsvermittlung. Private Agenturen der Arbeitsvermittlung und Zeitarbeitsvermittler sind zu blühenden Unternehmen geworden. Ergänzt wird diese Deregulierung des Arbeitsmarktes durch die Möglichkeit für alle Arbeitnehmer, auf Wunsch ein *sabbatical*, ein arbeitsfreies Jahr, einzulegen, für das der Staat eine Grundsicherung bereithält. Man darf nicht übersehen, daß auch diese neue Arbeitsmarktpolitik feste Arbeitsverhältnisse durch weniger sichere und weniger umfangreiche ersetzt hat und insofern eine Annäherung an das Modell der USA darstellt. Dennoch versucht sie eine bessere soziale Flankierung zu gewährleisten und mit dem *sabbatical* auch eine neue Einstellung zur Erwerbsarbeit zu erreichen.

Mit der Zeit könnte auf diesem Wege das Bewußtsein dafür geschärft werden, daß ein gutes Leben nicht zwangsläufig aus der maximalen Anhäufung von Gütern und Dienstleistungen folgt, sondern dadurch sogar in erheblichem Maße verhindert wird, wenn man sich die Orgien der modernen Konsumwelt anschaut (Offe 1989, 1994). Zu diesem Umdenken gehört auch die neue Anerkennung von Eigenarbeit (Haushalt, Kindererziehung), ehrenamtlicher Tätigkeit, Nachbarschaftshilfe, Gemeindearbeit und Vereinsarbeit (Heinze und Offe 1990). Wegen ihres gesellschaftlichen Nutzens können zumindest berechenbare Teile davon auch in die Berechnung von Rentenansprüchen eingehen. Die volle Anrechnung von Kindererziehungszeiten ist ein wichtiger Schritt in diese Richtung. Im Gegenzug zu dieser Erweiterung von Rentenansprüchen über die Erwerbsarbeit hinaus müßte angesichts der gestiegenen Lebenserwartung und des wachsenden Anteils älterer Menschen an der Gesamtbevölkerung zwangsläufig die Altersgrenze für volle Rentenansprüche nach oben verschoben werden. Die Flexibilisierung der Arbeit mit Teilzeit und Auszeiten muß auch den Abbau fester Altersgrenzen für die Erwerbstätigkeit einschließen. Die länger erhaltene Leistungsfähigkeit, das höhere durchschnittliche Lebensalter, die größere Flexibilität während des Arbeitslebens mit Auszeiten und schließlich die Probleme der Rentenfinanzierung sprechen dafür. Am einfachsten wäre es, Renten und Grundsicherung in einem System zusammenzufügen, wobei die Grundrente über Steuern finanziert wird, während darüber hinausgehende Rentenansprüche durch private Versicherungsbeiträge zu erwerben sind.

Schlußbemerkungen

Der Arbeitsmarkt wird gegenwärtig von mehreren Seiten zugleich unter einen wachsenden Druck gesetzt, der die Erwerbstätigkeit unter prekäre Bedingungen bringt. Wo das Arbeitsverhältnis, wie in den europäischen Wohlfahrtsstaaten, gesetzlich noch besonders vor Kündigung geschützt ist und Flächentarifverträge sowie hohe Versicherungsleistungen die Arbeitskosten so hoch getrieben haben, daß es für Arbeitgeber selbst bei wirtschaftlichem Wachstum keine Anreize für Neueinstellungen gibt und statt dessen auf Überstunden zurückgegriffen wird, wächst die Arbeitslosenrate, oder sie kann zumindest nicht reduziert werden. Wo das Arbeitsverhältnis weniger geschützt ist und die Arbeitskosten niedrig genug sind, wie in den USA, werden die Einkommensungleichheiten größer, die Beschäftigungsverhältnisse kurzfristiger und unsicherer und die Lebensbedingungen für den größer werdenden Teil der Wettbewerbsschwachen immer erbärmlicher. In beiden Fällen leidet die Gesellschaft unter Desintegrationserscheinungen in Gestalt von zunehmender Zersplitterung, Gruppenegoismus und Kriminalität. Diese prekäre Situation ist das Ergebnis des Zusammenlaufens mehrerer Entwicklungen. Soziale Identität und persönliche Selbstverwirklichung werden heute von beiden Geschlechtern in der Erwerbstätigkeit gesucht. Die Globalisierung führt dazu, daß sich auf jedem lokalen Arbeitsmarkt die Nachfrage nach Arbeit an jedem beliebigen Ort der Welt wettbewerbsverschärfend auswirkt. Außerdem bringt sie jedes Unternehmen mit jedem beliebigen anderen Unternehmen in der Welt in einem spezifischen Wirtschaftssektor in eine Konkurrenzsituation. Dadurch steigt der Kosten- und Innovationsdruck. Unternehmen sind viel mehr als zuvor dazu gezwungen, sich durch Kosteneinsparungen, technische und organisatorische Innovationen und schnelle Produkterneuerung Wettbewerbsvorteile zu verschaffen. Das bedeutet, daß sie sich immer weniger an eine bestimmte Belegschaft binden können und immer mehr auf die Kosten von Beschäftigung achten müssen. Der durch den globalen Wettbewerb beschleunigte technische Fortschritt macht den Strukturwandel und damit die Fehlqualifikation der Erwerbstätigen zur Dauererscheinung.

Dem von mehreren Seiten erzeugten Druck auf den Arbeitsmarkt kann nur erfolgreich und ohne weitere Verschärfung der sozialen Desintegration begegnet werden, wenn sowohl auf der Angebotsseite als auch auf der Nachfrageseite in bezug auf Arbeit Veränderungen vollzogen werden. Diese Maßnahmen gilt es aber durch neue Formen der sozialen Absicherung zu flankieren, die mehr auf Abstützung als auf die Beseitigung der immer breiter werdenden Zone prekärer Erwerbstätigkeit abzielen. Am Ende der notwendig gewordenen Reformmaßnahmen stünde ein Strukturwandel der Arbeit, der einerseits die Erwerbsarbeit liberalisiert und flexibilisiert und ihr eine korrespondierende Grundsicherung mit negativer Einkommenssteuer zur Seite stellt, sie andererseits aber auch durch die Verschiebung der Besteuerung von der Arbeit zum Konsum und die Verteilung auf mehr Köpfe durch Teilzeitarbeit und Auszeiten entlastet. Darüber hinaus wäre die Gesellschaft ein Stück weit vom Diktat der Erwerbsarbeit durch die steuerliche und rentenrechtliche Förderung von Haushaltsarbeit, Kindererziehung, Familien- und Nachbarschaftshilfe, Vereinsarbeit und Gemeindearbeit im Ehrenamt befreit. Dieser Strukturwandel der Arbeit ist allerdings nicht im Alleingang von einem einzelnen Staat zu meistern, sondern nur durch supranationale und globale Vereinbarungen, weil ein einzelnes Land damit nach bisheriger, auf quantitatives Wirtschaftswachstum fixierter Denkweise Einbußen im Wirtschaftsverkehr erleiden müßte, die es allein nicht verkraften kann. Es obliegt aber in der Tat einzelnen Ländern, die ohnehin eine führende Position in der Weltwirtschaft einnehmen, für diesen Strukturwandel zumindest Zeichen zu setzen und im internationalen Dialog mit dem ihnen verfügbaren Einfluß die Weichen in diese Richtung zu stellen. Eine Sonderstellung kommt dabei der Europäischen Union zu, weil sie aufgrund des Umfangs ihres Binnenmarktes die besten Möglichkeiten hat, den Strukturwandel in die Wege zu leiten.

In der absehbaren Zukunft wird es weniger als in den vergangenen zwei Jahrhunderten darum gehen, Rechte und Interessen zu maximieren, sondern mehr darum, zu einer bewußten Gestaltung des menschlichen Zusammenlebens zu gelangen. Während die klassische bürgerliche Rechte die Freiheiten des Marktes gefördert hat, ist es der klassischen Linken um die Teilhabe aller Schichten und Gruppierungen am materiellen Wohlstand gegangen. In Zukunft werden wir mehr damit beschäftigt sein, überhaupt zu bestimmen, wie wir leben wollen, jenseits des von Rechts und Links gleichermaßen gestützten Programms der Maximierung von Rechten und Interessen. Das verlangt nicht weniger als einen Paradigmenwechsel der Moderne, dem im Augenblick allerdings noch starker Widerstand der alten Rechten wie auch der alten Linken als Stützpfeiler des alten Paradigmas entgegensteht.

6. Ökologische Verteilungskonflikte: Umweltnutzung zwischen Leistungs- und Sozialprinzip

Einleitung

Die Umwelt ist ein Gemeinschaftsgut, dessen Übernutzung droht, weil es keinen Mechanismus gibt, der für ein Ansteigen des Preises pro Einheit der Umweltnutzung sorgt, wenn der Umweltvorrat knapper wird. An die Stelle des für Individualgüter wirkenden Marktes muß hier die Politik treten, deren Preis für die Umweltnutzung sich jedoch nicht nach Angebot und Nachfrage richtet, sondern nach dem Machtverhältnis zwischen Umweltnutzern und Umweltschützern. Da die Umwelt begrenzt ist, führt ein weiteres Anwachsen der Umweltnutzung zu Verteilungskonflikten neuer Art, deren Bewältigung die Politik vor neue Herausforderungen stellt. Die Gesellschaft steht vor neuen Integrationsproblemen. Es muß ein neues Gleichgewicht zwischen Leistungsprinzip und Sozialprinzip in der Regelung des Zugangs zur Umwelt gefunden werden.

6.1 Umwelt als übernutztes Gemeinschaftsgut

Jede konsequent betriebene Umweltpolitik zielt darauf ab, Umweltbelastungen schon an der Quelle zu vermeiden bzw. nach dem Verursacherprinzip diejenigen die Kosten tragen zu lassen, die auch die Umweltbelastungen verursachen. Das ist allerdings leichter gesagt als getan. Ein großer Teil der Umweltschäden entsteht ja einfach dadurch, daß die Verursacher entweder unter den Schäden nicht leiden, sich nicht als Verursacher erkennen oder durch eigene Enthaltsamkeit keinen spürbaren Beitrag zur Schadensvermeidung leisten können. Umweltbelastungen ergeben sich zum großen Teil als externe Effekte von individuell rational kalkuliertem Handeln (Wicke 1989: 43-46).
Soweit einzelne Individuen sich in ihren Rechten unmittelbar beeinträchtigt sehen, können sie immerhin eine Vorreiterrolle bei

der Vermeidung der Schäden spielen. Die Anwohner eines schad-
stoffausstoßenden Betriebes können z. B. zum Schutze ihrer Gesundheit erwirken, daß der Betrieb mittels Filteranlagen die
Schadstoffe reduziert oder eventuell in eine andere Region abwan-
dert. Wo es noch keine rechtlichen Regelungen über Immissions-
grenzwerte gibt, entscheidet die mobilisierbare Macht der Anwohner darüber, ob die Schadstoffe reduziert werden oder nicht.
Wo Regelungen bestehen, wird die Einhaltung von Grenzwerten
von den Behörden überwacht. Auf dem Wege von Klagen vor
Gericht können einzelne Bürger die Wiedergutmachung individuell erlittener Schäden erreichen.

Auf diese Weise kann es gelingen, zumindest teilweise die Vermeidung von Umweltschäden bei potentiellen Verursachern zu erzwingen. Es findet dann eine Internalisierung externer Effekte
statt. Bei einem großen Teil der Umweltschäden ist allerdings der
Weg über die Reaktion der unmittelbar Geschädigten und die Erfassung der Verursacher nicht möglich. Das liegt erstens daran,
daß nicht einzelne Verursacher die Schäden zu verantworten haben, sondern ein ganzes Geflecht von unabhängig voneinander
handelnden Akteuren. Zweitens sind nicht einzelne betroffen,
sondern eine Gesamtheit vieler Akteure, die ihr Handeln koordinieren müssen und die nicht alle in gleicher Weise die Schäden
sehen. Drittens spüren die Betroffenen viele Belastungen nicht
unmittelbar, sondern erst nach langen Jahren. Viertens ist die Verursachung von Umweltschäden nicht leicht festzustellen, so daß
sie oft im dunkeln bleibt. Und fünftens sind die Betroffenen oft
selbst in die Verursachung verstrickt, und zwar in einer Weise, die
sie nicht zur Vermeidung der Schäden motiviert. Letzteres ergibt
sich daraus, daß der Beitrag des einzelnen zur Verursachung bzw.
Vermeidung der Schäden so gering ist, daß sein Handeln die Situation in kaum spürbarer Weise verändert. Deshalb hat der einzelne kein Motiv, etwas zur Vermeidung der Umweltbelastungen
beizutragen.

Die aufgezählten Hindernisse für die Vermeidung von Umweltschäden weisen darauf hin, daß die Umwelt ein Kollektivgut ist,
dessen Qualität von einer Vielzahl individueller Handlungen abhängt (Olson 1965). Von dessen positiver Qualität kann niemand
ausgeschlossen werden, auch derjenige nicht, der keinen Beitrag
dazu geleistet hat. Dessen negativer Qualität kann sich niemand
entziehen, auch derjenige nicht, der keine Schuld daran trägt.

Lange Zeit ist die Umwelt – z. B. saubere Luft, reine Gewässer und gesunder Boden – als ein frei verfügbares Kollektivgut betrachtet worden, an dem niemand ein persönliches Eigentumsrecht hat und für dessen Gebrauch auch an niemanden ein Preis zu zahlen ist. Preise drücken Knappheiten aus und bilden sich auf dem Markt nach Angebot und Nachfrage. Bei einer Verknappung des Angebots steigt bei gleichbleibender Nachfrage der Preis. Angebot und Nachfrage pendeln sich auf dem offenen Markt bei freier Preisbildung von selbst ein, kommen in ein Gleichgewicht, so daß tendenziell jeder Nachfrage auch ein Angebot entspricht. Gegebenenfalls geht die Nachfrage bei steigendem Preis zurück. Dieser Mechanismus wirkt bei der Allokation von Umweltangebot und Umweltnachfrage nicht, weil es dafür keinen Markt gibt (Pearce 1986; Wicke 1989: 59-99; Zimmermann 1990: 5, 12; van Suntum 1993: 11-12). Hier kann das Angebot ständig knapper werden, ohne daß ein steigender Preis die Nachfrage wieder dämpfen würde. So geraten wir in die Situation, daß bei Verknappung des Angebots der Konsum der Umwelt dennoch weiter steigt, bis am Ende kein Angebot mehr verfügbar ist, die Umwelt vollkommen verbraucht ist. Es handelt sich hier um das sogenannte Commons-Dilemma (Hardin 1968; Keohane und Ostrom 1995). Ein Gemeinschaftsbesitz wird von den einzelnen Gemeinschaftsmitgliedern tendenziell übernutzt, so daß sie sich selbst um den gemeinsamen Besitz bringen. Die Teilhaber einer Viehweide lassen ihr Vieh so lange wie möglich auf der Weide, um möglichst viel vom verfügbaren Kuchen abzubekommen. Wer sich hier Zurückhaltung auferlegt, macht nur für die anderen Platz, kann also eine Schonung der Weide zu ihrer Regeneration durch eigene Enthaltsamkeit nicht erreichen. Deshalb ist es für jeden einzelnen am rationalsten, das Vieh so lange wie möglich weiden zu lassen. Eine Übernutzung der Weide mit ihrer letztendlichen Zerstörung ist deshalb unvermeidlich, so lange die Viehbesitzer allein als individuelle Akteure handeln.

Das Commons-Dilemma entsteht dann, wenn die Viehbesitzer keine Möglichkeit haben, sich untereinander über die Abwendung der Gefahr zu verständigen. Sie befinden sich dann in einem Gefangenen-Dilemma (Rapoport und Chammah 1965). Eine solche Verständigung ist allerdings durchaus nicht völlig ausgeschlossen. Sobald die Viehbesitzer erkennen, daß die Weide immer weniger regeneriert, werden sie die Situation ändern wollen. Es könnte sein, daß einzelne versuchen, mittels Gewaltandrohung oder -anwendung die anderen von der Weide zu verdrängen, um so zu einer Einschränkung ihrer Nutzung zu kommen. Das gelingt auf Dauer nur, wenn sie ein sicheres Gewaltmonopol errichten können. So ergäbe sich eine Staatsgründung durch Ausscheidungskämpfe (Elias 1939/1976).

Eine andere Möglichkeit besteht darin, daß alle Viehbesitzer über etwa gleich viel Gewaltmittel verfügen, so daß sie sich gegenseitig in Schach halten können. Wollen sie die Übernutzung der Weide verhindern, dann müssen sie ein Abkommen über eine Nutzungsbegrenzung schließen. Bei einem Machtgleichgewicht ist anzunehmen, daß sie die Nutzungszeit gleich verteilen. Gleichzeitig müssen sie eine Instanz einrichten, die auf die Einhaltung des Abkommens zu achten hat. Je komplizierter die Materie wird, um so eher brauchen sie auch eine Instanz, die Vorschläge für die Verteilung der Nutzungsrechte macht, über die dann die Gemeinschaft abstimmt. Das wäre eine Staatsgründung aus einem Machtgleichgewicht heraus (Hobbes 1651/1966). Die Bereitschaft zur Kooperation kann dadurch gefördert werden, daß sich die Gemeinschaftsmitglieder als zusammengehörig betrachten, und zwar durch Erfahrungen der äußeren Abgrenzung und der inneren Solidarität. Sie teilen dann auch eine gemeinsame Lebenswelt, aus der heraus sie sich verständigen können. Vorschläge zur Regelung ihrer Angelegenheiten können dann aus der Tradition und den darin verwurzelten gemeinsamen Vorstellungen vom guten Leben geschöpft werden (Münch 1994, Bd. 2: 4-16, Bd. 3: 53-66).

Auf jeden Fall kann das Überweidungsproblem nur durch eine Regelung bewältigt werden, die kollektiv verbindlichen Charakter hat und die Kooperation nicht in das Belieben der einzelnen stellt. Auf unsere Frage der Übernutzung der Umwelt bezogen, heißt dies, daß staatliche Eingriffe in die individuelle Umweltnutzung zur Vermeidung ihrer Übernutzung unvermeidlich sind. Wie ist im Lichte dieser Betrachtungen das häufig vorgetragene Argument zu beurteilen, daß ein großer Teil der Umweltschäden durch wirtschaftlich rationales Handeln verursacht wird, das mittels staatlicher Verordnungen in Form von Geboten, Verboten oder Grenzwertfestlegungen nicht adäquat gesteuert werden kann und vielmehr ökonomischer Lenkungsinstrumente bedarf? Dagegen ist zunächst einmal eines einzuwenden. Die Art der eingesetzten Instrumente ändert nichts daran, daß hier staatliche Eingriffe in

die wirtschaftlichen Aktivitäten erfolgen (Maier-Rigaud 1988; Malunat 1994). Dabei kommt es letztlich darauf an, was mit den Instrumenten erreicht werden soll. Verordnungen sind zielgenau, aber auf den Einzelfall bezogen. Es kann z. B. die Verwendung ganz bestimmter Giftstoffe verboten werden. Damit ist die von ihnen ausgehende Gefahr gebannt, aber keineswegs die von anderen Giftstoffen herkommende Gefahr. Ein anderes, viel unspezifischeres Instrument ist z. B. die staatlich geregelte Haftung für verursachte Schäden. Das kann z. B. bei der Produkthaftung geschehen, die sicherstellt, daß der Hersteller von Produkten für individuelle Schäden haftet, die aus dem Gebrauch der Produkte entstehen. Dabei kann es natürlich nur um Schäden gehen, die trotz sachgemäßer Handhabung der Produkte auftreten. Da es hier leicht Konflikte geben kann, ist eine rechtlich verbindliche Regulierung unumgänglich. Es können aber auch staatlicherseits Anreize für umweltgerechtes Handeln gesetzt werden, z. B. durch Subventionen für Investitionen in den Umweltschutz, durch Steuernachlässe für umweltschonendes und Steuererhöhungen für umweltschädigendes Handeln. Diese Instrumente werden oft als ökonomisch oder wirtschaftsadäquat bezeichnet. Gemeint ist damit wohl, daß diese Instrumente gewinn- oder nutzenmaximierendes Handeln nicht einschränken, sondern nur in die gewünschte umweltschonende Richtung lenken, um es dort zur Entfaltung kommen zu lassen. Dagegen ist zunächst einzuwenden, daß auch gezielte Verbote oder andere Verordnungen die wirtschaftlichen Aktivitäten nicht einfach unterbinden, diese vielmehr sich dorthin verlagern, wo keine Verbote bestehen. Je größer die Zahl der Verbote oder sonstigen Verordnungen wird, um so kleiner wird allerdings der Spielraum für wirtschaftliche Aktivitäten. Dagegen geht von Anreizen sogar ein besonderer investitionsfördernder Effekt aus. In diesem Sinne stellen sie sich als wirtschaftsfreundlicher dar (Hansmeyer 1988; Zimmermann 1990: 10-12; Hansmeyer und Schneider 1992).
Eine andere Art der wirtschaftlichen Angemessenheit erreichen steuerliche Belastungen von umweltschädigenden Aktivitäten (Nutzinger und Zahrnt 1989; Benkert, Bunde und Bernd 1990; Deutsches Institut für Wirtschaftsforschung 1994). Sie zwingen uns dazu, mit einem knappen Gut so sparsam wie möglich umzugehen. Gleichwohl schränken solche Steuerzahlungen den ökonomischen Handlungsspielraum ein, weil nun für die Umweltnut-

zung ein höherer Preis zu bezahlen ist. Deswegen reagiert die Industrie auch mit Warnungen vor dem Verlust der Wettbewerbsfähigkeit, wenn von Ökosteuern die Rede ist. Muß außerhalb eines Landes für die Umweltnutzung ein niedrigerer Preis bezahlt werden, dann wandern die wirtschaftlichen Transaktionen zwangsläufig dorthin, es sei denn, die Kosten der Verlagerung der Aktivitäten sind höher als die Kosten aus den Ökosteuern.

Auf jeden Fall handelt es sich bei dem durch Ökosteuern festgelegten Preis für umweltbelastendes Handeln um keinen aus Angebot und Nachfrage gebildeten Gleichgewichtspreis, sondern um einen politisch gemachten Preis. Er drückt keine Knappheit des Gutes »Umwelt« aus, sondern allein die Machtkonstellation zwischen Umweltschützern und Umweltnutzern. Nach Einschätzung vieler Experten ist er im Verhältnis zur Knappheit des Gutes zu niedrig, so daß die Übernutzung der Umwelt droht. Wenn dennoch der Preis durch politische Entscheidungen nicht wesentlich erhöht werden kann, dann liegt dies daran, daß sich für eine solche Preiserhöhung nicht genügend politische Macht – etwa durch Wahlstimmen – mobilisieren läßt. Die Ursache dafür ist darin zu sehen, daß eine konsequent betriebene Umweltpolitik in erheblichem Maße Verteilungskonflikte erzeugt. Sie sind für die Machterhaltung der jeweiligen Regierungen sehr gefährlich.

Alle bisherige Politik demokratisch gewählter Regierungen ist auf die Wohlstandsmehrung ausgerichtet. Sie ist deshalb Wachstumspolitik. Mit dem Wachstum des Wohlstands ist aber zugleich eine vermehrte Nutzung und Belastung der Umwelt einhergegangen. Deshalb brennt uns jetzt die Frage auf den Nägeln, ob die Umwelt unerschöpflich ist und deshalb ihre Nutzung so grenzenlos wachsen kann, wie es die unablässige Wohlstandsmehrung verlangt. Diese Frage muß wohl mit einem Nein beantwortet werden, so lange wir auf einen Planeten beschränkt sind und uns nicht in einem unbegrenzten Raum bewegen können. In dieser Perspektive müßte irgendwann der Punkt erreicht sein, an dem ein weiteres Wachstum der Umweltnutzung nicht mehr möglich ist (Carson 1962/1990; Meadows et al. 1972, 1992; Global 2000 Report to the President 1980; Hauff 1987). Dieser Punkt kann um so weiter in die Ferne gerückt werden, je mehr es gelingt, mit immer geringerem Ressourceneinsatz immer mehr zu erreichen. Auf diesen Effekt setzt das Programm der Ökosteuern, darunter z. B. der Versuch, durch die Besteuerung des Energieverbrauchs eine beständige Steigerung der Energieproduktivität zustande zu bringen (von Weizsäcker 1992). Auch dieses Programm stößt allerdings auf Probleme der Umsetzung, und zwar deshalb, weil es neue Verteilungskonflikte impliziert.

6.2 Nutzen, Kosten und Interessen am Umweltschutz

Nach einer weitverbreiteten Auffassung sind wir von den wachsenden Belastungen und Gefährdungen der Umwelt alle zusammen in gleicher Weise betroffen. Folgen wir den schlimmsten Horrorszenarien urplötzlich eintretender nuklearer Katastrophen oder schleichender Klimaveränderungen, dann steht das Überleben der Menschheit auf dem Spiel. Die Frage, wem es beim Untergang des Menschen besser oder schlechter geht, erübrigt sich. Umweltbelastungen und -katastrophen, die sich räumlich nicht eingrenzen lassen, treffen in der Tat alle in gleicher Weise (Beck 1986: 25-67). Dasselbe gilt für die verborgenen Gefahren, z. B. für Giftstoffe im Holzschutz oder in den Nahrungsmitteln, deren krankmachende Wirkungen erst nach Jahren des Gebrauchs erkannt werden. Die flächendeckende Verbreitung der modernen Zivilisation sorgt dafür, daß es nirgendwo noch Schlupflöcher gibt, in die man sich zum Schutze vor ihren Gefahren zurückziehen kann.

Im Verhältnis zu den sichtbaren Belastungen des Zeitalters der Schwerindustrie sind die Belastungen im High-Tech-Zeitalter weniger greif- und lokalisierbar und damit aber auch heimtückischer geworden. Daß der Bergmann oder der Eisengießer bei der Arbeit seine Gesundheit weit mehr aufs Spiel setzte als sein Chef in der Vorstandsetage ist naheliegend und bedarf keines besonderen Beweises. Diese soziale Differenzierung setzte sich außerhalb der Arbeit fort, weil der Industriearbeiter in der Nähe der Fabrikschlote in schlechten Wohnverhältnissen lebte, während sich der Fabrikdirektor im Villenviertel bei bestem Wohnstandard von den Belastungen der Industrieproduktion fernhalten konnte.

Die Geschichte der Industriegesellschaft ist lange Zeit durch diese Einheit von sozialer und ökologischer Ungleichheit geprägt worden. Diese Einheit ist jetzt aufgebrochen. Die Arbeitsverhältnisse des Industriearbeiters sind unter immer strengere Bestimmungen des Gesundheitsschutzes gebracht worden, seine Wohnverhältnisse sind im Zuge der allgemeinen Wohlstandsmehrung besser geworden. Heute kann sich der Fabrikdirektor an demselben Holzschutz oder Lebensmittelzusatz vergiften wie der Industriearbeiter. Außerdem gibt es immer weniger Industriearbeiter und immer mehr Dienstleister, deren Arbeitsbedingungen sich von denjenigen des Fabrikdirektors im Hinblick auf die Gesundheitsgefährdung nicht unterscheiden.

Der aufgezeigte Trend zur Angleichung der ökologischen Lebensqualität ist kaum zu leugnen, dennoch darf auch nicht übersehen werden, daß für eine inzwischen zur Minderheit gewordene Schicht die Arbeitsbedingungen sicherlich noch in erhöhtem Maße die Gesundheit gefährden. Die Einheit von sozialer und ökologischer Ungleichheit ist für diese Schicht noch nicht aufgehoben (Beck 1986: 46-47). Das ökologische Problem unserer Gegenwart ist jedoch nicht mit dem sozialen Problem der unter schlechten ökologischen Bedingungen arbeitenden Arbeiterschichten verknüpft. Der Gesundheitsschutz am Arbeitsplatz ist ein klassisches Thema der Gewerkschaftsbewegung und in deren Tradition unmittelbar mit den sozialen Fragen der Absicherung gegen Notlagen und der Einkommensverbesserung verknüpft. Die heutige Ökologiediskussion hat sich von dieser Verknüpfung mit sozialen Fragen völlig gelöst. Sie wird auch von ganz anderen Schichten als den Arbeiterschichten und auch nicht von der Gewerkschaftsbewegung getragen. Ihre Träger sind die gebildeten bzw. im Prozeß der höheren Bildung befindlichen Schichten: Lehrer, Pfarrer, Professoren, Schüler und Studierende. Die Hochburgen der Grünen sind dementsprechend die Universitätsstädte oder die Innenstadtbezirke der Großstädte mit hohem Studentenanteil. Das Interesse der gebildeten Schichten am Umweltschutz folgt nicht wie das Interesse der Arbeiterschichten am Schutz ihrer Gesundheit bei der Arbeit aus ihrer besonderen Betroffenheit. Sie setzen sich nicht wegen besonderer Gesundheitsgefährdung für den Umweltschutz ein, sondern weil sie die ökologische Frage für alle in gleicher Weise wichtig und drängend halten. Sie machen sich zum Fürsprecher der ganzen Gesellschaft und zukünftiger Generationen. Ihr Anspruch ist ein universeller. Für ihr Anliegen glauben sie, die Unterstützung der ganzen Gesellschaft, ja der ganzen Menschheit und nicht nur einzelner, besonders interessierter Teile bekommen zu müssen (Mayer-Tasch 1985; Eder 1988: 256-282, 369-387).

Diesen Universalitätsanspruch hat indessen die Arbeiterbewegung auch schon erhoben. Die Realisierung ihrer Ziele sollte nicht nur ihr partikulares Interesse an besseren Lebensbedingungen befriedigen, sondern die ganze Gesellschaft auf ein höheres Niveau der Lebensqualität führen. Dabei handelte es sich natürlich um den theoretischen Überbau – besonders prägnant von Marx formuliert – für die Legitimation der partikularen Anliegen der Arbeiterbewegung (Marx und Engels 1848/1959).

Da die gebildete Trägerschicht der Ökologiebewegung nicht mehr unter Umweltbelastungen und -gefährdungen leidet als andere Gesellschaftsschichten, scheint sie allein von der universalistischen Maxime der Erhaltung des Lebens auf der Erde geleitet zu sein. Partikulare Interessen sind anscheinend nicht im Spiele. Diese Aussage stimmt allerdings nur auf den ersten Blick. Auf den zweiten Blick sieht es etwas anders aus. Hier zeigen sich doch Interessendivergenzen in der Gesellschaft. Soweit der Schutz der Umwelt Kosten verursacht und Opfer verlangt, müssen Finanzmittel von anderen Verwendungszwecken abgezogen werden. Das ist natürlich um so leichter möglich, je reichhaltiger die Finanzmittel sind. Wieviel Interesse eine Person, eine soziale Schicht oder eine ganze Gesellschaft am Umweltschutz hat, ist eine Sache des dadurch erzielten Nutzens im Vergleich zum Mitteleinsatz für andere Zwecke. Je geringer die Zahl anderer Bedürfnisse außer dem Schutz der Umwelt ist, je größeren Umfang die verfügbaren Finanzmittel haben, je weiter alle anderen Bedürfnisse befriedigt sind und je größer sich die Diskrepanz zwischen dem gewünschten Zustand der Umwelt und der wahrgenommenen Realität darstellt, um so größer ist das Interesse an einer Verbesserung der Umweltqualität.

Aus der dargelegten Hypothese folgt, daß das Interesse am Umweltschutz bei den unteren Schichten am geringsten, bei den oberen Schichten am stärksten ausgeprägt sein muß. Diese Folgerung wird zunächst durch die umweltpolitische Abstinenz der unteren Schichten bestätigt. Bei den oberen Schichten gilt, daß sie ohne Unterschied ein zumindest latentes Interesse am Umweltschutz haben, weil sie in ihren gesättigten Lebensverhältnissen hier den größten Nutzen erzielen. Wenn dennoch die Ökologiebewegung ihre Träger hauptsächlich in den Bildungsschichten – noch spezifischer: in den literarisch gebildeten Schichten – und weniger in den gewerblichen und technisch-wissenschaftlich gebildeten

Schichten hat, dann liegt dies in erster Linie daran, daß bei den ersteren andere Bedürfnisse außer dem Bedürfnis nach einer intakten Umwelt eine geringere Rolle spielen und bei den letzteren die Umweltprobleme als weniger gravierend, dagegen ein rigoroser Umweltschutz weit mehr als Gefahr für die Erhaltung der internationalen Wettbewerbsfähigkeit der Wirtschaft betrachtet wird. Die Wettbewerbsfähigkeit seines Unternehmens spielt für den Manager selbstverständlich eine größere Rolle als für den Pfarrer in seiner Kirchengemeinde oder den Deutschlehrer in seiner Schule, es sei denn, sie leben in einer Gemeinde, die von den Folgen der Globalisierung des Wettbewerbs besonders auffällig betroffen ist.

Was sich über den unterschiedlichen Nutzen der sozialen Schichten sagen läßt, das gilt auch für ganze Regionen und Gesellschaften. Nachdem das Modell der hochentwickelten Wohlstandsgesellschaften für die ganze Welt zum Leitbild des guten Lebens geworden ist, unterscheiden sich die einzelnen Gesellschaften in der Selbst- und Fremdwahrnehmung nur noch nach dem Rang, den sie nach der Wohlstandsskala – ausgedrückt im Bruttosozialprodukt oder im Pro-Kopf-Einkommen – einnehmen. Dementsprechend nimmt das Interesse am Umweltschutz mit dem Rangplatz in der globalen Wohlstandsskala ab. Dabei scheint die Betroffenheit von Umweltschädigungen nur eine untergeordnete Rolle zu spielen. Sie wirkt sich am ehesten in den hochentwickelten Gesellschaften an der Spitze der Rangordnung aus. Dagegen ist das Interesse am Umweltschutz in den unterentwickelten Regionen der Welt auch bei gravierenden Umweltschäden gering ausgeprägt. Der Grund dafür liegt in dem geringen Nutzen, den Maßnahmen zum Umweltschutz im Vergleich zu anderen Investitionen erbringen (Lembke 1991; Simonis 1992).

Wo andere Bedürfnisse als dasjenige nach einer intakten Umwelt noch wenig erfüllt sind, ist also der Nutzen jeder Maßnahme zum Umweltschutz vergleichsweise gering. Deshalb ist der Umweltschutz sowohl innergesellschaftlich als auch global eine Sache der Reichen und Privilegierten. Zu demselben Ergebnis kommt man bei einer Betrachtung der Kosten des Umweltschutzes. Je höher das Einkommen ist – sowohl innergesellschaftlich als Individualeinkommen als auch global als Pro-Kopf-Einkommen gesehen – um so geringer ist der Anteil jeder Geldeinheit von Umweltschutzmaßnahmen an den Gesamtkosten eines Haushalts. Die

Kosten des Umweltschutzes sind also für die Schlechtergestellten höher als für die Bessergestellten. In einem Land mit Staatsausgaben in Höhe von 50 Milliarden DM nehmen 5 Milliarden für den Umweltschutz 10 Prozent der Gesamtausgaben in Anspruch. In einem Land mit Staatsausgaben in Höhe von 500 Milliarden DM beansprucht dieselbe Summe nur 1 Prozent. Ein Familienhaushalt mit einem Monatsbudget von 3000,– DM wird von einer Erhöhung des Benzinpreises um 1,– DM doppelt so stark getroffen wie ein Familienhaushalt mit einem Monatsbudget von 6000,– DM. Die Kosten einer Umweltschutzmaßnahme sind für das arme Land in unserem Vergleich zehnfach höher als für das reiche Land, für die schlechtergestellte Familie sind die Kosten der Benzinpreiserhöhung um 1,– DM doppelt so hoch wie für die bessergestellte Familie.

Die aufgezeigten Unterschiede fallen allerdings weniger gravierend aus, wenn Divergenzen in der Umweltverschmutzung berücksichtigt werden. Leidet das ärmere Land wegen geringerer Schadstoffimmissionen in die Umwelt unter geringerer Umweltschädigung, dann kann es eventuell mit 500 Millionen DM dieselbe Schadstoffreduktion erreichen wie das reichere Land mit 5 Milliarden. Die Kosten des Umweltschutzes wären dann für beide Länder gleich. Beide müssen 1 Prozent ihres Gesamtbudgets für eine Einheit der Schadstoffreduktion aufwenden. Diese Gleichheit der Kosten ist aber wahrscheinlich genauso unrealistisch wie die zuvor errechnete Ungleichheit der zehnfachen Kostenbelastung des ärmeren Landes. Ist das arme Land hoch verschuldet und hat es im Vergleich zum reichen Land einen extrem hohen Nachholbedarf der Befriedigung materieller Bedürfnisse, dann können die 500 Millionen dennoch mehr wehtun als die 5 Milliarden des reicheren Landes. Im ärmeren Land erhöhen dann die Umweltschutzmaßnahmen die Schuldenlast und die Zinszahlungen. D. h., es müssen mehr als 500 Millionen aufgebracht werden, womit der Anteil der Umweltschutzkosten am Gesamtbudget doch größer ist als im reicheren Land. Außerdem sind die Kosten entgangener Bedürfnisbefriedigung im ärmeren Land besonders hoch. Sind im ärmeren Land nur 10 Prozent der anderen Bedürfnisse zu 100 Prozent befriedigt, im reicheren Land jedoch 100 Prozent der anderen Bedürfnisse zu 100 Prozent, dann verschlechtern hier 500 Millionen DM an Umweltschutzmaßnahmen die materielle Bedürfnisbefriedigung mehr als 5 Milliarden dort.

Das kleinere Umweltbudget entpuppt sich als größere Belastung als das größere selbst dann, wenn der prozentuale Anteil an den Ausgaben gleich ist. Mit jeder Einheit Umweltschutz steigen die Kosten entgangener Bedürfnisbefriedigung im ärmeren Land steiler an als im reicheren.

Ähnliches läßt sich auch im Hinblick auf die unterschiedlichen Umweltschutzkosten reicherer und ärmerer Schichten feststellen. Hat eine reichere Familie ein Auto mit höherem Benzinverbrauch und unternimmt sie mehr Fahrten als eine ärmere Familie, dann schlägt eine Erhöhung des Benzinpreises um 1,– DM pro Liter bei beiden Familien prozentual eventuell in gleichem Maße zu Buche. Hat die eine Familie einen monatlichen Benzinverbrauch von 150 Litern und die andere einen Verbrauch von 300 Litern, dann wachsen die Kosten der zweiten um den doppelten Betrag, nämlich um 300,– DM statt 150,– DM. Der prozentuale Anteil am Gesamtbudget bliebe also gleich. Dennoch wird auch in diesem Fall die ärmere Familie härter getroffen als die reichere, weil die Benzinpreiserhöhung um 150,– DM die Befriedigung anderer Bedürfnisse einschränkt, während die reichere Familie vielleicht die 300,– DM Mehrkosten aus ohnehin frei disponiblem, nicht zur Bedarfsdeckung benötigten Finanzmitteln bestreiten kann. Für die reichere Familie besteht deshalb kein Anlaß, auf die Benzinpreiserhöhung mit einer Verminderung der Fahrkilometer und des Benzinverbrauchs zu reagieren. Ihre Mobilität wird nicht eingeschränkt. Bei der ärmeren Familie ist dies jedoch jenseits der tragbaren Grenze der Fall. Nehmen die 150,– DM Mehrkosten Mittel von anderer wichtiger Bedarfsdeckung weg, dann bleibt nichts anderes übrig, als auf die Befriedigung des Mobilitätsbedürfnisses oder anderer Bedürfnisse teilweise zu verzichten. Gegebenenfalls muß also der Benzinverbrauch durch Fahrtenverzicht und durch Umsteigen auf ein verbrauchsärmeres Fahrzeug reduziert werden.

Aus diesen Überlegungen folgt, daß selbst bei einer proportional gleichen Erhöhung der Fahrtkosten die Kosten entgangener Bedürfnisbefriedigung bei ärmeren Familien höher sind als bei reicheren. Auf die ärmeren Familien kommt ein größerer Druck zu, die Umweltschutzkosten durch geringeren Benzinverbrauch in Grenzen zu halten, als auf die reicheren. Lassen sich die erhöhten Kosten nicht gänzlich durch die Nutzung verbrauchsärmerer Fahrzeuge kompensieren und kann auf die Befriedigung anderer

Bedürfnisse nicht verzichtet werden, dann bleibt nichts anderes übrig, als die Fahrleistungen zu reduzieren. D. h. die Kostenerhöhung erzwingt eine Verminderung der Umweltnutzung. Der Zugang zur Umwelt wird dementsprechend eingeschränkt.

Mit der Mobilität der Bevölkerung verbindet sich ja eine vielfältige Nutzung der Umwelt. Mit dem Fahrzeug wird der Arbeitsplatz angesteuert, ebenso die Innenstadt zum Einkaufen, Flanieren, Kino-, Theater- oder Konzertbesuch. Es werden Fahrten unternommen, um Freunde und Verwandte zu besuchen oder um zum Wandern, Segeln, Fischen oder Sonnenbaden zu gehen, um sich in den Bergen oder an der See zu erholen. Die Einschränkung der Mobilität erfaßt die moderne Gesellschaft an ihrem Nerv, und sie trifft die schlechtergestellten Schichten besonders hart, weil sie von der Befriedigung elementarer Bedürfnisse abgeschnitten werden. Ein konsequenter Umweltschutz durch die Begrenzung des Zugangs zur Umwelt und des Verbrauchs von Ressourcen verschärft insofern Ungleichheiten, die schon längst für abgebaut und unerheblich gehalten wurden. Weil durch den »Fahrstuhleffekt« das materielle Lebensniveau und die damit verbundene Lebensführung der unteren Schichten an das Niveau der oberen Schichten angeglichen worden war, schienen die großen sozialen Fragen gelöst und soziale Konflikte um die Verteilung des gesellschaftlichen Reichtums in ferne Vergangenheit gerückt. Ergänzend zur Anhebung des Lohnniveaus hat der Wohlfahrtsstaat aus den Quellen des Wohlstands geschöpft und für ein hohes Maß der sozialen Sicherheit gesorgt. Sind die Zeiten des sozialen Friedens vorbei, nachdem sich der Druck auf die hochentwickelten Gesellschaften erhöht, den Raubbau an der natürlichen Umwelt einzuschränken? Kommen auf die hochentwickelten Gesellschaften wegen der erhöhten Anforderungen an den Umweltschutz neue Verteilungskonflikte zu, weil jetzt nicht mehr aus dem vollen geschöpft werden kann (Schnaiberg, Watts und Zimmermann 1986; Decker 1994)?

6.3 Verteilungskonflikte der Umweltnutzung

Bei der Beantwortung dieser Frage ist zunächst daran zu erinnern, daß die Überwindung harter Verteilungskonflikte in den hochentwickelten Gesellschaften dem beständigen wirtschaftlichen Wachstum zu verdanken ist. Die Konflikte sind entschärft worden, weil der zu verteilende Kuchen immer größer geworden ist. Die Frage ist deshalb, ob das Wachstumsprogramm auch den Schlüssel zur Entschärfung der Verteilungskonflikte um die Umweltnutzung bereithält. Da die Produktivitätssteigerung wesentlich zum Wachstum beiträgt, ist zu fragen, ob auf diesem Wege auch Wachstum möglich ist, das die Verteilungskonflikte um die Umweltnutzung gar nicht aufkommen läßt. Im Geiste dieses Programms werden jetzt in der Tat die Hoffnungen in die beständige Steigerung der Energieproduktivität gesetzt. Diese Idee wurde im Kontext der Diskussion um die drohende Erderwärmung mit ihren gefährlichen Folgen geboren und von Ernst Ulrich von Weizsäcker (1992) mit Nachdruck vertreten. Wenn wir unseren Energieverbrauch im Laufe der Zeit um das Vierfache verringern, dann kann eine vierfach größere Zahl von Menschen in demselben Maße die Umwelt nutzen, wie wir es heute in den hochentwickelten Ländern tun, ohne daß die Umweltbelastung durch fossile Brennstoffe zunimmt. Oder die Bevölkerung der reichsten Länder kann ihre Umweltnutzung um das vierfache steigern, ohne die Umwelt mehr zu belasten als jetzt. Statt einmal können wir dann z. B. viermal im Jahr auf die Kanarischen Inseln fliegen. Die stetige Verteuerung der Energiepreise – z. B. durch die Anhebung der Mineralölsteuer – soll dazu führen, daß die Verbraucher in erhöhtem Maße energiesparende Aggregate zur Energieerzeugung nachfragen, um ihre Kosten nicht zu erhöhen. So ergeben sich immer bessere Absatzchancen für energiesparende Techniken. Dementsprechend verbessert sich die Energieproduktivität.
Wir scheinen also unseren materiellen Wohlstand weiter steigern zu können, ohne an die Grenzen der Umweltbelastung zu stoßen, weil diese Belastung pro Handlungseinheit – z. B. pro Fahrkilometer – immer geringer wird. Auf die Umweltbelastungen aus dem Energieverbrauch bezogen, kann diese Argumentation zunächst Pluspunkte sammeln. Die Modellrechnung hat allerdings gleich mehrere Pferdefüße.
Erstens kann auch sie nicht leugnen, daß eines Tages die techni-

sche Grenze der Energieproduktivität erreicht sein wird und die weitere Steigerung der Umweltnutzung in der Tat mehr Energie mit den entsprechenden Belastungen verbrauchen muß.

Zweitens sieht die Rechnung selbst innerhalb des Rahmens technischer Möglichkeiten bescheidener aus, wenn wir berücksichtigen, daß Voraussagen zur Erderwärmung ein Weiterführen des jetzigen Energieverbrauchs schon als gefährlich einstufen. Deshalb muß die gewonnene Energieproduktivität die jetzige Umweltbelastung zurückfahren. Sie kann also nicht in eine weitere materielle Wohlstandssteigerung umgesetzt werden.

Drittens klopfen die bisher zu kurz gekommenen Regionen der Welt an und wollen etwas von dem Wohlstandskuchen haben, so daß die gewonnenen Energiereserven durch eine Vergrößerung der Verbraucherzahl aufgebraucht werden. Global gesehen, ist es deshalb eher wahrscheinlich, daß selbst bei einer Steigerung der Energieproduktivität die Verteilungskonflikte zunehmen und ein harter Verdrängungswettbewerb den Markt bestimmt.

Viertens sind mit der Steigerung der Energieproduktivität keineswegs alle Umweltbelastungen beiseite geräumt. Wenn wir unsere Mobilität bei gleichem Energieverbrauch um das Vierfache steigern können, dann vervierfacht sich auch z. B. die Zahl von Ferienflügen nach Gran Canaria mit entsprechender vierfacher Steigerung der Belästigung durch Fluglärm, des Wasserverbrauchs auf der Insel, der Verbauung von Stränden und der weiteren Umweltbelastung durch allerlei Urlaubsaktivitäten. Wenn nicht gleichzeitig diese Belastungen vermindert werden, trägt die Steigerung der Energieproduktivität möglicherweise sogar ganz kontraproduktiv zur weiteren Umweltzerstörung bei. Bei der Reduktion dieser weiteren Belastungen wird man indessen an irgendeinem Punkt an eine technische Grenze stoßen. Und selbst wenn es gelingt, Fluglärm in Fluggeräusch umzuwandeln, dann wird die Vervielfachung des Geräuschpegels dazu führen, daß es keine Ruhezonen mehr gibt. Der unhörbare, unsichtbare Urlauber, der keine Spuren hinterläßt und den die Tourismusindustrie im Interesse ihres weiteren Wachstums hervorzaubern muß, wird wohl eine reine Utopie bleiben.

Die Effektivität des Energieproduktivitätsmodells wird fünftens noch dadurch in Frage gestellt, daß es darauf setzt, den Verbrauchern die Energiepreiserhöhung insofern zu kompensieren, als sie im gleichen Umfang, in dem der Energiepreis steigt, von anderen

Steuern befreit werden bzw. bei fehlender Steuerschuld Ausgleichszahlungen erhalten (von Weizsäcker 1992: 37). Die sogenannten Ökosteuern werden in der Regel mit dem Versprechen der Steuerentlastung bzw. der Zahlung von Ausgleichsbeträgen an anderer Stelle schmackhaft gemacht. Naturverbrauch soll teurer, Arbeit dafür billiger werden. So hofft man, den ökologischen Umbau der Marktwirtschaft vorantreiben zu können. Hier muß man allerdings genau fragen, welchen Effekt das Modell für das Verbraucherverhalten haben wird. Welche Verhaltensänderung soll denn eintreten, wenn sich am verfügbaren Gesamtbudget des Verbrauchers nichts ändert, dieses sogar im Zuge der Wohlstandssteigerung wächst? Es ist doch eher anzunehmen, daß die Neutralisierung der Abgabenbelastung auch zu einer Neutralisierung der Verhaltenseffekte der Ökoabgaben führt. Wenn sich z. B. meine monatlichen Fahrtkosten wegen der erhöhten Mineralölsteuer um 200,– DM erhöhen, mein Nettoeinkommen wegen anderweitiger Steuerentlastungen um 200,– DM wächst, dann besteht für mich nicht der geringste Anlaß, weniger zu fahren als zuvor. Dasselbe gilt, wenn die Mehrkosten zur einen Hälfte durch verbesserte Energieausnutzung und zur anderen Hälfte durch anderweitige Steuerentlastungen aufgefangen werden oder beide in einem anderen prozentualen Verhältnis für eine volle Kompensation der Ökoabgaben sorgen. Nicht anders stellen sich die Kompensationszahlungen an Pendler dar, die von der Mineralölsteuererhöhung besonders getroffen werden. In sozialer Hinsicht ist das richtig, in ökologischer Perspektive jedoch falsch, weil Vielfahrer die Umwelt besonders belasten. Der Anreiz, wegen der hohen Fahrtkosten Arbeit und Wohnen nahe zusammenzubringen, geht verloren. Die andere Seite dieser ökologisch an sich wünschenswerten Entwicklung wäre die weitere Entvölkerung ländlicher Räume und das Anwachsen städtischer Verdichtungszonen mit ihren eigenen ökologischen Problemen der konzentrierten Umweltbelastung. Ökologie zum Nulltarif gibt es offensichtlich nicht.

Wenn die volle Kompensation ökologischer Abgaben die ökologisch erwünschten Effekte zunichte macht, stehen wir vor einem Dilemma: Federn wir den ökologischen Umbau der Marktwirtschaft sozial ab, dann treten die ökologisch erwünschten Effekte nicht ein. Führen wir den Umbau ohne sozialen Ausgleich durch, dann erzeugen wir längst überwundene soziale Ungleichheiten und heftige Verteilungskämpfe aufs Neue.

6.4 Unschädliches Wachstum als Strategie zur Vermeidung von ökologischen Verteilungskonflikten

Haben wir überhaupt Chancen, diesem Dilemma zu entgehen? Konsequente Umweltschützer predigen den Verzicht auf weiteres Wirtschaftswachstum (Illich 1975; Winter 1992, 1994). Dabei muß man allerdings wissen, daß die moderne Gesellschaft auf die ständige Erweiterung individueller Rechte und ihrer Nutzung durch allerlei Aktivitäten programmiert ist. Das Wirtschaftswachstum ist darauf ausgerichtet, den damit stets wachsenden Bedarf an Gütern und Dienstleistungen zu befriedigen. Wachstumsverzicht bedeutet, daß der zu verteilende Kuchen nicht größer wird, eine Schrumpfkur sogar, daß er kleiner wird. Bei gleichbleibendem Verteilungsschlüssel trifft dieser Rückbau zuallererst die schlechtergestellten Länder im globalen System und die schlechtergestellten Schichten in den einzelnen Gesellschaften. Wenn an dem Verteilungsschlüssel nichts geändert werden soll, ist dieser ökologische Umbau ohne soziale Krisen nicht durchführbar.

Es ist deshalb kein Wunder, wenn die Hoffnung nach wie vor auf Wachstum gesetzt wird. Technologische Innovationen sollen diese Hoffnung in die Tat umsetzen und das Wirtschaftswachstum immer unschädlicher machen (Prätorius und Steger 1994). Allerdings tragen diese Innovationen kontraproduktiv auch dazu bei, daß immer mehr Menschen in immer größerem Umfang Waren konsumieren und dabei Transportwege benutzen, Energie verbrauchen, Lärm verursachen und Schadstoffe ausstoßen. Größere Chancen für unschädliches Wachstum ergeben sich aus dem weiteren Ersetzen von materiellen Gütern und ihrer beschleunigten Erneuerung durch Dienstleistungen, wenn die materiellen Güter langlebiger werden und an die Stelle ihres schnellen Ersatzes die Pflege durch Dienstleistungen tritt. Allerdings sind Dienstleistungen viel engere Produktivitäts- und Innovationsgrenzen gesetzt als der Produktion von materiellen Gütern. Vor allem lassen sie sich nicht massenhaft exportieren, so daß ein Land, das seinen Wohlstand einem umfangreichen Export produzierter Güter verdankt, bei dieser Entwicklung mit Wohlstandseinbußen rechnen muß (BUND und MISEREOR 1995).

Man mag die Sache drehen und wenden wie man will, so deutet doch vieles darauf hin, daß auf begrenztem Raum ein unbegrenztes Wachstum nicht möglich ist, ohne daß dadurch die ökologische und mit ihr die soziale und kulturelle Existenz des Menschen gefährdet wird. Am Verzicht auf weiteres Wachstum scheint kein Weg vorbeizuführen. Er hat allerdings Konsequenzen. Die ärmeren Länder werden nicht mehr denselben Absatz ihrer Rohstoffe und landwirtschaftlichen Produkte in den reichen Ländern erzielen wie bisher. Das gilt vor allem dann, wenn ganz gegen die bisherige Globalisierungspolitik des offenen Weltmarktes der Transport von Waren entsprechend der dadurch verursachten Umweltbelastungen erheblich verteuert wird und eine neue Dezentralisierung und Regionalisierung von Märkten mit kurzen Transportwegen eintritt. Sie werden ein gezieltes Programm der Subsistenzwirtschaft verfolgen müssen. Dazu brauchen sie die Unterstützung der reichen Länder, die dies allerdings in einer Situation verengter Handlungsspielräume und neuer Verteilungskonflikte tun müssen. Wie das möglich sein soll, steht noch in den Sternen.

6.5 Zukunftsstrategien: Zwischen Globalisierung und Reregionalisierung

Die Globalisierung hat jetzt eine Situation geschaffen, in der alle einzelnen Gesellschaften ihre wirtschaftliche Infrastruktur auf das extremste entwickeln müssen, um sich auf dem Weltmarkt behaupten zu können (Wallerstein 1984; Porter 1990; Robertson 1990; Münch 1993b). Der Wohlfahrtsstaat ist an seine Grenzen gestoßen. Wie soll da nach außen wie nach innen mehr geteilt werden als zuvor? Die Politik müßte eine Kehrtwende vollziehen und auf dem Wege der Verteuerung von Mobilität und Transport exakt jene Wegezölle wieder einführen, die im Sinne der ökonomischen Lehre von den Segnungen des Freihandels mühsam abgebaut worden waren. Und diese Lehre ist ja hinsichtlich des materiellen Fortschrittszieles durchaus richtig, nur leider vernachlässigt sie den selbstzerstörerischen Charakter des materiellen Fortschritts. Während uns die Globalisierungspolitik langfristig in eine Einheitswelt hineinstellt, in der die Vielfalt kultureller Lebenswelten auf die Vielfältigkeit des globalen Warenangebots reduziert wird, müßte die neue ökologische Politik genau auf das Gegenteil setzen, auf die Dezentralisierung und Regionalisierung der Märkte, die der Vielfalt der Lebenswelten noch eine Überlebenschance geben. Zu Hause zu bleiben, soll sich wieder lohnen. Die Erholungsflucht in die Ferne soll sich erübrigen (Höhn 1994; BUND und MISEREOR 1995; Deutsches Institut für Wirtschaftsforschung 1994). Wer schützt uns aber davor, daß wir dann wieder provinziell werden und nicht im geringsten bereit sind, andere Erdbewohner fernab von unserer Lebenswelt zu unterstützen? Ist eine konsequente Dezentralisierungspolitik bei gleichzeitiger Förderung globaler Verantwortung überhaupt möglich? Dagegen spricht auf jeden Fall, daß niemand globale Verantwortung übernimmt, der über seine Lebenswelt hinaus keine reale Beziehung zum Rest der Welt hat.

Das ganze Programm ist ohne die Durchsetzung einer neuen Philosophie des Teilens nicht möglich. Die reichen Länder werden mit den ärmeren Ländern mehr teilen müssen als bisher und ihre reicheren Schichten werden dasselbe in bezug auf die ärmeren Schichten tun müssen. Davon ist die Welt allerdings weiter entfernt als je zuvor. Die Politik setzt vielmehr nach dem Rat der herrschenden ökonomischen Lehre auf die Vermeidung sozialer Konflikte durch globales Wachstum. Das »Erfolgsmodell« der führenden Länder soll auf die Weltgesellschaft übertragen werden. Man wird jedoch kaum vermeiden können, die soziale in eine sozialökologische Marktwirtschaft umzubauen, wenn die Gefahren des ungebremsten Wirtschaftswachstums vermieden werden sollen (Jahn 1991; Glaeser und Teherani-Kröner 1992; Hasenpflug 1993). Dabei ist an ein ähnliches Ergänzungsverhältnis von Leistungsprinzip und Sozialprinzip in bezug auf die Umweltnutzung zu denken, wie dies in bezug auf die Verteilung des materiellen Reichtums geschehen bzw. noch zu vervollkommnen ist. Jedem soll eine sozialökologische Grundsicherung der Umweltnutzung zustehen, z. B. im Recht auf Energieverbrauch, Schadstoffausstoß oder Mobilität. Eine Verteuerung des Energieverbrauchs etwa über die Mineralölsteuer wäre so weit durch Steuerentlastungen bzw. Negativsteuern zu kompensieren, daß jeder sein Recht auf Umweltnutzung bis zu einer festzulegenden Grenze wahrnehmen kann. Dem Existenzminimum im Einkommen wäre ein Existenzminimum der Umweltnutzung zur Seite zu stellen, das z. B. jedem Bürger so viel Einkommen zugesteht, daß neben der Befriedigung der elementaren Bedürfnisse z. B. ein bestimmtes Maß an Mobilität in Gestalt einer jährlichen Kilometerleistung per Auto, Bahn, Schiff oder Flugzeug möglich ist. Was über das festzulegende Maß hinausgeht, müßte – analog der Steuerprogression – mit einem etwa pro 1000 km steigenden Preis bezahlt werden. Eine volle Kompensation der gestiegenen Mineralölsteuer kann es im Rahmen dieses Modells nicht geben. Sie ist allein für die untersten Schichten möglich. Darin unterscheidet sich dieses ökologische Modell von dem Kompensationsmodell, das Ernst Ulrich von Weizsäcker vorgeschlagen hat. Wer viel fährt oder fliegt, müßte dies viel teurer bezahlen als bisher.

Nicht nur die eigene Fortbewegung würde sich bei einem ökologischen Umbau der Marktwirtschaft erheblich verteuern, auch der Transport von Gütern wäre davon betroffen. Die vielen Früchte, die aus aller Welt zu uns eingeflogen werden, müßten sich so weit verteuern, daß die Versorgung aus der regionalen Landwirtschaft wieder konkurrenzfähig wird. Darüber hinaus würde eine Produktionsweise der kurzen Wege gefördert, nach der es sich nicht rechnet, ein Produkt mehrfach quer durch Europa und darüber hinaus durch die ganze Welt zu transportieren, bevor es seine endgültige Gestalt angenommen hat und zum Verbraucher gelangt. Dasselbe gilt für die Integration von Arbeiten und Wohnen. Statt lange Anfahrten steuerlich zu privilegieren, müßte vielmehr die kurze Anfahrt steuerlich bevorzugt werden. Ein großer Teil der Umweltschäden könnte durch eine kostenadäquate Belastung des Personen- und Gütertransports vermieden werden.

Damit würde sich die Gesellschaft im Verhältnis zum jetzigen Stand der Globalisierung wieder zurückentwickeln in ein Nebeneinander von annähernd subsistenzwirtschaftlich arbeitenden Regionen. Die globale Verflechtung würde zurückgenommen. Gleichzeitig hätten lokale und regionale Lebenswelten bessere Überlebenschancen, könnten mehr eigene kulturelle Identität bewahren, weil sie nicht vollständig in die Einheitskonsumkultur der Weltgesellschaft hineingezogen würden. Die lokalen und regionalen Kulturen würden sich auch im Konsum bemerkbar machen. Beim Essen und Trinken könnte man wieder feststellen, wo man sich befindet. In der Einheitskonsumkultur der Weltgesellschaft findet man sich dagegen überall zurecht, weil überall dasselbe serviert wird. Lokale Idiosynkrasien werden in global zugängliche Warenangebote transformiert, die überall erhältlich sind. Insofern verschwinden sie nicht völlig, verändern aber ihren Charakter. Durch die Aufbereitung für den globalen Konsum werden sie geglättet, d. h. für jedermann genießbar und schmackhaft gemacht.

Ein solches ökologisch begründetes Dezentralisierungsprogramm verhält sich diametral entgegengesetzt zur unablässigen Globalisierung der Lebensverhältnisse, die mit dem Anfang der Modernisierung in Gang gesetzt worden ist (Robertson 1990). Alle gegenwärtige Politik ist darauf ausgerichtet, den Globalisierungsprozeß noch weiter voranzutreiben. Die Politik scheint dabei nichts weiteres zu sein als ein Erfüllungsgehilfe einer Gesetzmäßigkeit, die sich ohnehin durchsetzt und diejenigen besonders hart mit Existenznöten bestraft, die den Anschluß an den rasenden Zug verpassen und im ubiquitären Rennen um die vordersten Plätze abgehängt werden. Nach der ökologischen Prognose rasen wir in diesem Rennen über kurz oder lang in den Abgrund. Nach der Selbstrechtfertigung der Globalisierungspolitik werden wir von den anderen überrannt und gehen noch schneller unter, wenn wir uns in dem Rennen nicht mit an der Spitze behaupten.

Kann der Modernisierungszug ohne Erzeugung anderer Schäden überhaupt gebremst oder gar zurückgefahren werden? Um dies zu erreichen, müßte eine in der Geschichte ohne große Zusammenbrüche von Weltreichen noch nie dagewesene und kaum vorstellbare Rückentwicklung stattfinden. Wir wollen zwar zurück zum einfacheren Leben, aber ist uns nach dorthin nicht der Weg versperrt, weil wir schon zu weit vorangeschritten sind? Woher nehmen wir die Gewißheit, daß jetzt der Zeitpunkt zur Umkehr gekommen ist, zumal die Klagen über die zerstörenden Wirkungen des Modernisierungsprozesses die Modernisierung seit ihren Anfängen begleitet haben? Warum sollen wir jetzt umkehren, wenn es schon längst vorher hätte getan werden können oder es erst viel später geschehen mag?

Die Moderne hat einen bislang unaufhaltsamen Modernisierungsprozeß in Gang gesetzt, dessen Gesetz die Bewegung nach vorne ist, die Beschleunigung des sozialen Wandels, die Expansion der Produktion und des Konsums materieller Güter, die Vergrößerung der sozialen Einheiten, die Globalisierung von Kommunikation, Personen- und Güterströmen (Gross 1994). Vorangetrieben wird die Entwicklung durch das Gesetz des Wettbewerbs und den damit einhergehenden Zwang zur Arbeitsteilung. In dem Maße, in dem die Erdbevölkerung wächst, und in dem Maße, in dem sich die gewachsene Bevölkerung durch Transport- und Kommunikationsmittel einen begrenzten Raum teilt, wächst die Konkurrenz um den Lebensraum, die durch Arbeitsteilung und den Austausch von Waren und Dienstleistungen in friedliche Bahnen gelenkt und sogar in eine allgemeine Produktivitätssteigerung umgesetzt wird (Durkheim 1893/1973a). Auf dem Wege der Globalisierung können immer mehr Menschen mit immer mehr Gütern und Dienstleistungen versorgt werden. Das ist die materielle Basis der Entfaltung individueller Rechte, die wiederum durch den kulturellen Modernisierungsprozeß vorangetrieben wird.

Die Aufklärung ist mit der Idee angetreten, daß alle Menschen das gleiche Recht auf ein würdevolles Leben haben. Die Politik ist seitdem damit beschäftigt, die materiellen Grundlagen für die Wahrnehmung dieser gleichen Rechte zu schaffen. Wenn sie jetzt den ökologischen Umbau der Gesellschaft betreiben soll, dann heißt dies, daß sie entgegen ihrer bisherigen Leitidee auf eine Einschränkung von Rechten durch die Verteuerung ihrer realen Wahrnehmung hinarbeiten müßte (Münch 1996: 118-135). Eine von Wahlstimmen abhängige Regierung, die ein solches Programm konsequent betreiben würde, beginge politischen Selbstmord.

Ein fahrender Zug kann vielleicht gar nicht an irgendeiner Stelle angehalten werden, an der wir glauben, daß es am schönsten sei und jedes Weiterfahren nur eine Verschlechterung erbringt. Das hängt mit der globalen Konkurrenzsituation zusammen. Wenn ein Land vom Zug abspringt, wird es von den anderen weiterfahrenden Ländern überrollt. Das gilt ganz besonders für diejenigen Länder, die ihren Wohlstand zu einem großen Teil dem Export verdanken. Wir befinden uns hier in einem Gefangenendilemma: Weil wir damit rechnen müssen, daß andere unsere Zurückhaltung in der Umweltbelastung ausnutzen und deshalb unser materieller Wohlstand ohne Zugewinn an Umweltqualität sinkt, müssen wir selbst vorne dabeibleiben, um den anderen zuvorzukommen. Dadurch wird der Zug in den ökologischen Abgrund immer weiter beschleunigt. Wir haben keine Chance, auszusteigen.

Auf dem Modernisierungszug fahren außerdem nicht nur unsere materiellen Bedürfnisse mit, sondern unsere ganze moderne Identität als universalistisch denkende, vollkommen individualisierte Individuen. Die ökologische Rückführung des Lebens in die kleinen sozialen Einheiten impliziert auch ein Stück Entindividualisierung, Partikularisierung und Desozialisierung. Die Globalisierung des Lebens hat uns zu Individuen gemacht, die von allen lokalen Denk- und Handlungsbeschränkungen befreit wurden und zu globalem Denken, globaler Solidarität und globaler Verantwortung fähig sind (Mead 1934/1978). Nicht umsonst ist die Sorge um das Überleben des Planeten und seiner vielen verschiedenen Kulturen eine Erscheinung unserer Zeit. Nur in der Weltgesellschaft finden sich Menschen, die sich um das Leben und Überleben jedes beliebigen Volksstammes in irgendeiner entlegenen Gegend der Welt sorgen. Die Ökologiebewegung ist das Pendant zur ökonomischen Globalisierung. Beide sind zwei Seiten ein und derselben Medaille. Es spricht alles dafür, daß die eine Seite ohne die andere nicht zu haben ist. Das Modell einer Reregionalisierung des Lebens wird nur in beschränktem Maße realisiert werden können und nur im Rahmen globaler Vereinbarungen.

Man könnte noch fragen, ob eine Einigung der führenden Industriestaaten – der G 7-Gruppe – auf ein Entschleunigungs- und Reregionalisierungsprogramm durch eine gleiche Anhebung der Transportpreise im Personen- und Güterverkehr eine realistische Aussicht auf Erfolg hätte. Sie würden sich dadurch im Vergleich zu den Schwellen- und Entwicklungsländern mehr Zurückhaltung im Umweltverbrauch auferlegen und diesen einerseits Aufholchancen geben, andererseits aber auch wegen des abnehmenden Austausches Absatzmöglichkeiten nehmen. Die Folge wäre eine Rezession in der Weltwirtschaft mit erheblichen sozialen Konflikten. Regierungen würden abgewählt und durch neue ersetzt werden, die unter dem Druck ihrer Wähler ein Programm der Ankurbelung des Wirtschaftswachstums starten müßten, womit wir uns wieder voll in der Linie des Modernisierungsprozesses befänden. Es bleibt anscheinend nur die Flucht nach vorne, wobei die Absturzrisiken mit jedem Schritt vorwärts zunehmen.

Schlußbemerkungen

Eine Welt, die auf die Expansion der Wahrnehmung von Rechten und die Herstellung gleicher Lebensbedingungen für alle programmiert ist, müßte bei einem konsequenten ökologischen Umbau zu einer sozialen Differenzierung zurückkehren, die in der Phase des unablässigen Wachstums längst überwunden war. Was heute zum Massenkonsum geworden ist – z. B. der Ferntourismus – wäre dann wieder eine Sache der Privilegierten.

Wollten wir diese Konsequenz vermeiden, dann müßten wir dem Sozialprinzip gegenüber dem Leistungsprinzip ein Gewicht geben, das bislang völlig undenkbar war, weil es die Gesetze der Marktwirtschaft aushebeln würde. Wenn sich individuelle Leistungsbereitschaft nicht individuell auszahlt, sinkt sie unweigerlich ab. Wie der sozialökologische Umbau der Marktwirtschaft dieses Hindernis überspringen soll, ist sehr schwer vorstellbar. Je größer das Gewicht des Sozialprinzips wird, um so mehr nimmt die Leistungsbereitschaft ab. Bisher ist dieses Dilemma durch die ständige Vergrößerung des zu verteilenden Kuchens in den Hintergrund gedrängt worden. Je mehr wir mit der ökologischen Schrumpfkur Ernst machen, um so bedrückender tritt es in den Vordergrund. Alle hier unternommenen Versuche, dem Dilemma zu entgehen, haben jedenfalls nicht zum Erfolg geführt und uns statt dessen immer wieder zu ihm zurückgebracht. Der ökologische Umbau der Marktwirtschaft stellt die Gesellschaft insofern vor neue, sehr schwer zu lösende Probleme der sozialen Integration.

Auf hohem Wohlstandsniveau lebend, können wir uns natürlich fragen, wozu wir unsere hohen Einkommen brauchen, wenn ein großer Teil davon in Aktivitäten gesteckt wird, mit denen wir anderen – und die anderen wieder uns – die Freude am Leben nehmen (Winter 1992). Unserem hohen Einkommen verdanken wir unsere Mobilität, mit der wir lärmend, stinkend und giftausströmend anderen und uns selbst die Luft zum Atmen nehmen. Welche Lebensqualität hat eine Gesellschaft z. B. erreicht, wenn sich kein Mensch mehr beim Sonntagsspaziergang im Wald erholen kann, weil er wegen des regen Privatflugverkehrs bei dem schönen Aussichtswetter nicht weniger von permanentem Lärm begleitet wird, als wenn er an der Autobahn entlangginge? Das ist inzwischen bei schönem Ausflugswetter Realität und nicht Zukunftsvision. Unter welchen Zwängen leiden wir, wenn der zaghafte Versuch des Münchner Oberbürgermeisters, dagegen etwas zu tun, schleunigst vom bayerischen Wirtschaftsminister pariert wird, der verlautbaren läßt, daß weitere Einschränkungen des Privatflugverkehrs als sie in Gestalt von Schallschutzvorschriften schon bestünden, nicht realisierbar seien. Das muß der Wirtschaftsminister sagen, weil natürlich ein ganzer Industriezweig vom Verkauf kleiner Privatflugzeuge lebt und dadurch eine gewisse Zahl von Arbeitsplätzen gesichert wird. Was Arbeitsplätze und damit Einkommen schafft, ist in unserer Konsumgesellschaft heilig und unantastbar. Welche Beeinträchtigung der Lebensqualität davon ausgeht, spielt eine äußerst untergeordnete Rolle.

Ein nicht geringer Teil der sakrosankten Einkommen aus Arbeitsplätzen wird indessen exakt in jene Aktivitäten investiert, mit denen wir unsere Lebensqualität insgesamt verschlechtern. Einen weiteren Teil der hohen Einkommen brauchen wir dann wieder, um durch Fernerholung und kostspielige Therapien die Belastungen unseres Lebens noch ertragbar zu machen. D.h., ein großer Teil der Arbeitseinkommen fließt in Aktivitäten, die unsere Lebensqualität insgesamt verschlechtern und nicht verbessern. Die sozialen Konflikte, die von einem ökologischen Umbau der Gesellschaft erzeugt werden, führen wir also um Einkommen, die längst nicht mehr Ausdruck der dadurch verfügbaren Lebensqualität sind, sondern eher Ausdruck der darin steckenden Zerstörungskraft (Leipert 1989).

Wenn die Politik den ökologischen Umbau der Gesellschaft angehen will, wird sie hier den Hebel ansetzen müssen. Sie versteht sich heute noch als Vollzugsorgan des materiellen Fortschritts und eines imaginären Wählerwillens, der anscheinend nichts anderes will als diesen Fortschritt. Der Wählerwille ist indessen ein Ergebnis des öffentlichen Diskurses, den die Politik in erheblichem Maße allein schon wegen der privilegierten Auftrittsmöglichkeiten in den Medien gestalten kann. Eine zukunftsverantwortliche Politik wird sich dieser Gestaltungsaufgabe mehr widmen müssen als je zuvor. Sie wird den Wählern vermitteln müssen, daß sich Lebensqualität offensichtlich nicht in Einkommen messen läßt. Was immer dabei herauskommt, werden sich die Menschen beschränken müssen, um mehr Lebensqualität zu gewinnen. Das trifft die Einkommensschwächeren härter als die Einkommensstärkeren. Nach allem, was wir hier erörtert haben, ist eine solche Trendwende sehr schwer zu realisieren. Auf jeden Fall verlangt sie größte Anstrengungen. Die dabei zu bewältigenden Konflikte beziehen sich weniger auf die alte Politik der Emanzipation durch Gewährung und Verwirklichung von Rechten und die Maximierung der Interessenbefriedigung und mehr auf die neue Politik der Lebensführung, bei der es darum geht, intersubjektiv geteilte und langfristig tragfähige Konzepte des guten Lebens zu entwickeln (Giddens 1991: 209-231). Wir werden dabei lernen müssen, daß aus der Maximierung individueller Interessenbefriedigung keineswegs automatisch ein gutes Leben folgt, vielmehr beide sogar in einen sich verschärfenden Konflikt geraten. Das erfordert einen Paradigmenwechsel der Moderne. Die Chancen auf einen solchen Paradigmenwechsel sind allerdings noch höchst unsicher, weil das Denken der maßgeblichen gesellschaftlichen Kräfte, auf der rechten wie auch der linken Seite des politischen Spektrums, noch von der klassischen Maximierungslogik beherrscht wird.

7. Individualismus versus Multikulturalismus. Paradigmenwechsel der gesellschaftlichen Inklusion?

Einleitung

Viele der modernen Nationalstaaten haben multikulturelle Ursprünge. Ihre Integration haben sie durch Homogenisierung und Individualisierung erreicht. Sie verbinden Pluralismus mit der Einheit einer Bürgergemeinschaft, die individuelle Rechte teilt. In solidarischer Hinsicht bedeutete die Modernisierung der Nationalstaaten die immer umfassendere Inklusion der Bevölkerung in gemeinsam geteilte Bürgerrechte. Inklusion hatte dabei allerdings eine Doppelbedeutung: Gewährung individueller Rechte und Unterwerfung peripherer Kulturen unter eine Zentrumskultur. Die Bewegung des Multikulturalismus läßt sich als eine Reaktion auf das Scheitern des individualistischen Inklusionsprogramms verstehen, sofern die formale Gewährung individuell gleicher Rechte von der materiellen Ungleichheit zwischen Peripherie und Zentrum überformt wurde. Eine Lösung dieses Integrationsproblems bietet der multikulturelle Pluralismus, der den peripheren Kulturen eine faire Chance der materiellen Mitgestaltung der Gesellschaft im Rahmen der formal-liberalen Verfassung gewährt.

7.1 Das individualistische Inklusionsprogramm des Nationalstaats

Die Entwicklung der ersten europäischen Nationalstaaten – Spanien, Frankreich, Großbritannien – hat aus kulturell heterogenen Regionen politische Einheiten geschweißt und die ursprüngliche Heterogenität mehr und mehr beseitigt. Ihr multikultureller Ursprung ist immer unkenntlicher geworden. Kriegerische Konflikte haben die Abgrenzung nach außen und die innere Homogenisierung vorangetrieben. Die Entfaltung der Arbeitsteilung über die Regionen hinweg, die rechtliche Vereinheitlichung und politische Zentralisierung, einheitliche Amtssprache, nationales

Wohlfahrtssystem, industrielle Massenproduktion und Massenkonsum, Massenmedien und Massenkultur haben für eine fortschreitende kulturelle Homogenisierung und auch solidarische Vereinigung gesorgt (Deutsch, 1953/1966; Anderson, 1988; Gellner, 1991).

Im Nationalstaat ist auf diesem Wege der Homogenisierung eine solidarische Einheit mit gemeinsam geteilten Vorstellungen vom guten Leben gewachsen, innerhalb derer die dynamischen Kräfte der wirtschaftlichen Konkurrenz, der politischen Konfliktaustragung, der wissenschaftlich-technischen Innovation und der intellektuellen Auseinandersetzung kontrolliert werden konnten. Moral, Ethik und Recht konnten auf dieser Basis im Einklang gehalten werden. Wirtschaft, Technik und Wissenschaft haben zwar über die politisch-solidarischen Grenzen des Nationalstaats hinausgereicht, diesen aber noch nicht unter den heute eklatant gewordenen globalen Konkurrenzdruck gestellt, der den Einklang von Moral, Ethik und Recht zerbricht (Münch 1993b; Guéhenno 1994; Habermas 1996: 128-191).

Die innere Homogenisierung der Nationalstaaten ist keineswegs konfliktfrei verlaufen. In der Regel verband sich damit die Durchsetzung einer Zentrumskultur – Sprache, Religion, Rechtstradition, Lebensführung – gegen die unterlegenen Kulturen in der Peripherie, bis hin zu einer Unterwerfung der Peripherie unter die Herrschaft des Zentrums, die als innere Kolonisierung bezeichnet wird (Hechter 1975). Aus dieser einseitig und zwanghaft verlaufenen Homogenisierung resultierten Spannungen, die bis heute Anlaß für Konflikte, bis hin zu terroristischer Gewalt, sind. Das Baskenland und Spanien, Korsika und Frankreich, Nordirland und Großbritannien sind die bekannten Beispiele für die gewaltsame Austragung dieses Konflikts (Nohlen 1980; Gerdes 1980; Schultze 1980; Clark 1984; Waldmann 1991; Bishop und Mallie 1987; Multhaupt 1988).

Der Konflikt zwischen Peripherie und Zentrum geht um Separation versus Inklusion, wobei die Form der Inklusion Anlaß zum Streit gibt. De jure bindet der Nationalstaat die Bürger als Individuen, jenseits ihrer Herkunft und Gruppenzugehörigkeit, durch die Gewährung individueller Rechte an sich. Die Entwicklung ist dahin gegangen, daß die Gewährung der Rechte von den zivilen Rechten (Eigentum, Vertrag, Vereinigung, Rechtssicherheit, Rechtsgleichheit) über die politischen Partizipationsrechte und die sozialen Wohlfahrtsrechte bis zu den kulturellen Rechten (Religion, Information, Bildung) ausgedehnt wurde. Darüber hinaus ist der Kreis der Berechtigten stets erweitert worden. Ursprünglich eine Sache der männlichen Eigentumsbesitzer, haben im Verlaufe der Entwicklung Arbeiter, Frauen und zahlreiche Minderheiten erfolgreich die formelle Gewährung gleicher Rechte erstritten (Marshall 1964; Parsons 1971).

Die materielle Realisierung der Rechte ist bis heute ein nicht abgeschlossener Prozeß, bei dem es um das Ausräumen von Hindernissen der Wahrnehmung formell gewährter Rechte geht. De facto ist die Inklusion der Bürger in das Gemeinwesen immer unvollständig und deshalb Anlaß für Inklusionskonflikte gewesen, die zugleich als Zeichen für mangelnde soziale Integration gedeutet werden können, wenn über die Konfliktaustragung keine Inklusionsgewinne erzielt werden. In diesem Fall wird der Inklusionsmangel von einem Loyalitätsdefizit begleitet, weil die Ausgegrenzten dem Gemeinwesen, aus dem sie sich ausgegrenzt sehen, ihre volle Loyalität nicht geben können.

7.2 Die Doppelstruktur von Inklusion: Teilhabe an individuellen Rechten versus Kolonisierung

Integrationsdefizite wegen Inklusionsmangel machen sich vor allem dann in heftigen Konflikten bis hin zu terroristischer Gewalt bemerkbar, wenn die mangelnde Inklusion ganze Gruppen trifft, die zur Organisation von politischem Widerstand fähig sind. Je besser sie sich organisieren und die Verfahren der Konfliktaustragung nutzen können, um so eher erreichen sie auch Inklusionsgewinne. Arbeiterbewegung, Frauenbewegung und Bürgerrechtsbewegungen für die Rechte von Minderheiten sind auf diesem Wege zum Erfolg gekommen. Neben ihrer Organisations- und Konfliktfähigkeit hat auch die Übereinstimmung ihres Inklusionsanliegens mit dem Inklusionsprogramm zu ihrem Erfolg beigetragen. Jedes Mal handelte es sich um die Gewährung individueller Rechte und den Abbau von Schranken, die den Zugang zu diesen Rechten aufgrund von Gruppenzugehörigkeiten verhindern. Das ist am leichtesten gefallen, soweit es sich um den Abbau *formeller* Schranken handelte, z. B. die Zulassung zu Wahlen, zu Schulen, Hochschulen und Positionen in Behörden. Schwieriger war es beim Abbau *materieller* Schranken – z. B. durch gezielte Förderungsprogramme –, weil hier die Grenze von der Gewährung individueller Rechte, *unabhängig* von der Herkunft und Gruppenzugehörigkeit, zur Gewährung individueller Rechte *aufgrund* von Herkunft oder Gruppenzugehörigkeit überschritten werden kann. Deshalb ist die Verteilung von Studienplätzen oder beruflichen Positionen nach Quoten bis heute heftig umstritten. Sie sprengt den Rahmen des urspünglich geltenden Inklusionsprogramms und stellt es von der Gewährung individueller Rechte auf die Zuteilung von Rechten an Gruppen um. Während es zuvor dem offenen Wettbewerb überlassen bleibt, wer wieviel von seinen formellen Rechten in Anspruch nehmen kann, wird dieser Wettbewerb jetzt auf die Wahrnehmung der Chancen innerhalb der zugeteilten Quoten beschränkt. Welche Gruppen in die Quotenverteilung überhaupt aufgenommen werden, ist dabei ein ungelöstes Problem. In der Regel hängt dies wieder von der Organisations- und Konfliktfähigkeit der Gruppen ab. Nur solche, die genug Macht mobilisieren können, finden bei der Quotenverteilung Berücksichtigung (Glazer 1975; Grass 1977; Sindler 1978).

Ein besonders schwer zu lösendes Inklusionsproblem stellen diejenigen Gruppen, die nicht nur für ihre individuellen Mitglieder formell oder materiell den Zugang zu an sich weithin gewährten individuellen Rechten erstreiten, sondern als ganze Gruppen Rechte erwerben wollen, z. B. das Recht auf Anerkennung ihrer Sprache als (eventuell zweite) Amtssprache, die Unterrichtung ihrer Sprache in den Schulen, Schulunterricht in ihrer eigenen Religion, Geschichts- und Literaturunterricht in ihrer Herkunftskultur, politische Selbstverwaltung, eigene Gerichtsbarkeit, eigenes Schulsystem und dergleichen. Je weitgehender diese Forderungen gestellt werden, um so mehr sind sie ein Zeichen für das Scheitern des individualistischen Inklusionsprogramms, entweder in formeller oder zumindest in materieller Hinsicht. Ein Grund dafür kann z. B. die interne Kolonisierung von peripheren Regionen sein. In diesem Fall haben zugewanderte Vertreter der Zentrumskultur die Führung in der Modernisierung einer peripheren Region übernommen und auf diesem Wege die einheimische Bevölkerung in abhängige und untergeordnete Rollen sowie in die vergleichsweise schlechtere materielle Situation gedrängt. Das ist z. B. im spanischen Baskenland und in Nordirland geschehen (Nohlen 1980; Schultze 1980). Inklusion ist dort de jure als formelle Teilhabe an den individuell gewährten Rechten erfolgt, bedeutete aber de facto die Unterwerfung der peripheren Kultur unter die Zentrumskultur und die materielle Beschränkung des Zugangs der peripheren Bevölkerung zu wirtschaftlichem Wohlstand, politischer Macht und gesellschaftlichem Einfluß. Während die Zentrumskultur eine privilegierte Verbindung mit dem de jure neutralen Verfassungsstaat eingegangen ist, muß die periphere Kultur mit einem Platz in der zweiten Reihe vorliebnehmen, wodurch sich die Träger der peripheren Kultur benachteiligt sehen, obwohl ihnen als Individuen formell dieselben Rechte gewährt werden wie den Trägern der Zentrumskultur. Die gleichen Rechte wie allen anderen werden ihnen *unabhängig* von ihrer Herkunft zuerkannt. Das ist die formelle Seite des individualistischen Inklusionsprogramms. Die materielle Seite sagt jedoch, daß sie gerade *aufgrund* ihrer Herkunft nicht die gleichen Chancen wie die Träger der Zentrumskultur haben, die formell gleichen Rechte auch in materielle Gewinne umzumünzen. Die gleichen Rechte stehen zwar auf dem Papier der Verfassung, können aber nicht in reales Handeln umgesetzt werden.

7.3 Multikulturalismus als Antwort auf das Scheitern des individualistischen Inklusionsprogramms

»Inklusion« kann also zweierlei bedeuten: einerseits die wachsende Teilhabe an individuellen Rechten, andererseits die Durchdringung peripherer Kulturen durch die Zentrumskultur mit der Folge der internen Kolonisierung der Peripherie durch das Zentrum (Hechter 1975). »Inklusion« ist dann gleichbedeutend mit »Landnahme«. Je mehr die eine Seite der Inklusion im Formellen stehenbleibt, jedoch die zweite Seite dominiert und eine materielle Ausgrenzung der peripheren Bevölkerung zur Folge hat, um so mehr wird sich der Konflikt vom Erstreiten individueller Zugangsrechte zum Kampf um das Eigenrecht der peripheren Kultur und die Souveränität der peripheren Bevölkerung verlagern. Wenn einzelnen Mitgliedern der peripheren Kultur der Aufstieg ins Zentrum gelungen ist, dann kann dies eine Nachfolgewirkung auf die Zurückgebliebenen ausüben, aber nur in dem Maße, in dem die Aufsteiger in enger Verbindung mit den Zurückgebliebenen verbleiben und als Leitfiguren die Zentrumskultur in der Peripherie verankern. Diese Entwicklung ist dann erfolgreich abgeschlossen, wenn die Zukurzgekommenen ihre Situation nicht mehr auf ihre Herkunft zurückführen. Sobald die Aufsteiger den Kontakt zu ihrer Herkunftsgruppe verlieren, machen sie jedoch Platz für radikale Antworten auf die Benachteiligung der peripheren Gruppe. Ohne Kontakt zu den Aufsteigern, liegt die letzte Chance der Peripherie in der radikalen Opposition gegen die Unterwerfung unter das Zentrum. Wenn die Herkunft den Zugang zum Zentrum verhindert und der Weg des individuellen Aufstiegs mangels Kontakt zu den Aufsteigern versperrt ist, dann erscheint die Aufwertung und das Eigenrecht der peripheren Kultur als der einzige Ausweg aus der Benachteiligung und Unterdrückung. Die homogenisierende Wirkung des individualistischen Inklusionsprogramms stößt hier an ihre Grenzen und macht einer Entwicklung zurück zum Multikulturalismus Platz.

Die gegenwärtige Bewegung hin zum Eigenrecht der Herkunftskulturen in den Nationalstaaten ist als ein Scheitern des individualistischen Inklusionsprogramms zu verstehen, das zu einer neuen Realität des Multikulturalismus führt, die nach der Theorie des individualistischen Inklusionsprogramms als ein Rückfall auf die längst überwundenen multikulturellen Anfänge erscheint. Allerdings ist diese Entwicklung nicht überall im gleichen Maße zu beobachten. Dem individualistischen Inklusionsprogramm wird vor allem dort das neue Programm eines anerkannten Multikulturalismus entgegengesetzt, wo das alte Programm zumindest partiell wegen der anhaltenden Ausgrenzung organisations- und konfliktfähiger Gruppen gescheitert ist oder wo Immigration nicht zur individuellen Inklusion geführt hat und die Immigranten jetzt als ganze Gruppe Rechte in Anspruch nehmen möchten.

Am heftigsten ist die Debatte über den Multikulturalismus als neues Paradigma der Inklusion in den USA geführt worden. In ihrem Ursprung ist die Kultur der USA von den weißen, angelsächsischen und protestantischen Siedlern geprägt worden (Daniels 1991; Gordon 1964; Lipset 1963/1979). Die Abschaffung der Sklaverei und die Inklusion der Schwarzen, der Ureinwohner sowie der Zuwanderer aus allen Regionen der Welt erfolgte nach dem Muster der Gewährung individueller Rechte. Die Bürgerrechtsbewegung hat in ihren Anfängen auf die formelle Gewährung gleicher Rechte hingearbeitet, im weiteren Verlauf aber auch auf den Abbau materieller Hindernisse und die Herstellung materieller Chancengleichheit. Das Programm der *Affirmative Action* wurde darauf ausgerichtet (Münch 1986/1993a: 416-452; Kluger 1975; Sheehan 1984; Geschwender 1971; Chafe 1981; Sindler 1978; Glazer 1975; Grass 1977). Trotz aller Erfolge dieses Programms konnten die Chancenungleichheiten nicht völlig abgebaut werden. Innerhalb der Gruppe der Schwarzen ist es zu einer Spaltung zwischen der aufgestiegenen Mittelklasse und der in den innerstädtischen Ghettos zurückgebliebenen Unterklasse gekommen (Blauner 1989; Landry 1987). Die Konsequenz dieser Situation ist die Radikalisierung der Bürgerrechtsbewegung und ein Paradigmenwechsel ihrer Programmatik von der individualistischen zur kollektiven Inklusion und zum Kampf um die Anerkennung des Eigenrechts der verschiedenen Herkunftskulturen außerhalb der weißen, angelsächsischen und protestantischen Zentrumskultur. Das Paradigma des anerkannten Multikulturalismus soll für alle bisher peripheren Kulturen einen Platz in der amerikanischen Gesellschaft sichern (Asante 1987; Minow 1990; Ostendorf 1994; Ravitch 1990; Walzer 1992a, 1992b; Taylor 1992a; Hettlage 1996; Rex 1996; Puhle, Shell, Schreyer, Fischer und Wersich 1994).

Die radikalen Protagonisten aller Gruppen haben das neue multikulturelle Paradigma aufgegriffen und fordern eine Repräsentation der verschiedenen Kulturen und ihrer Träger in den Schulbüchern, in der Lehrerschaft, in den Massenmedien und in den politischen Organen. Auch Repräsentantinnen der Frauenbewegung haben diesen Paradigmenwechsel mitvollzogen und verstehen den Feminismus nicht mehr als Kampf um die individuellen Rechte von Frauen, sondern um die angemessene gesellschaftliche Repräsentation des Weiblichen als eine vom Männlichen zu unterscheidende Kultur mit Eigenrecht. Gemeinsames Ziel der multikulturellen Bewegung ist die Befreiung der Kultur von der Vorherrschaft der *dead white men* von Sokrates, Platon und Aristoteles bis William James, John Dewey und Karl Popper. Vor allem die Schulbücher sollen von dieser Hegemonie befreit und auf multikulturelle Ausgewogenheit umgestellt werden.

7.4 Multikulturalismus versus universalistischer Individualismus.
Zwei Inklusionsprogramme im Widerstreit

Das neue Inklusionsparadigma des Multikulturalismus hat heftige Gegenwehr aus der Sicht des Liberalismus hervorgerufen (Schlesinger 1992; Beer 1993). Logischerweise beschwören die Gegner des Multikulturalismus das Auseinanderbrechen der Gesellschaft in Teilgruppen, die sich in einem Hobbesschen Kampf aller gegeneinander das Leben schwermachen. Darüber hinaus sehen sie das Ende des modernen Individualismus kommen und mit ihm den Rückfall auf die Unterwerfung des Individuums unter seine Herkunftsgruppe. Für sie ist das individualistische Inklusionsprogramm der Garant für die gleichzeitige Steigerung von individueller Freiheit und sozialer Integration, eine Errungenschaft der Moderne, die durch das Programm des Multikulturalismus wieder aufgegeben wird. Für die Vertreter des Multikulturalismus handelt es sich bei dieser Errungenschaft jedoch um eine in die scheinbare Neutralität der Verfassung verpackte Hegemonie der weiß-angelsächsisch-protestantisch-männlichen Zentrumskultur über die anderen, in die Peripherie abgedrängten Kulturen mit der Folge einer systematischen Benachteiligung aller anderen Kulturen und ihrer Träger. In dem Maße, in dem die benachteiligten Gruppen ihre Situation erkennen und den Weg der individuellen Inklusion versperrt sehen, sind in den Augen der Multikulturalisten die individuellen Freiheiten nur ein Schein, und auch die soziale Integration ist nicht gewährleistet.

Wie läßt sich dieser Widerspruch auflösen? Ist der einen Seite zu Lasten der anderen Seite recht zu geben? Oder läßt sich zwischen beiden Positionen noch vermitteln? Bei der Suche nach Antworten auf diese Fragen ist zunächst zu konstatieren, daß das individualistische Inklusionsprogramm gewiß als die theoretisch eleganteste Lösung des Problems der Verknüpfung von individueller Freiheit und sozialer Integration gelten kann (Hartz 1955; Rawls 1993). Es erkauft diese Eleganz allerdings um den Preis genau derjenigen Realitätsblindheit, die der Multikulturalismus aufdeckt. Das individualistische Inklusionsprogramm setzt nämlich voraus, daß sich alle Individuen in gleicher Weise von ihrer Herkunft lösen und sich in der gegenseitigen Respektierung ihrer

Rechte völlig neu verbinden und daß es dabei keine Bevor- und Benachteiligten und keine vorgängige Liaison zwischen der formal-liberalen Verfassung und einer materiellen Kultur gibt. Da indessen jede Gesellschaft historisch gewachsen ist und in ihrer materiellen Kultur von den Gründern und ihren Nachfahren geprägt worden ist, läßt sich die Liaison dieser materiellen Kultur mit der formal-liberalen Verfassung und die entsprechend ungleiche Verteilung von Chancen auf die Wahrnehmung individueller Rechte überhaupt nicht vermeiden (Habermas 1993: 164; 1996: 142, 254-255). Das individualistische Inklusionsprogramm beruht insofern auf einer Fiktion, der eine ganz anders geartete Realität gegenübersteht. Darauf verweisen die Multikulturalisten zu Recht.

Die individualistisch-universalistische Kritik am Multikulturalismus hat jedoch auch ihre Berechtigung. Das Programm des Multikulturalismus ist nur in dem Maße ohne Schaden für die individuellen Freiheiten und die soziale Integration realisierbar, in dem es selbst in den Rahmen einer formal-liberalen Verfassung eingebettet wird und diesen nicht sprengt. Innerhalb dieses Rahmens kann der Multikulturalismus für eine Bereicherung der Kultur sorgen und die Vereinheitlichungstendenzen der Elitenkultur und der Massenkultur durchbrechen. Er verbessert außerdem die Chancen der Träger peripherer Kulturen, aus ihrem Denken heraus an der Gestaltung des gesellschaftlichen Lebens teilzunehmen. Der Multikulturalismus kann so diejenigen Inklusionsdefizite ausgleichen, die das individualistische Programm hinterläßt und die soziale Integration der Gesellschaft fördern. Zugleich bietet sich den Trägern der Zentrumskultur die Chance, ihre eigenen blinden Flecken durch Lernen von den neu belebten peripheren Kulturen zu erkennen und zu einer ausgewogenen Entwicklung der Gesellschaft zu gelangen (Taylor 1992b).

Es wäre der sozialen Integration einer de facto multikulturellen Gesellschaft sogar förderlich, wenn z. B. in der Schulausbildung das für alle weiterhin verbindliche Curriculum der Zentrumskultur von einem damit sich überschneidenden Kranz von Curricula der peripheren Kulturen umgeben würde. Schulkinder der Zentrumskultur müßten zum Kerncurriculum zusätzlich die Grundelemente zweier peripherer Kulturen und aus einer von beiden noch weitere Elemente erlernen. Die Schulkinder der Peripherie müßten sich neben ihrem Herkunftscurriculum die Kernkultur vollständig und eine weitere periphere Kultur in ihren Grundelementen aneignen. Die formale Gleichheit, aber inhaltliche Ungleichheit würde durch mehr inhaltliche Gleichheit ergänzt.

Wo befindet sich aber die Grenze, jenseits derer die Gewinne an sozialer Integration in ihr Gegenteil umschlagen und die Gesellschaft im Kampf der Kulturen zerbricht? Sicherlich ist diese Grenze noch nicht erreicht, wenn amerikanische Schulkinder neben der englischen Hauptsprache auch Spanisch und vielleicht eine asiatische Sprache lernen müssen und auch mit Literatur aus anderen Kulturen als der angelsächsischen vertraut gemacht werden. Die Grenze, jenseits derer die individuellen Freiheiten und die soziale Integration in Gefahr geraten, wird dort erreicht, wo jede Gruppe ihre eigene Schule mit eigenem Curriculum, einen eigenen Sitz in der Regierung oder gar ein eigenes Territorium bekommen soll. Diese Form des Multikulturalismus würde das Ende des Individuums und der großräumigen sozialen Integration bedeuten. Es würde den Menschen an seine Herkunftsgruppe fesseln und zwischen die Gruppen eine tiefe Kluft reißen.

Die soziale Integration über das Individuum nach dem individualistischen Programm ergibt sich gerade dadurch, daß das Individuum – wie Georg Simmel deutlich gemacht hat – zu einem Schnittpunkt einer Vielzahl sozialer Kreise wird (Simmel 1908/1992: 456-511). Nur wenn die kulturelle Herkunftsgruppe einer unter vielen anderen Kreisen ist, denen der Mensch angehört, kann er seine Individualität entfalten. Zugleich verfügt die Gesellschaft in den Individuen über jene unverzichtbaren Schnittstellen, durch die das große Spektrum ihrer Gruppierungen zusammengehalten wird. Diese Lektion darf bei aller Anerkennung des Multikulturalismus nicht verlernt werden. Ohne Rückfall in die Vormoderne ist er deshalb nur als multikultureller Pluralismus im Rahmen einer formal-liberalen Verfassung denkbar.

Im Rahmen eines multikulturellen Pluralismus können sich ethnisch-kulturelle Gruppen genauso organisieren und ihre Interessen vertreten wie andere Gruppen – Gewerkschaften, Unternehmerverbände, Kirchen, Frauen, Behinderte usw. – und wie diese Gruppen ein wichtiges Bindeglied zwischen dem einzelnen Individuum und dem Staat bilden. In dieser Form würden sie für die Inklusion ihrer Mitglieder und ihrer Kultur in die Gesellschaft sorgen und die Inklusionsmängel des rein individualistischen Programms ein Stück weit beheben können.

Insoweit wäre der multikulturelle Pluralismus nichts anderes als eine Ergänzung des individualistischen Universalismus zur Behebung von kulturell verursachten Inklusionsmängeln. Gerade dort wo sich diese kulturell verursachten Inklusionsprobleme auftürmen – in den ausgegrenzten Peripherien und Ghettos ethnisch-kulturell diskriminierter Gruppen – greifen die klassischen Inklusionsmuster über Gewerkschaften, Kirchen und Wohlfahrtsverbände nicht. Das ist besonders markant an der schwarzen Unterklasse der innerstädtischen Ghettos in den USA und an den »beurs« in den zerfallenen Vorstädten von Paris zu sehen (Blauner 1989; Dubet und Lapeyronnie 1994). Hier zeigt sich ein völlig neuer Bedarf der sozialen Integration, bei dem eine angemessene Organisation der ethnisch-kulturellen Gruppen als Bindeglieder zum Staat eine wichtige Rolle spielen kann. In der notwendigen Relativierung wird man deshalb dem Paradigmenwechsel der Inklusion durch den Multikulturalismus die gebührende Beachtung widmen müssen. Im Prinzip ist diese Einschätzung des Multikulturalismus ganz ähnlich zu verstehen wie die Anerkennung des Kommunitarismus als Relativierung, jedoch nicht Ersetzung des Liberalismus. Insofern als individuelle Freiheiten nur in dem Maße aufeinander abgestimmt werden können, in dem die Individuen gemeinsame Vorstellungen vom guten Leben teilen, miteinander solidarisch umgehen und sich gegenseitig respektieren, bedarf es der Unterfütterung des formal-liberalen Verfassungsgerüsts durch die Einbindung des Individuums in Gemeinschaften und die Einbindung der Gemeinschaften in die Gesellschaft, wobei dem Individuum wieder eine besondere Bedeutung als Schnittstelle einer Vielzahl von Gemeinschaften zukommt (Münch 1993b: 202-211; Etzioni 1995; Honneth 1993).

Schlußbemerkungen: Multikultureller Pluralismus

Sprechen wir von einer »multikulturellen« Gesellschaft, dann meinen wir etwas anderes als moderne »pluralistische« Gesellschaften. Letztere stützen sich auf den gemeinsamen Glauben an individuelle Rechte und auf ihre gegenseitige Anerkennung. Sie gründen in diesem Sinne in einer gemeinsam geteilten Kultur des Individualismus. Gepflegt wird diese Kultur in einem reichhaltigen Assoziationsleben, an dem der einzelne Bürger in vielfältiger

Form teilnimmt. Je mehr Bürger in das Vereinsleben einbezogen sind und je größer die Zahl der Vereinigungen ist, an denen sie als Mitglieder teilhaben, und je mehr die Vereinigungen an der Gestaltung des öffentlichen Lebens bis hin zum politischen Entscheidungsprozeß mitwirken, um so dichter ist das Netzwerk der sozialen Integration moderner pluralistischer Gesellschaften gesponnen. Wenn jeder einzelne im Sinne Georg Simmels (1908/1992: 456-511) im Schnittpunkt einer Vielzahl sozialer Kreise steht, sind alle miteinander verflochten und jeder kann sich in die Situation jedes anderen hineinversetzen. Soziale Konflikte akkumulieren sich in diesem Fall nicht, und sie können leichter bewältigt werden.

Wenn Multikulturalismus etwas anderes sein will als Pluralismus, dann kann die multikulturelle Gesellschaft nicht ohne weiteres auf die bewährten Formen der sozialen Integration der Kultur des Individualismus zurückgreifen. Die Frage ist dann, ob sie dennoch als Ganze soziale Integration erreichen kann. Vom Pluralismus unterscheidet sich der Multikulturalismus darin, daß er Rechte nicht Individuen zuschreibt, sondern Kollektiven. Die Herkunftskulturen von Kollektiven sollen in der multikulturellen Gesellschaft als solche anerkannt und nicht durch die Kultur des Individualismus verdrängt werden. Konsequent zu Ende gedacht, müßte ein solches Programm jede Herkunftskultur eines Kollektivs unter einen besonderen Schutz stellen und dementsprechend zu einem Nebeneinander relativ geschlossener Gemeinschaften führen, für die es immer schwerer würde, in Schule, Wissenschaft, Politik oder Wirtschaft überhaupt gemeinsam zu entscheiden und gemeinsam zu handeln. Die Gesellschaft müßte letztendlich auseinanderbrechen.

Eine nach sozialer Integration strebende multikulturelle Gesellschaft kann deshalb keinen anderen als den von pluralistisch-individualistischen Gesellschaften vorgezeichneten Weg gehen, allerdings mit einem besonderen Augenmerk auf die bewußte Verständigung zwischen den verschiedenen Herkunftskulturen und den Aufbau eines Netzwerks von Vereinigungen mit überkreuzenden, kulturübergreifenden Mitgliedschaften. Dazu gehört sicherlich auch ein Verzicht der Mehrheitskultur auf die Arroganz, ihre Lebensweise für die beste und einzig richtige zu halten.

In diesem Sinne wird in einer zusammenwachsenden Welt die westliche Kultur des Individualismus nur dann mit nicht-westlichen Kulturen, so vor allem mit dem Islam, friedlich zusammen-leben können, wenn sie deren Vorstellungen vom guten Leben ernst nimmt und bereit ist, gegebenenfalls selbst von der ihr frem-den Kultur zu lernen. Insofern als sich die Kultur des Individua-lismus auf einen blanken Hedonismus und Materialismus zube-wegt, kann ihr ein offener Diskurs mit nicht-westlichen Kulturen nicht schaden. Wir dürfen nämlich die formale Struktur der plu-ralistischen Gesellschaft und ihre Idee nicht mit ihrer konkreten Ausgestaltung durch den Hedonismus und Materialismus der Ge-genwart verwechseln. Ein Großteil der Ablehnung der nicht-westlichen Kulturen im Namen des westlichen individualistischen Pluralismus geschieht jedoch fatalerweise aufgrund dieser Ver-wechslung von guter Idee und schlechter Realität.

8. Zwischen Dienstleistung, Psychokult und Fundamentalismus: Kirche im öffentlichen Dialog

Einleitung

Auf dem Wege der Globalisierung werden dem Menschen prinzipiell alle Religionen und Religionsgemeinschaften präsent und zugänglich. Die bislang etablierten Staats- und Landeskirchen sehen sich einer wachsenden Konkurrenz alternativer Sinnangebote ausgesetzt. Die modernen Gesellschaften bewegen sich insofern auf einen religiösen Pluralismus als ein Aspekt des Multikulturalismus zu. Unter Modernisierungsdruck müssen sich die Kirchen nun mit effektiven Marktstrategien ihre Klientel sichern. Dabei haben sich drei Marktstrategien als erfolgreich herausgeschält: 1. Dienstleistung für individuelle Selbstbehauptung, 2. Psychokult und 3. Fundamentalismus.

Mit allen drei Strategien verlieren die Kirchen jedoch ihre ursprüngliche moralische Autorität. Diese läßt sich unter den Bedingungen des religiösen Pluralismus nicht wiederherstellen. In dem Maße, in dem sich die Kirchen auf ihre öffentliche Rolle besinnen, können sie jedoch ihre Stimme in den öffentlichen Dialog mit der Politik über die moralisch-ethische Gestaltung des modernen Lebens einbringen. Die Wiedergewinnung der moralisch-ethischen Gesellschaftsgestaltung ist um so dringender gefordert, je schneller sich die globalen Märkte entfalten und den nationalstaatlichen Einklang von Moral, Ethik und Recht sprengen. Nach dem Souveränitätsverlust der Nationalstaaten in der globalen Marktkonkurrenz von Wirtschaft, Technik und Wissenschaft ist die neue Institutionalisierung des Dialogs über die moralischen und ethischen Fragen des Fortschritts und die Umsetzung seiner Ergebnisse in politische Entscheidungen in der Verschränkung von lokaler, regionaler, nationaler, supranationaler und globaler Ebene zwar dringend gefordert, aber nur sehr schwer zu realisieren. Um so mehr Anstrengungen sind darauf zu konzentrieren.

8.1 Multikulturalismus und religiöser Pluralismus: Der Markt der Religionen

Wenn wir im Rahmen einer Diskussion über die öffentliche Dimension der Religion über Multikulturalismus und religiösen Fundamentalismus sprechen, dann liegt es nahe, unter Multikulturalismus insbesondere die religiöse Pluralisierung des gesellschaftlichen Lebens zu verstehen und der Frage nachzugehen, ob der religiöse Fundamentalismus eine Begleiterscheinung der religiösen Pluralisierung darstellt und wie beide mit dem immer schneller voranschreitenden Prozeß der Modernisierung zusammenhängen (vgl. Acham 1990; Ravitch 1990; Ostendorf 1994; Hettlage 1996; Rex 1996).

In dem Maße, in dem uns im Zuge der Globalisierung alle Religionen und alle ihre inneren Schattierungen in verschiedenen religiösen Gemeinschaften sowie alle Neugründungen von religiösen oder quasi-religiösen Vereinigungen präsent und zugänglich werden, entwickelt sich die Religionszugehörigkeit weg von traditioneller Bindung und hin zu einer Sache der freien Wahl. Die bislang herrschenden Religionsgemeinschaften verlieren ein erhebliches Maß der Definitionsmacht über die Fragen von Lebenssinn und Lebensführung. Auch ihre Vorstellungen von der richtigen Ordnung des gesellschaftlichen Lebens haben keine privilegierte Geltung mehr. Statt der uneingeschränkten Geltung einer religiösen Tradition, innerhalb derer verbindliche Werte von Generation zu Generation weitergegeben und unter den jeweiligen gesellschaftlichen Bedingungen neu interpretiert werden, konkurrieren jetzt eine Vielzahl religiöser Angebote auf einem Markt der Religionen um beitragszahlende und spendierwillige Klienten. Jetzt verwirklicht sich erst materiell, was die verfassungsmäßige Trennung von Staat und Kirche formal garantiert: die Religionsfreiheit. Wenn wir dieses Verfassungsrecht ernst nehmen, können gegen den Multikulturalismus der Religionen und den damit schwindenden Einfluß der bislang vorherrschenden Kirchen gar keine Einwände erhoben werden. Die kirchliche Vormundschaft in Fragen der Lebensführung zerbricht, der individuellen Selbstbestimmung ist mehr Raum gegeben. Das ist die eine Seite dieser Entwicklung. Die andere Seite beinhaltet, daß religiöse Sinnstiftung eine Sache von Angebot und Nachfrage wird. In einer tauschförmigen Beziehung, in der ein religiöses Produkt an religiös Interessierte gegen Mitgliedsbeiträge getauscht wird, kann keine intersubjektiv verbindliche Moral vermittelt werden, sondern nur noch individuelles Heilsgefühl. Das Interesse des einzelnen Klienten an individueller Lebenshilfe, Selbstvergewisserung und Selbstbehauptung tritt in den Mittelpunkt der religiösen Praxis. In diesem Sinne müssen sich alle Religionsgemeinschaften den Sinnstiftungsinteressen ihrer Klienten öffnen, wenn sie das Feld nicht völlig den darauf spezialisierten Sekten überlassen wollen. Wenn sich die Kirchen mittels neuer, von Unternehmensberatern ausgeklügelter Marketingkonzepte gegen den Mitgliederschwund stemmen, dann zeigt das nur, daß sie die Zeichen der Zeit erkannt haben (vgl. Gronemeyer 1995). Daß damit zahlenmäßige Erfolge erzielt werden können, beweist die Entwicklung in den USA. Während den etablierten Staatskirchen in Europa immer mehr Mitglieder den Rücken kehren, wächst die Zahl der registrierten Kirchenmitglieder in den USA wohl vor allem deshalb, weil dort die Kirchen den Konkurrenzkampf um Mitglieder schon lange gewohnt sind und sich immer geschickter der Methoden des modernen Marketings bedienen (Lohauß 1994: 487-488; Mayer 1992). Der Mitgliederzuwachs der amerikanischen Religionsgemeinschaften folgt also einem ökonomischen Prinzip: Konkurrenz belebt das Geschäft, aggressiv vorgetragene Angebote erzeugen eine entsprechende Nachfrage. Wo der Kampf um beitragszahlende und spendierfreudige Mitglieder die religiöse Praxis beherrscht, ist natürlich auch der Anwendung manipulativer Techniken bis hin zu Gehirnwäsche und Psychoterror Tür und Tor geöffnet, zumal die Religions- und Vereinigungsfreiheit das Aufdecken solcher Praktiken erschweren und nur wenige Geschädigte der Justiz überhaupt einen Weg der Strafverfolgung eröffnen.

8.2 Strategien des religiösen Markterfolgs: Religiöse Dienstleistung, Psychokult und religiöser Fundamentalismus

Aus ihrer traditionellen Verankerung gerissen, müssen sich die Religionsgemeinschaften gegen Marktkonkurrenz behaupten. Drei Strategien erweisen sich dabei als die erfolgreichsten (vgl. Kodalle 1988; Greeley 1989):

1. Modernisierung der Kirche zu einer Serviceeinrichtung für individuelle Lebenshilfe zur besseren Bewältigung der Herausforderungen des modernen Lebens: Kirche als Dienstleistungsunternehmen und Seminar für Persönlichkeitstraining.

2. Rückzug aus der Gesellschaft und volle Hingabe an die innere Selbstfindung: die Psychosekte.

3. Politisierung der Religionsgemeinschaft im Kampf um die Erhaltung traditioneller Glaubenssätze: religiöser Fundamentalismus.

In den europäischen Gesellschaften mit ihren bislang etablierten Staats- oder Landeskirchen hat sich diese Weichenstellung erst jetzt unter dem Druck des Mitgliederschwundes ergeben. In den Kirchen wird noch heftig um die richtige Strategie zur Bewältigung der Krise gestritten. Neben dem Festhalten an der traditionellen Kirche, die aber immer leerer wird, machen sich erst zaghaft Tendenzen der Modernisierung zur Servicestation für Lebenshilfe, der Psychologisierung und des Fundamentalismus bemerkbar. Dagegen ist in den USA die traditionelle Kirche schon lange auf dem Rückzug und durch alle drei Strategien der Marktbehauptung verdrängt worden. Der *Main-Stream* der Kirchen vermittelt unmittelbar verwertbare Hilfe zur individuellen Selbstbehauptung. Positives Denken, Schenken um beschenkt zu werden, Jesus als Erfolgsgarant für die Herausforderungen der Konkurrenz in Wirtschaft, Politik und Gesellschaft sind hier die wichtigsten Glaubenssätze. Jeder führt seinen eigenen Jesus im alltäglichen Konkurrenzkampf mit sich und setzt auf ihn um des eigenen Erfolges willen. Diese *Main-Stream*-Religion liefert immer noch die moralischen Grundlagen der amerikanischen Konkurrenzgesellschaft. Den Schwachen hilft Jesus auf die Beine, sobald sie mit dem Glauben an ihn auch den Glauben an sich selbst wieder finden und damit für die Anforderungen des alltäglichen Wettbewerbs gerüstet sind.

Diese Botschaft wird allerdings nur von denjenigen gehört, die sich dem Wettbewerb stellen und in der weiteren Teilnahme am gesellschaftlichen Spiel noch irgendwelche Erfolgschancen sehen. Wenn man bisher zu den Verlierern gezählt hat, muß der Glaube an den zukünftigen Erfolg für die notwendige Motivation zur Teilnahme sorgen. Den *Main-Stream*-Kirchen ist aber eine Konkurrenz durch neue religiöse Vereinigungen – wie z. B. die *Church of Scientology* – erwachsen, die sich ganz auf das Persönlichkeitstraining ihrer Klienten spezialisieren und diese zugleich in ein Netzwerk einbinden, das auf die Maximierung des beruflichen Erfolgs ausgerichtet ist. Der Erfolg des einzelnen Mitglieds und der Erfolg der Kirche werden so eng miteinander verflochten, daß dem Individuum nur die Wahl zwischen totaler Hingabe und totalem Verlust bis hin zur Vernichtung bleibt.

Wer aber zu oft verloren hat oder müde geworden ist und sich der Konkurrenz nicht mehr gewachsen sieht, ist am ehesten offen für den Ausstieg aus der Gesellschaft und den Rückzug auf sich selbst, auf den sich die zahlreichen Psychosekten spezialisiert haben. Sie dienen gewissermaßen als religiöse Müllschlucker für die psychischen Defekte, die von der Konkurrenzgesellschaft produziert werden. Die Psychosekten bilden das Pendant der Gescheiterten zu den *Main-Stream*-Kirchen der Erfolgreichen. Beide konzentrieren aber ihre Angebote auf die Selbstverwirklichung des Individuums. Die *Main-Stream*-Kirchen bieten Selbstbehauptung *in* der Gesellschaft, die Psychosekten Selbstfindung *außerhalb* der Gesellschaft. Im positiven Fall kann die Selbstfindung der Regeneration dienen und wieder einen Weg in die Gesellschaft zurück eröffnen. Im negativen Fall wird der Klient abhängig von der Sekte und kann nur noch *in* ihr existieren, ist ihrer Führung hilflos ausgeliefert und wird von ihr in extremen Fällen in eine Endzeitstimmung bis hin zum kollektiven religiösen Selbstmord gerissen.

Den *Main-Stream*-Kirchen und den Psychosekten ist gemeinsam, daß sie die Gesellschaft belassen, wie sie ist und sich auf Serviceleistungen für den Existenzkampf ihrer Klienten in der Gesellschaft spezialisieren. Davon unterscheidet sich der religiöse Fundamentalismus. Er will die Gesellschaft als Ganzes wieder auf den religiös richtigen Weg zurückführen. Auch er hat seinen Ursprung in den USA und ist nach wie vor dort weit mehr verbreitet als in Europa (vgl. Riesebrodt 1990; Küenzlen 1992). Es handelt sich dabei um eine Strömung des Protestantismus, die sich erstmals zwischen 1910 und 1920 bemerkbar machte. Seine Lehre ist die Rückkehr zu den *Fundamentals*, d. h. zu den biblischen Wahrheiten, die seine Protagonisten vor allem durch die Evolutionstheorie und die Verwissenschaftlichung der Theologie zu einer kritischen Textwissenschaft mit einer entsprechenden »Entmythologisierung des Neuen Testaments« im Sinne Rudolf Bultmanns gefährdet sehen. Zu den *Fundamentals* zählen:

1. die Unfehlbarkeit der Heiligen Schrift,
2. die Negation derjenigen Erkenntnisse der Naturwissenschaften und der wissenschaftlichen Theologie, die im Widerspruch zum Buchstaben der Bibel stehen,
3. die Aberkennung des Status eines wahren Christen, wenn die buchstäbliche Unfehlbarkeit der Schrift in Frage gestellt wird,
4. die Verpflichtung des Staates, für die Erziehung der Bürger im Sinne der biblischen Wahrheiten zu sorgen.

Zu den biblischen Wahrheiten sind insbesondere die jungfräuliche Geburt, die Göttlichkeit Jesu Christi, der stellvertretende Charakter seines Sühneopfers am Kreuz, seine leibliche Auferstehung und seine Wiederkunft zum Jüngsten Gericht zu rechnen.

Der protestantische Fundamentalismus hat seit Anfang der achtziger Jahre in den USA wieder einen erheblichen Auftrieb bekommen. Er versteht sich als eine Gegenbewegung gegen die Zersetzung der biblischen Lehre und der von ihr geleiteten Lebensführung und gesellschaftlichen Ordnung durch die Säkularisierung. In seinen Augen leidet die Gesellschaft an einem fortschreitenden Zerfall der Familie, der Sozialmoral und der Sexualmoral. Die Zunahme von Scheidungsraten, unehelichen Geburten, vaterlosen Familien, Drogenkonsum und Kriminalität werden als Zerfallserscheinungen der Gesellschaft interpretiert und auf ihre vollkommene Säkularisierung durch Wissenschaft, intellektuellen Diskurs, kommerzialisierte Massenmedien, kapitalistische Großkonzerne und eine von materiellen Interessen dominierte Politik zurückgeführt. Der Verlust der Religion ist für den Fundamentalismus die Ursache für den Zerfall der gottlos gewordenen Gesellschaft. Das richtige Mittel zur Rettung vor dem totalen Zerfall kann deshalb nur die Rückkehr zu den Wahrheiten der Bibel und eine moralische Erneuerung der Gesellschaft sein. Um dieses Erneuerungsprogramm in die Tat umzusetzen, will der Fundamentalismus den Staat in die religiöse Pflicht nehmen. Er soll seine Politik an den religiösen Grundsätzen orientieren; vor allem soll er in den Schulen für die religiöse Erziehung der Kinder sorgen. Die Trennung von Staat und Kirche wird auf diese Weise aufgehoben.

Der protestantische Fundamentalismus hat in den USA aus allen Schichten Zulauf bekommen, der Schwerpunkt seiner Anhänger liegt jedoch bei der Mittelschicht kleiner Gewerbetreibender und mittlerer Angestellter, die sich in ihrer sozialen Lage durch verschärfte wirtschaftliche Konkurrenz gefährdet sehen. Diese Konkurrenz wird von mehreren Seiten verschärft: durch den immer schneller sich vollziehenden technologischen Wandel, durch die Expansion von *Big Business* zu Lasten von *Small Business*, Unternehmensverschlankung, Verlagerung von Produktionsstätten ins Ausland, Zuwanderung aus dem Ausland, Aufstieg aus unteren Schichten. Der Widerstand des Fundamentalismus richtet sich deshalb gegen alle diese Kräfte, die nicht nur als Konkurrenzverschärfung gesehen werden, sondern darüber hinaus als Bedrohung für den Bestand der Gesellschaft. Wissenschaft, Technik, *Big Business* und nach oben strebende – eventuell von staatlichen Förderprogrammen (*affirmative action*) profitierende – wie auch vermehrt zuwandernde Minderheiten sind deshalb oft die Zielscheibe fundamentalistischer Kritik an der Gesellschaft.

An der skizzierten Programmatik des protestantischen Fundamentalismus läßt sich erkennen, daß er als eine Reaktion auf die sich beschleunigende Modernisierung zu verstehen ist, die auch einen wachsenden Multikulturalismus einschließlich der religiösen Pluralisierung mit sich bringt. Diese Deutung läßt sich auch auf fundamentalistische Tendenzen im Katholizismus und im Islam übertragen (Kepel 1991). Wegen der gerade in den USA viel stärker ausgeprägten Selbstorganisation der protestantischen Religionsgemeinschaften im Vergleich zum Katholizismus ist der protestantische Fundamentalismus jedoch eine breite und aktive Bewegung geworden, während im bürokratisch organisierten Katholizismus nur von fundamentalistischen Strömungen gesprochen werden kann (Ebertz 1992). Im Islam hat der Modernisierungsprozeß zu einer ähnlichen Konstellation geführt wie bei den christlichen Religionen. Auch hier steht neben der traditionellen religiösen Praxis einerseits der Versuch der Modernisierung, andererseits der Versuch, dem wirtschaftlichen und politischen Modernisierungsprozeß die Rückkehr zu den Glaubensgewißheiten der Religion und ihrer traditionellen Morallehre entgegenzustemmen und den Staat auf dieses Programm zu verpflichten. Der Konflikt zwischen der Modernisierung und dem Festhalten an religiösen Traditionen bestimmt die gesellschaftliche Entwicklung nicht nur dort, wo der islamische Fundamentalismus gegen eine eher modernisierende Regierung opponiert – wie in Ägypten und in Algerien –, sondern auch dort, wo er in ein politisches Reformprogramm eingebunden wird – wie in Pakistan –, oder auch dort, wo

er selbst zur Herrschaft gelangt ist – wie im Iran. Wie der protestantische Fundamentalismus wendet sich auch der islamische
Fundamentalismus gegen den Zerfall von Familie, Sozial- und Sexualmoral durch die westliche Modernisierung aus der Sicht eines
traditionellen, in beiden Fällen auch weitgehend patriarchalischen
Moralverständnisses. Und wie dort sind es auch hier die von der
Modernisierung gefährdeten Menschen, überwiegend aus der älteren, aber auch neueren Mittelschicht, die den Fundamentalismus unterstützen (Heine 1992; Tibi 1992, 1993; Riesebrodt 1990,
1993; Chehabi 1993).

8.3 Religiöser Fundamentalismus als Symptom
von Modernisierungskrisen

Wie wir soweit erkennen, ist der religiöse Fundamentalismus eine
Reaktion auf Modernisierungsschübe und die von ihnen verursachten Unsicherheiten des gesellschaftlichen Lebens. Er reagiert
auf die Entwertung der traditionellen Lebensformen durch wissenschaftlich-technische Rationalisierung, aber auch durch neue
individuelle Freiheiten. Als Bewegung der gefährdeten Schichten
macht er sowohl gegen *Big Business* mobil als auch gegen aufstei-
gende oder zuwandernde Minderheiten. Multikulturalismus ist
für den Fundamentalismus sowohl eine Gefahr für die traditionelle Ordnung als auch eine Bedrohung für seine eigene Stellung
und die Stellung seiner Mitglieder in der Gesellschaft. Multikulturalismus und der damit verbundene Kampf um die kulturellen
und sozialen Rechte von Minderheiten gegenüber der Mehrheit
und ihrer Kultur erscheint dem Fundamentalismus sowohl in kultureller als auch in sozialer Hinsicht als Bedrohung. Sein Anspruch auf die einheitliche Gestaltung der Gesellschaft nach eigenen religiösen Grundsätzen kann in der multikulturellen Gesellschaft nicht erfüllt werden, weil hier der Staat als Sachwalter der
kulturellen Rechte aller vorhandenen Gruppen wirken muß. Darüber hinaus wird die damit einhergehende Verschärfung der Konkurrenz um die Teilhabe an Wohlstand und sozialer Sicherheit von
den Anhängern des Fundamentalismus als eine Bedrohung ihrer
sozialen Lage gedeutet.
Der religiöse Fundamentalismus ist gewiß eine inadäquate und
nicht tragfähige Antwort auf die von der Modernisierung verur-

sachten Unsicherheiten des Lebens. Wir würden es uns aber zu leicht machen, wenn wir ihn in das Reich des Irrationalen abschieben und unsere Hoffnung allein auf die mit der Modernisierung liierte Durchsetzungskraft der Vernunft setzen würden, zumal an der dem Modernisierungsprozeß innewohnenden Vernunft nicht nur aus fundamentalistischer Sicht gezweifelt wird. Es fällt ja zunächst auf, daß wir heute schon aus aufgeklärter Perspektive eine dem Fundamentalismus durchaus ähnliche Kritik an den Zerfallserscheinungen der modernen Gegenwartsgesellschaft hören können. Eine Gesellschaft, in der alle Tabus zerbrochen sind und die Deregulierung das Zusammenleben nur noch den Gesetzen des Marktes unterwirft, erscheint auch in einer aufgeklärten Perspektive als eine Horrorvision der globalen Moderne. In den USA hat die Bewegung des Kommunitarismus in Erinnerung gerufen, daß soziale Integration und gutes Zusammenleben von der Entfaltung der Marktkräfte, vom wissenschaftlichen und technischen Fortschritt allein nicht zu erwarten ist, daß es eigener Anstrengungen bedarf, den Individualismus der Selbstentfaltung in den Rahmen von Gemeinsinn und sozialer Bindung zu stellen (MacIntyre 1986; Sandel 1982; Etzioni 1995; Taylor 1995; Walzer 1990a; Honneth 1993). Wenn wir diese kritischen Perspektiven als bedenkenswert betrachten, dann können wir dem religiösen Fundamentalismus nur dadurch den Wind aus den Segeln nehmen, daß wir die Krisenerscheinungen der Modernisierung in Grenzen halten, auf die er mit inadäquaten Mitteln reagiert.

8.4 Die Kirchen im öffentlichen Dialog: Jenseits von Dienstleistung, Psychokult und Fundamentalismus

Können die Kirchen noch einen Beitrag zur Bewältigung der Modernisierungsprobleme leisten, wenn sie vom Modernisierungsprozeß in der multikulturellen Gesellschaft auf einen Markt der Religionen gedrängt werden, auf dem anscheinend nur die drei aufgezeigten Marktstrategien der Modernisierung zur Servicestation für individuelle Heilsinteressen, des Rückzugs auf den Psychokult oder der Politisierung durch religiösen Fundamentalismus Erfolg versprechen? Mit keiner dieser drei Strategien werden sie zur Bewältigung der Modernisierungskrisen beitragen können. Mit der Modernisierungsstrategie mutiert die Kirche zum Dienstleistungsunternehmen und wird vom Modernisierungsprozeß aufgeschluckt. Damit verliert sie jede Kraft der Gestaltung dieses Prozesses nach moralischen Standards, vielmehr muß sie diese den Modernisierungszwängen anpassen. Der Rückzug auf den Psychokult führt aus der Gesellschaft heraus und überläßt die Modernisierung um so mehr ihrer ungebremsten Eigendynamik. Der religiöse Fundamentalismus will den Staat übermächtigen und versucht vergeblich, das Rad der Geschichte zu einer traditional-patriarchalischen Lebensform zurückzudrehen, die im Widerspruch nicht nur zu den materiellen, sondern auch zu den moralischen Errungenschaften der Moderne – individuelle Freiheit, Gleichberechtigung, Pluralismus der Lebensstile – steht.

Im Unterschied zu diesen vorherrschenden Überlebensstrategien können die Kirchen nur dann einen Beitrag zur Bewältigung der Modernisierungskrisen leisten, wenn sie sich nicht von der Dienstleistung für individuelle Heilsinteressen absorbieren lassen und dazu bereit sind, eine dem modernen Pluralismus angemessene *öffentliche Rolle* zu spielen (Gronemeyer 1995: 199-214). Sie können dabei keinerlei traditionelle Autoritätsansprüche stellen, weil diese in der säkularisierten Welt nicht mehr ernst genommen werden. In der Wahrnehmung einer öffentlichen Rolle ist die Stimme einer Kirche eine unter mehreren Stimmen anderer Religionsgemeinschaften und anderer Vereinigungen, die ihre Stimme in moralischen Fragen der Gesellschaftsgestaltung erheben – Gewerkschaften, industrielle, professionelle und wissenschaftliche Vereinigungen, Natur-, Umwelt- und Tierschützer u. a. In diesem vielstimmigen Konzert müssen sie ihre Rolle als moralisch kompetente Mahner aber mit aller Entschlossenheit wahrnehmen. Wir müssen den Kirchen aber auch die Foren bereitstellen, in denen sie diese Rolle ausüben können. Die Politik muß aus der Verstrickung in die reine Interessenbefriedigung nach per Stimmungsbarometer ermittelter Wählermeinung durch die Stärkung von Foren des repräsentativen öffentlichen Diskurses herausgelöst werden (Habermas 1992). Gegen den Drang zum politischen Entertainment und zum politischen Surfen auf den Stimmungswellen, der von der Kommerzialisierung der Massenmedien verstärkt wird, müssen Foren des repräsentativen öffentlichen Diskurses dem Dialog jenseits des Schielens nach Wählermehrheiten eine

Chance bieten. Weil Kirchen und vergleichbare weltanschauliche Vereinigungen nicht wie die Politik unmittelbar von der Stimmung im Wahlvolk abhängig sind, können und sollen sie auch in besonderem Maße unbequeme Positionen vertreten. Die Gesellschaft wird davon allerdings nur dann profitieren, wenn der öffentliche Diskurs nicht zum Narrentanz degeneriert, der von der Politik nicht ernst genommen wird. Dazu bedarf es des intensiven Austausches zwischen Politik, Kirchen und anderen weltanschaulichen Vereinigungen, in dem die moralischen Standards auf die sachlichen Probleme der Politik bezogen werden. Nur auf diesem Wege können die Moralisten lernen, welchen sachlichen Zwängen die Umsetzung moralischer Standards unterworfen ist, und den Politikern können nur so die Augen für die moralische Dimension der sachlichen Probleme geöffnet werden. Neben den Foren des repräsentativen öffentlichen Diskurses müssen deshalb Foren und Arbeitsgruppen des moralisch-politischen Diskurses gestärkt werden. Über die konsequenzenlose Sonntagsrede hinaus müssen die moralischen Fragen des richtigen Handelns und die ethischen Fragen des guten Lebens in den Alltag des politischen Geschäfts integriert werden. Wo dafür der entsprechende Raum geboten wird, haben die Kirchen auch in der vollständig säkularisierten und religiös pluralisierten multikulturellen Gesellschaft noch eine eminent wichtige öffentliche Rolle zu spielen. Diese Rolle grenzt sich sowohl nach der Seite der Serviceleistung für individuelle Heilsinteressen als auch nach der Seite der fundamentalistischen Vereinnahmung der Politik durch die Stärkung des öffentlichen moralischen und ethischen Dialogs und seiner gleichgewichtigen Interaktion mit der Politik ab.

Die Kirchen bringen in die moralisch-ethischen Diskurse die Fragen nach den Sinngrundlagen der menschlichen Existenz, des Lebens und der Welt im allgemeinen ein. Sie unterscheiden sich darin von moralischen Positionen, die allein die Koordination des Handelns menschlicher Subjekte unter dem Gesichtspunkt ihrer Rechte als Personen im Auge haben. In religiösen Fragen geht es um die Einbettung des menschlichen Handelns in den weiteren Sinnzusammenhang von menschlicher Existenz, Leben und Welt. Diese Fragen lassen sich nicht auf Fragen der Zusammenstimmung subjektiver Rechte reduzieren. Solche fehlgeleiteten Versuche führen z. B. zur merkwürdigen Konstruktion von Rechten der Natur gegenüber dem Menschen, wenn die moralischen Probleme der Ökologie gelöst werden sollen. Rechte können nur Subjekte in Anspruch nehmen und auch für sich verteidigen. Bei der Moral der Ökologie kommt es nicht auf die Rechte der Natur gegenüber dem Menschen an, sondern auf die Grenzen der Rede von subjektiven Rechten überhaupt.

Hier stößt auch die Habermassche Diskurstheorie an ihre Grenzen (Habermas 1992, 1996). Sie lokalisiert zwar die Verständigung über das moralisch Richtige und das ethisch Gute richtigerweise allein im *formalen* Verfahren moralischer und ethischer Diskurse. In substantieller Hinsicht produzieren solche Diskurse jedoch nichts als den endlosen Streit um den Vorrang von Rechten und die Rücksichtslosigkeit gegenüber allem, was mangels Artikulationsfähigkeit keine Rechte in Anspruch nehmen kann (z. B. ungeborenes Leben, Kinder, nachfolgende Generationen, nicht artikulationsfähige und eloquente Personen, nicht-menschliches Leben, Natur). Sie bedürfen deshalb einerseits der Einbettung in den weiteren Sinnzusammenhang von menschlicher Existenz, Leben und Welt, wodurch ihre Rücksichtslosigkeit gegenüber dem nicht-artikulationsfähigen Leben aufgefangen und eine Gemeinsamkeit des Sinns zwischen den Menschen sowie den Menschen und der Welt geschaffen wird. Der Streit um Rechte wird dadurch innerhalb der Grenzen des sinnhaft Möglichen gehalten. Auf der anderen Seite ist der Diskurs um Rechte auf die Einbettung in einen Zusammenhang gefühlter solidarischer Beziehungen einer menschlichen Gemeinschaft mit einer Tradition des guten Lebens angewiesen. Wo eine solche vorgängige Solidarität gefühlter Zusammengehörigkeit in einer traditionalen Lebenswelt nicht existiert, prallen die Rechte ungefiltert aufeinander und können zu keiner Abstimmung über ihre Reichweite und Grenzen gelangen. Solidaritätsbeziehungen resultieren aus Zusammengehörigkeitsgefühlen, traditionale Lebenswelten legitimieren sich aus gefühlter Verbundenheit mit Regeln des Zusammenlebens. Sie setzen die Grenzen für das Ausreizen von Rechten und enthalten Vorstellungen über die richtige und gute Abstimmung von widerstreitenden Rechten.

Nur im Rahmen eines vorgängigen Konsensus zerstört der Streit um die Rechte nicht das gesellschaftliche Leben. Hier trifft die kommunitaristische Kritik am Liberalismus auch die Habermassche Diskursethik, weil nicht nur die freie Aushandlung von Rechten nach dem Prinzip des Nutzens individueller Subjekte, sondern auch der Diskurs über die Verallgemeinerbarkeit von Rechten und ihre Koordination durch Handlungsregeln den Streit bis zum Zerreißen der gesellschaftlichen Bande verschärft. Natürlich braucht die Gesellschaft diesen Streit, weil sie sonst im Sumpf traditionalen Unrechts gefangen bleibt. Ohne Einbettung in einen weiteren Sinnzusammenhang des über das artikulationsfähige Subjekt hinausgehenden Lebens und in einen Zusammenhang solidarischer Beziehungen aus gefühlter Zusammengehörigkeit mit einer gemeinsamen Lebenswelt entfaltet sich jedoch die Sprengkraft moralischer Diskurse ungebremst und zerreißt sowohl das Band des Menschen zu seiner Umwelt als auch das Band zwischen den Menschen.

Den Zerfall des gesellschaftlichen Lebens und die Auflösung des Einklangs von Moral, Ethik und Recht im Zuge der Deregulierung von Märkten der Wirtschaft, Technik und Wissenschaft in der wachsenden globalen Konkurrenz können wir durch die Belebung moralischer Diskurse allein nicht aufhalten, weil sie ohne sinnhaften und lebensweltlichen Rahmen in den endlosen Streit um Rechte münden. Ihre sicherlich notwendige Entfaltung, um mit der Marktdynamik moralisch Schritt zu halten, bedarf der Flankierung durch die Einbettung der subjektiven Rechte in einen Sinnzusammenhang von Leben überhaupt und in ein sich stetig erweiterndes Netzwerk solidarischer Beziehungen gefühlter Zusammengehörigkeit. Nur wenn diese Einbettung in den Sinnzusammenhang des Lebens und in ein Netzwerk der gegenseitigen Verbundenheit gelingt, geht die Wahrnehmung subjektiver Rechte nicht zu Lasten des Lebens im allgemeinen und zu Lasten anderer subjektiver Rechte im besonderen, nur so wird sie durch ökologische Tragfähigkeit und gegenseitige Respektierung gestützt. Die Gewährung moralischer Rechte im abstrakten Diskurs ist ohne Chance der Umsetzung in langfristig tragfähiges und zusammenstimmendes Handeln und damit wertlos, wenn sie nicht in einen Sinnzusammenhang des Lebens und ein Netzwerk der zwischenmenschlichen Solidarität eingebettet wird.

8.5 Globale Konkurrenz
und moralisch-ethische Lebensgestaltung

Wir befinden uns in einer Situation, in der die globale Konkurrenz in Wirtschaft, Technik und Wissenschaft einen immer größeren Innovationsdruck ausübt, nach dem das technisch Machbare nahezu zwangsläufig seine industrielle Realisierung diktiert (Gronemeyer 1995: 169-198; Tudge 1994). Innovation ist zu einem Wert an sich geworden. Die Frage nach der Wünschbarkeit von Innovationen kann moralisch-ethisch kaum noch gestellt werden, weil allein Innovationen den Wohlstand unter der Bedingung globaler Konkurrenz sichern können. Jeder Verzicht auf Innovation verschließt die damit verbundenen Marktchancen und überläßt sie den Konkurrenten. Über die Wünschbarkeit von Innovationen entscheidet deshalb fast nur noch die Nachfrage der Konsumenten. Diese Nachfrage fällt natürlich nicht vom Himmel und ist den Konsumenten auch nicht angeboren. Je härter der Wettbewerb ausgetragen wird, um so mehr Anstrengungen müssen der Erzeugung von Nachfrage durch breit angelegte Werbefeldzüge gewidmet werden. Eine Industrie, die erfinderisch genug ist und ihre Innovationsaufgabe erfüllt, wird uns deshalb mit einem Angebot von Waren und Dienstleistungen überschwemmen, zu dem wir gar nicht Ja oder Nein sagen können, weil die Waren- und Dienstleistungswelt zur Lebenswelt wird, ohne die wir gar nicht leben können.

Wer am Leben der globalen Informationsgesellschaft teilnehmen und nicht ins Abseits gedrängt werden will, dem bleibt gar nichts anderes übrig, als den multimedialen Konsumrausch mitzumachen. Durch die Innovationen der Waren- und Dienstleistungswelt wird unter den Konsumenten ein Druck erzeugt, auf den fahrenden Konsumzug aufzuspringen, nur um gesellschaftlich nicht abgehängt zu werden. Wie wir uns ernähren, unsere Freizeit gestalten, unsere Gesundheit erhalten, uns beruflich fortbilden, unsere Kinder erziehen, überhaupt unser Leben einrichten, wird in einem Maße durch die Waren- und Dienstleistungsflut bestimmt, das uns keine Chance der Reflexion und bewußten Wahl, geschweige denn der moralisch-ethischen Prüfung läßt, ob wir das alles überhaupt wollen. Die Waren- und Dienstleistungswelt frißt sich oft nur in kleinen Schritten in die gewachsenen Lebenswelten hinein. Die unerwünschten Folgen werden erst dann erkannt, wenn es zu spät ist, z. B. wenn die innerstädtische Geschäfts- und Filmtheaterkultur von den Supermärkten und Kinomultiplexen auf der grünen Wiese verdrängt, die Städte von autogerecht ausgebauten Straßen zerfurcht, die gewachsenen Friedhofskulturen von der Flut protziger Matterhörner zerstört worden sind oder den frischen Brötchen die kommerzielle Eroberung des Sonntags und die damit einhergehende Herrschaft des Konsums über die gewachsenen kulturellen Traditionen auf breiter Front gefolgt ist.

Mit der Flut wissenschaftlich-technischer und industrieller Innovationen werden die Grenzen bisheriger Vorstellungen des moralisch richtigen Handelns und des ethisch guten Lebens immer häufiger und weitreichender überschritten. Denken wir nur an die Entwicklung der Gentechnik und ihre Anwendung in der medizinischen Diagnostik oder an die Entwicklung der Transplantationsmedizin und den von ihr entfachten Organhandel. Mit den Methoden der künstlichen Befruchtung im Reagenzglas (In-vitro-Fertilisation) und der Präimplantationsdiagnostik können heute genetische Defekte im allerfrühesten Stadium der Entwicklung des menschlichen Embryos ermittelt werden. Die Eltern können deshalb eine größere Zahl von Befruchtungen vornehmen und dann denjenigen Embryo in den Uterus einpflanzen lassen, der über das beste genetische Potential verfügt, während die weniger gut geratenen wieder abgetötet werden. In Zentren für Reproduktionsmedizin, wie z. B. im flämischen Universitätskrankenhaus Brüssel, ist das für Eltern mit besonders schweren Erbkrankheiten schon Praxis. In Deutschland wird das Abtöten der künstlich gezeugten Embryos noch mit einer hohen Geldstrafe oder drei Jahren Gefängnis bestraft (Blech und Junge 1996). Legitimiert wird das Selektionsverfahren mit dem Nutzen für Eltern, die Träger einer schweren Erbkrankheit sind. Sie haben dann die Chance, ihren Kindern die Belastung mit dieser Erbkrankheit zu »ersparen«. Vom Standpunkt der Wunscherfüllung für die Eltern und des Nutzens für das auserwählte Kind erscheint dieses Vorgehen als gerechtfertigt. Dieser Gewinn geschieht aber auf Kosten des Abtötens der Embryonen, die für nicht tauglich erklärt werden. Der Mensch macht sich damit in einem zuvor nicht dagewesenen Maße zum Herrscher über Leben und Tod. Im Vergleich zur Empfängnisverhütung wird hier insofern ein qualitativer Sprung vollzogen, als nun über schon gezeugte Embryos das Urteil »nicht lebenswürdig« gefällt wird. Man könnte dagegen einwenden, daß dies ja auch auf jeden nach geltendem Recht vollzogenen Schwangerschaftsabbruch zutrifft. Diesem Einwand ist jedoch entgegenzuhalten, daß es sich dabei um wohlüberlegte Ausnahmefälle handelt, während bei der Methode der selektiven In-vitro-Fertilisation das Abtöten von weniger »lebenstüchtigen« Embryonen zugunsten der Selektion der »lebenstüchtigsten« zur Regel wird. Wenn dieses Verfahren zunächst für den Ausnahmefall der Belastung von Eltern mit Erbkrankheiten gelten soll, ist die Frage, mit welchen Argumenten jedem beliebigen Ehepaar dieses Verfahren versagt werden soll, wenn es nur eben sichergehen will, ein »gesundes« Kind zu bekommen. Wenn diesem Wunsch entsprochen wird, muß jedes Elternpaar, das nicht das Selektionsverfahren wählt, mit der Verantwortung leben, vielleicht nicht genug getan zu haben, um dem geborenen Kind die bestmögliche genetische Ausstattung mitzugeben. Welches Elternpaar wird da nicht doch das Selektionsverfahren wählen, zumal jetzt eine Konkurrenz der Lebenstüchtigsten entfacht wird, wodurch die Eltern gezwungen werden, ihrem Kind die bestmögliche genetische Ausstattung zu vermitteln. Nach unseren bisher geltenden moralischen Vorstellungen würde bei universeller Anwendung des Selektionsverfahrens zukünftiges Leben aus einem organisierten Massenmord hervorgehen. Wahrscheinlicher ist jedoch, daß sich unsere moralischen Vorstellungen in die Richtung des technisch Machbaren verändern und zwar mit der Begründung, daß der Nutzen der gesund Lebenden den Schaden der Abtötung von weniger tüchtigem Leben übersteigt. Wir bekommen dann eine utilitaristische Moral, die den Nutzen der Lebenden zum obersten Kriterium erhebt. Moralische Tabus, die dem Menschen das Eingreifen in das Leben verbieten, gibt es dann nicht mehr. Das einzig verbleibende Tabu ist der Nutzen der Lebenden. Welcher Druck besteht, sich den Angeboten des wissenschaftlich-technischen Fortschritts zu beugen, ist daran zu erkennen, daß wir jetzt in Deutschland daran arbeiten müssen, anstelle des schlichten Verbots die rechtlichen Voraussetzungen zur Einführung dieses Verfahrens zu schaffen, nur weil dies andere Länder schon getan haben und Konkurrenzdruck ausüben, und weil dem Nutzen der davon profitierenden Elternpaare anscheinend kein schlagkräftiges Argument entgegengehalten werden kann.

Eine rein utilitaristische Moral zerstört jedoch langfristig die gesellschaftliche Ordnung, weil sie in den Kampf aller gegen alle führt. Utilitaristisch gedacht hat der Mensch seine Daseinsberechtigung nur durch den Nutzen, den er für andere erzeugen kann. Je weniger ein Mensch dazu beitragen kann, um so geringeren Wert hat er für andere, bis zu dem Punkt, wo keine Nützlichkeit die vollkommene Wertlosigkeit impliziert. In einer Gesellschaft, der jeder fürchten muß, nicht nützlich genug für die anderen zu sein, entbrennt aber ein ungezügelter Kampf um die Mittel, mit denen man sich gegenüber der Konkurrenz in Vorteil setzen kann. Nur so kann man sichergehen, im Vergleich zu den Konkurrenten über genug Mittel zu verfügen, mit denen man sich als nützlich für andere erweisen kann. Wenn es keine Instanz gibt, die diesen Wettbewerb zügelt und festlegt, was erlaubt ist und was nicht, dann fallen wir in den von Thomas Hobbes beschriebenen Naturzustand zurück, in dem jeder einzelne seine Tauschfähigkeit mittels Täuschung und Gewalt aufrechterhalten und so jeder die Täuschung und Gewalt eines jeden anderen fürchten muß (Hobbes 1651/1966). Eine mildere, aber sicherlich auch nicht unbedenkliche Form dieser Entfesselung des Wettbewerbs ist die Überflutung unserer Lebenswelt mit Waren und Dienstleistungen mittels Werbefeldzügen, die uns nicht mehr die Wahl lassen, ja oder nein zu sagen, wir allein schon gezwungen sind, in dieser Waren- und Dienstleistungswelt zu leben, weil es die anderen tun.

Auch Individualgüter werden zum Kollektivgut, wenn ihr Konsum auch die Nicht-Konsumenten zwingt, die Folgen davon und die damit einhergehenden Veränderungen der natürlichen und sozio-kulturellen Lebenswelt mitzutragen. Der Liberalismus, der den Konsum von Individualgütern der freien Konsumentenentscheidung überlassen will, ignoriert in der Regel dieses Umschlagen vom Individualgut zum Kollektivgut, sobald der Konsum eines Individualgutes eine Vielzahl negativ beeinträchtigter passiver Mitkonsumenten impliziert. Am Beispiel des Passivrauchens hat darüber jetzt eine Diskussion begonnen. Sie berührt allerdings nur die Spitze eines Eisbergs. Es zeigt sich daran, daß sich der Bedarf der moralisch-ethischen Verständigung über das richtige Handeln und das gute Leben in dem Maße zu einem unüberschaubaren Berg auftürmt, in dem die globale Konkurrenz um den wirtschaftlichen, technischen und wissenschaftlichen Fortschritt die Dämme traditionaler moralisch-ethischer Vorstellungen einreißt. Mit der Welle an Deregulierungen zum Zwecke der

Öffnung von Märkten schaffen wir einen um so größeren Bedarf der Reregulierung (Barber 1995a).

Wir bewegen uns in ein weites Feld von moralisch und ethisch nicht nach bisherigen Vorstellungen regulierbarem Handeln hinein. Je weniger wir moralisch und ethisch mit dieser Entwicklung Schritt halten, um so mehr bestimmen die Gesetze der globalen Marktkonkurrenz die Entwicklung (Reich 1996; Thurow 1996). Das bedeutet nicht weniger, als daß wir uns auf eine moralisch und ethisch vollkommen deregulierte Welt zubewegen, in der nichts als das Gesetz des Stärkeren gilt.

Die Krise der moralischen und ethischen Gestaltung des modernen Lebens wird vor allem dadurch verschärft, daß der Nationalstaat als politische Einheit an Souveränität verliert und in einen globalen Kampf um die Erleichterung von wirtschaftlichen Investitionen, technischen und wissenschaftlichen Innovationen hineingezogen wird (Guéhenno 1994; Ziebura 1992; Dubet und Lapeyronnie 1994). Die in den einzelnen Nationalstaaten herausgebildete Einheit von Moral, Ethik und Recht zerbricht, weil das Recht im Interesse der Konkurrenzfähigkeit aus den Fesseln der alten Moral und Ethik befreit werden muß. Das Recht wird den Fortschrittszwängen der globalen Konkurrenz unterworfen und entzieht sich der bisherigen moralisch-ethischen Gestaltung. Im Rahmen des Nationalstaates sind Moral, Ethik und Recht kaum noch miteinander in Einklang zu bringen, noch nicht einmal auf der supranationalen Ebene der Europäischen Union, weil die Handlungszwänge durch die *globale* Konkurrenz in Wirtschaft, Wissenschaft und Technik verursacht werden. Nationalstaatliche Foren des repräsentativen öffentlichen Dialogs und des Dialogs zwischen Moralinstanzen und Politik reichen nicht mehr aus. Können sie aber auf supranationaler und globaler Ebene überhaupt mit derselben Verbindlichkeit und Wirksamkeit institutionalisiert werden, wie dies auf der Ebene des Nationalstaats geschehen ist (Münch 1993b)? Es spricht einiges dafür, daß dies in derselben Qualität nicht möglich und wegen der damit verbundenen zwanghaften Vereinheitlichung kultureller Lebenswelten auch gar nicht wünschenswert ist. Das liegt an der viel größeren Heterogenität von Wertvorstellungen und Interessen auf supranationaler und globaler Ebene. Sie lassen in der Regel nur eine Einigung auf dem kleinsten gemeinsamen Nenner zu oder überlassen – wie in verstärktem Maße in der Europäischen Union – alles der regulativen Konkurrenz zwischen den Einzelstaaten, was de facto aber dahin führt, daß die Investitionen in Wirtschaft, Technik und Wissenschaft dorthin gehen, wo dafür die freundlichsten rechtlichen Rahmenbedingungen bestehen. Ein Beispiel für die Tendenz zum moralisch-ethischen Minimalkonsens ist die Bioethik-Konvention des Europarats, die aus der Sicht ihrer Kritiker zu wenig reguliert und vor der wissenschaftlich-technischen Fortschrittsdynamik kapituliert. Ihre Verteidiger verweisen darauf, daß es mit dieser Konvention wenigstens gelungen sei, die ganz unwilligen Staaten in die Vereinbarung einzubinden. Man sieht daran, daß Fragen der Ethik immer mehr zu einer Sache der Abwägung und Abstimmung von Interessen werden, also selbst dem ökonomischen Denken unterworfen werden.

Wie der Staat werden auch die Kirchen von den globalen Marktkräften aufgesogen. Weil ihnen die Mitglieder angesichts der vielen Alternativen religiöser und nicht-religiöser Heils- und Sinnfindung in der globalen Konsumgesellschaft davonlaufen, begeben sich jetzt auch die traditionellen Kirchen in Deutschland unter die Fittiche der Unternehmensberater und lassen sich erfolgversprechende Rezepte von *lean production, lean management*, Produktmarketing, Erlebnisvermittlung und Kundenpflege verschreiben, um »wettbewerbsfähig« zu bleiben. Die Kirchen leisten auf diese Weise ihren eigenen Beitrag zur Vereinheitlichung der Welt zu einem globalen Marktsystem, in dem nur noch Interessen maximiert werden können, ihre Abstimmung aufeinander und ihre Einfügung in ein Konzept des guten Lebens aber nicht mehr gelingt. Dem Marktgeschehen fehlt das Gegengewicht der normativen Kontrolle. Das gesellschaftliche Leben gerät aus dem Gleichgewicht, weil die Kräfte des Marktes die Oberhand über Religion, Moral, Ethik, Recht und Staat gewinnen (Neidhart 1997).

Schlußbemerkungen

Trotz wenig erfolgversprechender Aussichten bleibt den Kirchen gar nichts anderes übrig, als daran mitzuwirken, den moralisch-ethischen Dialog und seine Verknüpfung mit der Politik auf supranationaler und globaler Ebene fortzuentwickeln, um nicht völlig von der Dynamik der globalen Märkte für Wirtschaft, Technik und Wissenschaft überspült zu werden und die Welt allein den unkontrollierten Marktkräften überlassen zu müssen. In einer Welt, in der nur noch die Marktgesetze gelten, wird die ökonomische Theorie zur alleingültigen Theologie und die ökonomische Profession zur alleinherrschenden Priesterkaste (Bourdieu 1996). Wenn es nach ihr allein gehen soll, dann wird uns der globale Freihandel nur die Segnungen der komparativen Kostenvorteile, aber keine Nachteile bringen. Daß schon im Kern dieser Theorie der kleine Fehler steckt, die vom globalen Freihandel verursachten Kosten der Umweltzerstörung gar nicht zu berücksichtigen, macht sie in dem Maße zur Ideologie, in dem sie als verbindliche Richtschnur des politischen Handelns dient (Leipert 1989). Die ökonomische Theorie sagt uns dann nicht mehr allein, was wir tun *können*, sondern auch was wir tun *sollen*. Damit verläßt sie aber den Pfad der Wissenschaft und definiert, was richtiges Handeln und gutes Leben sein sollen. Sie mutiert von der Wissenschaft zur moralischen Instanz. Wir sind schon auf gutem Wege zu dieser Inthronisierung der ökonomischen Wissenschaft als moralische Instanz der globalen Moderne. Wenn wir uns dem Diktat der Ökonomie nicht vollkommen unterwerfen wollen, dann müssen enorme Anstrengungen auf die Wiederherstellung des Einklangs von Moral, Ethik und Recht in der Verschränkung der lokalen, regionalen, nationalen, supranationalen und globalen Ebenen der Politik gerichtet werden. Zu den moralisch-ethisch-politischen Dialogen auf und zwischen diesen Ebenen haben auch die Kirchen einen wichtigen Beitrag zu leisten, bei dem sie sich in neuer Weise auf ihre öffentliche Rolle und ihre globale, über nationale Grenzen hinausreichende Verantwortung besinnen müssen.

III.
Europäische Dynamik und soziale Integration

9. Europa als Projekt der Identitätsbildung: Zwischen globaler Dynamik, nationaler und regionaler Gegenbewegung

Einleitung

Die öffentliche Diskussion wird gegenwärtig von dem allseits geteilten Bewußtsein geprägt, daß wir uns in einem tiefgreifenden Umbruch des gesellschaftlichen Lebens befinden. Unter den Bedingungen der Globalisierung sind nahezu alle gewohnten Institutionen des Nationalstaats, die uns Sicherheit gegeben haben, brüchig geworden. Unser hilfesuchender Blick richtet sich in dieser Situation, hoffend und bangend zugleich, auf die Europäische Union. Kann sie uns die verlorene Einheit unseres Lebens wieder zurückgeben und mit der Welt als Ganzer verknüpfen? Sie wird das nur erreichen, soweit sie über den Binnenmarkt und die politische Kompetenzenverlagerung hinaus auch einen Strukturwandel unserer Identität hervorbringen kann.

Der Prozeß der europäischen Integration schreitet im Ausbau des Binnenmarktes und in der Verlagerung politischer Entscheidungskompetenzen auf die Ebene der Europäischen Union in einem wachsenden Tempo voran. Er verlangt jetzt in zunehmendem Maße die Einbeziehung der Bürger und den Wandel ihrer Identität hin zu Europa. Das heißt, sie müssen sich darauf einstellen, sich selbst nicht nur als Deutsche, Franzosen, Belgier usw. zu verstehen, sondern auch als Europäer. Sie müssen befähigt werden, weitreichendere und vielfältigere Loyalitätsansprüche miteinander in Einklang zu bringen. Ihre nationale Identität müssen sie mit der europäischen Identität koordinieren. Ohne diesen Identitätswandel droht das europäische Projekt an der mangelnden Kooperationsbereitschaft der Bürger zu scheitern.

Wie vollzieht sich ein solcher Strukturwandel der Identität? Welche Faktoren fördern ihn? Welche Faktoren wirken dagegen? Zeigt sich hier ebenso eine Dialektik von Bewegung und Gegenbewegung wie allgemein im Modernisierungsprozeß? Welche Begleiterscheinungen treten auf? Welche Chancen und Risiken ergeben sich? Solche Fragen stellen sich unmittelbar.

»Kulturelle Identität« hat Konjunktur. In Zeiten großer Umwälzungen wächst das Bedürfnis nach Selbstvergewisserung darüber, wer man ist, wer man sei oder wer man sein will. Das gilt für Individuen ebenso wie für Kollektive. Individuen wechseln, beenden, beginnen oder erweitern Zugehörigkeiten. Kollektive definieren sich nach innen und außen neu. Wer gehört noch dazu, wer kommt hinzu, besteht das Kollektiv überhaupt fort, zerbröckelt es in kleinere Einheiten, geht es auf in einem größeren Kollektiv?

Mit der »Identität« eines Individuums meinen wir diejenigen Haltungen, die in allem Denken und Handeln einen gemeinsamen Kern bilden – das ist die Einheit – und die das Individuum von anderen Individuen unterscheiden – das ist die Differenz. Diese Identität kann fremd- und/oder selbstzugeschrieben sein. Beide Seiten können konvergieren, aber auch divergieren. Je mehr sich ein Individuum auf Interaktion mit anderen einläßt und je mehr es sich dabei um ein ausbalanciertes Verhältnis handelt, um so mehr Chancen bestehen für eine Konvergenz von Fremd- und Selbstzuschreibung. Die Identität eines Individuums kann mehr oder weniger konkret oder abstrakt gefaßt sein, mehr oder weniger Spielraum für Veränderungen des Denkens und Handelns lassen. Sie kann auf lange Zeit stabil bleiben, sich aber auch so schnell wandeln, daß die Grenze erreicht wird, jenseits derer höchstens noch der beständige Wandel als einziges Identitätsmerkmal verbleibt.

»Kollektive Identität« meint den Kern der Haltungen, die allen Mitgliedern eines Kollektivs in ihrem Denken und Handeln gemeinsam sind und die sie von anderen Kollektiven unterscheiden. Sie kann innen von einzelnen, mehreren oder allen, außen von einzelnen, mehreren oder allen Mitgliedern anderer Kollektive zugeschrieben werden. In bezug auf die Konvergenz oder Divergenz dieser Zuschreibungen gilt dasselbe wie auf der Ebene individueller Identitäten. Sie richten sich nach dem Ausmaß und dem Gleichgewicht der Interaktionen.

Von einer »europäischen Identität« könnten wir also sprechen, wenn sich gemeinsame Haltungen feststellen lassen, die einen prägenden Einfluß auf Denken und Handeln derjenigen Menschen ausüben, die wir (und/oder die sich) als Europäer bezeichnen. So leicht geht das jedoch nicht. Wer zählt dazu? Sind es die Bewohner des europäischen Kontinents, unabhängig von ihrer Herkunft, also auch die Zugewanderten? Sind es die Bewohner, die über mehrere Generationen (wie viele?) in Europa leben? Oder sind es all diejenigen, die eine europäische Erziehung genossen haben, gleichwohl, wo sie jetzt leben? Was ist aber eine europäische Erziehung? Ist es die Erziehung in der Kultur eines europäischen Landes, oder die Erziehung in der europäischen Kultur über die Grenzen nationaler Kulturen hinweg? Was sind gemeinsame Haltungen von Franzosen, Briten, Italienern, Portugiesen, Deutschen oder Belgiern, die uns erlauben, eine europäische Identität zu identifizieren? Zu welchem Ergebnis gelangt dieser Identitifizierungsversuch, wenn wir Tschechen, Polen, Ungarn oder Ukrainer hinzurechnen? Ist eine europäische Identität schon gegeben, wenn eine genügende Zahl von Menschen bei der Eurobarometer-Befragung auf die bloße Frage danach mit »ja« antwortet?

Ist die Frage nach der »europäischen Identität« eventuell leichter zu beantworten, wenn wir sie auf »kulturelle« Identität spezifizieren? Sind wir dann unabhängig von den Haltungen der Subjekte? Können wir uns in diesem Fall allein auf die Kultur als Sinnsystem beschränken, z. B. auf Christentum und Aufklärung als europäisches Kulturerbe, das eine gemeinsame Identität schafft, an der europäische Länder, aber auch nichteuropäische Länder mehr oder weniger teilhaben können? Europäische kulturelle Identität ist dann ein Abstraktum, das in Europa nicht (mehr) völlig unbestritten vorherrscht und außerhalb Europas ganze Kontinente geprägt hat, insbesondere Amerika.

Wir sehen an diesen Schwierigkeiten bei der Bestimmung einer »europäischen Identität« oder einer »europäischen kulturellen Identität«, daß wir kaum Erfolg haben können, wenn wir einen Versuch machen, die Begriffe mit Inhalt zu füllen. Ein solcher Versuch würde nichts anderes sein, als ein Mosaiksteinchen im Feld der fortlaufend stattfindenden Identitätsbestimmung in sozialen Prozessen. Was wir dagegen eher versuchen können, ist eine Untersuchung eben dieser sozialen Prozesse, die an der Definition einer »europäischen (kulturellen) Identität« beteiligt sind. Wir fragen also: Wie entsteht und verändert sich eine solche Identität, wie verhält sie sich zum Fortbestehen anderer Identitäten, welchen Charakter nimmt sie an?

Weiterhin können wir die Frage nach der europäischen (kulturellen) Identität leichter beantworten, wenn wir uns darauf beschränken, zu fragen, wie weit, auf Grund welcher gesellschaftlicher Veränderungen, in welcher Form, in welchen Prozessen, mit welchen Begleiterscheinungen und mit welchen Konsequenzen die Menschen in Europa in dem Sinne eine europäische Identität entwickeln, daß sie sich über die Grenzen ihrer nationalen Zugehörigkeit und Identität hinaus als Europäer verstehen und aufgrund dessen ihre Herkunftsidentität zu relativieren bereit sind. Im einzelnen handelt es sich dabei um einen fortlaufenden Prozeß der Identitätsbildung, der dialektisch, dynamisch und vielschichtig gestaltet ist. In den folgenden Abschnitten soll die Vielschichtigkeit, Dialektik und Dynamik dieses Prozesses herausgearbeitet werden. Im einzelnen wird auf folgende Aspekte eingegangen:

– Unterscheidung nach außen, unten und oben,
– innere Homogenisierung,
– Inklusion: Differenzierung von Zentrum und Peripherie,
– Dialektik von Identitätsgewinn und Identitätsverlust,
– Identitätswachstum,
– Transformation von primordialer zu medialer Identität,
– Transformation von medialer zu virtueller Identität.

Im globalen Kontext bildet sich eine europäische kulturelle Identität im Wettbewerb und Austausch mit den USA und Japan im Zentrum des Weltsystems und im Austausch mit den Ländern der Dritten Welt in der Peripherie heraus. Zugleich findet aber auch eine Re-Nationalisierung und Re-Regionalisierung kultureller Identitäten als Gegenbewegung von unten statt. Nach oben gerichtet, greift die modernisierende Avantgarde über Europa hinaus und bildet eine Gegenbewegung der Globalisierung. Kulturelle Identität wird dementsprechend vielschichtiger und spannungsreicher. Sie ist raschem Wandel, situativen und konjunkturellen Schwankungen unterworfen, wird Gegenstand von medialen Definitionskämpfen und deshalb äußerst zerbrechlich.

9.1 Identitätsbildung durch Unterscheidung

Die gemeinsame Identität eines Kollektivs bildet sich zunächst einmal durch Anlässe der Unterscheidung von anderen Kollektiven (Simmel 1908/1992: 349-368). Diese Anlässe können von der bloßen Wahrnehmung der Andersartigkeit über wirtschaftliche Konkurrenz, Handelskonflikte und Rechtsstreitigkeiten bis zu kriegerischen Auseinandersetzungen reichen. Hat die neue Weltlage nach dem Zusammenbruch des Sowjetimperiums in dieser Hinsicht eine Veränderung gebracht? Diese Frage kann mit einem eindeutigen Ja beantwortet werden.

9.1.1 Unterscheidung nach außen

Der Ost-West-Konflikt hat die Welt in zwei große Blöcke aufgeteilt, deren Grenze quer durch Europa und durch große Teile der Dritten Welt verlief. Für die Westeuropäer war die Zugehörigkeit zum westlichen Bündnis das herausragende Merkmal kollektiver Identität jenseits der nationalen Zugehörigkeit. Dasselbe gilt für die Osteuropäer in bezug auf die Mitgliedschaft im östlichen Bündnis. Nach der großen Umwälzung von 1989 hat sich die Situation schlagartig verändert (Czempiel 1993; Stürmer 1993; v.Bredow und Jäger 1994). Der Ostblock ist auseinandergebrochen. Nach Jahrzehnten der Unterdrückung feiern nationale Identitäten eine Wiederauferstehung. Die Befreiung von der Sowjetherrschaft ging weitgehend Hand in Hand mit der Befreiung von russischer Herrschaft und einer Wiederbelebung nationaler Identitäten. Das »Selbstbestimmungsrecht der Völker« bietet die Legitimationsgrundlage für den neuen Nationalismus. Weil die Sowjetherrschaft größtenteils eine russische Herrschaft war, wurde die Befreiung in die Bahnen des Nationalismus gelenkt. Die Belebung der nationalen Identität wird dementsprechend von den politischen und militärischen Eliten strategisch genutzt. Als Definitionsgrundlage der nationalen Zugehörigkeit wird auf die ethnische Herkunft zurückgegriffen. Dabei entstehen nicht nur Konflikte zwischen Russen und nichtrussischen Nationalitäten, sondern auch solche zwischen nichtrussischen Nationalitäten selbst, gewissermaßen als Folge der Wiederbelebung ethnisch definierter nationaler Zugehörigkeit. Auf dem Balkan verläuft der Hauptkonflikt zwischen den Serben, deren Vorherrschaft durch das kommunistische Regime gestützt wurde, und den anderen Nationalitäten. Zwangsläufig dauert der Konflikt in Bosnien-Herzegowina am längsten an, weil sich dort eine kaum aufzulösende ethnische Gemengelage findet (Kappeler 1992; Nolte, Eschment und Vogt 1994; Nolte 1995; Wandycz 1993; Faulenbach und Timmermann 1993; Hatschikjan 1995; Reuter 1992; Mommsen 1992; Calic 1995; Seewann 1995; Hatschikjan und Weilemann 1995).

Mit dem neuen Nationalismus geht im Osten aber auch eine Neu-orientierung an Europa einher. Das gemeinsame europäische Kul-turerbe wird als Grundlage einer gemeinsamen Identität mit den Westeuropäern beschworen. Der Anschluß an die NATO wird zur militärischen Absicherung insbesondere gegen Rußland ge-sucht. Der Eintritt in die Europäische Union wird im Interesse des wirtschaftlichen Aufschwungs und der politischen Stabilisie-rung der neuen demokratischen Institutionen angestrebt (Deppe, Dubiel und Rödel 1991; Havel 1991; Michnik 1992; Dienstbier 1991; Meyer 1993; Wettig 1993; Weidenfeld 1995).

Den Westeuropäern wachsen damit neue Aufgaben zu, die ihre Aufmerksamkeit weit mehr auf Gesamteuropa lenken, als dies vor 1989 der Fall war. D.h., daß Westeuropa bei der Entwicklung einer kollektiven europäischen Identität durch Osteuropa in Zug-zwang gebracht wird. Die Westeuropäer können sich dabei gar nicht so schnell Gesamteuropa zuwenden, wie dies von den Osteuropäern gewünscht wird, und zwar weil sie erstens noch auf sich selbst und über den Atlantik schauen und zweitens die enor-men Belastungen des Aufbaus im Osten scheuen (Pinder 1991; Erhart 1993; Welfens 1995).

Aber auch in Westeuropa gibt es Ansätze, die auf eine Schwä-chung der alten Westidentität und eine Stärkung der europäischen Identität hinauslaufen. Mit dem Wegfall des Feindes im Osten können innere Differenzen im Westen leichter die Aufmerksam-keit auf sich ziehen und eher zum Anlaß von Konflikten werden. Vor 1989 waren gesamteuropäische Probleme in erster Linie Si-cherheitsprobleme. Sie konnten nur mit Hilfe der NATO und der USA als Schutzmacht bewältigt werden. Heute sind die gesamt-europäischen Probleme vielschichtiger, und es wird weniger die NATO als die EU zum Adressaten von Erwartungen in bezug auf die Bewältigung der Probleme gemacht (Weston 1991; Wolf 1992; Fröhlich 1992; Lapins 1992; Tuschhoff 1993). Eine Auswertung entsprechender Nennungen in der öffentlichen Diskussion vor und nach 1989 würde diese These sicherlich leicht belegen kön-nen. Das hängt auch damit zusammen, daß unter den vielschich-tigen Problemen die wirtschaftlichen gegenüber den sicherheits-politischen die Oberhand gewonnen haben und die Europäische Union inzwischen neben den USA und Japan zur dritten großen Wirtschaftsmacht geworden ist (Laqueur 1992). Mit den USA und Japan bildet sie im neuen ökonomisch bestimmten Weltsystem das

dreipolige Zentrum, um das sich die aufsteigenden Länder in Südostasien und die aufstrebenden Länder in Osteuropa in der Semiperipherie sowie die Entwicklungsländer in der Peripherie gruppieren. Durch den Wandel von der Sicherheitspolitik zur Wirtschaftspolitik bekommen insbesondere die Differenzen der EU
zu den USA ein größeres Gewicht als zuvor. Während Westeuropa in der Sicherheitspolitik auf die USA angewiesen war, ist in
der Wirtschaftspolitik der Spielraum für Differenzen viel größer.
Zwar teilen beide Seiten ein gemeinsames Bekenntnis zur Marktwirtschaft und zum Freihandel, die konkrete Ausgestaltung des
internationalen Handels birgt jedoch viel Konfliktstoff. Er reicht
von der Agrarpolitik bis zur Luftfahrt. Dabei besteht der Hauptkonflikt in einer größeren Präferenz des Freihandels auf der amerikanischen Seite. Im einzelnen wird jedoch auf beiden Seiten in
einer Doppelstrategie für den Schutz der eigenen Industrie zu
Hause vor den Eindringlingen von außen und die freie Bahn bei
der Erschließung auswärtiger Märkte gekämpft (Weston 1991).
Gewiß schweißen diese wirtschaftspolitischen Kämpfe die beiden
Seiten keineswegs so eng zusammen wie die militärische Konfrontation die Bündnisse in West und Ost zusammengezwungen hat.
Vor allem die Einheit der EU wird durch die spezifischen Interessen ihrer Mitgliedsstaaten vielfach geschwächt. Trotzdem bietet
die neue Weltlage für die Artikulation gemeinsamer wirtschaftspolitischer Interessen der EU im Konflikt mit den USA mehr
Anlässe als zuvor. D.h., wir finden in der Tagespolitik und in
ihrer öffentlichen Thematisierung eine größere Zahl von Fällen, in
denen uns die Zugehörigkeit zur EU in Konflikt mit den USA
bringt. Aufgrund der gewachsenen Wirtschaftsmacht der EU
kommt es zu härteren Auseinandersetzungen und langwierigeren
Verhandlungen. Die Folge dieser Entwicklung für den Identitäts-
haushalt der Individuen besteht darin, daß sich die Deutschen,
Franzosen, Italiener und so fort häufiger untereinander als EU-
Europäer sehen und von den Amerikanern als solche identifiziert
werden. Eine ähnliche, wenn auch im Detail etwas anders gela-
gerte Entwicklung ist im Verhältnis zu Japan zu sehen. Hier steht
nicht der Wandel von der Schutzmacht zum Wirtschaftskonkur-
renten auf dem Weltmarkt im Vordergrund, sondern der Wandel
vom aufsteigenden Tauschpartner zu einer Wirtschaftsmacht, gegen die es die eigene Position und damit den eigenen Wohlstand zu
behaupten gilt. Auch diese Entwicklung bringt mehr und hefti-

gere Konflikte um Absatzchancen mit sich. Da sich die Austragung dieser Konflikte mehr und mehr von der nationalen Ebene auf die EU-Ebene verlagert hat, ergibt sich auch hier eine verstärkte Identifizierung der Deutschen, Engländer, Portugiesen usw. von innen und außen als EU-Europäer (Seitz 1992).

Die neue Weltlage legt der Europäischen Union eine Führungsrolle in Gesamteuropa in den Schoß. In ihr konzentriert sich die größte Wirtschaftsmacht neben den USA und Japan. Die Verlagerung von der Sicherheitspolitik zur Wirtschaftspolitik schiebt die EU als supranationale Einheit in den Vordergrund. Die neuen osteuropäischen Demokratien setzen auf die Führungsrolle der EU. Die wirtschaftliche Konkurrenz mit den USA und Japan um Absatzmärkte verlangt nach einem supranationalen Verhandlungspartner, wofür nur die EU in Frage kommt. So ergibt sich in Europa ein Sog, der alle europäischen Länder in das Kielwasser der Europäischen Union zwingt, ob sie es wollen oder nicht. Die EU tritt in eine hegemoniale Position, durch die sie maßgeblich bestimmt, was in Europa geschieht. Sie bildet das Zentrum europäischer kultureller Identität. Wenn von europäischer kultureller Identität die Rede ist, muß deshalb richtigerweise in zunehmendem Maße über die kulturelle Identität der Europäischen Union gesprochen werden. Ihre Politik des Binnenmarktausbaus führt zu einer wachsenden supranationalen Verflechtung der wirtschaftlichen Arbeitsteilung, des Warentausches, des Verkehrs, der Massenkommunikation und der politischen Entscheidungen. Es ergibt sich eine Verdichtung des Handelns in ihrem Kern, um den sich die semiperipheren und peripheren Zonen gruppieren. Die wirtschaftliche Verdichtung und die Herausbildung eines hegemonialen Kerns strukturiert langfristig auch die Identitäten um. Alles schaut auf den Kern als Leitbild des guten Lebens. Und mit der heute gängigen Methode des Quantifizierens wird nachgewiesen, daß im wirtschaftlich verdichteten Kern nicht nur der materielle Wohlstand am höchsten ist, sondern auch die größte kulturelle Dichte gegeben ist, gezählt nach Museen, Theatern, Bibliotheken und Bildungsstätten, und außerdem der Versorgungsgrad sowie wegen der aufwendig betriebenen Schadstoffreduktion sogar die Umweltqualität das Bild des leuchtenden Zentrums nicht verdunkeln kann. Selbst bei der Frage nach der Sicherheit schneidet die Peripherie nicht unbedingt besser ab, weil das Schnuppern am Wohlstand, ohne daß er sogleich in vollen Zügen genossen werden kann, dort offenbar besonders unsichere Verhältnisse – gemessen an Verkehrsunfällen und Kriminalität – schafft. Das zeigt z. B. die Entwicklung in Ostdeutschland.

Die im Zentrum zum Erfolg gebrachte Lebensweise definiert dementsprechend in wachsendem Maße die überall als erstrebenswert anerkannte kulturelle Identität Europas. Polen, Tschechen, Slowaken und Ungarn haben in der Befreiungsaktion von 1989 zwar den Weg zu nationaler Identität eingeschlagen und auch einen neuen Nationalismus hervorgebracht. Sie sind jedoch weit davon entfernt, eine eigene nationale Lebensart besonders bewahren zu wollen. Vielmehr streben sie alle nach dem Leitbild der Europäischen Union. In diesem Sinne ist ein außerordentlich starker Druck der Angleichung europäischer kultureller Identitäten und eine Tendenz zur Herausbildung einer einheitlichen kulturellen Identität Europas festzustellen. Die Identität des Zentrums überstrahlt die Identitäten in der Peripherie, denen durch Entwertung der Boden für die Fortexistenz entzogen wird (Plesu 1997).

9.1.2 Unterscheidung nach unten

Eine vom Kern der Europäischen Union angeführte europäische Identitätsbildung folgt nicht nur aus Unterscheidungen nach außen, sondern auch aus Unterscheidungen nach unten. Die Gelegenheiten zur Profilierung der Europäischen Union gegenüber den einzelnen Mitgliedsstaaten nehmen mit dem Ausbau des Binnenmarktes und der dadurch erzwungenen rechtlichen Harmonisierung zu, und zwar nicht nur im Bereich der Wirtschaft, sondern auch in den damit zusammenhängenden Bereichen der Umwelt, des Verkehrs, der Forschung und Technologie und der Kommunikation. Der Europäischen Kommission fällt dabei eine besondere Rolle zu, die sie unter Jacques Delors auch in wachsendem Maße ausgefüllt hat. Allein an der von ihr initiierten Steigerung der rechtlichen Regulierung und der Einleitung von Verstoßverfahren gegen Mitgliedsländer wegen nicht umgesetzten EU-Rechts läßt sich diese Entwicklung beobachten. Die jährlich verabschiedeten Richtlinien, Verordnungen und Entscheide des Ministerrats wurden zwischen 1980 und 1990 von 371 auf 907 gesteigert, die jährlich von der Kommission eingeleiteten Verstoßverfahren gegen einzelne Mitgliedsländer wegen nicht erfolgter Umsetzung von EU-Recht in demselben Zeitraum von 256 auf 960 (Amt für amtliche Veröffentlichungen der Europäischen Gemeinschaften 1992; Snyder 1993: 29). Die EU ist in diesem Zeitraum in der öffentlichen Diskussion der Mitgliedsländer immer häufiger als Urheber einer Entscheidung oder als Adressat von Erwartungen thematisiert worden. Das war in der Vergangenheit wegen der entsprechenden EU-Kompetenz immer wieder bei Konflikten um die Agrarpolitik, aber auch bei publizitätsträchtigen Entscheidungen des Europäischen Gerichtshofs zum Lebensmittelrecht – etwa zur Beschaffenheit von Bier, Wurst oder Nudeln – der Fall.

Die Einheitliche Europäische Akte von 1986, der Binnenmarkt zu Ende 1992 und der Vertrag von Maastricht von 1991 haben das Tempo der EU-Integration erheblich beschleunigt und zu einer steigenden Präsenz der EU im Alltag des Bürgers geführt. Das ist an den Ergebnissen der Eurobarometer-Frage nach der Bedeutung der EU für das eigene Land abzulesen. 1975 maßen schon 77 Prozent der EU eine bedeutende oder sehr bedeutende Rolle für die Zukunft ihres Landes zu. Bis 1991 hat sich diese Zahl noch auf 85 Prozent erhöht, um allerdings im Gefolge der Maastricht-Debatte 1992 wieder auf 80 Prozent zurückzufallen (Europäische Kommission 1994b: 179-180). Obwohl in diesen wie auch in anderen Zahlen ein Rückfall seit Maastricht festzustellen ist (Europäische Kommission 1992b: 24; 1993a: 6; 1993b: 66; 1994a: 8), ändert dies nichts an der gewachsenen Präsenz der EU für die Bürger der einzelnen Mitgliedsländer. Immerhin weisen sie schon in einer knappen Mehrheit von 10 aus 18 erfragten Politikfeldern der Europäischen Union und nicht dem eigenen Land die nötige Problemlösungskompetenz zu (Europäische Kommission 1993b: A 54).

Daß es bei dieser Verlagerung von Kompetenzen hin zur EU immer häufigere Konflikte zwischen der EU, etwa vertreten durch die Europäische Kommission, und den einzelnen Mitgliedsländern gibt, muß der Herausbildung einer EU-Identität nicht notwendigerweise schaden. Diese Konflikte tragen nämlich gerade zur Profilierung der EU als einer eigenen loyalitätserheischenden Einheit bei. Solange die Konflikte bilateral zwischen der EU und einem einzelnen Mitgliedsland ausgetragen werden, können die anderen Mitgliedsländer auf die Seite der EU gezogen werden. Ihre EU-Identität wird auf diese Weise bekräftigt. Einen Rückschlag für die EU-Identität ergeben solche Konflikte nur dann, wenn mehrere Mitgliedsstaaten zugleich in eine Oppositionsrolle geraten und sich darin gegenseitig unterstützen. Der begrenzte bilaterale Konflikt stärkt jedoch die EU-Identität. Je aktiver die Kommission z. B. in Verstoßverfahren diese Rolle wahrnimmt, um so mehr trägt sie zur Herausbildung einer europäischen Identität bei.

Aus dieser Einsicht können wir zugleich folgern, daß das gleichzeitige Wachsen von europäischer und nationaler Identität keinesfalls ein Widerspruch in sich selbst ist, sondern daß es sich dabei um zwei miteinander verwobene Prozesse handelt. Der Konflikt hat ja zwei Seiten. Wie sich die EU-Identität aus dem Konflikt mit Einzelstaaten nach unten nährt und an Schärfe gewinnt, so schärfen die Einzelstaaten durch den Konflikt mit der EU das Bewußtsein für ihre nationale Identität. Daß es ein besonderes Reinheitsgebot des deutschen Bieres gibt, haben viele Deutsche erst dem Streit mit der EU entnommen; zumindest ist ihre Aufmerksamkeit auf die Erhaltung ihrer nationalen Identität im EU-Integrationsprozeß gelenkt worden. EU-Identitätskonstruktion und die Revitalisierung nationaler Identitäten – bei Konfliktverschärfung auch die Erneuerung von Nationalismen – bedingen sich auf diesem Feld der Konfliktaustragung gegenseitig. Sie befinden sich in einem dialektischen Verhältnis zueinander.

9.1.3 Unterscheidung nach oben

»Globalisierung« ist ein Schlagwort der öffentlichen Diskussion geworden. Es wird darin zum Ausdruck gebracht, daß die großen Probleme der Gegenwart und Zukunft globaler Art sind und global koordiniertes Handeln erfordern. Waren-, Geld-, Verkehrs-, Kommunikations- und Schadstoffströme umspannen den ganzen Erdball und erzeugen einen immens wachsenden Regelungsbedarf auf globaler Ebene, ohne daß die dafür erforderlichen globalen Institutionen schon in ausreichendem Maße ausgebaut werden. Die Vereinten Nationen, die Weltbank, der Internationale Währungsfonds, die *World Trading Organization* (WTO) als Nachfolgeorganisation des *General Agreement on Tariffs and Trade* (GATT) werden im Zuge der rasend schnell vorangehenden Globalisierung der Märkte bedeutsamer und auch aktiver, aber in einem dem Institutionenbau entsprechenden langsameren Tempo

(Albrow und King 1990; Garnham 1990; Porter 1989; Robertson 1992; Wallerstein 1991; Kühne 1993).

Auf der globalen Bühne agieren zwar noch vorwiegend die Nationalstaaten, aber die Europäische Union gewinnt auch hier als supranationale Einheit an Bedeutung, weil selbst die alten Großmächte Großbritannien und Frankreich, aber auch die Wirtschaftsmacht Deutschland und erst recht die kleineren europäischen Staaten zu schwach sind, um in der Weltpolitik etwas erreichen zu können. Weil sie in der neuen Weltpolitik so stark wie möglich vertreten sein wollen, müssen deshalb die Einzelstaaten auf die Europäische Union als Repräsentant ihrer Interessen setzen, wenn auch Großbritannien und Frankreich noch nicht ganz ihre Sonderrolle als eigenständige globale Akteure aufgeben wollen. Auf jeden Fall ergibt sich aus dieser Entwicklung eine zunehmende Artikulation der Europäischen Union als globaler Akteur und Repräsentant ihrer Mitgliedsländer. In globalen Fragen lernen deshalb die Einzelstaaten und ihre Bürger, sich als Europäer mit eigenen Interessen in der Weltpolitik zu sehen; und in den internationalen Organisationen der Weltgesellschaft werden die Europäer gewissermaßen von oben als Kollektiv mit gemeinsamen Interessen und einer eigenen Identität wahrgenommen. In den globalen Verhandlungen zur Bewältigung globaler Konflikte und Probleme schärft sich dementsprechend das Bild einer europäischen Identität, und zwar sowohl in der Wahrnehmung von außen als auch in der Perspektive von innen. Die globalen Organisationen und die Einzelstaaten identifizieren Europa als eine kollektive Einheit mit eigenen Interessen und einer eigenen Identität.

Die Globalisierung des modernen Lebens fügt uns nicht stufenlos in die Weltgesellschaft ein, sondern sie führt sogar in verschärftem Maße zur Europäisierung unserer Identität als eine Zwischenstufe zwischen den Nationalstaaten und der Weltgesellschaft. Die europäische Identität bündelt auf der einen Seite die nationalen Identitäten und bringt sie in bearbeitbarer Form in die globale Politik ein. Auf der anderen Seite absorbiert sie eine Vielzahl globaler Probleme, so daß sie nicht unmittelbar die Einzelstaaten treffen, sondern nur in der schon von der Europäischen Union vorgefilterten und vorbearbeiteten Form. Globalisierung und Europäisierung bedingen sich in dem Sinne gegenseitig, daß einerseits die Globalisierung die Bündelung nationaler Identitäten in einer europäischen Identität erzwingt und andererseits die Europäisierung der Identitäten die Europäische Union zu einem aktiver werdenden globalen Akteur macht.

9.2 Identitätsbildung durch innere Homogenisierung

Kollektive Identitätsbildung ist nicht nur ein Differenzierungsprozeß, sondern auch ein Prozeß der Aufhebung von Differenzen durch innere Homogenisierung. Daran ist eine Reihe von Prozessen beteiligt, auf die im einzelnen einzugehen ist.

9.2.1 Wirtschaftlicher Austausch: Homogenisierung der materiellen Lebensverhältnisse

Zunächst ist es der kontinuierliche Ausbau des Binnenmarktes, der für einen wachsenden grenzüberschreitenden Strom an Waren, Dienstleistungen, Kapital und Personen sorgt. Dadurch ergibt sich tendenziell eine Homogenisierung des Konsums. Wenn man bedenkt, in welchem Maße heute der Konsum zur Lebenswelt des alltäglichen Handelns geworden ist, läßt sich leicht erkennen, welche Homogenisierungskraft der Binnenmarkt entfaltet. Es werden tendenziell überall in Europa dieselben Waren konsumiert, weil sich in der Binnenmarktkonkurrenz das leistungsstärkste Angebot durchsetzt. Das vom Binnenmarktausbau beschleunigte Wirtschaftswachstum bringt den »Fahrstuhleffekt« der allgemeinen Anhebung des Lebensstandards auf die europäische Ebene (Beck 1986: 121-160). Die Regionen leben kein Leben für sich, sondern werden als mehr oder weniger fortgeschritten oder rückständig eingestuft, wobei als selbstverständlich gilt, daß sich die rückständigen Regionen mehr und mehr den fortgeschrittenen nähern und sich ihnen angleichen. Mit Struktur- und Regionalpolitik wird nachgeholfen, wo dieser Angleichung noch allzuviel Rückständigkeit entgegenwirkt. Daß diese Angleichung stattfindet, ist jedoch das allseits getragene Credo der europäischen Politik. Die Homogenisierung der Lebenswelten wird deshalb in erster Linie durch die Anhebung des materiellen Lebensstandards und des Konsums auf das Niveau der fortgeschrittensten Regionen vorangetrieben. Mit dem Lebensstandard und dem

Konsum gleichen sich indessen nicht nur die äußeren Bedingungen des Lebens einander an, sondern auch die inneren Haltungen, das Denken, die Lebensziele und Werthaltungen. Dieser Wandel wird sich europaweit zwar nicht im Tempo der Anpassung Ostdeutschlands an Westdeutschland vollziehen, der dort binnen nur fünf Jahren zu konstatierende Wandel von recht großen Differenzen zu deutlich kleineren Unterschieden kann jedoch als Modellfall für den europäischen Angleichungsprozeß betrachtet werden (Meulemann 1995).

Damit muß nicht gesagt werden, daß sich die europäische kulturelle Identität im blanken Materialismus des gehobenen Konsums erschöpfen wird. Wirtschaftswachstum – flankiert von gezielter Struktur- und Regionalhilfe – ist zwar der Motor der Identitätsangleichung, aber nicht die allein wirksame Stoßkraft. Gewiß liegt hier allein schon wegen der Zwänge der globalen Konkurrenz die am kräftigsten und fast von sich aus sprudelnde Quelle der Identitätsangleichung. Mit dem Wirtschaftswachstum und dem gehobenen Konsum verbinden sich auch vermehrte Chancen einer breiteren Masse der Bevölkerung zur Teilhabe an den politischen, sozialen und kulturellen Gütern des Fortschritts. Immer mehr Menschen werden befähigt, mehr Bildung zu erwerben, aktiver an der Politik teilzunehmen, Solidaritätsleistungen der anderen in Anspruch zu nehmen und an den kulturellen Ereignissen teilzuhaben. Die Wahrnehmung politischer, sozialer und kultureller Rechte ist ein Leitbild der europäischen Moderne geworden. Dafür schafft die allgemeine Anhebung des Lebensstandards die materiellen Voraussetzungen. Im öffentlichen Diskurs wird von den Intellektuellen die Einlösung der Rechte unablässig gefordert. Deshalb ist damit zu rechnen, daß sich die europäische kulturelle Identität im Muster eines gehobenen Konsums, gepaart mit einem sich stetig erweiternden Verständnis der zivilen, politischen, sozialen und kulturellen Rechte verdichten wird. Für die Aufrechterhaltung der gewachsenen kulturellen Traditionen bleibt dabei immer weniger Raum. So können wir gegenwärtig z. B. den erstaunlichen Aufstieg Irlands aus jahrhundertelanger Armut, zugleich aber auch das Verschwinden seiner kulturellen Identität, begleitet von euphorischer Aufbruchstimmung und rückwärtsgewandtem Wehklagen zugleich, beobachten (Kunisch 1997).

9.2.2 Politische Zentralisierung:
Homogenisierung des Rechts

Der Prozeß der Europäisierung und Globalisierung unserer Identität wird weiter unterstützt durch die wachsende Verlagerung von politischer Entscheidungsmacht auf die Ebene der Europäischen Union und die damit verbundene Rechtsvereinheitlichung. Der Blick der Bürger wird sich vermehrt nach Brüssel richten, es wird mehr über die Entscheidungen in Brüssel berichtet, die nationalen Verwaltungen müssen in wachsendem Maße EU-Recht anwenden. Natürlich ist dies kein reibungslos ablaufender Prozeß (Wildenmann 1991). Die damit einhergehende politische Zentralisierung, die Herausbildung einer europäischen Expertokratie und die mangelnde demokratische Kontrolle werden noch lange Anlaß für Widerstände gegen die weitere Kompetenzenverlagerung nach Brüssel geben. Die nationalen Regierungen und Verwaltungen werden noch lange die Umsetzung von EU-Recht hinauszögern, verwässern und ihren nationalen Rechtstraditionen angleichen. Dennoch hat die Entwicklung wegen der internationalen Konkurrenzsituation eine solche Eigendynamik gewonnen, daß sie nur bei Strafe großer materieller Verluste aufgehalten werden kann.

9.2.3 Grenzüberschreitende Vereinigungen:
Homogenisierung der Solidarität

Eine wachsende Zahl der neuen Vereinigungen agiert international, bildet grenzüberschreitende Netzwerke und schafft so nationenübergreifende Bindungen. Einige von ihnen – insbesondere *Greenpeace* und *Amnesty International* – sind zu multinationalen Konzernen geworden, die global Unterstützung für ihre Aktionen mobilisieren können (Brand 1985; Brieskorn 1988). Das enorme Wachstum dieser grenzüberschreitenden Vereinigungen in den siebziger, achtziger und neunziger Jahren hat in erheblichem Maße zu einer Verlagerung von Loyalitäten und Identifikationen von den nationalen Gesellschaften weg auf die europäische und globale Ebene beigetragen. Damit verbindet sich eine wachsende Bereitschaft zur Relativierung nationaler Identitäten und zur Übernahme einer supranationalen Identität. D. h., mehr Menschen als je zuvor verstehen sich nicht nur als Deutsche,

Franzosen, Italiener usw., sondern auch als Europäer oder sogar noch weitgehender als Mitglieder einer Weltgemeinschaft. Wenn die Identifikation mit Europa relativiert wird, dann nur noch in abnehmendem Maße aus nationaler Sicht, jedoch in zunehmendem Maße aus globaler Perspektive. Während die Identifikation mit Europa längst zu einer Domäne der gutsituierten Wohlstandsbürger geworden ist, hat die Avantgarde der Modernisierer Europa schon hinter sich gelassen, um sich gleich der ganzen Welt und ihren Problemen zuzuwenden.

Der Prozeß der Lockerung alter Bindungen und die damit einhergehende Desintegration der alten Gesellschaft öffnet der Integration auf europäischer Ebene und damit der Herausbildung einer europäischen Identität der einzelnen Bürger erst die notwendigen Chancen. Weil sich die alten Loyalitätspflichten lockern, ist der Aufbau europäischer Loyalitätspflichten und einer europäischen Identität leichter möglich. Und je mehr uns Europa an sich bindet, um so mehr müssen die nationalen Bindungen relativiert werden. Die Desintegration der nationalen Gesellschaften ist eine Voraussetzung und eine Konsequenz der Verlagerung von Loyalitäten und Identifikationen auf die europäische und darüber hinaus auf die globale Ebene.

9.2.4 Grenzüberschreitende Kommunikation: Homogenisierung der Kultur

Auch die Kommunikation überschreitet mehr und mehr die nationalen Grenzen, angefangen vom persönlichen Gespräch bei der Pflege europäischer Städtepartnerschaften über die Touristenströme, Schüler- und Studentenaustausch, wirtschaftliche Joint Ventures, gemeinsame Technologieentwicklung, Forschungskooperation, wissenschaftliche Konferenzen bis hin zu grenzüberschreitender Film- und Fernsehproduktion.

Gewiß verhindert die sprachliche Vielfalt Europas ein Stück weit, daß aus der europäischen Kommunikation ein kultureller Einheitsbrei hervorgeht. Die Sprachen bleiben Träger eigener kultureller Traditionen, Denkweisen, Weltsichten und Einstellungen zur Welt. Der Habitus der Menschen wird sich weiterhin nach ihrer Sprache unterscheiden. Dieser Beharrungs- und Differenzierungskraft wirken aber ebenfalls starke kulturelle Vereinheitlichungskräfte entgegen, die sich zunächst aus der Nutzung des Englischen als grenzüberschreitendes Kommunikationsmittel und dem Einsickern von Anglizismen in die einzelnen Sprachen ergeben. Berufliche Positionen in der Wirtschaft können heute kaum noch ohne Zuhilfenahme englischer Begriffe beschrieben werden, und nicht nur dies, alle wesentlichen innerbetrieblichen Vorgänge und nach außen gerichteten Strategien können fast nur noch in englischer Sprache ausgedrückt werden. Multinationale Konzerne benötigen eine solche sprachliche Vereinheitlichung, kleinere Betriebe müssen sich schon aus Gründen der Vergleichbarkeit und des Prestiges der englischen Begriffe bedienen. Darüber hinaus hat sich das Englische längst als Wissenschaftssprache und als Sprache der Unterhaltungskultur – am vollständigsten in der Musik – durchgesetzt. Weiterhin ist die Sprache der Werbung immer mehr das Englische.

Der Anteil der englisch sprechenden Menschen an der Bevölkerung der einzelnen Länder wird immer größer. Sprachliche Differenzen sind deshalb zunehmend weniger ein Hinderungsgrund für die grenzüberschreitende Kommunikation und die dementsprechende Annäherung der unterschiedlichen Kulturen mit dem Ergebnis einer deutlichen kulturellen Vereinheitlichung. Das Kulturangebot in Mailand, Paris, London, Berlin, Kopenhagen oder Amsterdam wird einander immer ähnlicher. Überall werden dieselben Konzerte, Musicals und Theaterstücke gespielt und dieselben großen Kunstausstellungen gezeigt. Überall treten dieselben Bands, Startenöre und Ensembles auf. Es werden aber nicht nur die Metropolen einander ähnlicher, sondern auch die Provinzstädte und Dörfer, weil sie selbst schon an den großen Tourneen teilhaben und mit besten Verkehrs- und Telekommunikationsverbindungen ohnehin das metropolitane Kulturangebot in unmittelbarer Reichweite haben (Hufen und Hall 1989; Kaelble 1987).

Hier befinden wir uns allerdings auf einem Wege, der doch schon über Europa hinausweist und statt zu einer europäischen schon zu einer globalen Kultur hinführt. Der Konsum spielt den Vorreiter. Er wird zunehmend von global agierenden Unternehmen wie GAP, Banana Republic, Orsay oder H & M in der Modebranche organisiert, die überall in der Welt für den Absatz ein und desselben Markenprodukts sorgen. Am Sternenhimmel der globalen Konsumwelt kann man an jedem Ort der Welt auf dieselben »Labels« schauen. Die weltweite Vermarktung derselben Produkte erfaßt dabei nicht nur Jeans, T-Shirts, Tennisschläger oder Parfums, sondern auch Konzerte, Musicals, Malerei, Skulptur und Literatur.

Der globale Absatz kultureller Produkte verlangt eine entsprechende Logistik, ein Marketing und einen Produktionsaufwand, die nur noch von Konzernriesen erbracht werden können. Die weltweit verbreitete Kulturproduktion konzentriert sich deshalb auf eine immer kleinere Zahl von Konzernen. Sie sorgen einerseits für eine kulturelle Vereinheitlichung der Welt, für eine Annäherung der Kulturen und ein gegenseitiges Verstehen, weil alle an derselben Kultur teilhaben und von denselben Leitbildern geprägt werden. Andererseits verdrängen sie alles, was sich der globalen Standardisierung der Konsumkultur widersetzt ins Abseits einer peripheren und prekären Existenz. Jedoch ist damit der kulturellen Vielfalt nicht unbedingt ein Ende bereitet. Die globale Kultur ist nämlich gierig nach allem noch Unentdeckten, das sich als Marktinnovation nutzen läßt. Eine reichhaltige lokale Kultur ist das Arsenal, aus dem die globale Kultur unablässig schöpfen muß. Damit geht natürlich ein fundamentaler Rollenwandel lokaler Kulturen einher. Sie werden nicht länger von einer eingelebten und sich immer wieder erneuernden Tradition gestützt, sondern von den Sponsorengeldern der Kulturindustrie und ihrem Interesse an einem reichhaltig sprudelnden kulturellen Rohstoff für kulturelle Massenanfertigungen. Alle lokalen Kulturen haben in diesem globalen Verwertungsprozeß eine Chance, erhalten zu werden, allerdings nicht als Tradition, sondern als Rohstoff für die kulturelle Massenproduktion (Horkheimer und Adorno 1944/1968).

9.2.5 Homogenisierung durch Individualisierung

»Individualisierung« scheint das Schlagwort zu sein, in dem die gemeinsame europäische Identität in einem materiell noch weiter fortgeschrittenen Binnenmarkt jenseits nationaler Bindungen auf den Punkt gebracht wird (Beck 1986: 205-219). Wenn alle zu unabhängigen Individuen werden, dann können sie auch leichter ihre nationale Identität hinter sich lassen und sich einer europäischen Identitätsbildung öffnen. In der Tat wird diese Vermutung dadurch bestätigt, daß die Hinwendung zu einer europäischen

Identität eindeutig mit dem Einkommen, der Bildung und dem beruflichen Status zunimmt. Bei der Eurobarometer-Befragung im Herbst 1994 nannten z. B. im Durchschnitt der 12 schon älteren EU-Mitgliedsländer 68 Prozent der obersten Statusgruppe die EU-Mitgliedschaft ihres Landes eine gute Sache, aber nur 48 bis 51 Prozent der unteren Schichten, 72 Prozent der am besten Gebildeten, aber nur 50 Prozent der am schlechtesten Gebildeten, 71 Prozent der Manager, aber nur 52 Prozent der Arbeiter, 76 Prozent der am besten Informierten, aber nur 49 Prozent der am schlechtesten Informierten. Zu denselben Ergebnissen kommen Fragen nach der Bekanntheit von EU-Organen, nach der Beteiligung an den Wahlen zum Europäischen Parlament oder nach dessen Stärkung (Europäische Kommission 1995a: B 15, B 17, B 22, B 25; vgl. auch Europäische Kommission 1992b: A20, A27; Forsa 1992). Auf die Frage, wie man sich in der nahen Zukunft sehe, meinten von den am besten Gebildeten nur 19 Prozent »allein als Deutscher, Franzose, Belgier...«, aber 56 Prozent als »Deutscher, Franzose, Belgier... und Europäer«, 14 Prozent als »Europäer und Deutscher, Franzose, Belgier...«, 8 Prozent ausschließlich als »Europäer«, während 5 Prozent keine Antwort wußten. Von den am schlechtesten Gebildeten hielten dagegen 44 Prozent an ihrer nationalen Identität fest, 41 Prozent fügten ihr eine europäische Identität hinzu, 6 Prozent gaben dieser den Vorrang, 5 Prozent betrachteten sich nur als Europäer und 5 Prozent konnten keine Antwort geben (Europäische Kommission 1995a: B 51).

Bei der Interpretation dieser Daten ist davon auszugehen, daß die Autonomie der Individuen mit den erfaßten soziodemographischen Merkmalen kovariiert. Mit dem Einkommen wächst der Dispositionsspielraum, mit der Bildung das Reflexionsvermögen, mit dem beruflichen Status die Entscheidungskompetenz und -verantwortung, allesamt Aspekte von persönlicher Autonomie. Die Korrelation zwischen höherem Status und Herausbildung einer europäischen Identität sagt uns demgemäß, daß Individualisierung und europäische Identitätsbildung miteinander zusammenhängen. Einerseits bereitet die Individualisierung der Europäisierung einen fruchtbaren Boden, andererseits wird sie durch die Europäisierung weiter vorangetrieben (Forsa 1992; Europäische Kommission 1992b: A 20, A 27). Die Herausbildung einer weiter reichenden kollektiven Identität ist stets auf die Sprengung der Fesseln des Gruppenpartikularismus angewiesen. D. h., die

Menschen müssen sich aus partikularen Bindungen herauslösen, um für neue, grenzüberschreitende Bindungen offen zu sein. Das erfordert zwangsläufig einen Individualisierungsprozeß. Die einzelnen müssen von der Loyalität zur Herkunftsgruppe in dem Maße entbunden werden, in dem sie sich anderen Menschen jenseits der Herkunftsgruppe zuwenden wollen. Die Bildung zur Selbständigkeit, die herkunftsunabhängige materielle Absicherung und die Öffnung von Märkten ermöglichen diesen Individualisierungsprozeß. Es ist deshalb falsch, in diesem Prozeß allein die Auflösung gemeinschaftlicher Bindungen zu sehen. Er ist vielmehr die Voraussetzung für das Eingehen neuer, grenzüberschreitender Bindungen. In unserem Fall ist die Individualisierung der nationalen Gesellschaften die Bedingung für die Entwicklung europäischen Denkens und einer europäischen Identität. Was aus der nationalstaatlichen Perspektive als Egoismus erscheint, das erweist sich aus der europäischen Sicht als notwendige Voraussetzung für die Ausbreitung einer europäischen Identität. Selbst die national erwünschte Solidarität mit den Schwachen im Lande kann europäisch unsolidarisch sein, weil sie Solidaritätsleistungen im Lande hält, während sie außerhalb in weit ärmeren Regionen viel dringender gebraucht werden. Dasselbe gilt natürlich auf der höheren Stufe im Verhältnis zwischen europäischer und globaler Solidarität. Aber ohne die Zwischenstufe der europäischen Solidarität sind auch die globalen Solidaritätsprobleme nicht zu lösen, wie auch die Lösung der nationalen Solidaritätsprobleme der Bewältigung der europäischen Probleme vorausgehen muß.

Diesen Überlegungen ist zu entnehmen, daß wir ein Zerrbild der Individualisierung zeichnen, wenn wir sie allein als Vereinzelung interpretieren. Das bindungslose, in der Masse verschwindende und vereinsamende Individuum, der hemmungslose Egoismus des Karrieremenschen in der »Ellbogengesellschaft«, der Narzißmus der allein auf sich selbst gerichteten Selbstverwirklichung, der Hedonismus des Konsummenschen oder die Rastlosigkeit der Erlebnissuche sind die gängigen Negativbilder, mit denen die Schattenseiten des Individualisierungsprozesses beschrieben werden. Diese Bilder sind zwar nicht falsch, aber einseitig. Sie blenden die andere Seite der Öffnung und weiträumigeren Verflechtung der sozialen Beziehungen aus. Die Individualisierung ist Teil eines Prozesses der weiträumigeren Verflechtung des sozialen Lebens, d. h., eben diese weiträumigere Verflechtung zieht die Individuali-

sierung nach sich, wie sie selbst wiederum durch die von ihr ini-
tiierte Individualisierung in einem sich selbst vorantreibenden und
verstärkenden (autokatalytischen) Prozeß vorwärts gebracht
wird. Die Eingliederung des einzelnen in weiträumige Arbeitsteilung, Austauschbeziehungen und Kommunikationsnetze vermindert seine Abhängigkeit von der Herkunftsgruppe und eröffnet
ihm neue Freiheitsspielräume. Im weiteren Geflecht sozialer Beziehungen hat der einzelne eine größere Wahlfreiheit im Eingehen
von Bindungen, die dadurch im Charakter zweckgerichteter,
oberflächlicher, begrenzter, geschäftsmäßiger und hinsichtlich ihres Nutzens und der Kosten kalkulierter werden.
Mit der Individualisierung verbinden wir in der Regel Prozesse
der »Entstrukturierung«, »Entobligationierung« und »Optionie-
rung« des Lebens (Gross 1994). Auch dieses Bild zeichnet nur
eine Seite der Sache. Auf der anderen Seite stehen neue Strukturen, Obligationen und Begrenzungen von Optionen. Ihr Kennzeichen besteht darin, daß sie aus weiträumigeren Verflechtungen
resultieren: europäische und globale Beziehungen, Loyalitätspflichten, Regelungen und Beschränkungen der Handlungsfrei-
heit.
Schon die Geburt der Moderne ist durch die Verschränkung von
Individualisierung und neuer Vergemeinschaftung gekennzeichnet. Die Öffnung der Märkte und der Kommunikation geht einher mit einem Boom der Gründung freier Vereinigungen der viel-
fältigsten Art, angefangen bei den Lesegesellschaften, Theaterge-
sellschaften und Museumsgesellschaften bis zu den Sportvereinen,
Gesangsvereinen, Musikvereinen und zu den Gewerbevereinen,
wissenschaftlichen und technischen Gesellschaften (Eder 1985).
Ihr Vereinigungsprinzip war die Freiwilligkeit des Eintritts und
die Offenheit für jedermann, unabhängig von seiner Herkunft.
Die Auflösung der traditionellen ständischen Bindungen ist gerade durch diese neue Form der Vereinigung ermöglicht und betrieben worden. Die Individualisierung ist demgemäß ohne die
neuen Vergemeinschaftungen gar nicht denkbar. Und wir können
durchaus die These wagen, daß alle weiteren Individualisierungs-
schübe in ähnlicher Weise verlaufen, weil die einzelnen Individuen
erst aus ihren Herkunftsgruppen durch das Eintreten in neue Vereinigungen herausgezogen werden. Ohne diese zentrifugale Kraft
neuer grenzüberschreitender Beziehungen würde das Individuum
aus der zentripetalen Kraft seiner Herkunftsgruppe nicht entlas-

sen und damit nicht aus deren Obligationen, Strukturierungen und Einschränkungen befreit.

Individualisierung ist nach dieser Argumentation ohne die befreiende Kraft neuer sozialer Beziehungen überhaupt nicht denkbar. Dafür lassen sich auch empirische Belege geben: In einer langfristigen Perspektive betrachtet, ist die Entwicklung der Moderne nicht durch eine Abnahme der Einbeziehung der einzelnen in Vereinigungen geprägt, sondern gerade durch ihre Zunahme. Die Zahl der eingetragenen Vereine ist bis heute stets gewachsen und nicht geschrumpft. Dasselbe läßt sich für die Vereinsmitgliedschaften der einzelnen sagen. Der Trend ist dahin gegangen, daß die Zahl der Vereine, in denen ein einzelner Mitglied ist, nicht abgenommen, sondern zugenommen hat. Hinzugekommen ist weiterhin eine Vielzahl von Initiativgruppen unterhalb der Ebene eingetragener Vereine.

Betrachten wir nur ein aktuelles Beispiel: Wie alles in der alten Männergesellschaft war die Vereinsmeierei eine Männersache. Je mehr die Frauen ihre Rechte auf Selbstverwirklichung wahrnehmen, um so mehr schließen auch sie sich für jeden beliebigen Zweck einem Verein an. Ihre Emanzipation entzieht zwar der Familie ein Stück ihrer Loyalität, weshalb man aus konservativer Sicht den emanzipierten Frauen einen guten Teil der Schwächung des Familienlebens und damit der Integrationskraft der Familie zur Last legt. Die emanzipierten Frauen schwirren jedoch keineswegs als isolierte Individuen haltlos im sozialen Raum umher, sondern bringen sich weit mehr als zuvor in die aktive Gestaltung des sozialen Lebens jenseits der Familiengrenzen ein, und zwar vermittelt über Vereinsmitgliedschaften, die ihnen bei der Fesselung an Heim und Herd gar nicht offenstanden. Die zunehmende Emanzipation der Frauen ist nicht das Werk von Einzelkämpferinnen, sondern das Werk ihrer Einbindung in neue Vereinigungen, aus denen sie erst die Kraft für die Loslösung aus der traditionellen Herrschaft der Familie gewinnen. Die traditionellen Obligationen der Frauen sind dadurch gelockert, die Strukturen ihres Familienlebens verändert und ihre Optionen erweitert worden, aber keineswegs mit dem Resultat der Entlassung in einen sozialen Freiraum, in dem alles möglich ist und keine Frau weiß, was sie tun soll. Die Optionen sind gar nicht so groß an der Zahl. Es sind nämlich genau drei: 1. Kinder aufziehen, 2. berufstätig sein, 3. Kinder aufziehen und berufstätig sein. Die Entscheidung zwischen den drei Optionen wird noch dadurch erleichtert, daß mit der Wahl der dritten Alternative den meisten Erwartungen entsprochen und so der höchste Grad der sozialen Konformität erreicht wird. Der Doppelbelastung von Kindererziehung und Beruf können die Frauen heute nur auf Kosten der sozialen Deklassierung entgehen. Ihr weiteres Emanzipationsbestreben muß sich deshalb zwangsläufig auf die Schaffung von entlastenden sozialen Einrichtungen richten: Kinderkrippen, Kindergärten, Ganztagsschulen, organisierte Freizeitgestaltung der Kinder. Die Teilung von Hausarbeit und Kindererziehung mit dem Mann gehört natürlich ebenso zum Programm. Wie langsam die Gesellschaft auch diesen Forderungen nachkommen mag, so bewegt sie sich doch zweifellos in diese Richtung. D. h. aber auch, daß vorhandene und neue Kirchen, Verbände und Vereinigungen ihre Tätigkeiten ausdehnen, wobei sich die freigesetzte Energie der Frauen wie in allen Bereichen auch hier entfalten kann. Die Vereinigungen werden noch zahlreicher und noch aktiver als bisher und beweisen, daß wir allem anderen entgegengehen als einer vollkommen atomisierten Gesellschaft ohne soziale Bindungen (Diezinger 1991; Beck-Gernsheim 1988; Meyer und Schulze 1989; Schmerl 1993).

Im Lichte dieser Betrachtungen sollte die inzwischen zu einem Gemeinplatz gewordene Individualisierungsthese einer gründlichen Revision unterzogen werden. Leider findet mit der Häufigkeit des Gebrauchs einer These eine solche Trivialisierung statt, daß sie kaum noch brauchbar ist. Das scheint inzwischen auch mit der Individualisierungsthese geschehen zu sein. Konsequent zu Ende gedacht, müßten wir inzwischen als vollkommen atomisierte Individuen so unter dem Optionsspielraum und die Gesellschaft so unter unserer Bindungslosigkeit leiden, daß sowohl der individuelle als auch der gesellschaftliche Zusammenbruch droht. Davon kann keine Rede sein. Wer leidet, das sind die traditionellen Großverbände, Kirchen und Parteien, die ihren Mitgliederschwund beklagen (Wiesendahl 1992; Kleinert 1992). Soweit sie sich als tragende Säulen der Gesellschaft verstehen und andere diese Auffassung teilen, mag man von Desintegrationserscheinungen sprechen. Gleichwohl ist das eine falsche Sichtweise. Sie verstellt nämlich den Blick auf die Kehrseite dieses Vorgangs. Auf dieser Seite ist nämlich der gleichzeitige Aufbau neuer Vereinigungen zu beobachten. Diese können sich entfalten, weil die etablierten Organisationen Platz machen; und sie tragen mit ihrer Mitgliederwerbung gerade zum Mitgliederschwund der alten Organisationen bei. Dabei muß sich dieser Vorgang noch nicht einmal als Nullsummenspiel vollziehen. Vielmehr geht die Entwicklung eher wie bisher in die Richtung der Vergrößerung der Zahl von Vereinigungen insgesamt und der Zahl der Vereinigungen, an denen das durchschnittliche Individuum teilhat. Statistische Betrachtungen stellen in der Regel einseitig den Mitgliederschwund von Kirchen, Verbänden und Parteien und den Verlust von Stammwählern fest, und versäumen es, zu beachten, daß im gleichen Zeitraum neue religiöse Gemeinschaften, Vereinigungen und Parteien entstanden sind, die ihrerseits neue Mitglieder gewonnen haben. Neben den Mitgliedschaftswechsel tritt dabei auch die Mitgliedschaftsmehrung, z. B. der Fall, daß zwar die protestantische oder katholische Kirche nicht verlassen, aber auch an buddhistischen Riten teilgenommen wird. Damit erweitern sich die Optionen, ihre Wahrnehmung impliziert jedoch zwangsläufig das Eingehen sozialer Bindungen (Feige 1993; Ziebertz 1993).

Eine Vielzahl neuer Initiativgruppen ist in derselben Zeit aktiv geworden, in der die alteingesessenen Kirchen, Verbände und Parteien geschrumpft sind. Sie organisieren Nachbarschaftshilfe, richten Kindergärten ein, kümmern sich um Umweltschutz, kämpfen gegen Waffenhandel und für Tierschutz, betreuen Programme der Entwicklungshilfe und setzen sich für die Menschenrechte in aller Welt ein. Eine Vielzahl von Menschen konzentriert ihr Engagement heute weniger auf die Arbeit in den etablierten Parteien, Verbänden und Kirchen und mehr auf die Teilnahme an den Aktivitäten der neuen Vereinigungen. Der Verlust an Engagement bei den Altparteien, -verbänden und -kirchen wird durch die neuen Vereinigungen absorbiert und sogar in ein Partizipationswachstum umgesetzt. Noch nie waren so viele Bürger in Vereinigungen aktiv wie heute. Von einer Atomisierung der Gesellschaft und einem Verlust der sozialen Aktivität und sozialen Bindung kann deshalb nicht die Rede sein. Sie ist ein Artefakt der öffentlichen Diskussion, die wie gebannt auf den Mitgliederschwund der Altvereinigungen schaut und das Wachsen der neuen Vereinigungen nicht registriert. Nach einer Zeitbudget-Studie des Bundesfamilienministeriums im Jahre 1991/92 üben rund 12 Millionen Personen ab 12 Jahren in der Bundesrepublik eine ehrenamtliche Tätigkeit aus, in Westdeutschland ca. 20 Prozent, in Ost-

deutschland ca. 9 Prozent der Bevölkerung. In den alten Bundesländern hat sich die Zahl der ehrenamtlich Tätigen seit Anfang der
sechziger Jahre vervierfacht. Damit verbunden ist ein enormer
Anstieg der Zahl von Vereinigungen, in denen sich die Bürger
engagieren, sowie ein Strukturwandel der ehrenamtlichen Tätigkeit. Das Pflichtehrenamt der Honorarioren in den traditionellen
Kirchen und Verbänden wird vom Neigungsehrenamt zwecks
Selbstverwirklichung verdrängt. Während die traditionellen Kirchen und Verbände über nachlassendes Engagement klagen, vermehren sich die Selbsthilfegruppen unablässig. Ihre Zahl wird gegenwärtig auf über 60 000 geschätzt (Deutscher Bundestag 1996:
10, 33).
Allerdings müssen wir uns darüber im klaren sein, daß sich die
Qualität sozialer Beziehungen ändert. Räumliche Einheiten wie
Nachbarschaft, Gemeinde, Stadt, Land und Nation verlieren an
Bedeutung, dagegen werden Vereinigungen nach speziellen Interessen bedeutender. Das gesellschaftliche Leben verliert seine
Mitte und zersplittert in einzelne Fragmente. Es wird deshalb
immer schwieriger, zu einer gemeinsamen verbindlichen Bestim-
mung darüber zu kommen, wie wir überhaupt leben wollen.

9.3 Identitätsbildung durch Inklusion:
die Differenzierung und Verflechtung von
Zentrum und Peripherie

Der Strukturwandel der Identität im Prozeß der Europäisierung
und Globalisierung verändert das Verhältnis der nationalen kulturellen Identitäten zueinander. Kulturelle Identitäten, die bisher
zumindest noch zu einem erheblichen Teil aus sich selbst heraus
existierten, sich selbst reproduzierten, indem sie auf ihre eigenen
Traditionen zurückgriffen, werden nun in externe Austauschbeziehungen hineingezogen und von diesen Austauschbeziehungen
abhängig. Das Nebeneinander relativ unabhängiger, sich selbst
reproduzierender Kulturen wird mehr und mehr ersetzt durch ein
weiträumigeres Beziehungsgeflecht, in dem sich die Kulturen
nach ihrem Tauschwert reproduzieren, sich also im wirtschaftlichen Wettbewerb als mehr oder weniger überlebens-, anpas-
sungs- und durchsetzungsfähig erweisen. Im weiträumigeren Be-

ziehungsgeflecht bilden die Sieger im wirtschaftlichen Wettbewerb ein Zentrum, um das sich die Semiperipherie und die Peripherie der weniger Erfolgreichen schart. Die Differenzierung und Verflechtung von Zentrum und Peripherie ersetzt als Grundstruktur des neuen Systems das Nebeneinander von aus sich selbst heraus lebenden Kulturen (Wallerstein 1984, 1991; Garnham 1990; Robertson 1992). Jetzt ist wechselseitiges Lernen und gegenseitige Verständigung möglich, diese vollziehen sich jedoch nach dem Gesetz des Wettbewerbs um die besten Lösungen. D. h. die schlechteren Lösungen von Problemen werden durch die besseren verdrängt, und jeder Problemlösungserfolg schafft ein Kapital für weiteren Problemlösungserfolg. Das gilt nicht nur für den wirtschaftlichen Wettbewerb, sondern auch für kulturelle Leistungen, und zwar für künstlerische Produktionen, wissenschaftliche Forschung, moralische und rechtliche Regelungen und religiöse Sinnstiftungen. Sie alle sind auf Erfolg getrimmt und teilen die Welt in die mehr oder weniger Erfolgreichen ein. Und vergangene Erfolge füllen stets den Kapitalstock für Investitionen in zukünftige Erfolge auf. Die daraus hervorgehende Differenzierung von Zentrum und Peripherie ist zwar nicht ein für allemal zementiert, aber doch eine Struktur, die sich immer wieder erneuert und den Wettbewerb bestimmt. Allerdings können vergangene Erfolge auch Innovationen verhindern und hungrigen Innovatoren in der Peripherie Chancen für das Vordringen in das Zentrum eröffnen, während die schlafenden Erfolgreichen der Vergangenheit aus dem Zentrum verdrängt werden. Die Struktur des Systems bleibt dabei erhalten, lediglich die Rollen werden teilweise getauscht.

Jetzt gelten einheitliche Maßstäbe im System. Dementsprechend bildet sich eine einheitliche kulturelle Identität heraus. Die Maßstäbe werden im Zentrum gesetzt. Die Peripherie strebt danach, sie ebenfalls zu erfüllen und wirft ihre alten, im Wettbewerb unterlegenen Maßstäbe des guten Lebens über Bord. Der Erfolg im Wettbewerb der Lebenswelten entscheidet jetzt über den Fortbestand kultureller Identitäten und führt zur Konzentration auf ein einheitliches Leitbild der kulturellen Identität.

Es wäre einseitig, allein der wirtschaftlichen Verflechtung von Zentrum und Peripherie und der ungebremsten Entfaltung der Weltwirtschaft die Selektion von Lebenswelten und kulturellen Identitäten nach dem Überlebenserfolg im Wettbewerb zuzuschreiben. Die Expansion moralischer und rechtlicher Diskurse hat eine ganz ähnliche Wirkung. Auch sie setzt einen gnadenlosen Wettbewerb unter den Lebenswelten in Gang, deren Fortexistenz jetzt von der Bewährung in prinzipiell unbegrenzten Diskursen abhängt, wobei diejenigen Lebenswelten ihre Überlegenheit ausspielen können, die schon über eine längere Erfahrung mit solchen Diskursen verfügen, während die naiven Nachzügler nichts anderes tun können, als die Erfolgsrezepte der Fortgeschrittenen zu übernehmen. Aus dieser Unterlegenheit können sie kaum ausbrechen, weil die fortgeschrittenen Kulturen ihre Rezepte längst wieder verbessert haben, bis die Nachzügler das Einmaleins der übernommenen Rezepte gelernt haben. Das gilt für den moralischen Fortschritt ganz genauso wie für den wissenschaftlichen und den wirtschaftlichen. Der moralische Universalismus arbeitet ebenso an der Strukturierung der Welt als ein Verhältnis zwischen Zentrum und Peripherie wie die Globalisierung der Märkte. Und die Ungleichheit ist in beiden Fällen gleich geartet. Die Welt teilt sich nicht nur in die wirtschaftlich Reichen und Armen, sondern auch in die moralisch Reichen und Armen. Das ist deshalb so, weil die Lebenswelten jetzt nicht mehr für sich selbst stehen, sondern vor dem moralischen Gericht des Gesamtsystems bestehen müssen. Dessen Sitz befindet sich natürlich im Zentrum des Systems. Allerdings sind auch hier wie in der Wirtschaft Aufstieg und Abstieg nicht ausgeschlossen, wobei zwischen ökonomischen und moralischen Veränderungen der Rangordnung ein enger Zusammenhang besteht. So hat z. B. der Aufstieg Japans zu einer führenden Wirtschaftsmacht die Amerikaner und die Europäer nicht nur auf deren technisches Know-how, ihre Produktionskonzepte und Managementmethoden neugierig gemacht, sondern auch auf ihre Ethik der Lebensführung und die Prinzipien des gesellschaftlichen Zusammenlebens. In der gegenwärtigen Debatte über Maßnahmen zur Bekämpfung der Arbeitslosigkeit zeigt sich eine erstaunliche Rehabilitation der US-amerikanischen Arbeitsmarktpolitik. Lange Zeit ist das Hire-and-Fire-Prinzip als Ausdruck einer unangemessenen sozialen Härte verurteilt worden. Jetzt wird in der größeren Leichtigkeit, mit der in den USA Arbeitsverträge geschlossen und wieder aufgelöst werden können, eine wesentliche Ursache für die dortigen Erfolge in der fortlaufenden Schaffung neuer Arbeitsplätze und der Minimierung von Arbeitslosigkeit gesehen. Damit gewinnt das Hire-and-Fire-Prinzip eine neue moralische Qualität. Nach der neuen Erkenntnis hilft es, Arbeitslosigkeit zu bekämpfen (Hank 1995; Kurbjuweit 1996; Lewis und Petrella 1996).

9.4 Europäisierung, Re-Nationalisierung, Re-Regionalisierung und Globalisierung als ineinander verwickelte Bewegungen

Der Europäisierungsprozeß verläuft nicht reibungslos und geradewegs auf das Ziel einer geschlossenen europäischen Identität zu. Er provoziert vielmehr Gegenbewegungen des Nationalismus und des Regionalismus von unten, aber auch Gegenbewegungen des Globalismus von oben. Die gleichzeitige Steigerung von Globalisierung, Europäisierung, Nationalismus und Regionalismus ist das Kennzeichen der Gegenwart und Ausdruck der besonderen Spannungen, denen das gegenwärtige gesellschaftliche Leben ausgesetzt ist.

9.4.1 Träger des Europäisierungsprozesses

Die Hinwendung zu Europa ist eine Sache der Modernisierer, die auf die damit verknüpften Gewinnchancen setzen. Das braucht nicht nur im ökonomischen Sinn interpretiert zu werden, sondern schließt auch Entwicklungschancen im wissenschaftlich-technischen, politischen und kulturellen Sinn ein. Als Träger des Europäisierungsprozesses kommen deshalb nicht nur die Topmanager in Frage, sondern auch die Experten, Politiker und Intellektuellen. Sie bilden ein Netzwerk einer europäischen Elite, das sich tendenziell verselbständigt und bei mangelnder Rückbindung an die in die nationalen Gesellschaften eingebundenen Bürger Ängste hinsichtlich einer unsicheren Zukunft erzeugt, wenn neue Entwicklungsschübe der Europäisierung stattfinden und die Öffentlichkeit beschäftigen.

9.4.1.1 Das Europa des Topmanagements

Natürlich locken zunächst einmal die Absatzchancen des europäischen Binnenmarktes. Das Management der Unternehmen würde seinen Aufgaben nicht gerecht werden, wenn es diese nicht nutzen würde und nicht an der Spitze der Europäisierungsbewegung stünde. Das Programm des Binnenmarktausbaus macht Europa dementsprechend zuallererst zu einem Europa der Konzerne, in dem das Topmanagement die Leitideen definiert. Mit der Diskussion über den Wirtschaftsstandort Deutschland ist es dem Topmanagement angesichts der neuen Konkurrenzsituation in Europa und in der Welt gelungen, nach Jahrzehnten der Defensive wieder in die Offensive zu gehen und das Thema zu bestimmen (Rüchardt 1992; Stihl 1993). Wer gegenwärtig gehört werden will, muß seine Diskussionsbeiträge in die alles beherrschende Standortfrage kleiden. Den Gewerkschaften bleibt z. B. nichts anderes übrig, als die geringe Streikfreudigkeit und das daran geknüpfte hohe Maß des sozialen Friedens als besondere Standortqualität für florierende Unternehmen zu preisen. Die Umweltschützer müssen Umweltschutz als Motor für eine neue Wachstumsbranche mit großen Exportchancen verkaufen. Und die Theaterintendanten dürfen nicht müde werden, gute und wohlsubventionierte oder gesponserte Theater als kulturelle Infrastruktur für Geschäftsreisende und Belegschaften in Erinnerung zu bringen. Die Hinwendung zu Europa und darüber hinaus zur Welt bringt insofern das Topmanagement, von dessen Standortentscheidungen das Wohl ganzer Regionen und Nationen abhängt, an die Spitze des öffentlichen Diskurses, in dem die Situation definiert und Handlungsstrategien ausgedacht werden. Dem Topmanagement ist eine neue Macht zugeflossen, die es jetzt im öffentlichen Diskurs in Definitionsmacht umsetzt. Im offenen Weltmarkt ist der Standort eines Unternehmens nun wirklich beliebig wählbar, und zwar in dem Sinne, daß jeder Standort zu jeder Zeit zur Disposition stehen kann. In einem anderen Sinne sind Standorte aber gerade nicht mehr beliebig wählbar: Sie können nur noch dorthin verlagert werden, wo sie bei Abwägen aller Vor- und Nachteile jeder Konkurrenz auf dem Weltmarkt standhalten. Das Topmanagement, das seine Standortentscheidungen trifft, tut nichts anderes, als die Gesetze des Marktes zu vollziehen.

Mit der aufgezeigten Entwicklung werden indessen die mühsam erkämpften sozialstaatlichen Absicherungen mehr und mehr zu

Makulatur, weil die Reichweite des Marktes und die Reichweite der Sozialgesetze nicht mehr deckungsgleich sind. Eine gute soziale Absicherung wird so zur Gefahr für die Erhaltung des Arbeitsplatzes, ist also am Ende bei Verlust des Arbeitsplatzes nichts mehr wert. Wir müssen hier auch eine schleichende Entwertung der Macht des Nationalstaates und seines Rechts konstatieren. Das Recht erfüllt nicht mehr die Zwecke, für die es einmal geschaffen wurde. Gutgemeinte Sozialpolitik und ausgeklügeltes Sozialrecht können höchst unsoziale Folgen haben, weil sie die Unsicherheit der Arbeitnehmer steigern und nicht reduzieren.

9.4.1.2 Das Europa der Experten

Europa ist jedoch nicht nur in der Hand der Konzerne und impliziert nicht nur eine Machtverschiebung in die Etagen des Topmanagements, sondern es ist auch eine Sache der wissenschaftlichen und technischen Experten, die als Vertreter von Industrie, Wissenschaft, Technik, Ministerialbürokratien und Verbänden an der Harmonisierung des europäischen Rechts in allen nur denkbaren Spezialgebieten, vom Lebensmittelrecht über den Verbraucherschutz bis hin zum Medienrecht, arbeiten. Durch ihre regelmäßigen Tätigkeiten in Brüssel ist ihnen Europa als Identifikationsobjekt so selbstverständlich wie nichts anderes geworden. Sie denken und handeln in europäischen Kategorien. Sie vertreten zwar auch die Denktraditionen, Regulierungsstile und Handlungsstrategien ihrer Herkunftsländer, mit der Dauer ihrer Tätigkeit in Brüssel lernen sie jedoch, die Probleme aus europäischer Perspektive zu sehen und zu lösen. Ihr Europa ist ein technisch und rechtlich vereinheitlichtes Europa, in dem alles zusammenpaßt, alle Reibungspunkte durch unterschiedliche Normungssysteme beseitigt sind, so daß sich dem europäischen Zug keine Hindernisse technischer und rechtlicher Unvereinbarkeiten entgegenstellen. Selbst die inzwischen verfolgte Politik der gegenseitigen Anerkennung unterschiedlicher technischer Normierungen erzwingt letzten Endes die Vereinheitlichung, weil beim so entfachten Regulierungswettbewerb der Markt diejenigen Regelungen ausscheiden läßt, die zu verminderten Absatzchancen führen (v.Senger und Etterlin 1992; Bach 1992; Joerges 1991).

Das Europa der Experten ist wenig publizitätsträchtig. Es spielt sich hinter den Türen von Orientierungs-, Beratungs- und Verhandlungsrunden ab und besteht aus meist trockener technischer und rechtlicher Materie. Es ist kaum geeignet, die Aufmerksamkeit der Medien auf sich zu ziehen. Allenfalls merkwürdige Entscheidungen können ab und zu kleine Entrüstungsstürme verursachen, die allerdings meist schnell wieder abebben und vergessen werden. Die Elite der europäischen Experten ist der Masse nicht bekannt. Sie spielt in den öffentlichen Debatten kaum eine Rolle, weshalb sie der Masse der Bevölkerung kein europäisches Leitbild vermitteln kann. Ihr Tun eignet sich auch kaum zur Formulierung eines lukrativen Leitbildes; es wirkt sogar eher abschreckend und geht nur in dieser abschreckenden Eigenschaft in die öffentliche Diskussion ein. Es wird nämlich selbst von der politischen Führung bis hin zum Bundeskanzler als ein Negativbild der Eurokratie benutzt, dem die Politiker in schönen Worten ein Europa der Bürger und der Demokratie entgegenstellen, ohne allerdings die Gewähr dafür geben zu können, daß ihre Worte auch in Realität umgesetzt werden. Gern wird die Normierung der Gurkengröße und -krümmung als Auswuchs der europäischen Regelungswut zitiert, um sogleich ein besseres, davon unberührtes Europa zu propagieren. Dabei wird allerdings verschwiegen, daß Binnenmarktausbau und technische Normierung zwei Seiten ein und derselben Medaille sind und in vielen Bereichen technische Normierung zum Schutz des Verbrauchers ganz unverzichtbar ist, sich damit aber unvermeidlich auch Regulierungen einschleichen, die in der Einzelbetrachtung etwas bizarr erscheinen. Aller guter Vorsatz, nur sinnvolle Normierungen treffen zu wollen, mag dabei zwar ernst gemeint sein, wird aber nichts daran ändern, daß mit der Vielfalt der Produkte auch das Regelungsvolumen wachsen und damit die Zahl der bizarren Regelungen auch zunehmen wird.

Mit dem wachsenden Regelungsbedarf auf europäischer Ebene wird die europäische Expertokratie ebenfalls expandieren. Es wird immer mehr Recht gesetzt, dessen Gestaltung der Einigung unter der europäischen Expertenelite bedarf und zu dem der Durchschnittsbürger allein schon wegen des weiteren Instanzenweges nur sehr schwer Zugang finden kann. Dabei trifft diese Entwicklung auf das gegenläufige Bedürfnis der Bürger nach weitreichender politischer Mitsprache. Die Entfremdung zwischen einer auf Europa ausgerichteten Elite technischer Experten und dem eher lokal orientierten Durchschnittsbürger ist deshalb nur schwer zu vermeiden. Sie impliziert auch eine Entfremdung des Durchschnittsbürgers vom europäischen Recht, dessen Legitimität ihm mangels demokratischer Beteiligung nicht leicht einsichtig zu machen ist. Das Demokratiedefizit der Europäischen Union ist deshalb zu einem gewichtigen Thema geworden, ohne daß sich aber wirklich erfolgversprechende Strategien zu dessen Abbau abzeichnen würden. Die Tendenz geht eher dahin, daß wir von herkömmlichen, nationalstaatlich geprägten Vorstellungen der Legitimität und der Demokratie Abschied nehmen müssen (Lepsius 1991; Wieland 1992; Reif 1992).

9.4.1.3 Das Europa der politischen Führungsspitzen

Das Topmanagement der Konzerne und die technischen Experten haben sich Europa einerseits notgedrungen aufgrund der Binnenmarktzwänge und der globalen Konkurrenzsituation, andererseits aufgrund des vom Binnenmarktprogramm initiierten Regelungsbedarfs zugewandt. Europa als Vereinigungsprojekt ist jedoch von Anfang an eine Sache der Politik, genaugenommen eine Sache einzelner politischer Führer gewesen, die sich das europäische Einigungswerk zur Aufgabe gemacht haben. Die Kooperation der Führungsspitzen der Bundesrepublik und Frankreichs, angefangen mit den Gespannen Adenauer-Schumann und Adenauer-De Gaulle bis zum Gespann Kohl-Mitterand, hat dabei eine große Rolle gespielt. (Über das aktuelle Gespann Kohl-Chirac kann zum gegenwärtigen Zeitpunkt noch nichts gesagt werden.) Das Europa der großen Politik ist ein Europa der Gipfeltreffen, Banketts und staatsmännischen Gesten. Sie verleihen der Idee immerhin eine immense Schubkraft, die in den zuvor besprochenen unzähligen Expertenrunden kleingearbeitet wird.

Mit ihrem Einfluß und ihrer Macht haben die großen Politiker die europäische Einigung in einem Maße auf den Weg gebracht, forciert und ausgebaut, das nicht erreicht worden wäre, wenn sie dabei nicht der Bereitschaft der Bürger selbst um ein erhebliches Stück vorausgegangen wären. Der Ausbau Europas ist stets ein Balanceakt zwischen der weiter ausgreifenden politischen Zielsetzung und der Folgebereitschaft der nationalen Bevölkerungen gewesen. Er hängt deshalb davon ab, daß relativ fest im Sattel sitzende Regierungschefs, insbesondere in Frankreich und Deutschland, als Zugpferde fungieren, indem sie ein erhebliches Maß an politischem Kredit in das europäische Projekt investieren, ohne eine unmittelbare Auszahlung in Zinsen, d. h. in besseren Lebensbedingungen, garantieren zu können. Nicht anders ist das in

Maastricht 1991 beschlossene Ausbauprogramm einzuschätzen, das einerseits zwar Widerstand hervorgerufen hat, andererseits aber einen erheblich gesteigerten Einigungs-, Angleichungs- und Erfolgsdruck ausübt, so daß der Einigungsprozeß so oder so vorangetrieben wird, unabhängig davon, ob alle Ziele zum gesetzten Zeitpunkt auch wirklich erreicht werden.

Da die europäische Einigungsdynamik läuft und die Globalisierung der Konkurrenzverhältnisse, Umwelt- und Sozialprobleme die Zeit der nationalstaatlichen Souveränität ohnehin schon beendet hat, bleibt der Politik gar nichts anderes übrig, als auf den Einigungsprozeß zu setzen. Sie muß sich an die Spitze der Modernisierung stellen, wenn sie nicht vom Modernisierungszug überrollt werden will. Damit entfremdet sich die Politik allerdings in einem Maße von ihrem heimischen Publikum, das ihre Unterstützung untergräbt. Sie muß die Bürger aus ihren gewohnten Lebensverhältnissen herausreißen und sie auf das Leben in einer europäischen Gesellschaft und in einer globalen Konkurrenzsituation einstellen. Dabei gerät sie in ein Dilemma: Auf supranationaler Ebene eilt die Liberalisierung der Märkte ihrer sozialen und ökologischen Regulierung weit voraus. Auf nationaler Ebene greifen die sozialen Sicherungssysteme und die ökologischen Programme nicht mehr. Die Politik wird aber an der Bewältigung dieser Probleme gemessen und leidet mit zunehmendem Leistungsdefizit unter einer wachsenden Unterstützungskrise. Der Binnenmarktausbau wird durch die globale Konkurrenz erzwungen. Dieser Ausbau entzieht den nationalen Regierungen jedoch die Souveränität, die sie zur Lösung ihrer Probleme benötigen.

Wenn es den nationalen Regierungen nicht gelingt, auf europäischer und globaler Ebene eine soziale und ökologische Aufholjagd zu starten, werden sie in ihren Heimatländern in immer tiefere politische Krisen stürzen. Diese Aufholjagd ist kaum durch eine schnelle Angleichung der sozialen und ökologischen Sicherheit an das Niveau der in dieser Hinsicht am weitesten fortgeschrittenen Länder zu gewinnen. Deshalb wird die Politik die Frage ernsthaft prüfen müssen, ob der europaweite und globale Konkurrenzdruck dadurch zu mildern ist, daß ökologisch angemessene Transportpreise die Verzerrung des vorhandenen Preisgefüges beseitigen. Ein solches Programm gäbe lokalen und regionalen Märkten neue Chancen und würde die destabilisierenden Tendenzen der Globalisierung unter Kontrolle halten.

9.4.1.4 Das Europa der Intellektuellen

Gibt es neben einem Europa der Topmanager, der Experten und der Politiker auch ein kulturelles Europa der Intellektuellen, das dem ökonomisch-technisch-politischen Konstrukt eine kulturelle Identität verleiht? Gewiß haben Intellektuelle immer wieder »Europa« zum Thema ihres Denkens gemacht (Morin 1988). Soweit man die Beteiligung der Intellektuellen an den Fragen des europäischen Ausbauprogramms in Betracht zieht, muß diese Frage jedoch mit einem Nein beantwortet werden. Zwar wird in der Politikwissenschaft über die zukünftige Verfassung Europas diskutiert, dabei handelt es sich aber doch wieder um einen fachinternen technischen Diskurs. Die großen intellektuellen Debatten sind bislang am Thema Europa vorbeigegangen. Das liegt vor allem daran, daß Europa eine partikulare Einheit darstellt, die Intellektuellen jedoch für das Universelle zuständig sind. Das Einigungswerk ist deshalb im intellektuellen Zuschnitt äußerst blaß geblieben und auf dem pragmatischen Boden des Binnenmarktausbaus, der rechtlichen Harmonisierung und des institutionellen Aufbaus verharrt.

Trotzdem kann nicht rundweg behauptet werden, daß der europäischen Einigung jede Idee fehlen würde. Ohne jede Idee hätte das Projekt nicht so weit voranschreiten können, wie es tatsächlich geschehen ist. Im wesentlichen ist es von den Ideen der Steigerung des materiellen Wohlstands durch den gemeinsamen Markt und der Verdrängung des Nationalismus durch supranationale Kooperation getragen worden (Weisskirchen 1992; Delors 1993; Arnold 1995). Beide Ideen sind ein erhebliches Stück weit verwirklicht worden. Innerhalb der Grenzen der Europäischen Union ist der materielle Wohlstand und das gegenseitige Verständnis stetig gestiegen, so daß in der Tat ein wachsender Teil der nationalen Bevölkerungen ihre nationale Zugehörigkeit in den Rahmen einer europäischen Identität stellt. Die Bereitschaft, sich als Europäer zu sehen, hat zugenommen. Das ist gewiß auch dem Umstand zu verdanken, daß es den Baumeistern der Europäischen Union gelungen ist, ihrem Programm über die Pragmatik hinaus auch eine Idee zu geben, mit der sich die Bürger identifizieren konnten.

Jetzt scheint allerdings ein Entwicklungsschritt erreicht worden zu sein, der neue Bemühungen um die Legitimation des europäischen Projektes verlangt, weil die Bürger einschneidende Veränderungen erleben, die in ihren Augen nicht nur positiv erscheinen. Sie sollen jetzt ihre Rechte mit anderen Europäern teilen, die nicht nur nützliche Abnehmer der eigenen Produkte sind, sondern auch Konkurrenten um Arbeitsplätze und Absatzmärkte. Dabei spaltet sich die Gesellschaft in zunehmendem Maße in die Gruppe der Modernisierungsgewinner und die Gruppe der Modernisierungsverlierer. Bei gleichzeitiger Überschuldung des Staates und Überbelastung der Steuerbürger fehlt die Finanzmasse, um für die notwendigen Ausgleichsmaßnahmen zu sorgen. Durch den europäischen Binnenmarkt und die gleichzeitig erfolgte Liberalisierung des Weltmarktes hat sich der Konkurrenzdruck verschärft. Er erzeugt eine soziale Krise, deren Dimensionen vielleicht ein gegenwärtig noch gar nicht erahntes Ausmaß erreichen können. Die Politik wird nämlich in einer Situation des erhöhten Handlungsbedarfs gleich von mehreren Seiten gelähmt. Von europäischer und globaler Seite wird den Nationalstaaten die dazu notwendige Souveränität entzogen, von nationaler Seite mangelt es ihnen an den notwendigen finanziellen Ressourcen. Der Wohlfahrtsstaat ist exakt zu einem Zeitpunkt nicht mehr finanzierbar geworden, zu dem sich ein ganz neuer Bedarf an sozialpolitischen Sicherungsmaßnahmen eingestellt hat. Der Nationalstaat schiebt deshalb wachsende soziale Probleme vor sich her, zu deren Lösung ihm die Souveränität und die Finanzmittel nicht bereitstehen. Sie stellen die nationalen Gesellschaften deshalb vor zunehmende soziale Zerreißproben.

9.4.2 Neuer Nationalismus

In der geschilderten Situation erzeugt die sich vergrößernde soziale Spannung zwischen Modernisierungsgewinnern und Modernisierungsverlierern in einem Ausmaß nationalistische Gegenbewegungen, das man aus der Sicht eines friedlich zusammenwachsenden Europas nicht mehr für möglich gehalten hat. Extrem europäisch und global denkende Schichten und extrem nationalistisch eingestellte Schichten stehen einander unversöhnlich gegenüber. Nach der Eurobarometer-Befragung vom Herbst 1994 sehen sich im Durchschnitt der 12 schon älteren EU-Mitgliedsländer 63 Prozent der Bevölkerung auf dem Wege zu einer europäischen Identität, davon 7 Prozent ausschließlich, 10 Prozent vorrangig und 46 Prozent nachrangig nach ihrer nationalen Identität. Dagegen halten 33 Prozent an ihrer nationalen Identität fest. Vier Prozent wollen sich nicht äußern. Zugleich meinen 43 Prozent, daß sich zu viele Ausländer im eigenen Land aufhalten. Auf einer Skala von sehr starker bis sehr schwacher Fremdenfeindlichkeit sind im EU-Durchschnitt 21 Prozent als sehr stark, 27,5 Prozent als stark, 28 Prozent als schwach und 24 Prozent als sehr schwach fremdenfeindlich einzustufen. In nahezu allen EU-Mitgliedsländern ist die Fremdenfeindlichkeit bis Anfang der neunziger Jahre gewachsen, auch in Ländern mit einem bislang offenen Staatsbürgerrecht wie Frankreich. Dort meinen sogar 55 Prozent, daß sich zu viele Ausländer im Lande aufhalten. Deutschland befindet sich hier mit 40 Prozent knapp unter dem Durchschnitt (Europäische Kommission 1995a: 69-70, B50, B54). Hier gilt es allerdings zu beachten, daß sich die ermittelte Fremdenfeindlichkeit fast ausschließlich gegen Fremde von außerhalb der EU-Mitgliedsländer richtet. Außerdem muß in Rechnung gestellt werden, daß solche Einstellungen deutliche konjunkturelle Schwankungen aufweisen. Der Höhepunkt der fremdenfeindlichen Welle scheint 1992 erreicht worden zu sein, als das Thema der Zuwanderung höchste Aufmerksamkeit durch die Medien erhielt. Im Frühjahr 1992 waren noch 50 Prozent der EU-Bürger der Meinung, es hielten sich zu viele Ausländer in ihrem Lande auf. In Deutschland lag die Zahl bei 55 Prozent. Der Rückgang auf 40 Prozent bis zum Herbst 1994 ist hier besonders eklatant (Europäische Kommission 1992a: A41, A42; 1995a: 69-70, B50, B54).

Die Modernisierer wenden sich Europa und der Welt zu und arbeiten an der sozialen Integration der neuen europäischen und darüber hinaus globalen Einheit. Gleichzeitig entfernen sie sich zwangsläufig von den Zurückgebliebenen, die als Gegenreaktion zu derjenigen Einheit zurückdrängen, die ihnen bisher Wohlstand und Sicherheit gegeben hat: zur nationalen Einheit. Die einen preschen nach vorne, nach Europa und in die Welt hinein, die anderen wollen zurück zur Nation. Das gesellschaftliche Band droht zu zerreißen. Wie schon festgestellt, nimmt die Bereitschaft zur Ausbildung einer europäischen Identität mit dem sozialen Status und dem erreichten Bildungsniveau zu. In umgekehrter Richtung verläuft die Identifikation mit der eigenen Nation. Während im EU-Durchschnitt der 12 älteren Mitgliedsländer 86 Prozent der untersten Statusgruppe und 79 Prozent der am wenigsten

Gebildeten in der Eurobarometer-Befragung vom Herbst 1994 sich als ziemlich oder sehr stolz auf das eigene Land erweisen, gilt dies nur für 64 Prozent der höchsten Statusgruppe und 62 Prozent der Gebildetsten. Von denjenigen, die sich als sehr stolz auf die eigene Nation bezeichnen, sehen sich 45 Prozent auch in der nächsten Zukunft noch ausschließlich als Mitglieder ihrer Nation, von denjenigen, die überhaupt keinen Stolz erkennen lassen, sind es nur 17 Prozent. Dagegen neigen von den sehr Stolzen nur 3 Prozent zu einer zukünftigen ausschließlich europäischen Identität, von den überhaupt nicht Stolzen aber 24 Prozent. In diesen Zahlen drücken sich die sozialen Spannungen aus, die der Europäisierungsprozeß mit sich bringt (Europäische Kommission 1995a: B51, B52).

Den etablierten Parteien gelingt es nicht, den neuen, quer durch die Gesellschaft verlaufenden Riß zu kitten und die tiefer werdende Kluft zu überbrücken, weil sie in der politischen Verantwortung von der zuvor beschriebenen Lähmung befallen sind. Infolgedessen schlagen rechtsextremistische Bewegungen und Parteien Kapital aus der neuen Situation. Ohne politische Verantwortung tragen und Erfolge nachweisen zu müssen, machen sie den verunsicherten Bürgern vor, daß eine Rückkehr zur nationalen Solidarität und eine Ausgrenzung der bedrohlichen Fremden Arbeitsplätze, Wohlstand und Sicherheit gewährleisten würden. Aus Fremdenfurcht wird dann Fremdenhaß, der sich immer wieder in fremdenfeindlichen Aktionen entlädt (Betz 1991, 1992; Greß, Jaschke und Schönkäs 1990; Heitmeyer 1992; Willems 1993).

Aus der Dialektik von Europäisierung und Re-Nationalisierung scheinen wir nicht aussteigen zu können, weil die Integration der neuen europäischen Einheit die Desintegration und Entsolidarisierung auf der nationalen Ebene nach sich zieht. Das gilt auch deshalb, weil der nationalen Politik wegen ihres Souveränitätsverlustes und wegen der kaum zu beseitigenden Finanzknappheit die Hände gebunden sind und weil der supranationalen Politik noch die materiellen und die institutionellen Voraussetzungen zur Lösung der neuen Probleme fehlen.

9.4.3 Neuer Regionalismus

Das Wiedererwachen des Regionalismus ist eine weitere Gegenbewegung zum Prozeß der Europäisierung. Der Souveränitätsverlust der Nationalstaaten und die nationale Tendenz der Entsolidarisierung und Desintegration im Zuge des auf Europa und die
Welt ausgerichteten Modernisierungsprozesses stärken dort re-
gionalistische Bewegungen, wo der Riß zwischen den Modernisierungsgewinnern und den Modernisierungsverlierern ganze Regionen voneinander trennt. Das ist z. B. in Italien zu beobachten,
wo der Norden den Ballast des Südens abstreifen möchte, um die
neuen Chancen des europäischen Binnenmarktes besser für sich
nutzen zu können. Die besseren Artikulationsmöglichkeiten für
die Regionen im Europa der Maastrichter Beschlüsse können natürlich von denjenigen Regionen am besten genutzt werden, die
genug Wirtschaftsmacht und politische Führung besitzen, um sich
jenseits der inneren nationalstaatlichen Koordination direkt in
Brüssel bemerkbar zu machen. Den schwachen Regionen droht
dagegen der Verlust der nationalstaatlichen Unterstützung, ohne
sicher gehen zu können, daß aus dem europäischen Regional- und
Strukturfonds genug Mittel für sie übrigbleiben. Auf jeden Fall
wächst der Europäischen Union hier mehr Verantwortung zu, für
deren Wahrnehmung sie das Budget ihres Struktur- und ihres Re-
gionalfonds erheblich aufstocken müßte (von Alemann, Heinze
und Hornbach 1990; Sturm 1992; Weinacht 1995).

9.4.4 Globalismus

Eine weniger als der neue Nationalismus und Regionalismus be-
merkbare, dennoch in der Logik der Entwicklung liegende Gegenbewegung gegen die Europäisierung unserer Identität ist der
Globalismus. Dessen Träger ist die kulturelle Avantgarde der Modernisierer, die in der Europäischen Union eher die Fortsetzung
des Nationalismus auf neuer supranationaler und damit noch
machtvollerer Ebene erkennen. Man braucht hier nur an das
Stichwort »Festung Europa« und an die mit den Immigrations-
schüben erheblich gestiegene Fremdenfeindlichkeit gegen Zuwanderer von außerhalb der EU-Mitgliedsländer zu denken.
Johan Galtung (1973) sieht die Europäische Union aus norwegi-

scher Perspektive als eine neue Hegemonialmacht, die ihre Nachbarn de facto vor die Wahl stellt, entweder an die Wand gedrückt oder als neuer Mitgliedsstaat mit entsprechendem Souveränitätsverlust geschluckt zu werden. Der Souveränitätsverlust besteht darin, daß sie nicht mehr selbst entscheiden können, wie sie leben wollen, und sich nicht dem EU-Programm des wirtschaftlichen Fortschritts entziehen können. Der Souveränitätsverlust ist allerdings da, ob die Anrainer – z.B. Norwegen oder die Schweiz – nun beitreten oder nicht, weil ihre Zukunftschancen in erheblichem Maße von der Politik der Europäischen Union abhängen. Aus der Sicht von Galtung erscheint deshalb ein größeres Europa als lose Kooperation souveräner Staaten als die bessere Lösung, weil es der Machtkonzentration im Zentrum der Europäischen Union entgegenwirken würde.

Die Europäische Union ist jedoch nicht nur eine europäische Hegemonialmacht, sondern auch eine globale Kapitalmacht, die auf dem Weltmarkt in Konkurrenz und Austausch mit anderen Nationen steht und natürlich dort ihre Chancen zu ihrem Vorteil nutzen muß. Vor der Lösung der Weltprobleme der Armut und des ökologischen Raubbaus steht die Lösung ihrer internen Probleme und die Sicherung der Loyalität ihrer Bürger durch wirtschaftliche und politische Erfolge. Für die Avantgarde der Modernisierer, die nach der Lösung der Weltprobleme suchen, ist deshalb die Identifikation mit Europa höchstens eine Zwischenstation auf dem Wege zu einer globalen Identität, bei zu starker Gewichtung sogar ein Hindernis für globales Denken und Handeln. Sie wenden sich deshalb lieber gleich globalen Organisationen wie *Greenpeace* oder *Amnesty International* zu, um keine Zeit auf dem Wege zur Lösung der Weltprobleme zu verlieren. Die europäische Identität bedarf in ihrer Sicht schon wieder einer Relativierung aus globaler Perspektive, um Platz für die Entwicklung einer globalen Identität zu machen (Kühne 1991, 1993; Birg 1994; Brüne 1995; Schug 1995).

9.5 Die Dialektik von Identitätsgewinn und Identitätsverlust: Identitätswachstum

Die Verlagerung von Identitätszurechnungen von der nationalen auf die europäische Ebene unterliegt einer Dialektik von Identitätsgewinn und Identitätsverlust. Die Modernisierer preschen vor und verlagern das politische Geschehen auf die europäische Ebene. Sie setzen dadurch einen Strukturwandel der Identität in Gang. Die Bürger der europäischen Einzelstaaten werden in die Unterscheidungen der Europäischen Union nach außen, unten und oben und in die Prozesse der ökonomischen, politischen, solidarischen und kulturellen Homogenisierung hineingezogen, wodurch sie mehr und mehr lernen, in europäischer Perspektive zu denken und zu handeln, sich selbst im Innenverhältnis mit anderen als Europäer zu sehen und sich im Außenverhältnis von wieder anderen als Europäer zu unterscheiden, schließlich in sich selbst den Europäer vom Deutschen oder Franzosen zu trennen. Der Anteil der Menschen, die sich vor, neben oder zumindest nach ihrer nationalen Zugehörigkeit als Europäer verstehen, wächst. Nach der Eurobarometer-Befragung im Herbst 1993 sahen sich im Durchschnitt 4 Prozent der EU-Bürger ausschließlich als Europäer, 7 Prozent als Europäer und Deutsche, Franzosen, Belgier usw., 45 Prozent als Deutsche, Franzosen, Belgier usw. und Europäer, 40 Prozent nur als Deutsche, Franzosen, Belgier usw.; vier Prozent konnten keine Antwort geben (Europäische Kommission 1993b: A 73). Die schon erwähnte Eurobarometer-Befragung vom Herbst 1994 zeigt gegenüber Herbst 1993 eine Veränderung von 7 Prozent weg von der ausschließlich nationalen und hin zur europäischen Identität. In einzelnen Ländern ist dieser Identitätswandel noch krasser ausgefallen. In Deutschland ist z. B. der Anteil der ausschließlich Nationalen um 14 Prozent auf 29 Prozent gesunken, der Anteil der vorrangig europäisch Denkenden um 7 Punkte auf 15 Prozent, der Anteil der reinen Europäer um 5 Punkte auf 9 Prozent gestiegen. Der Anteil der Unentschiedenen hat sich um 2 Punkte auf 5 Prozent erhöht (Europäische Kommission 1993b: A73; 1995a: B50). Bei der Befragung im Frühjahr 1995 ist diese Hinwendung zu Europa jedoch wieder um 2 bis 4 Prozentpunkte zurückgegangen (Europäische Kommission 1995b: B14).

Mit dem Aufbau einer europäischen Identität bauen die EU-Bürger ihre nationale Identität ein Stück weit ab. D. h., daß der europäische Identitätsgewinn einen nationalen Identitätsverlust nach sich zieht. Dementsprechend impliziert dieser Strukturwandel der Identität Konflikte. Die 63 Prozent der EU-Bürger, die sich im Herbst 1994 insgesamt schon Europa zugewandt haben, können die Zugehörigkeit zu den verbliebenen 33 Prozent Nationalen nicht mehr vorbehaltlos gelten lassen und müssen ihre Loyalität zu diesen 33 Prozent im Rahmen ihrer erweiterten Loyalitätspflichten relativieren. Die 33 Prozent Nationalen erwarten dagegen eine uneingeschränkte Loyalität zur Nation. Äußere Loyalitätskonflikte zwischen unterschiedlich orientierten Bürgern und innere Loyalitätskonflikte der Bürger für sich selbst, hinsichtlich der Frage, welcher Loyalität sie im Einzelfall Priorität geben sollen, häufen sich dementsprechend.

Die Spaltung der Gesellschaft in Europäer und Nationale ist eine Begleiterscheinung des Identitätswandels. Das Heranwachsen der europäischen Identität erzeugt deshalb immer wieder Gegenbewegungen der Wiederbelebung nationaler Identitäten. Es muß sich bei der Identitätsverlagerung von der Nation hin zu Europa jedoch nicht um ein Nullsummenspiel handeln. Die erwähnte Eurobarometer-Befragung weist ja eine Mehrheit von 56 Prozent aus, die eine Doppelidentität von Europäer und Nationalität nennt. Ihr Anteil ist im EU-Durchschnitt im Herbst 1994 gegenüber dem Vorjahr um 3 Prozentpunkte gewachsen, in Deutschland um 7 Punkte auf 58 Prozent. Dieser Mehrheit fällt eine besondere Integrationsfunktion zu. Sie stellt das vermittelnde Bindeglied zwischen den 33 Prozent Nationalen und den 7 Prozent Europäern im EU-Durchschnitt bzw. 29 und 9 Prozent in Deutschland dar. Dieselbe Rolle muß die große Mehrheit derjenigen spielen, die sich zwar nicht als sehr stolz, aber doch als recht stolz auf ihre eigene Nation zu erkennen geben und sich dennoch zu einer zukünftigen europäischen Identität bekennen. Es sind im EU-Durchschnitt 66 Prozent, 53 national und europäisch, 9 Prozent europäisch und national und 4 Prozent nur europäisch Denkende. Diese Mehrheit muß zwischen den zu 45 Prozent noch mehr national denkenden sehr stolzen und den zu 24 Prozent ausschließlich europäisch denkenden überhaupt nicht stolzen Mitbürgern vermitteln (Europäische Kommission 1995a: B51).

Die Bürger der breiten Mitte bilden eine europäische Identität heran, ohne die nationale Identität aufzugeben. Natürlich können sie ihre nationale Identität nicht mehr in derselben Ausschließlichkeit pflegen wie zuvor. Sie wird relativiert im Verhältnis zur Ausprägung der europäischen Identität, sie wird aber nicht aufgegeben und muß auch nicht zwangsläufig in demselben Maß schrumpfen, wie sich die europäische Identität entfaltet. Es findet hier nämlich ein Identitätswachstum statt. Wer auf Europa zugeht und europäisch zu denken und zu handeln lernt, erweitert seine Identität. D. h., der Denk- und Handlungshorizont wird größer. Wir lernen, eine größere Zahl von Loyalitäten als zuvor unter einen Hut zu bringen, wir können mehr Erwartungen miteinander vereinbar machen, aufeinander abstimmen und erfüllen. Unser Denk- und Handlungsspielraum wächst. Es handelt sich hier um eine Fortsetzung des Identitätswachstums, das wir schon von früheren Entwicklungsstufen der Gesellschafts- und Persönlichkeitsentwicklung kennen. Mit dem Identitätswachstum erweitern sich die Denk- und Handlungsressourcen, die uns befähigen, ein größeres Maß an Aufgaben zu erledigen, also auch einen größeren Umfang an Identifikationen und Loyalitätspflichten zu bewältigen.

Anhand empirischer Daten aus Eurobarometer-Befragungen können wir den beschriebenen Zusammenhang veranschaulichen. Die Befragung vom Herbst 1994 sagt uns z. B., daß Fremdenfeindlichkeit und die Hinwendung zu Europa negativ korreliert sind. Von den am stärksten fremdenfeindlich Orientierten setzen nur 27 Prozent ihre Hoffnung auf die neue Europäische Union nach Maastricht. Bei den am wenigsten Fremdenfeindlichen sind es jedoch 57 Prozent (Europäische Kommission 1995a: 70). Ich interpretiere dabei geringere Fremdenfeindlichkeit als gewachsene Souveränität, mit einer größeren Zahl von Menschen unterschiedlicher Herkunft zu leben, ohne sich in seiner persönlichen Identität bedroht zu fühlen.

Daß die Zukunftsausrichtung auf Europa nicht die völlige Abkehr von den Loyalitäten gegenüber den Mitbürgern des eigenen Landes zur Folge haben muß, ist daran zu erkennen, daß sich unter den Befragten, die mehr oder weniger Nationalstolz äußerten, kein Unterschied in der Hoffnung hinsichtlich der neuen Europäischen Union ergab (Europäische Kommission 1995a: 69). Dieses Ergebnis scheint dem Befund zu widersprechen, daß die Identifikation mit Europa um so größer ist, je weniger Stolz auf die eigene Nation gezeigt wird. Der Unterschied zwischen den beiden Feststellungen ist dadurch zu erklären, daß die Äußerung von Hoffnung bezüglich der neuen Europäischen Union eine schwächere Hinwendung zu Europa darstellt als die Selbstwahrnehmung als Europäer. Erstere ist leichter mit Nationalstolz vereinbar als letztere. In der Äußerung von Hoffnung auf die neue Europäische Union kommt aber immerhin schon eine erste Relativierung der nationalen Identität im größeren europäischen Kontext zum Ausdruck. Es ist ein Schritt zum Identitätswachstum.

Wir können aus diesen Daten schließen, daß die Herausbildung einer europäischen Identität auf wachsender Toleranz fußt und diese selbst fördert, aber nicht zwangsläufig und im gleichen Umfang der Hinwendung zu Europa die Abkehr von der eigenen Nation zur Folge haben muß. Identitätswachstum erweitert den Spielraum von Loyalitäten. Dieser Spielraum muß aber auch aktiv genutzt und von der Politik gestaltet werden.

Identitätswachstum ist ein wesentlicher Bestandteil der Entwicklung moderner Gesellschaften. Die Erweiterung des Geflechts interdependenter Handlungen im Prozeß der Globalisierung erzwingt ein solches Identitätswachstum. Wir können hier an die Zivilisationstheorie von Norbert Elias (1939/1976) in einem erweiterten Sinn anknüpfen. Elias hat aus wachsenden Interdependenzen auf einen erhöhten Zwang zur Affektkontrolle, ein Wachstum von Selbstzwang und Selbstdisziplin geschlossen, weil im erweiterten Handlungsgeflecht nur derjenige Überlebens- und Erfolgschancen hat, der seine Affekte unter Kontrolle bringt und sein Handeln rational organisieren und planen kann. Dieser Annahme liegt m. E. ein zu eingeschränktes Persönlichkeitsbild zugrunde. Im Anschluß an die Persönlichkeitstheorien von Durkheim (1976), Simmel (1908/1992: 791-816), Mead (1978), Parsons (1964), Piaget (1973) und Kohlberg (1969; 1987) dürfen wir in der Entwicklung der modernen Identität von individuellen Personen nicht nur eine wachsende Fähigkeit zur Selbstdisziplin erkennen, sondern müssen vielmehr die Generalisierung von Identität und das Wachsen der Fähigkeit zur Koordination einer zunehmenden Zahl unterschiedlichster Beziehungen und Erwartungen, das Wachsen des moralischen Urteilsvermögens in den Vordergrund stellen.

Im Lichte der Sozialisationstheorien der erwähnten Autoren können wir in der Erweiterung des Interdependenzgeflechtes auch nur den Anstoß für Identitätswachstum erkennen. Dieses bedarf zusätzlich eines Lernprozesses, währenddessen dem Individuum stets neue Chancen der Kooperation und der Identifikation auf der nächst höheren Ebene des sozialen Zusammenlebens geboten werden. Die Europäisierung unserer Identität stellt sich nicht zwangsläufig mit dem Ausbau des Binnenmarktes ein. Sie braucht Identifikationsfiguren von Europäern, die sich in herausragender Weise um Europa bemühen und die verschiedenen nationalen Bevölkerungen für die Idee begeistern können. Diese Rolle haben einzelne Regierungschefs einzelner Länder verschiedentlich und für gewisse Zeiten für ihre jeweiligen Bevölkerungen gespielt. Es fehlt jedoch die Institutionalisierung einer solchen Rolle auf europäischer, nationenübergreifender Ebene. Solange der Kommissionspräsident noch von den Regierungschefs bestimmt wird und eher als Verwaltungschef handelt, ist eine Identifikation der Bürger mit einem Repräsentanten der Gemeinschaft nicht möglich. In diese Richtung würde die Wahl des Präsidenten durch das Europäische Parlament oder sogar durch die Bevölkerungen wirken (Reif 1992).

Die Identifikation mit Europa ist ein Lernprozeß, der sich in vielen kleinen Schritten vollzieht und auf den weiteren Ausbau von Schüler- und Studentenaustausch sowie auf Kooperation in allen Gebieten des Lebens angewiesen ist. Nur auf diese Weise kann anstelle einer erzwungenen Europäisierung eine auf Identifikation beruhende europäische Identität der Bürger entstehen.

Auf jeden Fall wächst den Gewinnern der Modernisierung eine völlig neue sozialpolitische Verantwortung gegenüber den Verlierern zu, die noch gar nicht richtig erkannt worden ist. Eine Steuerreform mit dem Ziel der Umverteilung nach oben – z. B. durch Abbau der Progression – verschärft die schon entstehende Kluft noch, statt sie zu überbrücken, was zur Erhaltung der sozialen Integration eigentlich gefordert wäre. Wir bewegen uns auf eine völlig neue soziale Klassenspaltung zu, die uns von der vertraut gewordenen Mittelstandsgesellschaft wegführt. Der kleinen Führungsschicht der kosmopolitischen Intelligenz tritt die zurückbleibende Masse von Dienstleistern und Produktionsarbeitern gegenüber, deren Arbeit von immer mehr Menschen in und aus Ländern auf dem Pfad der nachholenden Modernisierung übernommen werden kann und dadurch in der Entlohnung nach unten gedrückt wird. In den USA läßt sich diese Verschiebung schon deutlich erkennen. Die Einkommen des obersten Fünftels

der Erwerbstätigen sind seit Mitte der siebziger Jahre enorm gestiegen, die Einkommen der restlichen vier Fünftel sind jedoch
überhaupt nicht mehr gewachsen oder sogar gefallen. Während in
den fünfziger und sechziger Jahren die Mehrheit über ein mittle-
res Einkommen verfügte, liegt das Einkommen der Mehrheit
heute schon unter dem Durchschnitt. Es sind im Vergleich zu
Europa zwar zehn- bis zwanzigmal mehr Jobs in diesem Zeitraum
neu geschaffen worden, immer mehr davon reichen aber zur Exi-
stenzsicherung nicht mehr aus. Die Zahl der unter der Armutsgrenze lebenden Menschen hat sich nach einem Rückgang bis
Mitte der siebziger Jahre wieder erhöht. Zur Vertiefung der Kluft
zwischen Reich und Arm haben in den USA die von Ronald Rea-
gen eingeleiteten Steuerreformen beigetragen. 1986 wurde der
Spitzensteuersatz von 50 auf 33 Prozent herabgesetzt. Von 1980
bis 1990 ist der Anteil des untersten Fünftels an den Bundessteu-
ern von 8,4 auf 9,7 Prozent gestiegen, der Anteil des obersten
Fünftels von 27,3 auf 25,8 Prozent gefallen (Reich 1996: 224).

9.6 Identitätswachstum als gesellschaftlicher
Produktionsprozeß:
Innovatoren, Banken, Unternehmer und Spekulanten

Identitätswachstum ist ein Produktionsprozeß, der ähnlich ab-
läuft und auf ähnliche Bedingungen angewiesen ist wie das wirtschaftliche Wachstum. Es benötigt Investitionen in europäische
Projekte, Unternehmergeist, unablässig sprudelnde Innovationen,
Risikobereitschaft und selbst Spekulanten, die auf eine Entwicklung setzen, deren Erfolgschancen noch nicht genau abzusehen
sind. Das europäische Projekt kann nur in dem Maße vorangebracht werden, in dem Regierungschefs und andere führende Politiker einen umfangreichen Kredit ihrer jeweiligen Wählerschaft
einwerben, um ihn für den Ausbau der europäischen Institutionen
und die Entfaltung gemeinsamer Aktivitäten bis hinunter zum
einfachen Bürger einzusetzen (Parsons 1969d: 352-438; Münch
1995: 159-177). Das europäische Projekt umfaßt dann über die
jeweiligen Beschlüsse zum weiteren Ausbau hinaus eine Vielzahl
von Aktivitäten, durch die es gelingt, die Bürger einzubinden und
nicht nur zuschauen zu lassen. Es müssen immer wieder neue

Projekte zur Aktivierung der Bürger gestartet werden. In Universitäten, Schulen, Betrieben, Behörden und Gemeinden müssen viele einzelne politische Unternehmer für europäische Institutionen werben und möglichst viele Bürger zur Kooperation bewegen (Giesen 1983).

In einer Zeit des ohnehin schnellen Wandels braucht auch das europäische Projekt ständig Innovationen in vielen einzelnen Kleinprojekten. Wie im wirtschaftlichen Produktionsprozeß können wir nicht erwarten, daß jedes einzelne Projekt zum Erfolg führen wird, vielmehr müßte ein Wettbewerb der Projekte dafür sorgen, daß insgesamt die Kooperation auf europäischer Ebene zunimmt. Die gewachsene Weltoffenheit und die Herausbildung einer Avantgarde von Bürgern, die bereit sind, sich in grenzüberschreitenden Projekten zu engagieren, ohne sogleich den Nutzen in Heller und Pfennig vorausberechnen zu können, bietet heute bessere Chancen als je zuvor, das gesellschaftliche Zusammenleben neu zu organisieren. Die weltoffenen jungen Bürger spielen hier die Rolle der Spekulanten, die ihr Kapital der Unterstützung nicht in die traditionellen Unternehmen zur Sicherung der nationalen Solidarität – also in die etablierten Kirchen, Parteien und Verbände – investieren, sondern in neue Unternehmen, die noch mit ungewissen Erfolgsaussichten europäisch und global angelegt sind. Sie sind unabhängig genug, um auf riskantere, aber auch eventuell gewinnbringendere Unternehmen setzen zu können.

Die Unterstützungsbereitschaft der Weltoffenen kann als Risikokapital interpretiert werden, das den innovations- und risikofreudigen politischen Unternehmern für die Verwirklichung des europäischen Projekts zur Verfügung steht. Allerdings konkurriert das Projekt Europa auf diesem Markt mit einer Vielzahl von Projekten, die eher global und universalistisch ausgerichtet sind und die Grenzen des europäischen Projekts überschreiten. Die Probleme der Dritten Welt, die Sicherung des globalen ökologischen Gleichgewichts und die Durchsetzung der Menschenrechte benötigen noch mehr Unterstützung durch weltoffene Bürger als das europäische Projekt, weil die Bewältigung dieser Probleme noch weit weniger abzuschätzen ist.

Identitätswachstum ist auf einen Wertschöpfungsprozeß angewiesen, der dadurch in Gang gesetzt wird, daß Kirchen, Parteien, Verbände, Wohlfahrtsorganisationen, Vereine, Initiativgruppen – d. h. sogenannte Non-Profit-Organisationen und Nicht-Regie-

rungs-Organisationen – die Identifikationsbereitschaft einer Vielzahl von Bürgern bündeln, indem sie von diesen unterstützt werden. Das kann durch Mitgliedsbeiträge, Spenden, Fürsprache oder aktive Teilnahme an ihrer Arbeit geschehen. Die Unterstützung der Organisationen kann als eine Bankeinlage gedeutet werden. Die Organisationen spielen die Rolle von Banken, die ihre Einlagen treuhänderisch im Interesse der Einleger verwalten und als Kredite an gewinnversprechende Unternehmen weitergeben. Solche Unternehmen sind z. B. Projekte in der europäischen Zusammenarbeit in Schulen, Universitäten, Forschungsstätten und Betrieben oder Projekte im Umweltschutz, in der Entwicklungshilfe oder in der Menschenrechtsdurchsetzung. Die Organisationen übertragen die Unterstützung und Identifikationsbereitschaft der einzelnen Menschen auf diese konkreten Projekte. Durch ihre Erfolge in der europäischen Einigung, in der Entwicklungshilfe, im Umweltschutz oder in der Menschenrechtsdurchsetzung gewinnen letztere die Unterstützungs- und Identifikationsbereitschaft von noch mehr Menschen, die gewissermaßen als Zins den Trägerschaften zugute kommen und von diesen wieder an ihre Einleger weitergegeben werden. Der Zinsgewinn der Einleger besteht darin, daß sich die Effektivität ihrer Unterstützungs- und Identifikationsbereitschaft mit der Zahl der hinzugewonnenen Sympathisanten und Mitstreiter erhöht. Ihre Unterstützung und Identifikationsbereitschaft hat jetzt einen höheren Wert als zuvor, ihre Reichweite und ihre Effektivität sind gestiegen. Es findet letztlich in dem Sinne ein Identitätswachstum statt, daß sich mehr Menschen als zuvor auf dem Wege zu einer europäischen oder gar globalen Identität befinden und sich deshalb das Denken und Handeln von mehr Menschen als zuvor aus einer gemeinsamen Identität heraus aufeinander abstimmen und koordinieren läßt.
Identitäten erweitern sich und überschreiten bisher bestehende Grenzen, ohne ihre Herkunft völlig zu verdrängen. Im Idealfall werden die Herkunftsidentitäten in der neuen, erweiterten Identität in Hegels (1807/1964) dialektischem Sinn aufgehoben. Die einzelnen Bürger erzielen einen Identitätsgewinn, weil sie mit ihrer Bankeinlage auf eine neue Stufe der Koordination ihres Handelns gebracht werden und weil ihnen diese Koordination durch die Kooperation neuer Einleger in noch weiter verzweigten Handlungsfeldern noch besser gelingt. Ihre Identität erweitert ihre Reichweite durch ihre eigene Entwicklung und die gleichzei-

tige Identitätsentwicklung der anderen. Die treuhänderische Tätigkeit der Identitätsbanken – d. h. der Kirchen, Verbände und
Vereine – spielt in diesem Wertschöpfungsprozeß zusammen mit
den innovations- und risikofreudigen Aktivisten als politischen
Unternehmern eine Schlüsselrolle.

9.7 Von der primordialen zur medialen Identität: Konjunkturen, Inflationen und Deflationen

Im Rahmen der beschriebenen Dynamisierung der Identitätsentwicklung löst sich die Identität des Menschen mehr und mehr von
den Fesseln primordialer, herkunftsbestimmter Gemeinschaften.
Sie wird generalisiert und nimmt eine ausschließlich symbolische
Qualität an. Familiale Identität ergibt sich durch Geburt und dadurch ein für allemal festgelegte Verwandtschaftsbande. Sie läßt
sich nicht abstreifen, jedoch relativieren im Verhältnis zu neu hinzugewonnenen Identitäten. Die lokale Identität mehrmals im
Laufe des Lebens zu ändern, bis hin zu einer völlig dislozierten,
ortsungebundenen Identität, ist heute schon gängig geworden.
Ebenso verlieren nationale Identitäten im Modernisierungsprozeß
ihre Ausschließlichkeit. Je weiter dieser Prozeß voranschreitet,
um so mehr wird Identität wählbar und in ihrem Gehalt verschie-
den definierbar. Identitätsbegriffe werden dann so weit verallgemeinert, daß sie nur noch Hülsen sind, die mit sehr verschiedenem
Inhalt gefüllt werden können. Identität wird zu einer Abstraktion, die dem einzelnen Individuum ihre konkrete Ausgestaltung
überläßt und zumutet. Das gilt sowohl für die soziale als auch für
die persönliche Identität, wenn wir hier diese Unterscheidung
Goffmans (1975) ins Spiel bringen wollen. In meiner sozialen
Identität als Deutscher habe ich heute einen weit größeren Gestaltungsraum als meine Vorfahren. Dasselbe gilt in meiner persönlichen Identität als Person mit einer unverwechselbaren Fremd-
und Selbstauffassung von mir selbst und der Welt. Auch meine
Ich-Identität – der dritte Goffmansche Begriff – als Reflexion
über meine persönliche Identität bietet mir einen wachsenden Gestaltungsraum.
Die Identität löst sich von Personen und Kollektiven und wird zu
einem symbolischen und generalisierten Medium der inneren
Selbstvergewisserung und äußeren Kommunikation. Identität

wird einerseits in Kommunikations- und Selbstvergewisserungs-
prozessen definiert und andererseits als definierte Identität in diesen Prozessen als Medium benutzt. Wenn ich mich mir und anderen gegenüber als eine Person mit einer bestimmten Identität zu
erkennen gebe – z. B. als überzeugter Europäer – dann eröffne
und begrenze ich damit Chancen der Verständigung über das, was
ich bin und was andere sind, oder darüber, was wir sein wollen.
Ebenso zeige ich anderen gegenüber an, mit welchem Denken und
Handeln sie bei mir rechnen können. Ich biete eine Chance der
Denk- und der Handlungskoordination.
Je mehr Identität disloziert, von der Herkunft gelöst und zu einer
Abstraktion wird, um so mehr hat sie einen rein medialen Charakter. Meine familiale Identität ist unaufhebbar in mein Blut eingelassen. Meine Identität als Europäer ist nichts als ein Versprechen, bei gegebenem Anlaß konkrete Probleme so zu lösen, daß
sie die europäische Idee fördern und zum Tragen bringen und ich
demgemäß meine deutsche Identität in den größeren europäischen Rahmen zu stellen vermag. Wer weiß, ob ich dazu überhaupt das nötige Wissen und die nötigen Mittel habe? Je weiter
meine Identität von ihrer konkreten Umsetzung in Handeln entfernt ist, je mehr Stufen des Denkens dazwischengeschaltet sind
und je mehr andere Menschen auf das Gelingen meines Handelns
einwirken können, um so größer ist die Gefahr, daß sie nicht mehr
ist als ein wertloses Symbol ohne Realitätsgehalt. Und je mehr die
Identität als Medium der Kommunikation nur zur Fortführung
von Kommunikation genutzt wird, ohne den Beweis der Umsetzung in Handeln antreten zu müssen, um so leichter ist es möglich, daß die Identitätskommunikation mit wertlosen Identitäts-
prätentionen geführt wird.
Wir bewegen uns jetzt auf eine Welt zu, in der die mehrfach ge-
stufte Kommunikation über Kommunikation einen immer breiteren Raum einnimmt und damit der Weg vom Medium zur Realität
des Handelns immer länger wird (Giesen 1991). Das gilt auch für
die Identitätskommunikation. Der Anteil des Kommunizierens
von Identität wächst unaufhörlich, während der Anteil des Lebens und Auslebens von Identität selbst bei absolutem Wachstum
im Verhältnis zum Kommunizieren nicht immer Schritt hält. Je
weiter beide Seiten auseinanderklaffen, um so weniger Wert besitzt die kommunizierte Identität. In einer sich unablässig bewe-
genden Kommunikationsgesellschaft handelt es sich dabei jedoch

um keinen gleichbleibenden Zustand, sondern um einen dynamischen Prozeß. Wir können deshalb von einer Identitätsinflation sprechen, wenn Identitätsbegriffe in einem wachsenden Maße in Umlauf gebracht werden, ihre Einlösung in reales Handeln jedoch hinterherhinkt; genau gesprochen: wenn zu einem Zeitpunkt t_1 aus dem Verweis auf eine europäische Identität weniger konkretes europäisches Handeln folgt als zu einem Zeitpunkt t_0 oder nochmals anders ausgedrückt: wenn zum Zeitpunkt t_1 im Verhältnis zum Zeitpunkt t_0 die Zahl der öffentlichen Bekenntnisse zu Europa (etwa in Artikeln der Tagespresse gezählt) mehr gewachsen ist als die Zahl der Umsetzungen von EU-Recht in den einzelnen Mitgliedsstaaten. Eine solche inflationäre Entwicklung können wir tatsächlich beobachten. Sie zeigt sich darin, daß die EU-Gesetzgebung zwar enorm expandiert ist, aber ihre Implementation in den Einzelstaaten mit dem vorgelegten Tempo nicht Schritt hält. An den Verstoßverfahren gegen einzelne Mitgliedsländer ist diese Entwicklung abzulesen. Von 1975 bis 1991 ist der Bestand an Richtlinien, Verordnungen und Entscheiden von 1172 auf 8198 gewachsen, die Zahl der jährlich eingeleiteten Verstoßverfahren von 60 auf 960. Das prozentuale Verhältnis der Verstoßverfahren zum vorhandenen Umfang an Richtlinien, Verordnungen und Entscheiden hat sich von 6,29 auf 13,17 erhöht (Münch 1993b: 334).

Ein inflationärer Prozeß der Identitätskommunikation schürt Mißtrauen, das den Rückzug aus der Kommunikation nach sich ziehen kann. Der Identitätsbegriff ist dann so weit entleert, daß er immer weniger besagt und deshalb kaum noch zur Verständigung oder Handlungskoordination gebraucht werden kann. Die Kommunikation bricht zusammen und führt in eine Rezession mit einer deflationären Spirale. Der Identitätsbegriff wird jetzt immer weniger eingesetzt, so daß er dort, wo er noch gebraucht wird, eine hohe Verständigungs- und Koordinationsleistung erbringt. Wegen des geringen Einsatzes ist die gesamte Handlungskoordination jedoch schon auf ein sehr niedriges Niveau gesunken.

Wir können uns den Konjunkturverlauf europäischer Identitätszurechnungen am Datenmaterial der Eurobarometer-Befragungen vergegenwärtigen. So zeigt die Befragung von Frühjahr 1981 bis Frühjahr 1991 in der Antwort auf die Frage, ob die EU-Mitgliedschaft des eigenen Landes eine gute Sache sei, im Durchschnitt der 12 schon älteren EU-Mitgliedsländer einen Anstieg von 50 auf 72 Prozent. Er verläuft stetig nach oben, hat im Frühjahr 1988 einen kurzen Einbruch und steigt von Frühjahr 1990 auf Frühjahr 1991 noch einmal steil von 66 auf 72 Prozent an. Das Urteil, daß die Mitgliedschaft für das eigene Land Vorteile erbracht hat, fällt weniger positiv aus, ist mehr Schwankungen unterworfen, bewegt sich im Zickzack auf und ab, nähert sich aber im Frühjahr 1990 mit 59 Prozent an die 65 Prozent der positiven Voten für die Mitgliedschaft an, um dann bis Frühjahr 1991 konstant auf diesem Niveau zu bleiben. Dagegen schnellt von Frühjahr 1990 auf Frühjahr 1991 das Votum, die EU-Mitgliedschaft sei eine gute Sache, von 65 auf 72 Prozent nach oben. Die Schere öffnet sich und zeigt insofern eine inflationäre Identifikation mit der EU an, als das Ansteigen der Identifikation nicht von einem Erkennen eines Vorteilszuwachses begleitet wird. Diese Entwicklung erreicht im Frühjahr 1991 ihren Höhepunkt. Zum Herbst 1991 stürzt der Trend ab und kehrt sich um in eine deflationäre Abwärtsbewegung. Bis zum Frühjahr 1994 fällt die Äußerung, daß die EU-Mitgliedschaft eine gute Sache sei, auf 54 Prozent zurück. Gleichzeitig nimmt jetzt die Wahrnehmung von Vorteilen ab. Sie sinkt vom Frühjahr 1991 bis zum Herbst 1993 von 59 auf 45 Prozent. Die Deflationsbewegung scheint inzwischen aber gestoppt zu sein. Während die positive Einstellung zur EU-Mitgliedschaft bis zum Frühjahr 1995 wieder auf 57 Prozent angestiegen ist, verzeichnet die Wahrnehmung von Vorteilen einen Zuwachs um 2 Punkte auf 47 Prozent (Europäische Kommission 1995b: B49; 1995c: 87-88).

Die anhand dieser Daten zu beobachtende Entwicklung widerspiegelt die mit der Einheitlichen Europäischen Akte von 1986 und der Einrichtung des Binnenmarktes zum 31.12.1992 politisch induzierte Beschleunigung des Integrationsprozesses. Die damit verbundene Erhöhung der öffentlichen Aufmerksamkeit für die Europäische Union kommt besonders eklatant in dem von Herbst 1988 bis Frühjahr 1991 von 44 auf 62 Prozent hochspringenden Wunsch der EU-Bürger zum Ausdruck, das Europäische Parlament solle eine wichtige Rolle spielen. Man kann annehmen, daß sich hier ein Wachstum der Kommunikation über die Europäische Union anzeigt, das wiederum die Hinwendung zur Europäischen Union gefördert hat. Aber auch hier setzte im Herbst 1991 eine Trendwende ein, die zu einem Absturz des Wertes auf 48 Prozent im Herbst 1994 geführt hat (Europäische Kommission 1995a: 37).

Im Frühjahr 1995 ist wieder ein Anstieg auf 51 Prozent zu verzeichnen (Europäische Kommission 1995b: B49).

Wie können wir diesen Konjunkturverlauf der Hinwendung zur Europäischen Union interpretieren? Ich deute die Aussage, daß die EU-Mitgliedschaft des eigenen Landes eine gute Sache ist, als eine geäußerte Hinwendung zur Europäischen Union, als Äußerung einer europäischen Identität. Je mehr Zustimmung diese Aussage erhält, um so mehr europäische Identitätszurechnungen befinden sich im Umlauf. Die Aussage, daß das eigene Land Vorteile aus der EU-Mitgliedschaft gezogen hat, drückt den subjektiv empfundenen Gegenwert zur europäischen Identitätszurechnung aus. Wenn die europäische Identitätszurechnung der Entwicklung von wahrgenommenen Vorteilen davoneilt, tritt eine Inflation ein. Die Identitätszurechnung verliert an Wert im Sinne von wahrgenommenen Vorteilen. Je weiter beide auseinanderklaffen, um so eher wird der Punkt erreicht, an dem die Bereitschaft zur europäischen Identitätszurechnung abnimmt und eine deflationäre Abwärtsbewegung einleitet. Mit der Abnahme der Identitätszurechnung sinkt jetzt die Wahrnehmung von Vorteilen noch weiter ab. Das europäische Projekt kocht wieder auf kleinerer Flamme, bis das Erkennen neuer Vorteile auch wieder die Identifikationsbereitschaft ansteigen läßt und eine neue Aufwärtsbewegung in Gang setzt.

Der Punkt der Umkehr scheint jetzt erreicht worden zu sein. Dafür spricht auch das von Herbst 1993 auf Herbst 1994 um 7 Punkte auf 63 Prozent gewachsene Selbstverständnis als Europäer, das für 56 Prozent jedoch die nationale Identität nicht völlig verdrängt, wenn sich auch bis Frühjahr 1995 wieder eine Abschwächung um 2 Prozentpunkte ergeben hat. Ihm könnte man als einen Gegenwert die Anerkennung des aktiven Kommunalwahlrechts für EU-Ausländer gegenüberstellen. Während 1992 im EU-Durchschnitt noch 55 Prozent dieses Wahlrecht ablehnten und 38 Prozent befürworteten, bei 7 Prozent Unentschiedenen, hat sich im Herbst 1994 das Verhältnis auf 41 zu 46 Prozent umgekehrt (Europäische Kommission 1992a: A 33-35; 1993b: A 73; 1995a: B43; 1995b: B14). Hier zeigt sich, daß die wachsende Identitätszurechnung zu Europa auch eine zunehmende Handlungsbereitschaft zur Anerkennung von gleichen Rechten für alle mit sich zieht. Das Wachstum der im Umlauf befindlichen europäischen Identitätszurechnungen wird von einem Wachstum der gegenseitigen Verständigung über gleiches Recht begleitet. Allerdings bleibt die gegenseitige Anerkennung immer noch auffällig hinter der prätendierten europäischen Identität zurück. Je mehr die Worte auf die Probe gestellt werden, um so eher können sie sich doch als leere Hülsen erweisen, d. h. ein inflationäres Aufblähen zu erkennen geben und wieder für eine gewisse Zeit eine deflationäre Abwärtsbewegung einleiten, in der sowohl die Identifikationsbereitschaft mit Europa als auch die gegenseitige Verständigung und Anerkennung gleicher Rechte ein erhebliches Stück abnehmen.

9.8 Von der medialen zur virtuellen Identität

Mit der uns unmittelbar gewärtigen Kommunikationsexplosion unterliegt auch die Identitätskommunikation immer ausgeprägter dynamischen Prozessen mit konjunkturellen Auf- und Abschwüngen, Inflationen, Deflationen und Rezessionen. Wo alles in Kommunikation hineingezogen wird, besteht immer wieder die Gefahr, daß vieles darin verschwindet und nicht mehr im realen Handeln auftaucht. Kommunikation kreist in sich selbst und knüpft Identitätsbekenntnis an Identitätsbekenntnis ohne je die Prüfung ihres Wertes zu implizieren. Die Identitätsbegriffe bieten dann nur noch die Anschlußfähigkeit an vorherige und nachfolgende Kommunikationen. Sie werden von Talkshow zu Talkshow gereicht, bis sie so weit verbraucht sind, daß sie niemanden mehr interessieren. Was mit ihnen in der Zwischenzeit geschehen ist, welches reale Handeln sie veranlaßt haben, gerät aus dem Blickfeld, weil man sich der nächsten Talkshow zuwenden muß. So wird uns ein Auf und Ab der Konjunktur von Identitätsbekenntnissen geboten, deren Realitätsgehalt im Nirgendwo verschwindet. Da nur noch über Identität gesprochen wird, sie aber kaum gelebt wird, bewegen wir uns auf einem Abstraktionsniveau, das dem Handel mit Finanzderivaten ähnlich ist. Bei Finanzderivaten wird nicht direkt auf eine bestimmte Wirtschaftsentwicklung spekuliert, sondern eine Abstraktionsstufe höher auf Kursentwicklungen an der Börse für sich selbst. Bei Identitätsderivaten handelt es sich um den Gebrauch von Identitätsbegriffen, nicht um damit eine Verständigung über sich selbst und andere zu erzielen und gemeinsames Handeln daraus abzuleiten, sondern um eine Spekulation auf eine Kurssteigerung des Begriffs im Verlaufe der Kommunikation, wodurch die Chancen, im weiteren Gespräch zu bleiben, steigen. Der Zwang, sich im Gespräch zu halten, verselbständigt sich und führt zu einer Kommunikation, die nur noch um sich selbst kreist, um jeden Preis in Gang und auf Wachstumskurs gehalten werden muß. Es wird immer unwichtiger, worüber gesprochen wird und immer wichtiger, daß gesprochen wird, wie es für das Wirtschaftswachstum wichtiger ist, daß produziert und konsumiert wird, als was produziert und konsumiert wird. Es wird gesprochen um des Sprechens und des daraus zu erzielenden Gesprächsprofits willen, so wie produziert wird um der Produktion und des Geldprofits willen. Unter Gesprächsprofit können wir das mehr an Kommunikation verstehen, das ein Kommunikator durch eigene Kommunikation auf sich zieht.

Es findet in dem beschriebenen Rahmen eine immense Dynamisierung der Identitätskommunikation statt. Um die Kommunikation auf Wachstumskurs zu halten, bedarf es der unablässigen Innovation von Identitätsprodukten, um das Interesse an der Kommunikation wachzuhalten. Mit der zunehmenden Verschärfung der Konkurrenz auf dem globalen Kommunikationsmarkt ergibt sich ein unbarmherziger Wettlauf um die schnellstmögliche Einführung neuer Produktlinien, sobald der Absatz einer bestehenden Produktlinie stagniert oder zurückgeht. Weil die Konkurrenz das Geschäft mit neuen Produktlinien ankurbelt, muß nachgezogen werden. Noch besser ist es, selbst beim Start die Spitze einzunehmen. So ergibt sich ein unablässig steigender Bedarf an Identitätsinnovationen, die immer schneller in Massenprodukte umgesetzt werden müssen. Die Konjunktur einer Identität muß mit immer kürzeren Produktzyklen in Gang gehalten werden. In der Konkurrenz mit anderen Identifikationsobjekten muß Europa durch eine immer kürzere Abfolge von neu aufgelegten Programmen zur Vertiefung oder Erweiterung der Union im Gespräch bleiben, weil anderenfalls die Identifikationsbereitschaft und Unterstützung der Bürger nachläßt und von anderen Identifikationsangeboten absorbiert wird. Dadurch wächst aber auch die Gefahr, daß das Bekenntnis zu einer europäischen Identität die Bodenhaftung verliert und zu weit überzogen wird, so daß es in einen inflationären Prozeß und eventuell in eine Inflations-Deflations-Spirale hineingerät.

Je weiter das Bekenntnis zu einer europäischen Identität überzogen wird, um so mehr bewegen wir uns nicht nur von einer primordialen zu einer medialen Identität, sondern weiter zu einer virtuellen Identität hin, bei der die Differenz zwischen Symbol und Gegenstand, Schein und Realität völlig aufgehoben ist und wir uns nur noch in einer in sich geschlossenen Welt der um sich selbst kreisenden und nur noch zirkelhaft auf sich selbst verweisenden Simulakren bewegen.

Identität muß um des Identitätswachstums willen aus lebensweltlichen Kontexten herausgelöst und einem Abstraktionsprozeß unterworfen werden. Sie besteht dann immer weniger aus vergangener Erfahrung und ihrer Umsetzung in konkretes Handeln und immer mehr aus dislozierten, abstrakten Fremd- und Selbstzuschreibungen, aus massenmedial produzierten und von der Umfrageforschung abgerufenen Identitätsderivaten ohne unmittelbare Einlösungsgewähr. Man weiß immer weniger, was hinter einem Identitätsbekenntnis steckt. Der europäischen Identität kann es unter diesen Bedingungen passieren, daß sie sich einer lebhaften Konjunktur erfreut, die aber wenig europäische Kooperation im tatsächlichen Handeln hervorbringt. Von Talkshowrunde zu Talkshowrunde wird dann eine europäische Identität als bloßes Simulakrum produziert, dessen einziger Effekt darin besteht, daß die nächste Talkshowrunde den Begriff wieder in den Mund nimmt oder eben mangels Neuigkeitswert fallen läßt. Schlüsse auf das Handeln von Regierungen, Bürokratien, Verbänden und Bürgern können daraus kaum gezogen werden (Baudrillard 1981, 1988).

Das Abgleiten in leerlaufende Kommunikationskreisläufe und in Inflations-Deflations-Spiralen ist die Negativseite einer Entwicklung, die sich selbst vorantreibt und natürlich auch ihre positive Seite hat: das Identitätswachstum als eine Steigerung der Fähigkeit zur Koordination einer immer größeren Vielfalt von Fremd- und Selbstzuschreibungen, Loyalitäten und Handlungen.

Das europäische Projekt kann nur vorangebracht werden, wenn immer wieder unsere Identifikationsbereitschaft mit Europa gefordert wird. Daß wir uns dabei nicht endlos in Inflations-Deflations-Spiralen bewegen und auf der Stelle treten, kann nur vermieden werden, wenn das Wachstum an europäischer Identitätszurechnung in der medialen Kommunikation auch von einem Wachstum an grenzüberschreitenden europäischen Projekten im praktischen Handeln in allen Bereichen der Gesellschaft begleitet wird. In diesen Projekten wird die europäische Handlungsbereitschaft als Pendant zum europäischen Sprechen gefördert. Nur so kann ein reales Identitätswachstum im Unterschied zur bloßen Vermehrung von kommunikativ geäußerten europäischen Identitätszurechnungen ohne realen Gegenwert in der Praxis stattfinden.

Schlußbemerkungen

In der neuen Weltlage bestehen gute Chancen dafür, daß die Franzosen, Deutschen, Spanier, Italiener und weiteren Nationen Europas in der Herausbildung einer gemeinsamen europäischen Identität über die Grenzen ihrer nationalen Identität hinaus weiter voranschreiten. Die Anlässe für Unterscheidungen nehmen sowohl nach außen als auch nach unten und oben zu. Der Europäischen Union wächst eine Führungsrolle für Gesamteuropa zu, wodurch sie in eine hegemoniale Position gebracht wird.

Die Kultur ihres Kerns wird zum Leitbild der europäischen kulturellen Identität. Gleichzeitig werden die peripheren europäischen Kulturen als Wurzeln der Armut, der traditionellen Beharrung, des Autoritarismus und des Partikularismus abgewertet. Die Kultur des Zentrums wird zum gesamteuropäisch verbindlichen Sinnbild für Reichtum, Offenheit, Demokratie und Universalismus. Das Wachstum der europäischen Identität impliziert jedoch nicht das gleichzeitige Schrumpfen nationaler Identitätsvergewisserung, vielmehr bestärken sich beide Seiten in der wachsenden Konfliktaustragung nach unten zwischen der Europäischen Union und einzelnen Mitgliedsstaaten. Nach oben artikuliert sich die europäische Identität infolge des Globalisierungsprozesses und trägt selbst zu dessen Durchsetzung weiter bei. Die Arbeitsteilung, der Warenverkehr, das Angebot an Dienstleistungen und der Personenverkehr schaffen immer dichtere grenzüberschreitende Verflechtungen in Europa. Die Kultur des Zentrums wird zum Leitbild der kulturellen Identität in Gesamteuropa und strahlt vom Zentrum bis in die hintersten Winkel der Peripherie hinein. Der Individualisierungsprozeß entläßt die Bürger in vermehrtem Maße aus partikularen nationalen Solidaritäten und öffnet sie für die Übernahme einer europäischen Sichtweise und Identität, die allerdings von der Modernisierungsavantgarde aus globaler Perspektive wieder relativiert wird. Der Individualisierungsprozeß ist unmittelbar verknüpft mit einem Wandel der sozialen Vereinigung, weg von nationalen und hin zu europäischen und globalen Netzwerken. Was aus der Sicht der etablierten Organisationen als Desintegration und Atomisierung der Menschen erscheint, erweist sich bei genauer Betrachtung als ein Strukturwandel der sozialen Integration, d. h. als Aufbau von sozialer Integration auf einer neuen, höheren Ebene. Der Prozeß der Herausbildung einer europäischen Identität wird durch die zunehmende Verlagerung politischer Entscheidungsmacht nach Brüssel und durch die EU-Politik der rechtlichen Harmonisierung vorangetrieben. Die Augen der Bürger richten sich mehr und mehr nach Brüssel, wodurch ein schleichender Identitätswandel stattfindet, wie sehr sie sich dagegen auch sträuben mögen. Ebenso werden immer dichtere grenzüberschreitende Kommunikationsnetzwerke geknüpft. Es entsteht eine einheitliche Konsumkultur, die auch nicht vor der »hohen« Kultur von Musik, Theater und Literatur haltmacht. Diese Konsumkultur überschreitet jedoch längst die Grenzen Europas. Als globale Kultur versorgt sie den ganzen Erdball mit denselben »Labels«. Lokale Kulturen werden durch die Globalisierung des Kulturkonsums jedoch nicht dem Erdboden gleichgemacht. Sie verlieren allerdings ihre traditionale Selbstgenügsamkeit und überleben allein noch als Rohstoff für die innovationsgierige globale Massenkultur.

Die Europäisierung unseres Lebens bringt einen grundlegenden Strukturwandel im Verhältnis der europäischen Gesellschaften zueinander mit sich. Das Nebeneinander von Lebenswelten, die ihre Reproduktion aus ihrer Tradition schöpfen und aus sich selbst heraus existieren, wird durch die Differenzierung und Verflechtung von Zentrum und Peripherie verdrängt. Im Zentrum ist nun der Sitz der Maßstäbe für ökonomische Effizienz, politische Effektivität, soziale Sicherheit und kulturelle Legitimität und bestimmt das verbindliche Modell einer europäischen kulturellen Identität.

Freilich schreitet der Europäisierungsprozeß nicht reibungslos und widerspruchsfrei voran. Er wird einerseits von modernisierenden Trägerschichten, vom Topmanagement, den Experten, den Politikern und den Intellektuellen, in Bewegung gehalten. Andererseits produziert er Gegenbewegungen des Nationalismus und Regionalismus von unten, aber auch Gegenbewegungen des Globalismus von oben.

Die im Europäisierungsprozeß sich vollziehende Identitätsverlagerung von der nationalen auf die europäische Ebene folgt einer Dialektik von Identitätsgewinn und Identitätsverlust, die sich allerdings nicht notwendigerweise als Nullsummenspiel entfaltet. Vielmehr kann sich ein Identitätswachstum einstellen, das die Koordination einer größeren Zahl von Identitäten auf höherem Abstraktionsniveau ermöglicht.

Das Identitätswachstum kann als ein gesellschaftlicher Produktionsprozeß begriffen werden, der auf Wertschöpfung, Innovation, politisches Unternehmertum, Spekulation und Risikokapital angewiesen ist.

Die beschriebene Dynamik der Identitätsentwicklung befreit die Konstruktion von Identität von allen primordialen Sicherheiten und Beschränkungen und macht sie zu einem Medium der Kommunikation. Als ein solches Medium eröffnet Identität neue Chancen der inneren Selbstvergewisserung und äußeren Verständigung, reagiert aber sensibler auf die gesellschaftlichen Kommunikationsprozesse, die stürmische Konjunkturaufschwünge und ebenso -abschwünge sowie Abwertungen und Aufwertungen von Identitätsbegriffen implizieren. Mediale Identität kann in den Strudel von Inflations-Deflations-Spiralen geraten.

Es entwickelt sich tendenziell eine virtuelle Identität als Realität sui generis. In der modernen Kommunikationsgesellschaft bildet sich europäische kulturelle Identität in diesen medialen Prozessen mit ihren Chancen des dynamischen Wachstums, aber auch ihren Risiken von Inflations-Deflations-Spiralen und Virtualisierungen im Sinne einer medialen Selbstgenügsamkeit. Identität wird reichhaltiger, vielschichtiger, spannungsreicher und zerbrechlicher. Damit setzt die Europäisierung unserer Identität nur fort, was den Prozeß der Modernisierung schon immer kennzeichnet: die Dialektik von Modernisierungsgewinnen und Modernisierungsverlusten.

10. Europa als Projekt der Demokratiebildung: Zwischen Bundesstaat und Nationalitätenstaat

Einleitung

Nach der Maastricht-Debatte ist eine gewisse Ernüchterung in die Europapolitik eingekehrt (*SPIEGEL* 1994b: 24-27). Die Debatte um die Erfüllung der Beitrittskriterien zur Europäischen Währungsunion hat eine doppelte Euro-Skepsis zutage gefördert. Die einen befürchten die Beseitigung ihrer stabilen nationalen Währung durch eine weiche europäische, die anderen das vollkommene Diktat der Ökonomie über die Politik, insbesondere über die Sozialpolitik. Auch der Konflikt um die Vertiefung vs. Erweiterung der Union stellt die Europapolitik vor besondere Herausforderungen. Während die Beschlüsse von Maastricht auf die Vertiefung der Integration abzielen, stellt sich jetzt im Interesse der Stabilisierung der jungen Demokratien in Osteuropa die Frage der Erweiterung nach Osten. Beides zusammen geht nicht, zumindest nicht im gleichen Tempo. Es bilden sich dementsprechend Konturen einer europäischen Dreiklassengesellschaft der engen Kooperation im starken Zentrum, der loseren Zusammenarbeit mit den Ländern der Semiperipherie und der losen Assoziation mit den Ländern in der Peripherie heraus. Dieser neue Realismus der Europapolitik wird von einer gewachsenen Skepsis der Bürger begleitet. Die Europäische Union leidet unter erheblichen Legitimitäts- und Effektivitätsdefiziten. Noch vor der Maastricht-Debatte zeichnete sich ein Umschwung der Unterstützung der Europäischen Union in den Bevölkerungen der Mitgliedsstaaten ab. Die Debatte hat diesen Umschwung deutlich verstärkt. Zugleich gerät die Europäische Union in zunehmende Schwierigkeiten, die Umsetzung der erheblich gesteigerten Zahl ihrer Richtlinien, Verordnungen und Entscheide in den Einzelstaaten sicherzustellen. Was sind die Ursachen dieser Legitimitäts- und Effektivitätsdefizite? Welche Strategien bieten sich zu ihrer Bewältigung an?

10.1 Die Bürger und ihre Einstellung
zur Europäischen Union: Ambivalenzen

Die Europäische Union ist bis zur Debatte über den Vertrag von Maastricht noch wenig von der Dynamik offener Entscheidungsprozesse erfaßt worden. Dementsprechend ist sie mit relativ geringer Mobilisierung von politischer Unterstützung ausgekommen, ganz anders als wir dies von den demokratischen Entscheidungsverfahren in den Nationalstaaten kennen. Ihre Aufgabenstellung beschränkte sich bisher auf die Erleichterung des Wirtschaftsverkehrs innerhalb ihrer Grenzen. Sie konnte diese Aufgabe bei einer äußerst begrenzten öffentlichen Aufmerksamkeit und bescheidener Einbeziehung der Bevölkerung durch die Parteien, Verbände, Vereinigungen und Bewegungen mit verhältnismäßig wenig Überzeugungsaufwand bewältigen.

Diese Verhältnisse haben sich spätestens seit Einsetzen der Debatte über den Maastrichter Vertrag geändert. Der Katalog der Aufgaben war schon vorher und ist jetzt erst recht gewachsen. Die Europäische Union hat sich zum Adressaten massiver politischer Erwartungen gemacht. Die Bürger werden in zunehmendem Maße gewahr, daß die Europäische Union eine wachsende Bedeutung für ihr Land und ihr persönliches Leben hat. 1975 meinten dies im Durchschnitt aller Mitgliedsstaaten 77 Prozent der Befragten einer Eurobarometer-Umfrage, 1991 sogar 85 Prozent, 1992 dann 81 Prozent (Europäische Kommission 1992a: IV). Bei einer Eurobarometer-Befragung im Herbst 1995 nannten die Befragten im EU-Durchschnitt bei 18 von 24 Politikfeldern die Europäische Union und nur noch bei einem Rest von 6 Feldern den Nationalstaat als angemessene Ebene der Entscheidung. Eine Befragung im Herbst 1993 hatte eine knappe Mehrheit von 10 aus 18 Politikfeldern für die Europäische Union erbracht (Europäische Kommission 1993b: A54; 1996: 68).

Die Europäische Union sieht sich gezwungen, in einem bisher nicht gekannten Ausmaß politische Unterstützung für ihre Projekte zu mobilisieren und die institutionellen Voraussetzungen zur Bewältigung der ihr aufgetragenen Probleme zu schaffen. Sie muß ihre Macht durch die Vergrößerung des Budgets, durch die Erweiterung des Beamtenapparates, vor allem aber durch die Identifikation der Bürger mit Europa und die Relativierung ihrer nationalen Identität sowie durch ihre Beteiligung an der europäischen Meinungs- und Willensbildung stärken. In all diesen Dimensionen der politischen Macht steht die Europäische Union, gemessen an den Nationalstaaten, noch relativ bescheiden da. Ihr Budget umfaßt nur einen Bruchteil der Budgetsumme der Einzelstaaten. Im Jahre 1991 beliefen sich die Ausgaben der Europäischen Gemeinschaft auf 114,3 Mrd. DM. Davon entfielen 63,5 Prozent auf die Landwirtschaft und die Fischerei (Eurostat 1992: 41). Dagegen kamen die Ausgaben des Bundes in der Bundesrepublik Deutschland in demselben Jahr auf 405,3 Mrd. DM (Statistisches Bundesamt 1992: 523). Die EG-Verwaltung zählte insgesamt 16 426 Planstellen, davon 12 599 in der Verwaltung im engeren Sinn (Eurostat 1992: 43). Im Vergleich dazu brachte es die Verwaltung der Stadt Düsseldorf 1990 auf 13 266 Bedienstete (Landeshauptstadt Düsseldorf 1991: 205), die Bundesverwaltung der Bundesrepublik im Jahre 1991 auf 651 955 (Statistisches Bundesamt 1992: 540). Im Herbst 1993 betrachteten sich im EU-Durchschnitt der 12 schon älteren Mitgliedsländer 40 Prozent allein ihrer eigenen Nation zugehörig, 46 Prozent an erster Stelle ihrer Nation und an zweiter Stelle Europa, 7 Prozent zuerst Europa und dann ihrer Nation, 4 Prozent allein Europa, 4 Prozent konnten keine Antwort geben. Gegenüber 1992 sind 2 Prozent der Befragten von der Identifikation mit Nation und Europa zur Identifikation mit ihrer Nation gewechselt (Europäische Kommission 1993b: A73). Im Herbst 1994 zeigte sich hier ein Wandel zugunsten Europas: 33 Prozent identifizierten sich jetzt mit ihrer Nation allein, 46 Prozent mit Nation und Europa, 10 Prozent mit Europa und Nation, 7 Prozent nur mit Europa, 4 Prozent wußten keine Antwort. Im Frühjahr 1995 ist die Identifikation mit Europa allerdings wieder um 3 Prozentpunkte zurückgegangen (Europäische Kommission 1995a: B50; 1995b: B14). Vom Europäischen Parlament und der Europäischen Kommission haben im langjährigen Durchschnitt nur 40 bis 55 Prozent im Jahr der Befragung mindestens einmal etwas aus den Massenmedien erfahren, wenn man von den einmaligen Ausschlägen nach oben bis 65 und 74 Prozent in den Wahljahren 1979 und 1984 absieht (Europäische Kommission 1995a: 35).

Diese Daten bringen die relativ schwache Macht und Legitimationsbasis der Europäischen Union zum Ausdruck. Sie steht in einem krassen Gegensatz zu ihrem immer umfassender werdenden Aufgabenkatalog. Bei der Bewältigung ihrer Aufgaben ist sie

auf die momentane Finanzlage und Spendierfreude der Mitgliedsstaaten angewiesen, weil sie über keine eigenen Finanzquellen verfügt. Sie braucht den Rat der Experten aus den einzelstaatlichen
Behörden und Verbänden, weil ihre Verwaltung personell zu
schwach ausgestattet ist. Damit wird sie zum Spielball der Experten und Verbandsfunktionäre. Da sich die Bürger nur schwach mit
der Gemeinschaft identifizieren und nationale Solidaritäten über-
wiegen sowie die Aufmerksamkeit für die Arbeit von Parlament
und Kommission noch zu wenig entwickelt ist, fällt es der Gemeinschaft schwer, europaweite Unterstützung für ihre Projekte
zu mobilisieren.

Seit dem Beginn der Debatte über den Vertrag von Maastricht hat
die Europäische Union mit dem Problem zu kämpfen, daß die
Bürger der Einzelstaaten durch die gewachsene politische Kommunikation über den engeren Zusammenschluß einerseits ein Bewußtsein über die Relevanz der Europäischen Union für die Gestaltung ihres Lebens gewinnen, andererseits aber auch darüber
erschrecken, wie weit die Verlagerung von Entscheidungskompetenzen auf die Ebene der Union schon fortgeschritten ist und in
der Zukunft noch gehen wird. Sie wissen, daß ihr Land die Europäische Union braucht, um inzwischen schon die Mehrzahl ihrer
politischen Probleme zu bewältigen, sie fürchten jetzt aber mehr
als vor Einsetzen der Maastricht-Debatte, daß diese Abhängigkeit
von der Union auch mit Nachteilen verbunden sein wird. Das
beweisen eine Reihe von Befragungsergebnissen, die im folgenden
zusammengefaßt werden.

Aus den Befragungen geht hervor, daß die Trendwende schon vor
der Maastricht-Debatte einsetzte. Furcht vor mehr Europa im
Zuge der Einführung des Binnenmarktes und Unzufriedenheit
mit der EG im Hinblick auf die Lösung wirtschaftspolitischer
Probleme und auf die Eindämmung der kriegerischen Auseinandersetzungen auf dem Balkan haben wohl dazu beigetragen. Die
Maastricht-Debatte hat jedoch den Stein voll ins Rollen gebracht.

Während die Einschätzung, die Mitgliedschaft des eigenen Landes
in der Europäischen Union sei gut, von 1981 bis 1991 im EU-
Durchschnitt von 50 auf 72 Prozent angestiegen ist und nur 1988
einen kurzzeitigen Rückschlag von 65 auf 58 Prozent zu erleiden
hatte, ist sie seit Beginn der Maastricht-Debatte von dem erreichten Höchststand bis zum Herbst 1995 mit 54 Prozent fast wieder

auf das Ursprungsniveau gesunken. Spiegelbildlich zu dieser Entwicklung ist ein Schrumpfen und dann wieder ein Wachsen des Anteils der Befragten festzustellen, die in der EU-Mitgliedschaft ihres Landes etwas Schlechtes erkennen, von 18 auf 6 Prozent zwischen 1981 und 1991 sowie wieder auf 14 Prozent bis zum Herbst 1995. Ähnlich ist der Anteil derjenigen, die in der EU-Mitgliedschaft Vorteile für ihr Land ausmachen, mit anfänglichen Schwankungen von 1984 bis 1991 von 47 auf 59 Prozent gewachsen, bis zum Herbst 1995 aber wieder auf 44 Prozent gefallen. Demgegenüber beobachten wir von 1984 bis 1991 einen Rückgang des Anteils der Befragten, die in der EU-Mitgliedschaft keine Vorteile für ihr Land ermitteln, und zwar von 34 auf 22 Prozent. Bis zum Herbst 1995 vergrößert er sich aber auf 35 Prozent (Europäische Kommission 1995a: 14-15; 1995b: B11). Parallel zu dieser Entwicklung konnte die Europäische Kommission ihr Ansehen zunächst deutlich verbessern, um nach Einsetzen der Maastricht-Debatte dann erheblich an Ansehen zu verlieren. Der Anteil der Befragten, die sie positiv bewerten, erfährt von 1987 bis 1990 eine Steigerung von 41 auf 52 Prozent, um bis Herbst 1993 auf 35 Prozent abzufallen. Im Spiegelbild verringert sich der Anteil der negativ Urteilenden von 27 auf 14 Prozent, um sich dann wieder auf 25 Prozent zu erweitern, nachdem im Frühjahr 1993 sogar 32 Prozent erreicht worden waren. Im Herbst 1995 vertrauen 41 Prozent der EU-Bürger der Europäischen Kommission, 34 Prozent aber nicht. Ganz aus dem Rahmen fällt hier Deutschland mit nur 25 Prozent Vertrauenden und 40 Prozent Mißtrauenden (Europäische Kommission 1993a: 6; 1995c: 216-217; 1996: B74).

Hinsichtlich des Europäischen Binnenmarktes ist schon seit 1987 ein Rückgang der positiven Einstellungen festzustellen. Er setzt nach der Einheitlichen Europäischen Akte von 1986 und der damit verbundenen Beschleunigung der Marktintegration ein. Die damit verbundene erhöhte Kommunikation über den Binnenmarkt hat den Anteil der Befragten, die ihn als eine gute Sache einschätzen, von 1987 bis 1992 von 57 auf 40 Prozent heruntergedrückt, den Anteil derjenigen, die ihn als eine schlechte Sache betrachten, von 6 auf 12 Prozent verdoppelt und den Anteil der Unentschiedenen von 25 auf 37 Prozent vergrößert (Europäische Kommission 1992b: 24). Die Äußerung von Hoffnungen sehen wir in diesem Zeitraum von 66 auf 51 Prozent absinken, um bis

Herbst 1995 wieder auf 53 Prozent zuzulegen. Die Befürchtungen wachsen von 25 auf 37 Prozent und gehen wieder auf 33 Prozent zurück. Die Unentschiedenheit in dieser Frage variiert zwischen 12 und 17 Prozent (Europäische Kommission 1993b: 66; 1995a: 52; 1996: B18).

Die Bürger der Europäischen Union befürworten immer noch in hohem Maße die Europäische Integration und die Mitgliedschaft ihres Landes in der Union, aber auch in diesen Fragen hatte die Maastricht-Debatte einen negativen Effekt. Von 1981 bis 1991 ist der Anteil der Integrationisten bzw. der Anteil der Mitgliedschaftsbefürworter von 69 bzw. 50 auf 81 bzw. 72 Prozent angewachsen, um dann bis Herbst 1995 auf 69 bzw. 53 Prozent zurückzugehen (Europäische Kommission 1993b: 13; 1995a: 13; 1996: 13-15). Im Herbst 1994 versprechen sich die EU-Bürger vom Europäischen Binnenmarkt in abnehmender prozentualer Nennung: 1. mehr Arbeitsplätze (39), 2. größere Freizügigkeit in der Wahl des Arbeitsplatzes (36), 3. Erleichterungen für Handel und Gewerbe (31), 4. gemeinsame Problemlösungen (28), 5. niedrigere Preise und Lebenshaltungskosten (25), 6. Belebung der Wirtschaft (23), 7. verbesserte Konkurrenzfähigkeit gegenüber Japan und den USA (22), 8. bessere Absatzchancen (21), 9. gleiche Preise und Steuern (14), 10. mehr soziale Gerechtigkeit (14), 11. eine größere Auswahl an Konsumgütern (8). Dagegen fürchten sie in paralleler Abnahme der prozentualen Nennung: 1. weniger Arbeitsplätze (32), 2. Verlust der nationalen Identität (29), 3. eine ungewisse Zukunft (28), 4. Drogen und Kriminalität (28), 5. zu viel Immigration (24), 6. zu wenig Mitsprache des eigenen Landes (22), 7. höhere Preise und Lebenshaltungskosten (22), 8. zu viel Wettbewerb (19), 9. für andere zahlen zu müssen (18), 10. ungenügende Vorbereitung (16), 11. zu viele Veränderungen (9) (Europäische Kommission 1995a: 53).

Die öffentliche Kommunikation über den Binnenmarkt und über den Vertrag von Maastricht hat den Bürgern in erhöhtem Maße die Bedeutung der Europäischen Union für ihre Lebensgestaltung klargemacht. Die Bürger äußern diese Einschätzung in den entsprechenden Befragungen. Gleichzeitig haben jedoch entgegen der Absicht der Schöpfer des Binnenmarktes und des Vertrages von Maastricht die Befürchtungen über die Konsequenzen des Binnenmarktes und des engeren politischen Zusammenschlusses zugenommen, um erst danach wieder langsam zurückzugehen.

Das hängt damit zusammen, daß die Bürger damit einhergehende Veränderungen für ihr Leben erkennen und diesen eben nicht nur positive Seiten abgewinnen. Immerhin findet hier ein tiefgreifender wirtschaftlicher, politischer, solidarischer und kultureller Strukturwandel statt, der Unsicherheiten und neben Gewinn und Gewinnern auch Verluste und Verlierer mit sich bringt. So überrascht es nicht, daß die Unterstützung der europäischen Integration mit der Bildung, dem Berufsstatus und dem Einkommen der Befragten steigt sowie mit dem Alter abnimmt. Die Eurobarometer-Befragung im Frühjahr 1993 ermittelte ein Ansteigen der Zustimmung in diesen Kategorien von 44 auf 68 Prozent. In bezug auf die Unterstützung der Mitgliedschaft des eigenen Landes in der Europäischen Union ergab die Befragung im Herbst 1994 eine Spannweite von 48 bis 69 Prozent von den untersten bis zu den höchsten Statusgruppen (Europäische Kommission 1993a: A18; 1995a: B17). Die abnehmende Zustimmung zur Europäischen Union nach der Maastricht-Debatte trotz vermehrter Kommunikation ist auch darauf zurückzuführen, daß die Bürger zwar immer mehr die Europäische Union als politische Handlungsebene wahrnehmen, sich über das Geschehen aber äußerst gering informiert fühlen und das Maß der Beteiligung an Entscheidungsprozessen sowie die Möglichkeiten der Einflußnahme auf diese Prozesse als verschwindend gering einstufen. Das in der bis Herbst 1995 rückläufigen Zustimmung erkennbare Legitimitätsdefizit der EU-Entscheidungsprozesse hängt mit ziemlicher Wahrscheinlichkeit auch mit dem von den Bürgern wahrgenommenen Defizit an Information, an Offenheit der Entscheidungsverfahren und an demokratischer Beteiligung zusammen. Im Jahre 1993 fühlten sich 71 Prozent nicht gut informiert über die Europäische Gemeinschaft, im Frühjahr 1995 waren es 64 Prozent (Europäische Kommission 1993a: 54; 1995b: 59). Im Jahre 1992 hatten 69 Prozent von der Einführung des Europäischen Binnenmarktes gehört, aber nur 25 Prozent konnten das korrekte Datum nennen (Europäische Kommission 1992b: A17-A18). Der Vertrag von Maastricht war 85 Prozent bekannt, aber nur 19 Prozent betrachteten sich als sehr gut oder einigermaßen gut informiert (Europäische Kommission 1992b: A11). Gleichzeitig meinten 71 Prozent, daß die Bürger zu wenig demokratischen Einfluß auf EG-Entscheidungsverfahren hätten (Europäische Kommission 1992b: 30). Deshalb ist es nur konsequent, daß sie dem Europäischen

Parlament eine bedeutendere Rolle wünschen, als dies bisher der Fall ist. Der Anteil der Befragten, die diesen Wunsch haben, ist von 1988 bis 1991 von 44 auf 62 Prozent angestiegen, bis zum Herbst 1995 aber im Zusammenhang mit der allgemeinen EU-Reserviertheit wieder auf 48 Prozent gefallen (Europäische Kommission 1994b: 153; 1995a: 37; 1995b: 43; 1996: 80). In diesen Kontext der gewachsenen Zurückhaltung gegenüber einem engeren politischen Zusammenschluß paßt auch das Ergebnis einer Befragung im Frühjahr 1994, nach dem 49 Prozent der EU-Bürger einen Europäischen Bundesstaat ablehnen und nur 32 Prozent diesen befürworten. Wie nicht anders zu erwarten, ist die Ablehnung in Dänemark mit 74 zu 11 Prozent am höchsten. Aber auch die Niederlande mit 73 zu 21, Großbritannien mit 68 zu 17 und Deutschland mit 67 zu 25 Prozent weisen sehr hohe Ablehnungswerte auf. Dagegen findet sich in Frankreich mit 45 zu 33 Prozent eine unterdurchschnittliche Ablehnung, was sicher auch damit zusammenhängt, daß in Frankreich die Europäische Union eher als eine supranationale Plattform für französische Politik und als eine Erweiterung des Handlungsspielraums, denn als eine Einschränkung empfunden wird. Die Eurobarometer-Befragung im Herbst 1995 erbrachte dagegen ein Ergebnis, nach dem im Durchschnitt 45 Prozent eine föderale Struktur der Union befürworten und 15 Prozent ablehnen, wobei sich wieder in Dänemark mit 54 zu 26 Prozent eine starke Ablehnung ergibt. Man muß bei diesem Ergebnis berücksichtigen, daß die Eurobarometer-Fragen teilweise eine europafreundliche Antwort erleichtern, hier z. B. dadurch, daß der föderalen Struktur keine Alternative gegenübergestellt wurde und die Befragten unter einer föderalen Struktur sehr Verschiedenes verstehen können (*DIE WOCHE* 1994: 17; Europäische Kommission 1996: 90).

10.2 Das Legitimitätsdefizit

Im Frühjahr 1995 äußerten 38 Prozent der EU-Bürger Zufriedenheit mit der Demokratie in der Union, 48 Prozent zeigten sich unzufrieden. In bezug auf das eigene Land ist das Verhältnis fast ausgeglichen 48 zu 50 Prozent (Europäische Kommission 1995b: B19-20). So deutet einiges darauf hin, daß die Europäische Union mit einem besonderen Legitimitätsdefizit in einer Zeit zu kämpfen hat, in der ihre Vertiefung und Erweiterung zugleich auf dem Programm steht. Und es ist anzunehmen, daß dieses Legitimitäts-defizit in nicht unerheblichem Maße durch ein Demokratiedefizit verursacht wurde (Reif 1992: 43-52; 1993a: 37-62; 1993b: 24-40; Lindberg und Scheingold 1970). Das Demokratiedefizit ist des-halb entstanden, weil die Europäische Union im Gefolge der ein-heitlichen Europäischen Akte mit dem Programm der Marktinte-gration neben ihrer Domäne der Agrarpolitik in einem völlig neuen Ausmaß politische Entscheidungen zunächst im Bereich des Wirtschaftsrechts, dann aber auch mehr und mehr in allen damit zusammenhängenden Politikfeldern, von der Umweltpoli-tik über die Industriepolitik, Forschungs- und Technologiepolitik und Strukturpolitik bis hin zur Medienpolitik, an sich gerissen hat. Die Zahl der jährlich verabschiedeten Richtlinien, Verord-nungen und Entscheide ist von 1957 bis 1975 langsam auf 75 an-gewachsen, bis 1980 auf 200, bis 1985 auf 500 und bis 1991 auf 1234 (Amt für amtliche Veröffentlichungen der Europäischen Ge-meinschaft 1992). Alle bisher gängigen Legitimationsmodelle greifen jetzt nicht mehr (Joerges 1994: 91-130; 1993: 493-516).

Ein erstes Legitimationsmodell versteht die Gemeinschaft als eine Vereinigung von Marktinteressenten (Behrens 1994: 73-90). Es ist jetzt jedoch nicht mehr möglich, die Europäische Union allein als einen Wirtschaftsverband zu begreifen, der den Handel über die nationalen Grenzen hinweg durch den Abbau nationaler Hemm-nisse fördert. Als ein solcher Verband konnte die Europäische Gemeinschaft lange Zeit die Legitimität ihrer Entscheidungen al-lein durch die Herstellung von Marktfreiheiten zum Nutzen aller Beteiligten voraussetzen. Da die Bürger hier kaum Eingriffe in ihr unmittelbares Leben erfuhren, konnten sie die Europäische Ge-meinschaft im stillschweigenden Einverständnis der Begrenzung ihrer Rolle auf die Sicherstellung des innergemeinschaftlichen Handels und dessen Absicherung nach außen gewähren lassen. Allerdings bot die Agrarpolitik durchaus Gelegenheiten, anhand derer die Bürger erfahren konnten, daß hier Politik gemacht wurde, die Verteilungskämpfe involviert und ganz entgegen dem Marktfreiheitsprinzip verläuft. Hier gab es dementsprechend auch immer wieder Anlaß für Fragen nach der Legitimität von Gemeinschaftsentscheidungen.

Auch ein zweites, in der Vergangenheit benutztes Legitimations-modell ist heute nicht mehr wirksam (Ipsen 1972). Es sieht die

Europäische Kommission als eine Verwaltung, die im Auftrag der nationalen Regierungen – vertreten durch den Ministerrat – einem sachlichen Zweck dient und ihre Entscheidungen nach sachlichen Gesichtspunkten zu rechtfertigen hat. Demgemäß entscheidet das Urteil von Experten darüber, welche Maßnahme jeweils die richtige ist. Das große Ausmaß der Einbeziehung von Experten aus den Behörden der Mitgliedsstaaten und von Vertretern der Wissenschaft, der Technik und der Verbände in die Entscheidungsfindung der Gemeinschaft kommt diesem Legitimationsmodell entgegen. Inzwischen macht jedoch die Artikulation einer breiteren Palette von Interessen über die Wirtschaftsverbände hinaus – vor allem durch die wachsende europapolitische Aktivität der Umweltorganisationen – deutlich, daß hier nicht nur Sachfragen nach sachlichen Gesichtspunkten bearbeitet werden, sondern die Sachfragen erhebliche politische Kontroversen auslösen, wenn sie genauer auf ihre Implikationen hin beleuchtet werden. Es geht nicht mehr allein um die sachliche Umsetzung eines in der einzelstaatlichen Willensbildung legitimierten Zieles – der Marktintegration –, sondern um die Abstimmung dieser Zielsetzung mit einer Vielzahl anderer Zielsetzungen, z. B. der Sozial-, Umwelt- oder Kulturpolitik.

Ein drittes Legitimationsmodell hat inzwischen ebenfalls an Überzeugungskraft verloren. Es ist die Doppelstruktur von supranationaler und zwischenstaatlicher Entscheidungsprozedur (Weiler 1981: 267ff.). Die Richtlinien und Verordnungen der Europäischen Gemeinschaft bilden nach diesem Modell zwar supranationales Recht, das aber allein aus der freien Zustimmung souveräner Staaten seine Legitimität bezieht. Diese Zustimmung sei rückgebunden an die nationalen Legitimationsprozesse innerhalb der demokratischen Institutionen der Einzelstaaten. Dieses Modell stieß spätestens nach der Einführung des qualifizierten Mehrheitsentscheides im Ministerrat in Sachen der Binnenmarktintegration in der Einheitlichen Europäischen Akte von 1986 an seine Grenzen. Der Vertrag von Maastricht impliziert noch eine Erweiterung der Abstimmung nach dem Prinzip der qualifizierten Mehrheit in der Verkehrs-, Handels- und Umweltpolitik. Bei diesen Entscheidungen kommt es seither nicht mehr darauf an, die Zustimmung aller Einzelstaaten zu gewinnen, sondern darauf, daß aus den derzeit 87 Stimmen eine qualifizierte Mehrheit gefunden wird, d. h. weniger als 23 Gegenstimmen vorliegen. Koalitionsbildungen spielen deshalb eine gewichtige Rolle. Zusammen mit dem enorm gewachsenen Volumen und Spektrum von Entscheidungen auf Gemeinschaftsebene wird jetzt erkennbar, in welchem Maße Entscheidungen der Europäischen Union auch diejenigen binden können, die den Entscheidungen weder unmittelbar durch ihre Beteiligung noch mittelbar durch ihre Regierung zugestimmt haben. Dementsprechend breitet sich das Gefühl aus, durch eine Entscheidungsmaschinerie beherrscht zu werden, die ihrerseits nicht genügend kontrolliert wird.

10.3 Das Effektivitätsdefizit

Dem Legitimitätsdefizit der Europäischen Union gesellt sich ein Effektivitätsdefizit hinzu. Die Umsetzung des EU-Rechts in den Einzelstaaten erfolgt nur schleppend, oft unzureichend und in verwässerter Form. Das liegt zunächst daran, daß die Union über keine eigene Vollzugsverwaltung verfügt und auf die Kooperation der Einzelstaaten und ihrer Behörden angewiesen ist. Solange sich die Umsetzung von EG-Verordnungen in den nationalen Verwaltungsvollzug und von EG-Richtlinien in nationales Recht und nationalen Verwaltungsvollzug noch in den begrenzten Bahnen zahlenmäßig überschaubarer Regelwerke bewegte, war sie erstens noch leichter zu bewältigen und zweitens noch weniger dem Druck der Bewältigung drängender Probleme ausgesetzt. Je mehr Probleme durch die Union gelöst werden sollen, um so dringender kommt es auch auf die Umsetzung ihrer Beschlüsse an. Diese Situation ist inzwischen eingetreten. Dabei zeigt sich, daß die Gemeinschaft seit der Einführung des qualifizierten Mehrheitsentscheides erheblich an Beschlußkraft in der Gesetzgebung gewonnen hat, dafür aber um so mehr an Effektivität in der Implementation der Beschlüsse einbüßen mußte. Diese Entwicklung kommt in der erheblichen Zunahme von Verstoßverfahren zum Ausdruck, die von der Kommission gegen Mitgliedsstaaten wegen Vertragsverletzungen (in der Regel wegen der nicht fristgerechten Umsetzung von Gemeinschaftsrecht) eingeleitet werden. Von 1962 bis 1978 hat sich die Zahl der Verfahren pro Jahr von 15 auf 100 erhöht, von 1978 bis 1985 jedoch von 100 auf 503, bis 1990 nochmals auf 960. Im Verhältnis zum Bestand an Richtlinien, Verordnungen und Entscheiden ist von 1975 bis 1990 ein prozentualer Anstieg von rund 6 auf rund 12 Prozent festzustellen (Padoa-Schioppa et al. 1988: 67-69; Nicolaysen 1991: 239; Snyder 1993: 19-54; Eurostat 1991: 138; Coenen und Jörissen 1989). An dieser Entwicklung hat sich in der ersten Hälfte der neunziger Jahre nichts Wesentliches geändert. Nach einem kurzen Rückgang auf 853 im Jahre 1991 hat sich die Zahl der monierten Vertragsverletzungen 1992 auf 1217 erhöht, um dann wieder leicht auf 1209, 974 und 1016 in den folgenden drei Jahren abzunehmen. Dieser mangelnden Umsetzung des Gemeinschaftsrechts in den Mitgliedsstaaten korrespondiert eine noch schwach ausgeprägte Bereitschaft der Bürger, die Entscheidungen des Europäischen Gerichtshofs zu befolgen. Nur 17 Prozent wollen dies nach einer Befragung im Jahre 1992 uneingeschränkt tun, 34 Prozent mit Einschränkungen (Europäische Kommission 1992b: A29). Im Herbst 1993 stimmten 27 Prozent völlig mit der Meinung überein, den Europäischen Gerichtshof abzuschaffen, wenn er eine Vielzahl von Entscheidungen treffen sollte, denen die meisten Menschen nicht beipflichten. 26 Prozent teilten in gewissem Maße diese Meinung. Nur 6 bzw. 12 Prozent widersprachen ihr heftig oder in gewissem Maße (Europäische Kommission 1993b: A74).

10.4 Strategien zur Bewältigung des Legitimitäts- und Effektivitätsdefizits

Wir können soweit erkennen, daß es empirische Belege für ein gewachsenes Legitimitätsdefizit wie auch für ein damit zusammenhängendes, ebenso gewachsenes Effektivitätsdefizit der Europäischen Union gibt. Es handelt sich dabei allerdings um kein linear und endlos anwachsendes Defizit, sondern um eine Entwicklung, die vor allem in Abhängigkeit von der öffentlichen Thematisierung konjunkturellen Schwankungen unterworfen ist. Mit der Maastricht-Debatte setzte ein starker Legitimitätsschwund ein, der seit Herbst 1994 aber abgefangen zu sein scheint. Das Effektivitätsdefizit ist vor allem im Anschluß an die erhebliche Steigerung der EU-Gesetzgebung im Ausbau des Binnenmarktes gewachsen. Die Frage, die sich angesichts dieser Sachlage stellt, geht dahin, welche Optionen offenstehen, um diese Defizite abzubauen. Kaum in Frage kommen dürfte die Zurückverlagerung von Entscheidungskompetenzen auf die nationalstaatliche Ebene.

Die Unausweichlichkeit der supranationalen oder zwischenstaatlichen Bewältigung einer gewachsenen Zahl von Problemen stellt
sich einem solchen Versuch in den Weg. Das sieht auch die über-
wiegende Mehrheit der Bürger trotz der größer gewordenen
Skepsis so. Zur Behebung des Legitimitätsdefizits wird jetzt auf
Demokratisierung gesetzt. Hier stehen sich zwei konträre Modelle gegenüber: einerseits die Demokratisierung der Willensbildung auf europäischer Ebene durch den Aufbau eines Bundesstaates, andererseits die Europäisierung der demokratischen Willensbildung in den einzelnen Nationalstaaten (vgl. Boldt 1991: 139-
150; 1995b: 241-265; 1995a: 99-115; Bieber 1991: 393-414).

10.4.1 Ein europäischer Bundesstaat?

Im Sinne des Aufbaus eines Bundesstaates wird für eine Erweiterung der Kompetenzen des Europäischen Parlaments plädiert
(vgl. Reif 1992: 43-52; 1993a: 37-62). Eine solche Kompetenzen-
erweiterung müßte zwangsläufig Hand in Hand mit einer Schmä-
lerung der Kompetenzen des Ministerrats gehen. Die Zwischen-
staatlichkeit der Entscheidungsverfahren würde zugunsten einer
Annäherung an die Bundesstaatlichkeit zurückgedrängt. Gegen
diesen institutionellen Umbau der Europäischen Union wird ins
Feld geführt, daß die dafür erforderliche Infrastruktur europäischer Parteien und europäischer Verbände zur politischen Willensbildung sowie einer europäischen Öffentlichkeit zur politischen Meinungsbildung nicht zureichend ausgebildet ist und sich
auch nach einer entsprechenden Stärkung des Europäischen Parlaments nicht in genügendem Maße entwickeln wird. Außerdem
impliziert ein solcher Umbau der EU-Institutionen eine weitere
Zentralisierung der Gesetzgebung zu Lasten der Mitsprachemög-
lichkeiten der Einzelstaaten. Vor allem die kleinen Staaten würden
sich in einer solchen Union häufig von den großen Staaten majo-
risiert fühlen. Je mehr sich Entscheidungskompetenzen auf die
Ebene der Union verlagern, um so mehr werden die herkömmlichen, ohnehin im Zuge der Individualisierung der Lebensverhältnisse in Auflösung begriffenen Konfliktlinien durch nationale
Konfliktlinien abgelöst. Die Entscheidungsfindung auf EU-
Ebene wird in erster Linie durch nationale Rechtstraditionen, Ra-
tionalitätsverständnisse, Technikkonzepte und Interessenlagen

bestimmt (Héritier 1994). Die Demokratisierung der Entscheidungsverfahren wird diese Traditionen und Interessenlagen deutlicher zur Artikulation bringen als die bisherige öffentlichkeitsarme Entscheidungspraxis in Ausschüssen und zwischenstaatlichen Verhandlungen. Die Verknüpfung von Demokratisierung und Zentralisierung der Entscheidungsverfahren wird deshalb neben der Europäisierung des Parteien- und Verbandssystems und der öffentlichen Meinungsbildung auch den Nationalismus und mit ihm die Erfolgschancen nationalistischer und rechtspopulistischer Parteien fördern.

Das bundesstaatliche Modell der zukünftigen politischen Union läßt sich in zwei Varianten denken. Die eine, vom Europäischen Parlament vorgeschlagene Variante wäre ein parlamentarisches System, in dem die Regierung von der Parlamentsmehrheit getragen wird. Die andere Variante wäre ein präsidentielles System nach dem Muster der USA, in dem das Parlament eher als Gegenspieler zu einem vom Volk gewählten oder von den Einzelstaaten eingesetzten Präsidenten und seiner Regierung agiert. Während die erste Variante eine starke Europäisierung der Parteien mit hoher Fraktionsdisziplin voraussetzt und nach seiner Einführung selbst teilweise erzwingen wird, erlaubt die zweite Variante eine größere Fragmentierung des Parlaments und wechselnde Koalitionen. Die Umgestaltung des Ministerrats zu einer zweiten Kammer mit einem vergleichbar großen Gewicht wie der US-Senat müßte hier für eine starke Repräsentation der Einzelstaaten sorgen. Durch gleichgewichtige Repräsentation der Einzelstaaten, unabhängig von ihrer Größe, längere Amtszeiten und Gleichrangigkeit mit der ersten Kammer könnte diesem Kriterium entsprochen werden. Dennoch wäre die Einführung des einfachen Mehrheitsentscheids eine Schwächung der Einzelstaaten, die immer wieder zu Majorisierungen führen würde, gegen die sich dann Widerstand regt.

Ein weiteres Gegengewicht gegen die Zentralisierung soll das in Maastricht beschlossene Subsidiaritätsprinzip sein (Müller Brandeck-Bocquet 1991: 13-25; Borkenhagen 1992: 36-44; Bohley 1993: 34-45). Die Umsetzung dieses Prinzips in die Entscheidungsverfahren muß aber erst noch erfolgen. Wenn nach den Worten des ehemaligen Kommissionspräsidenten Delors 80 Prozent des Wirtschaftsrechts von der Europäischen Union geschaffen werden sollen und wenn man die enge Verflechtung des Wirtschaftsrechts mit nahezu allen anderen Rechtsgebieten in Rechnung stellt (Delors 1988: 124), dann ist unschwer zu erkennen, daß das Prinzip der Subsidiarität zu einer bloßen Floskel werden könnte, die dazu mißbraucht wird, die tatsächlich vor sich gehende Zentralisierung zu verschleiern. Die Erfahrungen mit dem kooperativen Föderalismus in der Bundesrepublik und dem dualen Föderalismus in den USA weisen auf jeden Fall in die Richtung einer schwer aufzuhaltenden Zentralisierung der Gesetzgebung im Rahmen eines Bundesstaates. Allein schon das Prinzip der rechtlichen Gleichstellung wirkt in diese Richtung.

Um dieser Zentralisierung Einhalt zu gebieten, ist ein Modell des bipolaren Bundesstaates vorgeschlagen worden, nach dem sowohl der Union als auch den Einzelstaaten klare Kompetenzen zugeschrieben werden und im Streitfall der Europäische Gerichtshof über die richtige Kompetenzzuweisung entscheidet (Scharpf 1991: 415-428; Wieland 1991: 429-459; 1992). Wie auch die konsequente Verwirklichung des Subsidiaritätsprinzips überträgt dieses Modell dem Europäischen Gerichtshof eine große Entscheidungslast. Es ist hier nicht zu umgehen, daß die Entscheidungen des Gerichtshofs in das politische Kreuzfeuer geraten und deshalb die Unabhängigkeit des Gerichts und die Anerkennung seiner Entscheidungen erheblich gefährdet werden. Ein Schutz gegen die Zentralisierung der Gesetzgebung wird dadurch nur in bescheidenem Maße errichtet, weil auch die intendierte Kompetenzenverteilung nicht gegen die de facto wachsende europaweite Gemeinsamkeit der Problemstellungen und gegen das Prinzip der Rechtsgleichheit durchgehalten werden kann. In diese Richtung wirkt das Prinzip der Marktintegration durch Beseitigung aller Handelsschranken ohnehin.

Trotz dieser Bedenken soll jedoch nicht völlig in Abrede gestellt werden, daß sich auf lange Sicht die Infrastruktur für einen europäischen Bundesstaat herausbilden kann (Gerhards 1993; Platzer 1992; siehe dazu schon Friedrich 1972). Erstens übt die Konkurrenz mit Japan und den USA einen starken Einigungsdruck aus. Zweitens nehmen die grenzüberschreitenden Kontakte und Kommunikationen der Eliten weiter zu. Drittens erzwingt die Verlagerung der Gesetzgebung auf die europäische Ebene die europäische Zusammenarbeit der Parteien und Verbände. Hier muß der Tatsache Rechnung getragen werden, daß die Gesetzgebung und Gesetzesimplementation auf eine gemäß der pluralistischen Interessenstruktur der Gesellschaften vielfältige Beteiligung von Behörden, Wissenschaften, Verbänden und Vereinigungen angewiesen ist. In ihrer Zusammenarbeit wird über die formelle Legitimation durch die Beschlüsse im Ministerrat und im Parlament hinaus eine ebenso wichtige informelle Legitimation geschaffen (Joerges 1994: 91-130). Viertens bildet sich mit der wachsenden Berichterstattung über europäische Politik in den Medien zumindest eine Europaorientierung nationaler Teilöffentlichkeiten heraus. Durch die stärkere Zusammenarbeit der Medien mit gegenseitiger Berichterstattung über die Medienereignisse der anderen Länder, gegenseitigem Abdrucken von Artikeln in der Presse und dem Austausch von Kommentatoren könnte auch eine europäische Öffentlichkeit emporwachsen. Aus der öffentlichen Orientierung auf Europa hin und der Thematisierung der Konkurrenz zu Japan und den USA mag sich eine stärkere Identifikation der Bürger mit Europa und eine Bereitschaft zu europäischer Solidarität ergeben. Diese Bereitschaft ist eine notwendige Voraussetzung dafür, daß die Verlagerung der Entscheidungsprozesse auf die europäische Ebene nicht ganz gegen die guten Absichten internationale Konflikte verschärft. Die Bürger Europas werden lernen müssen, nicht nur an den Profit aus dem gemeinsamen Markt zu denken, sondern auch die Sozialpolitik in größerem Maße als bisher als gemeinsame Aufgabe zu begreifen.

Selbst wenn sich die Infrastruktur eines europäischen Bundesstaates mit der Zeit herausbilden sollte, wird diese Entwicklung Veränderungen mit sich bringen, von denen nicht alle in gleicher Weise profitieren und die nicht alle gutheißen. Sie laufen vor allem in die Richtung einer weitergehenden rechtlichen und kulturellen Vereinheitlichung. Die Europäisierung der Gesetzgebung bildet nicht nur neues Gemeinschaftsrecht, sondern zerstört auch zuvor nebeneinander bestehende, in sich geschlossene Rechtskulturen und Lebenswelten. Wie alle Modernisierungsprozesse bringt diese Entwicklung nicht nur Gewinner, sondern auch Verlierer hervor. Der Wettbewerb verschärft sich, dadurch werden die Lebensbedingungen härter. Wenn es der Europäischen Union nicht gelingt, durch gemeinsame Sozialpolitik ein europaweites Solidaritätsnetz aufzubauen, sondern auf dem Wege der Deregulierung eher vorhandene soziale Netze gelockert werden, dann wird der beschleunigte Integrationsprozeß zu heftigen Verteilungskonflikten und starken nationalistischen Gegenreaktionen führen. Mit der Öffnung nach Osteuropa werden sich diese Handlungszwänge ganz erheblich verstärken.

10.4.2 Ein europäischer Nationalitätenstaat?

Ist angesichts dieser Probleme, die dem bundesstaatlichen Ausbau der Europäischen Union anhaften, der Weg der Europäisierung der nationalen Entscheidungsprozesse aussichtsreicher und mit weniger Fallstricken versehen? Gemeint ist damit die stärkere Einbindung der nationalen Meinungs- und Willensbildung in die europäischen Entscheidungsprozesse (Lepsius 1991: 19-40). Die nationalen Parlamente dürften die jetzt schon große Menge an Vorlagen aus der Europäischen Union von bis zu 45 Prozent aller Vorlagen einer Wahlperiode nicht nur undebattiert passieren lassen (Schmuck 1994: 18), sondern müßten sich aktiv an ihrer Gestaltung beteiligen. Zugleich könnte damit eine erhöhte Aufmerksamkeit der Massenmedien für die europäische Gesetzgebung und eine Mobilisierung der öffentlichen Meinungsbildung einhergehen. Das Beispiel Dänemarks, wo diesem Modell am weitestgehenden entsprochen wird, beweist auf jeden Fall, daß dadurch der Informationsstand der Bevölkerung in bezug auf Europafragen verbessert wird. Die Dänen zeigten sich bei einer Befragung im Jahre 1992 von allen EG-Bürgern im höchsten Maße über den Binnenmarkt und über Maastricht informiert: 61 Prozent gegenüber nur 25 Prozent im EG-Durchschnitt konnten das richtige Datum für den Beginn des Binnenmarktes nennen, 41 Prozent gegenüber nur 19 Prozent im EG-Durchschnitt sagten, daß sie viel oder ein gutes Stück über Maastricht wissen. Auch die Befragung im Frühjahr 1995 sieht die Dänen hinter den Luxemburgern und den Belgiern in der Spitzengruppe der nach subjektiver Einschätzung am besten informierten EU-Bürger (Europäische Kommission 1992b: A11, A18; 1995b: 29). Auf dieser Basis bringt das Land konsequenter seine Interessen in die EU-Verhandlungen ein. Das hat sich nicht zuletzt in der von den Dänen erstrittenen Nachbesserung der Maastrichter Beschlüsse erwiesen, nachdem das erste Referendum zu einer Ablehnung des Vertragswerkes geführt hatte. Mit dieser Nachbesserung hat die dänische Regierung im zweiten Referendum doch noch die Zustimmung ihrer Bürger zum Maastrichter Vertrag erreicht.

Es findet hier eine engere Verzahnung der europäischen Politik mit der demokratischen Meinungs- und Willensbildung im einzelnen Mitgliedsland statt. Diese engere Verzahnung hat im Falle Dänemarks zur Folge, daß sich das Land den Ruf eines zähen Verhandlungspartners, aber auch eines verläßlichen Umsetzers des einmal verabschiedeten Gemeinschaftsrechts erworben hat. Für das Effektivitätsdefizit der Gemeinschaft trägt Dänemark auf jeden Fall mit die geringste Verantwortung. Das Land mußte im Vergleich der Mitgliedsstaaten nur in wenigen Fällen von der Kommission zur Umsetzung des Gemeinschaftsrechts gemahnt werden, z. B. 1990 insgesamt in 19 Fällen. Davon unterscheidet sich vollkommen Italien als entgegenkommender Verhandlungspartner, aber unzuverlässiger Umsetzer des Gemeinschaftsrechts. 1990 war Italien in 246 Fällen der Adressat von Verstoßverfahren (Röttinger und Weyringer 1991: 206).

Das Beispiel legt dar, daß die Europäische Union bei einer konsequenten Europäisierung der nationalen Meinungs- und Willensbildung längerdauernde und konfliktreichere Entscheidungsprozesse bekäme, die Gesetzgebung langsamer und wahrscheinlich vorsichtiger sowie mit geringeren Eingriffen in die nationalen Rechtssysteme vonstatten ginge, dafür aber an Effektivität in der Umsetzung gewänne. Konsequenterweise müßte dieser Weg der Behebung des Demokratiedefizits die Anwendung des qualifizierten Mehrheitsentscheids im Ministerrat eher wieder zurückdrängen. Auf keinen Fall ließe er die Einführung des einfachen Mehrheitsentscheides zu. Dadurch wäre der Verlagerung der Entscheidungskompetenzen auf die europäische Ebene ein Riegel vorgeschoben. Die nationalen Regierungen wären weiterhin überwiegend für die Bewältigung der anstehenden Probleme verantwortlich, einschließlich der Verantwortung für die Gewinnung der anderen Mitgliedsstaaten für gemeinsame europäische Problemlösungen. Die Negativseite dieses Demokratisierungsweges ist die faktische Handlungsschwäche der europäischen Nationalstaaten angesichts der globalen Verflechtungen, einschließlich der Konkurrenz mit Japan und den USA. Der Bedarf an gemeinsamen Problemlösungen wird noch weiter wachsen. Er erzwingt mehr Entscheidungsfähigkeit auf europäischer Ebene. Dieser Entscheidungsfähigkeit setzt die stärkere Rückbindung der EU-Entscheidungsprozesse an die nationalen Verfahren der Meinungs- und Willensbildung zu enge Grenzen.

Schlußbemerkungen: Die Verschränkung
von europäischer und nationaler Politik

Aus diesen Betrachtungen läßt sich das Fazit ziehen, daß der Europäischen Union nichts anderes übrig bleiben wird, als eine Gratwanderung zu vollziehen (Münch 1993b: 133-181). Diese verläuft zwischen den beiden Extremen der vorpreschenden Entnationalisierung der Entscheidungsprozesse, mit der Gefahr der Mobilisierung nationalistischer Gegenbewegungen auf der einen Seite, und der Europäisierung der nationalen Meinungs- und Willensbildung, mit der Gefahr des Rückfalls in die Entscheidungsunfähigkeit angesichts eines erhöhten Entscheidungsdrucks auf der anderen Seite. Die Union muß einerseits ihre Infrastruktur einer europäischen Öffentlichkeit und einer europäischen Parteien- und Verbandsstruktur weiter ausbauen. Andererseits muß sie der damit einhergehenden Zentralisierung der Entscheidungsprozesse durch die Europäisierung der nationalen Meinungs- und Willensbildung ein Gegengewicht entgegensetzen. Nur durch den gleichzeitigen Ausbau beider Seiten wird sie sich auf dem schmalen Grat halten können und nicht nach der einen oder anderen Seite abstürzen. Auf diesem Wege müßte die Europäische Regierung nicht aus der Europäischen Kommission, sondern aus dem Ministerrat hervorgehen. Dem Europäischen Parlament wäre eine zweite Kammer, gebildet aus Repräsentanten der nationalen Parlamente, zur Seite zu stellen. Die Mitglieder der zweiten Kammer wären von den nationalen Parlamenten zu wählen. Die aus dem Ministerrat gebildete Regierung hätte gegenüber beiden Kammern Rede und Antwort zu stehen.

In Ergänzung zu diesem Balanceakt in der Gesetzgebung zur Behebung des Legitimitätsdefizits bedarf es besonderer Anstrengungen zur Beseitigung des Effektivitätsdefizits. Hier kommt es auf die Intensivierung der Zusammenarbeit der EU-Verwaltung mit den nationalen Verwaltungen und auf die Kooperation der nationalen Verwaltungen untereinander an. Die Gründung von beratenden Europäischen Agenturen im Umweltschutz, in der Arbeitssicherheit und der Arzneimittelkontrolle weist hier einen Weg. Nur durch die verbesserte Zusammenarbeit zwischen den europäischen und nationalen Behörden wird sich vermeiden lassen, daß das europäische Recht zwar enorm wächst und nationale Rechtssysteme destabilisiert, aber ohne eine ebenso stabile europäische Rechtsordnung an deren Stelle zu setzen, das Wachstum an europäischem Recht sich also nur in Gestalt von bedrucktem Papier ohne wirkliche Geltung vollzöge. Eine solche Rechtsinflation würde zu großer Rechtsunsicherheit führen und einen starken Verlust des Vertrauens in das europäische Recht hervorrufen. In dieser Situation sähen sich die Einzelstaaten ermuntert, eigene Wege zu gehen. So könnte die zu ehrgeizige Integration durch rechtliche Harmonisierung in ihr Gegenteil der wachsenden Desintegration der Europäischen Union umschlagen.

IV.
Globale Dynamik
und soziale Integration

11. Zwischen Realismus und Idealismus: Kooperation im globalen System

Einleitung

Auf der Suche nach der Bewältigung globaler Probleme erhebt sich zwangsläufig die Frage, wie internationale Kooperation überhaupt möglich ist. Da es keinen Weltstaat gibt und entgegen einer logischen Ableitung aus Norbert Elias' (1939/1976: 452) Zivilisationstheorie dessen Herausbildung weder wahrscheinlich noch wegen der damit verbundenen Zentralisierung politischer Macht wünschenswert ist, stellt sich die Bewältigung globaler Probleme stets als eine Sache der Kooperation von Einzelstaaten bzw. supranationalen Gemeinschaften wie der Europäischen Union dar. Unter welchen Bedingungen kommt eine solche Kooperation zustande und unter welchen Bedingungen bleibt sie dauerhaft erhalten? In der Literatur lassen sich dazu vier Schulen von Theorieansätzen unterscheiden: Neoliberalismus, Neorealismus, Neoinstitutionalismus und Neoidealismus. Alle vier Schulen leisten einen hilfreichen, aber begrenzten Beitrag zum Verstehen und Erklären von internationaler Kooperation. Es kommt darauf an, sie in einem Netzwerk zu verknüpfen, so daß sie sich ergänzen und wechselseitig ihre jeweiligen Grenzen aufzeigen. Auf diese Weise gelangen wir zu einem umfassenden Verständnis von internationaler Kooperation (Aretz 1997a, 1997b; Parsons 1937/1968, 1969d; Münch 1982/1988).

11.1 Neoliberalismus

Die neoliberale Schule greift das u. a. von John Locke, Adam Smith und David Hume bis zu Jeremy Bentham, John Stuart Mill und Herbert Spencer geprägte Gedankengut des Liberalismus auf (Oye 1985, 1986; Axelrod und Keohane 1985; Keohane und Ostrom 1995; Snidal 1985; Wagner 1983; List und Rittberger 1992; Plümper 1995; Weede 1989; Zürn 1992). Rational Choice und Spieltheorie sind die aktuellen Varianten. Sie begreift die Nationalstaaten als rational kalkulierende korporative Einzelakteure, die im internationalen Feld genau dann zur bilateralen oder multilateralen Kooperation mit anderen Nationalstaaten bereit sind, wenn sie dadurch ihren Nutzen maximieren können. Je häufiger sie erfahren, daß Kooperation Vorteile erbringt, um so eher sind sie zu weiterer Kooperation bereit. Diese Hypothese könnte man aus Robert Axelrods (1984) Prinzip »Tit for Tat« auf internationale Kooperation übertragen. Dieses Prinzip hat sich bei seinen Turnierspielen als das erfolgreichste erwiesen. Es ist daran zu erkennen, daß internationale Kooperation auch ohne Etablierung einer Zentralgewalt zustande kommen kann.

Allerdings handelt es sich hier keineswegs um einen voraussetzungslosen Prozeß. Vielmehr müssen eine ganze Reihe von Bedingungen erfüllt sein, damit die rational kalkulierenden Akteure nach dem Prinzip »Tit for Tat« handeln und dazu bereit sind, anderen durch Kooperation einen Vorteil zu gewähren, in der Erwartung, dadurch selbst in den Genuß der Vorteilsgewährung durch die Kooperation der anderen zu gelangen. Die Einzelstaaten müssen auf die Kooperation der anderen angewiesen sein, um Vorteile zu erzielen. Wer sich im Besitz von genügend Macht wähnt, um die anderen zur Hinnahme von Nachteilen zwingen zu können, wird einen eigenen Weg ohne Kooperation gehen. Wer sich von den anderen übervorteilt sieht, wird die Kooperation mangels Vertrauen verweigern. Außerdem müssen die Akteure ein gemeinsames Verständnis von einem fairen Austausch haben, d. h. gleiche Gerechtigkeitsmaßstäbe anwenden. Ebenso müssen sie dazu bereit sein, das Ausräumen von Konflikten gleichberechtigt vorzunehmen und gegebenenfalls auf eine von allen Seiten anerkannte, unabhängig entscheidende Rechtsinstanz zu übertragen, der sie für die Durchsetzung der Entscheidungen ein Gewaltmonopol übergeben. Weiterhin müssen sie untereinander so viel Solidarität pflegen, daß sie anderen ihre Unterstützung gewähren, wenn diese im Austausch übervorteilt worden sind. Wenn den Akteuren die faire Behandlung der anderen gleichgültig ist, dann ist Mißtrauen gegenüber dem Tauschpartner lebenswichtig, wodurch jedoch die Bereitschaft zur Kooperation erheblich gemindert wird.

11.2 Neorealismus

An den vielen Voraussetzungen, die der neoliberale Ansatz in Anschlag bringen muß, um das Zustandekommen und die dauerhafte Beibehaltung internationaler Kooperation aus dem Prinzip der Nutzenmaximierung der Einzelstaaten erklären zu können, ist ersichtlich, daß der Ansatz unvollständig ist und der Ergänzung um Faktoren bedarf, die selbst wieder theoretisch erfaßt werden müssen. Das gilt zunächst für den Faktor »Macht«, der im neoliberalen Ansatz nur als theoretisch nicht durchdrungene Residualkategorie eine Rolle spielt. Diesen Faktor stellt die neorealistische Schule in den Vordergrund. Zu ihren Quellen gehören vor allem Thukydides, Machiavelli und Hobbes (Morgenthau 1948/1973; Waltz 1979; Keohane 1986; Grieco 1988; Gilpin 1981; Krasner 1976; Huntington 1993, 1996; Elias 1939/1976). In deren Perspektive stellt sich das Feld internationaler Beziehungen nicht als eine Gelegenheit des Austauschs zum *allseitigen* Vorteil dar, sondern als eine Anarchie, angesichts derer sich einzelne Staaten nur auf Kosten anderer Vorteile verschaffen können. Der neoliberale Ansatz modelliert internationale Beziehungen so, daß alle Akteure ihre Vorteile durch Kooperation vermehren können, also die Summe der Vorteile nicht konstant bleibt, sondern durch Kooperation erhöht wird. Dagegen begreift der neorealistische Ansatz internationale Beziehungen als ein Nullsummenspiel. Einzelne Akteure können nur auf Kosten anderer ihren Nutzen steigern. Deshalb müssen sie mit dem Widerstand der anderen rechnen, den sie nur dann überwinden können, wenn sie über mehr Macht als die anderen verfügen oder die anderen über ihre Absichten bzw. ihr Machtpotential täuschen können. Die Einzelstaaten befinden sich demgemäß in einem Naturzustand, wie er von Thomas Hobbes (1651/1966) beschrieben wurde. Internationale Kooperation ist in einer solchen Situation nur unter zwei Bedingungen möglich: Machtgleichgewicht oder Hegemonie. Wenn alle Akteure genau gleich viel Macht besitzen, werden sie zu der Minimalkooperation gelangen, daß sie die jeweilige Existenz des anderen tolerieren. Wenn ein Akteur über mehr Macht verfügt als alle anderen zusammen, kann er die anderen zur Kooperation zu seinen Gunsten zwingen.

Auch dieses Modell der internationalen Kooperation setzt Bedingungen voraus, die es selbst nicht theoretisch durchleuchten kann.

Zunächst muß unterstellt werden, daß die einzelnen Staaten rational kalkulieren und ihren Nutzen maximieren wollen. Sind sie z. B. vom Ziel der Machtsteigerung besessen und handeln sie irrational, dann werden sie nicht kooperieren und sich auch in aussichtslose Machtkämpfe verstricken. Außerdem ist weder ein Machtgleichgewicht noch eine Hegemonie auf Dauer stabil, weil die einzelnen Akteure stets danach trachten werden, ihre Situation durch Machtsteigerung zu verbessern. In diesem Fall setzt sich der vorübergehend beendete Machtkampf gerade wieder fort. Machtgleichgewicht und Hegemonie können nur dadurch stabilisiert werden, daß sich die Akteure in der Überwachung der einmal getroffenen Vereinbarungen solidarisch zueinander verhalten und sich in der gemeinsamen Ahndung von Vertragsverletzungen einig sind. Anderenfalls ist die erste Vertragsverletzung Anlaß für einzelne Revancheaktionen, die wieder weitere Revancheaktionen veranlassen, so daß der Machtkampf erneut ausbricht. Die einzelnen Staaten werden außerdem jede Gelegenheit wahrnehmen, aus dem System auszubrechen, wenn sie mit den anderen nicht über die Maßstäbe der Verteilung von Nutzen und Lasten übereinstimmen.

11.3 Neoinstitutionalismus

Auch der neorealistische Ansatz zur Erklärung des Zustandekommens und der Aufrechterhaltung internationaler Kooperation erweist sich insofern in seiner Erklärungskraft als begrenzt. Neben der Nutzenkalkulation und den gemeinsamen Gerechtigkeitsmaßstäben muß eine minimale Solidarität in der gemeinsamen Ahndung von Vertragsverletzungen vorausgesetzt werden. Die Akteure müssen Institutionen der Regelung ihrer Beziehungen gemeinsam tragen und sich in der Überwachung ihrer Einhaltung solidarisch verhalten. Das ist der zentrale Faktor der neoinstitutionalistischen Schule, die man bis zu Grotius und Pufendorf zurückverfolgen kann. Sie wird vor allem von der »Britischen Schule der internationalen Beziehungen« repräsentiert, neuerdings auch von kommunitaristischen Ansätzen (Wendt und Duvall 1989; Bull 1977; Jones 1981; Brown 1992; Keck 1991). Das Prinzip »pacta sunt servanda« repräsentiert die grundlegendste Regel des institutionellen Rahmens internationaler Kooperation. Ohne einen solchen gemeinsam getragenen institutionellen Rahmen gleiten die internationalen Beziehungen schnell in die unberechenbare Situation zufälliger Interessenkonvergenz oder des Machtkampfes ab. Die institutionellen Regeln müssen den einzelnen Verhandlungen einen stabilen Rahmen geben, um überhaupt zu verläßlichen Ergebnissen zu kommen. Weder die Konvergenz von Interessen noch das Gleichgewicht der Macht noch eine Hegemonie können dafür als ausreichende Grundlage dienen, weil sie in sich nicht stabil sind. Es ist dafür ein minimales Maß der Vergemeinschaftung erforderlich, in der sich die einzelnen Staaten in der Wahrnehmung ihrer Rechte als Vertragspartner gegenseitig Beistand leisten, und zwar unabhängig von der momentanen Macht- und Interessenlage. Es handelt sich dabei um eine äußerst anspruchsvolle Voraussetzung der internationalen Kooperation, die weniger leicht herzustellen ist als die Schaffung allseitiger Vorteile oder der Einsatz von Macht.

Solidarität kann nicht von heute auf morgen hervorgebracht werden. Sie wächst nur langsam in Jahren der zunächst prekär bleibenden vertrauensbildenden Zusammenarbeit heran. Je länger die Kooperation jedoch andauert, um so mehr können Beziehungen entstehen, die über die bloße Interessenkonvergenz hinausgehen und den Charakter einer solidarischen Vergemeinschaftung annehmen, die auf einem *Gefühl* der Zusammengehörigkeit aufbaut und gegen den situativen Wechsel von Interessen und Macht stabil bleibt. Daran ist zu erkennen, daß Vergemeinschaftung auf globaler Ebene nicht als gegeben vorausgesetzt werden kann, vielmehr erst geschaffen werden muß, sich also nicht aus sich selbst heraus entfalten kann. Vielmehr steht die partikulare Vergemeinschaftung der Nationalstaaten dieser Entwicklung ja gerade entgegen. Andere Faktoren müssen deshalb Prozesse der Vergemeinschaftung auf globaler Ebene erst in Gang bringen. Eine zentrale Rolle spielt dabei die Übernahme von Führungsverantwortung durch einzelne Staaten, die ein vitales Interesse an internationaler Kooperation haben und über genug Macht verfügen, um strategisch wichtige Programme der Zusammenarbeit durchsetzen zu können.

Es muß ein gewisses Maß der Interessenkonvergenz und der Hegemonie vorhanden sein, um Prozesse der Vergemeinschaftung auf internationaler Ebene überhaupt erst in Gang setzen zu können. Dabei handelt es sich allerdings erst um den Anfang des

Prozesses, der selbst wiederum der besonderen Gestaltung bedarf, um einen globalen Vergemeinschaftungsprozeß auf den Weg zu bringen. Es müssen ja partikulare nationale Solidaritätsgrenzen gesprengt werden, um supranationale und globale Solidarität entstehen zu lassen. Es ist die Aufgabe von Eliten, die Verantwortung dafür zu übernehmen. Einerseits müssen sie das Vertrauen der nationalen Bevölkerungen behalten, andererseits müssen sie das Vertrauen anderer Akteure im internationalen Feld gewinnen, die dieses Vertrauen wieder in ihre nationale Gemeinschaft hineintragen müssen. Dabei kann es leicht passieren, daß die Akteure auf dem internationalen Parkett zwar Fortschritte in der Zusammenarbeit erzielen, aber die Bodenhaftung verlieren, so daß ihre Vereinbarungen in der Luft hängen und in den nationalen Arenen der Politik durch den Widerstand entgegenstehender Interessen verwässert werden oder sogar ganz scheitern.

Hier liegt eines der Hauptprobleme der globalen Vergemeinschaftung. Es bildet sich zwar in der politischen Führung der Einzelstaaten eine Bereitschaft zur Teilnahme an globaler Führungsverantwortung und in den internationalen Vereinigungen von Wissenschaftlern, Umweltschützern und humanitären Aktivisten ein Ansatz der globalen Vergemeinschaftung heraus, beide handeln jedoch als eine Avantgarde, die zunächst eher eine Spaltung der nationalen Gesellschaften in eine global denkende Modernisierungselite und eine um so heftiger auf nationale Solidarität pochende Masse erzeugt, als daß sie die Masse auf den Weg in eine umfassende Weltgemeinschaft bringen würde. Hier kommt es auf die erfolgreiche Wahrnehmung von Führungsverantwortung nach unten und oben an. Einerseits müssen die Modernisierungseliten nach unten glaubwürdig ihre Bereitschaft zeigen, Gewinne und Lasten der Globalisierung mit der weniger mobilen Masse zu teilen. Andererseits müssen sie die Masse in den globalen Vergemeinschaftungsprozeß einbeziehen, um auf globaler Ebene gegenüber den anderen globalen Akteuren Glaubwürdigkeit zu erlangen. Nur unter dieser Bedingung vollzieht sich globale Vergemeinschaftung nicht nur als das Knüpfen eines Netzwerks von Modernisierungseliten auf Kosten der Masse der Bevölkerungen der einzelnen Nationalstaaten. Und nur auf diese Weise bietet sich für die Masse der Bevölkerung die Lernchance, Solidarität über nationale Grenzen hinweg zu erweitern.

Die in Umrissen sich so herausbildende Weltgemeinschaft ist

mehr als ein Völkerbund im Sinne einer Vereinigung souveräner Staaten. Die Gemeinschaftsbeziehungen bestehen nämlich nicht nur zwischen den Repräsentanten von Staaten als in sich geschlossenen solidarischen Einheiten, sondern sie greifen auf die Ebene der Beziehungen zwischen substaatlichen Vereinigungen und einzelnen Bürgern durch. Es entsteht auf diese Weise eine transnationale Zivilgesellschaft, in deren Netzwerk die internationale Kooperation eingebettet werden kann. In dem Maße, in dem von Pionieren der Solidaritätsproduktion transnationale Solidaritätsnetzwerke geknüpft werden, entwickelt sich jener Humus an Solidarität, auf dem gemeinsame Institutionen der internationalen Konfliktbewältigung erst verbindliche Geltung erlangen können. Transnationale Netzwerke der Solidarität öffnen die Herzen der Bürger der einzelnen Staaten für Notlagen jenseits von Staatsgrenzen und ermöglichen es ihren Repräsentanten, gemeinsame Lösungen für gemeinsame Probleme zu finden. Nur so können die Problemlösungen zu mehr gelangen als zu einem Interessenkompromiß nach Machtverhältnissen und sich einem gemeinsamen Guten nähern.

Transnationale Vereinigungen bilden die Speerspitze einer weltbürgerlichen Gemeinschaft, die über die Respektierung von Menschen- und Bürgerrechten wacht und in dem Maße, in dem sich die transnationalen Beziehungen vertiefen und verbreitern, auch die vielen partikularen Ideen des guten Lebens zu einem zusammenhängenden Flickenteppich verweben kann. Die gemeinsam getragenen Menschen- und Bürgerrechte bilden die Hauptfäden, die sich durch alle kulturellen Traditionen hindurchziehen, aber unter deren Einfluß eine spezifische Färbung annehmen. Je mehr sich tatsächlich eine transnationale Zivilgesellschaft, eine weltbürgerliche Gemeinschaft, herausbildet, um so mehr können die Vereinten Nationen dieser Entwicklung Rechnung tragen und über ihre einzelnen Mitgliedsstaaten hinaus die Gewähr für die Einhaltung der Menschenrechte übernehmen (Archibugi und Held 1995). Zu diesem Zweck müßten sie mit einer eigenen Sanktionsgewalt ausgestattet werden. Der internationale Gerichtshof in Den Haag müßte mehr sein als eine Schiedsstelle des Völkerrechts und die Gestalt einer Rechtsinstanz annehmen, deren Schutz von jedem Weltbürger auch gegen die eigene Regierung seines Staates in Anspruch genommen werden kann. Eine Voraussetzung dieser Entwicklung wäre die Preisgabe der Nichteinmischungsklausel nach Artikel 2,7 der Charta der Vereinten Nationen im Falle von Menschenrechtsverletzungen. Das Gerichtsverfahren stellt sicher, daß Eingriffe in die Souveränität von Einzelstaaten nicht einfach im Namen einer »höheren Moral« vorgenommen werden können, sondern der *rechtsförmigen* Begründung in einem formalen Rechtsverfahren bedürfen. Wie Habermas in Auseinandersetzung mit Carl Schmitt dargelegt hat, geht es dabei nicht um eine unvermittelte »Moralisierung« der internationalen Politik, sondern um die Vermittlung zwischen Moral und Politik durch das Recht mit allen Konsequenzen der Durchführung formaler Rechtsverfahren. Dabei ist davon auszugehen, daß es sich bei den Menschenrechten nicht einfach um moralisch begründete Rechte ohne Sanktionspotential handelt, sondern um rechtlich konstituierte und einklagbare subjektive Rechte (Habermas 1996: 226-236; Schmitt 1932/1979, 1938/1988).

Soziale Integration kann auf globaler Ebene nur dann eine Qualität erreichen, die derjenigen der modernen nationalen Bürgergemeinschaften entspricht, wenn die Beziehungen zwischen den Staaten in den Rahmen einer transnationalen Zivilgesellschaft mit dem Charakter einer weltbürgerlichen Gemeinschaft eingebettet werden. Die elementaren Einheiten dieser Gemeinschaft sind nicht die Staaten, sondern die einzelnen Bürger. Ihre Träger sind die transnationalen Vereinigungen. Die Vertragssubjekte entsprechender Vereinbarungen der Vereinten Nationen wären allerdings weiterhin deren Mitgliedsstaaten.

Eine solche Konstruktion der Vereinten Nationen entspräche insofern Immanuel Kants (1795/1964d) Idee einer weltweiten Föderation von Republiken, als souveräne Staaten über ihre Mitgliedschaft in den Vereinten Nationen und ihre Zustimmung zu ihren Grundsätzen entscheiden. Sie ginge aber insofern darüber hinaus, als die Staatengemeinschaft als ganze Sanktionsgewalt über die Einhaltung der Menschen- und Bürgerrechte in allen Mitgliedsstaaten ausüben und die Föderation der Staaten durch eine weltbürgerliche Gemeinschaft untermauert würde. Die drei Bedingungen, die Kant als förderlich für die Herausbildung einer weltweiten Staatenföderation zwecks Erhaltung des Friedens betrachtet hat, tragen auch zur Entwicklung einer weltbürgerlichen Gemeinschaft bei, dies allerdings mit denselben Einschränkungen, die für die Konstitution der Staatenföderation gelten:
(1) Die Regierungen von Republiken werden von ihren Völkern

zum Verzicht auf kriegerische Auseinandersetzungen gezwungen, weil diese nicht die verheerenden Folgen von Kriegen tragen wollen.

(2) Der weltweite Handel schafft Bindungen über Staatsgrenzen hinaus.

(3) Bürgerliche Öffentlichkeiten zwingen zu ehrlichem Handeln und zu reflektierten Entscheidungen, die nicht nur der Klugheit folgen, sondern sich auch an Maßstäben der Vernunft messen lassen.

Die Geschichte der modernen Nationalstaaten zeigt indessen, daß auch Republiken zu extremen Formen des Nationalismus neigen können. Der Welthandel erzeugt nicht nur globale Bindungen, sondern auch globale Ungleichheiten, Konflikte und ökologische Gefährdungen. Bürgerliche Öffentlichkeiten bleiben weitgehend an nationale Solidarität gebunden. Dennoch gibt es aber auch transnational verbindende Effekte der Ausbreitung der republikanischen Regierungsform, des Welthandels und der bürgerlichen Öffentlichkeit.

In unserer Welt geht es jedoch nicht mehr allein um die Erhaltung des Friedens, sondern einerseits um die weltweite Verwirklichung von Menschen- und Bürgerrechten und andererseits um die Erhaltung der Welt als gemeinsamer Lebensraum. Beide Seiten stehen insofern miteinander in Konflikt, als die weltweite Emanzipation in eine Form des wirtschaftlichen Wachstums gegossen wurde, die zugleich die gemeinsamen ökologischen Lebensgrundlagen zu zerstören drohen. Der Zwang zu gemeinsamem Handeln ist deshalb viel größer als Kant gedacht hatte. Infolgedessen besteht auch ein größerer Bedarf an der Herausbildung einer weltbürgerlichen Gemeinschaft über die Föderation von Staaten hinaus. Die transnationalen Netzwerke von Wissenschaftlergemeinschaften, humanitären Organisationen, Umweltverbänden und Medien bieten eine erste Basis für eine solche weltbürgerliche Gemeinschaft. Sie stellen einerseits einen weltweiten Solidaritätszusammenhang her, andererseits schaffen sie die Ansätze einer grenzüberschreitenden weltweiten Öffentlichkeit (Habermas 1996: 208-226). In ihrem Rahmen geht es allerdings nicht nur um eine gerechte Weltordnung und um die Verwirklichung von Menschenrechten, sondern um die Entwicklung eines global tragfähigen Konzeptes des guten Zusammenlebens.

Es wird so möglich, die Grenzen eines Nullsummenspiels zu

sprengen und Solidarität wachsen zu lassen. Die Modernisierungseliten spielen dabei eine außerordentlich verantwortungs-
volle Rolle. Sie müssen bei ihren nationalen Bevölkerungen einen
Solidaritätskredit einwerben, den sie wiederum in der Wahrnehmung von globaler Führungsverantwortung in globale Vereinbarungen umsetzen müssen, die zu einem Wachstum von Solidarität
im globalen System führen, an der wiederum die kreditgebenden
nationalen Bevölkerungen teilhaben können, wodurch deren Kreditvergabe Zinsen in gesteigerter globaler Solidarität einbringt.
Innovative globale Vereinbarungen überschreiten dabei in der Regel das Volumen der unmittelbar rückzahlbaren Unterstützung
durch die nationalen Bevölkerungen. D. h., wenn die nationalen
Bevölkerungen stets hier und heute eine Verzinsung ihres Kredits
verlangten, könnten globale Vereinbarungen nicht zustande kommen. D. h., solche Vereinbarungen leben davon, daß die nationalen Bevölkerungen auf eine spätere Verzinsung vertrauen, ohne
dafür hier und jetzt sichere Evidenzen zu haben.
Evidenzlücken müssen durch vertrauensbildende Maßnahmen
der Modernisierungselite geschlossen werden. Wenn das nicht gelingt, kommt es immer wieder zu vorzeitigen Rückforderungen
des Kredits durch Vertrauensentzug, Politikverdrossenheit, Pro-
test, Widerstand und nationalistische Gegenbewegungen. Der von
der Modernisierungselite eingesetzte Einfluß zur Mobilisierung
von Unterstützung von unten und zur Sicherung von Kooperation bei ihren Verhandlungspartnern gerät dann in eine Inflations-
Deflations-Spirale. Zunächst bedeutet das Überziehen des Kredits, daß Einfluß in Anspruch genommen wird, dem keine tatsächliche Unterstützung und Kooperation entspricht. Dadurch
wird der beanspruchte Einfluß entwertet und bewirkt immer weniger Unterstützung und Kooperation. Je weiter der inflationäre
Prozeß fortschreitet, um so mehr schwindet das Vertrauen in geltend gemachten Einfluß, der dann durch den Rekurs auf sichere
partikulare, nationale Solidarität ersetzt wird. In dieser Situation
findet nur noch der Appell an die nationale Solidarität Gehör,
wodurch das globale System in antagonistische nationale Solidaritäten zerfällt und sich von der Produktion globaler Solidarität
immer weiter entfernt. Es bedarf dann eines völlig neuen Anfangs,
um durch neue Initiativen der Wahrnehmung globaler Führungsverantwortung die Produktion globaler Solidarität wieder in
Gang zu bringen.

Wir befinden uns gegenwärtig in der prekären Situation einer einseitigen ökonomischen Globalisierung durch die Führungselite des industriellen Managements, mit dem die politische und die intellektuell-moralische Führung nicht Schritt hält, wodurch das Band zur Masse der Bevölkerung zerreißt und wir uns auf eine Situation zubewegen, in der das Überziehen der Kredite massenhafte Kreditrückforderung hervorruft und uns in eine Inflations-Deflations-Spirale mit dem Ergebnis extremer nationalistischer Gegenbewegungen hineinreißt.

Die Wahrnehmung von globaler Führungsverantwortung findet indessen nicht in einem luftleeren Raum statt, in dem es nur um Gewinnmaximierung, Machtsteigerung oder Solidaritätswachstum an sich geht. Wer Unterstützung für globale Vereinbarungen gewährt, will mehr als nur Wachstum von Macht und Solidarität haben. Er bzw. sie will auch wissen, wie die neue Welt aussehen wird, in der er bzw. sie in Zukunft leben soll. Die bloße Vermehrung von Gütern und ihren symbolischen Äquivalenten ergibt noch kein Konzept des guten Lebens und auch nicht der gerechten Ordnung. Die Frage nach dem Guten und Gerechten in der neuen Welt wird um so mehr gestellt, je mehr ihre bisher nationalstaatlich verankerten Verwirklichungen erodieren und das Gefühl hinterlassen, in einer Welt zu leben, die weder gut noch gerecht ist, vielmehr die letzten Reste davon durch den total entfesselten ökonomischen Wettbewerb hinweggefegt werden.

Die Modernisierungselite steht insofern unter einem Legitimationsdruck, dem sie gegenwärtig kaum gerecht wird. Die allseits benutzten Phrasen von der Wiedergewinnung der Wettbewerbsfähigkeit durch ein Fitneßprogramm für alle Lebens- und Funktionsbereiche der Gesellschaft, von der Krabbelstube bis zum Altenpflegeheim, um den »Wohlstand« zu sichern, dringen zwar ans Ohr und erreichen den zweckrational eingestellten Verstand, sie befriedigen aber weder unser Gefühl noch die Vernunft. Es handelt sich ja um ein Fitneßprogramm, das gewiß dem Zweck der gesteigerten Wettbewerbsfähigkeit dienlich ist, aber keineswegs beanspruchen kann, daß wir danach in einer besseren und gerechteren Welt leben werden. Statt dessen mehren sich die Zeichen, daß sich auf diese Weise die Negativseiten des Kapitalismus entfalten, ohne durch gleichstarke Gegenkräfte in Grenzen gehalten zu werden. Die Menschen werden in einen immer gnadenloseren Wettbewerb hineingezogen, der sie auf den Status von Produzenten reduziert; und sie werden von einer Flut an Waren und Dienstleistungen begleitet, von Werbung total überschwemmt, die ihnen neben der Produzentenrolle nur noch die Konsumentenrolle überlassen. Jeglicher sonstiger menschlicher Eigenschaften beraubt, verlieren sie als Produzenten und Konsumenten jede Chance, überhaupt das gemeinsame Leben nach Maßstäben des Guten und Gerechten einzurichten.

11.4 Neoidealismus

Aus der Summe der in der Welt angebotenen Waren und Dienstleistungen ergibt sich auf jeden Fall weder ein Konzept des guten Lebens noch ein Konzept der gerechten Ordnung. Die Suche nach diesen Konzepten ist genau der Gegenstand einer vierten Schule zum Verstehen und Erklären internationaler und globaler Kooperation. Es handelt sich dabei um den neoidealistischen Ansatz, dessen Anfänge auf Kants Idee eines Weltbürgertums als Basis der Föderation von Republiken zurückgehen (Kant 1784b/1964b, 1795/1964d). Die von Jürgen Habermas entwikkelte Diskursethik führt diesen Ansatz auf dem heutigen Diskussionsniveau fort (Habermas 1992, 1996; Jahn 1995; Jachtenfuchs 1995; Schmalz-Bruns 1995; Herz 1974; Haas 1989). Das Heranreifen durch Bildung und Aufklärung befähigt die Bürger zur gemeinsamen Reflexion über das gute Leben und die gerechte Ordnung. Innerhalb einer republikanischen Verfassung lernen sie, ihre Rechte gegenseitig zu respektieren. Insofern als Aufklärung sie auf den Stand eines universellen Menschentums hebt, werden sie auch befähigt, die Geltung universeller Menschenrechte einzusehen.

Aufklärung setzt Diskurse voraus, in denen jedermann/frau Behauptungen aufstellen und Kritik an Behauptungen üben darf und nur solche Behauptungen als vorläufig gültig betrachtet werden, die systematischer Kritik standgehalten haben. Sofern Diskurse in eine Tradition des guten Lebens eingebettet sind und diese nicht in Frage stellen, dienen sie der gegenseitigen Verständigung darüber, was »Fortsetzung des traditionell guten Lebens unter veränderten Bedingungen« heißt. Greifen sie über alle Tradition hinaus, dann fragen sie nicht mehr nach dem guten Leben, von dem es je nach Tradition verschiedene Varianten geben kann, sondern nach der gerechten Ordnung jenseits aller Ideen des guten Lebens. Dazwischen liegen alle Konkretisierungen der Gerechtigkeit, die zwar von universellen Maßstäben ausgehen, real aber immer in vorhandene Traditionen des guten Lebens eingebettet sind. In diesem Sinne existiert keine universell gültige Idee der Gerechtigkeit real, sondern immer nur eine Konkretisierung der Idee im Bett einer partikularen Tradition. Um Gerechtigkeit zu verwirklichen, müssen deshalb Traditionen vorhanden sein, in die sie eingebettet wird. Einbetten heißt aber nicht »unterwerfen«, weil universelle Gerechtigkeitsideen darauf hinwirken, die engen Grenzen ihres Bettes zu sprengen und näher an den Gehalt der universellen Ideen heranzuführen.

Mit der Tradition des guten Lebens haben wir die erste Bedingung genannt, auf die jede Verwirklichung von universellen Gerechtigkeitsideen angewiesen ist, weil sie sonst keine Achtung finden. Das heißt vor allem, daß die moralische Globalisierung im Sinne der Verwirklichung von globaler Gerechtigkeit nicht zum Erfolg kommen kann, wenn es ihren intellektuellen Verfechtern nicht gelingt, die Idee der globalen Gerechtigkeit so mit den in den einzelnen nationalen Gesellschaften vorhandenen Traditionen des guten Lebens zu verknüpfen, daß diese nicht einfach zerstört werden, sondern eine Fortsetzung auf einer neuen Ebene finden. Globale Sozialpolitik kann nur dann Wurzeln schlagen, wenn nationale Sozialpolitik dafür nicht preisgegeben werden muß, sondern statt dessen in einen umfassenden Kontext gestellt wird. Außerdem ergeben sich aus abstrakten Gerechtigkeitsmaßstäben überhaupt noch keine Hinweise auf gutes Leben. Solche Hinweise können nur aus gewachsenen und eingelebten Traditionen geschöpft werden. Man mag sich insofern zwar auf globale Gerechtigkeitsmaßstäbe einigen können, wie wir überhaupt leben wollen, läßt sich jedoch auf globaler Ebene nicht abstrakt bestimmen. Es kann nur aus vielen einzelnen Traditionen in einem langen Prozeß zusammenwachsen. Es handelt sich dabei nicht um ein Aufheben des Partikularen im Universellen, sondern um das Verweben eines Flickenteppichs einzelner Traditionen, so daß die Klüfte zwischen den Traditionen in dem Sinne überbrückt werden, daß man sich gegenseitig überhaupt verstehen und in seinem kulturellen Eigenleben respektieren kann, dabei aber die Traditionen fortbestehen können. Sowohl die rigorose Durchsetzung des moralischen Universalismus als auch die ungehemmte Ausbreitung des wirtschaftlichen Wettbewerbs wirken auf die Zerstörung dieses Flickenteppichs hin, ohne daß sie selbst die sozialintegrativen Ressourcen bereitstellen können, die in diesen Traditionen enthalten sind.

Traditionen des guten Lebens ruhen in einer sich stets ändernden Welt nicht in sich selbst, universelle Gerechtigkeitsmaßstäbe verwirklichen sich nicht von selbst. Beide bedürfen der Einbeziehung in den Globalisierungsprozeß durch die Wahrnehmung von Führungsverantwortung durch die Modernisierungselite. Beide drohen ins Abseits gedrängt zu werden, wenn der Globalisierungsdiskurs nur durch die Sprache des industriellen Managements diktiert wird und dementsprechend keinen anderen Sinn und Legitimationsgrund zuläßt als die Erhaltung und Steigerung von Wettbewerbsfähigkeit beim Aufbau einer globalen Konsumgesellschaft, ohne jegliches Konzept des guten Lebens und der gerechten Ordnung. Wenn auf staatlicher Ebene die Führungsverantwortung allein den Vereinigten Staaten von Amerika übertragen wird und etwa den europäischen Staaten unter dem Diktat der Standortdebatte nichts anderes einfällt, als die Erfolgsstrategie der USA in der totalen Flexibilisierung des Arbeitsmarktes nachzuahmen, dann liegt es nahe, daß der *American way of life* zur global bestimmenden Form des guten Lebens wird. In Europa herrschten bisher noch andere Konzepte des guten Lebens. Sie haben keine Überlebenschance, wenn die Europäische Union keine mit den USA gleichrangige Führungsverantwortung in der Gestaltung der globalen Ordnung übernimmt und außerdem dem ökonomischen Fehlschluß aufsitzt, daß aus dem globalen Wettbewerb von allein das gute Leben entspringt.

Ein Beispiel bietet der Streit zwischen der Europäischen Union und den USA um den Import von hormonbehandeltem Rindfleisch. Seit 1988 ist in der EU der Einsatz von Hormonen in der Rindermast verboten, seit 1989 die Einfuhr von hormonbehandeltem Rindfleisch untersagt. In den USA bestehen diese Restriktionen nicht, weil dort die gesundheitsschädigende Wirkung auf den Menschen nach Lage wissenschaftlicher Untersuchungen nicht als erwiesen gilt. Als Gegenmaßnahme zu den verminderten Exportchancen ihrer Farmer erheben die USA seit Jahren Strafzölle auf Agrarprodukte aus der EU. Inzwischen hat die Schiedsstelle der WTO den USA recht gegeben, weil die Unterscheidung zwischen hormonbehandeltem und anderem Fleisch willkürlich und ungerechtfertigt sei. Selbst eine Kennzeichnungspflicht wird nicht leicht durchzusetzen sein (*Süddeutsche Zeitung* 1997b: 27). Es zeigt sich darin, wie eng der Gestaltungsspielraum selbst für die supranationale Politik wird, wenn dem freien Warenverkehr die Priorität vor allen anderen Maßstäben des guten Lebens gegeben wird. Dabei kommt es noch nicht einmal darauf an, ob nun von hormonbehandeltem Fleisch eine Gefahr für die Gesundheit der Verbraucher ausgeht oder nicht. Wenn die Europäer meinen, daß sie kein hormonbehandeltes Fleisch essen wollen, dann kann dies auch als eine für sich geltende Wertentscheidung betrachtet werden. Sie können solche Entscheidungen jedoch nicht mehr souverän treffen, wenn sie sich in die Obhut des freien Welthandels begeben. Um aber aus dessen Naturwüchsigkeit herauszukommen, bleibt ihnen gar nichts anderes übrig, als genau diese Wertentscheidung zum Gegenstand globaler Verständigung zu machen, indem z. B. die Weltgesundheitsorganisation mit dem Konflikt beschäftigt und die Welthandelsorganisation in einen umfassenderen Verständigungsprozeß eingebettet wird, der sich nicht allein von der Idee des Freihandels, sondern auch von anderen Wertmaßstäben leiten läßt.

Die Wahrnehmung von Führungsverantwortung beruht immer auf verfügbarer Macht. In diesem Sinne kommt allerdings auch das neoidealistische Paradigma nicht ohne eine Anleihe beim neorealistischen Ansatz aus. Diese Macht bedarf aber der Verknüpfung mit dem Setzen von Anreizen für Kooperationspartner, mit der Produktion von Solidarität nach unten und oben und mit der Legitimation des einzuschlagenden Weges durch die gewachsenen, integrationsverbürgenden Traditionen des guten Lebens und die Gerechtigkeitsmaßstäbe einer universellen Moral.

Wenn die Europäische Union an der globalen Führungsverantwortung teilhaben will, dann wird sie auch ihre Macht einsetzen müssen und die momentan herrschende Einseitigkeit des ökonomischen Diskurses zugunsten eines ausgewogeneren Konzeptes der Globalisierung überwinden müssen. Zu einem solchen ausgewogenen Konzept gehört insbesondere die Erhaltung der Vielfalt ihrer Traditionen des guten Lebens und deren Einbettung in einen globalen Flickenteppich von Traditionen im Rahmen einer gerechten Weltordnung.

Das neorealistische Element in allen Auseinandersetzungen über die in gewachsenen kulturellen Traditionen enthaltenen Konzepte des guten Lebens zwingt uns jedoch nicht zu der Verallgemeinerung, daß der Machtkampf zwischen den Nationalstaaten nun durch einen Machtkampf zwischen den Kulturen ersetzt werde. Diese in der jüngsten Vergangenheit vielbeachtete These von Samuel P. Huntington beginnt schon mit der Vereinfachung, daß es sich bei der westlichen europäisch-amerikanischen Kultur um eine in sich homogene Kultur handelt (Huntington 1993, 1996). Ihr Charakteristikum ist gerade auch ihre innere Heterogenität, die allerdings um so mehr abgeschliffen wird, je mehr sich die Globalisierung allgemein unter ökonomischen Vorzeichen vollzieht und je mehr gerade dadurch die kulturelle Rücksichtslosigkeit des modernen Kapitalismus die Abwehrreaktion der nichtwestlichen Kulturen hervorruft und ihrerseits den Westen unter ein gemeinsames Dach zwingt. Zu solchen Schlüssen kann man allerdings nur aus Huntingtons neorealistisch verengter Perspektive gelangen, in der die Globalisierung in der Tat nur als Machtkampf begriffen werden kann.

Schlußbemerkungen

Globalisierung kann mehr sein als Machtkampf. Um diesen zu überwinden, müssen wir Globalisierung als das Knüpfen eines Flickenteppichs von kulturellen Traditionen des guten Lebens mit einem Eigenrecht im Rahmen einer gerechten Weltordnung verstehen, in die es den globalen ökonomischen Wettbewerb einzubetten gilt. Wenn die mächtigeren Staaten und Staatengemeinschaften, etwa die OECD-Staaten, die Führungsverantwortung in der Gestaltung der Globalisierung übernehmen, dann kann dies nur unter der Bedingung zu einem ausgewogenen Ergebnis führen, daß sie diese Führungsverantwortung nicht allein im Interesse einer Durchkapitalisierung der Welt wahrnehmen, sondern auch im Interesse der Integration einer Vielfalt von Konzepten des guten Lebens in eine gerechte Weltordnung. In einem solchen Rahmen impliziert der nächste Schritt der Modernisierung keinen Kampf der Kulturen, sondern die Entwicklung der Kulturen zu einem gemeinsam geteilten Leben.

12. Zwischen Liberalismus und Republikanismus: Demokratie im globalen System

Einleitung

Angesichts des Souveränitätsverlustes der Nationalstaaten infolge der Globalisierung von Märkten, Kommunikationsnetzen und ökologischen Risiken setzen wir nun auf die Demokratisierung der Europäischen Union und über diese hinaus auch der Vereinten Nationen. Das ist allerdings leichter gesagt als getan. Die Frage, ob Demokratie im Netz der globalen Waren-, Dienstleistungs- und Kommunikationsströme überhaupt eine Zukunft hat, muß erst einmal genauer untersucht werden (Knieper 1991; Narr und Schubert 1994, Koch 1995, Axford 1995: 123-151, Hirst and Thompson 1996).

Selbst Jürgen Habermas packen nach dem eindringlichen Votum, daß wir angesichts des Souveränitätsverlustes des Nationalstaates gar keine andere Chance haben, als auf die Demokratisierung der Europäischen Union und darüber hinaus der Vereinten Nationen zu setzen, die Zweifel, ob ein solches europäisches und globales Demokratisierungsprogramm überhaupt in die Tat umgesetzt werden kann: »Dem lichten Gedanken an supranationale Handlungskapazitäten, die die Vereinten Nationen und deren regionale Organisationen in den Stand setzen würden, eine neue Welt- und Weltwirtschaftsordnung in Angriff zu nehmen, folgt der Schatten der beunruhigenden Frage, ob überhaupt eine demokratische Meinungs- und Willensbildung über die nationalstaatliche Integrationsstufe hinaus bindende Kraft erlangen kann.« (Habermas 1996: 153)

Jean-Marie Guéhenno gibt auf diese Frage eine klare Antwort: Sie lautet: nein. Für ihn ist der Streit um den europäischen Bundesstaat oder Staatenbund, aber auch das Festhalten am Nationalstaat schlicht gegenstandslos, weil es im Zeitalter der globalen Netze keinen Platz für Demokratie mehr gibt (Guéhenno 1994; ähnlich: Narr und Schubert 1994; Koch 1995). Das sind starke Worte, die wir ohne Begründung sicherlich nicht akzeptieren können. Welche Gründe führt Guéhenno für seine radikale These ins Feld? Um diese Frage beantworten zu können, müssen wir klären, von welchem Begriff der Demokratie er in seiner Untersuchung ausgeht und ob uns andere Begriffe der Demokratie aus dem von Guéhenno konstatierten Dilemma herausretten können.

12.1 Republikanische Demokratie

Obwohl Guéhenno seine demokratietheoretischen Prämissen nicht explizit formuliert, läßt sich unschwer erkennen, daß er seiner Untersuchung ein auf Jean-Jacques Rousseau zurückgehendes republikanisches Modell der Demokratie zugrunde legt (Rousseau 1762/1964). Nach diesem Modell liegt der Sinn der Demokratie darin, daß sich Menschen zusammenschließen, um ein politisches Gemeinwesen zu bilden. Ein starkes politisches Gemeinwesen befähigt sie, über die partikularen Interessen ihres Daseins als bourgeois (Privatbürger) hinauszuschauen, sie zu transzendieren. In der Rolle der citoyens (Staatsbürger) diskutieren und beschließen sie, wie sie leben wollen; sie verstehen dabei, das Allgemeininteresse von den vielen Einzelinteressen zu scheiden. Demokratie ist in diesem Verständnis der Ort der gemeinsamen Entscheidung über das gemeinsame Leben nach dem Prinzip des Allgemeinwillens. Damit diese Form der Demokratie möglich ist, muß das Handeln der einzelnen im politischen Gemeinwesen ein Zentrum haben, das genug bindende Kraft hat, um alle Lebens- und Funktionsbereiche durchdringen zu können. Die Grenzen wirtschaftlicher Aktivitäten, solidarischer Beziehungen, kultureller Kommunikationen und politischer Auseinandersetzungen müssen mit den Grenzen des politischen Gemeinwesens konvergieren, und zwar nach innen wie nach außen. Weder darf das Gemeinwesen in sich zu stark in Einzelgruppen gespalten sein, noch darf es in seiner Souveränität durch äußere Verflechtungen der Mitglieder beschränkt werden. Guéhenno meint, daß der Nationalstaat diese Voraussetzungen von Demokratie insoweit annähernd erfüllt hat, als er innere Spaltungen überwunden und territoriale Souveränität errungen hat. Dabei setzt er auf den in der Französischen Revolution von 1789 geborenen politischen Begriff der Nation, nach dem eine Nation aus dem Zusammenschluß einzelner Bürger zu einem politischen Gemeinwesen entsteht, wo-

durch sie ihre unterschiedliche Herkunft zugunsten der Bürgergemeinschaft hinter sich lassen (Renan 1947). Dieser politische Begriff der Nation unterscheidet sich deutlich und bewußt vom ethnisch-kulturellen Begriff der Nation, der beginnend mit Herder in
Deutschland das Denken bestimmt hat und noch bestimmt (Meinecke 1907/1962).

Die Verknüpfung von Nation, Territorialstaat und Republik ist in
Guéhennos Augen der Garant von Demokratie, weil sie ein politisches Gemeinwesen herausgebildet hat, das den Staatsbürgern
die Souveränität der gemeinsamen Entscheidung über ihr gemeinsames Leben gegeben hat (Guéhenno 1994: 17-37). Mit dieser
Souveränität ist es vorbei, wenn sich jeder der demokratischen
Entscheidung und Einbindung in das gemeinsam bestimmte Leben durch die Verlagerung von Kapital, Dienstleistung, Arbeit,
Arbeitsplätzen, Solidaritätsbeziehungen und Kommunikation
über die Grenzen des politischen Gemeinwesens hinaus entziehen
kann. Das politische Gemeinwesen verliert dann die Souveränität
der Steuererhebung, der solidarischen Einbindung, der Definition
des Richtigen und Guten. Die Staaten werden in eine grenzenlose
Konkurrenz um Kapital, Dienstleistungen, Arbeit und Arbeitsplätze hineingezogen. Selbst Definitionen des moralisch Richtigen und des guten Lebens werden dieser Konkurrenz um das
nackte Überleben ausgesetzt. Moralische Tabus müssen im Interesse der Konkurrenzfähigkeit gebrochen, gewachsene Lebenswelten umgestülpt werden. Schumpeters Modell des Unternehmers, der dem Preisdruck einer wachsenden Zahl gleichrangiger
Konkurrenten durch immer wieder neue schöpferische Zerstörung des Alten durch das Neue begegnet, greift in alle Lebensbereiche hinein und unterwirft sie einem permanenten Wandel,
dessen Richtung sich jeder demokratischen Entscheidung der
Staatsbürger, wie sie überhaupt leben wollen, entzieht. Für den
modernen Ökonomen ist das eine Selbstverständlichkeit:
»Durchschlagende Verbesserungen der eigenen Situation und
deutliche Vorsprünge im Markt sind meist erst dann möglich,
wenn, wie im Falle IBM geschehen, die bestehenden Strukturen
und Firmenkulturen auf dem Müll der Firmengeschichte entsorgt
werden. Nach Schumpeter entsteht ohne radikalen Wandel keine
Kreativität. Kreativität bedeutet die Ablösung vorherrschender
Denkmodelle. Die Zerstörung des Alten wird zur Selbstverständlichkeit. Innovation ist die kreative Zerstörung des Bestehenden

durch den Unternehmer.« (Wildemann 1997; vgl. Schumpeter 1911/1964)

Das Problem dieser geballten Kreativität besteht darin, daß ihrer zerstörerischen Wirkung keine Grenzen dadurch gesetzt werden können, daß die Menschen überhaupt gemeinsam darüber reflektieren und entscheiden, was sie bewahren und was sie erneuern wollen. Die schöpferische Zerstörung geschieht in vielen kleinen Einzelentscheidungen, ohne daß jemals das ganze Werk der Umwälzung des Lebens überhaupt in den Blick genommen und darüber gemeinsam beschlossen werden kann. Der globale Markt befreit den einzelnen von allen bisherigen staatlichen Fesseln und vervielfacht seine Optionen. Seine Wahlfreiheit wächst ins Unermeßliche. Er wird so zum allumfassenden Konsumenten eines unerschöpflichen Angebots an Waren, Dienstleistungen und persönlichen Lebensstilen. Die Freiheit des Staatsbürgers, der zusammen mit seinen Staatsbürgergenossen die Art und Weise bestimmt, in der sie leben wollen, verliert er dagegen ganz und gar. Die gewachsene Freiheit des Konsumenten erweist sich jedoch als fataler Selbstbetrug, weil die vielen »souveränen« Einzelentscheidungen aller anderen Konsumenten und Investoren des globalen Marktes letzten Endes in voller Härte in das Leben des einzelnen eingreifen und ihn zum machtlosen Opfer ihrer externen Effekte machen. Das Ende der Demokratie bedeutet dementsprechend das Ende der Freiheit im Rousseauschen Sinn.

Nach Guéhennos Argumentation kann diese politische Freiheit weder auf der Ebene der Europäischen Union noch auf der Ebene der Vereinten Nationen wiedergewonnen werden. Die Europäische Union ist zwar ein Verdichtungszentrum wirtschaftlicher Transaktionen, aber kein politisches Gemeinwesen mit der nötigen Souveränität der demokratischen Entscheidung nach dem Allgemeininteresse der EU-Staatsbürger. Sie kann ein solches souveränes Gemeinwesen auch nicht werden, weil die Märkte für Waren, Dienstleistungen, Finanztransaktionen, Arbeit, Kultur, Religion und Solidarität sich nicht mehr in die Grenzen der Europäischen Union einsperren lassen und längst über sie hinausreichen. Unternehmen wählen z. B. ihre Standorte in einem weltweiten Wettbewerb und nicht in einem europäischen allein.

Die Idee, die Europäische Union als eine föderale Demokratie und nach dem Subsidiaritätsprinzip aufzubauen, nach denen die politische Macht von der lokalen Gemeinde zur Region, zum Nationalstaat und schließlich zur Union aufsteigt und zwischen diesen Ebenen geteilt wird, scheitert nach Guéhenno daran, daß das territoriale Prinzip der Machtbildung von den vielfältigen Transaktionen durchbrochen wird, die sich nicht an die begrenzten Räume von Gemeinde, Region, Nation und Union fesseln lassen. Gerade die potentesten Akteure sind weder einer Gemeinde, noch einer Region, noch einer Nation, noch der Union verpflichtet. Sie können deshalb in keinen demokratischen Konsens eingebunden werden. Ihre Entscheidungen greifen jedoch tief in die Lebensverhältnisse auf allen Ebenen ein, ohne daß diese Eingriffe der demokratischen Legitimation zugänglich wären. Die Suche nach der Infrastruktur für ein europäisches politisches Gemeinwesen, nämlich nach einem europäischen Parteiensystem, einem Verbandssystem und nach einer europäischen Öffentlichkeit ist deshalb vergeblich, weil gerade diese Institutionen schon in den Nationalstaaten zerfallen und ihre Existenzbedingung der Konvergenz des politischen Raumes mit den wirtschaftlichen, kulturellen und solidarischen Aktivitäten und Interdependenzen auch auf der europäischen Ebene nicht mehr gegeben ist. Nicht nur in wirtschaftlicher, sondern auch in solidarischer Hinsicht hat Europa weder nach Westen noch nach Osten klar bestimmbare Grenzen, weshalb es keinen eindeutig begrenzbaren Raum für ein politisches Gemeinwesen bilden kann (Guéhenno 1994: 76-86).

Sollen wir angesichts dieser Divergenz von politischem Raum und wirtschaftlichen, kulturellen sowie solidarischen Aktivitäten unsere Hoffnung schließlich auf eine föderative Weltrepublik setzen? Auch diese Hoffnung meint Guéhenno enttäuschen zu müssen. Die Idee einer Weltrepublik, die im Sinne eines föderalen Aufbaus aus dem Zusammenschluß einer Vielzahl einzelner, selbst wieder lokale Gemeinden und Regionen föderal in sich vereinigenden Republiken entsteht, hat keine Chance der Verwirklichung, weil der föderale Aufbau von Gemeinden, Regionen und Nationen ja selbst schon vom Geflecht loser, allein nach situativen Interessenkonvergenzen geknüpfter Netzwerke zerrissen wird (Guéhenno 1994: 73-76, 86-89). Der föderale Aufbau zerfällt, weil der Raum auf Gemeinde-, Regions- und Nationalstaatsebene keine Grundlage für Solidarität mehr ist. Die politischen Gemeinwesen zersplittern nach innen in viele Einzelinteressen und zerfransen nach außen durch eine Vervielfachung der Netzwerke, die ihre Grenzen sprengen. Wenn aber der untere föderale Aufbau wie Sand in unzählige Einzelpartikel zerbröselt, die Macht nicht mehr in konzentrischen Kreisen von unten nach oben aufgebaut werden kann, sondern sich wahllos zerstreut und diffundiert, kann auch keine Weltrepublik mehr entstehen. Sie bedürfte genau jenes föderalen Unterbaus, der in der undurchschaubaren Gemengelage situativ gebildeter und wieder aufgelöster Netzwerke diesseits und jenseits der Grenzen herkömmlicher politischer Gemeinwesen versinkt. Es ist in der Tat ziemlich naiv, wenn wir den Machtverlust des Nationalstaates durch eine Weltrepublik wettmachen wollen, die just auf das Fortbestehen der Nationalstaaten als föderale solidarische Einheiten angewiesen ist.

Sowohl eine europäische als auch eine globale föderative Republik stellen sich insofern nach den Argumenten Guéhennos als Illusionen dar. Viel wahrscheinlicher ist in seinen Augen statt dessen die Herausbildung einer politischen Weltordnung, die der Gestalt eines Imperiums ohne Machtzentrum entspricht (Guéhenno 1994: 155-167). Die vielen Teilmächte dieses Imperiums können sich nicht mehr über ein Allgemeininteresse und über gemeinsame Vorstellungen vom guten Leben einigen, sondern nur noch über eine formale Rahmenordnung, innerhalb derer den einzelnen ein Maximum des individuellen Bewegungsspielraums zur Verfolgung ihrer partikularen Interessen gewährt wird. Die einzelnen Individuen kommen nicht mehr zusammen, um über ein öffentliches Interesse zu entscheiden, das sich aus der Vielzahl ihrer Einzelinteressen heraushebt, sondern nur noch punktuell, um bilateral Interessen zu bündeln und abzustimmen. Das Bindemittel dafür ist der Vertrag. Besteht aber zwischen den Vertragsparteien keinerlei vorgängige Solidarität, die sie als Staatsbürger in der Gestalt ihres gemeinsamen Lebens miteinander teilen, dann bindet sie nichts als die momentane Komplementarität ihrer Interessen. Gegen deren Vergänglichkeit müssen sie sich mit allen Mitteln wappnen, indem sie dem Vertragspartner keinen Spielraum für einseitige Interpretationen des Vertragswerkes lassen. Verträge müssen deshalb bis ins kleinste Detail hieb- und stichfest ausgearbeitet werden. Wie gut der einzelne dabei fährt, hängt von der Kunst seines Rechtsanwaltes ab, die Sicherung seiner Interessen im Vertragstext festzuschreiben. Das gesellschaftliche Zusammenleben wird dann nicht von großen Kämpfen um das gute Leben beherrscht, sondern von vielen kleinen Einzelkämpfen um die Durchsetzung der eigenen Rechte und Interessen. Am weitesten sind die USA in dieser Entwicklung fortgeschritten: »Der Wortlaut eines Vertrags in den USA stellt immer den Versuch dar, die eigenen Rechte vollständig auszuschöpfen; die Rechtsanwälte sind die Söldner einer Gesellschaft, in der jeder Akteur im verbissenen Einzelkampf seine partikulären Interessen verfolgt. Der Vertrag ist nie etwas anderes als die Waffenruhe in der sozialen Schlacht.« (Guéhenno 1994: 45)

Die USA zeigen die Richtung an, in die sich die weitere Modernisierung der Welt bewegt. Das gilt nicht nur für den alltäglichen Kampf um Rechte und Interessen in der Gestaltung vertraglicher Vereinbarungen, sondern auch für die politische Bewältigung von Interessenkonflikten. Es geht dabei nicht darum, in der politischen Auseinandersetzung das Allgemeininteresse zu finden und vor der Zersetzung durch die Expansion der Partikularinteressen zu schützen, sondern um die weitmöglichste Durchsetzung einer Vielzahl partikularer Interessen in einem ständigen Ausloten eigener und Abtasten gegnerischer Macht in einem unüberschaubaren Feld, auf dem Regierungsbeamte, Parlamentarier und deren Mitarbeiter sowie unzählige Lobbyisten unablässig damit beschäftigt sind, Einzelverhandlungen über irgendwelche Detailkonflikte zu führen: »Denn was ist Washington heute anderes als Zehntausende von Regierungsbeamten, einige hundert Parlamentarier, einige tausend Mitarbeiter und vor allem 30 000 Lobbyisten?« (Guéhenno 1994: 41)

Im unüberschaubaren Kampf aller gegen alle findet ein ständiges gegenseitiges Abtasten verfügbarer Macht statt, wobei jeder darauf aus ist, die eigene Macht bis an die Grenzen der entgegenstehenden Macht des Gegners auszuschöpfen. Politik ist ein Machtspiel, in dem es nicht um das Herausfinden des gemeinsam als richtig und gut für alle Erachteten geht, sondern um die weitestmögliche Entfaltung der größtmöglichen Zahl von Einzelinteressen. Weil jenseits der Einzelinteressen kein gemeinsames Interesse und keine gemeinsamen Überzeugungen vom Gerechten und Guten für möglich gehalten werden, reduziert sich das gemeinsame Interesse allein auf ein Verfahren, von dem sich jeder verspricht, die eigenen Interessen so weit wie möglich unbehelligt von politischen Vorbestimmungen in der Austragung von Konflikten verwirklichen zu können. Deshalb sollen so viele Entscheidungen wie möglich dem einzelnen Bürger überlassen bleiben und der Staat so wenig wie möglich allgemeinverbindlich regeln. Wo sich eine solche staatliche Regelung wegen Interessenkonflikten, die nicht einzeln bewältigt werden können, nicht vermeiden läßt, soll sie dort getroffen werden, wo die Konflikte unmittelbar auftreten, d. h. im kleinstmöglichen Rahmen und auf der niedrigstmöglichen Ebene.

Es ist hier unschwer das liberale Gesellschaftsmodell zu erkennen, das im Zuge der weltweiten Deregulierungswelle gegenwärtig enormen Auftrieb erhält. Indem es alle Gemeinsamkeiten auf das gemeinsame Interesse an einem Verfahren reduziert, das die weitestmögliche Verwirklichung der größtmöglichen Zahl von Interessen erlaubt, überläßt es die Art und Weise, in der wir zusammenleben und unser Leben führen einer unendlichen Zahl von Einzelentscheidungen und Einzelkämpfen, ohne uns jemals die Chance zu gewähren, das Ganze unseres Lebens in den Blick zu nehmen und nach gemeinsamer Reflexion gemeinsam zu entscheiden, wie wir es führen wollen, in welcher Welt wir überhaupt leben wollen. Diese Chance bietet das liberale Modell nicht. Es verspricht uns eine Wahlfreiheit, die sich letztlich als illusionär erweist, weil unser Leben eben nicht einfach von unserer eigenen Wahl abhängt, sondern von einer unüberschaubaren Zahl anderer Wahlentscheidungen, auf die wir keinen Einfluß haben. Die vollständige Verwirklichung des liberalen Modells löst alle Solidaritätsbande eines räumlich konstituierten politischen Gemeinwesens über die Grenzen von Interessengemeinschaften hinaus auf. Die Folge ist eine Zersplitterung der Gesellschaft mit wachsenden Ungleichheiten, weil jetzt das Gesetz, daß Markterfolg die notwendige, wenn auch nicht hinreichende Bedingung für weiteren Markterfolg ist und Mißerfolg weiteren Mißerfolg wahrscheinlicher als Erfolg macht, voll zum Tragen kommt. Mit dem Ende der gruppenübergreifenden Solidarität kommt auch das Ende der sozialen Sicherheit.

Das Ergebnis dieser Entwicklung läßt sich in den USA studieren, wo sich einerseits die Gutsituierten mit aller nur denkbaren sicherheitstechnischen Aufrüstung vor Übergriffen auf ihr Eigentum schützen müssen und andererseits in den innerstädtischen Ghettos unter den Jugendlichen nichts anderes als das Gesetz der Gewalt herrscht. In der Politik äußert sich der Kampf der Einzelinteressen in ihrer Aufrüstung durch den professionellen Lobbyismus. Politik verwandelt sich in einen Aushandlungsmarathon, bei dem eine unüberschaubare Zahl von Einzelinteressen miteinander im Kampf liegen. Regierung und Parlament entscheiden nicht über ein öffentliches Interesse, das es vor der Zersetzung durch den Kampf zwischen den Einzelinteressen zu schützen gilt. Sie bilden selbst keine Einheit, sondern zerfallen in eine Vielzahl von einzelnen Regierungsbeamten und Parlamentariern, die unablässig in Einzelverhandlungen mit professionellen Lobbyisten verstrickt sind. Beziehungspflege wird so zum unverzichtbaren Mittel der Politik, so daß die Grenzen zwischen legaler Kontaktnahme und illegaler Korruption zerfließen. Korruption dieser Art ist keinesfalls ein Phänomen unterentwickelter Demokratien, die das Einmaleins der Demokratie noch nicht gelernt haben, sondern eine Erscheinung der höchstentwickelten Gesellschaften, in denen die Beziehungspflege zum unverzichtbaren Instrument der Politik in einem unübersichtlichen Kampf aller gegen alle geworden ist. Das Geld ist das einzig übrigbleibende Bindemittel, sobald die Welt nur noch aus lose gekoppelten und situativ wechselnden Netzwerken von Einzelinteressen besteht (Guéhenno 1994: 143-154).

Was den Kampf aller gegen alle in dieser Welt nicht auf die Spitze des Hobbesschen Krieges im Naturzustand treibt (Hobbes 1651/1966), ist der gemeinsame Glaube an das Verfahren als ein Mittel der weitestgehenden Verwirklichung der größtmöglichen Zahl von Interessen. Der Irrtum der Liberalen besteht allerdings darin, daß dies keineswegs ein immer besseres Leben implizieren muß, zumal den Menschen überhaupt die Bestimmung darüber, wie sie leben wollen, aus der Hand gleitet.

Wie die Politik in eine unüberschaubare Vielzahl von Einzelverhandlungen zerfasert, so zerfällt auch die Öffentlichkeit in eine Vielzahl von Teilöffentlichkeiten der Interessenten an einem Thema. Was sich allein noch als gemeinsame Öffentlichkeit aus den vielen Teilöffentlichkeiten heraushebt, sind kurzfristige Themenkonjunkturen und momentane Stimmungslagen. Weil der gemeinsame Raum der Gestaltung eines gemeinsamen Lebens entschwunden ist, können auch die Massenmedien keine verbindliche öffentliche Meinung bilden, die als tragfähiger Leitfaden für politische Entscheidungen dienen könnte. Politikern und Journalisten fehlt der gemeinsame Raum, in dem sie mit ihrem Publikum im öffentlichen Diskurs eine reflektierte Meinung bilden können. Ohne diese Grundlage können sie in ihrem Bemühen, die öffentliche Meinung zu gestalten, nicht mehr erreichen als momentane kollektive Wahrnehmungen, Einstellungen und Stimmungen, die

sich bei jedem beliebigen Wechsel der Windrichtung wieder ändern können. Ihnen mangelt es an jeder Verbindlichkeit, auf der
eine wohldurchdachte Politik aufbauen könnte. Statt dessen ergänzen sich die beliebigen situativen Veränderungen der politischen Verhandlungen und die beliebigen Stimmungsänderungen
der massenmedial hergestellten Öffentlichkeit in der Mediende-
mokratie gegenseitig. Zwischen den massenmedial erzeugten kollektiven Wahrnehmungen und der tatsächlichen Politik braucht
dabei keine Korrespondenz zu bestehen, weil das Spiel der Verhandlungen und das Spiel der Medienstimmungen so schnellen
situativen Veränderungen der Macht- bzw. der Stimmungslage
unterworfen sind, daß ihre wechselseitige Übereinstimmung nur
rein zufällig und nur für kurze Momente eintreten kann (Guéhenno 1994: 49-53).
In dem Maße, in dem das gesellschaftliche Geschehen ein ständiges Abtasten von Interessen und Ausloten von Machtspielräumen
in ritualisierten Verfahren beinhaltet, aber keinen gemeinsamen
Ideen vom richtigen Handeln und guten Leben folgt, nähert es
sich nicht nur dem in den USA am weitestgehenden verwirklichten liberalen Gesellschaftsmodell, sondern überraschenderweise
auch in gewissem Umfang dem japanischen Modell der ritualisierten Konsensfindung. Alles Handeln ist in Japan ein ständiges Abtasten von Macht, aus dem sich in endlosen, ritualisierten Prozessen der gegenseitigen Abstimmung von Meinungen jeweils ein
situationsbezogener Konsens ergibt. Die vielen kleinen Einzelentscheidungen ergeben sich nicht aus grundsätzlichen, an leitenden
Ideen orientierten Entscheidungen, sondern aus nichts anderem
als dem ständigen gegenseitigen Abtasten der Reichweite von
Macht. Was die Gesellschaft zusammenhält, sind nicht gemeinsame leitende Ideen, sondern die Erinnerung an die gemeinsame
Herkunft, das Festhalten an Gewohnheiten und der Respekt vor
dem Ritual der Konsensfindung. Selbst die Religion reduziert sich
auf eine Sache von Gewohnheit und Ritual, weshalb auch leicht
Shintoismus, Konfuzianismus, Buddhismus und Christentum nebeneinander existieren können. Religion definiert keine Leitidee
des richtigen Lebens für alle, sondern ist gesellschaftlich nicht
mehr als ein Ritual und darüber hinaus eine Sache der privaten
Seelenmassage. In diesem Sinne handelt es sich um Religionen
ohne einen Gott, der verbindliche Prinzipien der Lebensführung
definiert. Auch in dieser Reduktion von Religion auf Ritual und

private Seelenmassage weist Japan in eigentümlicher Weise den Weg in die Zukunft (Guéhenno 1994: 54-58, 129-141).

In einer Welt, in der den Menschen die Gestaltung des gemeinsamen Lebens aus der Hand gleitet, sie nicht mehr sind als Punkte in lose verkoppelten, sich ständig verändernden Netzwerken, gibt es keine eindeutig identifizierbaren Zentren der Macht mehr, in denen Entscheidungen mit großer Tragweite getroffen werden. Es ergibt sich eine breite Machtstreuung und -diffusion, gemäß derer sich das politische Geschehen in viele Einzelverhandlungen und -entscheidungen aufteilt. Der Politiker verliert das Ganze aus den Augen und kann nicht mehr sein als ein Vermittler zwischen einer Vielzahl von Einzelinteressen in immer wieder neuen Situationen. Erfolgreiche Politik äußert sich nicht in der Formulierung und Umsetzung von Leitideen für die Gesellschaft, sondern in der geschickten Vermittlung zwischen den momentan im Spiele befindlichen Interessen sowie in der Erzeugung positiver Wahrnehmungen und Stimmungen. Die Politik wird von einem Regelformalismus gefesselt, der alle Fragen in viele kleine Einzelteile zerhackt und einem endlosen Abstimmungsprozeß in Detailfragen unterwirft. Sie droht ständig in einem Strom von einander gegenseitig blockierenden Interessen steckenzubleiben, wird dadurch gelähmt und ist unfähig, die Gesellschaft überhaupt noch zu gestalten (Guéhenno 1994: 99-109).

Als Punkt im unüberschaubaren Geflecht lose gekoppelter und situativ sich wandelnder Netzwerke verliert jeder einzelne seinen Status als Staatsbürger, der in gemeinsamer Reflexion allgemein tragfähige Leitideen der Lebensführung herausbilden kann. Dem Individualismus der Zukunft fehlt die Einbettung in den gemeinsamen Gestaltungsraum eines politischen Gemeinwesens. Infolgedessen reduziert sich das Individuum auf den Status eines Interessenten, der im Rahmen von Verhandlungen mit einzelnen anderen ein Maximum seiner Interessen zu verwirklichen sucht. Wer klug ist, lernt dabei sich so gut in die Netzwerke einzufügen, daß bei der Verwirklichung der eigenen Interessen die geringstmöglichen Reibungsverluste entstehen. Die Anpassung an die Gegebenheiten, die man im Großen ohnehin nicht ändern kann, bei gleichzeitiger Nutzung aller Spielräume im Kleinen, ist die Gewinnerstrategie in diesem Spiel. »Individualisierung« als Teil des Modernisierungsprozesses endet so in einem Individualismus, der opportunistischen Konformismus im Interesse der reibungslosen

Nutzensteigerung betreibt. Vom Individuum wird »Supraleitfähigkeit« im Hinblick auf den Durchfluß aller möglichen Interessen verlangt, wenn es sich im Netzwerk der Einzelinteressen behaupten will (Guéhenno 1994: 111-127). Wenn wir hier noch von Individualisierung sprechen, dann handelt es sich um eine euphemistische Umschreibung eines Vorgangs, den man eigentlich als Zerfall von Individualität im Sinne der Aufklärung beschreiben müßte. Der Freiheitsgewinn des Privatbürgers wird durch einen Freiheitsverlust des Staatsbürgers erkauft.

Wo das politische Gemeinwesen als Raum der Solidarität von Staatsbürgern jenseits ihrer partikularen Gruppenzugehörigkeiten und Interessen zerbricht, ziehen sich die Solidaritätsbande auf engere und weniger vergängliche Gruppen zurück, auf ethnische, kulturelle, nationale oder religiöse Zugehörigkeit. Die Rückkehr zum Gruppenpartikularismus ethnischer, kultureller, nationalistischer und religiöser Bewegungen verdankt sich nicht der Modernisierung im allgemeinen, sondern einer Modernisierung, die jetzt auf dem Wege ist, eine ihrer grundlegenden Errungenschaften zu verspielen: die Herausbildung einer gruppenübergreifenden Solidarität der Staatsbürger in einer staatsbürgerlichen Gemeinschaft. Das Imperium der Netzwerke von Einzelinteressenten kann diese Kraft der gruppenübergreifenden Solidarität nicht entwickeln und wird deshalb von der Wiederbelebung partikularistischer Solidaritäten begleitet sein (Guéhenno 1994: 59-72).

Guéhennos entscheidendes Argument besteht darin, daß die Menschen die politische Souveränität der Entscheidung über ihre Lebensgestaltung verlieren, wenn soziales Handeln und soziale Beziehungen nicht mehr an einen gemeinsam geteilten und begrenzten Raum gebunden sind (Guéhenno 1994: 17-37; siehe auch Narr und Schubert 1994: 261-265). Unter dieser Bedingung leben die einzelnen Individuen zwar in räumlicher Nähe zueinander, aber es bindet sie nichts an diesen Raum und die dort ebenfalls lebenden Individuen. Es gibt keine räumliche Solidarität, die den Gruppenpartikularismus nach innen überwindet und zu einer gewissen inneren Homogenisierung führt, zugleich aber auch eine klare Abgrenzung nach außen impliziert. Die räumlich definierte Solidarität setzt die Staatsbürger in den Stand, überhaupt gemeinsame Vorstellungen des guten Lebens zu entwickeln und in die Tat umzusetzen, das Allgemeininteresse von den partikularen Interessen zu scheiden, das gemeinsame Leben innerhalb ihres gemeinsam geteilten Raumes nach gemeinsamen Leitideen souverän zu gestalten. Insofern als alles menschliche Handeln auch in einer global vernetzten Welt einen räumlichen Bezug hat und in Nachbarschaft zu anderen Menschen erfolgt, bedeutet die räumliche Entsolidarisierung der Menschen in der Tat, daß sie auch die Souveränität darüber verlieren, was in ihrem Raum geschieht und wie er gestaltet ist. Lebensräume werden zu bloßen Ressourcen, die von einzelnen Akteuren zu beliebigen Zwecken genutzt werden, ohne daß diese eine Chance hätten, durch gemeinsames Handeln die Übernutzung der Räume zu verhindern (Hardin 1968). Es fehlt die dafür notwendige gemeinsame Bindung an den Raum. Ein Beispiel für diese Entwicklung bietet in den USA der Zerfall von Städten in rein ökonomische Funktionsbereiche, Vergnügungszentren, Elendsviertel und streng bewachte Wohnviertel der Gutsituierten. Sie sind kein einheitlicher Lebensraum, in dem sich alle Einwohner zugleich bewegen und den sie gemeinsam gestalten.

In dem Maße, in dem die Globalisierung die räumliche Entsolidarisierung auf den Ebenen von Gemeinden, Regionen und Nationalstaaten vorantreibt, ohne eine neue räumliche Solidarität auf supranationaler und globaler Ebene aufbauen zu können, tendieren alle Lebensräume zu dieser Zersplitterung. Die von der Globalisierung erzwungene räumliche Entsolidarisierung hat eine Entstaatlichung zur Folge, die einerseits für Einzelentscheidungen mehr Spielräume schafft, andererseits aber ganze Lebensräume der Übernutzung und Zerstörung preisgibt. Die gegenwärtige Deregulierungswelle führt uns ein erhebliches Stück in diese Richtung.

Auch der Trend zur »Konsumentendemokratie« gehört in diesen Kontext. Es handelt sich dabei um die Demokratisierung all derjenigen Institutionen, deren Dienstleistungen von uns in Anspruch genommen werden, angefangen beim Kindergarten, über die Schule und die Krankenversicherung bis hin zum Sportverein, zum Betrieb, zum Altersheim und zur global agierenden humanitären Organisation. Martin Albrow sieht in dieser Entwicklung der Konsumentendemokratie einen dem »globalen Zeitalter« angemessenen Ersatz für den Verlust an der räumlich gebundenen lokalen und nationalstaatlichen Demokratie (Albrow 1996: 180-183). Man muß allerdings erkennen, daß es sich dabei um eine höchst einseitige Form der Demokratie handelt, innerhalb derer es schwerfällt, die Übernutzung der Lebensräume zu vermeiden und die Maximierung von Interessen in den Rahmen einer gemeinsam getragenen Idee des guten Lebens einzufügen.

Die Bindung von Demokratie und Souveränität über die gemeinsame Gestaltung von Lebensräumen an eine gruppenübergreifende räumliche Solidarität ist sicherlich ein starkes Argument. Allerdings kann gegen Guéhennos Argumentation eingewendet werden, daß sie von einem Rousseauschen Demokratieideal ausgeht, das von keinem Nationalstaat wirklich in die Tat umgesetzt worden ist, auch nicht in Frankreich, wo dieses Ideal nicht nur formuliert worden ist, sondern bis heute als Idee zu legitimatorischen und kritischen Zwecken hochgehalten wird. Die Scheidung des Allgemeininteresses von den partikularen Interessen ist dort weit mehr eine Sache der politisch-administrativen Elite als eine Sache der vereinigten Staatsbürger und folgt wegen der engen Verflechtung der politisch-administrativen mit der wirtschaftlichen Elite häufig dem Leitbild einer Steigerung der nationalen Souveränität durch technische und wirtschaftliche Großprojekte. Das Allgemeininteresse findet häufig eine einseitige Interpretation durch die herrschende Elite (Suleiman 1974, 1978). Diese Abweichung der Realität vom Demokratieideal impliziert aber keineswegs, daß es bedeutungslos ist. Solange es als Idee in der Gesellschaft verwurzelt bleibt, kann es stets auch zu kritischen Zwecken benutzt werden und so die Politik immer wieder dazu zwingen, einer breiteren Auslegung des Allgemeininteresses Beachtung zu schenken. Wird die Idee jedoch selbst zu Grabe getragen, ist die Steuerung der gesellschaftlichen Entwicklung nach Leitideen, die im Allgemeininteresse liegen, überhaupt nicht mehr möglich. Aus der mangelhaften Realisierung des Rousseauschen Demokratieideals durch die Nationalstaaten kann insofern kein Gegenargument gegen Guéhennos Analyse abgeleitet werden. Die Analyse zeigt vielmehr, daß mit dem Souveränitätsverlust der Nationalstaaten und der damit einhergehenden Entstaatlichung des Lebens ein Spielraum für die Demokratie im Rousseauschen Sinn noch viel weniger vorhanden sein wird als zuvor.

12.2 Liberale Demokratie

Die Kritik könnte auch am Rousseauschen Demokratieideal selbst ansetzen und ihm ein liberales Verständnis von Demokratie im Sinne von John Locke entgegenstellen (Locke 1690/1963; Hart 1963; Nozick 1974; Ackerman 1980; Dworkin 1990; Rawls 1971, 1993). Man könnte in diesem Rahmen Guéhenno vorwerfen, daß er vom liberalen Gesellschaftsmodell in den USA nur die schlechte Realität beschreibt, zu der es ebenso die gute Idee gibt, wie zu Rousseaus Demokratieideal die schlechte Realität. In liberaler Perspektive ist eine Rousseausche Demokratie ein kollektiver Zwangsapparat, der dem einzelnen Bürger jeden Spielraum der Selbstentfaltung nimmt. Das Gleichgewicht zwischen staatlichem Zwang und individueller Freiheit wird zuungunsten der individuellen Freiheit aufgehoben. Wenn auch der einzelne als Staatsbürger in die Entscheidungen eingebunden wird, so kann diese Einbindung nicht darüber hinwegtäuschen, daß der einzelne zum Kollektivwesen auf Kosten der Entfaltung seiner Individualität werden muß. Diesem Modell der Kollektivdemokratie wird das Modell einer pluralistischen Demokratie entgegengesetzt, von dem der Liberale erwartet, daß es eher ein Gleichgewicht zwischen kollektiver Regelung und individueller Selbstentfaltung erreicht. Das liberale Modell rechnet damit, daß Individuen und gesellschaftliche Gruppen nur dann zu übereinstimmenden Meinungen und Entscheidungen kommen, wenn sie auf ihre Individualität und ihre eigenen Vorstellungen vom guten Leben zugunsten einer ihnen übergestülpten Kollektividentität verzichten.

In der Perspektive des politischen Liberalismus sind Privatautonomie und politische Autonomie zwar wechselseitig aufeinander angewiesen, den beiden Sphären werden jedoch scharf voneinander getrennte Funktionen für die Gestaltung des gesellschaftlichen Zusammenlebens zugewiesen. Über das gute Leben kann allein in der Sphäre der Privatautonomie entschieden werden. Es muß deshalb jedem einzelnen Bürger und jeder Bürgerin selbst überlassen bleiben, zu bestimmen, wie er oder wie sie leben will. In der Sphäre der Politik läßt sich in einer pluralistischen Gesellschaft darüber keine Einigung erzielen. In dieser Sphäre ist es allein möglich, über Fragen der Gerechtigkeit zur Übereinstimmung zu kommen. Dabei wird angenommen, daß sich die Bürger in weiser Voraussicht gegenseitig den größtmöglichen Entfaltungsspielraum gewähren werden, weil dann jeder die in Gesellschaft mit anderen maximal mögliche Realisierung seiner eigenen Idee des guten Lebens sicherstellen kann. Ausgestattet mit einem Gerechtigkeitssinn und einem Rationalitätssinn in bezug auf die Bedingungen für die Realisierung ihrer je eigenen Konzepte des guten Lebens, werden sie sich auf die dafür adäquaten Verfassungsgrundsätze und Verfahren der Entscheidungsbildung einigen und deren Resultate akzeptieren (Rawls 1993).

In den Augen des Liberalen ist das Modell der Kollektivdemokratie mit dem Recht auf individuelle Selbstentfaltung nicht vereinbar. Es unterwirft das Individuum einem Zwang, der vom Freiheitsideal der Aufklärung nicht gedeckt wird. Nach diesem Ideal ist die freie Selbstentfaltung des Individuums ein Grundrecht, das nur in dem Umfang eingeschränkt werden darf, in dem die Selbstentfaltung des einen die Selbstentfaltung des anderen behindert. Die Einschränkung der individuellen Selbstentfaltung legitimiert sich wieder selbst aus dem Recht auf freie Selbstentfaltung. Insofern allen Menschen dieses Recht zusteht, verbindet sich die liberale Idee der Selbstentfaltung mit der Idee der Gleichheit. Diese liberale Idee der Gleichheit will allerdings nicht mehr als das gleiche Recht auf Selbstentfaltung. Was die einzelnen daraus machen, muß ihnen selbst überlassen bleiben. Staatliche Eingriffe in diese Sphäre der Selbstentfaltung würden den Menschen gerade ihr Recht auf freie Selbstentfaltung nehmen. Aufgabe des Staates kann nur sein, die Voraussetzungen bereitzustellen, unter denen alle Individuen das Recht auf Selbstentfaltung in freier Entscheidung wahrnehmen können. Alle Gleichheitspolitik darf deshalb kein anderes Ziel haben als die Gewährung von Chancengleichheit, keinesfalls die Herstellung von Resultatsgleichheit durch Umverteilung. Das Vehikel aller liberalen Gleichheitspolitik ist deshalb die Verbesserung der Bildung aller Bevölkerungsschichten, einerseits um sie für den Konkurrenzkampf auf dem Arbeitsmarkt zu wappnen, andererseits um ihnen die für ein selbstverantwortliches Leben nötige Reflexionsfähigkeit zu verleihen.

In der liberalen Perspektive ist das Individuum mit dem Recht auf Selbstentfaltung vor jeder Vergesellschaftung ausgestattet. Die Gemeinschaft mit anderen kann deshalb nur dem Zweck dienen, die individuelle Selbstentfaltung zu fördern. Der staatlichen Regulierung des Lebens müssen deshalb enge Grenzen gesetzt werden. Der Staat muß alles den Individuen überlassen, was sie allein oder in freien Zusammenschlüssen organisieren können. Ein Maximum der Selbstorganisation, vom Kindergarten bis zur Altersvorsorge, heißt, daß die Organisation des gesellschaftlichen Lebens weitgehend durch Märkte erfolgt, wo sich Angebot und Nachfrage ausbalancieren. Je freier sich solche Märkte entfalten können, um so eher wird erreicht, daß jeder Nachfrage auch ein Angebot gegenübertritt und so alle Interessen befriedigt werden können. Die individuelle Selbstentfaltung äußert sich hier in erster Linie in der ungehinderten Artikulation von Interessen und in ihrer maximalen Befriedigung.

Die Leistungen, die auf Märkten erbracht werden, müssen allerdings bezahlt werden. Wer über wenig Geld verfügt, wird deshalb auch wenig Interessen verwirklichen können. Der hieraus erfolgenden Einschränkung der Selbstentfaltung der Einkommensschwachen kann systemgerecht nur dadurch entgegengewirkt werden, daß man ihre Wettbewerbsfähigkeit durch Bildungs-, Weiterbildungs- und Umschulungsmaßnahmen verbessert. Von der dadurch gesteigerten Konkurrenz erwartet man weitere Effizienzsteigerungen und Angebotserweiterungen, so daß die Schraube der Selbstentfaltung durch Interessenbefriedigung auf Märkten immer weiter gedreht werden kann.

Märkte gelten dem Liberalen als Instrumente der optimalen Allokation von Angebot und Nachfrage und damit als eine unsichtbare Hand, die zu einer ständigen Verbesserung von Angeboten und ihrer Anpassung an die sich wie immer auch ändernde Nachfrage führt. Daraus wird in der Regel abgeleitet, daß Märkte eine fortwährende Verbesserung der Lebensbedingungen und der freien Selbstentfaltung der Individuen implizieren, ohne daß dafür kollektive Ziele gesetzt und implementiert werden müssen (Hayek 1969). Eine solche kollektive Zielsetzung durch staatliche Planung scheitert nach der liberalen Lehre daran, daß weder die Entwicklung individueller Interessen noch das zu ihrer Verwirklichung notwendige Wissen vorausgesagt werden können. Soweit dies der Staat doch tut, handelt es sich dabei um Eingriffe in die Lebensgestaltung, die unnötigen Zwang ausüben, individuelle Kreativität behindern, ineffizient arbeiten und Fehlallokationen von Angebot und Nachfrage produzieren. Der Staat kann nicht wissen, was die Individuen wollen, zumal jedes Individuum etwas anderes wollen mag, so daß er ihnen seine Leistungen nur aufzwingen kann, womit er die Selbstentfaltung der Individuen unnötig einschränkt. Aus liberaler Sicht sind Märkte deshalb allemal besser geeignet, das Leben ohne Zwang so zu gestalten, daß jedes Individuum zu seinem Recht kommt. Alles was der Staat darf, muß sich deshalb darauf beschränken, die Offenheit der Märkte und die Chancengleichheit der Indidivuen zu sichern.

Auch die Organisation der staatlichen Aktivitäten selbst soll in liberaler Perspektive dem Modell des Marktes folgen, weil so am ehesten für eine optimale Allokation von politischer Nachfrage und staatlichen Angeboten gesorgt werden kann. Auf dem politischen Markt konkurrieren die Parteien um Wählerstimmen, wobei eine um so bessere Allokation von Angebot und Nachfrage zustande kommt, je mehr Interessen auf dem politischen Markt artikuliert werden können und je heftiger die Parteien um ihre Befriedigung konkurrieren (Downs 1957).

Wie auf allen Märkten kommen auch auf dem politischen Markt nicht alle Interessen in gleicher Weise zur Geltung. Wer Interessen auf dem politischen Markt befriedigt sehen möchte, muß über genügend Mittel verfügen, um sich in der Öffentlichkeit bemerkbar zu machen und um professionelle Lobby betreiben zu können. Die Interessen müssen gut organisierbar sein und konzentriert in den politischen Prozeß eingebracht werden. Die Interessenten müssen konfliktfähig sein, das heißt, ihre Kooperation muß für die politischen Parteien wichtig sein, und sie müssen geschlossen auftreten. So bleibt es auch auf dem politischen Markt nicht aus, daß nicht alle Interessen in gleicher Weise Berücksichtigung finden. Es kommt deshalb darauf an, auch hier immer wieder für Chancengleichheit zu sorgen, indem die politische Artikulationsfähigkeit der einzelnen Bürger und der gesellschaftlichen Gruppen verbessert wird. So kann der Staat in dem Sinne Fortschritte erzielen, daß ein immer größeres Spektrum an Interessen in den politischen Entscheidungsprozessen zum Zuge kommt.

Weil es grundsätzlich nicht möglich ist, daß politische Instanzen bestimmen, was die Bürger wollen, und weil jeder aus seiner individuellen Perspektive etwas anderes wollen kann, ist der einzig gangbare Weg der Politik, den Rahmen dafür zu setzen, daß alle Interessen maximal befriedigt werden können. Weil niemand im voraus diesen Weg planen kann, kommt es darauf an, daß der vom Staat gesetzte Rahmen in vielen kleinen Entscheidungen immer wieder an neu artikulierte Interessen angepaßt wird. Die Offenheit der Entscheidungsverfahren für ein Maximum an Interessen und die ständige Revidierbarkeit der Entscheidungen sorgen dafür, daß möglichst viele Interessen befriedigt werden können, stets die Anpassung an veränderte Interessenlagen und die Korrektur von Irrtümern möglich sind. Folgen wir der liberalen Theorie der Gerechtigkeit von John Rawls, dann müßte eine solche Offenheit und Revidierbarkeit politischer Entscheidungen im wohlverstandenen Eigeninteresse aller einzelnen Individuen sein, weil sie im Rahmen dieser Ordnung erwarten können, ein Maximum ihrer Interessen befriedigen und sich in diesem Sinne selbst entfalten zu können (Rawls 1971, 1993).

Wenn wir uns dieses Modell einer liberalen Demokratie vor Augen führen, dann erkennen wir, daß der von Guéhenno beschriebene politische Wandel für den Liberalen keineswegs das Ende der Demokratie bedeutet, sondern uns vielmehr sogar einen Schritt weiter in die Richtung von mehr Demokratie bringt, weil für die individuelle Selbstentfaltung mehr Platz sein wird, wenn sich der Staat auf die Sicherung des formalen Rahmens für das Marktgeschehen und für die wechselseitige Abstimmung von Interessen zurückzieht. Hier steht These gegen Antithese. Wem ist also recht zu geben? Für den Liberalen unterwirft eine Demokratie nach dem Rousseauschen Modell das Individuum einem mit dem Recht auf individuelle Selbstverantwortung unvereinbaren Kollektivzwang und erweist sich letztendlich als zutiefst undemokratisch, weil sie für die Interessen der Bürger verschlossen bleibt. Für den Rousseauisten zerstört die Verwirklichung des liberalen Modells die Grundlagen des gesellschaftlichen Zusammenlebens, führt zum Kampf aller gegen alle und zur Spaltung der Gesellschaft in die Erfolgreichen und die Erfolglosen sowie zum Ende der Demokratie in dem Sinne, daß die Bürger nicht mehr souverän darüber bestimmen können, wie sie überhaupt leben wollen.

Demokratiemodelle lassen sich sowohl in Idealform als auch in ihrer Perversion denken. Während der Rousseauist sein Modell der Demokratie in der Idealform vorstellt und das liberale Modell in seiner Perversion kritisiert, stellt der Liberale sein Modell ebenfalls in der Idealform dar, das Rousseausche Modell dagegen in seiner Perversion. Für den Liberalen läßt uns der faktisch gegebene Pluralismus von Konzepten des guten Lebens gar keine Chance, über eine gerechte Ordnung hinaus auch zu intersubjektiv getragenen Ideen des guten Lebens zu gelangen. Für den Anhänger einer republikanischen Idee der Demokratie ist es aber nicht minder unrealistisch, davon auszugehen, daß gesellschaftliches Zusammenleben ohne zumindest eine Annäherung an ein gemeinsam getragenes Konzept des guten Lebens möglich ist und nicht zur unerträglichen gegenseitigen Frustration und zum permanenten Kampf um Eigenrecht und Selbstentfaltung führt. Eine liberale Gesellschaft ohne einen Fundus der Übereinstimmung über das gute Leben ist für den Vertreter des Republikanismus der Horror des permanenten Kampfes. Eine Republik, in der alle Bürger ein gemeinsames Konzept des guten Lebens teilen, ist für den Liberalen der Horror des Totalitarismus.

Weil er den Pluralismus der Konzepte des guten Lebens aus seiner atomistischen Sicht der Person für unverrückbar gegeben hält, kann sich der Liberalismus eine Annäherung an ein gemeinsam getragenes Konzept des guten Lebens durch politische Entscheidungsverfahren gar nicht vorstellen. In der Perspektive des Republikanismus ist jedoch die Fragmentierung der Gesellschaft das Resultat mangelnder politischer Kooperation der Staatsbürger, um zu gemeinsamen Vorstellungen über ihr Zusammenleben zu gelangen. Exzessiver Pluralismus ist für ihn ein Zeichen der Herrschaft der Privatautonomie über die politische Autonomie und insofern kein unverrückbares Faktum, sondern das Ergebnis eines fehlgeleiteten historischen Prozesses und einer nicht tragfähigen Vorstellung von Politik.

Aus republikanischer Perspektive ist es auch unwahrscheinlich, daß in einer Gesellschaft gemeinsame Gerechtigkeitsvorstellungen entwickelt werden können, wenn keinerlei Gemeinsamkeit in Fragen des guten Lebens besteht, weil die Ideen des guten Lebens auf die Gerechtigkeitsvorstellungen der Bürger durchschlagen. In ethisch fragmentierten Gesellschaften ist es aus republikanischer Sicht nicht möglich, zu gemeinsamen Definitionen von Gerechtigkeit zu gelangen. Dazu ist ein ethischer Minimalkonsens erforderlich. Letztendlich ist die Anerkennung des Eigenrechts des anderen schon ein Teil meiner Vorstellungen vom guten Leben, in dem ich mit den anderen übereinstimmen muß, um zu gemeinsamen Gerechtigkeitsvorstellungen zu gelangen. Anderenfalls bleibt mir die entsprechende Gerechtigkeitsidee völlig äußerlich und wird mich keinesfalls aus innerer Überzeugung binden. Wenn Rawls' Gerechtigkeitssinn mehr sein soll als wohlverstandenes Eigeninteresse, dann muß er schon in einem Konzept des guten Lebens verankert sein. Wenn er allen Bürgern gemeinsam sein soll,

dann müssen sie in diesem Aspekt eines guten Lebens übereinstimmen. Rawls gesteht sogar zu, daß solche Minimalvorstellungen des guten Lebens von den Bürgern geteilt werden müssen,
damit sie sich überhaupt auf die gemeinsame Festlegung gerechter
Verhältnisse einlassen. Er zieht daraus jedoch nicht die Konsequenz einer Ergänzung des Liberalismus durch den Republikanismus über die Minimalvorstellungen des Guten hinaus (Rawls
1995). Selbst aus dem weltweit am weitestgehenden dem Liberalismus verpflichteten amerikanischen Verfassungsdiskurs läßt sich
jedoch – wie Frank Michelman gezeigt hat – auch eine Interpretation herausarbeiten, die dem Republikanismus im Widerstreit
mit dem Liberalismus ein stärkeres Gewicht gibt (Michelman
1988, 1989).
Mit dem liberalen und dem kollektivistischen Demokratiever-
ständnis ist indessen das Spektrum von Demokratiemodellen keineswegs ausgeschöpft. Zumindest zwei weitere Modelle lassen
sich ihnen zur Seite stellen, und zwar einerseits das Modell einer
Repräsentativdemokratie mit einer starken Exekutive und andererseits das Modell einer deliberativen Demokratie, das insbesondere auf den öffentlichen Diskurs als Dauerselbstaufklärung der
Bürger setzt. Man kann die Repräsentativdemokratie mit starker
Exekutive als Rettungsanker des Liberalismus verstehen, die deliberative Demokratie als Rettungsanker des kollektivistischen Demokratiemodells.

12.3 Repräsentative Demokratie

Wer dem Kampf aller gegen alle in der liberalen Demokratie entgehen will und sich einen entscheidungsfähigen Staat wünscht, der
die Freiheit der Bürger dort begrenzt, wo sie sich selbst aufzuheben droht, verabschiedet sich vom liberalen Staat eines John
Locke und nähert sich einem starken Staat im Sinne von Thomas
Hobbes. Es muß dabei kein absolutistischer Staat sein, der den
Rahmen für die freie Selbstentfaltung der Bürger setzt, vielmehr
kann auch ein demokratischer Staat über eine starke Exekutive
verfügen (Hobbes 1651/1966; Buchanan 1975). Das ist z. B. dann
der Fall, wenn die legislative Mehrheit und die Regierung eine
Einheit wie im britischen Repräsentativsystem bilden.
Das Mehrheitswahlrecht mit seiner Tendenz zur Herausbildung

eines Zweiparteiensystems sorgt im britischen Regierungssystem in der Regel für klare regierungsfähige Mehrheiten. Die Offenheit dieses Systems wird in der Konkurrenz zwischen Regierungspartei und Oppositionspartei um die Wahlstimmen gesehen. Dabei wird angenommen, daß jeweils diejenige Partei die Mehrheit erreicht und damit regieren kann, die ein Maximum der Wählerinteressen befriedigen kann. Hier trifft sich das Repräsentativmodell mit dem liberalen Modell der Demokratie. Die Regierung kann zwar bindende Leitlinien für die Gestaltung des gesellschaftlichen Lebens setzen, ihre Geltung wird allerdings nicht aus einem gruppenübergreifenden Konsens über das Allgemeininteresse und das gute Leben und auch nicht aus einer deliberativ erzielten Übereinkunft über allgemeingültige Grundsätze gewonnen, sondern aus der breitestmöglichen Berücksichtigung einer Vielzahl von Einzelinteressen. Die Leitlinien der Regierungsmehrheit zielen auf die maximale Befriedigung der größtmöglichen Zahl von Einzelinteressen ab. Niemandes Interesse soll ein für allemal von der Mehrheit niedergebügelt werden. Es mag zwar jetzt nicht zum Zuge kommen, wird aber als solches respektiert und kann bei einem Wechsel der Mehrheit durchaus doch noch Berücksichtigung finden.

Die Konkurrenz um das Regierungsmandat zwischen Regierungspartei und Oppositionspartei, der stets mögliche Regierungswechsel, wenn die Regierung nicht die maximale Interessenbefriedigung erreicht, sowie die Respektierung der Rechte der Minderheit durch die regierende Mehrheit bilden die Säulen der Idealform einer Repräsentativdemokratie, zu der es natürlich auch die korrespondierende Realform mit weniger demokratischen Eigenschaften gibt. Die reale Abweichung von der Idealform äußert sich in der Reduktion der Vielfalt von Interessen auf die beiden Pole von Regierung und Opposition, also in einer geringen Korrespondenz zwischen der Interessenvielfalt und ihrer politischen Repräsentation. Dazu gehört auch, daß das Mehrheitswahlrecht das proportionale Verhältnis der Stimmen bei der Vergabe von Parlamentsmandaten zugunsten der obsiegenden Mehrheit verzerrt, bis dahin, daß eine Parlamentsmehrheit aus weniger als 50 Prozent der Wahlstimmen entstehen kann. Und wenn lange Zeit kein Regierungswechsel zustande kommt, können die Rechte der Minderheit rein formaler Natur bleiben, ohne daß die Chance besteht, die Rechte in die tatsächliche Gestaltung der Gesellschaft umzusetzen. Der Respekt gegenüber den Rechten der Minderheit ist dann nicht mehr als ein Lippenbekenntnis der Mehrheit, aus dem keine realen Konsequenzen hervorgehen. Die formal Einbezogenen bleiben substantiell ausgeschlossen. Insofern kann das Repräsentativmodell zu einer Mehrheitsherrschaft auf Kosten der Minderheit führen. Das ist insbesondere dann der Fall, wenn vorpolitische Grunddifferenzierungen der Gesellschaft nach Klassen, Schichten, ethnischen oder nationalen Gruppen in eine dauerhafte politische Differenzierung in Mehrheit und Minderheit übersetzt werden.

Dieses Modell der Repräsentativdemokratie mit einer starken, von der Regierungspartei im Parlament gestützten Exekutive kann zwar den Kampf aller gegen alle unterbinden, setzt aber an dessen Stelle den unerbittlichen Kampf zwischen Regierung und Opposition, der nur dann nicht zur Spaltung der Gesellschaft führt, wenn sich beide Seiten gegenseitig respektieren und bei einem Regierungswechsel nicht alle Maßnahmen der vorherigen Regierung wieder beseitigt werden. Das britische Regierungssystem hat seine Stabilität im wesentlichen aus einem historisch gewachsenen Konsens über die Grundpfeiler der Gesellschaft, dem gegenseitigen Respekt von Regierung und Opposition und der Anerkennung eines Maximums von Interessen geschöpft. Die Stabilität ergab sich insofern nicht aus dem Repräsentativsystem selbst, sondern aus der starken nationalen Einheit der britischen Gesellschaft. Es versagt genau dort, wo diese Einheit nicht herangewachsen ist: in Nordirland. Und es ist von der neoliberalen Revolution Margaret Thatchers in seinen Grundfesten erschüttert worden (Kavanagh 1987; Döring 1997).

Aus den genannten Voraussetzungen der Funktionsfähigkeit der britischen Repräsentativdemokratie mit starker Exekutive läßt sich leicht ablesen, daß es weder auf die europäische noch auf die globale Ebene übertragen werden kann. Auf diesen Ebenen würde die Kanalisierung der Vielfalt von Interessen und kulturell gewachsenen Ideen vom guten Leben in ein Zweiparteiensystem einen von niemandem tolerierten Zwang ausüben, weil dafür die notwendige solidarische Einheit fehlt und auch nicht realisierbar ist, aus Gründen der Erhaltung von Vielfalt auch gar nicht wünschenswert erscheint. In Großbritannien wird die Interessenvielfalt der liberalen Gesellschaft in die Konkurrenz von Regierung und Opposition eingebunden, die wiederum durch einen starken, historisch gewachsenen nationalen Konsens gezügelt wird. Auf europäischer und globaler Ebene ist eine solche Mehrheitsherrschaft auf Zeit nicht realisierbar und auch nicht funktionsfähig. Die Negativseiten des liberalen Gesellschaftsmodells, die auf europäischer und globaler Ebene in besonders krasser Form zu erwarten sind, können demgemäß durch den Weg in eine Repräsentativdemokratie mit starker Exekutive nicht vermieden werden, weil uns dieser Weg nicht offensteht.

12.4 Deliberative Demokratie

Schauen wir also, ob uns das Modell einer deliberativen Demokratie dabei helfen kann, die Demokratie auch nach dem Souveränitätsverlust des Nationalstaats zu retten. Das deliberative Modell der Demokratie will genau jenen Kollektivzwang vermeiden, der dem Rousseauschen Verständnis von Demokratie vorgeworfen wird. Zuflucht wird dabei bei Immanuel Kant und seiner Idee einer in öffentlicher Aufklärung wurzelnden Republik gesucht (Kant 1784a/1964a, 1784b/1964b, 1793/1964c, 1795/1964d). Dieses von Jürgen Habermas forcierte Demokratiemodell unterläuft den Rousseauschen Kollektivzwang, den die vereinigten Staatsbürger bei der Definition des Allgemeinwillens über all diejenigen ausüben, die ihre Individualität nicht vollkommen der Identität des Staatsbürgers unterordnen wollen (Habermas 1992, 1996). Während die Rousseausche Bestimmung des Allgemeinwillens schon nach Rousseaus Auskunft eine homogene Staatsbürgerschaft voraussetzt, rechnet das deliberative Modell der Demokratie mit einer größeren Heterogenität der Interessen und individuellen Identitäten bis hin zur Multikulturalität der Gesellschaft. Zentrum und Anker des politischen Geschehens ist nicht die homogene staatsbürgerliche Gemeinschaft, sondern der öffentliche Diskurs, in dem es darum geht, die allgemein und für jedermann/frau nachvollziehbaren, mit guten Gründen zu rechtfertigenden Entscheidungen von den nicht rechtfertigbaren Entscheidungen zu trennen.

Im öffentlichen Diskurs können Gründe ins Spiel gebracht werden, die in gemeinsamen Überzeugungen einer politischen Gemeinschaft – z. B. einer Nation – wurzeln. Diese Überzeugungen sind jedoch nicht der letzte Grund für gerechtfertigte Entscheidungen. Sie können von Gründen in Frage gestellt werden, die über die Überzeugungen einer politischen Gemeinschaft hinausgehen. Das Kriterium der diskursiven Rechtfertigung von politischen Entscheidungen ist die Zustimmung eines jeden beliebigen Diskursteilnehmers, der sich von nichts anderem leiten läßt als vom besseren Argument. Während der Rousseausche Allgemeinwille an die gemeinsamen Überzeugungen eines homogenen Kollektivs – einer Nation – gebunden ist, sprengt der Diskurs die Fesseln eines jeden Kollektivs, zumindest in abgestufter Form. Auch eine nationale Gemeinschaft muß sich im öffentlichen Diskurs Rechtfertigungszwängen stellen, die über ihre eigenen Vorstellungen vom guten Leben hinausführen.

Diskurse sind der Motor zur Verwirklichung der großen Ideen der Aufklärung und sind dementsprechend auf Fortschritt programmiert. Obwohl sie ein formales Verfahren zum Prinzip erheben, sind sie realiter doch untrennbar verbunden mit den substantiellen Ideen der Aufklärung, den Bürger- und Menschenrechten. Nur dort wo die Bürger- und Menschenrechte in ihrem substantiellen Gehalt intersubjektiv anerkannt sind, können überhaupt Diskurse geführt werden. Von ihnen dann die Legitimation eben der Bürger- und Menschenrechte zu erwarten, verstrickt uns in einen argumentativen Zirkel. Was sie tatsächlich leisten, ist die unablässige Kritik der bestehenden Verhältnisse im Lichte der substantiellen Aufklärungsideen. Die Aufklärung hat insofern einen substantiellen Universalismus hervorgebracht, der in Diskursen nicht begründet, sondern als Maßstab für die Kritik an den gesellschaftlichen Verhältnissen verwendet wird. Der substantielle Universalismus der Aufklärung muß deshalb ohne philosophische Begründung bleiben. Er ist eine westliche Idee, jedoch eine Idee von globaler Tragweite, weil er sich erstens in der ganzen Welt ausgebreitet hat und zweitens als eine evolutionäre Errungenschaft gelten kann, die den friedlichen sozialen Verkehr über die Grenzen partikularer Gemeinschaften hinaus prinzipiell möglich macht. Diese soziologische Erklärung der universellen Bedeutung der westlichen Kultur kann zwar die philosophische Begründung ihrer Allgemeingültigkeit nicht ersetzen, sie kann diese aber verzichtbar machen, weil sie die Notwendigkeit des ethischen und rechtlichen Universalismus für die friedliche Ordnung einer de facto entstehenden Weltgesellschaft aufzeigt (Tönnies 1995). Die Ehe der formalen Diskurse mit den substantiellen Ideen der

Aufklärung birgt jedoch einen explosiven Sprengsatz in sich. Im Rahmen der westlichen Kultur laufen Diskurse auf die unablässige Entdeckung von unzureichend verwirklichten Rechten hinaus. Das bedeutet, daß sie ein Fortschrittsprogramm der Maximierung von individuellen Rechten in Bewegung halten, das wiederum den Boden für die maximale individuelle Interessenverwirklichung bereitet. Die Einbettung der Rechte- und Interessenverwirklichung in eine Ordnung, innerhalb derer sie aufeinander abgestimmt und schließlich zu einem Konzept des guten Lebens zusammengefügt werden, wohnt dagegen dem Fortschrittsbündnis von Rechten und Diskursen nicht unmittelbar inne. Weil die unbegrenzte Rechte- und Interessenverwirklichung auf dem begrenzten Raum der Erde zwangsläufig auf Grenzen der gegenseitigen Behinderung und Verdrängung stoßen muß, ist ihre Abstimmung aufeinander in einem Ordnungskonzept unausweichlich geboten, wenn der Kampf aller gegen alle vermieden werden soll. Wenn dieses Ordnungskonzept mehr sein soll als der Oktroi eines Hobbesschen Leviathan (Hobbes 1651/1966), dann kommen wir nicht daran vorbei, nach den Bedingungen zu suchen, unter denen sich freie Bürger am ehesten zumindest auf ein elementares Konzept des guten Lebens einigen können, das ihnen als Basis für die Ausübung ihrer Rechte und die Verfolgung ihrer Interessen sowie für ihre politischen Entscheidungen in Fragen der Gesellschaftsgestaltung dient.

Bürgerrechte stehen jedem Mitglied eines politischen Gemeinwesens zu, Menschenrechte darf jeder Mensch, unabhängig von seiner Mitgliedschaft in einem politischen Gemeinwesen, in Anspruch nehmen. Zu den Bürgerrechten gehören zivile Freiheitsrechte, politische Partizipationsrechte, soziale Wohlfahrtsrechte und kulturelle Bildungsrechte, zu den Menschenrechten der Schutz vor politischer Verfolgung, das Recht auf Leben und körperliche Unversehrtheit sowie das Recht auf Hilfe in Notlagen.

Das einzige Kriterium, das innerhalb des Diskurses über die Verwirklichung von Rechten der ungebremsten Erweiterung von Rechten Einhalt gebieten kann, ist die Einschränkung von Rechten, wenn ihre volle Verwirklichung sie selbst oder andere Rechte aufheben würde. So könnte z. B. das Recht auf Freizügigkeit durch Fahrverbote bei Überschreiten von Ozongrenzwerten zum Schutze des Rechts auf körperliche Unversehrtheit eingeschränkt werden. Solche Einschränkungen sind jedoch nur sehr schwer zu begründen, weshalb sie nur selten vorgenommen werden. Im allgemeinen wird man in Diskursen dazu tendieren, möglichst vielen Menschen möglichst viele Rechte zu gewähren und im Gegenzug von den Menschen verlangen, daß sie die Wahrnehmung von Rechten gegenseitig respektieren. Nur in wenigen Fällen wird man jemanden an der Ausübung eines Rechts hindern, wenn sich ein anderer dadurch in der Wahrnehmung seiner Rechte beeinträchtigt sieht. Insgesamt wird man nicht mehr erreichen können als eine gerechte Ordnung, die allen partikularen Lebensweisen so viel Spielraum wie möglich gibt, ohne daß sie sich dabei gegenseitig behindern. Deshalb teilt das diskursive Modell der deliberativen Demokratie mit dem Rawlsschen politischen Liberalismus den Vorrang des Rechten vor dem Guten. Während jedoch die Bürger nach dem Modell des politischen Liberalismus aus dem privaten Motiv der bestmöglichen Verwirklichung ihrer eigenen Lebensentwürfe einer gerechten Ordnung zustimmen (Rawls 1993), ergibt sich diese Zustimmung nach dem Modell der diskursethisch fundierten deliberativen Demokratie, weil sie sich durch »öffentlichen Vernunftgebrauch« wechselseitig von der *allgemeinen* Zustimmungswürdigkeit einer Ordnung überzeugt haben. Sie tun dies abgestuft als moralische Personen, die sich über moralische Grundsätze als gerechtem Rahmen für eine Pluralität ethisch-partikularer Lebensentwürfe einigen können, und als Staatsbürger, die zur Einigung über eine gerechte politische Ordnung fähig sind, innerhalb derer eine Vielzahl von Konzepten des guten Lebens verwirklicht werden kann (Habermas 1996: 95-127). In diesem Sinne ist die Festlegung von Geltung und Reichweite subjektiver Rechte auf demokratische Entscheidung, der Rechtsstaat in der Tat auf Demokratie angewiesen (Habermas 1992). Damit sind allerdings noch gar nicht die Fragen beantwortet, welche Demokratie es sein soll, welche Form der Demokratie welchen Charakter des gesellschaftlichen Zusammenlebens ergibt und welche Form der Demokratie in einer Weltgesellschaft mit welchen Konsequenzen überhaupt möglich ist.

Eine auf die Expansion von Rechten ausgerichtete Gesellschaft muß von den Bürgern im Gegenzug eine wachsende Toleranz gegenüber der Ausübung von Rechten verlangen. Diese Toleranz beginnt bei der Hinnahme von Lärm aller Art, den der Nachbar bei der Pflege seines Gartens mittels seines hochgerüsteten Arsenals an motorbetriebenen Geräten verursacht, erstreckt sich über die Akzeptanz von allerlei Geruchsbelästigung beim Gartengrill und die persönliche Ästhetik der Haus- und Gartengestaltung, Straßenverkehrslärm und Luftverkehrslärm zugunsten vollentfalteter individueller Freizügigkeit bis hin zu den politischen, kulturellen, religiösen und ethischen Praktiken der Mitmenschen. Heftiger Streit um ethische Prinzipien der Lebensführung kann diskursiv in der Regel nur durch die gegenseitige Anerkennung der entsprechenden ethischen Verhaltensregeln beigelegt werden, sofern die ethischen Verhaltensregeln moralisch begründete Grundrechte nicht verletzen.

Der in Diskursen zum Tragen kommende moralische Universalismus läuft insofern auf eine Maximierung von Rechten hinaus, wie auch der in der Expansion von Märkten sich entfaltende ökonomische Liberalismus auf die Maximierung des Nutzens der Individuen hinarbeitet. Beide Positionen können deshalb in der permanenten Grenzüberschreitung eine besondere Ehe miteinander eingehen. Das Wachstumsprogramm des modernen Kapitalismus kann durchaus als materielle Verwirklichung des diskursiv verwirklichten moralischen Universalismus verstanden werden. Es legitimiert sich mit der Begründung, daß mit seiner Hilfe immer mehr Menschen ein von materiellen Sorgen freies Leben führen können, was ohne Zweifel ihr gutes Recht ist, sofern es um nichts anderes als die Verwirklichung individueller Rechte geht und nicht um die Frage, worin ein gutes Leben besteht (vgl. Narr und Schubert 1994: 210-221).

An der faktischen Ehe des moralischen Universalismus mit dem Wachstumsprogramm des ökonomischen Liberalismus läßt sich das Dilemma des deliberativen Modells der Demokratie ablesen. Es überfordert die Integrationskraft politischer Gemeinwesen ebenso wie das liberale Demokratiemodell. Während das liberale Demokratiemodell individuelle Interessen in einen Kampf um ihre Befriedigung schickt, ohne ein Konzept für ihre Integration in gemeinsam getragene Vorstellungen des guten Lebens zu haben, führt das deliberative Demokratiemodell in einen Kampf um die Wahrnehmung von individuellen Rechten, ohne über ein Konzept für ihre Integration in gemeinsam geteilte Überzeugungen vom guten Leben zu verfügen.

Beide Demokratiemodelle fördern die Überschreitung der Grenzen politischer Gemeinwesen. Weder Märkte noch Diskurse machen an deren Grenzen halt. Beide tendieren zur globalen Reichweite, beide arbeiten insofern zusammen an der Souveränitäts-minderung des Nationalstaats. Wie sich die Investoren auf globa-len Märkten nicht von nationalen Solidaritäten leiten lassen kön-nen, wenn sie Gewinne maximieren wollen, so können sich auch moralische Unternehmen mit humanitärer Zielsetzung in ihren Aktivitäten nicht an die engen Grenzen nationaler Solidaritäten binden. Dem humanitären Aktivisten steht die hungernde Bevöl-kerung eines afrikanischen Landes genauso nah wie der Arbeit-nehmer einer untergehenden Branche im eigenen Land, wie auch dem auf dem Weltmarkt operierenden Unternehmen der Arbeit-nehmer im fernen Asien so nah ist wie der Arbeitnehmer im hei-mischen Mutterbetrieb. Globale Märkte sprengen die Fesseln na-tionaler Interessenverflechtungen, globale Diskurse beseitigen die Fesseln nationaler Solidaritäten.

Das deliberative Demokratiemodell kann im dargelegten Sinn als ein Pendant zum liberalen Modell begriffen werden. Beide Mo-delle können mit der Globalisierung der Märkte Schritt halten. Können wir dann auch vermuten, daß sich im Rahmen des deli-berativen Modells der Verlust an Demokratie wettmachen läßt und die mit dem liberalen Modell verknüpften Verfallserscheinun-gen korrigiert werden können, die aus der Perspektive des kollek-tivistischen Demokratieverständnisses prognostiziert werden? So sehr wir uns das wünschen mögen, so wenig Anlaß gibt es für eine solche Vermutung. Der wesentliche Grund dafür liegt in der Strukturähnlichkeit von Rechten und Interessen. So wenig aus der Maximierung von Interessen ein Konzept des guten Lebens abzu-leiten ist, das angemessene von weniger angemessenen Interessen unterscheidet und in ein ausgewogenes Ganzes einfügt, so wenig ergibt sich aus der Maximierung von Rechten ein Konzept des guten Lebens, das die angemessene von der unangemessenen Wahrnehmung von Rechten unterscheidet und ebenso in ein aus-gewogenes Ganzes integriert. Diskurse können nur individuelle Rechte begründen, aber keine Idee des guten Lebens liefern, das stets mehr beinhaltet als nur die Maximierung von individuellen Rechten.

Wie in Märkten stecken auch in Diskursen keine genuin integra-tiven Kräfte. Daß die diskursive Bewältigung ethischer Konflikte in vielen Fällen aus Gründen der Gerechtigkeit, d. h. gleicher Rechte für alle, nur im Sinne einer gleichberechtigten Koexistenz verschiedener ethisch begründeter Einstellungen und Lebensweisen erfolgen kann, wird auch von Habermas erkannt. Wo eine weltanschauungsneutrale Lösung eines ethischen Konflikts trotz intensiver Bemühungen in diskursiv geführten Auseinandersetzungen nicht möglich ist, bleibt als einzig gangbare gerechte Lösung des Konflikts die gegenseitige Anerkennung der gegensätzlichen Positionen. Habermas nennt als mögliche Demonstrationsbeispiele die Konflikte um Abtreibung und Euthanasie, ohne zu behaupten, daß es sich dabei tatsächlich um weltanschauungsneutral unlösbare Konflikte handelt (Habermas 1996: 321). Je mehr unterschiedliche Auffassungen vom »guten« Leben in Auseinandersetzungen miteinander um das »richtige« Handeln geraten und nicht zu einer gemeinsam geteilten Auffassung gelangen, um so häufiger müssen wir uns in gegenseitiger Toleranz üben. Mit der Pluralisierung der Auffassungen vom guten Leben, nicht nur durch das Zusammenleben von Menschen unterschiedlicher kultureller Herkunft, sondern gerade auch durch die beliebige Wählbarkeit von Lebensstilen auf dem globalen Markt, wachsen die Toleranzzumutungen ganz erheblich (Habermas 1996: 320-322).

Wir müssen mit immer mehr Menschen zusammenleben, die andere Auffassungen vom guten Leben haben als wir selbst. Was kann uns aber zu dieser Toleranz motivieren? Wir müssen unsere konkreten ethischen Überzeugungen vom guten Leben relativieren und uns auf die abstraktere Ebene von moralischen Diskursen über das »richtige« Handeln begeben und so lange verschiedene Auffassungen vom guten Leben tolerieren, wie sich der Konflikt zwischen ihnen mit Argumenten allein nicht beilegen läßt. Diskursive Verfahren der Bewältigung ethischer Konflikte müssen für uns einen höheren Rang haben als unsere konkreten ethischen Überzeugungen, Fragen der Gerechtigkeit einen höheren Rang als Fragen des guten Lebens, die von der politischen Verfassung begründeten Verfahren der Konfliktbewältigung einen höheren Rang als konkrete politische Einstellungen und Zielsetzungen.

Doch was bindet uns an die diskursiven Verfahren und ihre Ergebnisse? Habermas vertraut auf die »vergemeinschaftende Kraft« solcher Verfahren selbst, die in seiner Perspektive in der sozialintegrativen Wirkung von Sprache verwurzelt ist (Habermas 1996: 324). Wenn ich mit anderen spreche, muß ich sie zwangsläufig als gleichberechtigte Kommunikationspartner anerkennen, weil ich sie mittels Zwang oder Täuschung nicht dazu bringen kann, zu verstehen, was ich sage und meine. In diesem Sinne ist Verständigung nur möglich, wenn sich Sprecher und Hörer gegenseitig als gleichberechtigte Kommunikatoren anerkennen. Habermas muß dabei allerdings voraussetzen, daß wir überhaupt miteinander sprechen wollen und es unterlassen, andere durch andere Mittel als die gegenseitige Verständigung dazu zu bewegen, unsere Meinungen, Einstellungen, Zielsetzungen und Handlungsweisen zu übernehmen oder zumindest hinzunehmen. Was soll uns aber dazu motivieren, Konflikte mit anderen mittels Kommunikation beizulegen? Hier wieder auf Sprache zu verweisen, käme einem argumentativen Zirkel gleich. Die Motivation zum Sprechen würden wir auf Sprechen zurückführen, wozu ja erst die Motivation gegeben sein muß.

Ein Ausweg aus dem aufgezeigten Zirkel könnte der Verweis darauf sein, daß pluralistische und multikulturelle Gesellschaften in heillosen Streit versinken würden, wenn den formalen Verfahren der Konfliktbewältigung und den Fragen der Gerechtigkeit keine Priorität vor den inhaltlichen ethischen und politischen Auffassungen gegeben würde (Habermas 1996: 325). Das leuchtet zunächst ein, beantwortet aber nicht die Frage, was uns dazu motiviert, den Verfahren in der Tat einen Vorrang vor den Inhalten einzuräumen. An diesem Punkt greift Habermas selbst auf die Hilfskonstruktion des »Verfassungspatriotismus« zurück (Habermas 1996: 328-329). Gemeint ist damit nicht weniger, als daß die formalen Verfahren selbst zu einer ethisch-politischen Form des guten Lebens heranwachsen müssen, mit der sich die einzelnen Individuen vor allen anderen Identitätsmerkmalen vorrangig identifizieren. Das kann allerdings nur in Gestalt einer eingelebten Tradition geschehen, in der sich zwangsläufig die in einem politischen Gemeinwesen vorherrschenden inhaltlichen Auffassungen vom guten Leben mit den formalen Verfahren symbiotisch verbinden. Deshalb haben ja die einzelnen Nationalstaaten eigene Traditionen der Demokratie herausgebildet. Die in diesen Traditionen verwurzelten Konzepte des guten Lebens können weder durch Verfahren der liberalen Interessenabstimmung noch durch Verfahren der diskursiven Begründung von Rechten ersetzt werden. In diesem Sinne ist der kommunitaristischen Kritik am Liberalismus recht zu geben (vgl. Sandel 1982; Taylor 1988; Walzer 1990a, 1990b; Forst 1994; Joas 1997; Honneth 1993). Das heißt aber nicht, daß dem Guten stets der unantastbare Vorrang vor dem

Gerechten gebührt. Beide ergänzen sich vielmehr gegenseitig. Während uns Traditionen Halt und Zusammenhalt derjenigen verschaffen, die sie gemeinsam übernommen haben und fortführen, schützen uns Diskurse über Gerechtigkeit vor den Vorurteilen, Zwängen, Ungleichheiten und Ausgrenzungen von Traditionen.

Die Symbiose von Form und historisch gewachsenem Inhalt impliziert in der Regel auch die Vorherrschaft einer Mehrheitskultur, in die sich Minderheitskulturen nur schwer und meist mit erheblichem Verzicht auf die eigene Identität einfügen. Aus der Perspektive des philosophischen Betrachters müßten die diskursiven Verfahren für genügend Toleranz und Lernbereitschaft der Mehrheitskultur gegenüber den Minderheitskulturen sorgen. Faktisch findet die Auseinandersetzung zwischen Mehrheitskultur und Minderheitskulturen jedoch immer im Rahmen der gewachsenen Mehrheitskultur statt. Als regulatives Prinzip erinnert die *Idee* des diskursiven Lernens immerhin auch die Mehrheitskultur an die Prinzipien des fairen Verfahrens in abstracto und trägt dann dazu bei, daß die Mehrheitskultur ein Stück weit über ihren eigenen Schatten springt, wenn oft genug an die eigene Borniertheit im Lichte der Anforderungen fairer Diskurse erinnert wird. Das ist die Rolle, die von den Kritikern der Mehrheitskultur gespielt wird.

Diskurse befreien von Vorurteilen, Täuschungen und Ungerechtigkeiten. Sie sprengen die Fesseln von Traditionen und eröffnen neue Handlungsspielräume. In diesem Sinne wirken sie entgrenzend. Zu den Fesseln, die von Diskursen abgestreift werden, gehört auch die Bindung von Wissen, Normen und Kultur an die Grenzen von Nationalstaaten. Insofern führen uns Diskurse die Begrenztheit nationaler Solidaritäten vor Augen und bereiten den Boden für die Anerkennung von Rechten jenseits der Grenzen nationaler Solidarität. Das heißt aber auch, daß sie gewachsene Solidaritäten auflösen und in diesem Sinne desintegrierende Effekte ausüben.

Können Diskurse statt dessen selbst nationenübergreifend jene Solidarität stiften, die für die Integration der Nationalstaaten gesorgt hat? Dazu ist wohl mehr erforderlich als die Begründung von Rechten über die Grenzen nationaler Solidaritäten hinaus. Die Eigenart der vom Nationalstaat geschaffenen Solidarität besteht in ihrem räumlichen Bezug und zwar in dem Sinne, daß über die Grenzen all jener Gruppen hinaus, die einen gemeinsamen Raum teilen, Solidaritätsbande entstehen. Das geschieht aus verschiedenen faktischen Gründen: Erstens stiftet die Abgrenzung und Konfliktaustragung nach außen innere Solidarität, zweitens sind diejenigen, die einen gemeinsamen Raum teilen, zur Lebensgestaltung aufeinander angewiesen, drittens entsteht durch eine gemeinsame Geschichte auch ein Fundus an gemeinsam geteilten Auffassungen vom guten Leben, viertens schafft die Zentralisierung der politischen Verantwortung für das Ganze einen gemeinsamen Lebensraum mit aufeinander abgestimmten Rechten (vgl. Münch 1993b: 15-33). Die räumliche Entgrenzung löst diesen Solidaritätszusammenhang auf und setzt an dessen Stelle die Differenzierung von Solidaritäten in die globale Solidarität der Modernisierungseliten und die partikulare Solidarität der von der Globalisierung der Netzwerke gefährdeten Schichten. Dabei fällt die partikulare Solidarität hinter den Stand der modernen Wohlfahrtsstaaten zurück, die einerseits nach innen soziale Integration erreicht und andererseits nach außen ein Netzwerk der friedlichen Zusammenarbeit geknüpft haben. Das gilt allerdings nur für die fortgeschrittensten Nationalstaaten, die selbst erst nach einer leidvollen Geschichte des feindseligen Nationalismus auf diesen Weg gefunden haben.

Im Rahmen der modernen Wohlfahrtsstaaten wurde nicht nur eine gerechte Ordnung für die maximale Entfaltung partikularer Lebensentwürfe entwickelt, sondern auch ein Konzept des guten (Zusammen)lebens, das von allen Bürgern gemeinsam getragen wurde. Mit dem Souveränitätsverlust des Nationalstaats sind die nationalstaatlichen Konzepte des Rechten und Guten einer starken Erosion unterworfen. Sie müssen im globalen Mehrebenensystem neu ausgehandelt werden. Dabei wird es nicht möglich sein, sich allein auf Fragen der Gerechtigkeit zu konzentrieren und die Fragen des guten Lebens aus dem politischen Raum zu verbannen, weil beide Fragen miteinander verwoben sind und zwar gerade heute in besonders ausgeprägtem Maße. Modelle der Demokratie, die allein die Einigung über einen maximalen Spielraum für partikulare Konzepte des guten Lebens ins Auge fassen und darauf verzichten, auch die Erarbeitung eines gemeinsamen Konzeptes des guten (Zusammen)lebens dem demokratischen Reflexions- und Entscheidungsprozeß zu überantworten, müssen in bezug auf die wichtigsten Probleme unserer Zeit stumm bleiben. Ihre

Lösung kann nicht nach dem Modell des maximalen Spielraums für alle Lebensentwürfe erfolgen, sondern verlangt nach einer gemeinsamen Reflexion über das gute Leben. Das prägnanteste Beispiel bietet die Übernutzung des natürlichen und sozio-kulturellen Lebensraums durch das Programm der maximalen Interessen- und Rechteverwirklichung. Die Lösung dieses Problems ist nach dem Modell der maximalen Rechte- und Interessenverwirklichung in einer gerechten Ordnung für alle nicht mehr möglich, sondern erfordert auch eine gemeinsame Reflexion über die Tragfähigkeit unserer Vorstellungen vom guten Leben. Schon allein deshalb, weil ein großer Teil des guten Lebens nur zusammen mit den anderen in der Gesellschaft von der lokalen bis zur globalen Ebene zu verwirklichen ist und immer auch gutes Zusammenleben impliziert, ist die Verbannung von Fragen des guten Lebens in die Sphäre der Privatangelegenheiten der Privatbürger nicht mehr tragfähig.

Gewiß beinhaltet die gemeinsame Bestimmung über das gute Leben mehr Zwang für den einzelnen im Sinne der Einschränkung seiner Privatautonomie. Er gewinnt aber ein Stück politische Autonomie als Mitbürger. Der größere Spielraum für Privatautonomie nützt ihm ohnehin nichts, wenn er in zunehmendem Maße durch die Privatautonomie vieler anderer aufgrund der externen Negativeffekte ihrer Handlungen zunichte gemacht wird. Der Pluralismus partikularer Lebensentwürfe erweist sich als bloßer Schein, wenn das wirkliche Leben ganz anders aussieht und naturwüchsig aus der Interdependenz privatautonomer Entscheidungen resultiert. Die gewachsenen Interdependenzen des dichter gewordenen Handlungsgeflechts der Weltgesellschaft stellen uns in einer bisher nicht gegebenen Schärfe vor das Dilemma, daß ein weiteres Wachsen der Privatautonomie ohne Selbstzerstörung immer weniger möglich ist, die Kontrolle ihrer destruktiven Effekte aber eine Einschränkung der Privatautonomie zugunsten einer Erweiterung der politischen Autonomie erzwingt. Deshalb ist der demokratischen Gestaltung der neuen Politik des guten Lebens das besondere Augenmerk zu schenken. Die Einschränkung privater Freiheitsräume kann nur dann als legitim betrachtet werden, wenn sie unter starker Beteiligung der Staatsbürger erfolgt und von ihnen selbst nach gemeinsamer Deliberation gewollt wird. Dabei kommt es in besonderer Weise auf die motivbildende Kraft der politischen Beteiligung des Bürgers an. Im Unterschied zum politischen Liberalismus und auch zum allein auf das Rechte sich einlassenden Modell der deliberativen Demokratie wird dabei angenommen, daß der Pluralismus der ethischen Lebensentwürfe kein ein für allemal gegebenes Faktum ist, sondern ein Ergebnis ihrer Verlagerung in die Privatsphäre und des Verzichts darauf, über ihre Tragfähigkeit im politischen Raum zu reflektieren. Ein starker politischer Raum, der die Bürger in die politische Reflexion einbezieht, ermöglicht ihnen jedoch, ihre partikularen Lebensentwürfe zu überdenken und zu erkennen, daß sie einen Großteil davon ohnehin nur gemeinsam verwirklichen können. Sie können auf diese Weise eine gemeinsam verantwortete Idee des guten (Zusammen)lebens erarbeiten, in die sie ihre eigenen Lebensentwürfe einfügen, soweit dies ein zusammenhängendes Ganzes ergibt. Es handelt sich dabei um eine gewiß anspruchsvolle Form des Republikanismus, die Benjamin Barber als »starke Demokratie« bezeichnet hat (Barber 1984, 1995b). Im Habermasschen Modell der deliberativen Demokratie müßte dem ethisch-politischen Diskurs in der Interpenetrationszone zwischen moralisch-rechtlichen und politisch-praktischen Diskursen ein breiterer Raum gegeben werden (Habermas 1992, 1996).

Aus der Sicht des republikanischen Modells der Demokratie werden die Schwächen der liberalen und deliberativen Modelle klar erkennbar. Sie resultieren aus ihrer Entscheidung für den Vorrang des Rechten über das Gute. Wir sollten allerdings nicht verkennen, daß die Vorbehalte gegenüber einer Politik des Guten wegen der Gefahr des sich daraus ergebenden politischen Zwangs zu Lasten der privaten Freiheitsspielräume ernst zu nehmen sind. Deshalb bedarf die republikanische Demokratie der Einschränkung durch Elemente des Liberalismus und der öffentlichen Deliberation zum Zwecke des Grundrechtsschutzes gegen zu weitgehende Einschränkungen des individuellen Handlungsspielraums. Anderenfalls droht der Republikanismus in eine Tyrannei der Tugendwächter auszuarten, wie sie von den Jakobinern in der französischen Revolution zur Zeit der »Schreckensherrschaft« (1793-1794) vorexerziert wurde.

Der Republikanismus kann sich den Vorurteilen partikularer Lebensentwürfe entziehen, wenn er den politischen Raum zum Zentrum der Reflexion über ihre Tragfähigkeit macht. Seine homogenisierende Kraft schöpft er dann weniger aus einer partikularen ethischen Lebensgemeinschaft als aus der Bindungskraft der staatsbürgerlichen Vereinigung als solcher, unabhängig von der Herkunft jedes einzelnen Bürgers. Trotzdem entfaltet sich das republikanische Leben nicht in einem kulturellen Niemandsland, sondern auf dem Boden von mehr oder weniger homogenen Kulturen, aus denen die im politischen Raum diskutierten Konzepte des guten Lebens entnommen und dort in politisch begründete Programme transformiert werden. Die auf Rousseau fußende republikanische Ergänzung des deliberativen Demokratiemodells bedarf deshalb der weiteren Ergänzung durch kulturelle Traditionen, wie schon Hegel die Kantische Kluft zwischen Moralität und Legalität durch die Idee der Sittlichkeit zu überbrücken versucht hat (Rousseau 1762/1964; Kant 1797/1956b; Hegel 1821/1964b). Kulturelle Traditionen stellen partikulare Ressourcen für gemeinsame Konzepte des guten Lebens bereit, die im politischen Raum zu einem Ganzen zusammengefügt werden müssen und in darüber hinausgreifenden Diskursen auf ihre Vereinbarkeit mit den Rechten der einzelnen Individuen und der anderen politischen Gemeinschaften in der Welt zu prüfen sind.

Eingelebte kulturelle Traditionen sind nur »gut« aus ihrer eigenen partikularen Sicht. Sobald wir darüber hinaustreten, erkennen wir ihre Borniertheiten, Ungerechtigkeiten, Vorurteile und weiterer negativen Effekte der verschiedensten Art, bis hin zur Frage ihrer Tragfähigkeit im globalen Kontext. Wenn wir z. B. die Risiken unserer westlichen Kultur für die Erhaltung des ökologischen Gleichgewichts der Erde ermitteln wollen, müssen wir über sie hinausschauen und bereit sein, auch von anderen Kulturen zu lernen. Die Erhaltung kultureller Traditionen ist insofern kein Wert an sich. Sie müssen sich im Diskurs mit alternativen Ideen des guten Lebens stets erneuern und fortbilden, sich im umfassenden Sinn als tragfähig erweisen. Insofern kann es keinen kulturellen Artenschutz an sich geben. Gleichwohl bilden kulturelle Traditionen den Humus, ohne den weder die Übereinstimmung über gutes Leben noch soziale Integration möglich sind. Ihre integrative Kraft kann durch Diskurse nicht ersetzt werden. Diskurse helfen, ihre Borniertheiten zu überwinden. Verbindliche Geltung können die Ergebnisse von Diskursen aber nur erlangen, wenn sie kulturelle Traditionen nicht zerstören, sondern an sie anknüpfen und sie weiterentwickeln.

Diskurse können immer nur unseren Verstand erreichen, niemals unsere sozialen Gefühle, die in gemeinsamen kulturellen Traditionen und Solidaritäten verwurzelt sind. Auf deren sozialintegrative Kraft kann nicht verzichtet werden. Gleichwohl erfordern die globalen Interdependenzen die Sprengung ihrer partikularen Fesseln. Dazu tragen Diskurse neben der Erweiterung von Marktbeziehungen ihren Teil bei. Partikulare Solidaritäten können jedoch nicht einfach durch universelle Solidarität ersetzt werden, weil die integrative Leistung partikularer Solidarität innerhalb der kleineren sozialen Einheiten durch universelle Solidarität nicht erbracht, sondern eher geschwächt wird. Der Aufbau universeller Solidarität muß deshalb einen Weg finden, der die vielen partikularen Solidaritäten als integrative Ressourcen erhält, aber in einen größeren Zusammenhang stellt, sie nicht beseitigt, sondern miteinander zu einem Flickenteppich verwebt. Dieses Verweben von partikularen Solidaritäten kann nur auf dem Wege des Ausbaus von transnationalen Vereinigungen stattfinden. Die daran arbeitende Modernisierungselite darf jedoch nicht die Verbindung zu ihren jeweiligen nationalen Bevölkerungen verlieren, weil anderenfalls an die Stelle des Konflikts zwischen den nationalen Solidaritäten die Spaltung der Gesellschaften in die Elite der Modernisierungsgewinner und die Masse der Modernisierungsverlierer tritt. Auf die integrativen Ressourcen lokaler und nationaler Solidaritäten kann deshalb auch im globalen System nicht verzichtet werden. Ihr partikularistischer Charakter muß durch die Herausbildung transnationaler Vergemeinschaftungen und Öffentlichkeiten zwar nicht beseitigt, jedoch so relativiert werden, daß er mit den Solidaritätserfordernissen des globalen Zusammenlebens vereinbart werden kann. Universalismus und Partikularismus ergänzen sich auf diese Weise gegenseitig.

Auch das deliberative Modell der Demokratie wird von seinen Befürwortern als ein Idealmodell konzipiert, von dem sich ein davon abweichendes Realmodell mit weniger demokratischen Eigenschaften unterscheiden läßt. Im negativen Extremfall tendiert das deliberative Modell zu einer Elitenherrschaft der Aufgeklärten und/oder Sachverständigen. Es favorisiert eine Herrschaft kraft Wissen, an der die Unwissenden wenig Anteil haben. Politische Entscheidungen werden durch diskursiv ermittelte Wertbezüge und/oder durch wissenschaftlich begründetes Wissen legitimiert. Angesichts von Reflexion und Sachverstand der Wissenden erscheinen die Interessen und Ängste einfacher Bürger und oppositioneller Bewegungen schnell als »nur« emotional motiviert und im Gehalt als »irrational«. Politische Partizipation mag zwar formal jedem Bürger zugestanden werden, eine Chance auf Gehör haben aber nur solche Interessen, die sich in die Form von anerkanntem Sachverstand gießen lassen. Infolgedessen klafft in der Realität deliberativer Politik oft eine große Lücke zwischen der aufgeklärten und sachverständigen Elite und der Masse der Bevölkerung. Diese Kluft äußert sich z. B. im oft unüberbrückbaren Konflikt zwischen den herrschenden Experten und den von ihnen in die Emotionalität und Irrationalität abgedrängten oppositionellen Bürgerbewegungen in den Fragen des Umweltschutzes, der Biotechnologie oder der Energie- und Verkehrspolitik (Münch 1996: 182-200). Auch die Kluft zwischen den auf die Verwirklichung universeller Menschenrechte drängenden humanitären Eliten, die sich z. B. für eine großzügige Menschenrechts-, Entwicklungs-, Einwanderungs- und Asylpolitik einsetzen, und den auf diese Entwicklung tendenziell mit ethnisch-kulturellem Partikularismus und Nationalismus reagierenden, rückwärts gewandten Bürgern ist ein Ausdruck der elitären Abweichung vom Idealmodell der deliberativen Demokratie.

12.5 Globale Mehrebenendemokratie

Ist die Integrationsleistung der Nationalstaaten im System globaler Vernetzung auf höherer Ebene wiederholbar? Es handelt sich dabei um eigenständige Integrationsleistungen, die weder von globalen Märkten noch von globalen Diskursen ersetzt werden können. Märkte und Diskurse haben entgrenzende Wirkungen. Sie maximieren Nutzen und Rechte, können diese aber nicht aus sich heraus in ein geordnetes Konzept von miteinander integrierten Interessen und Rechten einfügen. Dazu wird eine Basis von gruppenübergreifender Solidarität und gemeinsamer Lebenswelt benötigt. Die Maximierung von Interessen und Rechten tendiert dazu, diese Basis aufzubrauchen, sogar zu übernutzen, wenn sie nicht durch neue Solidaritätsleistungen und den Aufbau einer gemeinsamen Lebenswelt über die Grenzen partikularer Gruppen hinweg erneuert wird. Dabei stellt sich in besonderer Härte das Problem der externen Negativeffekte der individuellen Maximierung von Nutzen und Rechten. Je weiter deren Maximierung fortschreitet, um so mehr greifen sie in die Rechte anderer ein.

Gerechtigkeit ohne ein intersubjektiv getragenes Minimalkonzept des guten Lebens ist ein zu schwaches Prinzip, um die externen Negativeffekte individuell rationalen Handelns innerhalb der Grenzen von tragfähigem gesellschaftlichem Zusammenleben halten zu können. An der mangelnden Lösung dieses Problems scheitert nicht nur das reine Modell des politischen Liberalismus, sondern auch das reine Modell einer deliberativen Demokratie. Das gilt sowohl für die auf einer Diskursethik und auf der sozial-integrativen Kraft der Sprache aufbauenden Variante von Habermas als auch für radikalere Varianten der deliberativen Demokratie. In der Perspektive eines solchen radikalen Modells tragen sich Recht und Demokratie in zirkulärer Verschränkung »freistehend« gegenseitig (Gerstenberg 1997). Jedoch bleibt die gemeinsame Bestimmung des guten Lebens aus der Sphäre der Politik verbannt. Das gute Leben ist allein Sache der Entfaltung von Privatautonomie, weil in einer pluralistischen Gesellschaft die Einigung über ein gemeinsames Konzept des guten Lebens aus dieser Perspektive nicht möglich ist. Die politisch autonomen Staatsbürger können nur zu einer allseits akzeptierten gerechten Ordnung finden, die den Spielraum für die privatautonome Verwirklichung unterschiedlicher Lebensentwürfe und den Spielraum der politischen Autonomie selbst festlegt.

Der vermeintliche Realismus dieses Modells einer deliberativen Demokratie arbeitet indessen mit höchst unrealistischen Annahmen über die Bedingungen der Möglichkeit des gesellschaftlichen Zusammenlebens. Das Modell scheitert schon daran, daß Gerechtigkeit von Ideen des Guten nicht vollständig zu trennen ist. Außerdem unterschätzt es das Ausmaß negativer Interdependenzen zwischen partikularen Lebensentwürfen und den daraus folgenden Zwang, die unterschiedlichen Lebensentwürfe zu einem in sich abgestimmten Ganzen zusammenzufügen. Menschliches Zusammenleben ist ein Ganzes, das sich nicht nach Belieben in ein Nebeneinander von Partikularitäten zerteilen läßt. Darüber hinaus trägt dieses Modell der Tatsache nicht Rechnung, daß Konzepte des guten Lebens nicht vom Himmel fallen, sondern gesellschaftlich konstruiert werden. Wenn wir ihre Konstruktion ganz der Privatautonomie überlassen, dann erzeugen wir genau jene Fragmentierung der Gesellschaft, die scheinbar die Verbannung des guten Lebens aus der politischen Sphäre rechtfertigt. Es ist jedoch gerade umgekehrt die Hereinnahme des guten Lebens in den politischen Prozeß, d. h., die gemeinsame Deliberation darüber, wie ein gutes *gesellschaftliches Zusammenleben* aussieht, die eine unversöhnliche Fragmentierung der Gesellschaft verhindern kann.

Nur soweit die Individuen in die Rolle des Staatsbürgers schlüpfen und gemeinsam beraten, können sie ihren Partikularismus überwinden und überhaupt sehen, daß menschliches Leben zwangsläufig Zusammenleben heißt und einzelne Lebensentwürfe nur im Rahmen eines guten Zusammenlebens zu verwirklichen sind. Nur auf diese Weise können sie ein gemeinsames Konzept des guten Lebens erarbeiten. Dabei muß nicht auf einen vorpolitischen und feststehenden Konsensus gesetzt werden und auch nicht darauf, daß die Bürger und ihre Repräsentanten ihre partikularen Interessen und Wertvorstellungen vergessen, sobald sie die Bühne der Politik betreten. Auf dieser Bühne müssen die Konflikte zwischen den unterschiedlichen Lebensentwürfen jedoch ausgetragen und zu einem intersubjektiv getragenen Konzept des guten Lebens zusammengefügt werden. Die Übereinstimmung darüber, daß man unterschiedlicher Meinung ist, reicht allerdings noch nicht aus, um aus den Differenzen ein erträgliches Zusammenleben zu entwickeln. Es muß mindestens die gemeinsame Bereitschaft hinzutreten, durch Konfliktaustragung zu einer intersubjektiv getragenen Gestaltung des Zusammenlebens zu gelangen. Das sich so entwickelnde gemeinsame Gute ist keine feststehende, sondern eine sich durch Konfliktaustragung ständig verändernde Größe.

Wenn allerdings die politische Arena nicht mehr erbringt, als den »unversöhnlichen Interessen« einen »symbolischen Ausweg« der Repräsentation im politischen Raum zu verschaffen (Rödel, 1990; Dubiel 1992), ohne daß daraus ein gruppenübergreifend getragenes Konzept des guten Zusammenlebens hervorgeht, wird die Politik zur bloßen Theateraufführung, bei der zwar alle Interessen vertreten sind, aus der aber keine Konsequenzen für die Gesellschaftsgestaltung gezogen werden.

Gutes Leben läßt sich nicht als Individualangelegenheit vom Zusammenleben mit anderen trennen und erzwingt von uns deshalb, daß wir uns darüber gemeinsam auseinandersetzen und auf allseits tragfähige Konzepte einigen. Ein allein auf Gerechtigkeitsfragen reduziertes Modell der deliberativen Demokratie ohne Einbeziehung von Fragen des guten Lebens ist ein Selbstbetrug, weil das

Gerechte vom Guten nicht vollständig getrennt werden kann und schon das Toleranzprinzip von uns als etwas Gutes betrachtet werden muß, wenn es unsere innere Zustimmung über ein bloß wohlverstandenes Eigeninteresse hinaus gewinnen soll. Wie schon Hegel am Formalismus von Kants praktischer Philosophie kritisiert hat, ist auch der allein auf Fragen der gerechten Koexistenz partikularer Lebensentwürfe reduzierte politische Prozeduralismus eine leere Hülse ohne Wert, weil er die wichtigsten Fragen des Zusammenlebens aus dem Kontext der Politik verbannt und der Privatautonomie überläßt (Kant 1788/1956a, 1797/1956b; Hegel 1821/1964a: 195). De facto überzieht er deshalb die Integrationskraft der Gesellschaft ganz ähnlich wie der politische Liberalismus. Nahezu alle Fragen der Politik gehen weit über Probleme der Gerechtigkeit hinaus und beziehen sich auf Probleme des guten Zusammenlebens, ob es sich dabei um Familienpolitik, Sozialpolitik, Bildungspolitik, Umweltpolitik oder irgendeine andere Politik handelt. Die Umweltpolitik ist ein besonders prägnantes Beispiel. Ihr geht es kaum um Gerechtigkeit, aber voll und ganz um das gute Leben. Sollen wir sie deshalb der Privatautonomie der Bürger überlassen? An der Abstrusität dieser Frage wird die ganze Unhaltbarkeit eines allein auf Fragen der Gerechtigkeit eingeschränkten Modells der deliberativen Demokratie mit einem Schlag offenbar.

Wegen der unzähligen externen Negativeffekte unseres Handelns aufeinander werden wir nur dann zu einem Arrangement kommen, das alle zu ihrem Recht kommen läßt und zufriedenstellt, wenn wir intersubjektiv geteilte Vorstellungen von dem entwickeln, was für uns alle zusammen gut ist. Die maximale Tolerierung von Interessen und Rechten ist ein zu schwaches Mittel, um für deren Integration zu sorgen. Das kann nur im Rahmen gemeinsam geteilter Auffassungen vom guten Leben und gruppenübergreifender Solidarität geschehen, die allein die Bereitschaft erzeugen können, Interessen und Rechte nicht beliebig zu maximieren, sondern den gemeinsamen Vorstellungen vom guten Leben unterzuordnen. Vom Standpunkt der maximalen Verwirklichung von Interessen und Rechten aus gesehen, verlangt diese Einfügung in ein gemeinsam geteiltes Konzept des guten Lebens immer auch einen Verzicht zugunsten des gemeinsam geteilten Lebens. Ohne ein solches gemeinsam geteiltes Konzept des guten Lebens zerstört der Modernisierungsprozeß in der Maximierung von Interessen und Rechten seine eigenen sozialintegrativen Lebensgrundlagen.

Bei der gegenseitigen Tolerierung von Rechten geht es ja nicht nur darum, den anderen beten zu lassen, wie er will, sondern darum, daß bei der bloßen Tolerierung von Rechten jeder ein Maximum seiner Rechte wahrnehmen will, ohne daß wir eine gemeinsame Idee davon haben, wie diese individuelle Rechtemaximierung in eine gemeinsam gestaltete Lebenswelt eingebettet werden soll. Ohne eine solche Einbettung spielen sich die Maximierung von Rechten und die Bedienung von individuellen Interessen auf den expandierenden Märkten der globalen Konsumgesellschaft gegenseitig in die Hände. So wird z. B. das Recht auf Freizügigkeit von der Automobilindustrie und der Tourismusindustrie bedient, das Recht auf kulturelle Freiheit von der Kulturindustrie, das Recht auf freie Gestaltung des eigenen Lebens von der Vergnügungsindustrie. Der freie Bürger mit seinen individuellen Freiheits- und Gleichheitsrechten mutiert so zum totalen Konsumenten, der zu keinem anderen Zweck existiert, als zur Abnahme der Waren und Dienstleistungen eines immer reichhaltigeren Angebots einer immer erfindungsreicheren Industrie. Dieser Erfindungsreichtum in der Vermarktung von immer mehr Produkten ist angesichts globaler Konkurrenz immer mehr gefordert, weil Unternehmen sonst nicht überleben können.

Die zu totalen Konsumenten mutierten Bürger stehen unter einem stets unnachgiebiger werdenden Zwang, aus Arbeitsplätzen so viel Einkommen zu erzielen, daß sie die Angebote der Konsumwelt auch realisieren können. Der gegenwärtige Kampf um Arbeitsplätze ist ja auch deshalb so unerbittlich, weil das Leben in der totalen Konsumwelt von jedem einzelnen eine hohe Kaufkraft verlangt. Ein Beispiel dieses Zirkels der Maximierung von Rechten und Interessen ist die Umsetzung von gleichen Rechten der Selbstentfaltung in die Selbstentfaltung durch Erwerbsarbeit, die einerseits zur Überschwemmung der Welt durch Waren und Dienstleistungen führt und andererseits das Einkommen bereitstellt, das den Konsum des Waren- und Dienstleistungsangebots ermöglicht.

Wir sehen an diesem Zusammenspiel der Maximierung von Rechten und Nutzen, daß zwischen Diskursen und Märkten eine Lücke der sozialen Integration und der gemeinsamen Bestimmung des guten Lebens klafft, die nur von einem politischen Gemeinwesen geschlossen werden kann, in dem die Staatsbürger einen Lebensraum teilen und gemeinsam darüber reflektieren und beschließen, wie sie überhaupt leben wollen. Dieses von Rousseau konzipierte Modell der Demokratie kann weder vom liberalen noch vom repräsentativen noch vom deliberativen Modell ersetzt werden (Rousseau 1762/1964). Reale Demokratien mögen zwar einseitig in die Richtung des einen oder anderen Modells tendieren, es fehlt ihnen aber in ihrer Einseitigkeit die Leistung, die von den anderen Modellen erbracht wird. So wird es einem globalen System, das im wesentlichen aus lose gekoppelten Netzwerken von Märkten und Diskursen besteht, an den Fähigkeiten mangeln, jenseits der Maximierung von Nutzen und Rechten, aus gemeinsam geteilten Auffassungen vom guten Leben die Welt zu gestalten, wozu ein politisches Gemeinwesen im Rousseauschen Sinn benötigt würde, und verbindliche Beschlüsse zur Eingrenzung der externen Negativeffekte der individuellen Rechte- und Nutzenmaximierung zu fassen, was eine Repräsentativdemokratie voraussetzt.

Die Verbindung von Demokratie, Rechts- und Wohlfahrtsstaat in den hochentwickelten Nationalstaaten hat die Lücke zwischen individuellen Interessen und sozialem Zusammenhalt auf Kosten einer geringeren weltweiten sozialen Integration geschlossen. Daß sie jenseits ihrer Grenzen auf europäischer und globaler Ebene neu überbrückt werden kann, ist angesichts der Globalisierung von Märkten im Interesse der Wiedergewinnung von sozialer Integration und Bestimmungskraft in der Einrichtung eines gemeinsamen globalen Lebensraums unabdingbar. Gleichwohl stehen starke Argumente gegen diese Hoffnung. Sie sagen, daß sie nicht realisierbar ist, weil dazu ein föderaler Aufbau von räumlich definierten politischen Gemeinwesen erforderlich wäre, der wiederum von globalen Netzwerken zwangsläufig gesprengt wird. Die Aussichten auf Demokratie im globalen System müssen deshalb eher skeptisch beurteilt werden, wenn wir zumindest an einem Schimmer des Rousseauschen Verständnisses von Demokratie festhalten wollen.

Neben den theoretischen Überlegungen lassen auch die empirischen Evidenzen einen Zustand der Welt als wahrscheinlicher erscheinen, den Benjamin Barber als Kampf zwischen Jihad und McWorld beschrieben hat (Barber 1995a). Gemeint ist damit der Zerfall der Rousseauschen Idee der Demokratie durch die Expansion der globalen Konsumwelt und den gleichzeitigen Rückfall von Solidarität auf das partikularistische Niveau von Nationalismus, ethnischem und religiösem Fundamentalismus, weil zwischen beiden die integrative Kraft politischer Gemeinwesen fehlt, die einerseits den gemeinsamen Lebensraum nach gemeinsamen Auffassungen vom guten Leben gestalten und andererseits den Gruppenpartikularismus durch die zivile Vergemeinschaftung von Staatsbürgern überwinden.

Wer mag aber schon den Blick in die Zukunft mit Skepsis allein beschließen? Da wir als moderne Menschen mit dem Glauben an die Verbesserungsfähigkeit der Welt geboren sind, liegt es nahe, auf das Unwahrscheinliche zu hoffen, d. h. auf die Erhaltung von Spuren der Demokratie auf europäischer und globaler Ebene, um nicht hilflos dem Kampf zwischen »Jihad« und »McWorld« entgegensehen zu müssen. Erforderlich ist dazu die Rückgewinnung der Idee, daß wir unseren Lebensraum gemeinsam gestalten müssen und dies nicht allein den Kräften von Märkten überlassen können, die auf die Maximierung von Nutzen hinwirken. Die ökonomische Theorie, die im freien Welthandel nichts anderes sehen kann als die Maximierung von Nutzen durch die Nutzung aller komparativen Kostenvorteile in der globalen Arbeitsteilung, bedarf dringend der Ergänzung durch eine Theorie der Demokratie, die nach den Spielräumen der Gestaltung des gemeinsamen Lebensraums im globalen System fragt, und durch eine Theorie der sozialen Integration, die den Wandel der Solidarität im globalen System in den Blick nimmt. Aus diesen Perspektiven sieht die Welt eines globalen Marktes nicht so rosig aus, wie sie von der ökonomischen Theorie gezeichnet wird.

Die Welt als globaler Markt erscheint nur insoweit verheißungsvoll, als wir das Leben allein als eine Veranstaltung der maximalen Steigerung und Befriedigung individueller Interessen ohne jede Rücksichtnahme auf die externen Negativeffekte dieser Interessenmaximierung und ohne jeden Gedanken an ein gemeinsames Konzept des guten Lebens begreifen. Je mehr sich die ökonomische Theorie zur alles beherrschenden Sicht der Welt und die Ökonomen zur herrschenden Elite etablieren, um so mehr mutiert die ökonomische Lehre von einem unter mehreren Instrumenten der Daseinsbewältigung zur Ideologie, von der wir uns blenden lassen, ohne es zu bemerken. Wir leben dann in einer Welt des Neoliberalismus mit maximaler Interessenerzeugung und

-befriedigung und der Vermarktung des Lebens in seiner Gesamtheit, aber auch in einer Welt, in der wir die Kontrolle darüber
verloren haben, wir wir überhaupt leben wollen. Der Privatbürger
(bourgeois) triumphiert über den Staatsbürger (citoyen).

Allein schon die ökologischen Folgekosten der globalen Arbeitsteilung mit ihrer Zusammensetzung einzelner Produkte durch
Arbeitsvorgänge, die rund um den Globus verteilt sind, müßten
uns nachdenklich über die Fortschritte des Welthandels stimmen
(Leipert 1989). Die vom Transport der Teile und ganzen Produkte
verursachten Umweltschäden gehen nicht in die Wirtschaftlich-
keitsrechnung des freien Welthandels ein. Die von der Herausbildung einer globalen Konsumwelt verursachte Zerstörung von
Kulturen, die damit einhergehende Reduktion von Kultur auf den
Konsum industriell erzeugter Produkte und das Absinken des
dauerhaften Selbstvergewisserungs- und Verständigungswertes
von Kultur auf null, während der auf den Augenblick des Konsums bezogene Erlebniswert maximiert wird, bleibt überhaupt
außer Betracht. Dasselbe gilt für den Verlust an Demokratie und
sozialer Integration, ohne daß wir wissen, wie diese auf globaler
Ebene wiederzugewinnen sind. Allein die Einbeziehung der Umweltschäden in die Transportpreise würde kleinräumigen Märkten
diejenigen Vorteile verschaffen, die ihren geringeren Umweltbelastungen entsprechen. Als Pendant zur realistischen Gestaltung der
Transportpreise wäre an eine Besteuerung des grenzüberschreitenden Kapitalverkehrs zu denken, um den Nationalstaaten und
supranationalen Einheiten wieder einen Teil jener Souveränität in
Fragen der Wirtschafts-, Geld-, Beschäftigungs- und Umweltpolitik zurückzugeben, die sie an die Finanzmärkte und die rein
nach ökonomischen Kriterien urteilenden Finanzberater verloren
haben (Tobin 1978).

Mit den kleinräumigeren Märkten würde ein Stück Souveränität
der politischen Gestaltung auf die lokalen, regionalen und nationalen Ebenen zurückverlagert. Von der Borniertheit vergangener
Formen des Lebens würde sich diese Rückverlagerung auf die
kleineren politischen Einheiten dadurch unterscheiden, daß sie
nur im Rahmen schon entwickelter europäischer und globaler Zusammenarbeit möglich ist. Durch den Ausbau der politischen Zusammenarbeit auf europäischer und globaler Ebene können erst
die Voraussetzungen dafür geschaffen werden, unter denen die
davongeeilten Märkte wieder unter Kontrolle gebracht werden

können. Demokratie und soziale Integration können heute nicht mehr durch das krampfhafte Festhalten an den alten Nationalstaaten wiedergewonnen werden, sondern allein durch die politische Zusammenarbeit auf europäischer und globaler Ebene, die jedoch mit der wiedergewonnenen Kontrolle über die Märkte auch ein Stück der verlorengegangenen demokratischen Lebensgestaltung und sozialen Integration an die kleineren politischen Einheiten zurückgeben kann (Narr und Schubert 1994: 252-266).

Föderalismus und Subsidiarität im europäischen und globalen System haben nur dann einen Sinn, wenn es auf den unteren Ebenen überhaupt noch etwas zu gestalten gibt. Dafür bietet der Souveränitätsverlust des Nationalstaats sogar neue Chancen. Weil auf supranationaler und globaler Ebene nicht die in den Nationalstaaten realisierte Zentralisierung und Homogenisierung erreicht werden kann, muß der Souveränitätsverlust des Nationalstaats nicht nur eine Verlagerung seiner Kompetenzen nach oben bedeuten. Vielmehr ist auch deren Rückkehr nach unten auf die Ebene von Städten, Gemeinden, Regionen und Bundesländern möglich. Diese neuen Gestaltungschancen müssen auf den unteren Ebenen aber auch aufgegriffen und in eine Erneuerung von lokaler Demokratie umgesetzt werden. Stadt und Gemeinde müssen als Orte des Zusammenlebens wiederentdeckt werden. Der zunehmende Standortwettbewerb verlangt weniger von ganzen Nationen als vielmehr von lokalen Gemeinden besondere Anstrengungen, das Leben innerhalb ihrer Grenzen attraktiv zu gestalten. Hier eröffnen sich bessere Chancen für die Verwirklichung der republikanischen Idee von Demokratie, als dies auf der Ebene des Nationalstaats jemals möglich war. Wenn überhaupt, dann war der Nationalstaat nur ein Zerrbild der republikanischen Idee von Demokratie, weil er dafür zu groß, zu heterogen und zu zentralistisch organisiert war. Der Nationalstaat ist die angemessene Ebene der Repräsentativdemokratie, die Gemeinde die angemessene Ebene der republikanischen Demokratie. Das liberale Modell könnte den neuen Bezugsrahmen supranationaler und globaler Demokratie bilden. Das deliberative Modell stellt das Ergänzungsmodell zur liberalen Demokratie dar und dient als notwendiges Korrektiv für die Zwänge und Blickverengungen der repräsentativen und republikanischen Demokratie. In einem solchen Modell einer globalen Mehrebenendemokratie käme der lokalen Politik die Aufgabe der *Gestaltung* des guten Lebens zu, der nationalen Politik die Aufgabe der *Repräsentation* von Rechten und Interessen, ihres Ausgleichs untereinander und ihrer Bündelung für die nächst höhere Ebene der supranationalen Politik. Auf der supranationalen Ebene ginge es um die *Koordination* nationaler Lebensweisen und Interessen, auf der globalen Ebene um die *Kooperation* von Nationen und supranationalen Einheiten im Interesse der Erhaltung eines gemeinsamen Lebensraums.

Mit der Stärkung der lokalen Politik gewänne die republikanische Idee der Demokratie eine unter der Herrschaft des Nationalstaates nicht denkbare Bedeutung. Um diesen Chancen einer Wiederbelebung lokaler Demokratie im republikanischen Sinn gerecht zu werden, müssen die Bürger ihre Gemeinde wieder in Besitz nehmen, unter ihr mehr verstehen als den zufälligen Ort von Arbeit und/oder Wohnen. Ihre Gemeinde müssen sie wieder zu ihrem Lebensmittelpunkt machen, der sie wegen seiner besonderen Identität und inneren Vielfalt auch für einen großen Teil ihrer Zeit an sich binden kann. Das kann ihnen nur gelingen, wenn Städte und Gemeinden zu ihrem eigenen Charakter und ihrer Unverwechselbarkeit zurückfinden und gegen den Strom der globalen Angleichung ihrer Gesichter schwimmen. Das auf diesem Wege neu entstehende Gefühl der lokalen Solidarität von gleichwohl global vernetzten Bürgern schafft neue Möglichkeiten der gegenseitigen Unterstützung. Wenn z. B. die Universitäten aus der Oberaufsicht der Kultus- bzw. Wissenschaftsministerien entlassen werden und in einen offenen Wettbewerb zueinander treten, bedürfen sie weit mehr der lokalen Unterstützung als dies bisher der Fall war. Zugleich sehen sich Stadträte und örtliche Unternehmen gezwungen, etwas für »ihre« Universität zu tun, um ihre Stadt attraktiv zu erhalten. Diese größere wechselseitige Abhängigkeit ist eine Basis, auf die sich eine engere Verflechtung von Universität, Stadt und Unternehmen stützen kann.

Bei aller globalen Orientierung der Unternehmen kann es nicht in ihrem Interesse liegen, die Lebensqualität ihrer Gemeinde absinken zu lassen. Um Spitzenkräfte zu gewinnen und zu halten, müssen sie sogar selbst einen umfangreicheren Beitrag zur Steigerung der Lebensqualität in ihrem unmittelbaren Umfeld leisten als jemals zuvor. Die Lebensqualität eines Ortes kann allerdings nicht einfach am bloßen Umfang der Befriedigung von Interessen gemessen werden. Aus der Maximierung von Interessenbefriedigung ergibt sich noch kein gutes Leben, weil in diesem Fall zwangsläufig die verschiedenen Interessen aufeinanderprallen und in einen Kampf geraten, aus dem die Stärkeren auf Kosten der Schwächeren als Sieger hervorgehen. Bei solchen Konflikten stehen sich häufig Modernisierer und Bewahrer unversöhnlich gegenüber. Die einen wollen ein neues Einkaufscenter auf die grüne Wiese setzen, die Verkehrsadern und den Betrieb eines lokalen Flugplatzes erweitern und begründen dies mit der Sicherung von Arbeitsplätzen. Die anderen sind dagegen, weil sie den Charakter und die besondere Lebensqualität ihrer Stadt weiter dahinschwinden sehen, wenn alteingesessene Geschäfte durch seelenlose Einkaufscenter verdrängt, städtische Lebensräume von innerstädtischen Autobahnen zerschnitten und Sonntagsspaziergänger von Privatfliegern aus dem Stadtwald vertrieben werden. Beide Anliegen sind berechtigt und müssen deshalb unter einen Hut gebracht werden. Dazu ist mehr lokale Verständigung darüber erforderlich, wie man überhaupt am Ort leben will, und es müssen Wege gesucht werden, die Arbeitsplätze am Ort sichern, ohne daß dadurch zugleich die Lebensgrundlage, der gerade wieder wichtig werdende eigene Charakter und auch der eigene Erholungswert der Stadt bzw. der Gemeinde zerstört werden. Modernisierung ohne Rücksicht auf diese Anforderungen des guten Lebens ist sicherlich nicht zukunftsträchtig.

Die rücksichtslose Modernisierung hat die Lebensräume der Menschen in einem Maße niedergewalzt, häßlich und unattraktiv gemacht, daß sie sich inzwischen auf der permanenten Suche nach unzerstörten Lebensräumen befinden, ohne zu bemerken, daß sie gerade damit das Zerstörungswerk fortsetzen. Eine Besinnung auf die Qualität der unmittelbaren Umgebung des alltäglichen Lebens könnte die Modernisierung in Bahnen zurücklenken, die Lebensräume nicht plattmachen, sondern bewußt gestalten. In diesem Sinne vollziehen wir einen Paradigmenwechsel der Moderne. Wir bewegen uns weg von einer Politik der Emanzipation im Sinne der formalen Maximierung von Rechten und Nutzen und hin zu einer Politik der Lebensführung im Sinne der inhaltlichen Gestaltung von Räumen des Zusammenlebens (Giddens 1991: 209-231). Es wird in Zukunft mehr als bisher darauf ankommen, Städte und Gemeinden in vollem Bewußtsein als Orte des guten Lebens gemeinsam zu gestalten. In dieser Hinsicht stehen wir nicht am Ende der Demokratie, sondern an einem ganz neuen Anfang. Die wiedergewonnene lokale Demokratie wird befreit von den Fesseln des nationalstaatlichen Zentralismus. Sie kann allerdings nicht auf die Koordinations- und Ausgleichsleistungen der abgeschwächten nationalen und neu hinzugekommenen supranationalen und globalen Politik verzichten, weil die Orte sonst in einen ruinösen Standortwettbewerb getrieben würden. Auf nationaler, supranationaler und globaler Ebene muß es deshalb darum gehen, die zerstörerischen Konsequenzen des Wettbewerbs unter Kontrolle zu halten und die von ihm produzierten Ungleichheiten zu mildern. Darüber hinaus gehört zu den Aufgaben der höheren Ebenen der Politik, die in der Eigenständigkeit der Orte verankerte Vielfalt zu fördern und in einen gemeinsamen Flickenteppich kultureller Traditionen einzuweben. Dazu bedarf es zum Beispiel der Förderung des wechselseitigen Verstehens und des Wissens um die kulturelle Vielfalt durch ein in allen Ländern verbindliches Schulfach »Europäische und globale Kulturgeschichte«. Lokale Demokratie und die mit ihr verbundene kulturelle Vielfalt könnte sich dann in einem Bezugsrahmen nationaler Repräsentation, supranationaler Koordination und globaler Kooperation entfalten.

Für die Regionen, Städte und Gemeinden bestehen im Zeitalter der globalen Vernetzung nicht nur neue Chancen der selbständigen Gestaltung ihres Lebensraums, sie werden dazu auch gezwungen. Sie werden nämlich ins Abseits gestoßen, wenn sie im immer mehr entfesselten Wettbewerb nicht besondere, gerade sie auszeichnende Qualitäten ins Spiel bringen können. Dem Nationalstaat wird durch die Konkurrenz um Standortinvestitionen die Senkung von Steuern, Haushaltsbudgets, Sozial- und Umweltstandards aufgeherrscht. Der Spielraum für die flächendeckende Finanzierung der sozialen Infrastruktur, vom Kindergarten, über Schulen und Hochschulen, Jugendzentren, Sportanlagen, Pflege- und Altenheimen und Sozialhilfeeinrichtungen bis zu Theatern, Museen und Literaturhäusern, wird deshalb enger.

Diese Tendenz wird auch durch die Verlagerung von Kompetenzen vom Nationalstaat auf die Ebene der Europäischen Union unterstützt. Im integrierten Europa läßt sich nicht dasselbe Maß der Homogenisierung erreichen wie in den Nationalstaaten. Das erweitert zwar den Handlungsspielraum von Regionen, Städten und Gemeinden, nimmt ihnen aber den ausgleichenden Schutz des Nationalstaats und setzt sie einer härteren Konkurrenz aus. Die Sicherung der sozialen Infrastruktur hängt deshalb immer mehr davon ab, ob Städte, Gemeinden und Regionen in Zusammenarbeit mit privaten Sponsoren vor Ort die Mittel für die entsprechenden Investitionen aufbringen können. Das gibt Städten, Gemeinden und umgebenden Regionen einerseits mehr Gestaltungsfreiheiten, andererseits sind sie mehr als zuvor bei der Bewältigung dieser Aufgaben auf sich selbst gestellt. Und sie treten viel mehr als bisher in Konkurrenz um Investoren zueinander. Da sich diese Konkurrenz freier entfalten wird als je zuvor und Ausgleichsmaßnahmen durch Länder, Bund oder Europäische Union weniger möglich sind, wird sich eine stärkere Differenzierung in reiche und arme Regionen, Städte und Gemeinden ergeben. Aufgrund der Verschärfung des Wettbewerbs werden sich die prosperierenden Regionen aus einer sonst zur Wüste vertrocknenden Landschaft herausheben. Die prosperierenden Regionen werden magnetisch einen wachsenden Teil der Bevölkerung aus den strukturschwachen Gebieten anziehen, das Tempo des Zuzugs aber nicht durch mehr Arbeitsplätze und Infrastruktur bewältigen können, so daß sich Slumansiedlungen wie in den Metropolen der Dritten Welt entwickeln. Die Metropolen sind dann nicht mehr Städte im klassisch-bürgerlichen Sinn mit einem städtischen Bürgertum, das die Stadt als gemeinsamen Lebensraum in gemeinsamer Verantwortung gestaltet, sondern Stadtmaschinen, die in einzelne Funktionszentren zerfallen. Bankenviertel, Gewerbeparks, Einkaufs- und Vergnügungszentren, von Sicherheitsdiensten bewachte exklusive Wohnviertel für die Elite, Standardsiedlungen für die Masse und heruntergekommene Viertel für die neue Unterklasse existieren dann nebeneinander, bilden aber keinen einheitlichen Lebensraum mehr (Hesse 1997).

Verstärkt wird die Tendenz zur Fragmentierung der Städte, Gemeinden und Regionen dadurch, daß die globale Informationsökonomie eine kosmopolitische Intelligenz herausbildet, die überall zu Hause ist, nur nicht an einem bestimmten Ort, und deshalb auch immer weniger dazu zu bewegen ist, soziale Verantwortung für die Gestaltung des Lebens an den Orten zu übernehmen. Wenn sich der vor allem in den USA seit Mitte der siebziger Jahre zu beobachtende Trend fortsetzt und überall ausbreitet – was angesichts eines globalen Arbeitsmarktes wahrscheinlich ist –, dann führt diese Entwicklung zu einer Spaltung der Gesellschaft in die Informationselite, die etwa 20 Prozent ausmacht, und die Masse der Bevölkerung – etwa 80 Prozent –, die Routinearbeit in

Produktion und Dienstleistung verrichtet, gar nicht oder nur kurzfristig beschäftigt ist und mit stagnierenden oder sogar sinkenden Einkommen leben muß (Reich 1996).

Wettbewerbsvorteile lassen sich nicht mehr auf die ganze Bevölkerung einer Nation, einer Region oder Stadt übertragen, weil jetzt jeder Erwerbstätige mit jedem beliebigen anderen Erwerbstätigen auf seinem Spezialgebiet irgendwo in der Welt konkurrieren muß und nicht mehr von einzelnen Standortvorteilen an seinem Ort profitiert. Die Unternehmen besorgen sich jetzt Rohstoffe, Teilprodukte, Kapital, Intelligenz oder Routinearbeit, wo immer sie wollen, und zahlen Steuern, wo sie am niedrigsten sind, so daß jeder Erwerbstätige auf sich allein gestellt ist und in seiner Wettbewerbsfähigkeit nicht mehr durch vorteilhafte Standortfaktoren automatisch nach oben gehoben wird. Das gilt auch für die Steuereinnahmen von Nationen, Regionen, Städten und Gemeinden. Auch sie erhöhen sich nicht automatisch durch einzelne Standortvorteile. Öffentliche Armut und privater Reichtum existieren nebeneinander.

Für das, was wir unter Stadtkultur verstehen, wäre diese Entwicklung tödlich. Die Frage ist deshalb, ob sie überhaupt noch aufgehalten werden kann. Das wird nur gelingen, wenn Unternehmen, Verbände, Vereine, Kirchen und einzelne Bürger in Verbindung mit den politischen Verantwortungsträgern von Kommunen und Regionen der Situation gewahr werden und erkennen, daß sich die Orte ihres Zusammenlebens in höchster Gefahr befinden und sie einen erheblichen Teil von Unternehmensgewinnen, privaten Einkommen und Aktivitäten in die Erhaltung und Gestaltung eines tragfähigen Lebens in ihrer Stadt, Gemeinde und Region investieren müssen. Das Leben am Ort wird ihnen wichtiger werden müssen als die Erreichbarkeit jedes beliebigen Zieles irgendwo in der Welt. Ihre Stadt, Gemeinde und Region müssen sie wieder als ganzheitlichen Lebensraum erfassen und nicht einfach voneinander isoliert als Schlafstätte, Erwerbschance, Einkaufszentrum und Ausgangspunkt mit kürzestmöglichem Anschluß nach überall, wohin man vor der Unerträglichkeit des Ortes flüchten möchte.

Die Bürger müssen lernen, daß ein gemeinsames gutes Leben nicht einfach aus der maximalen Verwirklichung individueller Interessen resultiert, sondern in Zukunft mehr als jemals zuvor der gemeinsamen Reflexion, Beratung und Gestaltung bedarf, weil sonst die Rechte- und Interessenverwirklichung des einen immer mehr zu Lasten vieler anderer geht und letzten Endes zu einem allseits gestörten, ja zerstörten Zusammenleben führt.

Schlußbemerkungen

Lokale und regionale Autonomie bedarf der Einbettung in nationale Solidarität im Rahmen supranationaler und globaler Solidaritäten. Ohne einen Finanzausgleich können sich vorhandene Standortvorteile und -nachteile nur verstärken, wodurch die Schwachen mit der Zeit von den Starken an den Rand gedrückt werden. Man mag sich z. B. von einem Wettbewerb zwischen den Universitäten eine Steigerung ihrer Leistungen versprechen. Sie werden dadurch zu einer Profilierung gezwungen, die eine Konzentration auf ihre Stärken und die Beseitigung ihrer schwachen Fachbereiche erfordert. Dadurch schwindet aber ihre innere Vielfalt und die daraus hervorgehende gegenseitige Befruchtung, wodurch langfristig auch die starken Fachbereiche im Wettbewerb mit den Fachbereichen an den Großuniversitäten benachteiligt werden. Sie müssen sich deshalb noch weiter spezialisieren. Am Ende eines freien Wettbewerbs stünde eine Universitätslandschaft mit einigen wenigen großen Zentren, einigen extrem spezialisierten kleinen Hochschulen und einer Mehrzahl von durchschnittlichen bis schwachen Hochschulen für die breite Masse von Studierenden. Blühende Zentren und Spezialhochschulen wären umgeben von einer Bildungswüste. Diese Entwicklung läßt sich zumindest tendenziell am Beispiel des universitären Wettbewerbssystems der USA, aber auch am Beispiel des politisch zentralisierten Systems in Frankreich beobachten. Wenn wir solche Ungleichheiten der Lebensbedingungen in Grenzen halten wollen, führt kein Weg an der Ergänzung von lokaler Autonomie durch nationalen Finanzausgleich vorbei. Das bedeutet, daß die nationale Repräsentativdemokratie nicht am Ende ist, sondern im Rahmen von lokaler Demokratie, supranationaler Koordination und globaler Kooperation neu zu interpretieren ist. Ihre Rolle bewegt sich weg von der umfassenden Gestaltung des Lebens und hin zur Begrenzung negativer Wettbewerbseffekte und zur Einbettung nationaler kultureller Traditionen in die supranationale Koordination und globale Kooperation im Rahmen einer globalen Mehrebenendemokratie der Weltgesellschaft.

Schlußbetrachtung:
Soziale Integration in der Weltgesellschaft

Die modernen Nationalstaaten haben sich im Verlaufe der Modernisierung als Zentren der Organisation des sozialen Lebens und
der sozialen Integration herausgebildet. Sie haben diejenigen Institutionen hervorgebracht, die in hohem Maße Konflikte verarbeiten und soziale Integration sichern, individuelle Freiheit und
soziale Bindung im Gleichgewicht halten. Die Globalisierung des
modernen Lebens scheint jetzt ein Niveau erreicht zu haben, das
immer mehr Zweifel an der weiteren Integrationsfähigkeit der
Nationalstaaten aufkommen läßt. Finanzmärkte, wissenschaftlich-technische Entwicklungen, wirtschaftliche Transaktionen,
das Investitionsverhalten von Unternehmen, die Rekrutierung
von Arbeitskräften, Kulturproduktion und Kulturkonsum, Tourismus und ökologische Risiken überschreiten bei weitem die
Grenzen von Nationalstaaten und bilden ein globales System interdependenter Handlungen. Wir werden durch diese Entwicklungen von nationalstaatlichen Restriktionen befreit, aber zugleich den neuen Zwängen des globalen Systems unterworfen. Die
Erfolgschancen unseres eigenen Handelns hängen von Handlungen fernab unseres Zugriffs ab, so daß die gewonnene Freiheit
sofort zwischen unseren Händen zerrinnt. Die Freiheiten der globalen Märkte nützen uns nichts, wenn wir die irrationalen Nebenfolgen dieser Märkte – Erosion von Lebenswelten, ökologische
Risiken, soziale Desintegration und Kulturzerfall – nicht unter
Kontrolle bringen. Auf jeden Fall erwachsen uns eine ganze Reihe
neuer Konflikte, weil die Nationalstaaten an Integrationskraft
verlieren, aber auf supranationaler und globaler Ebene noch
nichts vergleichbares herausgebildet werden konnte.
Die neuen Konflikte, die im supra- und zwischenstaatlichen Feld
zu bewältigen sind, greifen in alle Bereiche des gesellschaftlichen
Lebens ein. Es handelt sich um sozialpolitische, ökologische, kulturelle und moralisch-ethische Konflikte.
Sozialpolitische Konflikte: Der globale Arbeitsmarkt führt zu einem Lohndumping. Davon profitieren zunächst die Entwick-
lungs- und Schwellenländer, weil dort neue, gleichwohl extrem

niedrig entlohnte Arbeitsplätze entstehen, während auf die hochentwickelten Länder ein Druck ausgeübt wird, durch Verminderung der Lohnkosten und der Lohnnebenkosten, durch eine Steigerung des Qualifikationsprofils sowie durch Innovation im Bereich einfacher, mittlerer und hochwertiger Dienstleistungen konkurrenzfähig zu bleiben. Die globale Umverteilung von Arbeitsplätzen muß kein Nullsummenspiel auf Kosten der hochentwickelten Länder sein, wenn es diesen gelingt, den Verlust an einfachen Produktionsarbeitsplätzen durch einen Zuwachs an Dienstleistungsarbeitsplätzen mit zum Teil niedrigeren, zum Teil aber auch höheren Qualifikationsanforderungen auszugleichen. Die USA geben dafür das Beispiel. In den USA kann jedoch auch beobachtet werden, daß diese Entwicklung zu einer größeren Lohnspreizung, d.h. zu größeren Ungleichheiten führt als die europäischen Wohlfahrtsstaaten bisher zu tolerieren bereit waren. Die Differenzierung in reiche, mittlere und arme Nationen wird tendenziell abgelöst von einer weltweit einheitlichen Differenzierung in die Elite der überall gefragten kosmopolitischen Intelligenz, die etwa ein Drittel der Arbeitnehmer ausmacht, und die Masse von mittleren und einfachen Produktions- und Dienstleistungsarbeitern, für die es weltweit eine immer größer werdende Reservearmee gibt. Die Dritte Welt nistet sich auf diesem Wege in den Zentren der Ersten Welt selbst ein.

Wenn ein Land dadurch Anschluß an die globale technologische und wirtschaftliche Entwicklung hält, daß es Standort für Systemführer in den Wachstumsbranchen bleibt, garantiert dies keineswegs eine landesweite Sicherung oder Anhebung des Wohlstands. Innerhalb ein und derselben Gesellschaft entwickeln sich Inseln des Fortschritts und Reichtums und zugleich Zonen der Stagnation, des Rückschritts und der Armut. Diese Teilung der Gesellschaft tritt deshalb ein, weil die prosperierenden Systemführer nicht mehr im gleichen Umfang ihr Wachstum über überwiegend nationale Produktionsketten, die sie mit ihren Zulieferern verbinden, in andere Segmente ein und derselben Gesellschaft hineintragen, sondern über transnationale Produktionsketten rund um den Globus an die für sie günstigsten Standorte weitergeben. Systemführer sind Unternehmen, z. B. im Automobil- und Flugzeugbau oder in der Elektronik und Informationstechnologie, die durch Produktionsketten mit einer Vielzahl von Zulieferern verbunden sind (Narr und Schubert 1994: 57-82).

Die aus der neuen inneren Spaltung der Gesellschaften resultierenden sozialen Konflikte äußern sich wegen der nicht vorhandenen weltweiten Organisation der Arbeitnehmerschaft eher in nationalistischen und ethnischen Gegenbewegungen gegen die Globalisierung als in einer neuen internationalen Arbeiterbewegung.
Eine andere Folge sind steigende Kriminalitätsraten, eine Aufteilung der Gesellschaft in die mittels privater Sicherheitskräfte bewachten Ghettos der Reichen und die von Gewalt beherrschten
Ghettos der Armen. Die dazwischenliegende Mittelklasse muß
mit einem immer unsichereren Leben zurechtkommen und verfügt deshalb nicht mehr über das Selbstbewußtsein und den Op-
timismus, die sie zur maßgeblichen stabilisierenden Kraft der modernen Nationalstaaten haben werden lassen.

Die neuen sozialen Probleme werden sich nur lösen lassen, wenn
die Freihandelsabkommen durch Abkommen über soziale Min-
deststandards ergänzt werden. Dazu gehören aber auch Vereinbarungen über Transferzahlungen von den reicheren in die ärmeren
Regionen der Welt. Globale Sozialpolitik kann zwangsläufig nicht
allein dem Ziel dienen, das hohe Wohlfahrtsniveau der reichen
Länder gegen das Sozialdumping der armen Länder zu schützen.
Da wir in *einer* Welt leben, müssen die reichen Nationen die Teilhaberechte der armen Nationen anzuerkennen lernen. Die Einbeziehung des Bürgers in die supra- und zwischenstaatliche Politik
dient hier auch dem Zweck, Zugehörigkeitsgefühle zur Weltgemeinschaft zu wecken und Verständnis für globale Transferzahlungen zu fördern. Wer in die Verantwortung für die Weltgemeinschaft einbezogen wird, ist auch eher für Abstriche am eigenen
bisherigen materiellen Lebensstandard zu gewinnen, weil sie im
besser überblickten Gesamtzusammenhang Sinn machen.

Die Globalisierung verschiebt ja nicht nur die Koordinaten der
ökonomischen Konkurrenz, sondern auch diejenigen des sozialen
Zusammenhalts von der nationalen auf die globale Ebene. Soziale
Integration kann jetzt nicht mehr allein innerhalb der Grenzen
des Nationalstaats für sich erreicht werden, sondern nur noch im
globalen System. Konkret heißt das, daß nicht nur die ökonomische Konkurrenz, sondern auch der soziale Ausgleich im globalen
System den Wohlstand ein Stück weit von den reicheren zu den
ärmeren Nationen verlagert. Von der Einbeziehung des Bürgers
der reichen Nationen in die globale Sozialpolitik ist deshalb weniger dessen eigene Wohlstandssicherung zu erwarten, als die Si-

cherung seiner Bereitschaft, den erworbenen Wohlstand mit einer größeren Gemeinschaft zu teilen als zuvor, und das in einer Weltgemeinschaft, in der die Kluft zwischen Reich und Arm weit größer ist, als dies in den Nationalstaaten jemals der Fall war. Die Nationalstaaten müssen deshalb Sozialpolitik nach innen und außen zugleich betreiben: nach innen, um die von den globalen Märkten verursachten inneren Verwerfungen auszugleichen, nach außen, um die globalen Konflikte zu dämpfen.

Die neue Weltsozialpolitik hilft die sozialpolitische Infrastruktur für den Aufbau neuer Marktwirtschaften einzurichten. Die Verwendung der bereitgestellten Mittel für diesen Zweck müßte kontrolliert werden, um den von der Entwicklungshilfe bekannten Mißbrauch zu unterbinden. Eine Umschichtung der vielfach ohnehin fehlgeleiteten Entwicklungshilfe zugunsten sozialpolitischer Maßnahmen würde erst den stabilen Rahmen schaffen, innerhalb dessen sich Marktwirtschaften nur entwickeln können.

Ökologische Verteilungskonflikte: Die weltweite Beschleunigung des Wirtschaftswachstums und der damit einhergehenden Verkehrsströme steigert die Übernutzung des Planeten und erzeugt neue Verteilungskonflikte um den Gebrauch der Umwelt. Da es sich bei der Umwelt um ein begrenztes Gemeinschaftsgut handelt, bedarf deren Nutzung im Rahmen der Erneuerbarkeit ihrer Ressourcen der globalen Vereinbarung darüber, wer wieviel davon für sich verbrauchen darf. Das zur Bewältigung von Verteilungskonflikten bisher praktizierte Programm des wachsenden Kuchens, von dem sich jeder ein immer größeres Stück abschneiden kann, stößt an natürliche Grenzen, wenn wir davon ausgehen, daß die Umwelt ein nicht beliebig vermehrbares Kollektivgut darstellt. Sowohl auf nationaler als auch auf globaler Ebene wird man deshalb nicht darum herumkommen, für die Nutzung der Umwelt eine neue Kombination von Leistungs- und Sozialprinzip zu finden. Auf einem Sockel des gleichen Zugangs zur Umwelt ist jede weitere Umweltnutzung über den Preis zu regulieren. Wer die Umwelt mehr belastet, muß jenseits des für alle gleichen Sockels auch mehr bezahlen. Das muß sicherlich für den globalen Transport von Waren und Personen gelten, wodurch Arbeitsteilung und Freizeitverhalten wieder ein Stück weit kleinräumiger organisiert werden müßten.

Konflikte zwischen autochthoner und kommerzieller Kultur: Der globale Kulturmarkt überzieht die ganze Welt mit den kulturellen

Einheitsprodukten der Kulturindustrie, gegen die sich autochthone Kulturen nur noch behaupten können, wenn sie den Kampf aufnehmen und mit gleichen Waffen zurückschlagen, also selbst zu einer global vermarktbaren Ware werden. Die lokale Vielfalt bleibt uns demgemäß nur in Warenform erhalten. Eine zur Warenform mutierte Kultur wird indessen zu einem allein nach individuellen Bedürfnissen genutzten Konsumgut. Damit verliert die Kultur ihre Funktion der gegenseitigen Verständigung über das gute Leben.

Als massenhaft konsumiertes Individualgut hat jedoch auch die Kultur jede Menge externer Negativeffekte, weil wir alle davon betroffen sind, welchen Sinn die einzelnen Kulturkonsumenten ihrem Leben geben. Ihr mehr oder weniger rücksichtsvoller oder rücksichtsloser, guter oder schlechter, schöner oder häßlicher Lebensstil tangiert uns unmittelbar, weil wir zum guten Leben die Kooperation der anderen benötigen. Die Verständigung darüber ist uns jedoch nicht mehr möglich, wenn Kultur allein zu einer nach Belieben konsumierbaren Ware gemacht wird. Der Konflikt um die Kultur der Zukunft wird deshalb über die Frage geführt, ob gewachsene kulturelle Lebenswelten ein Schutzrecht gegen die Verdrängung durch die industriell erzeugte und breitflächig vermarktete globale Einheitskultur der Unterhaltungskonzerne, z.B. durch Programmquoten im Fernsehen und durch Importzölle, beanspruchen dürfen oder ob sie dem Freiheitsverständnis des freien Warenverkehrs geopfert werden sollen.

Konflikte zwischen Zentrumskultur und peripheren Kulturen: Neben den Konflikt zwischen den autochthonen Kulturen und der globalen Konsumkultur der Kulturindustrie tritt als weiterer Kulturkonflikt der Kampf zwischen den peripheren Kulturen und der herrschenden Zentrumskultur auf nationaler, supranationaler und globaler Ebene. Es kommt darauf an, beide Seiten so zu integrieren, daß die Zentrumskultur durch Überlappungen mit einem Kranz von peripheren Kulturen bereichert wird, die peripheren Kulturen dadurch unter veränderten Bedingungen fortexistieren können. Auf diesem Weg muß der Konflikt zwischen Multikulturalismus und individualistischem Universalismus bewältigt werden.

Moralisch-ethische Konflikte: Die durch den globalen Konkurrenzdruck erzeugte Beschleunigung wissenschaftlich-technischer Innovationen und ihrer industriellen Umsetzung läßt uns in ein kaum übersehbares, moralisch-ethisch ungeregeltes Neuland treten. Man muß sich hier nur die Entwicklung der Genforschung und ihrer Anwendung in der medizinischen Diagnostik oder die Entfaltung der Transplantationsmedizin und den mit ihr einhergehenden weltweiten Organhandel vor Augen führen, um die Tragweite des Geschehens abschätzen zu können. Mittels künstlicher Befruchtung im Reagenzglas und Präimplantationsdiagnostik kann heute Eltern mit schweren Erbkrankheiten die Möglichkeit geboten werden, eine Reihe von Embryos künstlich zu zeugen, von denen dann derjenige zur Einpflanzung in den Uterus ausgewählt wird, bei dem keine Erbkrankheit festgestellt werden kann. Während dieses Verfahren in anderen Ländern schon Praxis ist, muß es in Deutschland erst noch legalisiert werden. Tendenziell geht die Moralentwicklung hier in die Richtung der Legalisierung des technisch Machbaren, wenn sich daraus von den Betroffenen ein Nutzen ziehen läßt. Dagegen ist auf den ersten Blick kaum etwas einzuwenden. Auf den zweiten Blick ist jedoch die Gefahr zu erkennen, daß bei einem immer weiteren Öffnen der Anwendungsberechtigung der Technik ein Kampf um die bestmögliche genetische Ausstattung der Neugeborenen ausbricht, um sie für den immer schärfer werdenden Konkurrenzkampf zu wappnen. Die Folge wäre, daß einerseits neues Leben aus dem Abtöten von anderem Leben hervorgeht und andererseits die Gesellschaft einem Hobbesschen Kampf aller gegen alle entgegengeht. Wenn wir diesem universellen Ausscheidungskampf entgehen wollen, muß frühzeitig eine global geltende Grenze für die Anwendung der neuen medizinischen Techniken gesetzt werden.

Zwei Strategien zur Bewältigung der neuen Probleme stehen sich gegenwärtig gegenüber. Die neoliberale Politik der Deregulierung zielt auf eine Verbesserung der Wettbewerbsfähigkeit der Wirtschaft, der Wissenschaft und der Bildungsinstitutionen. Darin eingeschlossen ist die Wettbewerbsfähigkeit der Arbeitnehmer in der globalen Konkurrenz um Arbeitsplätze. Wenn diese Strategie allein verfolgt wird, dann wird dadurch neben kurzfristigen Markterfolgen langfristig vor allem auch die weitere Entfesselung des Wettbewerbs und auch seiner nicht erwünschten Begleiterscheinungen erreicht. Die Politik der Konservierung des nationalen Wohlfahrtsstaats kann kurzfristig haltende Dämme gegen die globale Konkurrenz errichten, die aber ohne supra- und internationale Regulierungen dem Druck von außen nicht standhalten können und langfristig um so verheerendere Einbrüche in das soziale Netz zur Folge haben.

Beide Strategien machen den Fehler, Politik nach wie vor nationalstaatlich nach innen gerichtet zu verstehen. Die mit der Globalisierung der Märkte einhergehenden Probleme können jedoch nur durch Vereinbarungen zwischen Staaten auf supranationaler und zwischenstaatlicher Ebene bewältigt werden. Der Großteil der politischen Probleme verlagert sich auf diese supra- und zwischenstaatliche Ebene, der Großteil der demokratischen Entscheidungsprozesse findet jedoch immer noch im Rahmen nationalstaatlicher Institutionen statt. Die nach außen gerichtete Politik ist immer noch ganz überwiegend auf die Erleichterung des Wirtschaftsverkehrs und auf die Sicherung des zwischenstaatlichen Friedens eingestellt.

Die globalen Märkte greifen jedoch nachhaltig in alle gesellschaftlichen Bereiche ein und erzeugen neue Konflikte um ihre Gestaltung. Diese Konflikte können weder in der herkömmlichen Form nationaler Politik noch in der herkömmlichen Form der überwiegend von Wirtschafts-, Wirtschaftsrechts-, Technik- und Sicherheitsexperten bestimmten supra- und internationalen Politik bewältigt werden. Sie erzwingen die Einbeziehung der nationalstaatlichen demokratischen Entscheidungsverfahren in die supra- und internationale Politik. Das verlangt eine stärkere Beteiligung von nationalen Parlamenten, Verbänden und Öffentlichkeiten an supra- und internationalen Verhandlungen, gewissermaßen eine Demokratisierung der Außenpolitik, weil nur dadurch die Kluft zwischen den kosmopolitischen Modernisierungseliten und der breiten Masse der Bevölkerung wieder geschlossen werden kann. Die Umsetzung dieses Demokratisierungsprogramms der supra- und internationalen Politik macht die Entscheidungsprozesse nicht leichter, weil dann mehr Stimmen als zuvor gehört werden müssen und mehr Überzeugungsarbeit nach unten und oben zu leisten ist. Der Aufwand ist jedoch unvermeidbar, wenn die neuen Konflikte nachhaltig in dem Sinne gelöst werden sollen, daß die Lösungen auch von der breiten Masse der Bevölkerung getragen werden, durch Einbeziehung auch Überzeugungsarbeit erbracht und Bindungen an Beschlüsse erzeugt werden.

Demokratische Entscheidungsverfahren haben den Sinn, durch Einbeziehung der Bürger den getroffenen Entscheidungen eine bindende Kraft zu verleihen. In dem Maße, in dem die Bürger in die Entscheidungsfragen einbezogen werden, lernen sie, ihre partikularen Standpunkte zu relativieren und in einen größeren Zusammenhang zu stellen. Nur auf diesem Wege können sie zu mitverantwortlichen Trägern der gefaßten Entscheidungen werden. »Einbeziehung« kann natürlich nicht heißen, daß bei jeder Entscheidung alle mitreden und mitstimmen. Sie kann nur in abgestufter Form geschehen. Der öffentliche Diskurs sollte bei wichtigen Fragen alle erreichen, die Vorbereitung von Entscheidungen erfordert die Mitarbeit der betroffenen Verbände und Organisationen, die Entscheidung selbst die Diskussion in den Parlamenten. Dabei ist zu berücksichtigen, daß die Beteiligung von Verbänden und Organisationen der immer größer gewordenen Pluralität von Interessen Rechnung tragen und über den Kreis der etablierten Großverbände auch neue Interessenorganisationen berücksichtigen muß. Die Entscheidungsverfahren müssen sich dem schnelleren Kommen und Gehen von Interessen öffnen. Nur dann können die schnell sich wandelnden, immer vielfältiger werdenden Interessen angemessen gebündelt werden, so daß die Interessenorganisationen über die Einbeziehung in die Entscheidungsprozesse auch als Träger der Beschlüsse zu deren Anerkennung durch die Interessierten und Betroffenen beitragen können.

Auf supranationaler Ebene wird es in Europa auf die richtige Demokratisierung der Europäischen Union ankommen. Die bislang gebräuchlichen Modelle der Legitimation verbindlicher EU-Entscheidungen (Richtlinien, Verordnungen, Entscheide) sind angesichts des Umfangs der EU-Politik nicht mehr tragfähig. Die EU läßt sich weder allein als eine Vereinigung von Marktinteressenten noch als eine allein nach sachlichen Gesichtspunkten arbeitende Verwaltung, noch als eine Einheit begreifen, die zwar supranationales Recht schafft, dazu aber der freien Zustimmung aller Mitgliedsstaaten bedarf.

Jetzt konkurrieren zwei Modelle der Europäischen Union miteinander, die eine unterschiedliche Prozedur der Legitimation ihrer Entscheidungen beinhalten: Bundesstaat versus Nationalitätenstaat. Das bundesstaatliche Modell setzt auf den Ausbau der Kompetenzen des Europäischen Parlaments, die Umbildung der Europäischen Kommission zu einer dem Parlament verantwortlichen Regierung und die Rückstufung des Ministerrats auf den Status einer zweiten Kammer. Das nationalitätenstaatliche Modell plädiert dagegen für eine stärkere Einbeziehung der nationalen Parlamente in die EU-Entscheidungsprozesse.

Das bundesstaatliche Modell birgt die Gefahren einer Majorisierung der kleinen Mitgliedsstaaten durch die großen Mitgliedsstaaten und einer Einebnung der kulturellen Vielfalt in sich. Es bedarf außerdem des weiteren Ausbaus einer Infrastruktur von Parteien, Verbänden und Bewegungsorganisationen und einer Öffentlichkeit auf europäischer Ebene. Das nationalitätenstaatliche Modell kann zu einer Belebung nationaler Konflikte führen und gerade der Herausbildung einer europäischen zivilgesellschaftlichen Infrastruktur von Parteien, Verbänden, Bewegungsorganisationen und Medien entgegenwirken. Bislang ist noch keine überzeugende Lösung dieses Problems gefunden worden. Sie müßte einen Weg zwischen Bundesstaat und Nationalitätenstaat aufzeigen. Auf diesen Weg könnte die Einrichtung einer zweiten Kammer neben dem Europäischen Parlament führen, die von Abgeordneten der nationalen Parlamente gebildet wird. Die nationalen Parlamente würden aus ihrer Mitte heraus die Mitglieder dieser zweiten Kammer wählen. Zugleich müßte der Ministerrat zu einer Europäischen Regierung gemacht werden, die sowohl gegenüber dem Europäischen Parlament als auch gegenüber der neuen Staatenkammer verantwortlich ist.

Auf globaler Ebene wird es um den Ausbau globaler Regime gehen, z. B. globaler Regime zur Regulierung des Wirtschaftsverkehrs, der ökologischen Risiken, der moralischen Konsequenzen des technischen Fortschritts, des sozialen Ausgleichs und der kulturellen Entwicklung. Das Auseinanderdriften von systemischer Globalisierung und nationalstaatlicher sozialer Integration wird sich nur in dem Maße aufhalten lassen, in dem sich eine Infrastruktur einer globalen Zivilgesellschaft herausbildet, in deren Rahmen die zwischenstaatlichen Verhandlungen zu den globalen Regimen eingebettet werden. Internationale Politik wird dann von einem transnationalen Netzwerk zivilgesellschaftlicher Vereinigungen getragen. Ansätze zur Herausbildung einer solchen transnationalen Zivilgesellschaft bieten die Aktivitäten internationaler Wissenschaftlergemeinschaften, internationaler Medien und internationaler Nichtregierungsorganisationen. Das läßt sich paradigmatisch an den internationalen Konferenzen zu den Welthandelsabkommen, zum Schutz der Ozonschicht, zur Klimaveränderung, zu globalen sozialen Problemen und zur Bioethik untersuchen. Zwei Maßnahmen zur Kontrolle des Wirtschaftsverkehrs durch globale Vereinbarungen werden eine wichtige Rolle spielen: die realitätsgerechte Besteuerung des Energieverbrauchs und damit insbesondere des Personen- und Gütertransports und die Besteuerung des grenzüberschreitenden Kapitalverkehrs. Sie würden umweltverträglichere, regional begrenzte Märkte fördern und der Politik ein Stück jener Gestaltungskraft zurückgeben, die sie an die internationalen Finanzmärkte verloren hat.

Die Forschung zu internationalen Regimen wird gegenwärtig von machttheoretischen und nutzentheoretischen Ansätzen beherrscht. Während machttheoretische Ansätze internationale Vereinbarungen auf Machtkonstellationen zwischen Staaten zurückführen, stellen nutzentheoretische Ansätze die Nutzensteigerung aller beteiligten Akteure als Bedingung für das Zustandekommen internationaler Regime in den Mittelpunkt. Als Randbedingung für Machtanwendung und Nutzensteigerung werden dauerhafte oder situative Strukturkonstellationen einbezogen. Beiden Ansätzen fehlt der Zugang zum gemeinschaftsbildenden Charakter sozialer Netzwerke, der sich weder auf Macht noch auf Nutzen reduzieren läßt. Ebenso gelingt es ihnen nicht, die Eigenart von Kommunikation in ihrer Wirkung auf die Herausbildung gemeinsamer Definitionen der Situation, über Machtkonstellationen und Nutzensteigerungen hinaus, zu erfassen. Diese Aspekte sind in den klassischen Ansätzen von Grotius und Kant noch präsent gewesen und inzwischen in der Habermasschen Diskurstheorie neu artikuliert, sind inzwischen aber auf den Status »idealistisch-normativer« Modelle herabgesunken, die mit den vorherrschenden »realistischen« Modellen nicht konkurrieren können. Die offensichtlichen Defizite der realistischen Modelle verlangen jedoch nach neuen Versuchen, die Konzepte der älteren idealistischen Modelle mit den realistischen Ansätzen zusammen in ein Gesamtmodell zu integrieren, das die Einseitigkeiten beider Modelle überwinden kann. Globale Kooperation bedeutet in diesem Rahmen das Weben eines Flickenteppichs von kulturellen Traditionen.

Der Übergang politischer Entscheidungen auf die Ebene supranationaler Einheiten und globaler Verhandlungen stellt die Demokratie vor völlig neue Herausforderungen. Sie muß sich zwangsläufig aus ihrer Synthese mit dem Nationalstaat herauslösen und wird nur überleben können, wenn es gelingt, politische Macht im globalen System föderal zu organisieren. Die große Chance der Zukunft ist dabei die Wiederbelebung lokaler Demokratie, weil der Nationalstaat an Zentralgewalt verliert und Kompetenzen nicht nur nach oben abgeben muß, sondern auch nach unten verlagern kann. Die lokale Gemeinde kann zum Ort der gemeinsamen *Gestaltung* des guten Lebens in einem republikanischen Sinn werden. Der Nationalstaat kann sich auf die Rolle der *Repräsentation* nationaler Interessen auf supranationaler und globaler Ebene spezialisieren. Auf supranationaler Ebene findet die *Koordination* von Handlungsspielräumen in einem gemeinsamen Bezugsrahmen statt, um die Negativeffekte des Wettbewerbs und die von ihm erzeugten Ungleichheiten in Grenzen zu halten. Auf globaler Ebene müssen die nationalen und supranationalen Einheiten zur *Kooperation* finden, um die Welt als Lebensraum für eine Vielfalt von kulturellen Traditionen zu erhalten. Diese kulturellen Traditionen gilt es nicht in eine Einheitskultur zu transformieren, sondern zu einem Flickenteppich zu verweben. Lebensgestaltung, Repräsentation, Koordination und Kooperation sind die angemessenen Formen der Politik auf den Ebenen von Gemeinden, Nationalstaaten, supranationalen Zusammenschlüssen und Weltgesellschaft im Rahmen eines globalen Föderalismus. Die globale Dynamik kann so in Bahnen gelenkt werden, die lokale Lebenswelten nicht zerstört, sondern in ihrer Vielfalt bei ständiger Erneuerung ihres Gehalts bewahrt.

Das umrissene Programm zur Bewältigung der Herausforderungen auf dem Weg zur Weltgesellschaft verlangt die Herausbildung einer globalen Mehrebenendemokratie. Die Politik müßte einen Paradigmenwechsel vollziehen. Sie müßte die Herrschaft des alten Paradigmas der maximalen Verwirklichung von Rechten und Interessen zugunsten eines neuen Paradigmas zurückdrängen, das sich mehr als bisher auf die Gestaltung eines intersubjektiv geteilten und langfristig tragfähigen guten Lebens konzentriert. Nach der Ersten Moderne des ökonomischen Liberalismus und des liberalen Rechtsstaates und der Zweiten Moderne der Wohlfahrtsökonomie und des demokratischen Rechtsstaates stehen wir jetzt an der Schwelle einer Dritten Moderne. Ob sie die Modernisierungsrisiken der Ersten und Zweiten Moderne besser bewältigen und gleichwohl ihre Errungenschaften bewahren kann, ist noch völlig offen. Die Dritte Moderne wird zunächst von einer Verschärfung ökologischer Risiken und von neuen sozialen Eruptionen geprägt sein. Ihre Bewältigung im Rahmen einer erst noch aufzubauenden globalen Mehrebenendemokratie kann keineswegs als sicher gelten. Es handelt sich dabei um nicht mehr als ein Programm, dessen Verwirklichung sich in der Dritten Moderne nicht von allein einstellt.

Globale Dynamik und lokale Lebenswelten, das universell Gültige und das partikular Gewachsene, globale Einheit und lokale Vielfalt müssen in ein ausgewogenes Verhältnis gebracht werden, in dem sich die eine Seite nicht zu Lasten der anderen Seite ausbreitet, sondern beide Seiten zugleich sich durch wechselseitiges Lernen fortentwickeln können, genau so, wie es Schiller schon gesagt hat: »Wenn also die Vernunft in die physische Gesellschaft ihre moralische Einheit bringt, so darf sie die Mannigfaltigkeit der Natur nicht verletzen. Wenn die Natur in dem moralischen Bau der Gesellschaft ihre Mannigfaltigkeit zu behaupten strebt, so darf der moralischen Einheit dadurch kein Abbruch geschehen; gleich weit von Einförmigkeit und Verwirrung ruht die siegende Form.« (Schiller 1989: 14)

Literaturverzeichnis

Abu-Lughod, Janet. 1989. *Before European Hegemony: The World System A. D. 1250-1350*. New York: Oxford University Press.

Acham, Karl. 1990. »Der Mensch im Zeitalter des kulturellen Pluralismus.« In: Alois Huter (Hg.), *Zukunft des Fernsehens – Ende der Kultur?* Innsbruck/Wien: Tyrolia-Verlag, S. 31-61.

Ackerman, Bruce. 1980. *Social Justice in the Liberal State*. New Haven: Yale University Press.

Afheldt, Horst. 1995. »Ausstieg aus dem Sozialstaat? Gefährdung der Gesellschaft durch weltweite Brüche.« *Aus Politik und Zeitgeschichte, B* 25-26, S. 3-12.

Albrow, Martin. 1996. *The Global Age*. Cambridge: Polity Press.

Albrow, Martin und Elizabeth King (Hg.). 1990. *Globalization, Knowledge and Society*. London: Sage.

Alemann, Ulrich von. 1981. *Neokorporatismus*. Frankfurt a. M. und New York: Campus.

Alemann, Ulrich von, Rolf G. Heinze und Bodo Hombach (Hg.). 1990. *Die Kraft der Region: Nordrhein-Westfalen in Europa*. Bonn: Dietz.

Altvater, Elmar. 1995. »Die Arbeitsgesellschaft vor den Herausforderungen von Geld und Natur.« *Aus Politik und Zeitgeschichte, B* 15, S. 16-24.

Amt für amtliche Veröffentlichungen der Europäischen Gemeinschaft. 1992. »Fundstellennachweis des geltenden Gemeinschaftsrechts.« *Amtsblatt der Europäischen Gemeinschaften*. 19. Ausgabe. Luxemburg.

Anderson, Benedict. 1988. *Die Erfindung der Nation*. Frankfurt a. M. und New York: Campus.

Antoni, Klaus. 1991. »Tradition und Traditionalismus im modernen Japan. Ein kulturanthropologischer Versuch.« *Japanstudien* 3, S. 105-128.

Archibugi, Daniele und David Held (Hg.). 1995. *Cosmopolitan Democracy*. Cambridge: Polity Press.

Aretz, Hans-Jürgen. 1997a. »Ökonomischer Imperialismus? Homo Oeconomicus und soziologische Theorie.« *Zeitschrift für Soziologie* 26, S. 79-95.

– 1997b. »Internationale Regime, globale politische Vergemeinschaftung und ›World Society‹.« Unveröffentlichtes Manuskript. Bamberg.

Arnold, Hans. 1995. »Die Europäische Union zwischen Maastricht und Maastricht-Revision.« *Aus Politik und Zeitgeschichte, B* 3-4, S. 3-9.

Asante, Molefi K. 1987. *The Afrocentric Idea*. Philadelphia: Temple University Press.

Axelrod, Robert. 1984. *The Evolution of Cooperation*. New York: Basic Books.

Axelrod, Robert und Robert O. Keohane. 1985. Achieving Cooperation under Anarchy: Strategies and Institutions. *World Politics* 38, S. 226-254.

Axford, Barrie. 1995. *The Global System. Economics, Politics and Culture.* Cambridge: Polity Press, S. 152-178.

Bach, Maurizio. 1992. »Eine leise Revolution durch Verwaltungsverfahren: Bürokratische Integrationsprozesse in der Europäischen Gemeinschaft.« *Zeitschrift für Soziologie* 21, S. 16-30.

Barber, Benjamin R. 1984. *Strong Democracy: Participatory Politics for a New Age.* Berkeley: University of California Press.

– 1995a. *Jihad vs. McWorld: How the Planet is Both Falling Apart and Coming Together and What This Means for Democracy.* New York: Times Books.

– 1995b. »Die liberale Demokratie und der Preis des Einverständnisses.« In: Bert van den Brink und Willem van Reijen (Hg.). *Bürgergesellschaft, Recht und Demokratie.* Frankfurt a. M.: Suhrkamp, S. 360-384.

Baudrillard, Jean. 1981. *Simulacres et Simulation.* Paris: Galilée.

– 1983. *Les stratégies fatales.* Paris: Grasset.

– 1988. *The Ecstacy of Communication.* Brooklyn/N. Y.: Automedia.

Beck, Ulrich. 1986. *Risikogesellschaft.* Frankfurt a. M.: Suhrkamp.

– 1993. *Die Erfindung des Politischen.* Frankfurt a. M.: Suhrkamp.

– (Hg.). 1997. *Kinder der Freiheit.* Frankfurt a. M.. Suhrkamp.

Beck-Gernsheim, Elisabeth. 1988. *Die Kinderfrage. Frauen zwischen Kinderwunsch und Unabhängigkeit.* München: Beck Verlag.

Beer, Samuel. 1993. *To Make a Nation.* Cambridge, Mass.: Belknap Press of Harvard University.

Behrens, Peter. 1994. »Die Wirtschaftsverfassung der Europäischen Gemeinschaft.« In: Gert Brüggemeier (Hg.). *Verfassungen für ein ziviles Europa.* Baden-Baden: Nomos, S. 73-90.

Bellah, Robert N., Richard Madsen, William M. Sullivan, Ann Swidler und Steven M. Tipton. 1985. *Habits of the Heart. Individualism and Commitment in American Life.* Berkeley: University of California Press.

Bendix, Reinhard. 1964. *Nationbuilding and Citizenship. Studies of Our Changing Social Order.* New York: Wiley.

Benkert, Wolfgang, Jürgen Bunde und Hansjürgen Bernd. 1990. *Umweltpolitik mit Öko-Steuern? Ökologische und finanzpolitische Bedingungen für neue Umweltabgaben.* Marburg: Metropolis-Verlag.

Bentham, Jeremy. 1789/1970. *An Introduction to the Principles of Morals and Legislation,* hg. von J. H. Burns und H. L. A. Hart. London: Athlone Press.

Berger, Johannes. 1991. »Entdifferenzierung als Perspektive für Marktwirtschaften?« In: Wolfgang Zapf (Hg.). *Die Modernisierung moderner Gesellschaften.* Frankfurt a. M. und New York: Campus, S. 233-247.

Berman, Paul. 1992. *Debating P. C. The Controversy over Political Correctness on College Campuses.* New York: Dell.

Berthold, Norbert und Rainer Fehn. 1996. »Arbeitslosigkeit oder ungleiche Einkommensverteilung – ein Dilemma?« *Aus Politik und Zeitgeschichte, B*26, S. 14-24.

Betz, Hans Georg. 1991. »Radikal rechtspopulistische Parteien in Westeuropa.« *Aus Politik und Zeitgeschichte, B* 44, S. 3-14.

– 1992. »Wahlentwicklung und Wählerprotest im westeuropäischen Vergleich.« *Aus Politik und Zeitgeschichte, B* 19, S. 31-41.

Bieber, Roland. 1991. »Verfassungsentwicklung und Verfassungsgebung in der Europäischen Gemeinschaft.« In: R. Wildenmann (Hg.). *Staatswerdung Europas? Optionen für eine Europäische Union*. Baden-Baden: Nomos, S. 393-414.

Birg, Herwig. 1994. »Weltbevölkerungswachstum, Entwicklung und Umwelt. Dimensionen eines globalen Dilemmas.« *Aus Politik und Zeitgeschichte, B* 35-36, S. 21-35.

Bishop, Patrick und Eamonn Mallie. 1987. *The Provisional IRA*. London: Heinemann.

Blauner, Bob. 1989. *Black Lives, White Lives. Three Decades of Race Relations in America*. Berkeley und Los Angeles: University of California Press.

Blech, Jörg und Barbara Junge. 1996. »Musterung vor dem Leben. Darf der Arzt entscheiden, welcher Keim heranwachsen soll?« *DIE ZEIT*, Nr. 44, 25. Oktober 1996, S. 17-20.

Blinkert, Baldo. 1988. »Kriminalität als Modernisierungsrisiko? Das ›Hermes-Syndrom‹ der entwickelten Industriegesellschaften.« *Soziale Welt* 39, S. 397-412.

Bohley, Peter. 1993. »Europäische Einheit, föderatives Prinzip und Währungsunion: Wurde in Maastricht der richtige Weg beschritten?« *Aus Politik und Zeitgeschichte, B* 1, S. 34-45.

Boldt, Hans. 1991. »Die Europäische Gemeinschaft – ein ›Über-Bundesstaat‹?« In: Hans Hecker (Hg.). *Europa – Begriff und Idee*. Bonn: Bouvier, S. 139-150.

– 1995a. *Die Europäische Union. Geschichte, Struktur, Politik*. Mannheim: B. I.-Taschenbuchverlag.

– 1995b. »Von der Wirtschaftsgemeinschaft zur Politischen Union. Probleme der politischen Einigung Europas.« In: Rainer Hudemann, Hartmut Kaelble und Klaus Schwabe (Hg.). *Europa im Blick der Historiker. Historische Zeitschrift*, Beiheft 21, München: Oldenbourg, S. 241-265.

Borkenhagen, Franz H. U. 1992. »Vom kooperativen Föderalismus zum Europa der Regionen.« *Aus Politik und Zeitgeschichte, B* 42, S. 36-44.

Bourdieu, Pierre. 1996. »Warnung vor dem Modell Tietmeyer.« *DIE ZEIT*, Nr. 45, 1. November 1996, S. 2.

Brand, Karl-Werner. 1982. *Neue soziale Bewegungen. Entstehung, Funktion und Perspektive neuer Protestpotentiale. Eine Zwischenbilanz*. Opladen: Westdeutscher Verlag.

- (Hg.). 1985. *Neue soziale Bewegungen in Westeuropa und den USA. Ein internationaler Vergleich*. Frankfurt a. M. und New York: Campus.

Brand, Karl-Werner, Detlef Büsser und Dieter Rucht. 1983. *Aufbruch in eine andere Gesellschaft. Neue soziale Bewegungen in der Bundesrepublik*. Frankfurt a. M. und New York: Campus.

Braudel, Fernand. 1984. *The Perspective of the World*. Bd. III von *Civilization and Capitalism 15th – 18th Century*. New York: Harper & Row.

Bredow, Wilfried von und Thomas Jäger. 1994. »Konflikte und globale Kooperation am Ende des 20. Jahrhunderts.« *Aus Politik und Zeitgeschichte*, B 26-27, S. 3-11.

Brieskorn, Norbert. 1988. »amnesty international.« *Aus Politik und Zeitgeschichte*, B 49, S. 35-44.

Brown, Chris. 1992. *International Relations Theory. New Normative Approaches*. New York: Columbia University Press.

Brüne, Stefan. 1995. »Europas Entwicklungspolitiken.« *Aus Politik und Zeitgeschichte*, B 29, S. 30-39.

Buchanan, James M. 1975. *The Limits of Liberty. Between Anarchy and Leviathan*. Chicago: University of Chicago Press.

Bull, Hedley. 1977. *The Anarchical Society. A Study of Order in World Politics*. New York: Columbia University Press.

Bulmer, Martin und Anthony M. Rees. 1996. *Citizenship Today*. London: UCL Press.

BUND und MISEREOR. 1995. *Zukunftsfähiges Deutschland*. Bonn.

Bundeskriminalamt. 1992. *Polizeiliche Kriminalstatistik 1991*. Wiesbaden.
- 1994. *Polizeiliche Kriminalstatistik 1993*. Wiesbaden.

Bundesministerium für Arbeit und Sozialordnung. 1996. *Statistisches Taschenbuch 1996. Arbeits- und Sozialstatistik*. Bonn.

Bundesministerium für Wirtschaft. 1995. *Wirtschaft in Zahlen '95*. Bonn.

Bundesverkehrsministerium. 1996. *Verkehr in Zahlen*. Bonn.

Calic, Marie-Janine. 1995. *Der Krieg in Bosnien-Herzegowina. Ursachen, Konfliktstrukturen, Internationale Lösungsversuche*. Frankfurt a. M.: Suhrkamp.

Camic, Charles. 1979. »The Utilitarians Revisited.« *American Journal of Sociology* 85, S. 516-550.

Capelleveen, Remco van. 1991. »Black in a White America: Immer noch ein ›amerikanisches Dilemma‹?« In: Hartmut Wasser (Hg.). *USA: Politik. Gesellschaft. Wirtschaft*. Opladen: Leske + Budrich, S. 259-285.

Caplow, Theodor, Howard M. Bahr, John Modell und Bruce A. Chadwick. 1991. *Recent Social Trends in the United States 1960-1990*. Frankfurt a. M. und New York: Campus.

Carson, Rachel. 1962/1990. *Der stumme Frühling*. München: Beck.

Chafe, William H. 1981. *Civilities and Civil Rights. Greensboro, North Carolina, and the Black Struggle for Freedom*. New York: Oxford University Press.

Chehabi, Houchang E. 1993. »Klerus und Staat in der Islamischen Republik Iran.« *Aus Politik und Zeitgeschichte*, B 33, S. 17-23.

Clark, Robert P. 1984. *The Basque Insurgents. ETA 1952-1980*, Madison und London: University of Wisconsin Press.

Coase, Ronald H. 1960. »The Problem of Social Cost.« *The Journal of Law and Economics 3*, S. 1-44.

Coenen, Reinhard und Juliane Jörissen. 1989. *Umweltverträglichkeitsprüfung in der Europäischen Gemeinschaft*. Berlin: Erich Schmidt Verlag.

Cohen, Jean und Andrew Arato. 1992. *Civil Society and Political Theory*. Cambridge, Mass.: MIT Press.

Comte, Auguste. 1830-42/1969. *Cours de philosophie positive*. 6 Bde. Bruxelles: Culture et civilisation.

Coser, Lewis A. 1956. *The Functions of Social Conflict*. New York: Free Press.

Czempiel, Ernst Otto. 1993. *Weltpolitik im Umbruch. Das internationale System nach dem Ende des Ost-West-Konflikts*. 2. Aufl., München: C. H. Beck.

Dahrendorf, Ralf. 1958. »Toward a Theory of Social Conflict.« *Journal of Conflict Resolution 2*, S. 170-183.

– 1961. *Gesellschaft und Freiheit*. München: Piper.

– 1995. »Über den Bürgerstatus.« In: Bert van den Brink und Willem van Reijen (Hg.). *Bürgergesellschaft, Recht und Demokratie*. Frankfurt a. M.: Suhrkamp, S. 29-43.

Daniels, Roger. 1991. *Coming to America. A History of Immigration and Ethnicity in American Life*. New York: Harper Collins Publishers.

Decker, Franz. 1994. »Ökologie und Verteilung. Eine Analyse der sozialen Folgen des Umweltschutzes.« *Aus Politik und Zeitgeschichte*, B 49, S. 22-32.

Delors, Jacques. 1988. »Rede im Europäischen Parlament am 4.7.1988.« *Bulletin der EG* 7/8.

– 1993. »Entwicklungsperspektiven der europäischen Gemeinschaft.« *Aus Politik und Zeitgeschichte*, B 1, S. 3-9.

Demsetz, Harold. 1967. »Toward a Theory of Property Rights.« *The American Economic Review 57*, S. 347-359.

Deppe, Rainer, Helmut Dubiel und Ulrich Rödel (Hg.). 1991. *Demokratischer Umbruch in Osteuropa*. Frankfurt a. M.: Suhrkamp.

Deutsch, Karl W. 1953/1966. *Nationalism and Social Communication*. Cambridge, Mass.: M. I. T. Press.

Deutscher Bundestag. 1996. Drucksache 13/2652.

Deutsches Institut für Wirtschaftsforschung (DIW). 1994. *Wirtschaftliche Auswirkungen einer ökologischen Steuerreform*. Berlin.

Dienstbier, Jirí. 1991. *Träumen von Europa*. Berlin: Rowohlt.

Diezinger, Angelika. 1991. *Frauen, Arbeit und Individualisierung*. Opladen: Leske + Budrich.

Döring, Herbert. 1997. »Politische Reformen von Thatcher bis Blair: Langsamer Abschied vom insularen Sonderweg?« *Aus Politik und Zeitgeschichte*, B18, S. 10-21.

Downs, Anthony. 1957. *An Economic Theory of Democracy*. New York: Harper & Row.

Dubet, François und Didier Lapeyronnie. 1994. *Im Aus der Vorstädte. Der Zerfall der demokratischen Gesellschaft*. Stuttgart: Klett-Cotta.

Dubiel, Helmut. 1992. »Konsens oder Konflikt? Die normative Integration des demokratischen Staates.« In: Beate Kohler-Koch (Hg.). *Staat und Demokratie in Europa*. Opladen: Leske + Budrich, S. 130-137.

Durkheim, Emile. 1961. *Die Regeln der soziologischen Methode*. Neuwied und Berlin: Luchterhand.

– 1950/1969. *Leçons de sociologie. Physique des moeurs et du droit*. Paris: Presses Universitaires de France.

– 1893/1973a. *De la division du travail social*. Paris: Presses Universitaires de France. (deutsch: 1977. *Über die Teilung der sozialen Arbeit*. Frankfurt a. M.: Suhrkamp).

– 1973b. *Der Selbstmord*. Neuwied und Berlin: Luchterhand.

– 1889/1975. »Communauté et société selon Tönnies.« In: Emile Durkheim. *Textes*, Bd. 3, hg. von V. Karady. Paris: Minuit. S. 383-390.

– 1976. *Soziologie und Philosophie*. Frankfurt a. M.: Suhrkamp.

Dworkin, Ronald. 1990. *Foundations of Liberal Equality. The Tanner Lectures on Human Values*, XI. Salt Lake City: University of Utah Press.

Eberle, Ute. 1997. »Sogar eine Lizenz zum Töten. Bounty Hunter in den USA: Das verlockende Geschäft, straffällige Menschen zu jagen.« *Süddeutsche Zeitung*, Nr. 117, 24./25. Mai 1997, S. VII.

Ebertz, Michael N. 1992. »Wider die Relativierung der heiligen Ordnung: Fundamentalismus im Katholizismus.« *Aus Politik und Zeitgeschichte*, B 33, S. 11-22.

Eder, Klaus. 1985. *Geschichte als Lernprozeß? Zur Pathogenese politischer Modernität in Deutschland*. Frankfurt a. M.: Suhrkamp.

– 1988. *Die Vergesellschaftung der Natur. Studien zur sozialen Evolution der praktischen Vernunft*. Frankfurt a. M.: Suhrkamp.

– 1993. *The New Politics of Class. Social Movements and Cultural Dynamics in Advanced Societies*. London: Sage.

Elias, Norbert. 1939/1976. *Über den Prozeß der Zivilisation. Soziogenetische und psychogenetische Untersuchungen*. 2 Bde. Frankfurt a. M.: Suhrkamp.

Elster, Jon. 1989. *The Cement of Society*. Cambridge: Cambridge University Press.

Emnid. 1981. *Informationen Nr. 6/7, 1981*. Bielefeld: Emnid Institut.

Erhart, Hans-Georg. 1993. »Die EG, die osteuropäische Herausforderung und die Sicherheit Europas.« *Aus Politik und Zeitgeschichte*, B 10, S. 37-47.

Esping-Andersen, Gösta. 1990. *The Three Worlds of Welfare Capitalism.* Cambridge: Polity Press.

Esser, Hartmut. 1988. »Ethnische Differenzierung und moderne Gesellschaft.« *Zeitschrift für Soziologie* 17, S. 235-248.

Etzioni, Amitai. 1995. *Die Entdeckung des Gemeinwesens. Ansprüche, Verantwortlichkeiten und das Programm des Kommunitarismus.* Stuttgart: Schäffer-Poeschel.

Europäische Kommission (Hg.). 1992a. *Eurobarometer* Nr. 37. Brüssel.
– 1992b. *Eurobarometer* Nr. 38. Brüssel.
– 1993a. *Eurobarometer* Nr. 39. Brüssel.
– 1993b. *Eurobarometer* Nr. 40. Brüssel.
– 1994a. *Eurobarometer* Nr. 41. Brüssel.
– 1994b. *Eurobarometer Trends 1974-1993.* Brüssel.
– 1995a. *Eurobarometer* Nr. 42. Brüssel.
– 1995b. *Eurobarometer* Nr. 43. Brüssel.
– 1995c. *Eurobarometer Trends 1974-1994.* Brüssel.
– 1996. *Eurobarometer* Nr. 44. Brüssel.

Eurostat. 1991. *Statistische Grundzahlen der Gemeinschaft.* Luxemburg.
– 1992. *Europa in Zahlen.* Luxemburg.
– 1995. *Statistische Grundzahlen der Europäischen Union.* Luxemburg.

Evers, Adalbert und Thomas Olk (Hg.). 1996. *Wohlfahrtspluralismus. Vom Wohlfahrtsstaat zur Wohlfahrtsgesellschaft.* Opladen: Westdeutscher Verlag.

Faulenbach, Bernd und Heinz Timmermann (Hg.). 1993. *Nationalismus und Demokratie. Gesellschaftliche Modernisierung und nationale Idee in Mittel- und Osteuropa.* Essen: Klartext-Verlag.

Feige, Andreas. 1993. »Jugend und Religiosität.« *Aus Politik und Zeitgeschichte,* B 41, S. 3-8.

Feinberg, William E. 1984. »At a Snail's Pace: Time to Equality in Simple Models of Affirmative Action Programs.« *American Journal of Sociology* 90, S. 68-181.

Forsa. 1992. *Meinungen zu Europa im Kölner Raum.* Dortmund: Forsa Institut.

Forschungsgruppe Wahlen. *Politbarometer 1986-1992.* Mannheim.

Forst, Rainer. 1994. *Kontexte der Gerechtigkeit. Politische Philosophie jenseits von Liberalismus und Kommunitarismus.* Frankfurt a. M.: Suhrkamp.

Francis, Emerich K. 1965. *Ethnos und Demos. Soziologische Beiträge zur Volkstheorie.* Berlin: Duncker & Humblot.

Frank, André Gunder und Barry K. Gills. 1992. »The Five Thousand Year World System: An Interdisciplinary Introduction.« *Humboldt Journal of Social Relations* 18, S. 1-79.

Friedman, Milton. 1962. *Capitalism and Freedom.* Chicago: University of Chicago Press.

433

Friedrich, Carl J. 1972. *Europa – Nation im Werden?* Bonn: Europa Union Verlag.

Fröhlich, Stefan. 1992. »Die USA, Europa und die transatlantischen Beziehungen.« *Aus Politik und Zeitgeschichte*, B 13, S. 27- 36.

Fukuyama, Francis. 1992. *The End of History and the Last Man.* New York: Free Press.

Galtung, Johan. 1973. *Kapitalistische Großmacht Europa oder die Gemeinschaft der Konzerne.* Reinbek bei Hamburg: Rowohlt.

Garnham, Nicholas. 1990. *Capitalism and Communication. Global Culture and the Economics of Information.* London: Sage.

Gehrmann, Friedhelm (Hg.). 1986. *Arbeitsmoral und Technikfeindlichkeit.* Frankfurt a. M. und New York: Campus.

Gellner, Ernest. 1991. *Nationalismus und Moderne.* Berlin: Rotbuch.

Gensicke, Thomas. 1996. »Sozialer Wandel durch Modernisierung, Individualisierung und Wertewandel.« *Aus Politik und Zeitgeschichte*, B 42, S. 3-17.

Gerdes, Dirk. 1980. »Frankreich – Vielvölkerstaat vor dem Zerfall?« *Aus Politik und Zeitgeschichte*, B 12, S. 3-17.

Gerhards, Jürgen. 1993. »Westeuropäische Integration und die Schwierigkeiten der Entstehung einer europäischen Öffentlichkeit.« *Zeitschrift für Soziologie* 22, S. 96-110.

Gerstenberg, Oliver. 1997. *Bürgerrechte und deliberative Demokratie.* Frankfurt a. M.: Suhrkamp.

Geschwender, James A. (Hg.). 1971. *The Black Revolt. The Civil Rights Movement, Ghetto Uprisings, and Separatism.* Englewood Cliffs, N. J.: Prentice Hall.

Giddens, Anthony. 1991. *Modernity and Self-Identity.* Cambridge: Polity Press.

– 1997. *Jenseits von Links und Rechts. Die Zukunft radikaler Demokratie.* Frankfurt a. M.: Suhrkamp.

Giesen, Bernhard. 1983. »Moralische Unternehmer und öffentliche Kommunikation. Überlegungen zur gesellschaftlichen Thematisierung sozialer Probleme.« *Kölner Zeitschrift für Soziologie und Sozialpsychologie* 35, S. 233-254.

– 1991. *Die Entdinglichung des Sozialen.* Frankfurt a. M.: Suhrkamp.

Gilpin, Robert. 1981. *War and Change in World Politics.* Cambridge, Mass.: Cambridge University Press.

Glaeser, Bernhard und Parto Teherani-Krönner (Hg.). 1992. *Humanökologie und Kulturökologie.* Opladen: Westdeutscher Verlag.

Glazer, Nathan. 1975. *Affirmative Discrimination: Ethnic Inequality and Public Policy.* New York: Basic Books.

Global 2000 Report to the President. 1980. *Entering the Twenty-First Century.* Harmondsworth: Penguin.

Goffman, Erving. 1975. *Stigma*. Frankfurt a. M.: Suhrkamp.

Gordon, Milton M. 1964. *Assimilation in American Life. The Role of Race, Religion and National Origins*. New York: Oxford University Press.

Gorz, André. 1989. *Kritik der ökonomischen Vernunft*. Berlin: Rotbuch Verlag.

Grass, Barry R. (Hg.). 1977. *Reverse Discrimination*, Buffalo, N. Y.: Prometheus Books.

Greeley, Andrew M. 1989. *Religious Change in America*. Cambridge, Mass.: Harvard University Press.

Greß, Franz, Hans-Gerd Jaschke und Klaus H. Schönkäs. 1990. *Neue Rechte und Rechtsextremismus in Europa*. Opladen: Westdeutscher Verlag.

Grieco, Joseph M. 1988. »Anarchy and the Limits of Cooperation: A Realist Critique of the Newest Liberal Institutionalism.« *International Organization* 42, S. 485-507.

Gronemeyer, Reimer. 1995. *Wozu noch Kirche?* Berlin: Rowohlt.

Gross, Peter. 1994. *Die Multioptionsgesellschaft*. Frankfurt a. M.: Suhrkamp.

Guéhenno, Jean-Marie. 1994. *Das Ende der Demokratie*. München und Zürich: Artemis und Winkler.

Haas, Peter M. 1989. »Do Regimes Matter? Epistemic Communities and Mediterranean Pollution Control.« *International Organization* 43, S. 377-403.

Habermas, Jürgen. 1981. *Theorie des kommunikativen Handelns*. 2 Bde. Frankfurt a. M.: Suhrkamp.

– 1992. *Faktizität und Geltung. Beiträge zur Diskurstheorie des Rechts und des demokratischen Rechtsstaats*. Frankfurt a. M.: Suhrkamp.

– 1993. »Anerkennungskämpfe im demokratischen Rechtsstaat.« In: Charles Taylor (Hg.). *Multikulturalismus und die Politik der Anerkennung*. Frankfurt a. M.: Fischer, S. 147-196.

– 1996. *Die Einbeziehung des Anderen*. Frankfurt a. M.: Suhrkamp.

Haller, Max. 1997. »Klassenstruktur und Arbeitslosigkeit – Die Entwicklung zwischen 1960 und 1990.« In: Stefan Hradil und Stefan Immerfall (Hg.). *Die westeuropäischen Gesellschaften im Vergleich*. Opladen: Leske + Budrich, S. 377-428.

Hank, Rainer. 1995. *Arbeit – Die Religion des 20. Jahrhunderts. Auf dem Weg in die Gesellschaft der Selbständigen*. Frankfurt a. M.: Eichborn.

Hansmeyer, Karl-Heinrich. 1988. »Marktwirtschaftliche Elemente in der Umweltpolitik.« *Zeitschrift für Umweltpolitik und Umweltrecht* 11, S. 231-241.

Hansmeyer, Karl-Heinrich und Hans K. Schneider. 1992. *Umweltpolitik. Ihre Fortentwicklung unter marktsteuernden Aspekten*. Göttingen.

Hardin, Garrett. 1968. »The Tragedy of the Commons.« *Science* 162 (3859), S. 1243-1248.

Hart, Herbert L. A. 1963. *Law, Liberty, and Morality*. Stanford: Stanford University Press.

Hartz, Louis. 1955. *The Liberal Tradition in America*. New York: Harcourt, Brace & World.

Hasenpflug, Dieter. 1993. *Sozialökologie*. Opladen: Westdeutscher Verlag.

Hatschikjan, Magarditsch A. 1995. »Wohin mit Osteuropa? Überlegungen zur Neuordnung des Kontinents.« *Aus Politik und Zeitgeschichte*, B 39, S. 12-21.

Hatschikjan, Magarditsch A. und Peter R. Weilemann (Hg.). 1995. *Nationalismen im Umbruch. Ethnizität, Staat und Politik im neuen Europa*. Köln: Verlag Wissenschaft und Politik.

Hauff, Volker (Hg.). 1987. *Unsere gemeinsame Zukunft. Der Brundtland Bericht der Weltkommission für Umwelt und Entwicklung*. Greven: Eggenkamp.

Havel, Vaclav. 1991. *Angst vor der Freiheit*. Reinbek bei Hamburg: Rowohlt.

Hayek, Friedrich A. von. 1969. »Die Ergebnisse menschlichen Handelns, aber nicht menschlichen Entwurfs.« In: F. A. von Hayek. *Freiburger Studien. Gesammelte Aufsätze*. Tübingen: Mohr Siebeck, S. 97-107.

Hechter, Michael. 1975. *Internal Colonialism. The Celtic Fringe in British National Development, 1536-1966*. London: Routledge and Kegan Paul.

Heckmann, Friedrich. 1992. *Ethnische Minderheiten, Volk und Nation. Soziologie interethnischer Beziehungen*, Stuttgart: Enke.

Hegel, Georg Wilhelm Friedrich. 1807/1964a. *Phänomenologie des Geistes*. In: G. W. F. Hegel. *Sämtliche Werke*. Bd. 2, hg. von Hermann Glockner. Stuttgart: Fromann Holzboog.

– 1821/1964b. *Grundlinien der Philosophie des Rechts*. In: G. W. F. Hegel. *Sämtliche Werke*. Bd. 7, hg. von Hermann Glockner, Stuttgart: Fromann Holzboog.

Heidenreich, Martin. 1997. »Arbeit und Management in den westeuropäischen Kommunikationsgesellschaften.« In: Stefan Hradil und Stefan Immerfall (Hg.). *Die westeuropäischen Gesellschaften im Vergleich*. Opladen: Leske + Budrich, S. 289-331.

Heine, Peter. 1992. »Fundamentalisten und Islamisten. Zur Differenzierung der Re-Islamisierungsbewegungen.« *Aus Politik und Zeitgeschichte*, B 33, S. 23-30.

Heinze, Rolf G. und Claus Offe. 1990. *Organisierte Eigenarbeit. Das Modell Kooperationsring*. Frankfurt a. M. und New York: Campus.

Heitmeyer, Wilhelm (Hg.). 1997a. *Was treibt die Gesellschaft auseinander?* Frankfurt a. M.: Suhrkamp.

– 1997b. *Was hält die Gesellschaft zusammen?* Frankfurt a. M.: Suhrkamp.

Heitmeyer, Wilhelm et al. 1992. *Die Bielefelder Rechtsextremismusstudie*. Weinheim und München: Juventa-Verlag.

Hénard, Jacqueline. 1997. »Warten auf den Kassensturz.« *DIE ZEIT*, Nr. 29, 11. Juli 1997, S. 5.

Hengsbach, Friedhelm. 1997. »›Globalisierung‹ aus wirtschaftsethischer Sicht.« *Aus Politik und Zeitgeschichte, B* 21, S. 3-12.

Herder, Johann Gottfried von. 1967/68. *Sämtliche Werke,* 33 Bde., hg. von B. Suphan. Nachdruck Hildesheim.

Héritier, Adrienne. 1994. *Staatlichkeit in Europa. Ein regulativer Wettbewerb: Deutschland, Großbritannien und Frankreich in der Europäischen Union.* Opladen: Leske + Budrich.

Herz, John H. 1974. *Politischer Realismus und Politischer Idealismus.* Meisenheim am Glan: Hain.

Hesse, Reinhard. 1997. »Disney. Was sonst? New York und die Zukunft der Urbanität.« *Süddeutsche Zeitung,* Nr. 142, 24. Juni 1997, S. 11.

Hettlage, Robert. 1996. »Multikulturelle Gesellschaft zwischen Kontakt, Konkurrenz und ›accommodation‹. « *Berliner Journal für Soziologie* 6, S. 149-161.

Hirschman, Albert O. 1970. *Exit, Voice, and Loyalty: Responses to Decline in Firms, Organizations, and States.* Cambridge, Mass.: Harvard University Press.

Hirst, Paul und Graham Thompson. 1996. *Globalization in Question. The International Economy and the Possibilities of Governance.* Cambridge: Polity Press.

Hobbes, Thomas. 1651/1966. *Leviathan.* In: *Collected English Works of Thomas Hobbes,* hg. von W. Molesworth, Bd. 3, Aalen: Scientia.

Hobsbawm, Eric J. 1991. *Nationen und Nationalismus. Mythos und Realität seit 1780.* Frankfurt a. M. und New York: Campus-Verlag.

Hoffmann-Nowotny, Hans-J. und Friedhelm Gehrmann (Hg.). 1984. *Ansprüche an die Arbeit.* Frankfurt a. M. und New York: Campus.

Höhn, Hans-Joachim. 1994. »Umweltethik und Umweltpolitik.« *Aus Politik und Zeitgeschichte, B* 49, S. 13-21.

Hondrich, Karl Otto und Claudia Koch-Arzberger. 1992. *Solidarität in der modernen Gesellschaft,* Frankfurt a. M.: Fischer.

Honneth, Axel. 1992. *Der Kampf um Anerkennung.* Frankfurt a. M.: Suhrkamp.

– (Hg.). 1993. *Kommunitarismus. Eine Debatte über die moralischen Grundlagen moderner Gesellschaften,* Frankfurt a. M. und New York: Campus.

Horkheimer, Max und Theodor W. Adorno. 1944/1968. *Dialektik der Aufklärung.* Frankfurt a. M.: Fischer.

Horowitz, Donald L. 1985. *Ethnic Groups in Conflict.* Berkeley, Los Angeles, London: University of California Press.

Hufen, Fritz und Peter Christian Hall. 1989. *Das Medien-Monopoly. Fernsehmarkt Europa.* Mainz: v. Hase und Koehler.

Hume, David. 1777/1980. *Enquiries Concerning the Human Understanding and Concerning the Principles of Morals,* hg. von L. A. Selby-Bigge. Oxford: Clarendon.

Huntington, Samuel P. 1993. »The Clash of Civilizations?« *Foreign Affairs* 72,3, S. 22-49.
– 1996. *Der Kampf der Kulturen. Die Neugestaltung der Weltpolitik im 21. Jahrhundert.* München/Wien: Europa Verlag GmbH.

Illich, Ivan. 1975. *Selbstbegrenzung. Eine politische Kritik der Technik.* Hamburg: Rowohlt.
Ipsen, Hans Peter. 1972. *Europäisches Gemeinschaftsrecht.* Tübingen: Mohr Siebeck.

Jachtenfuchs, Markus. 1995. »Ideen und internationale Beziehungen.« *Zeitschrift für Internationale Beziehungen* 2, S. 417-442.
Jahn, Beate. 1995. »Globale Kulturkämpfe oder einheitliche Weltkultur? Zur Relevanz von Kultur in den internationalen Beziehungen.« *Zeitschrift für Internationale Beziehungen* 2, S. 213-236.
Jahn, Thomas. 1991. *Krise als gesellschaftliche Erfahrungsform. Umrisse eines sozial-ökologischen Gesellschaftskonzeptes.* Frankfurt a. M.: Verlag für interkulturelle Kommunikation.
Joas, Hans. 1992. *Die Kreativität des Handelns.* Frankfurt a. M.: Suhrkamp.
– 1997. *Die Entstehung der Werte.* Frankfurt a. M.: Suhrkamp.
Joerges, Christian. 1991. *Markt ohne Staat? Die Wirtschaftsverfassung der Gemeinschaft und die regulative Politik.* In: R. Wildenmann (Hg.). *Staatswerdung Europas? Optionen für eine Europäische Union.* Baden-Baden: Nomos, S. 225-267.
– 1993. »Wirtschaftsrecht, Nationalstaat und der Vertrag von Maastricht.« *Leviathan* 21, S. 493-516.
– 1994. »Legitimationsprobleme des europäischen Wirtschaftsrechts und der Vertrag von Maastricht.« In: Gert Brüggemeier (Hg.). *Verfassungen für ein ziviles Europa.* Baden-Baden: Nomos, S. 91-130.
Jones, Roy E. 1981. »The English School of International Relations: A Case for Closure.« *Review of International Studies* 7, S. 1-14.

Kaelble, Hartmut. 1987. *Auf dem Weg zu einer europäischen Gesellschaft. Eine Sozialgeschichte Westeuropas 1890-1980.* München: C. H. Beck.
Kant, Immanuel. 1788/1956a. »Kritik der praktischen Vernunft.« In: Immanuel Kant. *Werke in sechs Bänden.* Bd. IV, hg. von Wilhelm Weischedel. Frankfurt a. M.: Insel Verlag, S. 103-302.
– 1797/1956b. »Die Metaphysik der Sitten.« In: Immanuel Kant. *Werke in sechs Bänden.* Bd. IV, hg. von Wilhelm Weischedel. Frankfurt a. M.: Insel Verlag, S. 307-634.
– 1784a/1964a. »Beantwortung der Frage: Was ist Aufklärung?« In: Immanuel Kant. *Werke in sechs Bänden.* Bd. VI, hg. von Wilhelm Weischedel. Frankfurt a. M.: Insel Verlag, S. 53-61.

- 1784b/1964b. »Idee zu einer allgemeinen Geschichte in weltbürgerlicher Absicht.« In: Immanuel Kant. *Werke in sechs Bänden.* Bd. VI, hg. von Wilhelm Weischedel. Frankfurt a. M.: Insel Verlag, S. 33-50.

- 1793/1964c. »Über den Gemeinspruch: Das mag in der Theorie richtig sein, taugt aber nicht für die Praxis.« In: Immanuel Kant. *Werke in sechs Bänden.* Bd. VI, hg. von Wilhelm Weischedel. Frankfurt a. M.: Insel Verlag, S. 125-72.

- 1795/1964d. »Zum ewigen Frieden. Ein philosophischer Entwurf.« In: Immanuel Kant. *Werke in sechs Bänden.* Bd. VI, hg. von Wilhelm Weischedel. Frankfurt a. M.: Insel Verlag, S. 193-251.

Kanter, Rosabeth Moss. 1994. »Employability and Job Security in the 21st Century.« *Demos* 2, London (Special Employment Issue).

Kappeler, Andreas. 1992. *Rußland als Vielvölkerreich. Entstehung, Geschichte, Verfall.* München: Beck.

Kavanagh, Dennis. 1987. *Thatcherism and British Politics. The End of Consensus.* Oxford: Oxford University Press.

Keck, Otto. 1991. »Der neue Institutionalismus in der Theorie der Internationalen Politik.« *Politische Vierteljahresschrift* 32, S. 635-653.

Keohane, Robert O. 1986. *Neorealism and its Critics.* New York: Columbia University Press.

Keohane, Robert O. und Elinor Ostrom (Hg.). 1995. *Local Commons and Global Interdependence.* London: Sage.

Kepel, Gilles. 1991. *Die Rache Gottes. Radikale Moslems, Christen und Juden auf dem Vormarsch.* München und Zürich: Piper.

Keynes, John Maynard. 1936/1970. *The General Theory of Employment, Interest and Money.* London: Macmillan.

Kleinert, Hubert. 1992. »Die Krise der Politik.« *Aus Politik und Zeitgeschichte,* B 34-35, S. 15-25.

Klug, Wolfgang. 1995. »Mehr Markt in die Freie Wohlfahrt?« *Aus Politik und Zeitgeschichte,* B 25, S. 34-43.

Kluger, Richard. 1975. *Simple Justice. The History of Brown v. Board of Education and Black America's Struggle for Equality,* New York: Vintage.

Knieper, Rolf. 1991. *Nationale Souveränität.* Frankfurt a. M.: Fischer.

Koch, Claus. 1995. *Die Gier des Marktes. Die Ohnmacht des Staates im Kampf der Weltwirtschaft.* München und Wien: Hanser.

Kodalle, Klaus-M. 1988. *Gott und Politik in USA. Über den Einfluß des Religiösen.* Frankfurt a. M.: Athenäum.

Kohlberg, Lawrence. 1969. »Stage and Sequence: The Cognitive-Developmental Approach to Socialization.« In: D. A. Goslin (Hg.). *Handbook of Socialization Theory and Research.* Chicago: Rand McNally, S. 347-480.

- 1987. *Child Psychology and Childhood Education. A Cognitive-Developmental View.* New York und London: Longman.

Krasner, Steven D. 1976. »State Power and the Structure of International Trade.« *World Politics* 28, S. 317-347.

Krätke, Michael R. 1997. »Globalisierung und Standortkonkurrenz.« *Leviathan* 25, S. 202-232.

Krönig, Jürgen. 1997a. »Schwindelgefühle in Swinging Britain. Die Tories haben das Land modernisiert, Labour verspricht eine neue Moral.« *DIE ZEIT*, Nr. 17, 18. April 1997, S. 9-10.

– 1997b. »Der neue Zuchtmeister.« *DIE ZEIT*. Nr. 29, 11. Juli 1997, S. 4.

Küchler, Manfred. 1994. »Germans and ›Others‹: Racism, Xenophobia, or ›Legitimate Conservatism‹.« *German Politics* 3, S. 47-74.

Küenzlen, Gottfried. 1992. »Feste Burgen: Protestantischer Fundamentalismus und die säkulare Kultur der Moderne.« *Aus Politik und Zeitgeschichte*, B 33, S. 3-10.

Kühne, Winrich. 1991. »Deutschland vor neuen Herausforderungen in den Nord-Süd-Beziehungen.« *Aus Politik und Zeitgeschichte*, B 15-16, S. 9-19.

– 1993. »Friedenssicherung durch die Vereinten Nationen in einer Welt ethnonationaler Konflikte.« *Aus Politik und Zeitgeschichte*, B 15-16, S. 9-19.

Kunisch, Hans-Peter. 1997. »Die Sache mit der rosa Hure. In Irland gerät der wirtschaftliche Aufschwung in Konflikt mit Kultur und Lebensqualität.« *Süddeutsche Zeitung*, Nr. 124, 3. Juni 1997, S. 11.

Kurbjuweit, Dirk. 1996. »Die Propheten der Effizienz.« *DIE ZEIT*, Nr. 3, 12. Februar 1996, S. 9-11.

Landeshauptstadt Düsseldorf. *Statistisches Jahrbuch der Landeshauptstadt Düsseldorf 1991*. Düsseldorf.

Landry, Bart. 1987. *The New Black Middle Class*. Berkeley und Los Angeles: University of California Press.

Lapins, Wulf-W. 1992. »Die Bundeswehr vor neuen Aufgaben und Herausforderungen.« *Aus Politik und Zeitgeschichte*, B 13, S. 37-46.

Laqueur, Walter. 1992. *Europa auf dem Weg zur Weltmacht 1945-1992*. München: Kindler.

Lasch, Christopher. 1995. *Die blinde Elite. Macht ohne Verantwortung*. Hamburg: Hoffmann und Campe.

Lash, Scott und John Urry. 1987. *The End of Organized Capitalism*. Madison, Wisconsin: University of Wisconsin Press.

Lehmbruch, Gerhard. 1967. *Politisches System und politische Kultur in der Schweiz und in Österreich*. Tübingen: Mohr Siebeck.

– 1974. »A Non-Competitive Pattern of Conflict Management in Liberal Democracies: The Case of Switzerland, Austria and Lebanon.« In: Kenneth D. McRae (Hg.). *Consociational Democracy: Political Accommodation in Segmented Societies*. Toronto: McClelland and Stewart, S. 90-97.

Leipert, Christian. 1989. *Die heimlichen Kosten des Fortschritts. Wie Umweltzerstörung das Wirtschaftswachstum fördert.* Frankfurt a. M.: S. Fischer.

Lembke, Hans. H. 1991. *»Umwelt« in den Nord-Süd-Beziehungen.* Deutsches Institut für Entwicklungspolitik. Berlin.

Lepsius, M. Rainer. 1990. »›Ethnos‹ und ›Demos‹. Zur Anwendung zweier Kategorien von Emerich Francis auf das nationale Selbstverständnis der Bundesrepublik und auf die Europäische Einigung.« In: M. Rainer Lepsius. *Ideen, Interessen und Institutionen.* Opladen: Westdeutscher Verlag, S. 247-255.

– 1991. »Nationalstaat oder Nationalitätenstaat als Modell für die Weiterentwicklung der Europäischen Gemeinschaft?« In: R. Wildenmann (Hg.). *Staatswerdung Europas? Optionen für eine Europäische Union.* Baden-Baden: Nomos, S. 19-40.

Lévi-Strauss, Claude. 1949/1981. *Die elementaren Strukturen der Verwandtschaft,* Frankfurt a. M.: Suhrkamp.

Lewis, William und Ricardo Petrella. 1996. »Europa zwischen Geld und Geist.« *Süddeutsche Zeitung,* Nr. 25, 31. Januar 1995, S. IV.

Lidz, Victor M. 1979. »Secularization, Ethical Life and Religion in Modern Societies.« *Sociological Inquiry* 49, S. 191-217.

Lijphart, Arend 1969. »Consociational Democracy.« In: *World Politics* 21, S. 207-225.

Lindberg, Leon N. und Stuart A. Scheingold. 1970. *Europe's Would-Be Polity. Patterns of Change in the European Community.* Englewood Cliffs, N. J.: Prentice Hall.

Lipset, Seymour Martin. 1963/1979. *The First New Nation.* New York: Norton.

List, Martin und Volker Rittberger. 1992. »Regime Theory and International Environmental Management.« In: Andrew Hurrell und Benedict Kingsbury (Hg.). *The International Politics of the Environment.* Oxford: Clarendon Press, S. 85-109.

Locke, John. 1690/1963. »Two Treatises on Government.« In: John Locke. *The Works,* 10 Bde., Bd. 5. Aalen: Scientia.

Lockwood, David. 1964. »Social Integration and Systems Integration.« In: George K. Zollschan und Walter Hirsch (Hg.). *Explorations in Social Change.* London: Routledge, S. 244-257.

Lohauß, Peter. 1994. »Fundamentalismus und moderne Identität.« *Prokla* 24, S. 447-489.

Luhmann, Niklas. 1978. »Soziologie der Moral.« In: Niklas Luhmann und Stephan H. Pfürtner (Hg.). *Theorietechnik und Moral.* Frankfurt a. M.: Suhrkamp, S. 8-116.

– 1981. *Politische Theorie im Wohlfahrtsstaat.* München-Wien: Günther Olzog Verlag.

– 1984. *Soziale Systeme. Grundriß einer allgemeinen Theorie.* Frankfurt a. M.: Suhrkamp.

- 1986. *Ökologische Kommunikation.* Opladen: Westdeutscher Verlag.
- 1988. *Die Wirtschaft der Gesellschaft.* Frankfurt a. M.: Suhrkamp.
- 1990. *Die Wissenschaft der Gesellschaft.* Frankfurt a. M.: Suhrkamp.
- 1992. »Operational Closure and Structural Coupling: The Differenti-
  ation of the Legal System.« *Cardozo Law Review* 13, S. 1419-1441.
- 1993. *Das Recht der Gesellschaft.* Frankfurt a. M.: Suhrkamp.
- 1997. *Die Gesellschaft der Gesellschaft.* Frankfurt a. M.: Suhrkamp.

Machiavelli, Niccolò. 1532/1979. *Il Principe.* Torino: Einandi.
MacIntyre, Alasdaire. 1987. *Der Verlust der Tugend. Zur moralischen
Krise der Gegenwart.* Frankfurt a. M. und New York: Campus.
Maier-Rigaud, Gerhard. 1988. *Umweltpolitik in der offenen Gesellschaft.*
Opladen: Westdeutscher Verlag.
Malunat, Bernd M. 1994. »Die Umweltpolitik der Bundesrepublik
Deutschland.« *Aus Politik und Zeitgeschichte*, B 49, S. 3-12.
Marshall, Thomas H. 1964. *Class, Citizenship and Social Development.*
Westport, Connecticut: Greenwood Press.
Martin, Hans-Peter und Harald Schumann. 1996. *Die Globalisierungs-
falle. Der Angriff auf Demokratie und Wohlstand.* Reinbek bei Ham-
burg: Rowohlt.
Marx, Karl. 1852/1960. »Der achtzehnte Brumaire des Louis Bonaparte.«
In: *Marx-Engels Werke.* Bd. 8. Berlin: Dietz, S. 111-207.
- 1859/1961. »Zur Kritik der politischen Ökonomie.« In: *Marx-Engels
Werke.* Bd. 13. Berlin: Dietz, S. 3-160.
- 1867/1962. *Das Kapital.* Bd. 1. In: *Marx-Engels-Werke.* Bd. 23. Berlin:
Dietz.
- 1844/1968. »Ökonomisch-philosophische Manuskripte aus dem Jahre
1844.« In: *Marx-Engels Werke.* Ergänzungsband, Teil 1, Berlin: Dietz,
S. 465-588.
Marx, Karl und Friedrich Engels. 1848/1959. »Manifest der kommunisti-
schen Partei.« In: *Marx-Engels Werke.* Bd. 4. Berlin: Dietz, S. 459-493.
- 1846/1969. »Die deutsche Ideologie.« In: *Marx-Engels Werke.* Bd. 3.
Berlin: Dietz, S. 9-530.
Mauss, Marcel. 1923/24. »Essai sur le don. Forme archaïque de l'échange.«
L'année sociologique 1, S. 30-186.
Mayer, Otto G. 1996. »Standort Deutschland – neue Herausforderungen
angesichts veränderter Wettbewerbsbedingungen?« *Aus Politik und
Zeitgeschichte*, B 26, S. 3-13.
Mayer, William G. 1992. *The Changing American Mind. How and Why
American Public Opinion Changed between 1960 and 1988.* Ann Ar-
bor, Mich.: University of Michigan Press.
Mayer-Tasch, Peter C. 1985. *Die Bürgerinitiativbewegung. Der aktive
Bürger als rechts- und politikwissenschaftliches Problem.* Reinbek bei
Hamburg: Rowohlt.

Mead, George Herbert. 1934/1978. *Geist, Identität und Gesellschaft*. Frankfurt a. M.: Suhrkamp.

Meadows, Dennis et al. 1972. *Die Grenzen des Wachstums. Bericht des Club of Rome zur Lage der Menschheit*. Stuttgart: Deutsche Verlags-Anstalt.

– 1992. *Die neuen Grenzen des Wachstums. Die Lage der Menschheit: Bedrohung und Zukunftschance*. Reinbek bei Hamburg: Rowohlt.

Meinecke, Friedrich. 1907/1962. *Weltbürgertum und Nationalstaat*. In: F. Meinecke. *Meinecke Werke*. Bd. 5, hg. von Hans Herzfeld et al. Stuttgart: Koehler.

Merton, Robert K. 1949/1968a. »The Self-Fulfilling Prophecy.« In: Robert K. Merton. *Social Theory and Social Structure*. New York: Free Press, S. 475-490.

– 1949/1968b. »Social Structure and Anomie.« In: Robert K. Merton. *Social Theory and Social Structure*. New York: Free Press, S. 185-214.

Meulemann, Heiner. 1995. »Aufholtendenzen und Systemeffekte. Eine Übersicht über Wertunterschiede zwischen West- und Ostdeutschland.« *Aus Politik und Zeitgeschichte*, B 40-41, S. 21-33.

Meyer, Gerd. 1993. »Die politischen Kulturen Ostmitteleuropas.« *Aus Politik und Zeitgeschichte*, B 10, S. 3-13.

Meyer, Sibylle und Eva Schulze. 1991. *Balancen des Glücks*. München: Beck.

Michelman, Frank. 1988. »Law's Republic.« *The Yale Law Journal* 97, S. 1493-1537.

– 1989. »Conceptions of Democracy in American Constitutional Argument: Voting Rights.« *Florida Law Review* 41, S. 443-490.

Michnik, Adam. 1992. *Der lange Abschied vom Kommunismus*. Reinbek bei Hamburg: Rowohlt.

Mill, John Stuart. 1861/1974. »Utilitarianism.« In: *Utilitarianism, On Liberty. Essays on Bentham Together With Selected Writings of Jeremy Bentham and John Austin*, hg. von Mary Warnock. Westford, Mass.: New American Library.

Minow, Martha. 1990. *Making all the Difference: Inclusion, Exclusion and American Law*. Ithaca: Cornell University Press.

Mommsen, Margareta (Hg.). 1992. *Nationalismus in Osteuropa. Gefahrvolle Wege in die Demokratie*. München: Beck.

Morgenthau, Hans J. 1948/1973. *Politics Among Nations*. Maidenhead: McGraw-Hill Publishing Co.

Morin, Edgar. 1988. *Europa denken*. Frankfurt a. M. und New York: Campus.

Müller-Brandeck-Bocquet, Gisela. 1991. »Ein föderalistisches Europa? Zur Debatte über die Föderalisierung und Regionalisierung der zukünftigen Europäischen Politischen Union.« *Aus Politik und Zeitgeschichte*, B 45, S. 13-25.

Multhaupt, Wulf Friedrich. 1988. »Die Irisch Republikanische Armee. Geschichte, Ziele und Aktivitäten.« *Aus Politik und Zeitgeschichte*, B 45, S. 35-46.

Münch, Richard. 1982/1988. *Theorie des Handelns. Zur Rekonstruktion der Beiträge von Talcott Parsons, Emile Durkheim und Max Weber.* Frankfurt a. M.: Suhrkamp.

– 1991. *Dialektik der Kommunikationsgesellschaft.* Frankfurt a. M.: Suhrkamp.

– 1992a. »Autopoiesis by Definition.« *Cardozo Law Review 13*, S. 1463-1471.

– 1984/1992b. *Die Struktur der Moderne.* Frankfurt a. M.: Suhrkamp.

– 1986/1993a. *Die Kultur der Moderne.* 2 Bde. Frankfurt a. M.: Suhrkamp.

– 1993b. *Das Projekt Europa. Zwischen Nationalstaat, regionaler Autonomie und Weltgesellschaft.* Frankfurt a. M.: Suhrkamp.

– 1993c. »Kreativität und Gesellschaft: Über die pragmatistische Erneuerung der Handlungstheorie in gesellschaftstheoretischer Absicht.« *Schweizerische Zeitschrift für Soziologie 19*, S. 289-306.

– 1993d. »The Contribution of German Social Theory to European Sociology.« In: Birgitta Nedelmann und Piotr Sztompka (Hg.). *Sociology in Europe – In Search of Identity.* Berlin und New York: Walter de Gruyter, S. 45-66.

– 1994. *Sociological Theory.* 3 Bde. Chicago, Ill.: Nelson Hall.

– 1995. *Dynamik der Kommunikationsgesellschaft.* Frankfurt a. M.: Suhrkamp.

– 1996. *Risikopolitik.* Frankfurt a. M.: Suhrkamp.

Nakane, Chie. 1985. *Die Struktur der japanischen Gesellschaft.* Frankfurt a. M.: Suhrkamp.

Narr, Wolf-Dieter und Alexander Schubert. 1994. *Weltökonomie. Die Misere der Politik.* Frankfurt a. M.: Suhrkamp.

Nassehi, Armin. 1990. »Zum Funktionswandel von Ethnizität im Prozeß gesellschaftlicher Modernisierung. Ein Beitrag zur Theorie funktionaler Differenzierung.« *Soziale Welt 41*, S. 261-282.

Negt, Oskar. 1995. »Die Krise der Arbeitsgesellschaft: Machtpolitischer Kampfplatz zweier ›Ökonomien‹.« *Aus Politik und Zeitgeschichte*, B 15, S. 3-9.

Neidhart, Thilo. 1997. »Gottvertrauen in den Markt. Geldmangel zwingt die großen Kirchen, Gläubige als Kunden zu umwerben.« *DIE ZEIT*, Nr. 12, 14. März 1997, S. 42.

Nelson, Joel I. 1995. *Post-Industrial Capitalism. Exploring Economic Inequality in America.* London: Sage.

Neyer, Jürgen und Martin Seeleib-Kaiser. 1996. »Arbeitsmarktpolitik nach dem Wohlfahrtsstaat. Konsequenzen der ökonomischen Globalisierung.« *Aus Politik und Zeitgeschichte*, B 26, S. 36-44.

Nicolaysen, Gert. 1991. *Europarecht* 1. Baden-Baden: Nomos.

Noelle-Neumann, Elisabeth. 1978. *Werden wir alle Proletarier? Wertewandel in unserer Gesellschaft.* Zürich: Ed. Interform.

Nohlen, Dieter. 1980. »Regionalismen in Spanien.« *Aus Politik und Zeitgeschichte,* B 12, S. 39-60.

Nolte, Hans-Heinrich. 1995. »Wohin mit Osteuropa? Überlegungen zur Neuordnung des Kontinents.« *Aus Politik und Zeitgeschichte,* B 39, S. 3-11.

Nolte, Hans-Heinrich, Beate Eschment und Jens Vogt. 1994. *Nationenbildung östlich des Bug.* Hannover: Hahn.

Nozick, Robert. 1974. *Anarchy, State and Utopia.* New York: Blackwell.

Nutzinger, Hans G. und Angelika Zahrnt (Hg.). 1989. *Öko-Steuern, Umweltsteuern und -abgaben in der Diskussion.* Karlsruhe: Müller.

Offe, Claus. 1989. »Bindung, Fessel, Bremse. Die Unübersichtlichkeit von Selbstbeschränkungsformeln.« In: Axel Honneth, Thomas McCarthy, Claus Offe und Albrecht Wellmer (Hg.). *Zwischenbetrachtungen. Im Prozeß der Aufklärung. Jürgen Habermas zum 60. Geburtstag.* Frankfurt a. M.: Suhrkamp, S. 739-744.

– 1990. »Akzeptanz und Legitimität strategischer Optionen in der Sozialpolitik.« In: Christoph Sachße und H. Tristram Engelhardt (Hg.). *Sicherheit und Freiheit. Zur Ethik des Wohlfahrtsstaates.* Frankfurt a. M.: Suhrkamp, S. 179-202.

– 1992. »A Non-Productivist Design for Social Policies.« In: Philippe van Parijs (Hg.). *Arguing for Basic Income.* London und New York: Verso, S. 61-78.

– 1994. »Vollbeschäftigung? Zur Kritik einer falsch gestellten Frage.« *Gewerkschaftliche Monatshefte* 45, S. 796-806.

– 1996. »Precariousness and the Labor Market. A Medium Term Review of Available Policy Responses.« *OECD-Conference Paper.* Paris, 16. Dezember 1996. Manuskript Berlin 1996.

Ohmae, Kenichi. 1990. *The Borderless World.* London/New York: Collins.

Olson, Mancur Jr. 1965. *The Logic of Collective Action.* Cambridge, Mass.: Harvard University Press.

Opielka, Michael. 1991. »Zur Logik von ›Grundsicherung‹ und ›garantiertem Grundeinkommen‹.« *Zeitschrift für Sozialreform* 2, S. 80-115.

Ostendorf, Berndt (Hg.). 1994. *Multikulturelle Gesellschaft. Modell Amerika?* München: Fink.

Oye, Kenneth A. 1985. »Explaining Cooperation Under Anarchy: Hypotheses and Strategies.« *World Politics* 38, S. 1-24.

– (Hg.). 1986. *Cooperation under Anarchy.* Princeton, N.J.: Princeton University Press.

Padoa-Schioppa, Tommaso et al. 1988. *Effizienz, Stabilität und Vertei-*

lungsgerechtigkeit. Eine Entwicklungsstrategie für das Wirtschaftssystem der Europäischen Gemeinschaft. Wiesbaden: Gabler, S. 67-69.

Pareto, Vilfredo. 1901. »Un'applicazione di teorie sociologiche.« In: *Revista italiana di sociologia.* S. 402-456.

- 1916. *Trattato di sociologia generale.* 2 Bde. Firenze: Edizione di Communità.

- 1906/1965. *Manuale di economia politica.* Milano: Edizione Studi Tesi.

Parlament, Das. 1997. Nr. 29, 11. Juli 1997.

Parsons, Talcott. 1964. *Social Structure and Personality.* New York: Free Press.

- 1966. *Societies. Evolutionary and Comparative Perspectives.* Englewood Cliffs/N. J.: Prentice Hall.

- 1967. *Sociological Theory and Modern Society.* New York: Free Press.

- 1937/1968. *The Structure of Social Action.* New York: Free Press.

- 1969a. »On the Concept of Political Power.« In: Talcott Parsons. *Politics and Social Structure.* New York: Free Press, S. 352-404.

- 1969b. »On the Concept of Influence.« In: Talcot Parsons. *Politics and Social Structure.* New York: Free Press, S. 405-438.

- 1969c. »On the Concept of Value-Commitments.« In: Talcott Parsons. *Politics and Social Structure.* New York: Free Press, S. 439-472.

- 1969d. *Politics and Social Structure.* New York: Free Press.

- 1971. *The System of Modern Societies.* Englewood Cliffs/N. J.: Prentice Hall.

- 1977a. *Social Systems and the Evolution of Action Theory.* New York: Free Press.

- 1977b. »Some Theoretical Considerations on the Nature and Trends of Change of Ethnicity.« In: Talcott Parsons. *Social Systems and The Evolution of Action Theory.* New York: Free Press, S. 381-404.

Pawlowski, Paul. 1986. »Arbeitswerte: Theoretische Grundlagen und Längsschnittbeobachtungen 1960-1983.« In: Friedrich Gehrmann (Hg.). *Arbeitsmoral und Technikfeindlichkeit.* Frankfurt a. M. und New York: Campus, S. 73-118.

Pearce, David. 1986. »Efficiency and Distribution in Corrective Mechanisms for Environmental Externality.« In: A. Schnaiberg, N. Watts und K. Zimmermann (Hg.). *Distributional Conflicts in Environmental-Resource Policy.* New York: St. Martin's Press: S. 15-37.

Peters, Bernhard. 1993. *Die Integration moderner Gesellschaften.* Frankfurt a. M.: Suhrkamp.

Piaget, Jean. 1973. *Das moralische Urteil beim Kinde.* Frankfurt a. M.: Suhrkamp.

Pigou, Arthur Cecil 1920/1960. *The Economics of Welfare.* 4. Aufl. London: MacMillan.

Pinder, John. 1991. *The European Community and Eastern Europe.* Royal Institute of International Affairs. London: MacMillan.

Platzer, Hans Wolfgang. 1992. »Die europäischen Interessenverbände.« In: Werner Weidenfeld und Wolfgang Wessels (Hg.). *Jahrbuch der europäischen Integration 1991/92*. Bonn: Europa-Union, S. 267-272.

Plesu, Andrej. 1997. »Die verlorenen Söhne und ihre Sünden. Warum die Länder Osteuropas fürchten, ihre Originalität zu verlieren.« *Süddeutsche Zeitung*, Nr. 126, 5. Juni 1997, S. 13.

Plümper, Thomas. 1995. »Quasi-rationale Akteure und die Funktion internationaler Institutionen.« *Zeitschrift für Internationale Beziehungen* 2, S. 49-77.

Porter, Michael E. (Hg.). 1989. *Globaler Wettbewerb. Strategien der neuen Internationalisierung in globalen Industrien*. Wiesbaden: Gabler.
- 1990. *The Competitive Advantage of Nations*. New York: Free Press.

Prätorius, Gerhard und Ulrich Steger. 1994. »Verkehrspolitik und Ökologie. Umweltfreundlichere Gestaltung von Mobilität.« *Aus Politik und Zeitgeschichte*, B 37, S. 20-28.

Puhle, Hans-Jürgen, Kurt L. Shell, Söhnke Schreyer, Ulrike Fischer und Rüdiger Wersich. 1994. *Probleme der Institutionalisierung des Multikulturalismus in den USA*. ZENAF Arbeits- und Forschungsbericht. Frankfurt a. M.

Rapoport, Anatol und Albert M. Chammah. 1965. *Prisoner's Dilemma: A Study in Conflict and Cooperation*. Ann Arbor, Mich.: University of Michigan Press.

Ravitch, Diane. 1990. »Multiculturalism. E pluribus plures.« *The American Scholar* 59, S. 337-354.

Rawls, John. 1971. *A Theory of Justice*. Cambridge, Mass.: Harvard University Press.
- 1993. *Political Liberalism*. New York: Columbia University Press.
- 1995. »Der Vorrang des Rechten und die Ideen des Guten.« In: Bert van den Brink und Willem van Reijen (Hg.). *Bürgergesellschaft, Recht und Demokratie*. Frankfurt a. M.: Suhrkamp, S. 153-186.

Reich, Robert. 1996. *Die neue Weltwirtschaft*. Frankfurt a. M.: Fischer Taschenbuchverlag. (Amerikanische Originalausgabe: 1991. *The Work of Nations*. New York: Vintage Books).

Reichling, Robert. 1996. »Wege zu mehr Beschäftigung aus der Sicht der Wirtschaft.« *Aus Politik und Zeitgeschichte*, B 15, S. 25-30.

Reif, Karlheinz. 1992. »Wahlen, Wähler und Demokratie in der EG. Die drei Dimensionen des demokratischen Defizits.« *Aus Politik und Zeitgeschichte*, B 19, S. 43-52.
- 1993a. »Das Demokratiedefizit der EG und die Chancen seiner Verringerung.« *Politische Bildung* 3/93, S. 37-62.
- 1993b. »Ein Ende des ›Permissive Consensus‹. Zum Wandel europapolitischer Einstellungen in der öffentlichen Meinung der EG-Mitgliedsstaaten.« In: Rudolf Hrbeck (Hg.). *Der Vertrag von Maastricht in der wissenschaftlichen Kontroverse*. Baden-Baden: Nomos, S. 24-40.

Renan, Ernest. 1947. »Qu'est-ce qu'une nation? Conférence faite en Sorbonne, le 11 Mars 1882«. In: E. Renan. Œuvres complètes, Bd. 1. Paris, S. 887-906.

Reuter, Jens. 1992. »Jugoslawien vor dem Zerfall.« Aus Politik und Zeitgeschichte, B 14, S. 3-12.

Rex, John. 1996. »Multikulturalismus in Europa und Nordamerika.« Berliner Journal für Soziologie 6, S. 149-161.

Riesebrodt, Martin. 1990. Fundamentalismus als patriarchalische Protestbewegung. Amerikanische Protestanten (1910-28) und iranische Schiiten (1961-79) im Vergleich. Tübingen: Mohr Siebeck.

– 1993. »Islamischer Fundamentalismus aus soziologischer Sicht.« Aus Politik und Zeitgeschichte, B 33, S. 11-16.

Robertson, Roland. 1990. »Mapping the Global Condition: Globalization as the Central Concept.« Theory, Culture & Society 7, S. 15-30.

– 1992. Globalization. Social Theory and Global Culture. London: Sage.

Rödel, Ulrich (Hg.). 1990. Autonome Gesellschaft und libertäre Demokratie. Frankfurt a. M.: Suhrkamp.

Röttinger, Moritz und Claudia Weyringer. 1991. Handbuch der europäischen Integration. Wien: Manzsche Verlags- und Universitätsbuchhandlung.

Rousseau, Jean-Jacques. 1762/1964. Du contrat social ou principes du droit politique. In: Jean-Jacques Rousseau. Œuvres complètes, hg. von B. Gagnebin und M. Raymond. Paris.

Rüchardt, Hugo. 1992. »Zum Kompetenzverlust der öffentlichen Meinung im Industriestaat Bundesrepublik. Akzeptanz- und Transferprobleme im Hinblick auf Forschung, Technologie und Wirtschaft.« Aus Politik und Zeitgeschichte, B 10-11, S. 36-44.

Rutenberg, Jürgen von und Bernd Auers. 1997. »Gebetsfabrik.« DIE ZEIT. Magazin, Nr. 15, 4. April 1997, S. 11-15.

Saint-Simon, Claude-Henri de. 1865-78. Œuvres de Saint Simon et d'Enfantin. 47 Bde., Paris: E. Dentu.

Sandel, Michael. 1982. Liberalism and the Limits of Justice. Cambridge, Mass.: Cambridge University Press.

Sanderson, Stephen K. (Hg.). 1995. Civilizations and World Systems. London: AltaMira Press.

Savelsberg, Joachim. 1994. »Knowledge, Domination and Criminal Punishment.« American Journal of Sociology 99, S. 911-943.

Scharpf, Fritz W. 1991. »Kann es in Europa eine stabile föderale Balance geben? (Thesen).« In: R. Wildenmann (Hg.). Staatswerdung Europas? Baden-Baden: Nomos, S. 415-428.

– 1994. »›Negative Einkommenssteuer‹ – ein Programm gegen Ausgrenzung.« Die Mitbestimmung 40, S. 27-32.

Schettkat, Ronald. 1996. »Das Beschäftigungsproblem der Industriegesellschaften.« Aus Politik und Zeitgeschichte, B 26, S. 25-35.

Schiller, Friedrich. 1989. *Über die ästhetische Erziehung des Menschen. In einer Reihe von Briefen.* Stuttgart: Reclam.

Schissler, Jacob. 1990. »Politische Kultur in der öffentlichen Meinung.« In: Willi Paul Adams et al. (Hg.). *Länderbericht USA* 1. Bonn: Bundeszentrale für politische Bildung, S. 259-270.

Schlesinger, Arthur M. Jr. 1992. *The Disuniting of America: Reflections on a Multicultural Society.* New York: Norton.

Schluchter, Wolfgang. 1979. *Die Entwicklung des okzidentalen Rationalismus.* Tübingen: Mohr Siebeck.

– 1988. *Religion und Lebensführung.* 2 Bde. Frankfurt a. M.: Suhrkamp.

Schmalz-Bruns, Rainer. 1995. »Die Theorie kommunikativen Handelns – eine Flaschenpost? Anmerkungen zur jüngsten Theoriedebatte in den Internationalen Beziehungen.« *Zeitschrift für Internationale Beziehungen* 2, S. 347-370.

Schmerl, Christiane. 1993. »Alles unter Kontrolle? Emanzipation der Frauen versus Konservatismus der Männer.« *Aus Politik und Zeitgeschichte,* B 6, S. 15-25.

Schmitt, Carl. 1932/1979. *Der Begriff des Politischen.* Berlin: Duncker & Humblot.

– 1938/1988. *Die Wendung zum diskriminierenden Kriegsbegriff.* Berlin: Duncker & Humblot.

Schmuck, Otto. 1994. »Das Europäische Parlament im Verflechtungssystem der Europäischen Gemeinschaft.« In: Oskar Niedermayer und Hermann Schmitt (Hg.). *Wahlen und Europäische Einigung.* Opladen: Westdeutscher Verlag, S. 13-27.

Schnaiberg, Allan, Nicholas Watts und Klaus Zimmermann (Hg.). 1986. *Distributional Conflicts in Environmental Resource Policy.* New York: St. Martin's Press.

Schug, Walter. 1995. »Agrarpolitik der Europäischen Union und dritte Welt.« *Aus Politik und Zeitgeschichte,* B 33-34, S. 34-39.

Schultze, Rainer-Olaf. 1980. »Neo-Nationalismus in Großbritannien. Erklärungsansätze und Ursachenanalyse.« *Aus Politik und Zeitgeschichte,* B 12, S. 19-37.

Schulze, Hagen. 1994. *Staat und Nation in der Europäischen Geschichte.* München: Beck.

Schumpeter, Joseph. 1911/1964. *Theorie der wirtschaftlichen Entwicklung.* Berlin: Duncker & Humblot.

Schütz, Alfred und Talcott Parsons. 1977. *Zur Theorie sozialen Handelns.* Ein Briefwechsel, hg. und eingeleitet von W. M. Sprondel. Frankfurt a. M.: Suhrkamp.

Schütz, Alfred und Thomas Luckmann. 1979. *Strukturen der Lebenswelt.* Frankfurt a. M.: Suhrkamp.

Seewann, Gerhard (Hg.). 1995. *Minderheiten als Konfliktpotential in Ost-, Mittel- und Südeuropa.* München: Oldenbourg.

Seitz, Konrad. 1992. »Die japanisch-amerikanische Herausforderung. Europas Hochtechnologieindustrien kämpfen ums Überleben.« *Aus Politik und Zeitgeschichte*, B 10-11, S. 3-15.

Senger und Etterlin, Stefan von. 1992. »Das Europa der Eurokraten. Zentralismus, Partikularismus und die Rolle des Nationalstaates.« *Aus Politik und Zeitgeschichte*, B 42, S. 16-27.

Sheehan, J. Brian. 1984. *The Boston School Integration Dispute. Social Change and Legal Maneuvers*. New York: Columbia University Press.

Simmel, Georg. 1983. *Schriften zur Soziologie. Eine Auswahl*. Frankfurt a. M.: Suhrkamp.

– 1908/1992. *Soziologie. Untersuchungen über die Formen der Vergesellschaftung,* Frankfurt a. M.: Suhrkamp.

Simonis, Udo E. 1992. »Kooperation oder Konfrontation: Chancen einer globalen Klimapolitik.« *Aus Politik und Zeitgeschichte*, B 16, S. 21-32.

Sindler, Allan P. 1978. *Bakke, De Funis, and Minority Admissions*. New York: Longman.

Smith, Adam. 1776/1937. *The Wealth of Nations*. New York: Modern Library.

– 1759/1966. *The Theory of Moral Sentiments*. New York: Bohn.

Smith, Anthony D. 1986. *The Ethnic Origins of Nations*. Oxford: Blackwell.

Snidal, Duncan. 1985. »The Game Theory of International Politics.« *World Politics* 38, S. 25-57.

Snyder, Francis. 1993. »The Effectiveness of European Community Law: Institutions, Processes, Tools and Techniques.« *Modern Law Review* 56, S. 19-54.

Spencer, Herbert. 1862/1904. *First Principles*. London: Williams and Norgate.

– 1857/1972a. »Progress: Its Law and Cause.« In: Herbert Spencer. *On Social Evolution. Selected Writings,* hg. von J. D. Y. Peel. Chicago: University of Chicago Press, S. 38-52.

– 1972b. *On Social Evolution,* hg. von J. D. Y. Peel. Chicago: University of Chicago Press.

– 1897-1906/1975. *The Principles of Sociology*. I-III. Westport/Conn.: Greenwood Press.

SPIEGEL, DER. 1994a. Nr. 5. 31. Januar 1994.

- 1994b. Nr. 23, 6. Juni 1994.

- 1994c. Nr. 26. 27. Juni 1994.

Statistisches Bundesamt. 1953. *Statistisches Jahrbuch 1953 für die Bundesrepublik Deutschland*. Stuttgart/Mainz: Kohlhammer.

– 1960. *Statistisches Jahrbuch 1960 für die Bundesrepublik Deutschland*. Stuttgart/Mainz: Kohlhammer.

– 1961. *Statistisches Jahrbuch 1961 für die Bundesrepublik Deutschland*. Stuttgart/Mainz: Kohlhammer.

- 1963. *Statistisches Jahrbuch 1963 für die Bundesrepublik Deutschland.* Stuttgart/Mainz: Kohlhammer.
- 1967. *Statistisches Jahrbuch 1967 für die Bundesrepublik Deutschland.* Stuttgart/Mainz: Kohlhammer.
- 1970. *Statistisches Jahrbuch 1970 für die Bundesrepublik Deutschland.* Stuttgart/Mainz: Kohlhammer.
- 1971. *Statistisches Jahrbuch 1971 für die Bundesrepublik Deutschland.* Stuttgart/Mainz: Kohlhammer.
- 1975. *Statistisches Jahrbuch 1975 für die Bundesrepublik Deutschland.* Stuttgart/Mainz: Kohlhammer.
- 1981. *Statistisches Jahrbuch 1981 für die Bundesrepublik Deutschland.* Stuttgart/Mainz: Kohlhammer.
- 1987. *Statistisches Jahrbuch 1987 für die Bundesrepublik Deutschland.* Stuttgart/Mainz: Kohlhammer.
- 1992. *Statistisches Jahrbuch 1992 für die Bundesrepublik Deutschland.* Wiesbaden: Metzler-Poeschel..
- 1993. *Statistisches Jahrbuch 1993 für die Bundesrepublik Deutschland.* Wiesbaden: Metzler-Poeschel.
- 1995a. *Statistisches Jahrbuch 1995 für die Bundesrepublik Deutschland.* Wiesbaden: Metzler-Poeschel.
- 1995b. *Statistisches Jahrbuch für das Ausland.* Stuttgart: Metzler-Poeschel.
- 1996. *Statistisches Jahrbuch für die Bundesrepublik Deutschland.* Stuttgart: Metzler-Poeschel.
Stihl, Hans-Peter. 1993. »Chance Europa. Die europäische Einigung aus der Sicht der deutschen Wirtschaft.« *Aus Politik und Zeitgeschichte*, B 1, S. 23-33.
Sturm, Roland. 1992. »Rationalisierung der Industriepolitik? Die Suche der Bundesländer nach einer flexiblen Antwort auf den neuen europäischen Wirtschaftsraum.« *Aus Politik und Zeitgeschichte*, B 10-11, S. 25-35.
Stürmer, Michael. 1993. »Globale Aufgaben und Herausforderungen: Die schwierige Suche nach Weltordnung.« *Aus Politik und Zeitgeschichte*, B 15, S. 3-8.
Süddeutsche Zeitung. 1997a. Nr. 140, 21./22. Juni 1997.
- 1997b. Nr. 149, 2. Juli 1997.
- 1997c. Nr. 151, 4. Juli 1997.
- 1997d. Nr. 152, 10. Juli 1997.
- 1997e. Nr. 165, 21. Juli 1997.
Suleiman, Ezra N. 1974. *Politics, Power, and Bureaucracy in France. The Administrative Elite.* Princeton, N. J.: Princeton University Press.
- 1978. *Elites in French Society. The Politics of Survival.* Princeton, N. J.: Princeton University Press.
Suntum, Ulrich van. 1993. »Verkehrspolitik in der Marktwirtschaft.« *Aus Politik und Zeitgeschichte*, B 5, S. 3-13.

– 1995. »Hohe Arbeitslosigkeit in den Industrieländern. Was sagen die Ökonomen?« *Aus Politik und Zeitgeschichte*, B15, S. 10-15.

Tasker, Peter. 1988. *Japan von innen. Macht und Reichtum eines neuen Wirtschaftsimperiums*. München: Wilhelm Heyne Verlag.

Taylor, Charles. 1988. *Negative Freiheit? Zur Kritik des neuzeitlichen Individualismus*. Frankfurt a. M.: Suhrkamp.

– (Hg.). 1992a. *Multiculturalism and ›The Politics of Recognition‹*. Princeton, N. J., Princeton University Press.

– 1992b. »The Politics of Recognition.« In: Charles Taylor (Hg.). *Multiculturalism and The Politics of Recognition*. Princeton, N. J.: Princeton University Press, S. 25-73.

– 1995. *Das Unbehagen an der Moderne*. Frankfurt a. M.: Suhrkamp.

Thaysen, Uwe, Roger H. Davidson und Robert G. Livingston (Hg.). 1988. *US-Kongreß und Deutscher Bundestag. Bestandsaufnahmen im Vergleich*. Opladen: Westdeutscher Verlag.

Therborn, Göran. 1995. *European Modernity and Beyond. The Trajectory of European Societies 1945-2000*. London: Sage.

Thier, Peter de. 1997. »Viele amerikanische Firmen bespitzeln ihre Mitarbeiter.« *Süddeutsche Zeitung*, Nr. 125, 4. Juni 1997, S. 27.

Thurow, Lester. 1996. *Die Zukunft des Kapitalismus*. Düsseldorf und München: Metropolitan Verlag.

Tibi, Basam. 1992. *Islamischer Fundamentalismus, moderne Wissenschaft und Technologie*. Frankfurt a. M.: Suhrkamp.

– 1993. »Der islamische Fundamentalismus zwischen ›halber Moderne‹ und politischem Aktionismus.« *Aus Politik und Zeitgeschichte*, B 33, S. 3-10.

Tilly, Charles. 1990. *Coercion, Capital and European States, AD 990 – 1990*. Oxford: Blackwell.

Tiryakian, Edward A. 1997. »The Wild Cards of Modernity.« *Daedalus* 126, S. 147-181.

Tobin, James. 1978. »A Proposal for International Monetary Reform.« *Eastern Economic Journal* 3, S. 153-159.

Tönnies, Ferdinand. 1887/1963. *Gemeinschaft und Gesellschaft*. Darmstadt: Wissenschaftliche Buchgesellschaft.

Tönnies, Sibylle. 1995. *Der westliche Universalismus. Eine Verteidigung klassischer Positionen*. Opladen: Westdeutscher Verlag.

Tudge, Colin. 1994. *Wir Herren der Schöpfung – Gen-Technik und Gen-Ethik*. Heidelberg: Spektrum Akademischer Verlag.

Turner, Bryan S. 1986. *Citizenship and Capitalism. The Debate over Reformism*. London: Allen & Unwin.

– (Hg.). 1993. *Citizenship and Social Theory*. London: Sage.

Tuschhoff, Christian. 1993. »Die politischen Folgen der Streitkräfte-Reform der NATO.« *Aus Politik und Zeitgeschichte*, B 15-16, S. 28-39.

U. S. Bureau of the Census. 1973. *Current Population Reports, Consumer Income*. Washington, D. C.: Government Printing Office.
- 1975. *Statistical Abstract of the United States 1975*. Washington, D. C.: U. S. Government Printing Office.
- 1981. *Statistical Abstract of the United States 1981*. Washington, D. C.: U. S. Government Printing Office.
- 1992a. *Current Population Reports, Consumer Income*. Washington, D. C.: Government Printing Office.
- 1992b. *Statistical Abstract of the United States 1992*. Washington, D. C.: U. S. Government Printing Office.

Wagner, R. Harrison. 1983. »The Theory of Games and the Problem of International Cooperation.« *The American Political Science Review* 77, S. 330-346.
Waldmann, Peter. 1991. »Terrorismus und Nationalismus im Baskenland.« In: Walter L. Bernecker und Joseph Oehrlein (Hg.). *Spanien heute: Politik, Wirtschaft. Kultur*. Frankfurt a. M.: Vervuert, S. 77-103.
Wallerstein, Immanuel. 1974. *The Modern World-System: Capitalist Agriculture and the Origins of the European World-Economy in the Sixteenth Century*. New York: Academic Press.
- 1984. *The Politics of the World Economy*. Cambridge: Cambridge University Press.
- 1991. *Geopolitics and Geoculture. Essays on the Changing World System*. Cambridge.
Waltz, Kenneth N. 1979. *Theory of International Politics*. New York: McGraw-Hill.
Walzer, Michael. 1990a. »The Communitarian Critique of Liberalism.« *Political Theory* 18, S. 6-23.
- 1990b. *Kritik und Gemeinsinn*. Berlin: Rotbuch Verlag.
- 1992a. *What it Means To Be An American*. New York: Marsilio Publishers.
- 1992b. *Zivile Gesellschaft und amerikanische Demokratie*. Berlin: Rotbuch.
Wandycz, Piotr S. 1992. *The Price of Freedom. A History of East Central Europe from the Middle Ages to the Present*. London und NewYork: Routledge.
Watkins, Susan Cotts. 1991. *From Provinces into Nations. Demographic Integration in Western Europe 1870-1960*. Princeton, N. J.: Prentice Hall.
Weber, Max. 1924. *Wirtschaftsgeschichte. Aus den nachgelassenen Vorlesungen*, hg. von S. Hellman und M. Palyi. München: Duncker & Humblot.
- 1920/1971a. *Gesammelte Aufsätze zur Religionssoziologie*, Bd. 3, Tübingen: Mohr Siebeck.

– 1971b. *Gesammelte Politische Schriften*. Tübingen: Mohr Siebeck.
– 1920/1972a. *Gesammelte Aufsätze zur Religionssoziologie*. Bd. 1. Tübingen: Mohr Siebeck.
– 1920/1972b. *Gesammelte Aufsätze zur Religionssoziologie*. Bd. 2. Tübingen: Mohr Siebeck.
– 1973. *Gesammelte Aufsätze zur Wissenschaftslehre*. Tübingen: Mohr Siebeck.
– 1922/1976. *Wirtschaft und Gesellschaft*. Tübingen: Mohr Siebeck.
Weede, Erich. 1989. »Der ökonomische Erklärungsansatz in der Internationalen Politik.« *Politische Vierteljahresschrift* 30, S. 254-272.
Weidenfeld Werner (Hg.). 1995. *Demokratie und Marktwirtschaft in Osteuropa. Strategien für Europa*. Bonn: Bundeszentrale für politische Bildung.
Weiler, Joseph H. H. 1981. »The Community System. The Dual Character of Supranationalism.« *Yearbook of European Law* 1, S. 267 ff.
Weinacht, Paul-Ludwig. 1995. »Aktive und passive Subsidiarität: Prinzipien europäischer Gemeinschaftsbildung.« *Aus Politik und Zeitgeschichte*, B 3-4, S. 33-39.
Weisskirchen, Gerd. 1992. »Europa im Aufbruch zu einer neuen Gemeinsamkeit.« *Aus Politik und Zeitgeschichte*, B 31-32, S. 33-42.
Weizsäcker, Ernst Ulrich von. 1992. »Ökologischer Strukturwandel als Antwort auf den Treibhauseffekt.« *Aus Politik und Zeitgeschichte*, B 16, S. 33-38.
Weizsäcker, Ernst Ulrich von, Jochen Jessinghaus, Samuel P. Mauch und Rolf Iten. 1992. *Ökologische Steuerreform*. Zürich: Rüegger.
Welfens, Paul J. J. 1995. »Die Europäische Union und die mittelosteuropäischen Länder: Entwicklungen und wirtschaftspolitische Optionen.« *Aus Politik und Zeitgeschichte*, B 39, S. 22-31.
Wendt, Alexander und Raymond Duvall. 1989. »Institutions and International Order.« In: Ernst-Otto Czempiel und James N. Rosenau (Hg.). *Global Changes and Theoretical Challenges*. Lexington, Mass.: Lexington Books, S. 51-73.
Weston, Charles. 1991. »Amerika und Europa: Partner im Spannungsfeld von Kooperation und Konkurrenz.« *Aus Politik und Zeitgeschichte*, B 51, S. 3-11.
Wettig, Gerhard. 1993. »Auswirkungen des Nationalismus in Osteuropa.« *Aus Politik und Zeitgeschichte*, B 10, S. 30-36.
Wicke, Lutz. 1989. *Umweltökonomie*. 2. Aufl. München: Verlag Franz Vahlen.
Wieland, Beate. 1991. »Verfassungspolitische Probleme der Staatswerdung Europas.« In: R. Wildenmann (Hg.). *Staatswerdung Europas?* Baden-Baden: Nomos, S. 429-459.
– 1992. *Ein Markt – zwölf Regierungen? Zur Organisation der Macht in der europäischen Verfassung*. Baden-Baden: Nomos.

Wiesendahl, Elmar. 1992. »Volksparteien im Abstieg.« *Aus Politik und Zeitgeschichte*, B 34-35, S. 3-14.

Wildemann, Horst. 1997. »Europas neue Chancen gegenüber den USA und Japan.« *Süddeutsche Zeitung*, Nr. 34, 12. Februar 1997, S. 20.

Wildenmann, Rudolf (Hg.). 1991. *Staatswerdung Europas? Optionen für eine Europäische Union*. Baden-Baden: Nomos.

Willems, Helmut. 1993. *Fremdenfeindliche Gewalt*. Opladen: Leske + Budrich.

Willke, Helmut. 1983. *Entzauberung des Staates. Überlegungen zu einer sozietalen Steuerungstheorie*. Königstein: Athenäum.

– 1989. *Systemtheorie entwickelter Gesellschaften: Dynamik und Riskanz moderner gesellschaftlicher Selbstorganisation*. Weinheim: Juventa.

– 1992. *Ironie des Staates. Grundlinien einer Staatstheorie polyzentrischer Gesellschaft*. Frankfurt a. M.: Suhrkamp.

Willms, Johannes. 1997. »Letzte Zuckungen. Der Fin-de-Siècle ist längst eingetreten.« *Süddeutsche Zeitung*, Nr. 136, 17. Juni 1997, S. 11.

Willms, Manfred. 1993. »Concepts and Implications of International Monetary Co-ordination.« In: Stephen F. Frowen (Hg.). *Monetary Theory and Monetary Policy. New Tracks for the 1990s*. New York: St. Martin's Press, S. 327-349.

Wilson, William Julius. 1990. *The Truly Disadvantaged. The Inner City, the Underclass, and Public Policy*. Chicago, Ill.: University of Chicago Press.

Winter, Gerd. 1992. »Brauchen wir das? Von der Risikominderung zur Bedarfsprüfung.« *Kritische Justiz* 25, 4, S. 389-404.

– 1994. »Von der ökologischen Vorsorge zur ökonomischen Selbstbegrenzung.« *Aus Politik und Zeitgeschichte*, B 37, S. 11-19.

WOCHE, DIE. 1994. 1. Juni 1994.

Wolf, Reinhard. 1992. »Opfer des eigenen Erfolgs? Perspektiven der NATO nach dem kalten Krieg.« *Aus Politik und Zeitgeschichte*, B 13, S. 3-13.

ZA. 1980. *ALLBUS* 1980. ZA-No. 1000. Köln: Zentralarchiv für empirische Sozialforschung.

– 1984. *ALLBUS* 1984. ZA-No. 1340. Köln: Zentralarchiv für empirische Sozialforschung.

– 1988. *ALLBUS* 1988. ZA-No. 1670. Köln: Zentralarchiv für empirische Sozialforschung.

– 1990. *ALLBUS* 1990. ZA-No. 1800. Köln: Zentralarchiv für empirische Sozialforschung.

– 1992. *ALLBUS* 1992. ZA-No. 2140. Köln: Zentralarchiv für empirische Sozialforschung.

Ziebertz, Hans G. (Hg.). 1993. *Interreligiöses Lernen*. Weinheim: Deutscher Studien-Verlag.

Ziebura, Gilbert. 1992. »Nationalstaat, Nationalismus, supranationale Integration: Der Fall Frankreich.« *Leviathan* 20, S. 467-489.

Zimmermann, Klaus. 1990. »Zur Anatomie des Vorsorgeprinzips.« *Aus Politik und Zeitgeschichte*, B 6, S. 3-14.

Zürn, Michael. 1992. *Interessen und Institutionen in der internationalen Politik*. Opladen: Leske + Budrich.

Nachweise

»Elemente einer Theorie der Integration moderner Gesellschaften. Eine Bestandsaufnahme.« Erweiterte Fassung des gleichnamigen Aufsatzes in *Berliner Journal für Soziologie* 5, 1995, S. 5-24. Ebenso in: Wilhelm Heitmeyer (Hg.). *Was hält die Gesellschaft zusammen?* Frankfurt a. M.: Suhrkamp, 1997, S. 66-109.

»Zahlung und Achtung. Zum Verhältnis zwischen Ökonomie und Ethik.« Überarbeitete und erweiterte Fassung von »Zahlung und Achtung. Die Interpenetration von Ökonomie und Moral.« In: *Zeitschrift für Soziologie* 23, 1994, S. 388-411.

»Zwischen Normerosion und Normwandel. Rechtsentwicklung als dynamischer Prozeß.« Überarbeitete und erweiterte Fassung von »Zwischen Normenerosion und Normenwandel. Rechtsentwicklung als dynamischer Prozeß.« In: Monika Frommel und Volkmar Gessner (Hg.). *Normenerosion*. Baden-Baden: Nomos Verlagsgesellschaft, 1996, S. 147-162.

»Ökologische Verteilungskonflikte. Umweltnutzung zwischen Leistungs- und Sozialprinzip.« Erweiterte Fassung von »Umweltpolitik und Verteilungskonflikte – ein übersehener Zusammenhang.« In: *Gewerkschaftliche Monatshefte* 47, 1996, S. 129-138. Ebenso in: DGB-Bildungswerk (Hg.). *Zukunftsfähige Eine Welt? Materialien* 43. Düsseldorf 1996, S. 12-23.

»Individualismus vs. Multikulturalismus. Paradigmenwechsel der gesellschaftlichen Inklusion?« Überarbeitete Fassung des gleichnamigen Aufsatzes in *Schweizerische Zeitschrift für Soziologie* 23, 1997, S. 247-258.

»Zwischen Dienstleistung, Psychokult und Fundamentalismus: Kirche im öffentlichen Dialog.« Zuerst erschienen unter dem Titel »Kirche in der Modernisierungskrise – Zwischen religiöser Dienstleistung, Psychokult, Fundamentalismus und öffentlichem Dialog.« In: Thüringer Ministerium für Bundesangelegenheiten in der Staatskanzlei (Hg.). *Ettersburger Gespräche: Die öffentliche Dimension der Religion*. Weimar 1997, S. 68-79.

»Europa als Projekt der Identitätsbildung: Zwischen globaler Dynamik, nationaler und regionaler Gegenbewegung.« Erweiterte Fassung von »Europäische Identitätsbildung. Zwischen globaler Dynamik, nationaler und regionaler Gegenbewegung.« In: Rien T. Segers und Reinhold Viehoff (Hg.). *Kultur, Identität, Europa*. Frankfurt a. M.: Suhrkamp, 1997.

»Europa als Projekt der Demokratiebildung: Zwischen Bundesstaat und Nationalitätenstaat.« Überarbeitete und erweiterte Fassung von »Das Legitimitäts- und Effektivitätsdefizit der Europäischen Union: Ursachen und Behebungsmöglichkeiten.« In: Roland Lhotta, Janbernd Oebbecke und Werner Reh (Hg.). *Deutsche und Europäische Verfassungsgeschichte: Sozial- und rechtswissenschaftliche Zugänge.* Baden-Baden: Nomos, S. 147-162.

suhrkamp taschenbücher wissenschaft
Soziologie, Theorie der Gesellschaft

205/1/8.92

suhrkamp taschenbücher wissenschaft
Soziologie, Theorie der Gesellschaft

suhrkamp taschenbücher wissenschaft
Soziologie, Theorie der Gesellschaft

suhrkamp taschenbücher wissenschaft
Soziologie, Theorie der Gesellschaft

205/4/8.92

suhrkamp taschenbücher wissenschaft
Soziologie, Theorie der Gesellschaft

suhrkamp taschenbücher wissenschaft
Soziologie, Theorie der Gesellschaft

Über sämtliche bis Mai 1992 erschienenen suhrkamp taschenbücher wissenschaft (stw) informiert Sie das Verzeichnis der Bände 1 – 1000 (stw 1000) ausführlich. Sie erhalten es in Ihrer Buchhandlung.

205/6/8.92